献给母校北京大学
纪念七七、七八级入校40周年（1978-2018）

北京大学震旦古代文明研究中心学术丛书编辑委员会

主　任：李伯谦
副主任：王天有　　王邦维　　程郁缀　　郭之虞
　　　　徐天进　　赵化成
委　员：（以姓氏笔画为序）
　　　　王天有　　王邦维　　李伯谦　　严文明
　　　　宋豫秦　　赵化成　　赵　辉　　拱玉书
　　　　夏正楷　　徐天进（常务）　　高崇文
　　　　郭之虞　　程郁缀

北京大学震旦古代文明研究中心学术丛书之三十七

正業居學

李水城考古文化论集

李水城 著

上海古籍出版社

图书在版编目(CIP)数据

正业居学:李水城考古文化论集／李水城著. ——
上海:上海古籍出版社,2017.12
(北京大学震旦古代文明研究中心学术丛书)
ISBN 978-7-5325-8686-8

Ⅰ.①正…　Ⅱ.①李…　Ⅲ.①考古—中国—文集
Ⅳ.①K870.4-53

中国版本图书馆 CIP 数据核字(2017)第 301964 号

北京大学震旦古代文明研究中心学术丛书
正 业 居 学
李水城考古文化论集
李水城　编
上海古籍出版社出版发行
(上海瑞金二路 272 号　邮政编码 200020)
(1) 网址:www.guji.com.cn
(2) E-mail:guji1@guji.com.cn
(3) 易文网网址:www.ewen.co
上海展强印刷有限公司印刷
开本 787×1092　1/16　印张 26.5　字数 564,000
2017 年 12 月第 1 版　2017 年 12 月第 1 次印刷
印数 1—1,300
ISBN 978-7-5325-8686-8
K·2415　定价:108.00 元
如有质量问题,请与承印公司联系

Aurora Centre for the Study of Ancient Civilizations, Peking University

Publication Series, No.37

Focused Reflections:
Collected Studies on Archaeological Cultures

Li Shuicheng

Shanghai Chinese Classics Publishing House

自　序

2017年初，四川省考古研究院高大伦院长先生邀请我前往美丽的西昌市参加"成昆铁路复线（凉山段）考古新发现暨西南秦汉历史与文化学术研讨会"。我的老师、年届八旬的北京大学考古文博学院教授李伯谦先生也参加了这次活动。考察期间，李老师问我，手头的文章能否再组织出版一部文集，"古代文明"有些经费可资助。

回想起来，这是李老师第三次向我约稿。第一次是在2004—2005年，当时系里许多较我年长的老师尚未出版文集，自己也没有思想准备，因此没好意思应允。第二次是在2008—2009年，李老师再次问及，不巧当时文物出版社正在编辑我的文集（《东风西渐》），我自己也在编《中国盐业考古》（第二卷）和《河西走廊史前考古调查报告》两部书，那段时间可以说是我这辈子几个最忙乱的时段，无奈只好让机会再次溜走。常言道事不过三，这次我马上答应下来，为此非常感谢李老师对后学的关爱与提携。

返回北京后，我很快整理出一份目录交李老师审阅，并写信给他：

> 初步列出来的目录内容可能有点杂，主要是想对自己这些年的工作做个总结，也可能还要再做些微调。您要是有什么意见的话，请告知为盼！其他像盐业、彩陶和早期东西文化交流的文章我保留了，想以后再说。考虑到最近国家出版基金支持一个盐业考古丛书的出版，想单独做个东西。总之，让您费心了，如果可行，您让编辑直接和我联系，不能再占用您的宝贵时间。

李老师马上回信说：

> 目录已阅，没有意见。如果盐业考古将来单出很好，那么收入该书的有关盐业考古的几篇是否还放在这儿？请考虑。起个题目吧！我让吴长青和你联系。

本文集所选文章内容较杂，可分为以下七个部分：

第一部分为"考古学史"，选文13篇。首篇《考古学发展史的回顾与思考》是20世纪80年代读研究生时，导师严文明先生一门功课的作业。记得那年8月酷暑，在四川绵阳父母家中，我在很短的时间里挺有激情地撰写了此文，挂号寄给严先生，我便去了兰州。接下来便是长达三个月的河西史前考古调查，一路艰辛备至、有惊有险。那年国庆，我们抵达酒泉修整一天，没想到在酒泉市博物馆收到严先生专门写来的信，对拙作给予了高度评价，让我有些受宠若惊。后来，文物出版社在编辑《庆祝苏秉琦考古五十五周年论文集》时收录了此文。记得有次苏秉琦先生来北大主持研究生答辩，会后我搀扶他去学四食堂就餐，路上先生对我耳语道："大作拜读了，不错。"听到这话，既感动，又汗颜。先生们的肯定是对我莫大的鼓励和鞭策。从那以后,考古学发展史成为我关注的领域。

清华老校长梅贻琦先生有言:"所谓大学者,非谓有大楼之谓也,有大师之谓也。"在69届同龄人中,我应属极端幸运者,竟在剥夺了中学教育、做了九年工人后考入北京大学,亲耳聆听那些如雷贯耳的一流学者传道、授业、解惑,听他们讲那些过去的事情,他们的学生时代、他们的老师、他们的喜怒哀乐和爱恨情仇,以及他们所经历的重要考古发现和研究心得……

收入这部分的文章包括了我对几位已故的著名考古学家的追忆,以及几位外国著名考古学家的评述。我认为,这些考古学家的经历和他们走过的学术道路是考古学史的一部分。考古学的真谛是人与人的历史,一部真正的学科史应该是由一个个富有激情的思想者所做的一件件具体工作、研究案例以及他们的情感、经验和丰富的生活经历层层累积起来的,如果缺失了作为考古学家的个人,考古学、考古学史也就什么都不是了。诚如英国学者保罗·约翰逊所言:"任何时候我们必须牢记知识分子惯常忘记的东西,人比概念更重要,人必须处于第一位。"[1]

遗憾的是我没能写出对童恩正先生的回忆文章。1982年我从北大毕业,初分至教育部(四川大学),遭顶替后改派四川省文化厅(博物馆)。那几年,我对四川历史的了解基本来自童恩正的《古代的巴蜀》一书,还有他写的文章。先生以极佳的文笔将枯燥的考古材料串联起来介绍给读者,在考古界是不多见的。

1984年,国家文物局组织的首届考古工作汇报会在成都举行,经童明康引荐,我与童先生相识。不久我重返北大。但每年探亲回到成都,都会抽空去童先生家拜访。每次他都热情地留我吃饭。童先生夫人杨亮升老师烹调手艺极好,美酒佳肴加上有儒雅的先生坐而论道,其乐融融的场景至今令人难忘。

1989年春,童先生出差来北京,我们邀请他来北大与青年教师和研究生座谈,严文明先生作为他的老同学也前来作陪。我在座谈会的开场白有些不敬地称童先生为"考古界的一只怪鸟",引得全场轰笑。先生也笑了,且未怪罪我。座谈中他发了不少肺腑之言,谈到1979年他去西安参加考古学会遭受的白眼,抨击了考古界的陈规陋习,以及一些研究术语的不当,言辞锋利,幽默。想不到,此后诸事繁杂,整理先生讲话一事被拖延而冲淡,以致保存在研究生手中的座谈录音带也不知所终,至今想起仍备感内疚。

不久,先生假道日本赴美,待"气候"稍好,他每年都回来走走。在北京会邀请北大、文物局、考古所的几位先生一起吃顿饭、聊聊天,作为晚辈的我也每每忝列其间。先生依旧谈笑风生,绝少谈及海外境遇。1996年夏,在沙滩红楼对面的餐馆再次聚首。席间,张忠培先生对我耳语,"童很想回来……"孰不料,天不假年,翌年春,先生竟在异国他乡匆匆走了。呜呼,哀哉!

我虽非先生授业弟子,但从他那里学到了很多。每次听他摆龙门阵都有收获,从内心

---

[1] (英)保罗·约翰逊:《知识分子》,台海出版社,2017年

深处感受到他的绝顶聪明,佩服他的睿智、诙谐、风趣和通达。他学识渊博,涉猎极广,除考古学外,亦涉及历史学、人类学、文学、电影、饮食等诸多领域。

先生总能开风气之先。1982年,我在四川省博物馆经不懈努力在后院一幢破败的红砖小楼上争得房舍半间(屋中间用刨花纸板分隔)。巧的是,童先生"文革"期间也居住在此,那时他有辆三轮军用摩托,轰轰而来,轰轰而去,用今天话说是酷毙了。20世纪80年代,他是成都市首位拥有私家车的人,我至今仍记得那辆菲亚特甲壳虫的样子。当然,他也是考古界最早拥有并使用计算机的教授。

可惜,20世纪80年代我没有记录的习惯,与先生很多有趣的交谈都记不起了,只能在此向先生表达我的思念和敬意!

我也想借此机会表达对徐苹芳先生的追念。先生是著名考古学家。我和他不在一个专业领域,但有数次较深入的交往,一次是参与中国社科规划办委托的"考古学八五工作总结、九五规划制定"研究项目;一次是参与社科重大项目《中国考古学(多卷本)》的申请并担任秘书";还有一次是参与文物出版社编写"《中国陶瓷史》"。上述项目都是徐先生辅佐宿白先生任主持,先生严肃、认真的工作精神给我留下深刻印象。对我个人而言,他也给予了很大的支持和帮助。1999年我申请赴美访问,是他给联合国教科文组织写信推荐;2000年又全力支持我们的国家社科研究项目"酒泉干骨崖墓地——附河西走廊考古调查报告";此外,先生还在知人善任方面多次给我以忠告。

2011年5月9—10日,我去平安府宾馆参加国家文物局申报世界文化遗产评审会。开会地点在徐先生家附近。晚饭后天落小雨,我买了水果步行至九条64号,唐突地敲开门,走进书房看到师母正在和先生说着什么。前次见到先生是在七批国宝的评审会上。尽管早知他患病,但绝没想到精神和气色会这么差,人已瘦的脱形。先生是极要强的,从不和别人谈患病之事。这次却极罕见的和我说:"不愿意动换,且一天不如一天……"

我告诉先生进城来开申遗评审会。他问今年报了哪几家?我汇报后,他说北京中轴线申遗不可思议,早干什么去了,都毁完了,想起申遗了!我也听王军说过,他在清华查档案时曾看到梁思成1960年的笔记,记录了赵正之教授在建筑系历史教研组会上的发言:"大都中轴无用,想不通。"[①]可见北京旧城的保护不被重视由来已久!

徐先生问我最近干些什么。我说前不久去三峡祭拜了俞先生,新华社的王军一路同行。他夸奖道:"王军做了些好事"。提到北京旧城的保护,他越说越气,特别是对某些领导任意胡来、甚至威胁学者的言行极为愤怒;对某些假公济私的伪学者更是嗤之以鼻。说到前不久他去参加旧城保护的会,发表了不同意见。结果人家下次开会就不请你,另找一帮只会举手的专家表决了事,还美其名曰已通过论证。可谓卑鄙至极,这哪叫遗产保护?全都变味了!我劝先生千万别为此生气伤身,要保重身体!

---

① 王军:《徐苹芳先生的底线》,《看历史》,2011年7月号。

不料，5月22日上午先生便不幸故去了，这距我最后拜见先生还不到两周的时间。呜呼，哀哉！

先生是北京历史文化名城的坚定捍卫者，也是强硬的保护派。在他生命的最后几年，为了旧城的保护，他不断大声疾呼，可谓殚精竭虑，寝食难安。他曾说过这样一段话：

> 我建议把保护北京历史文化名城的事迹以及破坏北京历史文化名城的劣迹，都如实地写出来，传给我们的子孙后代。历史是无情的，每个人的所作所为都要向历史做个交代。①

> 我可预言，若干年后，一个城市中有没有保留自己历史发展的遗痕，将是这个城市有没有文化的表现。考古学家现在正从事的中国古代城市的考古工作的现实意义便在于此。②

这是先生的最后嘱托，也是吾辈的艰巨使命。

在这一部分我特意收入了《张光直先生捐赠北大西文专业图书亲历》一文。内容记述我在美国与慕容杰（Robert E. Murowchick）先生反复协商将张光直先生所藏外文书籍（622册）捐赠给北京大学考古系的经过。此事若不记录下来，将来必是一笔糊涂账。因此有责任交代一下这件事情的来龙去脉。

第二部分为"区域考古"，收文6篇。内容主要涉及西北与西南地区的考古研究，这两个地区也是我田野工作和研究的重点。其中，《世纪回眸：四川史前考古的发展历程》、《三峡库区新石器时代考古学文化及其编年》和《石棺葬的起源与扩散：以中国为例》代表了我对西南地区史前考古学文化及发展历程的基本看法。《"过渡类型"遗存与西城驿文化》讨论的是河西走廊西部一种介乎于马厂文化和四坝文化之间的新遗存，以往我称其为"过渡类型"，但此类命名在考古学界是一种不得已而为之的举措，如今这类遗存的材料日趋完善，分布范围和年代也大致明了，该有个正式名称了。

第三部分为"专门考古"，收文8篇。这里想重点谈谈我在中国境内麦类作物起源的研究。20世纪80年代，我前往西北地区做史前考古，在当地考古工作者口中得知，洮河流域的一座史前遗址曾发现有炭化小麦，但这个重要发现却没有引起重视，后来连标本也找不到了。1986年秋，我们在河西走廊调查到张掖市，当地文物科的陪同人员提到，在民乐县的东灰山遗址曾出土小麦，但标本也给丢了。不巧的是，我听到此消息时，东灰山的调查已经结束。巧的是在我们之前，中国科学院遗传所的李璠先生曾在该址采集到一批麦类作物标本，后来在《农业考古》发表，引起了学术界的广泛关注。

1987年，我陪严文明先生赴良渚检查大观山果园的重要考古发现，在飞机上我问先生，可否在我的论文中谈谈东灰山发现小麦的问题？严先生认为，李璠先生的发现尚有待

---

① "《城记》座谈会讨论纪要"《读书》，2004年9期。
② 徐苹芳：《现代城市中的古代城市遗痕》，《远望集》（下），陕西人民美术出版社，1998年，693—99页

证实,暂不必涉及此事。但自此我开始关注中国境内早期麦类作物的发现,并在陈铁梅老师鼓励下尝试申请科研项目。但那个年代,以社会科学的身份申请自然科学基金,真可谓天方夜谭。1993年,中美赣东北稻作农业起源合作项目启动,老同学赵志军作为美方队员参与。其间,我让他在美国搜集早期麦类作物的考古资料,他帮我复印了 Daniel Zohary 的 Domestication of Plants in the Old World(旧世界的作物驯化)书中有关麦类作物的章节,让我初步了解到国外的研究信息。1999—2000年,我在美国期间收集到了更多的资料,回国后在系里开设了"农业的起源与动物驯化"研究生课程,早期麦类作物研究是这门课的一个重要方面。

直到进入新千禧年,我才在教育部申请到人文社科"十一五"规划项目"考古资料所见中国早期麦类作物及其源流",[1]完成了国内麦类作物考古资料的搜集,并前往东灰山遗址重新做了调查。这部分收入的三篇文章即此项目的研究成果。

这部分还有两篇文章探讨了中国境内发现的权杖头,是我在早期东西文化交流领域的一个研究侧面。另有一篇英文文章是应剑桥大学伦福儒(Colin Renfrew)教授之邀所撰,内容是从玉敛葬的视角探讨玉在中国文明成长过程中扮演的特殊角色,同时强调东西方的文化差异分别表现出对"玉"和"金"的重视。

第四部分为"科技考古与环境考古",收文5篇。其中,《葫芦河流域的古文化与古环境》一文由李非、我和水涛三人联名。此文的部分章节由我执笔,并统稿,发表后在学术界有不错的反响,这也是我们几位老同学涉足环境考古的肇始。此文的姊妹篇由北大城环系教授莫多闻与我们联名发表在《地理学报》上,[2]在地学界也有较大反响。此项目为施雅风院士主持的国家自然科学基金的子课题,后来荣获了中国科学院的一等奖。[3] 当年在实施此项目时,我们制定了一个规划,即在我国西部沿长城地带向东北遴选三处地点开展一系列环境考古作业。第一处即陇东葫芦河流域,第二处定在陕北,第三处定在辽西(或内蒙古东南部)。可惜,作为团队主力的李非于1993年出走国外,此计划也随之搁浅。20世纪90年代末,我参加了北大地理系崔之久教授主持的自然科学基金项目,[4]并撰写了《西拉沐沦河流域古文化变迁及人地关系》一文。21世纪初,我又参加了陕北神木两河(窟野河、秃尾河)流域的环境考古调查,算是完成了我们当初的计划和约定。

第五部分为"书评",收文8篇,内容涉及西南地区的石棺葬、盐业考古、马的驯化与管理、环境考古、水稻起源、装饰串珠等多个方面。

---

[1] 教育部人文社会科学"十一五"规划项目(2001—2003年)"考古资料所见中国早期麦类作物及其源流",(负责人:李水城,项目号:01JA780002)。

[2] 莫多闻、李非、李水城、孔昭宸:《甘肃葫芦河流域中全新世环境演化及其对人类活动的影响》,《地理学报》1996年第1期,59—69页。

[3] 国家自然科学基金项目、中国科学院重大项目(1990)"中国气候与海面变化"(负责人:施雅风院士)的子课题:"葫芦河流域的古文化与古环境"(负责人:张丕远、严文明);此项目后来荣获1999年度"中国科学院自然科学研究一等奖"(证书编号:99Z-1-002)。

[4] 国家自然科学基金重点项目(1999—2002)"我国北方历史时期人地关系相互作用机制"(负责人:崔之久,项目号:49831008)。

第六部分为"随笔",收文8篇,内容包括为北大百年校庆写的随笔以及野外考古调查和一些重要遗址考古发现的评述。

第七部分收入4篇"会议纪要"。分别对"中亚的世界"(俄罗斯乌兰乌德)、"亚洲农业的传播:理解成都平原的早期聚落"(美国哈佛大学人类学系)、"全美第78届考古年会"(美国檀香山)、"第七届东亚考古学大会"(美国哈佛大学—波士顿大学)几个重要国际学术会议做了介绍和述评。

2018年是我们七七、七八两个年级入校40周年,也是我在北大聘期截止的年份。《礼记》有言:"时教必有正业,退息必有居学。"故以此作为书名并自勉。

是为序。

李水城

2017年夏定稿于加拿大

目　　录

自序 ……………………………………………………………………（ⅰ）

第一部分　考　古　学　史

考古学发展史的回顾与思考 ……………………………………………（3）
培养考古学家的摇篮 ……………………………………………………（17）
考古学与文化人类学 ……………………………………………………（20）
埃及串珠：连接夏鼐博士与皮特里爵士的精神纽带 …………………（23）
春风化雨的智者——纪念苏秉琦先生诞辰百年 ………………………（37）
忆邹衡师二、三事 ………………………………………………………（47）
最后那两年：追念俞伟超老师 …………………………………………（53）
张光直先生与北大 ………………………………………………………（66）
J.G. ANDERSSON：一位对中国史前考古作出重要贡献的西方学者 …（79）
探索美洲农业起源的先驱——记考古学家马尼士 ……………………（87）
纪念当代最具影响力的考古学家路易斯·宾福德 ……………………（102）
真正的考古学家是怎样炼成的？——"'海外大家'访谈"专栏开篇 …（107）
张光直先生捐赠北大西文专业图书亲历 ………………………………（112）

第二部分　区域考古研究

区域考古调查：成都平原的社会复杂化进程 …………………………（119）
三峡库区新石器时代的考古学文化及其编年 …………………………（126）
石棺葬的起源与扩散——以中国为例 …………………………………（139）
世纪回眸：四川史前考古的发展历程 …………………………………（148）
从"过渡类型"遗存到西城驿文化 ……………………………………（160）

黄土的馈赠：中国西北的史前陶器及相关研究 …………………………………（172）

第三部分　专门考古研究

舌尖的馈赠：饮食革命与人类体质的进化 …………………………………（183）
古物三题：陶器、玉器、漆器 …………………………………………………（186）
权杖头：古丝绸之路早期文化交流的重要见证 ……………………………（197）
赤峰及周边地区考古所见权杖头及潜在意义 ………………………………（202）
Eternal Glory：The origins of Eastern jade burial and its far-reaching influence
　（东方玉敛葬的起源及其深远影响） ………………………………………（207）
东灰山遗址炭化小麦年代考 …………………………………………………（223）
中国境内考古所见早期麦类作物 ……………………………………………（237）
东灰山遗址出土炭化小麦再议 ………………………………………………（259）

第四部分　科技考古与环境考古

考古学与现代科学技术 ………………………………………………………（269）
葫芦河流域的古文化与古环境 ………………………………………………（276）
西拉沐沦河流域古文化变迁及人地关系 ……………………………………（304）
区域对比：环境与聚落的演进 …………………………………………………（323）
国际合作与环境考古学的进展 ………………………………………………（332）

第五部分　书　　评

《中国早期盐的使用及其社会意义的转变》读后 ……………………………（341）
马的管理与驯化：科技考古的最新研究成果 ………………………………（346）
气候变化与文化变迁：以利万特南部为例 …………………………………（350）
分子生物学新的研究成果：栽培稻起源于中国长江流域 …………………（353）
《古代中国的盐业生产和社会等级：三峡地区盐业生产专业化的考古学探索》
　读后 …………………………………………………………………………（354）

从文化史的角度解读石棺葬

——《文化与生态、社会、族群：川滇青藏民族走廊石棺葬研究》读后 ………… (356)

早期装饰串珠：一个亟需填补的重要研究领域 ………………………………… (360)

有感于《考古学：理论、方法与实践》最新中文版的发行 …………………… (362)

第六部分 随 笔

北京大学：中国第一所国立综合大学 …………………………………………… (369)

四十件长沙窑珍品重返神州

——韩国友人给北京大学考古与艺术博物馆捐献瓷器 …………………… (372)

中国西部区域合作考古的意义和需要注意的问题 ……………………………… (374)

有关西藏史前考古和遗产保护的几点思考 ……………………………………… (378)

神木石峁遗址新发现的几点思考 ………………………………………………… (380)

四川宜宾向家坝库区考古新发现的点滴印象 …………………………………… (382)

新疆温泉阿敦乔鲁遗址考古发现点评 …………………………………………… (384)

新疆尼勒克县吉仁台沟口遗址的考古发现及相关问题 ………………………… (386)

第七部分 会 议 纪 要

"中亚的世界"国际学术会议纪要 ………………………………………………… (391)

亚洲农业的传播

——"理解成都平原的早期聚落"国际学术研讨会纪要 ………………… (394)

全美第78届考古学年会散记 …………………………………………………… (396)

国际视角下的中国考古学——第七届东亚考古学大会（SEAA Ⅶ）纪要 ………… (399)

第一部分

考 古 学 史

考古学发展史的回顾与思考

任何一门学科的形成都有一个历史过程,追溯考古学的发展历史,我们发现,无论西方还是东方,都走过了一条大致相同的途径,当然,这是就其主流而言的,并不否认各自的特殊性和复杂性。在欧洲,最初的考古工作是由一些有闲的鉴赏家进行的。它始于16世纪,是文艺复兴运动兴起的学术研究之风的副产品。这一时期的考古学家只能称作收藏家,或博物学家。他们对古代文物颇为欣赏,希望能从中再现历史事件的背景和画面。中国的考古学有着更为悠久的历史,早在北宋时期兴起的金石学就已经具有了上述性质。东方的日本,传统上受到中国文化的影响,按日本学者的分析,明治以前亦存在这么一个发展阶段。以此观之,在真正的田野考古学诞生之前,这一学科已经历了漫长的孕育过程,由于这一阶段的考古学尚缺乏科学性,只能称之为古器物学。

一百多年前,世界上还没有人知道地球的年龄,更无人知晓人类的由来,时间之矢在人类的记忆中划出了一大段空白。但人类并不甘心于此,而是竭力从心理上弥补这个缺环,各种各样的创世故事被杜撰出来,西方的上帝、中国的女娲等等超人之物扮演了造物主的角色。1853年达尔文(C.R. Darwin)在科学史上迈出了重要的一步,《物种起源》这部划时代的巨著为科学界注入了崭新的血液。此后,人们才逐步勾勒出人类最初的演化史。人工制作的燧石工具与已经灭绝的动物遗骸一起被发现,表明人类在这个星球上存在的时间已相当久远了。此外,早在1819年,丹麦考古学家汤姆森(C.J. Thomsen)根据人类物质文化发展的不同阶段,将石器、青铜器、铁器三期的划分法用于组织古物陈列。他们(包括一批优秀的地质学家)为近代田野考古学的诞生作出了巨大贡献。

1871年,在考古学发展史上占有重要的一页。著名的德国考古学家海因利希·施利曼(H. Schliemann)为证实《荷马史诗》中记载的特洛伊战争,赴小亚进行田野发掘,并首次运用了从地质学中引进的地层学方法。这一工作所取得的成果不仅轰动了欧洲,同时也标志着近代田野考古学的诞生。

考古学是一门年轻的学科,但发展速度是惊人的,一百多年来,考古学的研究方法和目标经历了几次更新,不断地充实和完善着考古学的内容。

从特洛伊古城重见天日到20世纪初的三十年中,西方的考古工作主要是重新发掘著名的古遗址,使用标型学和地层学的研究方法。研究对象主要为古器物,根据美学标准和类型学记录其风格的演变,探索不同的文化影响和相互间的作用。如文化的分类、文化的起源、文化与文化之间的关系和相对年代,以及文化是通过交流呢、还是通过影响而形成的等等。这种研究工作的基础是对古代器物资料掌握和分析的细致程度,其中器物排队是建立相对年代学的主要方式。这期间,瑞典考古学家蒙特留斯(Oskar Montelius)和英国考古学家皮特里(Flinders Petrie)成就卓著,前者奠定了考古类型学的基础,后者创立了考古学的序列断代思想。总结这一阶段的考古研究方法和手段,我们可以把它看作是考古学发展史的初期阶段。

苏联的地理位置横跨欧亚,但从传统上讲它属于欧洲。应该说苏联考古学的起步时间与西方没有太大的差距。十月革命前,苏联的考古学已有一定规模,但主要局限在对近一千年的考古研究上。在考古学理论和方法上,当时也落后于西方。拉夫顿尼卡斯(V.I. Ravdonikas)曾说:"我们没有蒙特留斯。"十月革命的成功形成了社会主义与资本主义两个阵营。政治上的对立也导致了学术交流的隔绝,故苏联的考古学一直被西方称作是一个"大未知数"。实际上,直至20世纪20年代末,苏联才开始重建方法论体系的工作。从时间上看,与西方所经历的变化基本同步。

20世纪初,甲骨文、汉简和敦煌经卷这三大考古发现使中国传统的金石学研究大大前进了一步。但直到20年代初,以仰韶村的彩陶为标志,田野考古学才被正式引入中国,它比西方整整晚了五十年。旧中国的状况,创业之艰难可想而知,寥若晨星的老一辈考古学家为中国田野考古学的成长撒下了辛勤的汗水。尽管有北京猿人、殷墟、城子崖这些举世瞩目的重大发现,但由于基础薄弱,加上播化论的影响,在很长一段时间里,"中国文化西来说"像一团阴影笼罩着中国考古界。

30年代初,梁思永划定的小屯三迭层标志着考古地层学在中国的确立。与此同时,李济对殷墟青铜器的研究开始使用类型学方法。40年代,苏秉琦对宝鸡斗鸡台瓦鬲的类型学研究达到一个新的高度。此外,新石器时代的考古研究有了相应的提高,梁思永关于龙山文化的区域性研究,尹达对仰韶文化和龙山文化的比较研究拓宽了类型学研究的领域。特别是尹达利用有限的材料,正确地分析了仰韶文化与龙山文化的关系,并对齐家文化的年代问题提出了大胆的质疑。随后,夏鼐在甘肃以事实更订了齐家文化的年代。

中国考古学研究的初期阶段应当划在50年代末。在此之前,一方面是积累资料,另一方面是使用传统的方法开展研究。而且研究的区域基本限于黄河流域。随着考古资料的不断丰富,人员配备的加强和相应的专业机构的设立,为考古学的发展准备了物质前提。1958年提出要建立马克思主义的考古学体系,此后,考古学界在研究方法和目标上逐步开始发生相应的转变。

日本在明治维新以后,由于迅速接受并消化了西方科学的先进成分,在考古学上起步的时间比较早。尽管今天日本学者以明治维新为界,以前称旧考古学,以后称新考古学,但在当时却是考古学、古物学混称的。应当承认,当时日本对于考古学的概念是比较明确的。早在19世纪末,日本便成立了考古学会,并发行会刊。1916年,滨田耕作在京都大学讲授考古学,梅原末治则运用考古学来研究历史。随后,古生物学家松本彦七郎首次将地层学引入考古学。这一切都发生在1912至1926年之间,可见其发展速度极快。从昭和年间到第二次世界大战,其考古工作基本呈停滞状态,但绳纹时代和弥生时代的研究已初具规模。战后,考古学一跃成为社会的宠儿,恢复和发展很快。封闭状态的打破,导致了自然科学方法的引入。1950年,日本学者提出考古学研究的六大动向,标志着研究目标的改变。这六个动向是:1.对绳纹时代早期文化的探讨;2.原始农耕文化的明确;3.古代聚落形态的探讨与研究;4.古坟文化的明确解释(意见不一致);5.初期佛教文化的阐明;6.自然科学与考古学的协作。

20世纪30年代,在西方考古学界,传统的研究方法经历了一场猛烈的冲击。近东史前考古的一系列重要发现,使传统的看法面临严峻的挑战,不少新的课题陆续摆到了考古工作者面前,而以往的一套研究方法和手段则显得无能为力。为顺应学科的发展,一批考古工作者希望能从传统的器物研究中解放出来,进而研究古代的生产和使用这些器物的人,研究社会群体中的生活现象。英国著名的考古学家柴尔德(Childe, V. Gordon)在这中间起了开路先锋的作用。他首先开拓了把西亚同欧洲的考古结合起来研究的新领域。也正是由于他的努力,大大地推进了史前考古,特别是新石器时代考古的研究。1936年,他在《人类创造自己》这部著作中指出,农业的发明和家畜的饲养是人类发展史上的一次"食物生产的革命"(即"新石器革命")。他认为,由农耕、畜牧而达到食物生产,是人类自掌握用火以来历史上一次"最伟大的经济革命;这场革命唯有近代的工业革命可与之相比"。这个观点的提出为战后有关农耕、家畜饲养和文明起源等问题的讨论研究和发掘奠定了理论和方法论的基础。柴尔德的可贵之处还在于,他不仅对人类的进化充满唯物论的乐观精神,而且坚信马克思主义的方法论是对考古学的最好解释方法。在1936年的一次讲演中,他表达了自己对考古学新目标的重视和希望,初步设想了怎样通过器物得到关于人类文化和社会方面的信息,第一是对原始民族的研究,因为现代人类的生活中积淀有古代生活的影子,从中可以推测和复原古代人类的生活;第二是使用现代社会科学的方法,特别是马克思主义的方法去复原和了解古代人类的文化和生活。柴尔德还预见到,一种新的考古学革命必将到来,即环境给予人类影响的系统研究的考古学必然要出现。总之,柴尔德的一系列富有创见的理论和方法论,标志着考古学开始进入一个新的阶段,即理论研究阶段。鉴于此,他被公认为是20世纪前期最伟大的史前考古学家。柴尔德带动并影响了一大批年轻的考古工作者,即便到今天,对柴尔德的研究仍盛行不衰。

与此同时,美国人类学界也开始向老派的考古研究方式发起挑战。他们所不满的是烦琐的、见物不见人的古器物研究方法。泰勒(W.W. Taylor)在《考古学的研究》这本书中提出,考古学有两个基本的研究途径:第一是分类学和文化起源学的研究;第二是综合性的研究,即把考古发掘中的零散现象有机地联系起来研究。前一种是历史学的研究方法,后一种则是民族学与社会学的研究方法。50年代初,"聚落形态"研究的出现标志着民族学和社会学的研究方法在考古作业上的具体化。

也是在50年代初期,英国学者克拉克(J.G.D. Clark)提出将细致的考古发掘工作与其他自然科学手段和实验室科学结合起来,尽量采用各种不同的科学方式进行综合研究,以详细反映古代居民的生产和生活。他认为文化谱系、分类的研究不仅不是主要方面,也没什么意义,而主要强调对经济基础的研究。

西方考古学界总的趋势是,从30年代开始,希望考古学有一个新的方向,即从对器物的研究转变到对人的研究上来,把出土的遗迹和遗物提示给我们的古代生活情况、自然环境和社会制度进行推测和复原,从而进一步研究了解社会进化的一般规律。50年代以后,考古研究方法的主流则是,第一,详细的考古发掘和有关学科的合作导致了对古代文化生态学的研究,即从器物研究复原古代人类生活;第二,聚落形态的研究,即将人类的活动从空间作彼此有机联系的结构研究和社会群体之间关系的研究。由于研究方法和目标的改进,大大提高了考古学研究的深度和广度,"二战"后考古学研究达到了一个前所未有的高峰,主要反映在以下几个方面。

(1) 近东史前考古的重大突破有三。其一,前陶新石器遗址的发现填补了中石器到最早的乡村遗址之间的空白(如以欧洲的中石器概念为标准,近东地区不存在典型的中石器遗存。最新研究成果认为,以纳吐夫文化为代表的所谓中石器阶段在年代上属更新世晚期,故有人将其重新命名为"后旧石器时代"文化)。前陶新石器时期已出现农耕和家畜饲养,已有定居点,但无陶器。这一发现以事实修正了传统的新石器时代定义(至少在西亚各地和爱琴海地区是如此)。其二,农业起源的重大突破。早在20世纪初,就有人提出"绿洲假设"。这种观点认为,由于更新世的结束,发生了世界性的气候变化,使近东变为干燥的草原地区。干燥迫使人群和动物聚集到当时的湖泊、河流和沼泽等有水的绿洲地带,所以首先在这样一些地方出现了农业。因为在绿洲周围生长着各种植物,随着人口的增长,动物类食物来源的减少,人们必然要逐步学会种植植物,在自觉或不自觉中迈出了谷物种植的第一步。柴尔德对此说亦持赞同态度,并认为最早的农业应产生在尼罗河谷地。但是,1926年的发现证实,野生小麦的原生地不是在绿洲地带,而是在西亚的高原,遂有"原生说"的出台。美国学者布雷斯特德(J.H. Breasted)又提出了西南亚山丘侧面的"新月地带"是农业起源地的理论(即从波斯湾起,经扎格罗斯山、安那托利亚高原至巴勒斯坦的纳吐夫山为止的一条弧状地带)。后经多年的考古发掘和研究证实了这一说法。美国近东考古学专家布雷德伍德(R.H. Braidwood)经多年研究认为,西亚地区的农业产生于公元前9000—前7000年之间,它是家畜饲养的发展和野生谷物采集实践的结果。而栽培植物和饲养家畜的潜在地点应在山麓高地和山间谷地这样一些"天然居住地带"。尽管上述观点都随着新的考古发现而不时加以修正,但所有这些成就都是空前的。其三,文明的起源和国家的产生。柴尔德首先利用近东的考古材料得出国家和文明的产生在考古学上的标志就是城市的出现,并将此喻为人类发展史上的第二次大革命。但60年代,美国学者阿丹斯(R.M. Adams)通过近东与中美洲的比较研究,突破了上述结论。阿丹斯的主要论点为:第一,城市的出现是一个突出的社会过程。这个过程更多地反映人际之间相互关系的变化,而不是人与环境之间关系的变化。柴尔德则强调人与客观环境的矛盾。第二,文明的出现同真正的城市出现是有距离的。如古埃及、中美洲的玛雅文明和美索不达米亚地区的考古发现都证实了这一点。并非如柴尔德所言,文明化就是城市化。

(2) 聚落形态研究的出现。40年代末由美国学者威利(G.C. Willey)提出。它是当时在考古学中引入民族学和社会学方法的直接产物。它最先出现在美国是有其客观原因的,第一是美国考古的主要势力范围在中美洲,这一地区的古代遗址大都裸露于地表,而且保存有完好的布局,这为聚落形态研究提供了客观的基础。第二,考古学在美国置于人类学之内,致使社会学、民族学的研究方法和对象均可在考古学研究中应用,聚落形态恰恰最适合利用这种研究方法。

聚落形态一词来源于地理学,它的一些概念和定义也主要是借用于人文地理和民族学。追溯其源,早在19世纪,美国民族学家摩尔根(L.H. Morgan)的《美洲土著的房屋和家庭生活》一书可谓其鼻祖。但长期以来,一直没有明确的概念和定义。1950年,威利给它下的定义是:"聚落形态是人们将其所居住的地点加以整理的方式。它依据房屋布局以及属于社会集团生活建筑性质的布置,这些聚落反映自然环境和建造者的水平以及社会控制的各种制度,聚落形态在很大程度上是社会环境的产物。"聚落形态所要研究的是,人类(包括史前和现代)怎样把他们自己与自然环境、自然资源结合起来,造成在空间上的分布。威利认为聚落形态有三种,一是单个建筑,包括房屋、作坊、谷仓、宗教建筑等;二是在一个聚落里各个单位建筑间的关系;三是聚落与聚落间在一个较大的面积里彼此之间在空间上的关系。由此可见,聚落形态的考古研究提供了把考古出土的遗迹、遗物当作人类社会活动和文化活动研究具体作业的一个框架。由于它不是从孤立的遗迹、遗物入手,故一出现,便很快为考古学界所接受,长期以来,一直是西方考古学研究中的一个热门。当然,对聚落考古的认识也不尽一致,这些年来也时有争论,如60年代初,加拿大学者特里格尔(B.G. Trigger)给它重新下的定义是:"利用考古资料对社会关系进行研究"。美国哈佛大学人类学系的张光直教授则认为,聚落形态的研究不仅仅只强调环境和生态的作用,还应反映政治、经济、宗教和社会的其他功能。他认为聚落形态的研究属于考古学中高层次的方法论。总之,聚落形态的研究范围很广,直至今天也很难下结论,但它的出现,无疑为考古学研究开拓了一个新的领域。

(3) 环境考古学的出现。早在"二战"前,柴尔德就预见到它必然要出现。"二战"后,环境考古学的产生是考古学与自然科学手段相结合的产物。其中古植物学、古动物学在考古研究中的运用起了关键作用。正是由于环境考古学的出现,使日后的考古学,特别是史前考古学研究上的一系列重大突破成为可能。例如,关于西亚农业起源地的问题,随着20世纪50年代以来孢子花粉断代分析技术在考古研究中的运用,证明西亚的气候在公元前9000年左右并不像今天这般干旱,而属于一种冷燥的草原环境。这有力地支持了"原生地说"的假设。此外,经过对巴勒斯坦地区十个史前遗址的土壤情况分析、调查,表明多数原始农耕遗址并非起源于可耕地占多数的地区,而是起源于最适合放牧的地区。这就进一步证实,农业最初的发明并不是为了解决人类的食物来源,而是为了增加家畜的饲料而产生的。当然,自然环境的变迁,人口的增加也是不可忽视的因素。同样,中美洲和中国这两个农业栽培中心的研究成果也与环境考古、植物学的研究密切相关。聚落形态研究的出现也是人们重视到人类与环境和资源关系的结果。总之,如果不是细致地搜集遗址中的动植物遗骸和孢子花粉以再现当时的生态环境,就不可能全面地反映古代居民的生产和生活的重要内容。随着研究水平的提高和手段的进一步完备,环境考古学必将显示出更大的威力。

(4) ^{14}C 测定年代法的发明和运用。随着原子物理学的发展,考古学中测定年代的技术日益完备。^{14}C 测定年代法可以说是诸多技术中最重要的一种。1946年,美国化学家利比(W. F. Libby)发现,任何一块古代人类的遗骨、人类留下的有机物残骸或木炭,都可通过其所含的放射性碳素的数量推断它的年代。利比测出,^{14}C 的半衰期为5568年。任何有机质,只要它不超过4万年,都可在实验室用这种方法测定其年代。后来,科学家在分析已知生长年代的树木年轮的碳含量时进一步发现,尽管 ^{14}C 表明的年代应该与年轮的年代一致,但二者往往有误差。利用 ^{14}C 断代越是早于公元前1千年,其估计值越低于实际的太阳年。于是,科学家们将活树与枯树相同年轮的部分放在一起,建立了树木年轮表,以校正 ^{14}C 断代的误差。美国亚利桑那大学的弗格森博士(Dr. J. Fergusson)利用加利福尼亚白山的刺果松(Pinus Longaeva)制成了可上溯到8500多年的年轮表,他希望这一成果最终要上溯到1万年。^{14}C 测年技术对考古界产生的影响是极其深远的,完全可以看作是考古年代学上的一场革命,它的重要意义不仅仅在于改变或推翻对一些原有文明的年代认识,而且意味着对那些早期并无任何文字记载的史前文明在时间上有了更为准确的认识。

20世纪20年代末,苏联也掀起了一股对传统考古学研究方法的批评运动。新一代的考古工作者试图通过对考古资料社会价值的研究,为马克思主义的历史观服务。他们指责过去的考古研究是"经验爬行主义",指责器物形态学研究是先入为主的偏见,是"单纯器物观"。蒙特留斯的类型学则被斥责为产生拜物教、产生以生物学观点解释历史的资产阶级进化论。新一代的考古工作者认为,传统的考古学研究方法限制人们去科学地分析考古资料,将古代遗产与现实社会完全割裂开来,以致于看不到产生物质的经济基础是历史发展的决定因素。在上述思潮的冲击下,考古学在苏联很长一段时间被改为"物质文化史"。今天的苏联学者在总结这一阶段的经验时指出,这些新的理论是当时尖锐的思想意识斗争的产物。当时试图以考古资料来论证马克思主义关于前阶级社会的理论,论证摩尔根的观点,以至于将所有社会、文化的变化都归结为社会经济的发展,特别是生产力发展的结果。实际上是把马克思主义庸俗化了。这种新方法仅仅是简单地从古代生产工具的遗物、遗迹去直接推断上层建筑的情况,包括社会关系、思想意识等等,这也导致了对考古资料的解释有僵硬和概念化的倾向。但是,今天苏联考古界也承认,尽管这类新理论过于简单化,但毕竟还是对某些方面的研究起到了一些积极的作用,如文化面貌的突变,社会发展的内在原因,生产技术发展对社会、文化发展的影响,物质文化是如何反映社会关系的等一系列问题。由于强调物质文化反映社会关系,所以在考察普通的古代遗物及其组合、遗址的布局时,工作是十分认真的。但总的说起来,苏联考古界认为上述新理论抹杀民族性,否定民族迁徙,从而限制了苏联考古学的发展,因此上述新理论在50年代初受到批判。

30年代中期以后,苏联的考古研究已反映出新的特点。20年代末以来产生的新理论逐渐淡化,而描述性的实验研究较为盛行,"考古学"的名称也开始恢复。至30年代末,随着资料的大量积累,对古代俄国边疆地区的研究加强了。以往那种忽视文化的多样性,将考古材料纳入大一统的死框框行不通了,旧观点的改变势在必行。对于在分析考古资料的方法论上出现的一些新认识,苏联考古界认为,由于战争和冷战威胁着民族的生存,导致民族意识的增长,从而刺激学术领域开始认真研究民族起源问题(区分民族差异和民族特征,以探索不同民族的起源)。民族性、民族迁徙、文化的连续性和传播、同化等概念再度受到极大重视。

50年代以来,苏联的考古研究不断有所变化,这主要反映在采用新的数学方法处理丰富的考古资料,注意力进一步集中于考古研究的客观性和方法论等问题上,研究的范围并逐步扩展到涉及人类起源和社会起源这样一些重大问题,包括思想和语言的起源,艺术的起源以及文明的本质和起源等。考古理论研究再度受到重视,有关生产方式和从猿到人的飞跃等问题的讨论也十分热烈。学术界的思想进一步解放,对西方非马克思主义的理论也有了客观的评价。

苏联学者认为,当代苏联考古界已形成七个不同的派别,它们以不同的研究方式把历史唯物主义的基本原理运用于考古学。如"历史考古学派"以复原历史为己任,主张没有必要建立与历史学相区别的考古学专门理论,因为考古学仅仅是历史学的一个分支而已。"民族考古学派"主张考古学文化与民族集团是完全等同的,相似的文化就具有民族意义。这一派在分析文化特征方面有所建树。"社会考古学派"虽然渊源于历史考古学派,但广泛运用了国外的考古经验。如柴尔德等人的"文化唯物主义"等。甚至还使用了"新考古学"的概念。"描述考古学派"的出现与电子计算机技术的引入密切相关,它把对考古资料的精确描述放在首位,在具体资料的基础上揭示事物的客观趋向。这一派促进了考古学的方法论和系统分析的发展,将一系列科学技术引入考古界。"技术考古学"广泛地运用岩石学、金相学、树木学等自然科学方法,主要成果反映在研究石器制作、古代冶金和古陶瓷方面。"生态考古学派"认为古代社会及生产是一个与环境发生作用的能动的单一体系,探索它们的相互作用是复原人类历史的关键性步骤。此派热衷于与地质学合作,并关注地貌学、古生物学和气象学的成果。"系统理论考古学派"的主旨是寻求建立一个广泛的理论体系,这个体系以严密合理的方法,把古代遗物的形态特征、组合关系及演变原因与这些遗物所反映的古代生活、古代社会的经济结构和思想体系联结起来。这就要求考古工作者首先必须如实报道考古资料,包括细微的特征,然后建立一个多阶段的研究程序,用以解释考古资料所必须的概念、原则。此派坚持古代社会研究必须严格地按一个多阶段程序进行,考古学包括这个程序的很多,但却不是全部。而上述六个学派都片面地夸大了这个程序的某一阶段,且以偏概全。理论考古学派必须揭示这个多阶段程序的结构,并确定各阶段在整个程序中的位置。这也就是系统理论考古学热衷于考古理论研究的原因。理论考古学派强调,当代历史研究的关键是对各种来源的资料进行综合研究,它至多包括两个步骤,第一步是学科内的,要求建立考古学体系,解决考古资料的零散性;第二步是学科间的,要求克服考古资料的片面性。

总之,尽管苏联考古学的研究目标也经历了30年代的那场变革,但它所走的道路与西方有很大不同,这有意识形态方面的原因。苏联学术界受社会结构和政治影响的色彩很浓,在学术研究领域有随政治因素波动的现象。他们也承认,由于在哲学上强调一元论,提倡考古学方法论的一致性,坚持历史唯物主义的基本原理成为一条法规,但忽视了社会学的研究,甚至以历史唯物主义代替社会学,这一现象本身就是违反马克思主义原理的,而且对于考古学研究方法的多样化也是不利的。再者,在苏联,考古学属于历史学的分支,由于以教条主义的方式将"历史"绝对化,对考古学的研究形成束缚。他们也意识到,考古学历史化所付出的代价就是在一定程度上或整个地丧失学科的专门性,因而主张建立考古学的研究历史的方法,但这并不意味着考古学要摆脱历史学,或抛弃历史研究的方法论。存在的问题是,由于强调历史研究的方法而忽视原始考古资料的现象;不注重器物形制的研究导致相对年代学的不健全;缺乏横向研究的思想方法,这一切导致了考古学所复原的历史仅仅是一些粗线条的轮廓。尽管存在着上述不足,还是应该看到,苏联是一个很重视理论研究的国度,在考古学研究的理论和方法上,不仅有自己的特色,而且取得了一系列的成果。此外,以上所谈到的七个考古学派的形成,表明其研究方法和手段已日臻完善,并呈现多元的研究学派。这些颇值得我国考古学界引起重视。

前面我们已将中国考古学发展的初期阶段划到20世纪50年代末。此时考古资料的积累已初具规模,不少新的文化(类型)被发现并被命名。黄河水库考古队的大规模工作大大地丰富了仰韶文化的内涵,庙底沟遗址的发掘从地层上给仰韶文化和龙山文化的年代关系下了结论,这些为60年代的一系列讨论奠定了基础。1952年,北京大学历史系开设考古专业,专业人才的培养步入正轨。同一年,《考古》杂志(当时称《考古通讯》)创刊,这预示着考古研究一个新局面的到来。然而,突出的标志是1958年发生在北京大学考古专业的那场争论,它与20年代末苏联考古界的情况十分相似,年轻的大学生们指责类型学是搞烦琐哲学的伪科学,公开对这种见物不见人的研究方式表示不满,进而提出要在中国建立马克思主义的考古学体系的口号。缘此,随后才有了考古学规划、建立考古学会的设想,强调要努力学习马克思主义理论,并运用于实际的考古工作中。诚然,这场争论带有那个特定时代的偏激和简单化的印记,在批判资产阶级少慢差废工作作风的口号下,导致当时的工作潦草、粗率,使不少内涵丰富的遗址失去了原有的重要价值,这是不能原谅的。但是,此次争论也产生了一定的积极意义,即探索考古学研究的新方法、新途径的可能性。它也使一些思想敏锐的学者开始注意考古现象所反映的一些社会问题。以苏秉琦先生为例，他对考古类型学的研究作出了重要贡献，1958年他却被当作资产阶级类型学的代言人受到批判，这也促使他对考古学的理论方法进行了深思。在此之前，他主要运用类型学进行文化分期以确立相对年代序列，此后，他的研究逐步转入到对考古现象与社会性质及民族文化的关系方面。另外，60年代开始的一系列讨论，当与这场争论不无关系，这里并不完全认为当时的争论导致了中国考古学研究方向的转变，而是强调，这种转变是考古学研究发展变化之必然。然而我们也应看到，在考古学研究目标的转变上，中国不如西方来的那么明显，而且缺乏理论和方法论上的阐释。它以缓慢的速度向前迈进，经十年浩劫的延误，至"文革"之后才最终完成。

60年代，中国考古界集中讨论了仰韶文化的社会性质、半坡类型和庙底沟类型的关系等问题，它活跃了当时的学术气氛，并开始涉及一些考古学理论和方法，表明中国考古学的研究目标发生了相应的转变。尽管这次讨论并未取得大的突破，但通过讨论，为后来学科的发展打下了基础，也初步形成了新石器时代考古研究的不同派别。回顾起来所不足的是，由于教条主义和语录游戏的影响，在对考古资料的解释和引述经典著作时，奉行实用主义，各取所需，争论双方都自称在坚持马克思主义的原理。这表明我们迫切需要建立专门的考古学理论体系。另外一点是简单化，以为分出母系、父系社会，问题就解决了，实际上这是一个远远没解决的理论问题。总之，中国考古学研究目标的转变是缓慢的，它表现在如下诸方面。

（1）学科的基础工作薄弱，尚处于进一步积累资料阶段。50年代的大规模发掘提出了不少问题，如仰韶文化的分期和类型问题，龙山文化的类型问题，但这仅仅局限于黄河流域，而且限于中原地区。尽管陆续发现了一些新的考古学文化，如长江中下游的大溪文化、屈家岭文化、青莲岗文化，黄河下游的大汶口文化，辽河流域的红山文化及东南沿海一线的几何印纹陶文化等等，但对它们的文化内涵、性质尚不十分清楚，所以一般都同中原的仰韶文化或龙山文化挂钩，受播化论影响，强调"中原中心"。由于基本的文化发展序列还不清楚，对于新石器时代文化的起源、文化的形式、文化之间的相互关系等问题的讨论还不具备条件。在这种情况下，强求从对器物的研究跃进到研究器物背后的人和社会是不适宜的。此外，还谈不到将自然科学的方法和手段引入考古界，社会学久已被搁置，民族学与考古学的结合还很生硬，所以中国也不可能像西方考古界那样在研究方向上迅速转变。同样，对类型学、地层学，理解也是如此，许多基础性的工作要靠类型学、地层学来完成，但由于研究力量、研究水平的极大不平衡，实际上迫切需要加强对这一基础理论的研究，同时也存在一个逐步完善和规范化的过程。

（2）受政治的影响，与外部世界的长期隔绝，极大地阻碍了研究工作的正常进行。新中国成立初期，举国上下照抄照搬苏联经验，考古界同样不例外，但当时毕竟还能得到网开一面的信息。60年代后，连这张网也收了起来，考古界基本处于一个封闭状态之中。一方面是理论信息的闭塞，另一方面是我们的学术研究缺乏横向比较的目光，即便有了这方面的信息,也未必给予重视。如像柴尔德这样有代表性的人物,长期以来也未予理睬,他的一部重要著作《人类创造自己》,50年代已有中译本,但在考古界却鲜为人知。另一个奇怪现象是,介绍西方考古重要发现及理论研究的文章往往不是由考古界,而多是由世界史领域做出的。时至今日,这个现象略有改变,当然这并不是说考古界要垄断这个业务,但透过它能反映出一种不正常的心态。

(3) 考古学研究与自然科学技术方法的脱节也限制了考古研究水平的提高。考古学研究中的一系列突破往往与自然科学方法或其他学科的辅助分不开,而我们在这方面的工作恰恰是不得力的。就以 ^{14}C 断代法为例,早在50年代中期,夏鼐先生就在新创刊的《考古通讯》中撰文介绍,但到建立实验室拿出成果已是十几年以后了,真正有效地利用和开展这项工作,则是70年代的事。至于其他自然科学的手段和方法,也仅仅是这些年才陆续开始,或刚刚提到议事日程上来。

(4) 轻视理论问题的研究。长期以来,考古界存在一种重实际轻理论的不良倾向。且好大喜功,能挖出宝就行,挖完后,研究工作也跟不上去,这无疑是一种巨大的浪费,甚至可以说是变相的破坏行为。一个学科的发展,需要理论上的扶持和带动。而资料的堆砌和积累并不代表学科的进步。这也是中国考古学研究目标转变缓慢的又一个重要原因。近几年,这一现象的严重后果已逐步显示出来,并引起部分考古工作者的注意。

从另一个角度看,类似前面谈到苏联的考古学历史化现象我们也同样存在。我们承认考古学与历史学是目的相同、实践有别的,但不能仅仅把考古学看作是一个"资料库",或者"铁锹装备的历史学"。总之,这个问题比较复杂,可能最终要涉及学科的归属问题,起码史前考古学是这样的。同样,这也涉及专门的考古学理论体系的建设问题。

"文革"期间,考古学研究处于停滞状态。可是,在这大动荡的年代里,一些不甘寂寞的学者,冷静地思考着,他们后来构成了这个学科的中坚力量。

"文革"以后,中国考古学大大向前迈了一步。政治空气的逐步好转,使得学术空气变得相应自由了。旧的机构开始恢复,新的机构逐步建立。这时期进行的一系列讨论,涉及考古学文化的概念、考古学文化与民族的关系、民族与国家的关系、古代国家与现代国家的概念等等。专题研究的兴起丰富了考古学研究的内容,如史前房屋建筑、中国稻作农业的起源、早期的冶金术、生产工具的发展变化及石器微痕研究等等。各种年代测定技术的使用互相印证,推动着研究工作的深入。

地方考古力量崛起,他们办起了刊物,主持考古发掘和研究,打破了原来由中央一统的框框,活跃了争鸣的气氛。新的考古发现不断冲击"中原中心说"。实际情况表明,中国早期文化的起源呈现多元的色彩,发展极不平衡,这反映在同一时期文化发展的不平衡和一个文化发展过程中的不平衡两个方面。黄河流域、长江流域和长城以北广大地区的远古文化共同构成了中国早期的文明曙光。

区系类型理论的建立构成了中国考古学的基础理论框架,它标志着中国古文化发展谱系的初步确立。作为一种方法论,区系类型学以马克思主义的社会发展观为指导,总结过去,确立学科建设目标为出发点,其主旨在于最终了解中国这个统一的多民族国家是如何形成的。

这一时期重要的发现和研究有如下一些,新石器时代早期文化的发现和研究,其中包括对中石器时代的探索。中国文明的产生和国家的形成,包括对早期铜器的起源问题、城市出现的标志的讨论,以及夏文化的讨论等。一些老问题的研究也大大前进了一步,如仰韶文化、龙山时代的区、系研究。这些问题的解决,将大大充实中国早期文明的内容。中国新石器至青铜时代彩陶的综合研究,以事实证明"彩陶文化西来说"的荒谬,并从年代上排比出含有彩陶因素的史前文化不断西渐的过程。此期讨论的内容还涉及陶器的起源、早期陶器的制作方法及形态、中国华南地区的前农业文明、母权制的私有观念和形式、私有制的起源及中国的军事民主制时代等等。边疆地区的考古工作正在受到进一步的关注。总之,研究的内容和方法趋于多样化、细致化和深入化。

实验室研究和计算机技术的引入对新一代考古工作者更具有吸引力,这表现在石器的模拟制作和运用计算机分析处理墓葬资料并进行分期等方面。仰韶文化彩陶和龙山文化蛋壳陶试制成功,并用以解释当时的生产力水平、制作技术、程序和材料来源等等。

涉及考古学基础理论的研究得到了很大加强。80年代以来,不少著名学者就考古类型学和地层学进行了详细的阐释,尽管看法并不完全一致,但都认识到统一对这些基本问题的看法将对提高我国考古学研究的水平具有重要的指导意义。近年来,又有"文化因素分析法"的提出,已有学者运用这种方法对某一遗址进行分析研究,取得了可喜的成果。它要求分析一个考古遗址内部所包含的不同文化因素的组成,以识别其文化属性,进而确立它在考古文化谱系中的位置。所谓"不同文化因素"是指那些源自不同的考古学文化、互相有别的特征。这里要采用定性、定量分析的方法,并强调这种比较首先要在同一时期的不同文化之中进行。目前对这一方法的认识并不一致,有的认为它是高于类型学的,有的认为它是类型学的一部分,有的则认为它是同一问题的两种说法。问题是,文化因素分析法能否构成一个独立的理论(方法论),或者说它仅仅是一种手段而已。实际上,这一方法已体现在许多已有的类型学分析之中,看来,它应该是对考古类型学的补充和延伸。

开放政策为学术交流的正常化提供了可能。我们的考古文章中已不仅仅出现马克思、恩格斯、摩尔根等人的名字,我们已开始熟悉一大批对考古学的发展颇有贡献的学者,从戈登·柴尔德到路易斯·宾弗德(L.R. Binford)。环境考古学、浮选法、聚落形态、新考古学、水下考古、计算机技术等等新内容我们已不再陌生,并开始加强对它们的研究,或尝试着在考古作业中加以实践。

开天辟地头一回,我们有了新的立法——文物保护法。尽管在执行中尚不尽如人意。但随着机构的健全,一系列相应的政策的出台、制度的建立,一切都在向着正规化迈进。国家文物局举办了考古领队训练班,只有经过这个训练班的学习和考核,才有资格主持考古工地的发掘工作,这将进一步提高和保障我们田野考古工作的水平和质量。

一批思想敏锐的学者已开始考虑一些具有世界性意义的理论问题,如考古学的基本理论是什么？考古学应不应该有专门的理论体系？考古学基本理论是否就是类型学和地层学？考古学与历史学到底是什么关系？把考古学，特别是史前考古学限定在社会科学——历史学的范畴之内是否合适？考古学的特点仅仅是以实物为特征吗？考古学作为历史学发展到一定阶段的产物，是否可划为古代史研究的高级阶段？是否可以将考古类型学、地层学视为考古学研究的低层次阶段，而将"新考古学"划为高层次阶段呢？

还要看到我们的不足，它表现为考古学内部的封闭现象，互相之间封锁资料，研究周期过长。以及片面强调类型学，以至于将其概念化或图解化的倾向。要承认我们研究领域的色彩还比较单一，虽然在研究的风格上已形成了不同的派别，但均缺乏理论和方法论的说明。此外，我们至今还缺少一部完整的考古学教科书。

尽管如此，我们可以毫不夸张地说，中国考古学正在赶超世界先进水平。回顾考古学的发展史，我们有过大的落差和反复，终究以后来者的姿态引起世界的注意，正如英国著名的考古学史专家丹尼尔（Glyn Daniel）所言："对于中国重要性的新认识，将是考古学在未来几十年中关键性的进展。"我们要进一步注意国外考古学的研究动向，吸取有益的养分，并立足于保持我们自己的特色。要认识到孤立绝不会导致领先。要加倍努力，使中国的考古学研究也达到"黄金时代"。

60年代，英美考古学界又有一股新的潮流，这就是"新考古学"的出现。有人称它是对传统考古学研究的又一次反叛。该派的代表人物是美国新墨西哥大学的宾弗德（L.R. Binford）和英国剑桥大学的克拉克（David Clarke）。基于对传统考古学提出的假设和观点感到不满，新考古学确立了他们的目标，即考古学不再是只求再现过去的情况和简单地说明以往发生的事情，还要进一步弄清事物变化的来龙去脉。为此，就需要为考古学制订更为明确的理论体系，对旧的观点提出怀疑。如果目标是为了要弄清楚事物变化的来龙去脉，那么对世界某一地区的研究，即可为理解另一地区发生的情况提供极有价值的线索。因为，"新考古学"不以种族为中心，至少避免以种族为中心，进而通过历史文化生活和社会生活的变化去了解和掌握人类历史发展科学性的一般法则。"新考古学"认为，考古学应致力于研究文化发展的过程，即研究人类文化是如何和为何发生变化的。必须更加仔细地考虑如何从出土物中看到各种差异和变化。这就是说，"新考古学"必须有更好的理论和更好的方法，用以解释考古发现的问题。"新考古学"力图理解事情变化的原因，这意味着考古工作者要像自然科学家理解自然界那样来建立自己的理论，然后再对这种理论加以检验，或用考古发现来论证。"新考古学"十分注意更仔细地研究文物古迹是如何形成的——我们发掘的遗址和其中的文物究竟为什么处在我们找到它的地方。"民族考古学"这门新的学科分支的兴起正是为了研究这个问题，它需要研究者前往那些今天在生活方式上依然类似我们所研究的史前社会或古代社会的地方去体验生活，研究那些当今的文物古迹是如何出现在今天那样一个地方的。缘此，宾弗德认为，要了解那些早已消失的狩猎民族的遗址，最好的办法是亲自到今天狩猎民族生活的地方，仔细研究其有考古价值的东西，他选择了阿拉斯加爱斯基摩人的一个部落。纽约市立大学莱曼学院的考古学教授克莱默(Carol Kramer)则选择了伊朗高原的一个古老村庄。他们生活在那里,观察这样的部落、村庄是如何生活并遗弃废物的。西方考古界对他们的举动给予很高的评价。

美国亚利桑那大学的拉思杰教授(William Rathje)运用"新考古学"的研究方法,领导了"垃圾清理计划"的运动,以研究该地区居民抛弃废物的情况。他们把废物从垃圾箱里收集起来,在实验室加以研究。这项计划旨在说明一点,他们认为考古学的各种技术对于研究古代和现代各个时期、各个地方的人类社会物质文明都有用处。在当代考古工作者的心目中,不应再有什么"原始"文化和"现代"文化之分。现代的和古代的狩猎民族和城市居民一样令人感兴趣,他们都是人类丰富多彩的文化的一部分。可见"新考古学"不仅认为自己是考古学家,而且更是民族学家和社会学家,实际上,他们也正是这样做的。

"新考古学"的观点在西方考古界尽管众说不一,但持肯定态度的学者则给予高度评价,他们认为宾弗德的巨大成就在于他认为,为了理解过去,仅仅靠发掘古代文物,并根据自己对这些文物的印象写一些直觉性的报告是远远不够的。剑桥大学迪斯尼讲座著名考古学教授伦福儒(Colin Renfrew)认为:"从许多方面来说,考古学中最激动人心的新发展并非那些在实验室取得的新成就,亦非那些在完善测定年代的方法或研究早期社会环境方面取得的成功,而是在于视野方面和理论基础方面发生的变化。"他认为,"新考古学"比传统考古学要乐观,因为许多传统考古学者认为无法通过考古学了解古代社会结构和宗教生活。"新考古学"则主张,必须建立一种健全的理论,使考古学不仅能阐明饮食和技术等方面的情况,而且也能阐明有关社会结构和宗教生活等方面的资料。传统考古学常常从文化"扩散"的角度来解释事物,即重大的进步,只发生在一二个地区,然后逐步扩散到边远和野蛮地区,这是一种殖民主义观点。"新考古学"认为,要了解所发生的变化,就必须懂得所研究的地区发生变化的过程,必须研究社会结构、人口发展,以及经济和技术等方面的变化。相互间的交流、新思想的输入,可能或确实在这一过程中发挥了作用,但不一定占主导地位。伦福儒表示,如果仅仅把注意力集中于本国,那就是沙文主义。考古学使我们有可能把每个国家的早期历史看作是整个人类更大范围的历史之一部。"新考古学"要求更好地理解人类文化的多样性、它的现在和过去。正是由于科学给我们带来了一系列的新技术,由于"新考古学"的严谨和自觉性,我们可以比较容易地做到这一点。

不难看出,"新考古学"的研究目标与20世纪50年代以来的考古学基本相同,但在观念和方法上又有新变化。它的理论来源主要有三方面:第一是柴尔德的文化唯物主义;第二是格林汉姆·克拉克的文化生态学;第三是系统论,这是"新考古学"的理论基础。宾弗德认为,各种遗物的现象都互相有联系,反映生产技术的东西也可能反映社会和宗教,它们有联系,而发现这个联系则需要各种手段。基于此,"新考古学"的研究程序也很有特点:第一是产生一些假说,这些假说有不同的来源;第二是形成实验这些假说的前提;第三是在考古作业中进行实验,如能证明这些假说,则表明假说是正确的,否则反之。这种以结论先于资料的做法,西方考古界也认识到是对考古遗址的一种破坏,尽管它在实际工作中很少使用或不用。张光直认为:"考古学有它一定的程序,即首先把发掘的材料整理出来,在有一个非常坚实的年代学基础后,再去做比较抽象的社会科学法则性的研究,这是一个比较完满的研究方法。"

总之,"新考古学"的研究目标在英美考古学界,尤其是年轻一代中很受欢迎,并成为研究领域的焦点,所以,我们很有必要加强对它的了解和认识。我们前面在介绍苏联考古界的现状时提到,他们的社会考古学派在研究方法中使用了"新考古学"的概念,但苏联考古界对"新考古学"基本持否定态度,认为它并不是一种复原古代社会的严密方法,而是一种"社会考古学"。但实际上,他们的系统理论考古学派强调文化发展的阶段性,与"新考古学"的"过程论"就很有些相似的成分。目前我国考古界对"新考古学"的介绍还很不充分,了解也是肤浅的,褒贬不一,也可能在某些观念上我们与他们还有差距。但它在西方考古界如此热门,也并非毫无道理可言。相信随着研究范围的扩大,在增进了解的基础上,会给"新考古学"一个客观评价。此处我们暂将"新考古学"作为考古学发展史上第二阶段中的一个新派别,不另设一新的阶段。

当代众多学科不断分支演化,知识不断增殖,即便是专业人员对此亦应接不暇,但在知识的背后探索新的方法、新的理论,愈益引起人们的重视。迅速、广泛地接收新的信息,并将之消化、利用,对每个学科的进步都是有积极意义的,考古学当不例外。

1986 年 8 月于四川绵阳

后记:

本文是我在北京大学听严文明先生的"中国新石器考古研究史"所做的一篇作业,故对史前时代的考古内容多有偏重,特此说明。

本文曾发表在:《庆祝苏秉琦考古五十五年论文集》,文物出版社,1989 年,129—143 页;后收入北京大学中国传统文化研究中心编《北京大学百年国学文粹·考古卷》,北京大学出版社,1998 年,501—512 页。

培养考古学家的摇篮

考古学是一门年轻的学科，19世纪中叶首先出现在欧洲。1921年，以河南渑池仰韶村的发掘为标志，近代田野考古学被正式引入中国。1922年1月，当仰韶村的发掘刚一结束，敢为天下先的北京大学就在新成立的研究所国学门设立了考古研究室，由著名金石学家马衡担纲任主任。同时特辟了古物陈列室，展陈本校所藏的金石、甲骨拓本。

1923年，北大成立古迹古物调查会，先后派员赴河南、河北、新疆、辽宁、甘肃进行调查。次年，古迹古物调查会更名为考古学会。1925年，学会派陈万里先生参加哈佛大学组织的华尔纳考古队，前往敦煌考察文物古迹。1927年，中（国）瑞（典）"西北科学考察团"成立，由北京大学教务长徐炳昶先生出任中方团长，中方团员均系北京大学的师生。

1934年，胡适先生兼任考古学研究室主任。1939年，北大在昆明恢复文科研究所，考古研究室由向达先生负责，并开始招收研究生。1945年，中央研究院史语所、北京大学等四家单位联合组成了西北科学考察团，由向达先生出任历史考古组组长。

1947年，北大成立了以胡适、汤用彤、向达等著名学者组成的博物馆筹备委员会，制订博物馆专科规程，决定当年招生，两年内独立建系。1948年，北大正式筹备博物馆，由韩寿萱先生出任馆长。

1952年，全国高等学校进行院系调整，在北京大学历史系组建了我国第一个考古学专业，由著名考古学家苏秉琦先生任教研室主任。同年，北京大学与文化部社会文化事业管理局、中国科学院联合举办考古训练班，至1955年先后举办四期，参加人员多达346人，这批学员后来在全国各地的考古工作中发挥了重大作用。

1983年，为了适应学科发展，考古专业从历史系独立出来，新组建了考古系，由著名考古学家宿白教授担任系主任，这也是中国第一个考古学系。1989年，在考古学系新设立了博物馆学专业，于同年开始招生。

1993年，北大考古系与美国赛克勒人文、科学与艺术基金会联合建成了北大赛克勒考古与艺术博物馆。该馆收藏各类文物数万件，为考古系的教学、科研及北京大学的对外文化交流创造了良好条件。博物馆除常年展出历代出土文物以外，还定期举办重大发掘成果展览。开馆以来，在展示中国考古学研究成果、宣传普及文物考古知识、弘扬传统文化、促进国际学术交流等方面取得了很大成绩。1995年，北大赛克勒考古与艺术博物馆在日本东京出光美术馆举办"中国考古学展"，获得一致好评。在北京大学百年校庆前夕，江泽民总书记亲临赛克勒考古与艺术博物馆视察，并提议："以后外国元首来北京大学时,都要看看北大的博物馆。"

北大考古系现设两个专业(考古学、博物馆学)、四个教研室(旧石器时代考古、新石器—商周考古、汉—唐—宋元考古、博物馆学)、两个实验室(年代学、文物保护),以及赛克勒考古与艺术博物馆、陶瓷研究所、技术室、资料室和六处考古教学实习基地(辽宁营口金牛山、内蒙古呼和浩特大窑、湖北天门石河镇、山西曲沃曲村、北京房山琉璃河、四川忠县㽏井沟等)。

考古学系现有重点学科1个(考古学,为全国高校考古专业中唯一的重点学科)、1个博士点(含旧石器时代考古、新石器时代考古、商周考古、汉唐宋元考古、年代学、文物保护6个专业方向)、2个硕士点。① 考古学(含古文字学、民族考古学、年代学、文物保护4个专业方向),② 博物馆学。此外,考古学系与北大历史系共有一座博士后流动工作站。

考古学系现有专职教师及研究人员42名。其中,正教授14人(博士生导师9人)、副教授19人。教师中有博士学位者10人、硕士学位者16人。其中有一批老教授是在国内外考古学界享有极高威望的学术带头人,他们有着严谨的学风和治学态度,多年来一直活跃在考古教学与科研的前列。北大考古学系不仅在国内的教学科研处于领先水平,在国际上也颇富影响力,被海外同行誉为"中国考古学家的摇篮""21世纪中国考古学研究中心"。

北大考古学系积45年之经验,经长期摸索实践,已经建成了一套行之有效的教学体系,所设课程门类齐全。其中,专业骨干课有:中国考古学7门、博物馆学概论1门。其他系统课程还有古文字、文献学、文化人类学、古代汉语等基础课,另外还设有考古测量、考古测绘、考古摄影、田野考古等专业技术课程。自20世纪80年代以来,陆续增设了考古年代学、科技考古、环境考古、定量考古、文物保护等文理交叉课程。专题研究的选修课已开设了40余门。1989年,"商周考古课程教学改革与收获"获国家优秀教学成果奖;1993年,再获普通高校优秀教学成果国家二等奖。1996年,田野考古教学获北京市优秀教学成果一等奖,陶瓷考古获北京市优秀教学成果二等奖。

近年来,北大考古系每年聘请国外著名考古学家讲授国外考古及考古学方法和理论,为开阔学生眼界、扩大知识面、培养合格的专门人才提供了保证。田野考古实习是学生的必修课之一,由我系师生承担或参与的考古调查、发掘,上迄旧石器时代,下至宋元明清,地点遍及大河上下、长江南北,其中不少发掘成果对中国古史研究产生过重大影响。多年以来,考古学系形成了良好的学风,即优秀教师、知名学者坚持在教学第一线和田野考古第一线,他们治学严谨,教书育人,硕果累累,在教学科研中发挥了重要作用。自从举办"中国考古十大发现"活动以来,北大考古学系已多次获得这一荣誉。其中,1992年荣获两项;1993年荣获两项;1994年荣获三项;1995年荣获一项。在1995年评选的八五期间50项重大考古发现最重要的十项中,北大考古系参与的项目就占了四项。

六五以来,北大考古学系教师已发表学术论文600余篇,学术著作50余部。80年代中期,考古学系成立了《北京大学考古学丛书》编辑委员会,现已出版学术论集5部、工具书1部、资料集1部、考古图录2部。

七五以来,北大考古学系承担省部级以上科研项目51项。其中,国家自然科学基金10项、世界银行贷款1项、国家科委重大攻关项目4项、国家哲学社会科学重大项目1项、国家哲学社会科学重点项目5项、国家哲学社会科学规划项目6项、国家教委哲学社会科学规划项目9项、国家教委博士点专项基金9项、国家古籍整理项目4项、其他2项。其中,九五期间获准项目有9项。目前正在进行的国家级项目9项、省部级项目9项、国际合作项目3项。这其中,国家级的重大项目有:1)夏商周断代工程;2)多卷本《中国考古学》;3)天马—北赵晋侯墓地。七五以来,考古学系获省部级以上教学、科研项目奖19项。1996年获国家级奖2项、省部级奖6项。

考古学系每年面向海内外招收本科生20—25人,硕士研究生15—20人,博士研究生5人左右,外国留学生、进修生10人左右。每年接收进修生、进修教师3—5人,访问学者3—5人。本系现有不同层次的学生近200人。

迄今为止,考古学系已培养不同层次的毕业生1700余人,为国家输送了大批考古专门人才,他们中有相当一部分已成长为各省、市、自治区学术机构或职能部门的负责人,为中国考古学、文物博物馆学的建设和发展作出了重要贡献。新中国的考古学之所以能够取得令世人瞩目的成就,与北大考古学系的莘莘学子所倾注的大量心血是分不开的。

北大自建立考古专业以来,已培养外国留学生(含进修生、本科生、研究生)近200名(包括美、英、法、德、俄、日、意、加、希腊、越南、蒙古、朝鲜、韩国、南斯拉夫、比利时、阿尔及利亚、瑞士、新西兰、瑞典、丹麦、挪威、斯里兰卡、印度、墨西哥等国),将中国考古学推向了世界。

1998年4月,在北京大学百年校庆前夕,在考古学系的基础上,由国家文物局、北京大学联合成立了中国文物博物馆学院(或"北京大学考古文博院")。在签字仪式上,国家文物局张文彬局长指出,国家文物局与北京大学这样一所具有悠久历史和光荣革命传统的世界知名学府联合办学,是中国文物博物馆界盼望已久的一件大事,联合办学可发挥各自所长,通过双方努力,一定会培养出人文科学与自然科学、专业研究与事业管理相结合的复合型人才,为21世纪我国的文物、考古和博物馆事业发展作出贡献。北大校长陈佳洱院士说,时值北大建校百年之际,国家文物局与北大联合办学,可以满足社会上对文博专业人才的需求,也有助于北大加强基础研究,培养高素质人才,对北大在21世纪建成世界一流大学有重要意义。

本文曾发表在:《中国文物报》1998年5月24日第二版。

考古学与文化人类学

在人类学界有这样一种说法，即把人类学形象地比做是一驾有四个轮子的马车，这四个轮子就是体质人类学、考古学、民族学和语言学，而后三者又是文化人类学构成的基础。从考古学早期的发展历史看，它与人类学的关系尤为密切。

考古学是将历史上人类遗留下来的实物遗存作为研究对象，研究并复原历史。这个"实物"广义上囊括了历史上人类创造的一切，包括各类遗物、遗迹和某些自然遗存三部分。考古学的基本研究方法是地层学和器物类型学，野外考察和发掘是考古学获取资料的最根本手段。考古学研究的终极目的是探索人类历史发展的内在原因和规律，衡量和判断各种内因、外因在塑造人类自身及社会组织过程中的作用。从这一角度看，考古学在人类学，特别是文化人类学中占有重要的地位。因此，考古学家也往往被看作是人类学中的历史学家。

以往考古学一直隶属于历史学。由于考古学所具有的某些特殊性，一位合格的考古工作者，不仅要有考古学、历史学的知识，也要掌握相应的民族学、地质学、地理学、古文字学知识，如有可能，也要学习一些动物学、植物学，甚至某些自然科学方面的知识。由于田野考古有相当大的偶然性，在实际工作中往往会发现一些意想不到的东西，对那些超出专业知识以外的遗物需要有相应的了解，至少知道应该把它送给谁去研究。掌握其他学科知识的目的是，在田野工作中尽可能多地搜集和提取人类历史档案中遗留下来的宝贵信息。从这一角度出发，可以说现代考古学正在成为一个多学科的汇合点，其发展趋势是多学科的参与，特别是自然科学家的参与。

20世纪60年代，在西方考古界出现了"新考古学"，它在很大程度上是以现代科技知识为依托，运用其他哲学社会科学，特别是文化人类学的研究方法。美国哈佛大学人类学系著名的考古学家戈登·威利和J.A.萨布丰曾指出，新考古学有三个支柱，一是文化进化理论，二是系统理论，三是逻辑演绎推理。可见，其理论趋向与当代文化人类学有很大的一致性。

新考古学家认为，为了理解过去，仅仅靠发掘古代文物，并根据自己对这些文物的印象，写出一些直觉性的发掘报告是远远不够的。剑桥大学著名的考古学家C.伦福儒对新考古学的评价是："从许多方面来说，考古学中最激动人心的新发展并非那些在实验室取得的新成就，亦非那些在完善测定年代的方法或研究早期社会环境方面取得的成功，而是在于视野方面和理论基础方面发生的变化。"新考古学的乐观之处在于，他们主张必须建立一种健全的理论,使考古学不仅能阐明饮食和技术方面的情况,而且也能阐明有关社会结构、宗教、艺术等精神领域的生活。这一理论在60—70年代对美国影响很大,亚利桑那大学的W.拉斯杰教授运用"新考古学"的研究方法领导了"垃圾清理计划",他们把垃圾箱中的垃圾收集到实验室,分门别类统计,研究一个街区内居民的废物抛弃情况。这项研究旨在说明一点,即考古学的各种技术对研究古代和现代各个时期、各个地区的人类社会和文明都有用处,在当代考古学的心目中,不应再有什么"原始"文化和"现代"文化之别,无论是古代的狩猎民族还是现代的城市居民,对考古学家来说,都是有研究价值的,他们都是人类丰富多彩文化的一部分。由此可见,"新考古学"不仅认为自己是考古学家,同时也把自己看作是民族学家和社会学家,而且他们正是这样做的,这反映了考古学与社会—文化人类学彼此之间相互渗透的趋势。

文化人类学研究方法的整体性和相对比较性,大量使用的分类、排比和统计分析,以田野考察和个案研究为本的工作方法,均与考古学有很大的相似性。早在1932年,英国考古学家D.兰达利—麦克维在讲到地质学和生物学对考古学的贡献的同时,着重指出考古学是受到人类学恩惠的。他说:"没有人类学,考古学是单眼的和近视的,有了它,就有了历史,考古学家才能从推理上以及通过类比去重建早期到现在人类的历史。"尽管这一说法过于强调人类学对考古学的影响,但应该承认,考古学中确实有一些理论、概念是从文化人类学中引进或加以改造而利用的。

曾经有人抱怨中国考古学缺乏人类学的传统,如果最初考古学能像美国那样被纳入人类学体系,那么今天的中国考古学将完全是另一种局面。但实际情况是,中国考古学在诞生之初也有着浓郁的人类学色彩,作为中国考古学的奠基人(同时也是台大考古人类学系的创始人),李济之先生早年留美,在麻省理工大学学习社会学和心理学,后赴哈佛专攻人类学,回国后从事考古并在清华国学研究院讲授人类学。他作为中国考古学的开山鼻祖,为什么不完全照搬照抄美国的经验,我想最大的原因就是这两个国家的历史和文化差异太大了,实际上这也是一个学科本土化发展的必然结果。

由于历史的原因、文化的差异,以及学科建置和发展等方面的不同,今天,我们已很难用同一标准来看待文化人类学和考古学,也很难说清楚考古学与文化人类学之间的差异。但我以为,正如每个人都应该学点历史一样,每个人也都应该接受一点文化人类学的训练。对西方人来讲,往往是从历史学的角度学习文化人类学;对中国人来讲,则是从文化人类学的角度学习历史。以往,我们的思维模式先是被王朝延续的史学观所铸造,后来又被西方文化人类学中的"单线进化理论"所左右,批判者与被批判者都在用同一逻辑互相批驳,过分相信自己所掌握的真理,自以为可以解释一切,实际上缺少一种对不同思想的容忍和理解。从这一情况出发,多了解一些文化人类学的理论和观察问题的方法,对于弥补上述缺陷是有益的。

根据上面的一些想法,我们认识到,在将来的教学中,应有计划地加强文化人类学的训练。也正是针对这一点,北大考古系在教学中,专门设置有文化人类学和体质人类学的课程。另外，我们也考虑能否在将来的田野考古实习中，有目的地穿插一些文化人类学方面的内容，使本科生的田野训练更加全面、灵活，这对于培养学生的工作能力、适应能力，开阔思路，扩大学生就业范围，都是有益的。

在这方面，我们是有条件的，北大考古系在地方建有实习基地，这些基地大多在乡下的村落，学生一次的实习时间长达4个月。我想，如果能在这些基地作一些社区、村落文化变迁的调查研究是有意义的。但具体怎么操作，还有待琢磨，目前还只是一些设想，但客观条件还是具备的。1994年，我带队在三峡水库淹没区作论证发掘调查时，就发现有一些很有意思的现象。北大负责的工作地点在四川忠县，这在四川是个小县，也是个贫困县，人口多达100万。据县长介绍，该县外出打工的农民比例高达30%，估计数字有些夸大，但即便缩小一半，也可以想象四川外出打工的农民数量之庞大，而且全部为青壮年，由此也会带来一些社会问题，其中最明显的就是男女比例失调，女性外出打工，大多外嫁不归，如果处理不好，将来会导致严重的社会问题。再就是移民问题，当地农民人均土地很少，而三峡库区最好的土地就在长江两岸海拔140—165米的位置，这一高度恰好处在水库淹没的范围，将来三峡的移民是需要人类学家研究的大课题。在其他的考古基地也有类似情况，如山西曲沃曲村早年的河南移民等。总之，我们可以做一些民俗、传说方面的资料搜集工作，如三峡地区巴人遗留的庆典、传说等。眼下马上做还有一些困难，将来可以考虑借用一些外部力量，采取合作的方法加以尝试。

考古学是以实物为对象的一门科学，有关考古学理论方面的建设一直比较薄弱，文化人类学的许多理论对于促进考古学的理论建设是有益的。实际上，考古学也一直在不自觉地使用某些人类学的理论。在当代的社会科学领域，一门学科只有突破了本学科的局限，才能不断获得生机并求得真正的发展。

本文是1995年在北京大学社会人类学研究所、中国社会与发展研究中心"社会—文化人类学第一期高级研讨班"学习的书面发言，原文发表在：《人类学与民俗研究通讯》(16—17期)，北京大学社会学系人类学与民俗学中心，1995年，25—28页。

埃及串珠：连接夏鼐博士与
皮特里爵士的精神纽带

2015年是中国著名考古学家夏鼐先生逝世30周年。《南方文物》特辟专栏纪念这位中国考古学的奠基者和领导者（图一）。年初，周广明先生和我谈及此事，我建议除了组织纪念文章外，应该特别强调一下夏鼐先生早年在埃及串珠研究领域所作的杰出贡献。尽管学界都知晓夏鼐先生留学英国并完成了博士论文《古埃及串珠》，但这部重要著作至今尚未出版，其具体内容并不为学界所了解。

为配合此项纪念活动，我让一位博士研究生翻译了夏鼐博士论文的一个章节（第十一章），以飨读者，并撰写了简短的编者按。[1] 同时在《南方文物》还配发了一篇中国西北地区史前装饰珠子的研究文章。[2] 我希望通过这些实实在在的工作，激发我国考古界对史前装饰品研究的重视。

图一　夏鼐先生

在此之前，《考古》杂志发表了伦敦大学学院埃及学讲座教授斯蒂芬·夸克（Stephen Quirke）撰写的一篇纪念夏鼐的文章。[3] 此文概略介绍了夏先生以埃及串珠为对象撰写博士论文，包括从选题、搜集资料、制作卡片、编目及阐述其研究所包括全部资料的时空关系的心路历程。夸克对夏鼐的博士论文（图二：左）给予高度评价，他在文章的结尾写道：

　　在伦敦，(有)三位最能了解该论文影响的人，(即)他的指导教师、继皮特里之后伦敦大学学院教授和馆长格兰维尔（Stephen Glanville），串珠研究最权威的考古学家布伦顿（Guy Brunton）和迈尔斯（Oliver Myers），(他们)与论文作者失去了联系。(格兰维尔)在"(二)战"后离开了考古界，从事别的工作，而布伦顿和迈尔斯则不再(从事考古)工作。更反常的是，没有任何从事埃及考古或者非洲考古的人发表过关于该地区的串珠或串珠研究一类的专著。世界百科辞书也许足以在田野工作方面填补这

---

[1]　夏鼐著，艾婉乔译：《古埃及的珠子：分类原则》（第十一章），《南方文物》2015年4期。
[2]　艾婉乔：《夏鼐先生"古埃及串珠"对中国西北史前装饰品研究的启示》，《南方文物》2015年4期。
[3]　斯蒂芬·夸克：《夏鼐先生与古埃及串珠研究》，《考古》2014年6期。

方面的空白，或者早期田野工作者如布伦顿等人发表的著作对比较研究来说也许足够，甚至，在伦敦或许夏鼐出色的博士论文竟使任何人都不敢尝试这种对于他们来说可能会耗尽一生时间的工作。（由于）没有人继续（这方面）研究，在非洲东北地区考古理论与实践的核心领域留下了一个巨大的空白，它直接影响到西亚和东南欧范围内与之密切相关地区的研究。这个核心研究及其基础资料的出版，当可解决如今的缺憾，为人类生活重大问题的这个关键领域的继续研究提供必要条件。这是因为"普普通通的串珠"能为我们提供普遍珍惜的东西，那就是我们最具物质性的、最为亲密的联系，即人类活生生的身体与可以感知的意识层面的联系。①

此文发表的同时也披露了一个好消息。即考虑到夏鼐在中国考古学发展史上的地位，以及《古埃及串珠》的学术价值，在中英两国学者多方努力和中国社会科学院考古研究所、伦敦大学亚非学院的支持下，《古埃及串珠》将由中国社会科学文献出版社和国际著名的斯普林格（Springer）出版社于 2013 年共同出版（英文）。这对埃及学，乃至世界其他地区的装饰品研究都是一件值得庆幸的事。特别是一部考古学著作能在时隔 70 年以后得以发表，这在学术界是极为罕见的（图二：右）。

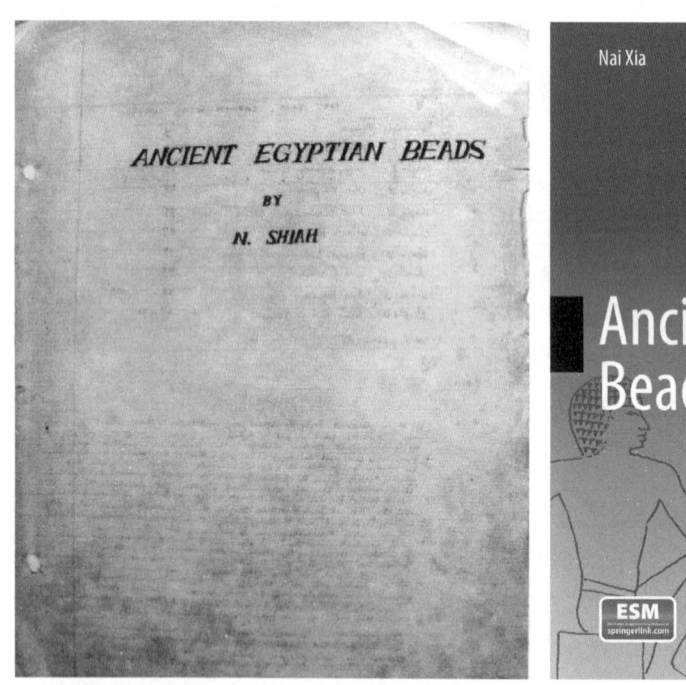

图二　（左：夏鼐博士论文封面原件，夏正楷先生提供；右：英文新版封面，庄奕杰博士提供）

夸克教授在他的文章中还专门提到，夏鼐留学英国期间，特别想追随著名考古学家佛林德斯·皮特里爵士（Sir. Flinders Petrie）学习埃及学，他的一系列行为也确实暗示了他

---

① 斯蒂芬·夸克：《夏鼐先生与古埃及串珠研究》，《考古》2014 年 6 期。说明：鉴于这部分文字有些不通顺，括号内的文字为本文作者所加。

对这位著名学者发自内心的景仰。早在清华读书期间,他就阅读了皮特里的《史前埃及》《工具与武器》等著作。出国前在安阳实习期间,他在1935年5月17日的日记里专门记述了吴金鼎讲述巴勒斯坦发掘时皮特里的趣闻:

> 老教授颇为有趣,所用之照相机及测量仪器皆为20余年之前之物,谓今日此种好货已无法购买。对于美国人之发掘工作,皮特里氏谓为钱多所害,如果经费较少或能科学化一些。又讥法国人,谓在埃及发掘得壁画专拣漂亮的,欲拿回来与女朋友看。

夏鼐刚到英国,就借阅了皮特里的《考古学七十年》。在他留学的第一年,还将皮特里所撰《考古学方法与目标》一书通读两遍,并标注重点。以上足以显示出他对这位从未受过专业训练,凭借测量金字塔的机会进入考古领域,最终成为著名埃及学家的人物的敬重与向往。他在比较皮特里和谢利曼对考古学的贡献时指出:

> 皮特里的自传,时常提及考古学的技术,对于学考古的人得益不少。谢利曼的传记,则是普通读物,富于文学趣味。

这里不妨推测,夏鼐也许确实想拜皮特里为师,但他在出国之前,李济曾写信告诉他:"此次出国赴英较赴美为宜……至于伦敦大学之皮特里,已年老退休云。"当他到伦敦大学就读时,皮特里爵士已远在耶路撒冷享受退休的时光。显然,拜皮特里为师的愿望是不现实的。如此,夏鼐只好追随皮特里的继任者、伦敦大学的格兰维尔教授转习埃及学。

我之所以关注皮特里,是因为夏鼐留学期间撰写了以埃及珠子为题的博士论文,而他研究的大部分藏品就来自皮特里爵士在埃及考古发掘所得。夏鼐在论文撰写期间还专门前往耶路撒冷拜见皮特里爵士,并受到后者当面指导。此外,还有另一层原因,即很早我就对中国西北地区的史前装饰珠子产生了兴趣,很想了解夏鼐先生是如何研究埃及串珠的,使用了怎样的方法。故爱屋及乌,对皮特里这位大师产生了好奇。

皮特里(图三)是世界著名考古学家,埃及考古学的先驱,在西方考古界可谓声名显赫。此公出生在英国维多利亚时代。幼年时因体弱多病没有上学,只能在家由私人教师授业。并由他的父亲教他学习化学、机械和测量绘图,母亲教他学习矿石学和历史学。他很早就对考古学产生了兴趣,尤为喜爱埃及学,并最终成就为埃及学的大师。他是英国历史上首位研究和讲授埃及考古的教授,在埃及学研究领域作出了重大贡献。

图三 皮特里爵士

在《中国大百科全书·考古卷》中，有关皮特里的条目是这样的：

> 威廉·弗林德斯·皮特里（Sir. William Flinders Petrie）爵士。英国著名考古学家，1853年6月3日出生于英国的查尔顿，1942年7月28日卒于耶路撒冷。1875—1880年，研究不列颠的斯通亨奇巨石阵。1881年起，开始在埃及进行一系列考古调查和发掘。重要的有斯塔尼大神庙（1884）；三角洲古希腊殖民城市瑙克拉提斯（1885）、阿姆和达芙妮的墓地（1886）；1888—1890年转向法犹姆地区。1891年发掘麦度姆的古代庙宇。1892—1933年任伦敦考古学院的埃及学教授。1894年在伦敦创立埃及研究协会，1905年发展为不列颠考古学校。1923年获爵士称号。第一次世界大战之后，在埃及孟菲斯等地及巴勒斯坦进行发掘。皮特里是第一个用严格科学方法在埃及进行发掘的考古学家。他所创立的"顺序年代法"至今仍为考古学家所袭用。皮特利把他的一生全部献给了埃及考古事业，他卓有成效的发掘使埃及前王朝文化（涅伽达文化）遗址①和早王朝为数众多的巨大王陵得以重见天日。②

皮特里在埃及学领域的贡献是，首先，他发现了古王国和前王朝的文化。③ 他发掘的阿拜多斯遗址，让古埃及第1、2王朝的众多王陵重见天日。他在涅伽达发掘了3000多座古墓，将埃及文明的源头提早到公元前4500年。其次是对考古技术和方法的创新。皮特里采用严格的科学方法在埃及进行考古发掘。1885年，他根据在埃及发掘的经验总结出四项原则：1）保护好发掘的遗址；2）发掘要谨慎细致，收集所有遗物，并给出详尽说明；3）所有遗迹和发掘过程要有精准的绘图记录；4）尽快整理并出版发掘报告。从19世纪80年代起，英国埃及三角洲勘查基金会便采用了这四项原则，这意味着从那时起，埃及考古发掘开始走向规范化和科学化的轨道。再次，为了解决埃及考古的年代问题，皮特里创建了"序列断代法"。直到今天，这个方法依旧是划分和判断埃及史前文化年代的重要依据。④ 最后，皮特里还培养了整整一代的考古工作者，这也是他在埃及学领域所作的最大贡献。

这里不妨就皮特里的"序列断代法"（或"顺序年代法"）说两句。简单地说，"序列断代法"就是考古类型学加上地层学以判断出土文物的年代早晚。1903年，瑞典考古学家蒙特留斯的《古代东方和欧洲的文化分期（第一卷）：方法论—器物类型学》一书出版，其研究对象多为传世品，未免有所局限。1905年，皮特里的《考古学的方法与目的》一书将类型学的研究方法又向前推进了一步。但过去我们在介绍考古类型学时，多提到蒙特留

---

① 涅伽达（Nagada）文化（或涅伽达期）为古埃及前王朝文化的代表。作为埃及史前文化的一部分，它实际上处在过渡阶段，即铜石并用时代和埃及文明的形成期。该文化得名于底比斯以北30公里的涅伽达村，遗址内的墓葬被分为三期：一期（4000 BC—3600 BC），二期（3600 BC—3250 BC），三期（3250 BC—3100 BC/或3050 BC）。也有两期分法。一期（4000 BC—3500 BC），二期（3500 BC—3100 BC）。对涅伽达文化的来源，学界有不同意见。
② 《中国大百科全书·考古卷》，中国大百科全书出版社，1986年，364页。
③ 埃及前王朝还处在铜石并用时代，这个时期的考古学文化为涅伽达文化（4500 BC—3100 BC）。
④ 作者按，埃及早期考古研究全都采用类型学，而埃及发掘的墓葬几乎都在一个层位，缺乏明确的地层关系。因此皮特里的"顺序年代法"也存在一定误差，他所定义的不同时期的年代重叠也很严重。

斯,对皮特里则鲜有提及。

"序列断代法"的出现背景是:皮特里在研究涅伽达挖掘出的3千多座古墓时发现,这批墓葬的形制和随葬品可大致分成三类。其中,A类墓某些随葬品与B类墓某些随葬品相似,B类墓某些随葬品又与C类墓的部分相似。通过对出土物进行分类、比较和排队,可确定各墓之间的年代相对早晚关系。他采用这种方法将该墓地先分了两期:一期的文化面貌与阿姆拉(el-Amra)期(也称阿姆拉文化)相似。二期也称格尔塞(Gerzean)期(或格尔塞文化)。在后来的发掘中,皮特里又在这两期的基础上追加了第三期。这三期分别代表了涅伽达墓地的A、B、C三类墓,也代表了该墓地的年代先后发展顺序。"序列断代法"是皮特里最早利用进化论原理采用相对次序的技术,对随葬陶器的出土位置和特征加以分类、排序,再系统观察器物形态、组合的差异以及与地层之间的联系,最后经比较确定各墓的年代早晚。接下来,他还通过与希腊迈锡尼出土陶器的比较,采用交叉断代法,将该技术推及对某些未知年代遗址的出土陶器判定。

直到半个世纪以后,"序列断代法"才被美国考古学家所采纳。后者经过进一步研究发现,某种特定陶器形态的出现频率,犹如某处聚落相继层位所见证的,往往是开始时为数较少,到最流行阶段达到顶峰,然后逐步走向衰败,呈现一种"军舰曲线"模式。利用这一规律,考古学家可对不同遗址出土的陶器及组合进行比较,确定其演变规律和年代顺序。

1882年,埃及国家文物局取消了考古发掘垄断法,这个政策的出台导致欧洲各国的考古学家纷纷涌入。这一年,英国率先成立了"尼罗河三角洲查察基金会"(后改为"埃及调查协会")。在该基金会赞助下,皮特里得以前往埃及,开始了他长达40年的埃及和中东的考古生涯。据说埃及每一处重要遗址的发掘都几乎有他的身影,作为埃及学之父,皮特里当之无愧!

1892年,皮特里返回英国,任伦敦大学学院埃及学教授。他在就职演说中敏锐地察觉到,埃及考古将成为欧洲列强的竞争领域,法国已主导了艺术史的研究,德国在文献研究领域占优,英国应大力拓展物质文化的研究。他设想并构思了英国如何从物质文化领域进军埃及史的研究方案,并将埃及串珠研究作为前沿课题之一,认为"串珠与陶器乃是考古研究的字母表",而"古埃及串珠的研究,将是埃及学发展中的关键性课题之一"。[①]这些言辞和认识不难看出皮特里所具备的惊人判断力、清晰的头脑和强烈的事业心。第一次世界大战结束后,皮特里前往埃及孟菲斯、巴勒斯坦等地做考古发掘。1923年,皮特里在英国封爵(图四)。

皮特里在长达40年的学术生涯中,几乎每年都有新作出版。由他所撰写的考古报告、著作、论文和评论多达上千种。其重要著述有:《埃及十年之发掘》(1893)、《埃及史》

---

① 皮特里:《埃及文物手册》,15页。

图四 19世纪80年代初,皮特里在埃及吉萨挖掘时所居住的墓穴外(刘睿良博士提供)

3卷(1894—1905)、《古代埃及的宗教意识》(1898)、《叙利亚和埃及》(1898)、《考古学的方法和目的》(1904)、《海克索斯和以色列城市》(1906)、《古代埃及的宗教》(1906)、《埃及的艺术与工艺》(1909)、《第一王朝的王陵》(1900)、《文明之革命》(1911)、《史前埃及》(1920)、《古代埃及的社会生活》(1923)等。

1894年,皮特里在伦敦创立埃及学研究会,1905年发展为伦敦考古学院。他在这里培养出一大批优秀的考古学家,其中就包括我国著名的考古学家夏鼐、吴金鼎和曾昭燏。

说来有趣,当年清华的高才生夏鼐从未想过要做一名考古学家,按他本人的意愿,最想学的是中国近代经济史,这个选择也非常符合头脑精明的温州人。夏鼐的本科毕业论文题目是《太平天国前后之长江流域田赋情形》。指导老师蒋廷黻先生建议他毕业后先去研究院研究中国近代经济史,再去伦敦经济学院留学。不巧的是,夏鼐毕业那年,清华历史学的赴美留学名额仅有考古方向,而且仅有一个名额。为能出国深造,他只好委曲求全。

1934年8月13日,夏鼐择定应考了"考古学"门。21日获悉,在录取的15人中便有他。在10月2日的日记中他写道:

今天留美考试在报纸上发表,自己果然获取,前几天的传言证实了。不过自己本来预备弄的是中国近代史,这次突然考上了考古学,这样便要改变我整个一生的计划,对于这样一个重大的改变,我并没有预料到,我有些彷徨无主。

4日又记道:

我初入大学的一年是弄社会学的,后来转入历史系,已经是十字街头钻入古塔中,但是对于十字街头终有些恋恋不舍,所以要改中国近代史,以便进一步剖析当前的社会。现在忽而改读考古学,简直是爬到古塔顶上去弄古董。离十字街头更远了,喧扰的市声,渐隐渐微了。

留学事既定。但纠结的情绪仍在延续。3月17日他记道:

> 阅报知今年留美公费生有经济史一门,殊自悔去年之投考考古学也。自家本是埋首读书的人,考古学的田野工作,注重组织及办事能干,殊非所长也。

尽管夏鼐对改学考古一直心存抵触,但其人生轨迹似乎在冥冥之中早已注定,这大概就是命!他出生后被起名为"鼐",此字意为"鼎之绝大者"。而他的字为"作铭",也就是在铜器上制作铭文之意。有时你真的不得不承认,"人如其名"。而夏鼐先生日后成功的发展也充分证明他是做考古研究的最佳人选。只要是金子,放在那里都要发光。

按照当时的规定,留学之前须在国内实习一年。1935年,夏鼐前往河南安阳参加梁思永主持的殷墟西北冈墓地发掘,这预示着夏鼐从此开始了考古生涯。他明白此事木已成舟,回天乏术,便开始尽力用功补习,大量阅读考古专业书籍,并就留学一事多次倾听李济、梁思永等前辈的意见。3月25日,梁思永建议他:"若赴英,去爱丁堡大学随柴尔德学习为佳。若赴美,以加州大学攻人类学为佳。"4月1日,征得有关方面的同意,夏鼐决定改去英国留学。4月11日,李济劝他"早日出国为佳,拟入学校以伦敦大学为最佳"。随后,夏鼐复信给李济,并致函学校托办入学手续及代领出国护照事宜。

8月7日,夏鼐从上海搭船前往英伦。在意大利登岸,经由法国,于9月3日抵达伦敦。安定下来后,经过一个月的深思熟虑,并征求在英的吴金鼎、曾昭燏的意见,决定入考陶尔德艺术学院(Courtauld School of Art),随叶兹(Yetts)教授学习中国考古。但在他第一天和导师接触后,便感觉非常不快。那天他在日记中写道:

> 我知道自己又酿了一个重大的错误,报考考古学已是一错,从读叶兹教授乃是二错。前者由于想留学,后者由于想学位,虚名误人。将来如何补救?可惧!可惧!

这个初次印象一直伴随他,使他异常的矛盾、纠结、苦恼,想另谋出路。他在1936年1月24日的日记中写道:

> 曾昭燏君谈起叶兹教授问她,我是否满意此间学校,我发了大批牢骚,表示要离开此间。曾说她也不满意,不过为了学位,又不得不屈就。学位,学位,你真害人不少。我想脱开你的毒手,不知能如愿否?

此后他还曾一度想转到爱丁堡大学随柴尔德学习史前考古。

1936年3月11日,夏鼐应约去大学学院拜见格兰维尔(S. Glanville)教授(图五)。格氏对他说,若转习埃及学,未必见得适合你将来从事中国考古。但你可以和惠勒(Dr. Wheeler)博士商洽,学点近东考古。夏鼐还得知,若随格氏转学埃及考古,拿硕士学位至少

图五 格兰维尔教授(庄奕杰博士提供)

需要三年。

4月12日,夏鼐给清华大学校长梅贻琦写了封长信,主要谈了如下的问题:1)无论转学爱丁堡学史前考古,抑或转学伦敦学院搞埃及学,都至少再需2年时间,为此申请将留学年限再延长一年。2)相较两所大学的情况和自身发展,还是在伦敦学习有史以后的考古(即埃及学)为佳,并谈及此前已与格兰维尔教授接触。

7月7日,夏鼐前往大学学院拜见印度考古教授理查德,理氏不赞成他学印度考古,还是转学埃及学并注重近东考古为好。理查德教授还表示愿意写信给格兰维尔教授推荐夏鼐。翌日,夏鼐便到大学学院办理了转学手续。同时他也收到了清华大学校长办公室同意他延长留学申请的复信。

7月21日,夏鼐被安排去市郊参加由惠勒博士(Dr. M. Wheeler)主持的梅登堡(Maiden Castle)城址的考古发掘。皮特里爵士退休以后,其教职由惠勒教授(图六)承接,同时也接过了皮特里所讲授的田野考古学教程。这以后,夏鼐正式转入到埃及学研究领域。

图六　夏鼐访问英国时拜见惠勒教授(取自《夏鼐日记》)

1937年2月6日,夏鼐请格兰维尔教授代为修书一封,希望清华大学能再准其延长留学期限一年。8日,他拿到格氏的信后给李济[①]过目,后者看后允诺可给梅校长写一封信,以助夏鼐延长留学年限的申请能获批准。

4月2日,夏鼐陪李济到大学学院与格兰维尔教授会晤,乘机谈到他想去埃及发掘,拟以"埃及串珠"为题求得学位。李济说,学位并不重要,若能以大学学院收藏的埃及珠

---

① 是时,李济先生正在伦敦访问。

子为基础材料作一比较研究,殊为值得。同时提到,他看过吴金鼎的博士论文,用力虽勤,但所得不多。吴氏以中国史前陶器的选题即属错误。相比较而言,李济赞许夏鼐的论文选题较吴氏为佳。

5月21日,曾昭燏告诉夏鼐,李济和她谈到叶兹教授,说此后绝不会再送学生来英国随他念书。还说吴金鼎人太老实,不知变化。反之,非常赞成夏鼐去年的转系行为,甚至认为这便是南人和北人气质不同使然。

12月8日,夏鼐随英国调查团赴埃及(图七),在阿尔曼特(Armant)参加调查发掘。随后去巴勒斯坦,参加了在杜维尔丘(Tell Duweir)的发掘。工作结束后,1938年4月8日在亚历山大港经那不勒斯返回伦敦。5月1日开始将皮特里爵士收集的珠子进行编目、分类,计划一年完成。5月21日,夏鼐和格兰维尔教授会面谈及自己的研究计划,内容包括"伦敦大学学院皮特里收藏"的丰富串珠,以及另外两组出土资料(埃及开罗博物馆、牛津阿什莫林博物馆的藏品)。这个计划深得格氏赞许,后者遂表示愿意向学校推荐他进一步攻读博士学位。

图七　夏鼐在埃及大金字塔

再后来,夏鼐开始在格兰维尔教授的指导下,开始了以埃及串珠为选题的博士研究生学习。他采用皮特里的分类和统计法,将"上千件"串珠进行了登记,制作索引卡片1760张,分别记录每粒珠子的8项信息(登记号、出土地、日期、用途、参考文献、备注、线图、照片号)。此外,他还对每种类型的珠子新增加了一组信息(包括形制、穿孔、颜色、材料、装饰、编码)。这些工作不仅让他谙熟各类埃及串珠,也使很多宝贵的考古信息免遭丢失,对日后的研究者来说,他所做的这些工作本身就很有价值,包括接下来从串珠制作工艺、断代、考古价值、古埃及和与其他地区交流等多方面的系统深入研究(图八)。

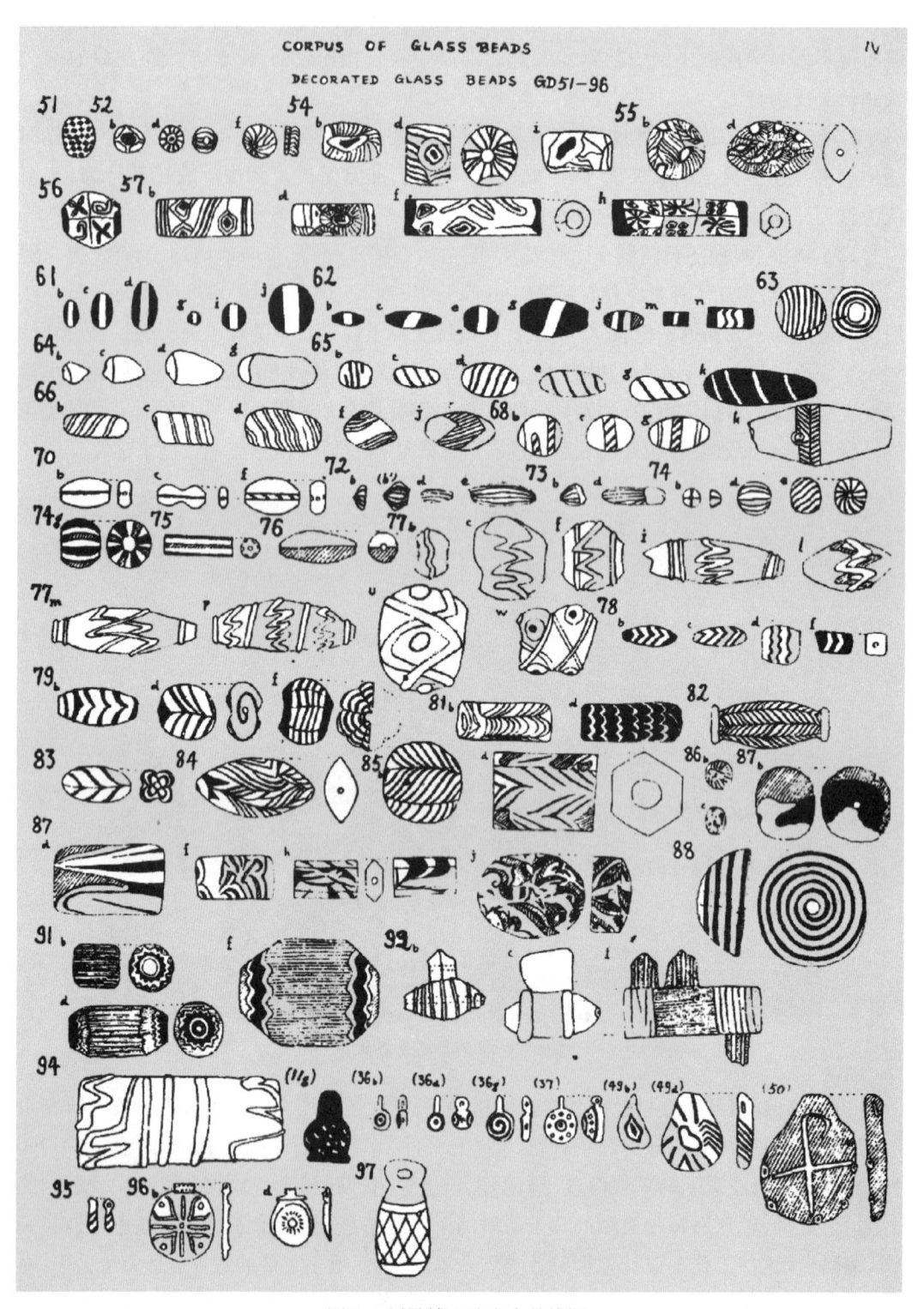

图八　夏鼐博士论文中的线图

1939年10月21日欧战爆发,伦敦大学学院停办,夏鼐已决定返回国内。此时格兰维尔教授为他申请到一笔钱,可资助他去埃及继续研究。这样,夏鼐再赴埃及,在开罗博物馆从事研究一年有余。

1940年5月9日,夏鼐给皮特里爵士写了封信。在日记中他写道:

> 此事久已有在心中,也为大师的大名所震,虽一方面极力企图获得他的手迹,同时却觉得如果没有问题提出,恐难得复信。延迟至今,始决定不管回不回信,先试试再说。

他在信中还向皮特里爵士请教了一些埃及考古的问题。6月15日,夏鼐收到这位埃及考古泰斗的亲笔信,非常之高兴。

12月7日,夏鼐抵达耶路撒冷。8日下午前往政府医院拜访皮特里夫人。因为皮特里身体不太好,请他翌日上午再去。9日上午,夏鼐办理了申请约旦的过境签证后去医院见到了皮特里。

> 他躺在床上,银白色的头发垂在肩上。虽然年事已高,身体虚弱,但镜片后的眼睛依然炯炯有神。他谈论了一下珠子,接着转向自己的考古生涯。谈到他在涅伽达开创的墓葬排序和陶器分型方法,前王朝的年代序列也是他所奠定。他赞赏布伦顿和惠勒的工作,但对迈尔斯提出严厉批评。他指出吴金鼎能出色地完成交给的任务,唯一的弱点是脑筋开动不够。最后还用了大约半小时持续讨论叙利亚的古文字。

和皮特里爵士道别后,皮特里太太对夏鼐说:"这不是永诀,而是再会,你还得再来看他。"

1941年1月24日,夏鼐取道西亚、印度、缅甸回国,最后经腊戍入境云南。2月3日抵达昆明,开始了国内的工作,并抓紧撰写博士论文。

1942年11月11日,曾昭燏写信告知夏鼐,5号她收到格兰维尔教授从伦敦发的电报:"(论文)审查可推迟至1943年6月。"

1943年9月14日。夏鼐完成了博士论文《古埃及串珠》的写作,修改完竣后,他在日记中写道:"该年来心愿,至此作一结束,殊为欣快。"随后他将论文寄往英国。

1946年,伦敦大学学院复课,鉴于当时的情况,特许夏鼐的论文免予答辩,缺席通过,直接授予学位。1946年7月,伦敦大学学院给夏鼐颁发了埃及考古学哲学博士证书(图九)。

夏鼐的研究取得了优异的成果,也扭转了考古界长期以来鲜有人做埃及珠子专题研究的历史。不知是因为他的论文写得太出色,还是该领域的研究太过艰深,以至于此后再也没有从事埃及考古或非洲考古的学者发表过有关该地区串珠研究的专著。遗憾的是,这部重要的论文一直深藏在伦敦大学和皮特里博物馆的图书馆,很少有人看到。

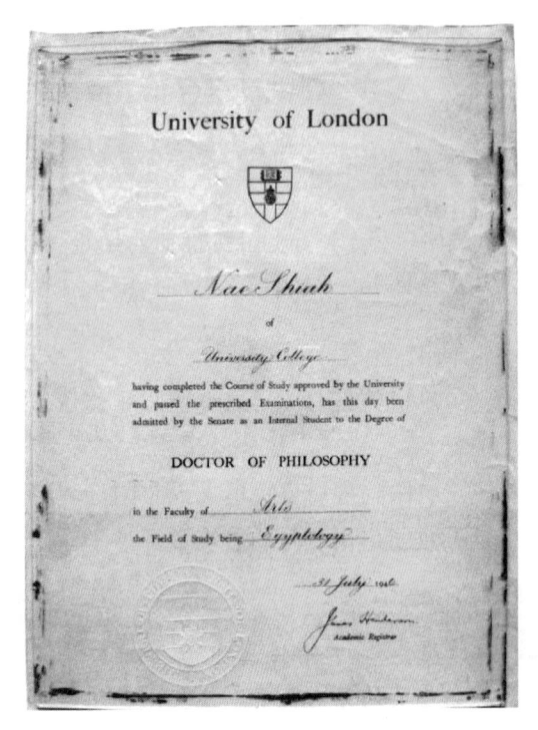

图九　伦敦大学颁发给夏鼐先生的博士学位证书（夏正楷提供）

这个故事写到这儿也该打住了。但意想不到的新枝又生了出来。

2016年初春，应罗森教授邀请，我前往牛津大学考古系讲学。与此同时，收到以色列希伯来大学亚洲研究系吉迪（Gideon Shelach）教授的邀请。3月下旬，我结束牛津大学的讲学，直接从伦敦飞往以色列。

在以色列的十天，吉迪教授利用教学之暇带我参观古罗马遗址伯珊城（Beth she'an）、国家博物馆、以色列国家文物局、大马士革城外的考古工地及我一直想看的基布兹公社等。一天，在参观的路上，吉迪一边开车一边和我聊，我告诉他在希伯来大学校门外不远处看到一处英军阵亡将士墓地（Jerusalem War Cemetery）。吉迪冷不丁地对我说，英国考古学家皮特里就葬在这里。听到此话我很震惊，忙问，皮特里怎么会死在耶路撒冷？他为何葬在这儿，没运回国呢？吉迪说，当时正值第二次世界大战，可能是没办法吧！遗憾的是，我当时竟误以为他说的皮特里葬地就是我提到的那处英军墓地。

3月29日，离开以色列的前一天清晨，我特意来到希伯来大学门外的英军墓地，目的是祭拜著名的埃及学大师——皮特里爵士。墓地门前的纪念碑文显示，该墓地为纪念第一次世界大战阵亡的英军将士。为此我很纳闷，皮特里为什么要葬在这儿？

走入墓地大门，中轴线的尽头高处建有一座纪念碑，更高的地方还有纪念馆。道路两旁是成排的墓碑。我记得皮特里卒于1942年，如果他葬在这儿，应在这个年份找。我走了一圈，发现基本是"一战"（1917—1918）时期阵亡的军人。无奈，只好去管理墓地的工房求助。听我说明来意，两位吃早餐的工人一脸茫然，完全不懂这个外国人要找谁？我请他们拿出墓地花名册翻阅，仅有极个别"二战"阵亡者，但根本没有皮特里的名字。我不死心，接着出去再找，最终一无所获。此时，我对皮特里是否葬在此地产生了怀疑。

回去见到在希伯来大学留学的T和做访问学者的Y，说起此事，他们说好办，网上一查不就有了。果不其然，皮特里确实病故于耶路撒冷，但葬地在锡安山的新教墓地（Mount Zion Protestant Cemetery）（图十）。虽有了结果，我仍有些沮丧，白白忙活一早上，之后也没时间再去锡安山。后只好请中国学生抽空去那座墓地帮我拍几张照片。

再后来，我在收集资料的过程中又了解到皮特里死后发生的一系列故事，非常的刺激且富有传奇色彩。

图十　耶路撒冷锡安山新教墓地(左：墓地大门；中：皮特里墓；右：皮特里墓碑)

皮特里生前的最后一站是巴勒斯坦。1933年他退休后就住在耶路撒冷的美国东方学院安度晚年。直至逝世前，这位考古大师一直活跃在学术研究领域。他生前不止一次地表达出对以色列的热爱，这在他传记最后一章的开头有充分的体现：

> 佛林德斯享受着耶路撒冷的生活，他多次说过想在这里终其一生。他爱这里璀璨的阳光反射在雪白的墙上、穿透古城阴暗的巷子；他爱美国学院院子里飘出的紫丁香花香；他爱听谢赫贾拉清真寺宣礼塔中穆安金的召唤；他爱夜莺清脆的歌唱和爱山斑鸠一遍遍熟悉的重复咕咕叫声。他喜欢教义和种族的交集，新与旧的混杂。学院的生活很惬意，饭在大食堂吃，下午茶在花园的阴凉下喝。除了交很少的房租，他们没什么花钱的地方。耶路撒冷的朋友邀请喝茶、聚餐，他们总是走去走回。佛林德斯继续保持着他超人的精力，尽管以往矫健的步履已变得拖沓，但他还能慢慢征服耶路撒冷城古内高低不平的坡道。他在日记中(现在主要记录其身体状况)提到，有时会被腹痛和疟疾折磨，但头脑却始终活跃，他的勤奋令人惊讶。①

1940年10月26日，皮特里患了严重的疟疾，当即被送往耶路撒冷国立医院(Government Hospital in Jerusalem)。此次病后，皮特里已无法行走，这位一向以活力四射著称的考古学家决定就在医院坚持写作。他曾多次表示，希望死后能将自己的头颅捐献给英国皇家外科学院(The Royal College of Surgeons)。基斯爵士(Sir. Arthur Keith)代表皇家医学院表示愿意接受这项殊荣。

1942年7月28日，皮特里在耶路撒冷逝世。当晚，医院首席细菌学家汤普森(Tompson)博士将其头颅取下，并做防腐处理。汤普森医生急切希望能将皮特里的头颅尽快送往伦敦，甚至想亲自去护送。他认为，这将有助于人们尽快了解皮特里为何具有超乎常人的记忆力。因为就在皮特里生命的最后一天，他仍能记住诸多事件的细微末节。无奈时值"二战"，皮特里的头颅只能在德国战败投降后才能运回去。

皮特里的头颅被运回伦敦，身体葬在了耶路撒冷的锡安山新教墓地。遗憾的是，"二

---

① 这段话请北大老同学王群女士(英语系)友情翻译，原文由刘睿良博士在牛津大学图书馆查阅。见 Drower, M. S. (1995), *Flinders Petrie: a life in archaeology*. University of Wisconsin Press, Chapter XIX, pp.418.

战"之后,百废待兴,英国皇家外科学院满目疮痍,解剖部教授也是刚刚到任,这种情况致使解剖皮特里头颅的研究计划一再被推迟,以至于后来竟无人问津。

1948年12月,在皮特里夫人(Lady Petrie)一再追问下,医学院回信说,研究工作正在展开。但实际情况是,由于时间太久,装有皮特里头颅的箱子外表的标签竟不翼而飞,也没人能认出究竟哪一具头颅是皮特里的。① 直到20世纪70年代,以色列考古学家吉布森(Shimo Gibson)才通过照片和皮特里额头的伤疤辨认出他的头颅。但极令人震惊的一幕也随之发生,死去的皮特里爵士再显奇迹,他的头发竟然变成了黑色,可他生前早已是满头银发,这在夏鼐先生的日记中有清晰的记述。

谨以此文,纪念作铭先生!

2016年末初稿于海南文昌
2017年5月修改定稿于北京蓝旗营

后记：

夏先生生前,我仅在几次会上见过他。最频繁的是1984年在成都锦江宾馆召开全国首次田野考古工作汇报会,几乎天天都见,但从未有交流。印象最深的是一天下午,苏秉琦先生尚未到场,夏先生略显不快地让某位先生解释什么是"中国考古学派"？刹那间会场寂静无声……第二天,夏先生和苏先生一起去四川省博物馆和四川省文管会参观,当时我正在川博工作,因此有机会一直跟随两位先生。他俩先看了省博的四川省历史文物展,继而到考古队库房观看三星堆遗址和川西北石棺葬的出土文物。参观时,夏先生只是看,很少说话。不料一年以后,夏先生便作古了……

本文的写作得到夏正楷教授(北京大学城环系)、王群女士、刘睿良(牛津大学博士)、庄亦杰(伦敦大学考古学院高级讲师)、俞雨森(德国海德堡大学博士候选人、时任希伯来大学"蒙古时期的欧亚交流"项目访问学者)等的热忱帮助,并提供有关资料,在此向他们表示衷心的感谢!

此文曾发表在:《大众考古》2017年8期。

---

① 估计当时可能为医学院的体质人类学研究搜集到一批头颅标本,故有不易辨识的情况。

春风化雨的智者

——纪念苏秉琦先生诞辰百年

2008年7月13日,我进城去考古所开会,①遇郭大顺先生。他告诉我,辽宁省、考古学会、北大、考古所等单位10月份准备在朝阳联合举办一个系列活动,纪念苏秉琦先生诞辰百年、牛河梁遗址发现30周年。不久,张忠培先生打来电话,嘱咐去的时候要写点东西。我以为是要举办学术性会议,遂认真做了功课,而且备了两份东西。一份是学术性的,另一份是往事追记。那天轮到我发言,因为时间关系,只能简单谈了谈苏先生晚年非常看重的"世界的中国考古学"这个话题及其认识。返回的路上,觉得还是应该把事先备好的与先生几次很有意义的谈话介绍出来为好。这些谈话有的涉及考古理论与方法,有的关乎考古学的发展方向,也有的牵扯到中国考古学史的点滴。

与苏秉琦先生在北京昌运宫一号楼下(1993)

话说回来,用文字的形式纪念苏先生是我久违的一个心愿。

1997年仲夏,苏先生过世。那段时间及至1998年5月北大百年校庆前,我一直忙于

---

① 是日,应邀去中国社会科学院考古研究所参加"文明探源"(三)课题立项论证会。

参与苏公后事、筹建苏秉琦图书室、设立研究基金等一系列事务。在这个过程中也经历了一些人和事。由于当时太忙,静不下来,因此一直没有动笔。翌年我去了美国,热乎劲也就慢慢地消退了。

我是北大78级的学生。那时,考古专业还在历史学系。① 苏先生当时担任考古专业的教研室主任。我们入校时,他老人家已年届古稀,很少到学校来。印象最深的一次见面是1981年的上半年,俞伟超老师请苏先生来给我们77、78两个年级的学生讲授考古地层学和考古类型学,地点在文史楼一楼东侧的大教室。那天,俞伟超老师简单地作了个开场白,就坐在讲台对面的第一排、苏先生的对面。但先生开讲没有多一会儿,俞老师竟然睡着了,还不时发出轻微的鼾声。我坐在离他不远处,看得清楚,觉得很有趣!

那天先生讲课的内容纲要后来发表在他的第一本论文集内。② 先生讲话的风格绝对的大写意,加上我们当时对考古地层学和类型学的理解有限,不少同学听得云山雾罩。后来与先生接触多了,才能大致跟得上他的思路。随着先生讲课结束,同学们掌声四起。俞老师也一激灵站了起来,对大家说,苏先生讲话非常重要,大家务必要深刻领会云云。

送走了先生,俞老师对我们两个班的同学说,大家要根据今天先生所讲的内容写两篇作业:一篇谈考古地层学,一篇谈考古类型学。原本诸位都没有这方面的思想准备,听了这一安排遂议论纷纷。不少同学前去请教俞老师,如何结合苏先生的讲话来写作业?俞老师只是说,先生所讲的微言大义,具体可以参阅先生已发表的文章,加深对类型学和地层学的理解。看来俞老师尽管瞌睡打得迷迷糊糊,但思路仍然清晰。记得后来我曾有意逗他,苏公在台上讲课,您怎么能在老师眼皮子底下睡大觉呢?他有些不好意思地笑着作答,苏公能原谅我!

1982年夏,我们班毕业,请来苏先生及邓广铭、周一良等老先生,与全班同学一起拍了毕业合照留念,这大概是第二次与先生面对面的接触。

1985年,我重返北大读研究生。那年出任新石器时代考古的导师有三位先生,③ 正好考入三位学新石器的,但一直没分谁是谁的导师。每逢填表,我都是将三位导师的名字都写上,因此可忝列弟子门下。那时,昔日的同窗多已工作,每年总有几次陪着已经工作的七七、七八级同学去面见先生,或看望,或向他汇报工作。有一次童明康和我们几位还把先生请出来,步行到紫竹院公园散步、聊天。先生慈眉善目,话语不多,待人亲和,每次和年轻人在一块儿都很高兴。偶尔他也回北大参加一些社会活动,或作为主席出现在研究生的答辩会上。

随着见面机会的增多,我也渐渐地少了拘束感。

1986年1月6日晚,我和蒋祖棣去先生家请教一些问题。当时北大正好新开了几门研究生课,每次同学们都讨论得很热烈。此前不久刚毕业离校一批研究生,他们的论文基

---

① 1983年,北京大学历史系考古专业从历史系分离出来,独立建系。
② 苏秉琦:《考古类型学的新课题——给北大考古专业七七、七八级同学讲课的提纲》,《苏秉琦考古学论述选集》,文物出版社,1984年,235—237页。
③ 三位导师分别是:苏秉琦、严文明、李仰松。

本都是采用类型学方法进行考古学文化的区系研究,形式较单调。此时国门渐开,一些国外的考古学理论方法被介绍了进来,对类型学的看法开始出现一些不同的声音。那天先生听了我们的介绍后,谈了下面一席话。

  类型学是运用形式逻辑方法考察客观事物的辩证发展过程,所以前者必须要有一个限度。比如说,武王伐纣前是商,回来才是周。这如同1949年大军进城,我们当时可是手擎青天白日旗去欢迎的。一个政权垮台了,但新中国的标志——国旗——尚未产生,只能沿用旧国旗。二者哪个更具备重要意义呢?

  考古共存关系不等于组合关系。单位—共存—组合,这几个方面既要区别考虑,又要通盘照顾。首先是单位。共存关系可能同时,也可能不同时,这要根据它的堆积现象给出恰如其分的判断(实际上这个问题非常复杂)。组合关系也要以类别区分。比如说,一座墓内的随葬品既有陶器又有铜器,陶器可信度大,铜器则不然。即便有铭文,也只能说明其年代上限(即制作年代)。

  八股文有着五百年的历史,最后寿终正寝。它不是科学,仅仅是一种文字游戏而已。考古作为一门科学它不是游戏。但是,类型学现在是否也正在步八股文之后尘? 辩证地看,它促进了中国考古学的发展,有积极意义,而且也代表了中国考古学的水平。但如果僵化地、一成不变地采用形而上学的方法看待它,无疑会束缚中国考古学的进步。一个学科本身是个多面体,仅从一个方面着手势必要有尽头。繁琐到终级必然导致简单,这也是否定之否定。现在人们对类型学的看法各执己见,理解上差异可谓大矣。甚至从中导致了对考古学持一种简单化的不良倾向:不就是"分型分式"吗? 以上为不良后果。

  类型学既然是型态的分化、排比,那么它究竟能有多少与实际相符呢? 有明确层位关系的可信。即便如此,晚的时代就绝无早期的"复制品吗"? 而且有的东西可能随时间、人们的生活方式变化极大,有的可能很少变化。但我们在分析排队时,统统将变化小的排在前面。宏观地看,这不是错误,因为它最早出现的时间是可以划定的,但在具体认识上,主观成分也是很大的。

  总之,以形式逻辑的思维方式考察事实规律是有些问题,但如何解决这个问题却是困难的。比如:有3件器物,如何用类型学予以说明? 3×2×1=6种途径,其中只有一个是真的。这是从数理逻辑上推演的。而在事实中,这个真的也可能不真。如果是4件:4×3×2×1=24种途径。看来很有必要看看数理逻辑的东西。

  不分出土地点,打乱单位,定出标准器,划分大区域,再依据标准器物的变化分出各区的时代先后,这是逻辑错误。

  当时,不少研究生不同程度地对类型学有些负面看法,觉得类型划分夹带了太多的人为因素,而考古学研究除了类型学好像就没别的了。苏先生的上述谈话给我很大启发,也促使我对类型学有了一些深入的思考,在理解上不再偏颇。反而逐渐认识到,对于类型学，绝不能教条地、僵化地盲从。作为一种方法论，它是考古学研究的基本功，要掌握其原理，辩证地理解和使用。后来我在研究酒泉干骨崖墓地的出土资料时，对类型学方法有了更深刻的领会，也体会到掌握这门功夫对一个考古学家是多么重要！至今我仍坚持这样的原则：既不认同那些从未真正作过类型学研究的人对这一研究方法的横加指责，也反对那些连蒙特留斯（O. Montelius, 1843—1921）的书①都没读过的人盲目地抱残守缺、顶礼膜拜、不思进取。

重温苏先生上述谈话，不难看出他对类型学的理解是多么深刻、全面。特别是他很早就察觉到，如果僵化地看待和使用类型学，将束缚中国考古学的发展和进步。为此他特别以八股文为例，尖锐地指出："考古作为一门科学它不是游戏""一个学科本身是个多面体，仅从一个方面着手势必要有尽头"。此话，至今仍有重要的现实意义。

1993年5月，为庆祝北京大学赛克勒考古与艺术博物馆落成，决定举办"迎接二十一世纪考古学"国际学术研讨会。14日，系里派我去面见先生，一方面通报会议情况，另一方面转达系里敬请先生届时莅临大会、并在开幕式上作个简短的演讲的愿望。落座后，我简要介绍了会议筹办的背景和议题。先生听了以后，谈了下面几段话。

40年一个杠杠。国家、系、博物馆，均为国内第一，是开头，是段落，也是新的开创。前40年（半个世纪）为中国考古学的早期，解决了中国是有特色的中国，是多元一体格局、区系的中国。

在这个转轨的阶段，从区系的观点看中国考古学，转到从区系的观点看世界，发现中国考古学的二重性（本身的）。它本身特征鲜明，上下不是五千年，而是百万年特征鲜明、独一无二（这里他再次提及给中国历史博物馆的题词：百万年、一万年、五千年、二千年、三百年②）。

国家的产生。三部曲：古国—方国—统一的帝国，这是中国考古学的基础，也是中国认识世界的出发点。至此，我们才认识到中国是世界的中国。

国界非（文化）界线。欧亚大陆是个整体，中国占一半，是连在一体的。东边是太平洋，属环太平洋圈，也是连在一起的。未来可见，中国是世界的中国，中国考古学是属于世界的，是需要世界来支持、来研究的。

20世纪是个大的转折，21世纪是个开始。

天下为公，我们确实在朝着那个方向走，殊途而同归。大同思想是人类共有的，但世界只有一个中国。中国是中国的，但中国文化中渗透着世界文化，中国之外也有中国文化的影子。中国考古学更是一个世界性的中国考古学，此说并非夸大。

---

① 蒙特留斯（O. Montelius, 1843—1921），瑞典考古学家，毕业于乌普萨拉大学，一生著述颇丰。其中，《东方与欧洲上古文化诸时期》第一卷的中译本《先史考古学方法论》（滕固译，商务印书馆发行，1937年），是其考古类型学研究的代表作。

② 苏先生给中国历史博物馆的题词是："超百万年的文化根系，上万年的文明起步，五千年的古国，两千年的中华统一实体。"此外，他对清帝国的建国历程也很感兴趣，并专门让童明康帮助借阅美国学者魏斐德撰写的《洪业——清朝开国史》一书。

美国建国200年,独立宣言还不完全代表美国,林肯在葛迪斯堡的演讲才真正代表美国,Of 后面的三个 People① 较之独立宣言更为重要,它代表了一种精神,标志一个新时代的到来。考古学也是如此。我们现在做的工作,也就是在为21世纪的人类、21世纪的中国考古学作准备。

赛克勒先生的精神走在了前面。人家找上门来了,中外合作,办成了我们想办而未能办成的事。这不仅仅是一座博物馆,更是一个国际性的事业。我们属于世界,依靠世界,为了世界的未来,我们是想到一起了。这件事情本身体现了合作精神。事业要有生命力,就要合作。房子已经盖好了,地点在北大,不要把人家当成红楼梦荣国府的薛家,这是一个合作的窗口。

学会(考古学会)是个和尚会,是丛林。有人无钱。考古学会无钱,但我们有人。还记得成都文殊院的对联吗:"马祖建丛林,百丈立清规。"学会即学科,有佛、法、僧。

那天,先生接着谈了佛教中的大乘、小乘问题……

后来,先生在不同场合和文章中多次重申"世界的中国考古学"这一话题,可见这是他晚年最为关心的一件大事。② 今天,重读先生上述一席话,不能不感叹先生的世界胸怀和高瞻远瞩!他不但从区系的中国放眼到区系的世界,从中国考古学联想到世界文化,而且也为中国考古学描绘了21世纪的美好前景。他告诫我们,不要把赛克勒博物馆当成摆设,要从这个事件中捕捉到国际合作的契机,以及看到为实现"世界的中国考古学"这个伟大目标,中外合作研究将要扮演的重要角色及其巨大的潜力。

有那么一段时间,我对考古学史有些兴趣,看了些书,也写了点东西。记得有一篇习作③发表之后,先生曾对我说:"大作拜读了,不错。"听了这话,我既感动,又汗颜。其实我对学科的历史并不熟悉。1993年11月6日,我曾专门向先生请教中研院历史语言研究所考古组、北平研究院考古组最初所做考古工作的来由。他给我讲了下面的掌故:

庚子赔款④后来有一部分返还国内,每月2千大洋。美国人"赞助"中央研究院。李济之用这笔钱挖了山西夏县西阴村遗址。余款后用于安阳殷墟的发掘,目的是探索殷商历史。法国人"赞助"北平研究院。其款项用于支付研究人员的薪水。顾颉刚先生月薪400大洋,徐旭生先生200大洋(好像是他自己定的,经劝说也未作改

---

① 即"民有、民治、民享"(that government of the people, by the people, for the people)。
② 1998年5月底,苏秉琦先生在北京大学作"迎接二十一世纪考古学"的演讲。参见《华人·龙的传人·中国人——考古寻根记》,辽宁大学出版社,1994年,427页。
③ 李水城:《考古学发展史的回顾与思考》,《庆祝苏秉琦考古五十五年论文集》,文物出版社,1989年,129—143页。
④ 庚子赔款:1900年爆发义和团运动,八国联军攻占北京,迫使清政府于1901年签订了"辛丑条约",规定付给各国"偿款"海关银四亿五千万两,本息共计九亿八千二百二十三万八千一百五十两。这笔赔款通称"庚子赔款"或"庚款"。

动)。我每月56元(先生笑着说,不够花的)。北平研究院将每月结余的钱储存起来,准备积少成多,用于考古发掘。后来,徐旭生先生和我去宝鸡挖掘斗鸡台墓地,用的就是这笔积蓄,目的是为了探索周秦的历史文化。

接着,苏先生总结了中国考古学起步阶段的特点:

1) 起点高。一开始就直指殷商、周秦。

2) 徘徊久。发展缓慢。

3) 区系理论慢慢走向成熟。他再次提到了"庖丁解牛"(指他所写的对仰韶文化研究两次界定的文章,1965年①、1984年②),而区系类型理论的认识正是从两次对仰韶文化的界定开始的,并逐渐发展成熟。从仰韶看中国;从三类六种器物分析仰韶文化;从64年到84年,核心是64年前后。

最后他又谈到中国历史的发展模式:

4) 转机(世界的中国)。秦汉以前中国历史的发展进程是:古国—方国—帝国。秦汉以后,北方民族一直在重复这一发展模式。中国的地理是三大块,世界也是三大块(欧、亚、美)。

1996年1月底或2月初的某一天,李伯谦老师和我一起去苏先生家征求他对多卷本《中国考古学》③立项和编写的意见。当时先生刚从深圳回来,大概因为旅途时间较长,有些劳累,他是躺在床上和我们聊的。他谈到深圳之行,异常兴奋。一个劲地说自己是"说书"人,(郭)大顺是记录者。这次不太久的"说书"之旅,竟说出了他的《六十年圆一梦》。④ 此次谈话涉及如下一些内容:

文责自负,不抄袭,也不怕别人抄袭。《论语》句句清楚,语出何人?

六十年前,商务印书馆慧眼识珠,出版《瓦鬲》这部书。当时在中央研究院传看,予以肯定,对我这个年轻人也另眼相看。但傅斯年不同意把我从徐老(旭生)身边挖走(天木⑤主张挖)。傅先生了解北平研究院势单力孤,因此需要他办的事特别照顾,只要有事找他,总是一切照办。

六十年后,(香港)商务印书馆再次找上门来,也是另眼相看(当然也有一定的商业利益)。决定将两本书合到一起,再版。将《六十年圆一梦》作为纲,这二千字很重要,与学科联系起来了,影响更大。学科六十年的变化也具体体现在这篇文字中,因

---

① 苏秉琦:《关于仰韶文化的若干问题》,《考古学报》1965年1期。
② 苏秉琦:《姜寨遗址发掘的意义》,《苏秉琦考古学论述选集》,文物出版社,1984年,238—248页。
③ 多卷本《中国考古学》为北京大学考古系承担的国家哲学社会科学基金重大项目,后因未完成而退项。
④ 苏秉琦:《六十年圆一梦(自序)》,《华人·龙的传人·中国人——考古寻根记》,辽宁大学出版社,1994年,1页。
⑤ 王振铎(1911—1992),字天木,河北保定人,毕业于燕京大学。早年受聘于中央研究院历史语言研究所,后任中国历史博物馆研究员。曾研究复原了指南车、记里鼓车、候风地动仪、水运仪象台等百余种古代科技作品模型,因

此他们看得很重。如何贴近生活、贴近社会？将《六十年圆一梦》这篇二千字的文章展开，成为一本畅销书，（香港）商务印书馆的书商们考虑很周到，也十分热情，令我深受感动。其目的是配合1997年香港回归，搞几本书。《六十年圆一梦》是其中一部，届时要搞首发式，做主持。

一个学科只有大众化、科学化了，才有希望！

"全世界无产者联合起来"是马克思的一句名言，它能让世界感到震动，能被视为"洪水猛兽"。江泽民讲"用科学理论武装人"。能讲这句话了不起！请人到怀仁堂讲课也是好事，但由他作结论，不怎么样。

1979年在西安成立考古学会。成立山西队（白燕）和河北队（三关），寻找两地（黄河—辽河）彩陶—细石器的文化关系，准备搞波浪性的工作，解决北方文明与中原文明是如何联结的，联结的后果如何。实际上已经提出了文明起源的课题。难得的是，文物局下属河北、山西的头头比较乐于合作，而且这两部棋都走对了。1979—1982年，全国有这么两个工地，结果把一个学科带了起来，河套（岱海）的工作也起来了。

仰韶文化之后有一期、二期文化，其后才到夏、商、周。

1983年开朝阳会议，（郭）大顺出山，10年工作大有成效。世界银行贷款成功。有了钱就好办事吗？未必！从审核到拿到钱有很长时间，中间也有管实事的学者。丹麦学者瞄上了山海关长城；英国大英博物馆和伦敦考古学会看上了牛河梁，说这就是"两河"。学问不靠钱，要有专家学者。中国有很多项目，为何独独相中辽西？与人有很大关系。其中与（郭）大顺的桥梁作用不无关系，互有成就。

越有钱的人越会花钱。（香港）商务印书馆从一篇二千字的文章看到了我，也认识了中国考古学。

1997年2月8日（旧历大年初二），童明康、孟宪珉和我前去紫竹桥先生家拜年。那天没有别的客人，我们也好长时间没见了，加上过年休假，先生显得很高兴，坐在他的专座——那张旧藤椅（现藏北京大学考古文博学院）上侃侃而谈，聊的内容很随意。我们不住地说先生精神好极了，哪儿像住了好长一段医院的耄耋老人。为此童明康还十分懊悔地说，原本想好了要带相机拍几张照片的，结果出门时还是忘了。我说，没关系，下次再补。想不到当我们起身告辞时，先生猛地一下站了起来，说："别走啊！"言辞中颇有不舍之意。我们赶紧解释说，今天还要去北大看望几位先生，以后一定再来看您！先生竟在那一直站着，眼中分明噙着泪花。我等赶忙上前劝他坐下，别站着。但他坚持要送我们。我只好搀着老人家缓缓地挪到门口，相互道了别。至今这一场景还在眼前，令人感动！那两年，先生年事已高，身体也不大好，似乎他已感到去日无多，因此每次分别时都有些伤感。记得严文明先生曾和我提起，先生去世前那两年，他每次去看望先生，离别的时候先生常常如此动容！

这年 5 月,为编辑北京大学百年校庆纪念文集(考古卷),我让张弛去先生家,请先生自选一篇文章。张弛问,先生在家还是在医院?是否先打个电话约一下?我说先生在家,老人家腿脚不便,别打电话了。记得张弛回来告诉我,先生自选的文章是《给青年人的话》。① 看得出先生用心之良苦!他这辈子将心血都放在教育和培养后学上了。

5 月末,我与北大几位同仁前往香港中文大学参加学术会议。6 月 8 日返回北京。当晚,同学杨阳的爱人打来电话说,苏公重病已入院手术。放下电话我马上联系童明康,他也刚从外地返回北京,听到这个消息也很吃惊,我们遂约定翌日医院见面。

9 日中午抵达协和医院,苏先生还在重症监护室(ICU),要到下午 4 点才准许探视。我们与守候的家属及社科院考古所的几位先生等候交谈中得知,先生病情非常严重。到了下午 4 点,医生告知探视时间总共只有 15 分钟,进去前还要穿大褂、换鞋子。大家遂依次排序。我排在第三,进去见到先生,握住他的手,心中一阵发紧。先生气色明显不好,舌苔厚重,气喘得很厉害。我贴近他耳朵说,您要多多保重,已经动了手术,很快会恢复的。先生听后竟喘着大气说了这样的话:"最后一次就在医院了,能见上,是缘份!"听到这话我一阵心悸,极力忍着没让眼泪流出来。此时,先生头脑清晰,言语尚自如。我和他说,后面还有不少人等候,我不能久留,再见了!

大概就从这天以后,先生便持续昏迷,呼吸困难。即便偶尔醒来,也不能言语。但尚能点头、摇头表达意念。

17 日下午 5 时,我与童明康约好在八面槽会合。当日到医院的还有黄景略、俞伟超、郭大顺、乌恩、王明达及香港三联书社派来的两位代表,他们特意带了赶制出的苏先生新作《中国文明起源新探》②样书 2 册。此时先生已被转到一间单人病房。当我们举着样书给他看时,他竟睁大眼睛紧紧盯着,这正是他在深圳"说"出来的那本书。为此大家非常感谢(香港)商务印书馆想得周到,让先生在弥留之际看到了他非常"在意"的最后一本著作。

正是受到这一气氛的感染,那天来看望先生的各位都显得有几分喜色,并分别持此书与苏先生留下了最后的合影,大家还一起在病房拍了张合照留念。

6 月 30 日上午 9 时,俞伟超老师打电话告诉我,苏公昨晚驾鹤西去……

在结束此文之前,我觉得有必要在此重提苏先生生前对我国西南、西北两地考古工作提出的一些重要指导性意见,这些意见有力地推动了两地考古学的健康发展。

1984 年 3 月,国家文物局组织的首届田野考古汇报会在成都锦江宾馆举行,夏鼐、苏

---

① 苏秉琦:《给青年人的话》,《文物天地》1987 年 4 期。后收入《华人·龙的传人·中国人——考古寻根记》,辽宁大学出版社,1994 年,210—219 页。需要说明的是:日后正式出版的《北京大学百年校庆纪念文集》收录的是苏秉琦《关于考古学文化的区系类型问题》,这主要是考虑此文是先生学术思想的精华,在中国考古学界影响巨大。见北京大学中国传统文化中心:《北京大学百年国学文粹·考古卷》,北京大学出版社,1998 年,94—101 页。

② 苏秉琦:《中国文明起源新探》,(香港)商务印书馆,1997 年。

秉琦两位先生莅临。会议期间,特意安排一个下午单独让两位老先生参观四川省博物馆和四川省文管会收藏的广汉三星堆遗址和川西北石棺葬新出土的文物。那天,博物馆范桂杰馆长和考古所赵殿增副所长等一行见二位老先生走入大厅,忙迎上前去握手欢迎,并特意对后面的苏先生强调说,他俩都是北大毕业的,是苏先生的学生!我记得夏先生听了这话回头打趣道:"苏公,你现在可是桃李满天下啊!"大家听后都笑了起来。接下来,两位老先生相继参观了四川历史文物展,在考古所库房观摩了广汉三星堆遗址和岷江上游石棺葬新出土的文物。①

翌日下午的大会上,苏先生发表了高屋建瓴的讲话,要点如下:

1) 要重视考古发掘的原始资料(陶片),不能写完报告就了事。原始资料是"十三经",考古报告是"十三经注疏"。"注疏"绝对替代不了"经"。

2) 有条件的地方要建工作站,保护好"经",这是文化财,是子子孙孙永宝用的"财富""国宝"。

3) 佛教的核心和发展仰仗三宝:即佛、法、僧。考古工作、学术水平如何提高,佛教寺院对我们是有启发的。这就是:要有藏经楼(工作站、标本库),培养住持方丈(学科带头人),还要撰写佛经(理论建设)。

4) 这次我看到了"巴蜀文化"。广汉月亮湾、三星堆,成都方池街,忠县㽏井沟……等,四川的古文化非常独特,而且自成系统。②

就在此次会议后不久(1986年夏),广汉三星堆两座器物坑面世,出土大量形态诡异的青铜器,包括各种各样的青铜人面。这一重大发现震惊了世界,巴蜀考古也从此迈上了一个新的台阶。回想起苏先生在蓉城的所言所行,确有一些神来之笔!

1986年8月,苏先生以耄耋之龄远赴大西北,在兰州主持"大地湾考古工作成果学术座谈会"。他在讲话中对西北地区的考古作了如下归纳:

1) 陇东泾渭流域的文化自成区系,这一区域要与周围联系考虑,要提高到文明起源的高度认识。

2) 陇西洮、黄流域属另一区系。大西北从兰州算起包括半个中国,连接中亚,这一广大范围的古文化、古城、古国是应该给以足够重视的时候了。③

会后,老先生又风尘仆仆地赶往了内蒙古包头……

就在兰州那次会上,苏先生提出了"中国大北方考古"的命题,对日后大西北的考古工作具有重要的推动。正是在这一课题思路的启示下,一个月后,我与水涛分别代表北大

---

① 1982—1985年我在四川省博物馆工作,两位先生参观时,我在现场,并列席了成都会议。
② 苏秉琦:《提高学术水平　提高工作质量——在文化部文物局"考古发掘汇报会"上的讲话》,《四川文物》1984年3期。
③ 苏秉琦:《"大地湾会"讲话(提要)》,《华人·龙的传人·中国人——考古寻根记》,辽宁大学出版社,1994年,31—32页。

和甘肃考古所赶赴河西走廊进行了为期三个月的史前考古调查,并于第二年发掘了酒泉干骨崖墓地,为深入解读大西北的史前考古学文化及其来龙去脉做了些力所能及的工作。上述工作结束后,我去先生家汇报,他听了很是高兴,但也笑着地"埋怨"我,为何不带点陶片让他瞧瞧……毕业答辩前,我去先生家送论文并谈及答辩事宜,他特意嘱咐我说:"干骨崖墓地发现不少叠压打破关系,要画一张有层位关系的随葬陶器组合图,画大点,让各位委员看看,你的结论能否站得住。"

我照先生说的做了,那天先生担任主席,答辩非常顺利。

今天,我仍在关注西北和西南的考古研究,苏先生当年提出的一系列建设性意见,依旧是指导我们工作的法宝。

谨以此文纪念先生百年华诞!

2009 年 10 月初稿
2010 年元旦定稿于蓝旗营

此文曾发表在中国考古学会、朝阳市人民政府编:《苏秉琦先生百年诞辰纪念文集》,科学出版社,2012 年,98—107 页。

忆邹衡师二、三事

2005年2月9日,乙酉年大年初一清早,电话铃声响起,拿起听筒,那边传来邹衡先生的声音,说是给我拜年!这让我如何消受得起,遂再三向先生致谢,并顺便告诉他,初四我和同学们一起去看他和师母,他听后也很高兴!

放下电话,不由得想起两年前的春节,我生病住院,情绪低落。2月3日(癸未年初三)一大早,邹衡先生打电话到我病房说:

"你现在什么都不要想,就考虑自己的身体,好好配合治疗。"他还以自己为例说:"我30多岁就患了严重的心脏病,而且被医生判了'死刑'。你看我今天不是活得好好的吗!一定要有信心!"

先生一席话,给我巨大的鼓励,今生难忘!

出院后经过一段时间静养,身体逐渐恢复。2005年,我开始尝试外出参加一些活动,也借此摆脱心理上的阴影。这年盛夏,老同学罗泰教授(Lothar von Falkenhausen)带着他的几位高足来华,我们一起去了山东济南、临淄、寿光等地,考察商周时期的制盐遗址和制盐陶器。后转道西安与李零先生汇合,继续向西到甘肃礼县、兰州、武威等地参观。我与哈佛大学的傅罗文(Rowan K. Flad)博士驱车从武威到民乐,实地考察了东灰山遗址并采集了土壤样本。考察途中,罗泰和我约定,回京后一起去看望邹先生。

此次旅行对我极为重要,似有重生之感!

这年11月,我前往湖南道县,参加与美国哈佛大学和以色列魏兹曼研究院合作对玉蟾岩遗址进行的考古发掘。

从湘南返京已至年末,马不停蹄地赶往四川郫县,主持"成都平原社会复杂化进程区域考古调查"(北京大学、成都市文物考古研究所、美国哈佛大学人类学系、圣路易斯华盛顿大学艺术史与考古系)国际合作项目。12月28日清晨,我与傅罗文从县城出发,前往预定调查区域的四至核实一些数据。那天清晨起了大雾,能见度极差,我们的车只能一点点慢慢地向前蹭!在唐昌镇越过白条河,进入彭州地界后,雾气才逐渐消散。随后我们依次在安靖、清流和飞流寺几个点顺利地核实了数据,返回途中大家都很高兴,一路有说有笑。路上突然接到北京的电话,信号很差,电话中通报邹衡先生日前逝世的噩耗,我大吃一惊,以至于很难相信。因为就在我来川之前,还听同事说起邹先生不久前去河南偃师参加了学术研讨会,回校后还到系里的资料室聊天……

这一整天都在想邹先生的事。最为懊悔的是,夏天说好了回京后去看望邹先生,但罗泰去时竟忘了叫我。想想最后见先生还是在年初春节。那天和同学一起去他家拜年,然后在党校外面的"小肥羊"请先生和师母吃了涮羊肉,大家相谈甚欢。如今天人永隔,哀哉!

很快接到系里通知,12月31日在八宝山举行告别仪式。由于郫县调查的摊子刚刚铺开,又是合作项目实施的头一年,我不好离开,遂打电话请治丧委员会帮我们给先生敬献一个花圈,落款"李水城、罗泰暨中美成都平原国际合作考古调查队全体成员敬挽"。当晚,我给加州的罗泰发去电子邮件,告知详情。

31日,吴小红博士发来短信,告知北京清晨落下小雪,似乎苍天也有感应……

这一整天我都在郫县古城外的农田里进行钻探调查。也凑巧,在我们调查区域内有一户村民家里办丧事,高音喇叭一遍遍地播放哀乐,恍惚中似乎在北京参加告别仪式。一块参加调查的江章华副院长说,今天我们是以实际行动悼念邹先生的!

2006年3、4月间,北大考古系举办了邹衡先生的追思会,我因远在英国剑桥大学麦克唐纳考古研究所做访问学者,没能赶上。后来听同事告知,几位老先生的发言都很动感情……

这年8月,罗泰要来北京,动身前给我来信,希望能约上李零先生一起去祭拜邹先生。5号上午,我们三人来到西山脚下的福田公墓,在邹先生的墓前肃立默哀。随后拜祭了与先生近在咫尺的张苑峰(政烺)先生。邹先生生前有个愿望,即希望百年之后能伴随张先生左右,如今他实现了这个夙愿。但不曾料想的是,王静安(国维)先生的墓也在不远处。真是巧,这几位大家在另一个世界还能继续探讨共同的学术话题。

回想起来,今生唯一一次去张政烺先生家拜访还是邹先生带我去的。

出福田公墓,我们随李零前往万安公墓,拜谒夏鼐先生,并献了花。李零对那儿很熟,领我们依次瞻仰了冯友兰、朱德熙、启功等老先生的墓。

那天的大半时间都在墓地转悠,颇为感慨!记得大学毕业后,北京有位同学来信说,每年初春踏青的时候去万安公墓转转,会得到一些意外的启示。确实如此,人活一世,草木一秋,百年后都不过尔尔,何必勾心斗角,活得那么累!

接下来我带他们去西山普照寺一个朋友处简单午餐。饭后他俩去大觉寺参观,回来后在普照寺院子里一棵近千年的古银杏树下饮茶、聊天,邹先生依旧是话题中心。罗泰告诉我们,他已完成了介绍邹先生生平的纪念文章,即将发表在《亚洲艺术》(*Artibus Asiae*)杂志上。

回想起在北大读书、工作期间,尽管学业专攻不同,与邹先生交往并不是很频繁,但其间也有一些值得回忆的趣事,从中可窥见先生的为人、秉性。

1979年秋,我们77、78两个班修完了史前(新旧石器)考古课。三代考古课前一半由李伯谦先生讲授,后一半由邹先生讲授。记得已是11月的下旬,邹先生开始讲授周代考古。在文史楼二楼东头的专业教室里,先生抽着烟,从兜里掏出个小小的工作笔记本,然后有条理地开始讲课。课讲得很吸引人。那年他给我们讲了这样一些内容:一、夏文化问题;二、商代铜器分期;三、西方地区的周代考古;四、东方地区的周代考古;五、周代边区考古;六、有关考古材料反映的一些问题。基本是他多年来研究三代考古的精华。讲课期间,他还带我们去故宫青铜器馆、北京房山琉璃河遗址、考古所工作站参观。当时考古工作的条件非常艰苦,让我们不少同学感到震惊。在我们两班毕业实习之前,邹先生还给我们讲了"考古调查与发掘"课,内容包括普查、普查分类、准备工作、调查方法与步骤、重点复查、专题调查等。

那段时间正好碰上邹先生搬家,77级有几个同学去帮忙,回来说起邹先生那一大木箱子分门别类、内容丰富的卡片,佩服得五体投地。于此不难看出,那一代的学者都是下了怎样的功夫来做学问的!邹先生对三代考古的贡献有目共睹,无人能及,即便到了今天,有关夏商周考古的一系列关键问题依然绕不开邹先生提出的论点。

有一次和宿白先生聊天,我问,为何邹先生副博士一毕业就被打发去了兰州大学?而且很快又给调回了北大?宿先生说,"往外分配我们谁能管得了。但北大建立考古专业后,面临一系列的难题。首先是缺少教员,特别是田野考古没人带,正是为了加强这一块,我们费了很大劲才把他给调回来。而且事后证明,这个决定非常正确。北大的田野考古能有今天,邹衡功不可没。"

1993年,我在系里负责协助《华县泉护村》发掘报告的编辑出版。有一次张忠培先生说起这么一件事,"那年在泉护村遗址发掘出土不少大块的彩陶片,非常漂亮,但后期整理时却没有认真地拼对陶片。实习结束后,老师带着学生们途经洛阳参观,在王湾遗址看到人家拼对出那么多的完整陶器,非常惊讶,也由此晓得了邹衡的厉害。"据说就是从那以后,北大的田野考古实习才更加重视陶片的拼合训练。

其实,拼对陶片是邹先生早年参加二里岗遗址挖掘时摸索出来的田野考古训练和研究的重要方法。当时在裴文中、苏秉琦等先生的指导下,邹先生在关注地层学外,还特别注重陶片的拼对。严文明先生回忆道,邹先生当年曾介绍他的体会,说一般器类的形态演变都不太明显,但陶鬲的变化是最清楚的。因为鬲的造型复杂,可观察的点也最多。这大概也是邹先生日后特别重视陶鬲形态演变的缘由。正是因为有了二里岗发掘的经验,邹先生摸索出的这套方法为丰富有中国特色的田野考古作出了卓越贡献,也使他本人完成了奠定其学术地位的大作《试论郑州新发现的殷商文化遗址》,[①]颠覆了商文化(铜器)无法分期的"权威"观点。

邹先生做学问较真是出了名的。无论什么人,只要对邹先生的学术观点提出挑战,他

---

① 邹衡:《试论郑州新发现的殷商文化遗址》,《考古学报》1956年3期,77页。

都会认真应对,哪怕是名不见经传的小人物,甚至自己的学生。这反映出先生对待学术讨论的"平等"心态。

先生的另一个特点是,对他所负责的工作从来不留尾巴,有始有终,善始善终。1981年秋冬,他带领77、78两个班的十余名学生去河南、湖北毕业实习。实习一结束,77级就毕业离校了。邹先生带着他的研究生和78级的几个学生马上开始了资料整理。在我们毕业之前,他还给我们做了一个学术讲座:"史前夏商楚考古新发现——湖北、河南考古调查",介绍此次毕业实习的目的和取得的成果。很快就在那年的8月正式发表了《晋豫鄂三省考古调查简报》[1],对山西、河南、湖北三省的考古工作起到了重要的推动作用。据参加整理的孟宪珉回忆,邹先生要求非常严格,事无巨细,一丝不苟,包括每件器物图怎么排、放在哪儿都要反复斟酌。后来,邹先生主持编写《天马—曲村》考古发掘报告,工程可谓浩大。先生以身作则,亲自去曲村工作站整理资料,然后将参与工作的教员们组织起来,将晚年的大部分时间投入到这部近400万字、鸿篇巨制的考古报告上,并最终付梓。有学者评价这一成果时说:"邹先生守望天马—曲村近20年,最终树起了学术史上的一座丰碑。20世纪的中国考古学,正是因为有了这样的学术守望者和奉献者,才取得了一系列震惊寰宇的发现和成就。"[2]。此书后来在美国获岛田著作奖,正可谓实至名归。

20世纪90年代初,我带学生去曲村实习,恰逢先生在那儿整理资料。有一次去先生房间,见他正在核对出土的装饰小珠子,而且是一个个地数。我随口便说,这种活儿您随便找个人干就行了,不必事必躬亲。他却说,你不知道,别人都弄不清楚。没辙,先生就这么较真!

与邹衡先生在山西曲村工作站(1992)

---

[1] 邹衡:《晋豫鄂三省考古调查简报》,《文物》1982年7期,1—16页。
[2] 水涛:《一部空前的考古学巨著——〈天马—曲村〉读后感》,《中国文物报》,2001年4月11日八版。

1992年暑假，李伯谦先生安排刘绪、我、宋向光及两位博士生带91级文博大专班的39名学生去曲村实习，发掘点定在曲村与北赵交界处的遗址上。晋南的三伏盛夏，天热的邪乎！一天下午，晴空万里。突然从塔儿山方向涌出一块巨大的黑幕，从地到天。没等我们反应，刹那间昏天黑地、电闪雷鸣，龙卷风夹杂沙尘和暴雨扑面而至，耀眼的闪电就炸响在附近的地面。学生们慌作一团，老师招呼大家别乱，男学生保护女学生迅速回返。但有一位博士生见狂风乍起，独自跑回了工作站，让邹先生好一顿数落。我回去后也加入到声讨的行列。先生见我发起火来，马上掉转话头说此人还是有优点的。这也可以看出，先生非常维护自己的学生。

　　那年夏天是我和邹先生相处时间最久的一次，耳濡目染，深切体会到先生对考古的热爱，对盗墓贼的憎恨。曲村遗址是先生发现的，也是他的一块心头肉，这在一般人很难理解。后来晋侯墓地不断被盗，他非常着急，为此做了大量工作，但仍然无法从根本上解决问题，为此他非常气愤、痛苦。有几次晚饭后我和他在村里散步，他对地下埋藏如数家珍，哪儿是遗址，哪儿是墓地，哪儿有大墓，哪儿是中型墓，哪家院内就有墓，哪家是靠盗墓起家的，他门儿清。有时走在路上，他忍不住停下来，用手指着新建的一处"豪宅"，无可奈何地说，这房子就是靠盗墓盖起来的！先生的这些言行难免会得罪地方上的某些人，以至于在曲村出现了一些对他很不利的传闻，但他并不为之所动。

　　那年上半年，刘绪先生带队挖掘曲村被盗的晋侯大墓，我们去时墓坑尚未回填。开工之前我们带学生去参观，我也是头一遭见识到盗墓贼的"精准手艺"，颇感惊讶。特别是看到被盗大墓附近农田里大量的探孔，密集到每隔1—2米就有一个。我还对刘绪说，你们探得可真够仔细的。他听后悄悄地和我说，哪儿呀！这都是盗墓贼钻的。据说当地的盗墓贼一直不知道此地有大墓，钻探出黑色木炭就收手了。后来从河南洛阳来了一批"高手"，经这些人点拨，盗墓贼方知有木炭的地方就表明下面有"大家伙"。还记得刘绪指给我看一块棉花地，说那块地下就有个"大家伙"（即后来的8号晋侯大墓）。我当时颇为不解，说既然你们知道这儿有未盗的大墓，为何还要挖那些盗光了的墓？他说，按照当时的规定，只能如此。

　　曲村的实习很快就结束了。返回北京前，有天晚上，邹先生到我房间郑重其事地问，什么时候走？我说16号。他说咱们商量商量，你和水涛能不能不走？留下来，咱们把8号墓给挖了。听了先生的话，我本能地说："咱一无钱、二无人，而且也没有发掘执照，怎么个干法？"我以为先生也就说说，想不到他马上一脸严肃地说，如果这次不挖，你们前脚走，后脚人家就来盗。我听后还半开玩笑地说，"邹先生，只要您不走，盗墓贼就绝不敢来"！他说，不可能，我是上了黑名单的，早晚会被"他们"除掉！信不信由你。说罢气哼哼地回屋去了。

　　8月16日，我们带学生返校。8月30日，邹先生离开曲村。翌日，即8月31日深夜，8号晋侯墓被盗，当地村民发现后鸣锣敲鼓，吓跑了盗墓贼，但大量随葬品也被盗走。9月，北大考古系派员前去清理，在墓底的一角出土了盗墓贼漏掉的2只青铜兔尊、1对铜壶、2件小编钟和一批玉器。

后来，上海博物馆从香港购回"晋侯苏"编钟一套12枚。这套编钟就出自8号墓，加上当时漏掉的2枚，共14件。颇具讽刺意味的是，为了买回这套编钟，据说上海博物馆花去了800万元人民币。

每每提及此事，我都会想，难道邹先生真的有先见之明？但真相是，当时盗墓贼确实就一直待在曲村，而且时刻盯着我们的考古工作站，特别是邹先生，伺机下手。其实，最让我不敢想的是，当邹先生得知此墓被盗，他心中该是何等的悲哀啊！这件事我一直憋着，从来没敢问他。

2011年5月定稿于北京蓝旗营

本文曾发表在北京大学考古文博学院编：《考古学研究：邹衡先生逝世五周年纪念文集》（八），科学出版社，2011年，80—84页。

最后那两年：追念俞伟超老师

2002年岁末，我去西安参加联合国教科文组织的"丝绸之路学术研讨会"，返回北京后，感到从未有过的疲乏无力，且随着时间推移日渐加重。后去校医院抽血，化验结果堪忧。因为1月15日还有一门本科生的课要考试，我只好强忍着去监考。16日一早，家人送我到北京卫戍区二九二医院，检查后医生告知需立即住院。回到家，在妻子及几位朋友的帮助下，很快办好了第二天住院的手续。

这天下午，接到俞伟超老师从小汤山疗养院打来的电话，说当晚他要进城参加第二天的"三峡库区文物考古工作"会议，希望我能约上中文系的李零教授，晚上去国谊宾馆（原国务院一招）和他会面，有要事谈。按我当时的身体情况完全可以推辞不去，但在俞老师面前我开不出这个口。他自患病住院转至小汤山，鲜有机会回城，急着要见，肯定有事，必须去。随即我给李零教授打了电话。

与俞伟超老师在北京小汤山（2001）

傍晚我打车去了宾馆。回想起来，这是我和俞老师见的最后一面。

次日清晨，我住进医院，直至SARS爆发后出院。此时，小汤山疗养院也被改成SARS患者集中治疗的地点，俞老师被"礼送"回家。那一段时间，人们谈SARS色变，相互防范，极少来往。我自己病后体虚，只能偶尔与俞老师通个电话。再后来，俞老师去了广州，直至去世。

那晚,我一人先到的宾馆,敲开3号楼1213房门,俞老师一见我就迫不及待地说,现在国内外有些关于他的议论,其间还夹带着李泽厚的一些传闻。听得我丈二和尚摸不着头脑。这期间不断有人来看他,谈话时断时续。过了一会儿,李零到了,我们关上门转入正题。

那天的气氛有点沉重,俞老师一直很激动。他说:

李泽厚已决意不再写东西了。我也不打算再写了!你们说,我写的东西80年以后会有人看吗?我今天所做的一切有什么价值?自生病以后、特别是最近一段,我时常感到没人对话,内心非常孤独、痛苦。

大概是久病的缘故,他动情地说:

今天我们这个社会,根本没有人去思考或者去做些临终关怀的事。

听到这话,联想到自己的病,很不是滋味,有种兔死狐悲之感!

接下来,多半是听他们说,我不时陷入恍惚……

李零接着俞老师的话头说,去年他到香港城市大学讲学,与刘再复、李泽厚等人住一块儿,接触较多。李泽厚毕竟是书生,常说些出格的话,较情绪化。我猜想李零是在劝俞老师,不必对传言太认真。

接着,俞老师话锋一转说:"最近有些传言,涉及八十年代末的一些事。将来或许有人对我说三道四,希望到时候你们能站出来说说我的难处。"他还特别提到曾冒着极大风险救助某些人的事。谈话就这样持续了近两小时,大半时间都是他在说。

9时许,俞老师明显累了,声音忽大忽小,我们起身告辞,让他早点休息。临别,他将特意带来的一包东西交给李零,并再次强调,"'文革'后我再没有做过对不起人的事,如果将来有人说长道短,你们要站出来说话"。

回去一路心情忐忑,为自己,也为俞老师。到蓝旗营院里和李零分手时我说,俞老师显然有交代后事的意思,他大可不必为那些陈谷子烂芝麻烦恼,历史是公平的。我希望他能在养病期间写点(或说点)什么,也和他说过。假如像今天他说的再也不写了,那只能一切随风去了!

那天我没告诉俞老师和李零自己患病第二天就住院的事。

住院期间,俞老师打电话到家里,妻子告诉他我生病住院。他在电话那头不住叨咕:"怎么会这样?怎么会这样……"我没让家人告诉他我的病房有电话,怕他打电话劳神。

3月6日,李零打来电话,说春节期间俞老师又邀他到小石桥,谈不久前陕西眉县杨家出土那批西周青铜器及引出的问题。俞老师认为,新出铜器中四十二年、四十三年铭文不仅让人觉得公元前841年前的事说不清,甚至公元前841年以后的事也让人不明白了!

如此,夏商周断代工程将如何收场?此外,他还说了些别的事,依旧有交代后事之意。①

那年在医院我一住就是两个半月。4月3日出院。回家当天就接到俞老师电话,说他春节后经历了两场磨难,苦死了。一是坐骨神经痛,接着感冒发高烧,人瘦了几公斤。他说刚收到北大哲学系××邀请他参加一个"文明起源"的研讨会,问有没有必要去?我听了想都没想就说,您即便没病也没必要参加这种会,就以生病为由婉拒吧。他接受了我的意见,没来北大。

我出院后,北京的SARS疫情再也瞒不下去了,一场前所未有的危机迅速蔓延至全国,人人自危,亲朋好友都暂时断了来往,这个事件彻底暴露了人类自私、伪善的一面,可谓极好的社会学案例!4月23日,为控制疫情,北京市决定将小汤山疗养院改为SARS治疗中心,原住病人必须离开。这场突来的变故导致俞老师治疗中断,这给他的身体和心理造成双重打击,情绪也一落千丈。作为学生,我只能在电话里劝他保重,却无力帮他解决任何问题。能想象得到,被迫回家的俞老师的极差心情。他是耐不住寂寞的,尤其在病中,他特别渴望能有人去看他,和他聊聊天,转移一下注意力,排遣孤寂的情绪。以往在小汤山,尽管远离市区,但常有人去看他。回到家,加之SARS肆虐,谁还敢去看望一位罹患重病的老人。如此,他与外界只能靠电话。SARS持续长达两个月,对他来说可谓煎熬备至。

4月28日他打来电话,问能否搞一瓶"舒乐安定"。说离开小汤山后,睡眠极差,安眠药吃完了,眼下哪儿都不敢去,包括医院。没有药,整晚睡不着,苦死了。我让妻子设法在药店帮忙,但"舒乐安定"属安眠药类,没有医生处方,药店绝不准出售。无奈,只好给化成打电话,希望他夫人能在校医院想辙。但按规定,医院最多也只给开几天的量。

5月31日下午,我接到一个声音很怪的电话,甚至听不懂那边含混不清的话语。是谁?后来猛地反应过来是俞老师。忙问怎么了。好不容易才听明白,他说,由于癌细胞扩散,影响到气管,有时造成失音。我劝他必须尽快返回医院,不能再住家里了。

6月21日,俞老师来电问我广东文物考古研究所的情况,让我帮忙与李岩所长联系一下,说他决定去广州治疗,可能会给他们添些麻烦。放下电话我马上联系李岩,请他尽力关照。李岩回答说,没有任何问题。

回想起来,这也是我和俞老师的最后一次通话。

10月下旬,我随徐苹芳、张忠培两位先生赴台湾参加中研院历史语言研究所举办的"新世纪的考古学——文化、区位、生态多元互动"学术研讨会。会议期间,许倬云先生问起俞老师,徐先生说"最近还好"。我打算返程时去广州看他,不料改航班很麻烦。当时也没多想,总觉得还有机会。

回到北京,我原定去瑞典参加远东古物博物馆的会,签证已办妥,不料身体出现反复。11月14日再度入院。12月2日,化成来电,告知俞老师情况非常不好。5日凌晨,陕西考

---

① 李零:《第一推动力——怀念俞伟超老师》,载中国国家博物馆、北京大学考古文博学院编:《俞伟超先生纪念文集》(怀念卷),文物出版社,2009年,139—152页。

古院曹玮来电,说接到水涛电话,俞老师于 4 日午夜 12 时仙逝。听到噩耗,大脑一片空白。尽管先生患的是绝症,但来得还是太突然了。

那晚,眼前都是俞老师的音容笑貌,彻夜难眠!

2004 年 1 月 4 日,我向主治医生请假,前往国家博物馆参加俞老师的追思会。会场一面墙上挂着他单手托腮的大幅彩照,微笑着望着会场上的亲友、同事、朋友和学生们。大会开始后,听了几位先生的发言,想起了很多往事,心很痛。没等会开完,我就离开了!

2001 年 7 月,我和北大城环系的夏正楷老师带学生去内蒙古察右前旗做环境考古调查。返回北京获悉俞老师查出肺部染疾。15 号相约同学杨阳(中国文物交流中心)去北京医院。那天俞老师气色不错,没任何病象,惟举止言谈流露出焦虑的情绪和难以面对的心态。那天看他的人很多,他不断与探访者重复同样的话,有点祥林嫂。我还开玩笑说,您最好录盘磁带,让来人听录音,说这么多话太劳神了,对身体不好!

8 月初,我去政协会议中心参加中国社会科学院古代文明中心的会。2 号下午,信立祥约我去北京医院。一进病房,就见范老师和俞老师在争吵,前者坚持要他去广州,说那边有更好的治疗方法。俞老师则不从。我们只好打圆场劝范老师,说北京医疗条件全国第一,北京医院又是其中最好的,千万别信广告上的宣传,就在北京最好。说话间,许伟、陈雍、李伊萍、杨建华、许永杰、卜工等一批吉林大学的老师来看俞老师,得知卜工夫人就在广州医院工作,让他立即打电话查证,证实范老师所看到的广告宣传并非正规医院所为,她这才作罢。

9 月 9 日,陕西考古研究所曹玮抵京,一起到北京医院,那天俞老师精神稍差,人也略显消瘦。只是在聊到新近一本文集中有篇文章引发争议时,才来了兴趣,并把手头保存的复印资料拿给我们看。

此后不久,俞老师便转去小汤山疗养院治疗。

12 月中旬,罗泰(Lothar von Fakenhausen)从加州抵京。19 日相约了李零、唐晓峰去小汤山,碰巧吉林省文物考古研究所的付佳欣也在俞老师那儿。中午在九华山庄聚餐期间,佳欣和我说,应联系一下在三峡考古的诸位,设法为俞老师做点实事。我说这想法好,但得有人张罗,建议他和信立祥说说,他出面最合适!

25 日,杨林打来电话,说俞老师近日有些精神紧张,需要看心理医生。并说明年初要给俞老师过七十大寿,规模可搞大一点。再就是计划编一部纪念文集。他顺便提到,俞老师想去外地走走,时间定在明年 4 月 15 日前后,地点在成都或重庆。我突然想起佳欣的建议,让他趁此次西南行,与三峡的有关人士一块儿商量个办法。

1 月 26 日,在保利大厦二楼举行俞老师七十寿辰庆祝会。除了家人、文物局和国家博物馆领导外,京畿和外地的来宾共五六十位参加。俞老师发表了即席讲话,从他 5 岁启蒙,说到上学过早,因年幼而觉处处不如人,直至考入北京大学。毕业后分到科学院考古所。① 先是琢磨汉代考古,渐次前推至战国,再上溯到三代、史前,现在又开始关注人类的起源,提出古今一体、天人合一的论点。他谈到自己为何不大涉及东汉考古,是怕一发而不可收拾,再引发对魏晋的研究兴趣。最后他特意说到,多年来忙于工作而疏于照顾家人,憾事多多,望日后大家能予以关照云云。可谓话里有话,听来不是滋味。

5月4日,俞老师回北大参加校庆,人明显消瘦,精神尚好。

5月29日,俞老师约我晚上去家里谈点事。② 是时,四川大学广告系的蒋先生和一英籍西班牙女士在座,相互寒暄后,大家便起身去鼓楼下的马凯餐厅。席间,带去的小孩太闹腾,场面有点尴尬。饭后和俞老师去咖啡店聊至午夜。他先是说到芝加哥夏商周断代工程会议纪要将在《中国文物报》发表。蒋祖棣写的一篇长文经国家文物局张文彬局长转给了国务委员宋建,此事让断代工程办公室主任异常恼火。接着他问我,怎么看最近《中国文物报》"考古学定位"的讨论?他觉得议题本身很荒唐,要回应。我说略闻一二,没觉得有什么价值。如果有几个人讨论也就罢了,但一窝蜂地上杆子凑热闹,还谈不到点子上,凸显了目前学界的浮躁和集体无意识。俞老师听到"集体无意识"的评价,竟哈哈大笑,眼泪都流下来了。那段时间很少看到他那么高兴地笑!

那晚,俞老师还问我能否与新疆做些合作,那边来信在问,还提到哈密发现一处史前墓地。③ 这事早在90年代初我就得知了,并看到部分出土陶器的线图,为此曾告知在北大培训的哈密学员,该墓地有大量元素来自河西走廊,说明公元前2000年前后,以彩陶为代表的史前文化已西进哈密,这是重要发现,希望他们重视,尽快整理资料并发表。前不久新疆还有人给权奎山写信转达类似要求。我说合作没问题,但新疆的事较复杂,如果确实有意就直接和我联系好了。说来也巧,那天正好带去3篇与新疆有关的近作呈俞老师指正。一篇已在剑桥大学发表(《公元前2千纪中国西北与中亚的文化交互:考古学的观察》);一篇发表在考古所的非正式刊物上(《权杖头:丝绸之路早期东西交互的一个重要证据》);一篇尚未投稿(《西北与中原早期冶铜业的区域特征及交互作用》)。

6月1日,俞老师打来电话,说看了我的文章,并就"西北地区早期冶铜业"一文指出,眼下追究铜器起源于何地并不重要,关键是中原地区的冶金术何以能突然成长起来,其中经济形态扮演了什么角色,这才是应该思考的。他接着又问:为何游牧民族的铜器形态和种类一直变化不大?也没发展出高水平的冶炼技术?为什么农业民族就能很快发展出高水平的铸造工艺?这些提问对我很有启发。

这以后,有次见面我告诉他:"徐苹芳先生专门提到您在《中国文物报》上新发表的文章,④ 认为反击很及时,非常必要。有人看过表示,经俞伟超出手,无人能匹。"他听了很高兴,还补充说,有人讲,让一个罹患重病的人撰文评判,足以让几多学人汗颜。

---

① 1977年成立中国社会科学院,此前考古研究所属于中国科学院。
② 俞老师有时会离开疗养院,回家住几天。
③ 即20世纪80年代末在哈密发现的"林雅墓地",后改称"天山北路墓地"。
④ 俞伟超:《为更多学科服务是考古学的宗旨吗?》,《中国文物报》2002年6月21日第七版。

9月7日,俞老师来电说他最近要去成都看牙,走之前想见见。9日下午到他家。刚落座,他就气呼呼地说,刚看了《中国文物报》回击蒋祖棣的文章,想不到有些单位的地层学还停留在十几年前的水平!我没有看报,但联想到前不久去安阳的所见所闻,估计这是篇命题作文。其实,反击是可以理解的,急就章也难免出些纰漏。不解的是,堂堂学术机构的科研人员为何如此的唯命是从?

接下来俞老师拿出一篇文稿让我花几分钟看看,尤其是结尾部分,说他很看重这篇文字。文中写道:

> 两千多年来的争论,都把物质和精神视为两种根本不同的东西。其实,只要以世界的统一性为基础来认识物质与精神的关系问题,就可以认为意识也是一种物质活动。……在所有物质活动中,思想意识是最高级的物质活动。

为此他举例:

> 中国历史上从三代到秦、汉变化巨大,并最终走向中央集权的统一帝国。这中间经历了不同的步骤,但最重要的起因是战国中期的商鞅变法——一次意识形态和政治管理制度的大变动。变法以后,秦人废除了"周礼",推行以军功论定的二十等爵制,致使自西周以来的宗法制日渐松弛。"周礼"的被切断,暗示出秦人意识形态的主流已经改变了方向,这应当是秦国力量迅速大为增强的重要原因。从而仅仅经过百余年的时间,就达到了以商鞅变法后的秦国制度来构筑统一王朝的目的。

> 这个例子,应当能够说明思想意识的转变,在一定条件下是可以决定历史前进方向的。①

上述文字涉及物质与精神的关系,这是人类争论了两千多年的哲学命题。但推动历史发展的动力究竟是唯物、还是唯心?我回答不了。俞老师认为这是考古学研究随时会遇到的问题。我揣摩他可能是用春秋笔法来表达某些深层想法。便拐弯抹角地说,您所关注的是人类已到了21世纪,社会科学(文科)应该有更大的使命感。要想拯救这个百孔千疮的地球,仅仅靠物质行不通。当今人类获取物质资料的手段和技术已达极致,想得到任何东西都不太难。但唯独对精神领域的研究还很欠缺,应大力挖掘。他很高兴我能有这样的认识。

后来想起2003年初那个夜晚,他在国谊宾馆激动地说到这篇文章发表后,学界竟然没什么反响,为此特别的不解,也感到无奈、悲观,或许这是他再也不想写任何东西的深层缘由?

其实,我倒觉得这篇文章的前一段更有意思。他写道:

---

① 此文稿后来收入俞伟超:《古史的考古学探索》,文物出版社,2002年,27—42页。

某种技术的出现并不能真正表明生产力发展总水平的情况,至二次大战后,已被一部分考古学家认识到,故自英国的柴尔德起,就不再像过去那样把磨光石器和陶器的出现,作为新石器时代来临的标志,而是把农业和牲畜饲养的发生,作为标志,并且新订出了一个前陶(或称无陶)新石器时代。这就意味着已从生产力的总体水平出发来划分时代。但这种办法,至今还没有应用到青铜器和铁器时代。

如果细作思索,就能认识到至少还应考虑到以下三方面情况:第一,使用同样手工技术的文化,可以容纳两个甚至是更多阶段的社会形态;第二,某种技术的发生(如冶铜术、冶铁术),不一定是一种新技术时代(如青铜器时代、铁器时代)来到的标志,必须还具备其他的条件;第三,同样一种技术,对不同生计方式的社会,所起作用并不一样,例如使用青铜器的农业文化、畜牧或游牧文化、渔捞文化,其社会形态将会很不一样。应该分别寻找不同生计方式文化的生产力进步和社会形态的变化过程,不能以单一的轨道来表明不同生计方式的文化进程。①

俞老师的上述思想与文化人类学的"多线进化理论"接近,这也让我想起他给我打电话谈到冶金术的起源与经济形态的关系,显然都与他的这些想法有关联。

那天接下来的话题转到了全球化。我告诉他,月初从济南返回北京的车上读到"考古学全球化"一文,不明白为何有些人赶这种时髦!考古怎么全球化?俞老师说赶时髦不奇怪,但学术还是要免俗!他说:

现在只有商人才追求全球一体化,穷人才不会。世界必须保持多样化。一体化的最终结局就是人类的近亲繁殖(指文化意义上的),最终导致人类文化消亡。

他再次强调要拯救这个世界要靠精神,物质做不到。

不知为什么,那几年俞老师特别表现出对"多元一体"提法的反感。据李零回忆,俞老师在某次会上听到某人谈到"多元一体"时怒问,哪里有什么"多元一体"?② 我也几次碰到类似场面,私下也多次听到他的非议,但却从未和他深入探讨究竟是为什么。

11月初,化成带来俞老师惠赠我和吴荣曾先生的书(《古史的考古学探索》),随后我打电话表示感谢,并说有空去看他。12月7日,俞老师来电让再帮他买些补钙的药。

12月21日,罗泰约了李零、林梅村、王育成和我去小汤山疗养院。我顺便给俞老师带去补钙的药。那天他气色挺好,还将他的新著③送给罗泰。后者也将在日本京都讲学的书稿《宗子维城》呈送俞老师,并特别指给他看扉页上写的"献给俞老师"几个字。李零也送上台湾版的新著《上博楚简研究》,并写了感谢俞老师的一段话。俞老师收到这些"特殊的礼物"显得非常激动。那天大家相谈甚欢。当谈到最近支持或质疑夏商周断代

---

① 俞伟超:《古史的考古学探索》,文物出版社,2002年,27—42页。
② 李零:《第一推动力——怀念俞伟超老师》,载中国国家博物馆、北京大学考古文博学院编:《俞伟超先生纪念文集》(怀念卷),文物出版社,2009年,139—152页。
③ 俞伟超:《古史的考古学探索》,文物出版社,2002年。

工程的一些文章和论战时,俞老师说,最初参加断代工程讨论的专家共8人(俞老师、邹衡、严文明、裘锡圭、仇世华、席泽宗、李学勤、李伯谦①),列席2人(朱学文、蔡莲珍)。当时一致认为最好别搞,或不要采取工程的形式。有的人当时一句话没说,后来却竭力要搞。说到明年将召开"夏商周断代工程"国际会,俞老师让大家猜会请哪些海外学者来"壮"声势,他们所请的那几位有什么代表性?随后他以"文革"期间顾颉刚、张政烺两位先生及其住房被挤占的例子,说明学术界是个小社会,各色面孔都有。

他还谈到三峡考古,说:

> 这是国内最大的一次考古发掘,而且基本理顺并摸清了峡区内的文化和现状,可以也应该考虑解决一些学术问题了。遗憾的是至今还没有人做。

他还总结道:

> 1) 三峡境内的城镇和交通要道被楚人、秦人、汉人占据,但周边的小地方还是巴人土著的;2) 巴人王陵(先公陵墓)不应该在涪陵,有可能在忠县,"枳"不单指涪陵,应包括忠县;3) 峡区内文献记载有8个郡,实际上可能没有那么多。

那天北京下着鹅毛大雪,我们和俞老师一起到楼下拍照,然后去九华山庄聚餐。告别时,俞老师将写给重庆(王川平、刘豫川)的一封信交我带回城里寄出,他说是就三峡考古的后续工作提出的一些意见。

2002年底的某天,俞老师打来电话,说他刚看了一篇人类基因谱系研究的文章,非常兴奋,希望我看看,说杂志就在他手边,约个时间去取,但看完后务必要还给他。我不记得何时、在哪儿取到的这本杂志。文章内容是俞老师晚年特别关注的,看得出他读得很认真,用红笔大段标出重点。这里不妨将其标注部分摘录如下:

> 现存的人类属于一个物种……从发现人类化石最早的440万年起……至少有4个属17种人类物种先后出现,在180万年前的肯尼亚甚至同时有四个物种生存于同一区域内。一直到约10万年前进化到晚期智人($H.$ $sapiens$ $sapiens$),即今天的现代人类。
>
> 目前关于现代人类起源最主要的两种观点分别是非洲起源学说和多地区起源学说。两种假说都认为直立人起源于非洲的东非直立人,然后大致在100万年前走出非洲,迁移到欧亚大陆。但非洲起源学说认为现代人类起源于10万年前非洲的第二次迁移,走出非洲以后完全取代了其他地区的古人种。多地区起源学说又称独立起源假说,认为世界各地的人类是独立起源,既由各地的非洲直立人、海德堡人、尼安德特人、东亚直立人各自独立进化到现代人类的几大人种(亚种)。

---

① 也有一说,最初参与讨论这个项目的只有四位专家,包括俞老师。见李零:《第一推动力——怀念俞伟超老师》,载中国国家博物馆、北京大学考古文博学院编:《俞伟超先生纪念文集》(怀念卷),文物出版社,2009年,139—152页。

很显然,最早的分支都发生在非洲人群中,而后再分出欧洲和亚洲。美洲和澳洲的分化都发生在亚洲的分化之下。这说明人类从非洲人群分出欧洲和亚洲人群,美洲和澳洲人群又起源于亚洲人群。这就是与"夏娃学说"相印证的"亚当学说"。根据突变的速率计算出来的非洲人群分化出欧亚人群的大致时间是十多万年。

1998年褚嘉祐等人利用30个常染色体微卫星位点(Microsatellites)分析了28个东亚人群。……1999年宿兵等人利用19个Y-SNP构成的一组Y染色体单倍形……研究的样本量为925份个体。包括中国少数民族和各省份的汉族个体、东北亚群体、东南亚群体和来自非洲、美洲和大洋洲的群体。

研究发现南方人群的基因多样度高于北方人群,各人群的遗传多样度按东南亚非汉族人群、南方汉族人群、北方汉族人群、北方非汉族人群排列逐渐下降。……这揭示人类进入东亚始于南方……因此东南亚可能是早期由非洲迁来的人群进入东亚的第一站,从那儿开始中国人的祖先从东南亚进入中国南方,而后越过长江进入北方地区。

(在最重要的化石证据上)确实出现包括中国在内的东亚地区的化石断层,而且是在现代人起源的关键时期,即4—10万年之间……(因为)6—10万年前的人类化石断层与第四纪冰川期在该地区存在时间大体相符。解释这一现象的可能原因是由于在距今5—10万年前第四纪冰川的存在,使得这一时期包括中国大陆在内的东亚地区绝大多数的生物种类均难以存活。

现代人走出非洲并不只是一次。至少在84万年到42万年前就已经有少部分走出非洲了。而以线粒体及Y染色体估算,绝大部分人类走出非洲的时间是15万年到8万年前。

汉藏语系群体的祖先最初来源于东亚的南部,在约20000到40000年前,一个携带Y染色体M122突变的群体最终到达了黄河中上游盆地,然后在约10000年前,由于粟谷农业的出现,新石器文化开始在这个地区发展起来。①

这本封面有俞老师题签的杂志至今还在我这儿,遗憾的是永远没机会还给他了。或许这是天意,留给我作永久的纪念?!

如今,俞老师故去已近十三载。面对这个物欲横流、世风日下的社会,假如他活着会怎样?他会继续关心物质和精神的关系吗?还那么愤世嫉俗、关心时政吗?见了面都会聊些什么……

作为学生,可以告慰老师的是,他生前最关心的西南和西北考古研究有了长足进展。

---

① 李辉、宋秀峰、金力:《人类谱系的基因解释》,《二十一世纪》2002年六月号(总第71期),98页。

遵照他就三峡史前文化命名的研究思路,①我在系统梳理该地区史前文化的基础上,提出了符合实际的命名意见,②并将1994年北大考古队在忠县忠州镇发掘的大部分资料整理发表。③ 对他生前极为关心的中坝遗址,我和罗泰领导的合作团队经过深入研究,确认属于制盐产业性质,并由此带动了盐业与三峡区域经济和城镇发展的研究,出版《中国盐业考古》(一至三集),④填补了中国盐业考古的空白。

我从1993年底介入三峡的考古工作。1994年带领北大考古队去忠县发掘,完成了忠县库区文物保护的论证报告,1997年6月在重庆参加"全国文物系统支援三峡工程重庆库区文物工作协调会",并代表北大与重庆签署协议。1998年7月在北京参加由国务院三峡工程建设委员会和移民开发局召开的"三峡库区文物保护规划工作座谈会"。⑤ 1999—2002年,我和罗泰主持的中美盐业考古队参加了四川省考古研究院在中坝遗址的考古发掘。⑥ 2000年参加国家文物局与三建委移民局共同组织的三峡水库淹没区考古发掘工地检查。2008年参加由国务院组织的三峡库区检查四期移民工程文物保护初期验收工作,几乎全程介入了三峡的考古与文物保护,曾多次和俞老师就三峡地区的考古有过交流。他在这方面很有想法,而且非常超前,有时难免招致非议。但他坚守底线,上下游说,甚至找人签名上书,可谓殚精竭虑,操透了心!对此,美国《考古》(Archaeology)杂志曾有过专门的报道。⑦

成都平原是俞老师晚年关注的区域。从2005年起,我们以郫县古城为轴心展开系统的区域考古调查,深入了解了成都平原史前文化的结构与内涵。在此基础上完成了对四川盆地史前文化发展脉络和文化源流的通盘思考。⑧

在西北地区,近年来整理出版了《河西考古调查报告》、《奓马台》、《干骨崖》三部考古发掘报告,《齐家坪》已完成了报告编写,《火烧沟》正在整理编写之中。这些重要资料的出版,将大大推进西北史前文化和早期东西文化交流的研究。

我没有忘记俞老师的提问,对不同经济形态是否影响冶金术的发展做了初步思考,意识到华夏文明尽管在冶金术(冶铜和铸铁)的发明上未占得先机,但却表现出"青出于蓝而胜于蓝"和"后来者居上"的独特创造力,先是迅速掌握了陶范铸造复杂青铜容器的工

---

① 俞伟超:《关于三峡地区考古学文化的命名问题》,《古史的考古学探索》,文物出版社,2002年,309—316页。
② 李水城:《三峡库区新石器时代考古学文化及其编年》,《中国考古学年会第十三次年会论文集》,文物出版社,2011年,38—52页。
③ 包括:《重庆忠县崖脚西汉大墓发掘报告》(2014)、《重庆忠县崖脚遗址试掘报告》(2014)、《重庆忠县石匣子东汉大墓发掘报告》(2014)、《重庆忠县忠州镇及瞽井河谷考古调查试掘纪要》(2015)。
④ 李水城、罗泰主编:《中国盐业考古》(一至三集),科学出版社,2006、2010、2013年。
⑤ 代表北大参加此次会议的专家有:邹衡、李伯谦和李水城。会上就三峡库区文物保护经费的问题,双方展开了激烈论战。
⑥ 参加中坝遗址发掘的主要有美国加州大学洛杉矶分校博士后选人陈伯桢、傅罗文(Rowan K. Flad)。
⑦ Cultural Revolutionary: An eminent Beijing archaeologist and communist looks back on a lifetime weathering political tempests, by Erling Hoh, *Archaeology*, Vol. 53, No. 5 (September/October 2000), pp.34—38.
⑧ 李水城:《世纪回眸:四川史前考古的发展历程》,《庆贺徐光冀先生八十华诞论文集》,科学出版社,2015年,40—42页。

艺,随后又率先发明了铸铁术,这是两项绝对领先于世界的重大科学成就。①

写完上面的文字,总觉得话还没有说完。

我们77、78级入校那年,老师们常来宿舍看望,俞老师来得最勤,印象也最深,那时他45岁,风华正茂。他喜欢和这两个年级的学生来往,大概是有些共同的经历和话题吧!

82年我分配到四川工作。84年春,首届全国考古工作汇报会在成都举行,俞老师因去哈佛做访问学者没能莅会。此时恰逢《苏秉琦考古学论述选集》刚刚出版,其"编后记"引发了很大争议。以至于夏鼐先生在大会上直接向某位先生发问:"请解释一下,什么是'中国考古学派'"……会议期间,黄景略先生问我为何不干考古?我说谁知道博物馆会和文管会分家。但我还是和严文明先生说了要报考研究生的事。会后,5月我随馆里同事赴鄂、湘、桂、粤四省博物馆调研,在长沙王文建同学家见到刚回国不久的俞老师,和他聊到了会上的一些情况,他显得有些愤愤然……我还和他谈到想回归考古的想法。他说国家文物局正要在宜昌举办考古领队培训班,建议我去。但这件事在地方上很难操作。后来我还是考研返回了北大。

不料,就在我回到北大的同时,俞老师却离开了北大。但我的归来恰好填补了77—78级研究生毕业后的空白。那时他还没有上位,周末要回中关村,有时他会先到北大我这儿,一起吃了饭再去他家,一聊就是半夜,甚至通宵。最后没话说了,烟抽光了,天也亮了,疲惫至极。回想起来,那种连续熬夜的生活方式对他的身体伤害极大。

80年代末90年代初,偶尔才会有重要聚会,如给苏公祝寿(这事儿多半由俞先生张罗)、俞老师过生日(93年以后)、童恩正来京聚会等。我在京也会受邀参加,与俞老师接触比较频繁。他具有超常的人格魅力和亲和力,没有架子,是一位有大爱的人,和他在一起会让你有亦师亦友的感觉。

俞老师去历史博物馆工作的头两年很不适应。考古系独立出来,他出力甚多,但意见也最大,因此对北大有些情绪和非议,包括人和事。不知这是否与他出走有关?其实他内心对北大非常之不舍,他在第一本文集的扉页上坚持要题写"献给北京大学"六个字,即可为证。

就任馆长以后,他的办公室在历博后院一座简陋的小楼上,有点像今天建筑工地的临时工棚,和今天那些馆长的办公室相比,可谓地下天上。我进城常去他那儿,有时会遇到职工为些琐事找他解决,乃至吵闹。我看不惯,会和他说,受这气,馆长不当也罢!他则说,你不懂啊!

80年代末,有几次我到他那儿聊天,偶尔他会带我爬到历博的房顶上,激动得语无伦次……

---

① 2011年,在陕西宝鸡召开的"全球视野下的青铜时代"国际学术研讨会上,我在发表"冶金术东西交互的考古学观察"的演讲中提出了上述认识。

俞老师喜欢古典音乐是出了名的。最初他听莫扎特，边听边说，"太好！太好！"以至于热泪盈眶。后来转而听马勒，说《大地》如何如何得好。再后来改听巴赫了，认为这才进入到古典音乐的最高境界。不过偶尔也会"叶公好龙"一下。有次他和严文明先生同访日本，对方接待规格很高。那年恰逢莫扎特去世200周年，世界各地都在高调庆祝。他对日方提出希望能听一场纪念莫扎特的音乐会。日方很重视，买了最好的票。但开场后不久，俞老师那边便响起了鼾声，搞的坐在旁边的严文明先生非常紧张，不断将他推醒。陪同的日本人则很诧异，票很贵的啊！

俞老师对恩师苏秉琦先生感情极深。这从"编后记"的文字就能看出来。1997年6月，从苏公病危入院直到去世，他鞍前马后，奔波操劳，不遗余力。在苏公告别仪式上，他以学生身份垂立门侧，哀乐响起，泪流不止。为筹办苏公骨灰播撒仪式，他多方奔走，想辙找钱，先是计划去大连，后又约了童明康和我陪他到石家庄与河北省有关部门商谈。待确定了地点、舰只以后，又将我唤到历博，协助他和徐光冀先生挑选各单位的出席人员，一一通知……直至从秦皇岛归来。

俞老师是一位能开风气之先的学者。高明先生有评价："俞伟超什么时候都在风口浪尖上。"他的研究范围跨度之大，充分反映了这一点。1984年他从哈佛回来，对新考古学非常推崇，大力宣传，为此引发了一些争论。对此，严文明先生曾言，考古界需要有俞伟超这样的人，有他出面鼓吹宣传国外考古学的理论和方法，有利于中国考古学的健康发展！

从80年代中期开始，俞老师就上下奔走，疏通关节，竭力要打开中外考古合作的大门。正是在以他为首的一批先知学者的不懈努力之下，《中华人民共和国考古涉外工作管理办法》于1990年正式颁布实施。[①] 随即他便组织了"渑池班村遗址中外考古多学科合作"。但关键时刻有人掉链子，为此他曾找我去谈，希望能救班村之急，但我实难从命。后来在其他单位一些学生辈分的同事帮助下，该项目得以顺利进行。

最后还有件事给我留下深刻的记忆。80年代初，他从哈佛归来，多次和我谈到美国影片《飞越疯人院》，不断夸这片子如何如何好。后来我到美国看到这部1975年的老片，得知是著名导演福尔曼的作品。此人为东欧捷克斯洛伐克人，经历布拉格之春流亡出来。此人非常了解政治、体制、法律等国家机器与人性的关系，在国家机器面前，人只不过是"如来佛"掌心的孙行者，任其蹂躏，让你无法忍受。这部电影以精神病院为背景，通过护士对付患者的办法和态度、象征社会上人与人之间统治和被统治的关系，以及人间的争斗。片中主角麦克墨菲聪明、善良、正直且富有活力，他在逃出疯人院之后被再次抓回，随即作了额叶切除术，成为听话的病人。印第安人齐夫发现了他的刀口，用枕头闷死了这位斗士，以保全他作为人的最后尊严。这个杀人行为显示出一种特殊的崇高，也成为影片的高潮。

总之，疯人院是无法飞越的，也飞不出去。80年代初，俞老师恰逢中年，联想到他一

[①] 一九九〇年十二月三十一日国务院批准，一九九一年二月二十二日国家文物局令第一号发布实行（参见国家文物局法制处编：《中华人民共和国文物保护法》，紫禁城出版社，1994年）。

生的遭遇,可谓经历了身心的双重桎梏。观看这部影片,除了给他以人生不惑的体验之外,内心肯定还有着我们常人难以理解的苦衷……

　　谨以此文纪念敬爱的老师俞伟超先生!

2004 年初稿于蓝旗营
2017 年定稿于加拿大

张光直先生与北大[1]

2001年1月4日清晨,李永迪先生从台湾打来电话,通报张光直先生于数小时前在美国去世(美东时间1月3日清晨2:00)。他希望我尽快将此消息通知在京的几位考古界前辈(邹衡先生由他通报)。撂下电话,大脑陷入一片空白。待回过神,打开电脑,看到慕容杰(Robert. E. Murowchick)、李润权等通过电子邮件通知了同样的消息。

约一年前我正在美国,张先生突发急症动了手术(2000年2月)。此后,他的身体便急转直下,之后一直没离开医院和疗养院。2000年11月,慕容杰教授到访北大时告诉我,张先生病情仍无好转。因此,对这样的消息应该说是有心理准备的,但还是觉得突然,难以接受。因为就在前一天(1月3日)中午,我在北大勺园请刚从美国抵京的焦天龙先生(哈佛大学人类学系博士研究生)吃饭时还问到张先生的身体情况,他说圣诞节去医院看望张先生,比我们8月份一起看他时要好得多,甚至是自动手术以来感觉最好的一次,他不仅能聊几句天,还对哈佛人类学系新近准备聘请的几位教授发表了看法。从圣诞到年初短短不过10天……也许这就是人们常说的回光返照吧。

那天,我向宿白、徐苹芳、严文明、张忠培等先生报告了这个消息(俞伟超先生去了三峡无法联络)。宿白先生得知这个消息后特意叮嘱,尽快通知北大的校领导。那天,我拟了份唁电给李卉老师,[2]对先生的过世表示哀悼,再就是说先生的道德文章将永远是我为学处世的楷模。

这以后,我觉得还应该通知有关的媒体。考虑到他们未必有现成资料,遂请李永迪先生帮忙。很快他就将臧振华教授在张先生任台湾中研院副院长时写的一篇东西贴了过来。但此时却联系不到《中国文物报》的熟人。打电话到考古所,陈星灿先生去河南野外未归,只好作罢。我想,有关单位大概很快会出面组织纪念活动,但事后证明我有点过于天真。

晚上,张先生的学生、我的大学同学罗泰(Lothat von Folkenhausen)教授从重庆打来电话,谈到张先生,大家都很难过。当晚,焦天龙、唐际根也打来电话,表达了同样的心境。

1月5日晚,在北大勺园与罗泰见面,他说下午在考古所演讲时提到张先生时不禁悲

---

[1] 宿白先生提供了张光直先生早年与北大交往的材料。此文草就后,宿白先生逐字审阅了全文,在此特别向宿先生表示感谢。需要说明,若有文字上的纰漏或其他不当,概由本人负责。

[2] 张光直先生夫人。

极而泣,我听后亦倍感惆怅,一时无语。我对他说,对张先生最好的告慰就是将他开创的事业继续下去,无论在大洋这边,还是那边。

2月中旬,李永迪先生告诉我,台湾中研院年前为张先生举行了盛大的追思纪念会,会场外布置了张先生的生平剪影及著作,其中包括他生前与苏秉琦、俞伟超、严文明的合影。他还特意贴来一张在会场摆放的北大考古系敬献的花篮照片。看到这些,心中感到些安慰。

我与张光直先生相识较晚,接触也并不很多。最初听到他的大名是在1984年夏,那时我到四川博物馆工作已满两年,仍处在适应期。记得当时在文物出版社工作的童明康先生来信提到,宿白先生邀请了哈佛大学人类学系张光直教授到北大讲课,[①]很多已经工作的同学重返校园聆听,场面甚为热烈,自己则为没能赶上这一良机而抱憾不已。翌年秋,我重返北大读研究生。那时,张先生的著作陆续出版,在考古界、历史界掀起一股不小的"张光直热"。其实,张先生的书我读得不全,理解也有限,总的感觉是他与大陆的文风不同,他的研究既有考古学资料,又有人类学理论;既是中国的,也是西方的。用他自己的话说,他是一半在内,一半在外。在看待中国考古学的人和事时,有旁观者清的一面,也有与国内共识不同的地方。[②]他观察问题视角独特、才思敏捷,并不时流露出思想的火花,给当时的学界带来了一股清新之气。因此很受年轻一代的欢迎。20世纪80年代,中国的考古学已开始了对自身的深刻反思,也密切关注着来自域外的聚落考古、环境考古、新考古学及其他的考古学理论方法。这一方面与中国步入改革开放、学术氛围逐渐宽松的背景有关,也与张光直先生的学术介入有直接或间接的关系。

在北大讲学后,张先生前往山东大学访问,被授予山东大学名誉教授。[③]随后,北京大学也准备授予他名誉教授。但宿白先生认为,名誉教授的政治味道太浓。[④]在宿先生建议下并上报学校同意,张先生被授予北京大学客座教授。再以后,他还被吉林大学授予名誉教授。

随着与大陆学界交往的频繁、了解的加深,张先生敏锐地察觉到,由于长期与外部隔离,中国考古学在某种程度上已陷入闭门造车、孤芳自赏的状态。为扭转这种不利于学科发展的局面,他提议并为文物出版社精心挑选了一套西方考古学名著,希望尽快组织人员翻译出版,以加快中国考古学与国际学界接轨的步伐。这套书包括:《考古学理论与方法》(2—3册)、《埃及考古》、《两河流域考古》、《希腊罗马考古》、《印度河文明》、《美洲考古》等。[⑤]最初听到这个消息时,曾深为张先生这一切中时弊、富有眼光的举措及文物出

[①] 张光直:《考古学专题六讲》,文物出版社,1986年。
[②] 张光直:《写在前面的话》,《考古人类学随笔》,生活·读书·新知三联书店,1999年,115页。
[③] 宿白先生告知,当时任山东大学校长的吴富恒先生是张先生在哈佛大学的同学。
[④] 此前不久,北京大学授予日本创价大学校长池田大座为名誉教授就明显有政治味道。
[⑤] 童明康先生见告。

版社的配合鼓掌。遗憾的是,由于我们有些人的短视,最终以不赚钱为由,使这一计划半途而废。很难想象,张先生获悉他的苦心得到如此回报时心里会怎样想。直到今天,也很难估计这一短视行为对中国考古学的发展到底产生了哪些负面影响。至少有一个是看得见的,即至今国内尚无一所大学能够开设有关世界考古的课程。正是这个缺陷,我们在思考问题时每每把自己孤立在一个小圈子里,缺乏一种宏观的比较思维方法,也难以进行大跨度、大范围的文明进程比较。由于缺乏对世界古代文明发展进程的理解,很难把中国文明摆在一个恰当的位置。张先生一直主张:

> 今天念中国的考古不是念中国的材料便行了。每个考古学者都至少要对世界史前史和上古史有基本的了解,而且对这个以外至少某一个地区有真正深入的了解。比较的知识,不但是获取和掌握世界史一般原则所必须有的,而且是要真正了解自己所必须有的。[1]

苏秉琦先生在1993年就预言,中国考古学正经历着跨世纪期间一个重大转折。20世纪我们建立了中国考古学的学科体系,实质上是"中国的中国考古学体系"。21世纪的中国考古学将是"世界性的中国考古学"。"目的是一个,把中国摆在世界当中,深入一层地再认识中国在世界村中的位置"。[2] 试想,假若当初张先生举荐的那套世界考古名著能按计划出版,对于扭转中国考古学的封闭局面,加快中国考古学走向世界的步伐都将大有裨益。

张光直与徐苹芳、严文明在北京大学(1993)

---

[1] 张光直:《要是有个青年考古工作者来问道》,《考古人类学随笔》,生活·读书·新知三联书店,1999年,127页。
[2] 苏秉琦:《在开幕式上的致辞》,《"迎接21世纪的中国考古学"国际学术讨论会论文集》,科学出版社,1998年,1页。

第一次与张先生面对面地接触有些偶然。1993年5月,他莅临北大赛克勒考古与艺术博物馆开馆仪式和"中国考古学走向21世纪"国际学术讨论会,并担任商周会议组召集人。我在会务组负责照顾苏秉琦先生并做些杂务。大会开幕那天的下午是分组讨论,张先生突感肠胃不适,被送到休息室,我让他躺在沙发上,问他是否想喝点开水或吃些药。他说最好来瓶冰镇可口可乐。这一要求大大出乎我的意料,毕竟张先生已是步入花甲之年的老人,这一要求与中国传统的医学理念可谓格格不入。他察觉了我的惶惑,遂解释,在美国如果一个人肠胃不舒服,都会要可乐喝,这有点像中国民间遇感冒风寒喝姜汤的习俗。当时,可口可乐还不像今天这般普及,但我们还是想办法找来一瓶。他一边喝着可乐,一边和我随意地聊天。我是这样与张先生结识的,也许他早忘了,但他的谦和给我留下了至深印象。

在那次会议前,张先生已着手与中国社科院考古研究所进行接触,后经国家文物局同意,决定在河南商丘进行中美考古合作发掘。此后,他几乎每年要来北京一次,且每次都来北大。他对北大情有独钟,要求自己的学生凡来北京都要参观赛克勒考古与艺术博物馆,甚至把这看成是全世界研究中国考古学的学者和学生的必修课。[①] 他与北大考古系的几位老先生关系融洽,相敬如宾,双方都很看重每年难得的一次聚会。他们在一起聊聊天,吃顿饭,其乐也融融。即便张先生不能来北大,几位先生也会相约进城,去他下榻的饭店看望。记得是在1996年夏,宿白、邹衡、李伯谦及中文系的李零等先生在赛克勒博物馆与张先生会面。他兴冲冲地告诉大家,联合考古队在商丘发现了东周的宋城。宋为商人后裔,商丘作为商人的起源地是可信的。张先生特别向大家介绍了在枳城山台寺龙山文化遗址发现五连间的房屋基址,附近还有一座祭祀坑,坑内埋着9头整牛和1颗鹿头。张先生认为这座"牛坑"似与上古"王亥服牛"典故有关,暗示商人的老家就在这一带。他还以征询的口吻问大家,二者之间是否有联系?其表情非常之认真、执着。在座的邹衡先生肯定不同意他的看法,但双方并不交锋,只是善意地开开玩笑。他们非常尊重张先生的学术观点,并很敬重他在商丘发掘上的执着与期待。午饭时,张先生依旧兴奋不减,主动提议喝二锅头。宿先生关切地询问他的身体,并表示乐于奉陪。饭后话别,他再次夸赞北京的二锅头,李伯谦先生让我返回餐厅买了两小瓶送他。告别时,像往常一样,他习惯性地掏出相机,在车里为大家拍照。

大家对张先生的尊敬,不仅在他的学术造诣,更在于他对中国考古学的挚爱和不懈的追求。20世纪90年代以来,由于帕金森氏症的摧残,他的身体一年不如一年,但每次他都拖着孱弱之躯,以常人难以想象的顽强意志、不远万里来到中国,并坚持去商丘工地(甚至坐轮椅),直至1997年实在行动不便、并在大家极力劝阻下才没有再去。这期间,每年大概能见他一面,看到他的身体日见衰弱,愈发感到他强烈的事业心和与疾病顽强抗争的不屈精神,正可谓"小车不倒只管推"。记得有两次,在赛克勒博物馆二楼,他去卫生间,

---

① 张光直:《北大考古系赛克勒博物馆开幕有感》,《考古人类学随笔》,生活·读书·新知三联书店,1999年,132页。

看着他步履蹒跚的样子,我总担心他会摔倒,常不由自主要去搀扶,但每次他都坚辞不受。那种美国式的不服老、不认输的生活态度着实令人钦佩。于细微处见精神,对他这样一位年逾花甲的老人来说,这需要何等的勇气和毅力啊!在我眼里,他不仅是一位出类拔萃的学者和令人敬重的师长,更是一位热爱生命、与病魔抗争、意志刚强的斗士。我深深地为他的独特的人格魅力所征服。我想,凡与他有过接触的人,都会有同感。

我曾听到不止一个人说过,假如张先生知道爱惜一下自己的身体,不要那样玩命工作,他一定会多活几年。

1999年5月,在联合国教科文组织"平山郁夫丝绸之路"基金资助下,我前往美国宾夕法尼亚大学作访问学者。8月,有朋友告诉我,张先生将其私人藏书捐赠给了波士顿大学东亚考古与文化史国际中心。听到这个消息,我决定立即前往波士顿拜见张先生。

早在赴美前,北大考古系已从有关人士那里得知张先生有意捐献他的私人藏书。包括美国、中国台湾等学术机构都曾有意争取,北大方面也有意于此,并让博物馆教研室的曹音老师了解有关情况,也曾在系务会上具体讨论过这件事。后闻张先生有意将所藏西文书籍捐赠给北大,但一直未能落实。尽管系里并未让我办这件事,但我本能地感到这是件值得为之努力的善事。

8月22日抵波士顿。第二天,我与张先生的几位高足及研究东亚考古的教师一起午餐。饭后,慕容杰教授邀我到他在哈佛大学的办公室面谈(这期间他自己正在办理调动)。我向他表明了此行目的,并问他是否了解张先生有将其所藏西文书籍捐献给北大的意愿。慕容杰教授首先表示非常高兴北大方面能来人与他会面(此前我们未曾谋面)。他说,对此事他有些了解,但操作上还存在一些困难。张先生已将其藏书悉数捐赠波士顿大学东亚考古与文化史国际中心。目前,这批书正打包装箱,即将运往波士顿大学。下一步还要整理、分类和编目。另外,他现在正忙于筹建波士顿大学东亚考古与文化史国际中心,非常忙碌,翌日即赴纽约等地筹款。他希望与我保持联系,待日后有机会再协商。我提出近日将拜访张先生,如能首肯这批图书中的西文书将来有望捐赠北大,我将利用此时机代表北大考古系当面向张先生及家人表示谢意。慕容杰教授暗示他不反对我向张先生作适当的表示。最后,他向我介绍了即将成立的波士顿大学东亚考古与文化史国际中心,以及他自己的工作变动。我向他表示祝贺,并希望他的研究中心将来能加强与中国考古学界及北大的合作交流。

谈话中,他向我透露了一个关键,即按照美国政府有关法律,张先生捐献藏书的善举可以使他减免部分个人所得税,但前提是他必须将其全部藏书捐献给美国的大学或学术机构。以后,则可通过波士顿大学东亚考古与文化史国际中心与北京大学进行学术交流的形式来实现张先生的心愿。至此我已心里有谱,张先生已将此事全权委托给慕容杰教授办理。

8月25日下午3点,按事先约定,李永迪先生驾车陪我去张先生在坎布里奇的寓所,张先生坐在轮椅上,在书房里等候。我握住张先生的手向他道安,并向他转达了北京几位老先生的问候,同时呈上刚从国内寄来的拙作《半山与马厂彩陶研究》请他指正。他一边翻看,一边说了几句话,脸上露出微笑。借此机会我代表考古系对他将部分藏书捐献给北大表示感谢。由于疾病的原因,他所讲的话我大多听不懂,李卉老师不时在跟前帮忙转述。当他觉察到这一点后,便尽量地少讲话。

我为此次会面也作了充分准备,特意挑选了一批反映近年国内考古新发现的幻灯片给张先生看,内容有:北大与加州大学洛杉矶分校合作进行的"四川古代盐业的景观考古调查""安徽含山凌家滩遗址新出玉器精品"[1]"浙江绍兴印山越王大墓"[2]"河南邓州八里岗新石器时代聚落"[3]"青海同德宗日墓地出土彩陶"[4]"四坝文化铜器",以及国内新发展的水下考古、航空考古[5]的工作及收获。张先生观看得极其认真,甚至格外兴奋。当我介绍到某些细节时,他不时想插话询问,或与我相视一笑,或点点头。看到张先生如此开心,我深为能给他带来一个愉快的下午、带来一份好的心情而感欣慰。演示完幻灯片,张先生像往常一样习惯性地找相机拍照,在李卉老师帮助下,我们分别与他合影留念。然后,他又热情地邀请我们到餐厅品尝李卉老师烤制的甜点。

我们原定会面时间为一小时。但我一看表,竟不知不觉地过去了近3小时,遂起身告辞。没想到张先生意犹未尽,询问李永迪晚饭安排在何处。事前我已被告知,张先生身体羸弱,一次谈话时间不宜过久,更不能太兴奋,否则会透支体力,在以后两三天里精神会很差。尽管我很想与他多待一会儿,但现在已破例超时,只能善意地借口晚餐已有安排,以后择日再来拜望。张先生见此只好做罢,但坚持着从轮椅上下来,凭借助行器走路送我,并说,不能送到大门,就到家门口吧。先生拖着病体仍如此地礼贤下士,让我手足无措,感动不已,至今难忘。久闻先生爱聊天,而且聊天后必定与大家一起聚餐,继续未了的话题。可惜后来我在哈佛期间没有了这样的福分。

返回费城途中,我应邀去纽黑文与耶鲁大学艺术博物馆一位教授会面。我的朋友柯杰夫(Geoffery Cunnar)带我参观了人类学系和耶鲁大学图书馆。在东亚部一个房间内,书架上摆着《考古》《考古学报》等中文期刊。东亚部主任金古秀夫(Hideo Kaneko)先生向我介绍说,这是张光直教授在耶鲁任教时经常使用的工作室。由此可见张先生在美国学术界之影响。

2000年1月,应伦福儒教授邀请,我去英国剑桥大学参加"晚新石器欧亚大草原的开发"国际学术会议。原定返回美国后即转入哈佛大学,后因故推迟。3月初得知张先生患小肠梗阻入院手术的消息,这对一位久病体衰的老人来说无异于雪上加霜,加之手术后治疗帕金森氏症的药被停用,这对他的身体非常不利。我曾打算在罗泰去欧洲途经波士顿

---

[1] 安徽省文物考古研究所张敬国先生提供资料。
[2] 北京大学严文明先生提供资料。
[3] 北京大学考古系樊力先生提供资料。
[4] 西北大学文博学院陈洪海先生提供资料。
[5] 中国历史博物馆考古部张威、杨林先生提供资料。

时,与他一起去看望张先生。但初到波士顿,人地生疏,加之医院不允许太多人探视,只好在心底默默地祈祷,愿他能早日康复。

4月初,全美第65届考古学大会在费城举行,与会代表3000余人。4月7日,为表彰张光直先生在东亚考古研究领域的突出贡献,由波士顿大学东亚考古与文化史国际中心组织了一个献给张先生的学术讨论会,主题为"从考古学和文献寻找中国的古代国家:献给张光直"(Locating the Archaic State in China through Archaeology and Text: A Tribute to K. C. Chang)。与会者近百人,分别来自中、美、韩、日、加拿大等国,演讲者多为张先生的学生,内容集中在三代考古方面。美国亚历桑那大学人类学系原系主任、著名民族考古学家郎艾克教授(William A. Longacre),加拿大麦克吉尔大学东亚研究中心、东亚学系主任、著名汉学家叶山教授(Robin D. S. Yates)分别就演讲内容做了评述。此届大会涉及中国考古学的讨论会有三个,[①] 与会中国学者人数较以往明显增加,这反映出中国考古学的影响力在逐渐扩大,其中,张光直先生起了重要的桥梁作用,功不可没。

手术后,张先生病情常有反复。4月10日,我与李卉老师约定去坎布里奇的奥本山医院(Mont Auburn Hospital)看望张先生,同行的有王幼平、冷建。在皮博迪博物馆门前遇见河南省考古研究所的孙新民所长一行,他们向李卉老师表达了对张先生的问候。李润全先生驾车送我们去医院。时隔7个月,再次见到张先生,他更瘦了,体重仅70磅。由于肺部感染,不时大口喘气,显得十分痛苦、虚弱,但能辨认出我们几位,并尽力表示谢意。那一幕直至今日回想起来仍不好受。

这以后,张先生病情时好时坏。依照张先生的医疗保险规定,如病人病情稳定,就转入疗养院治疗;如病情加重则返回医院监护。记得有一次和李卉老师通话,她告诉我说,由于帕金森氏症加重,张先生吞咽与呼吸功能紊乱,经常造成肺部感染,并因此反复周转于疗养院与医院之间。鉴于此,医生主张切开气管,使肺部炎症及早痊愈。当医生征求张先生意见时,他坚持要找专家谈谈,谈话后他权衡利弊否定了医生的建议。尽管医生有些恼火,但只能尊重患者的选择。这件事从另一个侧面反映出张先生的个性。

千禧之年的波士顿之夏,气候凉爽宜人。8月18日下午,焦天龙先生驾车带我和我女儿去波士顿的奈梯克镇(Natik)马萨诸塞兹医院(Massachussets Respriatory Hospital)看望张先生,那里距著名的威斯利女子学院(Wellesley College)很近,环境幽雅。又是4个月过去了,眼前总抹不掉上一次在医院留下的印象。护士小姐热情地邀我们进去,并高叫着张先生,看来她们很高兴有人来探视病人。病房里光线较暗,张先生背对窗子坐在轮椅上,显出不太清晰的轮廓。在与他对视的一刹,我的第一感是他头脑依旧清晰,身体状态较上次略好。我告诉他,不久前收到徐苹芳、严文明二位先生来信,嘱我代他们和宿白先生看望他,并祝愿他早日康复。我说,来美国一年多,收获很大,无论是当前作的课题,还是将来预作的课题和开设新的课程莫不如此。前不久我与哈佛大学人类学系的奥佛·巴

---

① 另外两个讨论会的题目是:"中国更新世考古学的理论与实践"(Theory and Practice in Chinese Pleistocene Archaeology)和"中国的考古学"(Archaeology in China)。

尔—约瑟夫(Ofer Bar-Yosef)教授洽谈了进行水稻起源的合作意向,进展非常顺利。7月,还在英国剑桥大学草签了一份合作研究意向。最近还要和慕容杰教授会面,具体讨论先生捐赠给北大书籍及相关事宜,并再次感谢先生对北大的热心扶持。我对他说,这批书运抵北大后将专辟书柜,开放阅览,充分发挥其价值。先生的学识和心愿,将随这些书籍漂洋过海,代代相传。我还说,此次来哈佛,半年多时间一晃而过,收获很大,但也有一丝遗憾。由于先生身体欠安,没有机会与先生一起交流学术,未能得到先生更多教诲。下月我将回国,特此道别,望先生珍重。听到这里,张先生突然情绪激动,以至于肢体颤抖,泪水涌出眼眶,竭力想说些什么。此情景令我一时不知所措,一面劝他不要激动,一面说:"您的心思我懂,回北京我一定代您向诸位先生转达您对他们的谢意和问候。"听到这几句话,他慢慢平静下来。随后,焦天龙向他汇报了不久前去湖南、福建考察的收获。并给他读了李永迪的一封来信,谈到他在大陆的考察及论文设想。由于身体太过虚弱,加之刚才过于激动,张先生几乎没说什么便昏睡过去。该告别了,我一步一回头,慢慢离去。这是我最后一次看望张先生,我预感到不会再有机会了,泪水不由模糊了双眼。

从医院回来后,我与李卉老师电话道别,再次感谢她和张先生。

回国后,先后见到几位前辈,他们都很关切地问到张先生的身体,我向他们讲述了最后一次见到张先生的情景,他们都颇为感慨。张先生过世后,宿白先生给我讲了张先生早年与北大接触的一些事。有趣的是,从这些往事得以窥见,张先生及其家庭从很早起就与中国考古学结下了不解之缘。

宿先生说他们第一次见面是在1975年。那年张先生随美国学术代表团访问中国,这是他1946年离开大陆后首次回到北京,同行的还有著名历史学家杨联陞先生。宿先生参加了北大方面的接待。此前,他并不知晓张光直为何许人,后来一起吃饭交谈,得知他是台湾著名作家张我军的公子,这一下双方的距离无形被拉近了。20世纪20年代,张我军在北京师范大学中文系读书,尽管是官费生,但经济并不宽裕。为挣些零用钱,他在家里办了个日语补习班,苏秉琦先生曾在张家学习过日文。"七七"事变后,张我军在沦陷区教日语和日本文学,宿白先生曾跟他学习日文,并在课下有一些接触。据宿先生回忆,他曾几次去西城张家拜访,对孩童时代的张光直还有朦胧的印象。宿先生对张我军先生评价颇高。那时,在"日伪"统治下,有些中国人一味与日本人拉关系、套近乎,极尽奴颜媚骨之能事。张我军先生非常瞧不起这些人,他对日本人不卑不亢,很有骨气,令人敬重。他1921年到大陆求学,深受"五四"运动的新思想影响,是台湾新文化运动的奠基人之一,也是最早提倡用白话文写作的台湾作家。

有了这层关系,双方走动逐渐频繁。张光直每次回大陆都要来北大。他先后寄来一批作品给宿先生,有早年发表在台湾中研院历史语言研究所集刊上的旧作,也有一些新作。宿先生觉得这些文章颇有新意,特别是他作商代考古研究能与甲骨文结合,研究青铜器纹样能与人类学联系,从萨满教的角度作出全新的解释,表现出很高的学术功底。

1982年，美国露斯基金会（RUSE FOUNDATION）邀请宿先生访问美国，安排他在加州大学洛杉矶分校（UCLA）艺术史系任客座教授，并为该校研究生授课。这是露斯基金会首次邀请大陆考古学家访美。在美方安排的考察期间，去了东海岸的波士顿。张先生极力挽留宿先生在哈佛大学滞留一周，陪他参观赛克勒博物馆、福格艺术馆。这期间他们交谈甚多。也就在这一次，他向宿先生提出希望回大陆做考古工作，甚至郑重表示愿意去北大工作。宿先生觉得此事非同小可，回国后立即找北大党委书记王学珍汇报。王表示欢迎，并允诺，如张光直来，可在北大郎润园为他安排四居室的住房一套；工资问题比较复杂难办，但将尽力争取调得高一些。当张光直再次访问大陆时，宿先生向他通报了北大的上述安排。他听后非常高兴，并一再表示对工资高低无特别要求，够活就行。但他也向宿先生解释，此事尚不宜速决，因为他当时还欠哈佛大学一笔钱，需将此事了断后再办。宿先生说，也好，那就先来北大讲讲课。如此才有了后来的《考古学专题六讲》。

记得是在1996年夏的那次午餐聚会上，张先生提到他曾向夏鼐先生提出到考古所工作，但夏先生不要他。当时以为是句玩笑，没想到最初他曾有意来北大。为什么他会有如此抉择？这在他本人的文字中从未流露过。我冒昧地推测，在宿先生访问哈佛大学那年，张先生夫人身体有恙，经常需看中医，这在美国不是件很方便的事，或许可当作张先生提出来北大的原因之一，但这不可能是根本原因。当时，他从耶鲁返回哈佛仅五年，年富力强，且已跻身美国主流学术圈，学术声望不断上升。但唯一不足的是，他本人缺乏在中国大陆的考古经历，这对他的学术研究、学术地位和声望不能说不是个缺憾。他的内心非常渴望能去大陆作田野考古，这就如同一位埃及学者向往埃及、一位中亚考古学家渴望去中亚一样。而且这样的经历对于他这样一位在美国主流学术界有着重要影响的华裔学者来说，可谓至关重要。尽管他有在北美和法国做过田野发掘的经验，但二者毕竟不是一回事。学界历来文人相轻，美国当不例外。对于张先生学术生涯上的这个缺憾，圈内人会说些什么？无从查考，但肯定有人说三道四。从更高的层面分析，张先生生长于北京，后去台湾，又长期在美国生活，这种多元文化的背景使他成为一名国际化学者。但是，作为一位华裔考古学家，能够到水深土厚的黄河文明故乡做考古发掘，那不啻是最高的境界追求。可是，这样一个并不算奢侈的心愿，在"文革"十年及以后那几年的政治氛围下，简直就是一个遥遥无期、难以企及的梦想。因此，他只能以一种让我们今天无法理解的、破釜沉舟的方式试图圆这个梦。我想，这大概是他决心来北大的深层原因。当写这篇东西时，我从另一个角度设想，这件事幸好当初没能办成，张先生也幸亏没来北大，否则，于他的身体、学问等未必是件好事。说得夸张一点，没准会毁了他。至少，他来北大绝不会比他在哈佛对中国考古学所起的作用要大。

在美国时，曾偶尔听到外国学者在评论张光直时话语间流露出的暧昧字眼，尽管他们承认张先生有很高的学术水平，却又难以掩饰其偏见。对此我不太理解。回国后，有一次和李零先生聊天，谈到国外汉学家对中国学者，特别是在海外的中国学者心存偏见者大有人在，这其中也有对张先生的苛求，感到我之所闻并不足为奇。联想到张先生曾打算来北大的事,以及他不顾家人劝阻,抱病回台湾就任中研院副院长等①,我突然醒悟,这一方面表现出张先生的心高志远,还有盛情难却的因素;另一方面也暗示,即便像张先生这样在美国主流学术界很有发言权的大学者,在那边时而也会感到孤独、寂寞。

1984年前后,张先生建议每年由他介绍1—2名在不同学术领域作出成就的国外考古学家来北大讲学。继他之后,北大先后邀请了美国宾夕法尼亚大学人类学系的舍瑞教授(R. J. Sharer)讲授玛雅考古(1985),哈佛大学人类学系伊萨克教授(G. L. Isaac)讲授非洲旧石器(1986),②哈佛大学人类学系兰伯格—卡洛夫斯基教授(C.C. Lamberg-karlovsky)讲授西亚与中亚考古(1986),肯塔基大学阿丹斯教授(R. Adams)讲授美国人类学史、埃及考古和爱斯基摩考古(1989)。按照计划,上述讲学内容将陆续由文物出版社列入与《考古学专题六讲》一套的国外考古学系列讲座丛书出版。③

从1983年起,在张先生提议下,哈佛大学先后邀请北大考古系邹衡先生、俞伟超先生赴美讲学。此后,他还与邹衡先生联合为北大培养博士研究生。④

正当这一切进行得如火如荼之时,国内环境也在发生变化。80年代末,张先生计划来北大的事束之高阁,从此双方未再有人言及。再以后,他生了病,此事也就永远没了下文。同样,北大每年邀请国外学者讲学的计划也宣告中止;文物出版社的出版计划亦不了了之。

另一方面,张先生一直在为敲开中国社会科学院考古研究所的大门而努力。由于夏鼐先生不愿意与海外学者打交道,⑤他总有碰一鼻子灰之感,这种局面到1985年以后仍无变化。至徐苹芳先生出任所长后,这一坚冰被打破,双方开始协商进行合作。再以后,张先生将其主要精力投放到考古所一边,但与北大仍保持着密切交往。宿先生谈到这一点时说,历史地看,北大属于教育部系统,在对外交流方面比社科院系统开放一些,我们对张光直先生也一直非常客气,毕竟北大有求于人家,如双方的学术交流、人员交流等。

张先生在学术上贡献可谓多多。作为学生辈的人,自知没有资格评价先生的学问,这里只想谈点感受。首先是张先生对中国上古史的精到研究。这集中体现在他的《连续与破裂:一个文明起源学说的草稿》⑥一文中。无论学界,还是张先生本人,大概都很看重这篇短文。他自己曾讲过这样的话:

> 根据中国上古史,我们可以清楚、有力地揭示人类历史变迁的新的法则。这种法则很可能代表全世界大部分地区文化连续体的变化法则。因此,在建立全世界都适

---

① 记得有一次李卉老师提到,当初她很不情愿张先生在身体非常不好的状态下去台湾。
② 1986年,艾萨克教授在非洲进行田野考古,不幸感染热带病,到北京时突然发作,住进北京协和医院救治,北大领导及宿白先生等曾去医院探望。后来,他在经日本东京转赴关岛返回美国途中抢救无效,不幸病故。非洲旧石器课程未能按计划进行。
③ 严文明先生告知。
④ 张光直先生与邹衡先生联合培养了博士研究生蒋祖棣。
⑤ 见张光直:《哭童恩正先生》,《考古人类学随笔》,生活·读书·新知三联书店,1999年,176页。
⑥ 张光直:《中国青铜时代》,生活·读书·新知三联书店,1999年,484页。

用的法则时,我们不但要使用西方的历史经验,也尤其要使用中国的历史经验。①

他还提出,

> 一个着眼于世界性的考古学者,在探索中国文明起源时,至少可以从三个不同的方向进行。一是中国古代文明在世界历史上有多大的重要性?是土著的,还是外来的?吸收了外面多少影响?对外产生了多少影响?二是用世界史解释重大历史变迁的模式来考察中国史前史和古代历史的变化过程。三是从中国古代史和从中国古代史发展本身看到的法则来丰富一般社会科学理论。②

此即他长期倡导的用世界性眼光研究中国古代文明的观点。他希望透过对中国文明进程的了解和发展模式的建立,对人类社会的发展和社会科学理论的内涵作出创造性贡献。他认为中国文明是透过政治权力的作用而建立的,这种模式与以西方经验建立的文明起源模式有着显著不同而独树一帜,并因此引起国际学术界的高度重视,从而确立了中国文明研究的重要地位。他的这些学说值得在21世纪的中国考古学研究中发扬光大。

前不久,美国的玛莎·兰伯格—卡洛夫斯基(Martha Lamberg-Karlovsky)主编了《断裂——文明的起源》(The Breakout – The Origins of Civilization)一书,有多位学者撰文讨论张先生提出的"断裂的文明与连续的文明"。③足见,他的这一学说已在国际学术界引起广泛的关注并产生了深远影响,并被赋予了经典含义。

20世纪80年代以后,张先生才将学术重点转移到商代历史方面。在此之前,他曾写过一系列中国史前史的论文,内容涉及中国旧石器时代、新石器时代的聚落形态、华北与中原、南部中国,汉代以前的西北、北疆草原等。由于海峡两岸的长期隔绝(当然也有我本人的孤陋寡闻),直到1999年夏,我才在宾夕法尼亚大学的图书馆系统地阅读到这批发表于1970年代的作品,并深为张先生驾驭材料的高超能力和独特的视角所吸引,我认为他文章中的一些思想火花即便到今天仍不失其前卫价值。我本人曾作过一些西北地区的考古研究,因此这里想谈谈他在1970年发表的一篇有关西北考古的文章和一些颇具前瞻性的认识。他提出甘肃彩陶是中原彩陶的西北分支,新疆部分彩陶是马家窑文化西渐的枝节性末流。他指出,如果说安特生主张中原彩陶文化来自中亚,则它传来的途径似乎不在西北。假如西北是中亚彩陶传入中原的唯一途径,则在目前所知的西北考古情形之下,中原彩陶不可能来自中亚。总之,不论中原与亚洲西部的彩陶在花纹母题上相似到何种程度,西北的考古资料才是解决这个问题的关键。不但彩陶如此,整个史前与原史时代的中西关系都以西北为关键。在文化交流上,他认为西北的地理位置在亚洲史前史上非常重要,这里不但是东西古文化之间的走廊,沟通中原与中亚的文化史;同时也是南北古文化

---

① 张光直:《中国古代史在世界史上的重要性》,《考古学专题六讲》,文物出版社,1986年,24页。
② 张光直:《中国古代史在世界史上的重要性》,《考古学专题六讲》,文物出版社,1986年,1—2页。
③ Martha Lamberg-Karlovsky (2000), *The Breakout – The Origins of Civilization*, Peabody Museum Monographs, No 9.

之间的走廊,沟通草原与西南的文化史。西北地区在东西文化交通史上的地位是学者熟悉的,但它在南北文化交通史上的地位则常为人们所忽略。中原文化自东而西传入西北,时代愈远,地域愈西,则变化愈大。换言之,这个程序不但是中原文化的输入,而且是中原文化的"西北化"。他提出,从考古材料看,中原与西方之间的关系,在汉通西域前,至少有三组问题:第一,中原新石器时代农耕豢畜文化与新石器时代的中东有无关系?有何关系?以彩陶为代表的中原文化与西亚、中亚的新石器时代彩陶有无亲缘性的历史关系?如有关系,这种关系是否可为中原农耕豢畜文化与西方类型文化关系的证明?第二,中原历史文明的起源与西方有无关系?中原最早的历史文明,即殷商,有若干成分如文字、青铜业及战车,都比西方的为晚。它们是不是从西方传来的?第三,纪元前7世纪自南俄到中亚的草原上出现了使用铁器、盛行动物形美术的游牧文化。这种文化对东周文明的演进有何影响?西北考古是解决上述问题的关键。同时,西北地区也是探讨中原与边疆地区文化的重要地区。在西北不但能清楚地看到中原文化向外扩展的证据,而且有中原与边疆文化在接触往来地带不同时间的交错关系。这种资料,不但在中原文化的发展动力上提供了明确的证据,而且使我们具体把握到中原与边疆文化相互的影响关系。他指出,尽管在西北尚未发现中西历史文明初期交流关系的证据,但西北与中亚一定有或多或少的接触关系,构成中西新石器时代文化交流的媒介。他还提出,西北地区的史前文化包含着中国远古史研究上好几组极端重要的文化理论问题。其中最显然的便是文化与环境的有机性的联系的研究。西北地区在马家窑文化到来之前已有人类居住。马家窑文化对当地居民的文化作如何的接触?有怎样的影响?马家窑文化传入后对当地的环境作何适应?何何变化?这些问题,在西北史前史的研究上都有绝顶的重要性。从中原文化传入西北各区以后,我们可以找到不少研究文化变迁的动力方面的资料。自马家窑—齐家到辛店的分布一直局限在黄河、渭河、洮河、湟水四河的流域,而中原文化的本体到汉代始终没有突破玉门关和阳关的界限,对中原古代农业村落文化与草原沙漠环境的相互关系,有很明显的启示意义。他认为,中原农业文化传入西北的另一个影响或说结果,是若干地方性的农畜文化的产生。这些也许是中原文化适应西北地方环境的结果,也许是土著文化受了中原文化影响以后的产物。这种文化中较早而且较重要的是齐家文化和四坝文化。[1] 上述一系列问题的提出及日后的考古发现证明张先生的分析极有见地。

  2000年9月,在我即将离开哈佛之际,应约与哈佛燕京学社社长杜维明先生话别。不知为什么,话题自然转到了张光直先生。我对杜先生说,前不久去看了张先生,很担心哈佛大学人类学系的中国考古学研究将随着张先生的离去而逐渐淡化,乃至于失去它的原有地位,言下之意,哈佛为什么不能为张先生保留一位学术上的继承人?以保持这一优势。杜先生向我介绍了有关背景。他说,哈佛大学有一条铁律,即杜绝任何学术上的"近亲繁殖",这里重理性而不讲感情。同时杜先生也提到,对哈佛人类学系的东亚考古

---

[1] 张光直:《考古学上所见汉代以前的西北》,《中央研究院历史语言研究所集刊》第42,第一分,1970年,81—112页。

学,燕京学社将尽力扶持,包括从大陆邀请考古学家来讲学,尽管这是没办法的办法。但无论怎样讲,哈佛人类学系的中国考古学研究将随着张光直这颗学术巨星的陨落而一蹶不振,其损失在短期内难以弥补。正如张忠培先生所言,"美国的中国考古学将因张光直的逝世而矮了一截"。①

张先生是一位构筑文化桥梁的人,他将中国的考古学和悠久的历史文化介绍给了世界;同时又将西方的考古学、人类学理论方法引入国内,为中国考古学的全面发展作出了很大贡献。在对身后事的安排上,他亦描绘出独具匠心的精彩一笔。他将其私人藏书的中文部分捐赠给了波士顿大学的东亚考古与文化史国际中心,而将其所藏西文书籍(约600册)捐赠给了北京大学考古系。其寓意极其深远。斯人已逝,风范长存,张先生的智慧和精神将与他的图书同在,并将永远成为沟通大洋两岸、东西方文化之间的文化桥梁。

依照慕容杰教授和我在波士顿的最后协商,2001年8月,张光直先生捐赠的西文书籍约600册运抵北京大学。慕容杰教授为此付出了大量精力。我愿借此机会,特别向他和波士顿大学东亚考古与文化史国际中心表示深深的谢意。

2001年2月初稿于蔚秀园
12月定稿于蓝旗营

本文曾发表在:《四海为家——追念考古学家张光直》,
生活·读书·新知三联书店,2002年,89—108页。

---

① 张忠培:《漫天风雪哭雪痴》,《中国文物报》2000年2月7日五版。

J.G. ANDERSSON：一位对中国史前考古作出重要贡献的西方学者

  安特生的全部学术活动我们似乎可归纳为一点，即试图以仰韶文化遗存为中心，探索中国文化起源问题，对中国学术界影响很大。

  安特生几乎跑遍了仰韶文化影响所及的边缘地区，他没有找到仰韶文化的真根源，他也没能给仰韶文化的范围加以界定。但他认识到仰韶文化是中国文化的重要源头，这就无异于说，他或许已经意识到它是产生中国文明的一种"基因"，如果还不是"种子"的话。实践证明，前者诚然来之不易；后者尤为难得。这正是我们今天还在探索中的一个重点课题。

——摘自苏秉琦先生《纪念仰韶村遗址发现65周年》

一

  安特生（Johan Gunnar Andersson）是瑞典著名的地质学家和考古学家：1874年7月3日他出生于瑞典的克尼斯塔，早年毕业于乌普萨拉大学（Uppsala Univ.）。这是瑞典最古老的一所大学，创建于1477年。中国考古界熟知的瑞典著名的考古学家蒙特留斯（Oskar Montelius）和著名的地理学家、探险家斯文·赫定（Sven Anders Hedin）均出自这所大学。

  19世纪末20世纪初，安特生曾数次参加极地探险。1898年，他第一次参加北极探险，任纳索斯特（Nathorst）教授的地质学助理，曾抵达北巴伦支海和格陵兰海之间、地处北极圈内的斯匹次伯根（Spitzbergen）群岛和查尔斯王地（King Charles' Land）。1899年夏，该探险队返回北纬75度的熊岛（Bear Island）。1901年，安特生参加了奥托·诺登舍尔德博士（Dr. Otto Nordenskjöld）领导的南极探险，任"南极洲"号捕鲸船副指挥。

  1902年，安特生获博士学位。同年夏季，再次前往南极，在南纬65度、格拉汉姆地（Graham Land）以东的斯诺希尔岛（Snow Hill Island）登陆，后遇险被困，被阿根廷炮舰救出。

  1906年，安特生被推举为"万国地质学会"（International Geological Congress）秘书长，后又被任命为瑞典国地质调查所所长。

  1914年，安特生受聘任中国北洋政府农商部矿政顾问。5月16日开始在北平工作。

不久他前往新窑山（Hsin Yao Hill）调查，发现了储量丰富、便于开采的铁矿床。后来，也是在他的建议和帮助寻找下，中国政府开发了河北宣化的龙烟铁矿。

1916年，安特生在山西垣曲发现了始新世的河湖相堆积，并采集了一批古动物化石。

1918年3月，在吉布教授（Gibb, J. McGregor）介绍下，安特生考察了北京房山县的鸡骨山（即后来的周口店第6地点），采集一批动物化石。随后他与中国地质调查所所长丁文江商讨了在中国采集古脊椎动物化石的办法，决定由安特生从国外聘请有关专家，采集标本送瑞典研究，然后分别藏于瑞典博物馆和中国地质调查所。所需经费由"瑞典研究中国委员会"（Swedish China Research Committee）筹措提供。同年10月，安特生通过家住仰韶村的王某介绍，首次前往河南渑池、新安一带采集化石，后在新安县发现了三趾马黏土层。

1919年，安特生在内蒙古锡林郭勒盟发现了海狸动物群化石。

1920年冬，他派助手、地质调查所采集员刘长山赴仰韶村一带采集化石。因刘在地质所见过石器标本，当他到仰韶村后，发现许多老乡家里有石器，便开始收集。后来得知石器就出在村子附近时，他便去寻找、采集。他将此次收集到的600余件石器全部带回了北平。安特生见后，认定那里应有一处史前时期的遗址。

1921年初，安特生偕美国和奥地利的地质古生物学家格兰杰（Granger, Walter）、师丹斯基（Zdansky, Otto）再次考察鸡骨山，从当地村民口中得知，南边一座山上龙骨更多，而且很大，便找了向导前去考察，在那里找到了哺乳动物化石。安特生还发现了石英片，他当时敏感地意识到这个地点极为重要，激动地对同伴说："这里有原始人，现在我们大家必须去寻找他。"安特生将这个地点编为53号，这就是后来闻名于世的龙骨山北京人遗址——即周口店第1地点。同年夏，师丹斯基在此地发掘了几个星期，后将采集化石标本运至乌普萨拉大学的卡尔·维曼教授研究室（Prof. Carl Wiman's Laboratory）修复整理。1923年，在这些标本中发现两枚古人类牙齿化石。

4月18日，安特生前往仰韶村，目的是查证那里是否有史前遗址。他看到仰韶村许多冲沟断壁上显露出灰层和袋状灰坑，并发现有彩陶片和石器，却未见任何金属器，他确认这是一处新石器时代遗址。为弄清这座遗址的性质和内涵，他想进行一次发掘。但他知道这是件大事，应向中国政府请示。返回北京后，他向中国农商部部长和地质调查所所长做了汇报，并申请进行发掘。

不知是因为审批需要时间，还是另有安排，6月10日，安特生转赴奉天（今辽宁）锦西县沙锅屯的大窑沟调查南票煤矿。同行的有地质调查所采集员白万玉和美国远东调查队队员黄某。此时，安特生对考古兴趣日浓，当得知沙锅屯附近有些石灰岩洞穴后便去调查，但没什么发现，遂留下黄某，自己前去调查煤田。几日后返回，看到黄某在洞内挖出人骨和陶片，便重新加入进去，并采用分层发掘的方法。后见出土人骨日众，马上电告北平协和医院的加拿大解剖学家步达生博士（Black, Davidson）前来鉴定。这次在洞内共出土42具人骨和少量陶器、石器和哺乳动物化石。

10月,在得到中国政府的批准后,安特生遂同地质调查所的5位工作人员赴仰韶村进行正式发掘。30余天发掘了17个地点,获得了一批珍贵的史前遗物。参加发掘的有我国著名地质学家袁复礼和受聘于乌普萨拉大学的奥地利古生物学家师丹斯基。其间,安特生和师丹斯基在渑池调查发掘了不召寨遗址,安特生的助手陈某发现了西庄村和杨河等遗址。12月初,安特生返回北平。其助手赵某仍留在河南,此人住在河阴县(今荥阳一带),在那里发现了秦王寨、池沟寨和牛口峪等遗址,采集到一批遗物。

1921年5月,安特生的助手张某(Chang)在陕西府谷县的五兰沟发现一处史前时期的遗址。

1922年,安特生、师丹斯基和中国地质学家谭锡畴前往山东省蒙阴、莱芜一带调查,发现了中生代的恐龙化石。

1923年春,经中国农商部、矿政司和地质调查所批准,由瑞典科学研究会资助,安特生前往中国西北进行考古调查。途中在西安以东发现十里铺遗址(新中国成立后,这里曾发现一批战国至汉唐的墓葬)。6月21日抵兰州,继而西行去青海。在西宁东发现十里铺遗址,后返回发掘一周。7月中旬赴青海湖拟做环湖旅行,途中发现朱家寨、下西河、卡窑、寺儿寨等遗址,在青海湖东北方向发现一处遗址。8月21日转入贵德谷地,发现了罗汉堂、文昌庙、候家寺等5处遗址,在罗汉堂发掘两周。9月15日,返回西宁发掘了朱家寨遗址。

12月,安特生返回兰州,通过英国传教士乔治·安得鲁(Andrew, G.F.)介绍,购买了近200件出自洮河流域的彩陶。缘此他萌发了去洮河考察的念头,但向他出售彩陶的人隐瞒了陶器的具体出土地点。1924年3月,又有人卖给他一批明显是刚出土的彩陶,此时他感到,购买陶器容易引起纷争,也助长了盗掘遗址的风气,遂要求地方政府出面禁止盗挖。

4月下旬,他携助手进入洮河流域,调查和发掘了史前遗址13处。其中,著名的有齐家坪、马家窑、辛店、半山边家沟、瓦罐嘴和寺洼山,这几处遗址后来陆续成为著名的史前文化命名地。

此外,他和助手在兰州及东面的榆中县境内调查发现了塔石川、高营、曹家沟等12处史前遗址。1924年春,他派助手前往西汉水流域的礼县发现了白石铺、石桥镇、红土坡3处遗址;在渭河流域的天水、清水发现了刘家上磨、七里墩等4处遗址。

同年夏,他派助手庄某赴享堂(今青海民和县)的米拉沟、小南川、核桃庄调查收购陶器,后在马厂垣发现了两座墓葬,获得一批遗物,马厂类型文化遂由此得名。

7月下旬,安特生前往河西走廊,8月8日至9月6日,发现了永昌三角城、民勤沙井、黄蒿井和古浪土门子等遗址。此行的线索是根据安的助手白某1923年在这一带调查提供的。随即在沙井一带发现2处墓地、1处居址,包括沙井南墓地发掘的44座墓葬和柳湖墩遗址,获取了一批珍贵的陶器、铜器和石器,后来的沙井文化便缘此得名。

10月,安特生返回北平。翌年4月,根据有关协议,他携带大批文物返回瑞典。

1926年,安特生陪同"瑞典研究中国委员会"主席、王储古斯塔夫六世(Gustaf VI Adolf)访华。在欢迎王储的学术座谈会上,安特生正式宣布,在周口店发掘的化石中发现两枚古人类牙齿,遂引起轰动。经步达生研究,他将这一从未面世的古人类命名为 *Sinanthropus Pekiensis*(北京中国人)。美国著名地质古生物学家、北京大学教授葛利普(A. W. Grabau)则给它起了个俗名:"北京人"(Peking Man)。安特生还建议要继续发掘周口店,后经步达生多方奔走,由美国洛克菲勒基金会出资,制订了为期两年的系统发掘计划。1927年正式开始大规模的发掘,由瑞典古脊椎动物学家步林(Briger Böhlin)和中国地质学家李捷主持。此举为后来北京人头盖骨的发现奠定了坚实的基础。随后,安特生前往山西考察,他的助手庄某在浑源县李峪村等地发现史前时期的遗址。

1929年,"远东古物博物馆"(The Musem of Far Estern Antiquities)在斯得哥尔摩建立(今名"东亚博物馆"OSTASIATISKA MUSEET)。安特生被任命为首任馆长。同年开始出版《远东古物博物馆馆刊》,每年一期。

1937年安特生再度来华,在南京他会见了中国考古学家,参观了30年代中国新的考古发掘资料。中国年轻的考古学家尹达指出,安特生把仰韶村遗址的东西统统归入仰韶文化是有问题的,实际上该址有些内涵应属于龙山文化,而不召寨遗址则是一处单纯的龙山文化遗址。安特生认真、虚心地听取了意见,并表示回国后要认真地检查一下以前自己在中国所做的工作记录,看看有那些失误。随后,他前往四川西康一带进行地质学和冰川方面的考察。在雅砻江上游的道孚(今属甘孜州)河谷发现了17处新石器时代遗址。年底,他由四川转入越南北部进行考古工作至次年1月。

1939年,安特生卸任退休,由瑞典著名汉学家高本汉(Karlgren Klas Bernhard Johannes)继任馆长。安特生在家中继续做研究,完成他的有关中国考古学的著作。

1960年,安特生在斯得哥尔摩谢世,享年86岁。

二

安特生博士一生有关中国的著述甚丰,所涉及的范围包括中国考古学、地质学及古生物学。以下我们以时间为序,择要予以介绍。

《中华远古之文化》(*The Early Chinese Culture*),《地质汇报》第五号第一册,1923年10月北京京华印刷局用中、英两种文字出版,袁复礼译。该书是仰韶遗址的发掘简报,也是作者最初的研究成果。安特生认为,仰韶文化是中国有文字记载以前的汉族人遗存,时代约在新石器时代末期或稍晚该址发现的陶鬲和长方形石刀是中国最有特色的传统器物,这些看法都很有见地。他在结尾部分提出,西方文化曾影响到中国,但还有待于进一步研究。总之,该书定名"中华远古之文化"已很能说明问题。

《奉天锦西县沙锅屯之洞穴堆积》(*The cave Deposit at Sha Kuo T'un in Fengtien*),《中国古生物志》丁种第一号第一册,1923年,农商部地质调查所用中、英两种文字印行,袁复礼译。本书介绍了沙锅屯洞穴的发现经过及洞内堆积,认为这是仰韶文化向东北一带殖民的遗存,时代略晚于仰韶。

《中国北部之新生界》(Essays on the Cenozoic of North China),《地质专报》甲种第三号,1923年农商部地质调查所印行,该书有中文提要,袁复礼译。

《河南的一座史前村落》(A Prehistoric Village in Honan),《中国科学艺术杂志》第一卷,1923年。

《甘肃考古记》(Preliminary Report on Archaeological Research in Kansu),《地质专报》甲种第五号,1925年农商部地质调查所用中、英两种文字出版,乐森珵译。这是安特生在中国西北考古调查的初步研究报告。他将中国西北的史前文化分为"齐家——仰韶——马厂——寺洼——沙井"六期,时代从新石器时代末至青铜时代初。他认为,甘肃彩陶较河南发达,又不见陶鬲,进而推测中国彩陶应来自西方。本书附有步达生撰写的《甘肃史前人种说略》,由李济翻译。

《中国史前彩陶的象征》(On Symbolism in the Prehistory Painted Ceramics of China),《远东古物博物馆馆刊》第一卷,BMFEA,NO,I,1929年,斯德哥尔摩。

《穿越草原之路》(Der Weg uber die Steppen),BMFEA,No.1,1923年,斯德哥尔摩。

《动物风格的狩猎幻术》(Hunting Magic in the Animal Style),BMFEA,No.4,1932年,斯德哥尔摩。

《鄂尔多斯青铜器精选》(Selected Ordos Bronzes),BMFEA,No.5,1933年,斯德哥尔摩。

《黄土的儿女》(Children of the Yellow Earth),Kegan Paul出版,1934年,伦敦。该书1932年先在瑞典出版,副标题为"史前中国研究",后由克拉森博士(Dr. E. Classen)译成英文。此书以时间为线索,按内容翔实记录了作者在中国的一系列重要发现,包括矿业、地质、考古、古生物和民俗等,重点介绍了周口店、仰韶村和中国西北的考古工作,以及中国的黄土地貌等。书内附有大量插图,是一部优秀的科普通俗读物,但在考古方面的研究未超出以前的认识。40年代初,松崎寿和将此书译成日文,名曰《黄土地带》,并增加了中国的一些考古新发现。

《古代中国的金匠》,(The Goldsmith in Ancient China),BMFEA No.7,1935年,斯德哥尔摩。

《西康的冰川和考古研究》(Glaciological and Archaeological Research in Hsi Kang),BMFEA Vol.II,1939年,斯德哥尔摩。

《远东地形及考古研究》(Topo-Graphical and Archaeological Studies in the Far East),BMFEA,No.II,1939年,斯德哥尔摩。

《史前中国之研究》(Researches into the Prehistory of the Chinese),BMFEA. No.15,1943年,斯德哥尔摩。本书全面系统地反映了作者对中国史前文化的研究,并对他以往的一些认识作了检讨。该书长达300余页,图版200幅。

《朱家寨遗址》(The site of Chu Chia Chai),*BMFEA* No.17,1945 年,斯德哥尔摩。

《河南史前遗址》(Prehistoric Sites in Honan),*BMFEA*, No.19, 1947 年, 斯德哥尔摩。该书主要报导了仰韶村、不召寨及河阴县几处遗址的材料,并同甘肃、山东等地的材料进行了比较。

此外,还有几部重要著作,虽然不是安特生所撰,但使用材料都是安特生在中国工作时获取的,在此亦按出版年代介绍如下。

阿尔恩:《河南石器时代之着色陶器》,(T. J. Arne, "Painted Stone Age Pottery from the Province of Honan")《中国古生物志》丁种第 1 号第 2 册,1925 年,北京。该书主要报导了秦王寨遗址的材料。

巴尔姆格伦:《半山、马厂随葬陶器》(Nils Palmgren, "Kansu Mortuary Urns of the Pan Shan and MaChang Groups"),《中国古生物志》丁种第 3 号第 1 册,1934 年,北京。本书研究作者采用考古类型学的方法对半山、马厂陶器进行了研究。所使用的是藏于远东古物博物馆的一半资料(另一半藏中国地质调查所),对于未收入本书的陶器(指分藏于瑞典和中国的),作者也列入总目,以备查考。

白林-阿尔辛:《齐家坪和罗汉堂遗址》(M. Bylin – Althin, "The sites of Chi Chia Ping and Lo Han T'ang in Kansu),*BMFEA*, No.18,1946 年,斯得哥尔摩。

鲍·索玛斯特洛姆:《马家窑遗址》(Bo Sommarström, "The site of Ma – Kia – Yao", *BMFEA* No.28,1956 年,斯德哥尔摩。

三

本文不准备详细论述安特生博士在学术研究中的是非功过。这一方面是限于篇幅,另一方面是已有学者对此有专门论述(详见严文明《纪念仰韶村遗址发现 65 周年》,《仰韶文化研究》文物出版社,1989 年)。

安特生在华工作 10 余年,在不少方面有开创之功。如著名的北京人遗址的发现即由他首发嚆矢,功不可没;仰韶村的发掘不仅标志着田野考古学在中国的诞生,同时也揭开了中国新石器时代考古和原始社会史研究新的一页,这个发现以铁的事实证明,中国有着十分发达的石器时代文化,也使得那些认为中国没有史前文化的谬说不攻自破。此外,安特生对中国早期的矿业开发和地质学研究也作出了重要贡献,这些都是有目共睹的。

总括之,安特生作为一名中国政府聘请的外籍专家,其工作尽职尽责,遵守中国的法律制度。他在中国进行的一系列调查发掘事先都得到了中国政府有关机构的准许,包括将文物运往瑞典进行研究和收藏也是通过双方的协议按有关规定办理的。作为一名科学工作者,他的学术态度谨慎认真。这里并不否认他在中国史前考古学的研究中的一些错误,譬如他未能将仰韶文化和龙山文化区分开来,将齐家文化的年代错误地排在仰韶文化之前，受西方某些学者的影响，误以为中国的彩陶文化是从西方传入的。但这些毕竟是学术问题，也是一门学科在发展过程中不可避免的现象。此外，我们也要看到，安特生本人身为地质学家，在来华之后的考古学研究中有相当一部分推论是正确的，这是很难得的。当中国学者指出他的工作有失误时，他的态度是谦虚认真的，在《史前中国的研究》一书中他写道：

> 当我们欧洲人在不知轻重和缺乏正确观点的优越感的偏见影响下，谈到什么把一种优越文化带给中国的统治民族的时候，那就不仅是没有根据的，而且也是丢脸的。

此外，还有一点，就是他对中国、对中国人民有着的深厚感情。通过对中国史前考古的研究，他注意到，人类历史上辉煌的埃及文明、两河文明和印度文明都已灰飞烟灭、过早夭折了。唯独在中国有一个延续不断、勤劳勇敢、热爱和平的民族，从仰韶村到安阳殷墟，历经沧桑，虽多次被勇武的草原民族征服，但其文化却顽强地生存下来，绵绵不绝。这显示出安特生对中华民族和中国文化的深刻理解。这种友好情谊还体现在他回国后依旧关心中国发生的事情，特别是他非常同情中国的抗日战争，希望中国人民早日取得胜利。他在1943年早写道："总有一天和平会重新来临，那时中国的科学家将收复他们失去的领土并重新开始他们（被迫中断的）研究工作"（《史前中国之研究》14页）。正是由于安特生在中国的工作取得了令人瞩目的成果，中国的学术机构为他提供了一系列方便，瑞典王储也从经济上对他予以资助，后来还专门为收藏中国文物建立了远东古物博物馆。1950年，中瑞两国正式建交，瑞典方面曾就他们所收藏的中国文物专门向中方做了说明。此后，来华访问的瑞典客人也每每将安特生在中国的这段工作经历做为中瑞两国人民交往史上的一段佳话传颂。

由于众所周知的原因，在很长一段时间里，安特生在中国的工作却受到一些不公正的对待，一些纯学术问题被强行同政治搅到一起，有些文章甚至毫无根据地指责他是殖民主义者，是在中国进行掠夺的帝国主义分子⋯⋯

近些年来，随着实事求是的优良传统在学术界逐步恢复，我们才有可能将扣在安特生头上的不实之辞摘掉，澄清这桩学术公案，还历史以真实。我想这正是中瑞两国科学工作者所期望的。

严文明先生曾讲过这样的话：

> 对安特生这个人，以及他在中国从事的考古工作，都应该实事求是地全面分析，给予应有的评价。否则就很难正确地写出仰韶文化发现和初步研究的历史，也很难正确地写出我国近代田野考古学发展的历史。

上述意见，他曾专门征求过我国老一辈考古学家夏鼐、苏秉琦，两位老先生亦有同感。苏秉琦先生曾特意指出：

对一个历史人物的评论不要脱离当时的历史环境，不要超越学科发展阶段的特点，不加分析地以当代的水平苛求前人。前人的研究有成就，也有失误；我们的研究有成就，有时也有失误，我们正是在前人研究的基础上，吸取成功和失败的教训之后，才使学科得到发展的。

苏先生还意味深长地说，

　　周口店遗址的发掘开了两个成功范例之先，即中外学者联合发掘研究的成功范例和多学科合作的成功范例。

依此，仰韶村遗址的发掘又何尝不是中外学者联合发掘和研究的一个成功范例呢！

　　谨以此文纪念仰韶文化发现七十周年！

一九九〇年六月于燕园

　　本文曾发表在：《史前研究》1990—1991年，370—375页。

探索美洲农业起源的先驱

——记考古学家马尼士

2001年1月似乎很不吉利。这个月我接连收到两起噩耗。一个是在4号凌晨,李永迪从台北打来电话,告知美籍著名考古学家张光直先生于1月3日(美东时间)凌晨2时在美国仙逝。另一个是在20号左右,美国朋友通过EMAIL告知,1月16日,著名考古学家马尼士(Richard Stockton MacNeish)驾车行驶在中美洲玛雅山的途中出了车祸,后在伯利兹(Belize)不幸去世,享年83岁(1918—2001)。

马尼士是美国著名考古学家,也是一位颇有争议的学者。20世纪40年代末以来,他长期在中美洲的墨西哥等国考古,是探索美洲农业起源的先驱,有一系列重要的考古发现和成果。20世纪90年代,他与北京大学和江西省文物考古研究所合作,在长江中游的赣东北一带进行稻作农业起源的考古发掘研究,这项工作在国内外都产生了较大影响。今年1月,适逢马尼士先生辞世15周年,特撰此文,纪念这位与中国考古结下缘分的考古学家。

1918年4月29日,马尼士出生于美国纽约,他是Harris Franklin和Elizabeth Stockton MacNeish的儿子。1963年,马尼士与戴安娜·瓦特(Diana Water)结婚,后领养了两个儿子。早年,马尼士曾是一名出色的轻量级拳击手,1938年曾获得Binghampton金手套拳击赛奖。1940年,马尼士本科毕业于美国芝加哥大学。1949年完成了他的博士课程。

当马尼士还是学生时,就在伊利诺伊州领导了一个考古队,显示出卓越的领导才能。博士毕业后,他以考古学家的身份进入加拿大国家博物馆工作至1962年。这一年,墨西哥的提华堪(Tehuacán)研究项目刚好进行到一半。1964年,他在加拿大的卡尔加里大学建立了考古系,这是北美地区首次

图一 1938年马尼士(右)和他的朋友

独立创建的考古系。1982—1986 年,他又参与了美国波士顿大学考古系的筹建工作,这所大学至今仍是美国唯一与人类学系并行、独立的考古系。①

1968—1983 年,马尼士出任皮博迪(Robert S. Peabody)考古博物馆主任,并掌管基金会工作。该独立机构与马萨诸塞州的一所男子寄宿学校有联系,这让他有足够的自由争取外部资金用于考古,这很符合他的心愿。但有一次他不同意将资金捐给某所综合院校而与他人发生争执,遂脱离这家基金会。当他离开波士顿大学以后才发现,自己已很难适应那种正常的学术机构工作。为了便于为日后的考古筹措资金。他于 1984 年筹组并创建了安德沃(Andover)考古研究基金会(AFAR)。② 有人曾统计,那些年马尼士花去 5683 天去野外考古调查发掘。

图二 Scotty

在美国,马尼士以"Scotty"③这个绰号广为人知。他的学术声望的很大部分来自于他倾注一生从事的美洲农业起源研究。1960 年,他前往墨西哥高原中部的提华堪(Tehuacán)峡谷进行考古,这项研究奠定了他最初的学术地位。

在提华堪,他倡导并组织了多学科考古研究,首次揭示出新大陆史前时代早期的农业和气候背景。此外,他还在墨西哥东北部、伯利兹、秘鲁及中国长江中游的江西省进行考古发掘,取得了富有戏剧性的研究成果。他所获得的一系列惊人发现鲜有人能望其项背。凭借提华堪的重要发现,马尼士得以跻身 20 世纪最伟大考古学家的行列。

马尼士的考古经历异常丰富、广博。他曾在加拿大北极圈及横跨美国的多个地点考古。后来,他前往中美洲,热衷于研究玉米的起源。通过长期的考古发掘,证实玉米最初的起源地就在新大陆的某个乡村,这一事件为新大陆日后农耕社会的形成和发展奠定了基础,并最终成就了美洲伟大的玛雅文明、阿兹特克文明和印加文明。马尼士认为,在前哥伦布时代,玉米在中北美洲及南美洲(玻利维亚、阿根廷、智利等国)的地位堪比创造了美索不达米亚文明、埃及文明、印度河文明和中亚文明的小麦、大麦、黑麦和燕麦。

---

① 北美大学的考古系都设在人类学系、古典学系或近东系,或在艺术史系有 1、2 位考古学的教职,鲜有独立的考古系。但加拿大的卡尔加里大学和美国波士顿大学则是例外,它们都是马尼士早年的工作单位。
② 1984 年,马尼士组建的考古研究基金会(AFAR),地点位于马萨诸塞州小镇安德沃(Andover)。2000 年,巴里·罗列特(Barry Rolett)教授(夏威夷大学人类学系)接任负责人。马尼士去世后,该研究会迁至美国夏威夷。
③ "Scotty"在英语俚语中有"苏格兰狗"之意。

一、美洲农业起源的探索

20世纪40年代末,在柴尔德(G. Childe)"新石器革命"的理论、肯尼昂(Kathleen Kenyon)在耶利哥(Jericho)遗址、布列特伍德(Robert Braidwood)在耶莫(Jarmo)遗址的发掘影响下,马尼士认识到,后冰期时代(距今1万年前)对人类历史产生了决定性的影响。特别是碳十四测年技术的出现,对美洲这块西班牙人入侵之前尚无任何驯化历史的新大陆而言,更是有着特殊的意义。

1948年,在美国新墨西哥州海拔2021米的蒙高隆(Mogollon)高地的一处洞穴(Bat Cave)内,考古学家发现了玉米遗骸,这座洞穴因栖息大量蝙蝠而得名。洞内最下层的文化堆积出土了大量保存完好的玉米穗轴和南瓜籽粒,经碳十四检测,与玉米相关层位的年代超过6000年。这个发现为玉米和南瓜这两种驯化作物出现在美洲西南部提供了最早的考古记录,或许它们正是从那里被引进墨西哥的。蝙蝠洞的所在位置表明,在寻找人类早期驯化作物遗骸方面,此类干燥洞穴有着巨大的潜力。

图三 1949年马尼士在diablo洞穴

1949年初,马尼士在墨西哥东北部的塔冒利帕斯州(Tamaulipas)找到了支持上述观点的证据。他在那里的山谷挖掘了拉佩拉(La Perra)洞穴,获得一批保存完好的早期植物遗骸,其中就有玉米。这座洞穴距美国德克萨斯州的边界仅有150公里。继这一洞穴的成功挖掘后,20世纪50年代初,马尼士又发掘了邻近的罗梅洛(Romero's)洞穴,该址位于奥坎波(Ocampo)镇的马德雷山脉(Sierra Madre)。丰富的出土物表明,早期农业已经成为当时人们经营的狩猎—采集经济的一部分。

图四 1954年马尼士（右）在Romero洞穴

图五 1955年马尼士（后左）在阿拉斯加育空与印第安人在一起

马尼士之所以特别关注那些干燥洞穴，是因为在墨西哥城附近检测发现了古老的玉米花粉，暗示当地曾有一种古老的玉米品种。遗憾的是，那里的气候环境并不适合保存植物遗骸。但在那些早期人类居住的干燥洞穴内，很有可能保留了史前时期的玉米，是寻找新大陆农业起源的最佳地点。起初，马尼士也不相信早期农耕者会选择居住在这类山洞里。当他发掘了墨西哥东南部恰帕斯州（Chiapas）的圣玛尔塔（Santa Marta）洞穴时，竟然出土了完整的玉米遗骸，这迅速改变了他的看法。后来，哈佛大学的植物学家曼吉尔斯托尔夫(Paul Mangelsdorf)研究了30年代以来的出土资料,得知那些玉米并非早先想象的原始作物,而是已经驯化的谷物,它们与生长在墨西哥、危地马拉的一种近似墨西哥类蜀葵的作物关系密切,其原生地就在利奥·格兰德(Rio Grande)南部。

1960—1964年,马尼士开始主持在墨西哥中部普埃布拉州(Puebla)提华堪山谷的多学科研究项目,此地位于墨西哥城东南,气候干旱少雨。在接下来的4年中,他的团队发现了多处史前遗址,包括Coxcatlan、Purron、el Riego和圣玛尔塔等。这些洞穴遗址有发育良好的地层,有保存完好、丰富的植物遗骸埋藏,时间跨度长达12000年,集中展示了中美洲的古文化,是世界史前史的重要组成部分。福勒(Melvin Fowler)完全按照马尼士的方案领导了Coxcatlan洞穴的发掘。该址以埋藏大量风干植物遗骸而闻名,其中就包括曼吉尔斯托尔夫和马尼士鉴定的漏斗般大小的"野生玉米"遗骸,这是日后美洲的主要农作物,也是假定的驯化作物祖先。当时已经被用作食物,有些还被史前时期的居民扔进火中焚烧。碳十四检测的年代为公元前5000年左右。这一结果将奥尔梅克、扎波特克(Zapotec)①和玛雅文化的农耕村落提早了4000年。

中美洲驯化作物的一系列开创性研究都始于马尼士领导的提华堪多学科项目。一大批物种研究权威参与了提华堪流域出土玉米、南瓜和豆类遗骸的研究。密苏里植物园的库特勒(Hugh C.Cutler)、美国农业部的怀特克(Thomas Whitaker)研究南瓜(*Cucurbita*);哈佛大学的曼吉尔斯道尔夫和嘎里纳特(Walton Galinat)研究玉米;波士顿马萨诸塞大学的

图六 马尼士在提华堪发现的早期驯化玉米穗轴

---

① 萨波特克人(Zapotecs)是位于现在墨西哥的瓦哈卡州区域的一个农耕文明。存在于公元200—900年,后被阿兹特克人征服。萨波特克人是美洲应用农业和书写系统的先驱,他们建造的阿尔斑山(Monte Albán)是美洲最早的城市之一。萨波特克人也是极具天赋的制陶工匠。

卡普兰(Lawrence Kaplan)研究豆类(Phaseolus)。上述出土植物遗骸记录了美洲驯化作物的演化史。此外,学者们还研究了墨西哥和南美等地出土的玉米、南瓜和豆类。1966年,密歇根大学的弗兰纳瑞(Kent V. Flannery)领导了墨西哥南部瓦哈卡(Oaxaca)州奎拉那魁兹(Guilá Naquitz)洞穴的发掘,他也是提华堪项目组的成员。怀特克和卡普兰对这座洞穴出土的南瓜和豆类进行了分析。

马尼士、弗兰纳瑞及同事对上述洞穴的发掘提供了中美洲玉米、南瓜和豆类的早期驯化证据。但这里并不像世界其他地区,如近东新月沃地(Fertile Crescent)拥有丰富的早期村落遗址以讲述农业发展历史。墨西哥所有关于早期栽培作物的知识都来自提华堪、塔冒利帕斯的洞穴以及瓦哈卡的奎拉那魁兹洞穴,通过对这些洞穴的发掘研究,大致勾勒出中美洲的农业发展轮廓。

拉佩拉、罗梅洛及墨西哥城附近的洞穴描绘出狩猎—采集社会的生活场景,其生业方式为最初的驯化奠定了基石。考古学家在数千年积累的堆积内找到了浅薄的居住面,每层地面都代表了可能由一个扩展式家庭组成的小型狩猎—采集群体。他们在洞内短暂居住,捕捉羚羊、鹿、兔子和其他小动物,同时也收获各种野生植物。洞内遗留的植物遗骸、兽骨、废弃的工具、火塘及储藏窖穴等讲述着人们随季节变化从一地迁往另一地的故事。继塔冒利帕斯的洞穴发掘之后,马尼士决定前往更南面的区域继续他的探索。

就像布列德伍德将扎格罗斯山地看作近东农业起源的可能中心一样,20世纪50年代,马尼士提出了中美洲农业的中心就在墨西哥中央高地的理论。他的探索在很多方面堪比布列德伍德在近东的工作。除了根据玉米、豆类和南瓜的野生祖本识别其自然产地和可能的分布中心外,马尼士还挑选了一批可能保存有早期驯化作物的遗址,吸引不同学科的学者参与进来,开展古气候、古环境及动植物遗存的多学科研究。

20世纪60年代,碳十四测年技术将美洲出土遗物的年代前推了若干世纪。这项研究在弗兰纳瑞的指导下进行。那时他为马尼士工作,在奥哈卡峡谷主持一项独立研究,并将奎拉那魁兹洞穴发现的玉米花粉年代推早了3000年。这个发现似乎表明,中美洲的农业要早于西南亚及安纳托利亚地区。

20世纪80年代,新出现的高能质谱加速器(AMS)重新检测了马尼士早年发现的遗骸样本,结果显示为公元前3600年。显然,Coxcatlan的年代并没有原先估计得那么早。此前在Coxcatlán和圣·玛科斯(San Marcos)洞穴出土玉米的层位采集有木炭,并假定二者年代一致,常规碳十四的检测结果为7000—5500 aB.P.。当研究者确认提华堪所出早期玉米为驯化种而非野生种时,亚利桑那大学的朗(Austin Long)及同事用AMS直接检测了12个早期炭化玉米穗轴(圣·玛科斯和Coxcatlán各占一半),年代为4700—1600 aB.P.。其中,4个来自圣·玛科斯样本的最老数据仅为4700—4600 aB.P.。如此一来,提华堪最早的玉米穗轴比原先预想的至少晚800—2300年。尽管AMS检测数据改变了玉米进入提华堪流域的年代,但这并不影响提华堪流域驯化玉米出现的背景。采食玉米的依然是

图七　1990年马尼士和柯杰夫在pendejo

那些小规模的、季节性游动的狩猎—采集群体。玉米的出现未能改变其原有的生活方式，新的年代也没有改变当地的文化发展序列，也就是说，距今4700年，最早的玉米已进入提华堪流域的狩猎—采集群体。

AMS测年结果证实，蝙蝠洞所出玉米的年代仅为原先设想的一半。孢粉分析表明，在墨西哥峡谷Xochimilco湖畔的Zohapilco遗址，玉米出现在4300—3500 aB.P.。海湾沿岸La Venta遗址采集的碳化物检测结果证实，玉米首次抵达此地的时间为3400 aB.P.。Chilo遗址的玉米颗粒和穗轴残骸表明，在墨西哥南部海岸，最早的栽培玉米出现在3500 aB.P.。当然，上述粗略的年表还有待考古学家和年代学家的进一步修正。

上述新的测年数据非常不利于马尼士和曼赫尔斯道尔夫提出的"野生玉米"理论，也因此招致很多诟病。尽管仍有学者支持"野生玉米"假说，但比德尔（George Beadle）等认为，那些所谓的野生谷物实际上是墨西哥蜀黍。很多人相信，从基因谱系看，墨西哥蜀黍这类物种与早期的引入品种完全相同。但马尼士拒不接受此说，直到生命的最后一刻，他仍在制作复杂的图表，以证实他和曼赫尔斯道尔夫提出的理论。

作为新大陆考古的重要区域，提华堪峡谷拥有悠久的文化和环境演变历史。马尼士的团队开垦了这片处女地，并作了成功尝试。后来，他试图通过考古发掘将秘鲁印加帝国巅峰期的文化完整记录下来，这些重要的工作成就了他，但最终让他包揽美国考古界各项殊荣的依旧是提华堪项目，凭借在那里的一系列重要发现，1964年，他荣获了美国考古界著名的斯宾顿（Spinden）[①]大奖，1965年荣获宾夕法尼亚大学颁发的露丝·沃顿·德雷克

[①] 斯宾顿奖章（Spinden Medal）由美国华盛顿特区人类学协会颁发，以表彰考古学家的卓越研究。

塞尔(Lucy Wharton Drexel Medal)①大奖,1966年荣获耶鲁大学皮博迪博物馆颁发的爱迪生(Addison Emery Verrill Medal)②大奖,1971年荣获美国人类学会颁发的阿尔弗雷德·文森特·基德(Alfred Vincent Kidder)③大奖。1977年,鉴于马尼士对易洛魁印第安人的研究,他被卡尤加人(Cayuga)历史学会授予康普兰特(Cornplanter)奖。④ 1973年,马尼士荣膺英国研究院(British Academy)通讯院士(Corresponding Fellow),1974年,荣获美国国家科学院(National Academy of Sciences)院士。此外,南北美洲的一些科研机构也授予他多项荣誉称号和教授职位。

20世纪80年代,为检测早年在伯利兹的考古发掘,马尼士重返位于玛雅低地前农业时代的遗址——奎洛(Cuello),结果表明,该遗址的年代被测早了1000年左右。看来,马尼士当年未能准确定位遗址的地层和年代,这个错误年代是与德克萨斯州的发现进行简单类比得出的,因此未被学界接受。后来有报道说,考古发掘找到了年代早于第一个玛雅村落的遗址,听到这个消息,马尼士兴奋异常。尽管此时他已前往中国长江流域寻找稻米的驯化起源地,但他依旧痴迷于美洲考古,且终生没有放弃。

2001年1月16日,尽管年事已高,行动不便,马尼士仍亲自驾车前往伯利兹的拉玛奈(Iamanai)和卡拉科尔(Caracol),⑤不幸在往返于玛雅山地的长途旅行中发生车祸,最终在他长期探索农业起源、并给他带来至高无上荣誉的伯利兹辞世。

也许这是上帝的召唤!

二、马尼士在江西

我与马尼士先生相识于1992年。那年夏天,他应邀到江西南昌参加学术会议,后去赣东北考察,遂动了来中国考古的念头。会后他来到北京,商讨在江西开展稻作农业起源考古的可能。鉴于此项研究的重要性和前沿性,很快便得到国家文物局的支持,并决定由北京大学的严文明教授牵头负责。1993年秋,我代表北京大学参加了中美合作项目第一个年度的工作,前往江西乐平发掘了洪岩洞遗址。1994—1996年,⑥中美考古队的工作地点转入万年县,在仙人洞遗址取样的同时,开始发掘吊桶环遗址。

那几年夏秋之际,马尼士都要转道北京去南昌、万年,我们每年都要见面,特别是在洪岩洞发掘那一个月,朝夕相处,见闻了不少马尼士的趣闻轶事,记录于此,也是对老先生在

---

① 露丝·沃顿·德雷克塞尔奖章(Lucy Wharton Drexel Medal)由美国宾夕法尼亚大学博物馆颁发,以表彰考古学家的重要研究成果。最近荣获该大奖的有杰瑞·萨布罗夫(Jerry Sabloff)和伊恩·霍德(Ian Hodder)。
② 爱迪生奖(Addison Emery Verrill Medal)由美国耶鲁大学皮博迪博物馆颁发,以表彰考古学家的卓越研究。
③ 阿尔弗雷德·文森特·基德奖(Alfred Vincent Kidder)由美国人类学协会颁发给美国考古界的卓越学者,每两年颁发一次。
④ 康普兰特(Cornplanter)奖由卡尤加人(Cayuga)历史学会颁发,以奖励对易洛魁印第安人研究的卓越学者。1977年同时获奖的另一位学者是著名考古学家威廉·里奇(William Ritchie)。
⑤ Lamanai 和 Caracol 是中美洲伯利兹的两处玛雅文化重要遗址。
⑥ 因为美方经费出了些问题,1995年该项目停了一年。

中国工作的一个追念。

1993年,中美在南昌举行合作项目签字仪式。记得马尼士在致辞时特别夸奖由我起草的《中美合作协议》简明扼要。同时提到当年他与墨西哥政府签署的类似协议,烦琐冗长,厚厚一大本,让人讨厌。听完大家哈哈一笑,我却在心里犯了嘀咕。明摆着,对外合作的大门刚刚打开,谁都没有经验。我也只能凭着国家文物局给我的一本黑龙江省与加拿大旧石器考古的文本拟写中美合作协议。除了坚持"以我为主,为我所用,对我有利"三项基本原则外,就是文物标本的出境规定等,至于文本写得好与不好并不重要,但真的希望不要出什么纰漏。

在南昌去乐平的前一晚,严文明和马尼士分别讲了话,马氏讲的大意为:

一、这项合作将前进一大步,解决一些问题。二、我们选择了合适的地点、遗址和时代。三、此项目不仅是中美两国的合作,也是多学科的合作。它就像生物杂交,能促进学科发展。各位有不同背景,将在合作中积累经验,对每个人都有好处。明天就要出发了,很兴奋,就像36年前我要去中美洲一样。

在乐平,马尼士等一行外国人住县委招待所,每天租车去工地,耗时费力。当地人企图劝说马尼士与考古队一起住在遗址附近林场的乡政府招待所。马尼士以没有马桶婉拒。不料当地迅速找来木匠,打了把太师椅般的坐便器,并给他演示,马看过大笑,但仍坚辞不就。那年马尼士已年届75,肚子大到下垂。对于上年纪的美国人来说,没有马桶确实是件很严重的事。记得俞伟超先生曾和我谈起,当年他们在河南班村搞合作,有一位上年纪的美国考古学家,每天早上只能跪在村里的蹲坑上,惨不忍睹。毕竟他们从未有过蹲着出恭的习惯。

图八　1993年李水城、柯杰夫与彭适凡在洪岩洞

洪岩洞的发掘采用美式洞穴考古发掘法。1×1米布方。巧妙的是在岩厦顶部布方，先用激光笔将探方位置定位到岩厦上，用环氧树脂固定垂线，线的下端拴有垂球，可控制探方基点。挖掘时探方相互间隔着挖，犹如国际象棋，先挖"黑"格，待挖至深1米，再换至"白"格。美方还准备了不少小旗，供发现遗物时插作标记。

依美方规矩，我和柯杰夫（Geoffrey Cunnar）为田野负责人，不直接参与挖掘，只管布方、搜集和记录出土遗物，并将所挖出的土过筛、水洗。美式记录程序繁琐，每件遗物都要装袋，再套入大袋，每层袋子都要详细标记。筛土的活也很重，南方的红土进了筛子就滚成泥球，还得用水洗开，既脏且累，幸亏挖掘面积小，出土量有限，否则可真够我俩招呼的。

这种发掘跳着来，各挖各的，互不干扰。探方小，若有遗迹现象则难以窥见全貌，也难以保留。为此我们曾与马尼士理论，但他觉得这根本不是问题，遗迹即便挖掉，也能在平剖面图上复原回来。幸亏这处遗址并未发现什么遗迹。

我注意到，洪岩洞的北侧上方有一裂隙，洞内堆积全是从山上被雨水沿此裂隙冲下来的，而且年代很晚，为此我建议表层堆积可否挖快点，也没必要过筛、水洗或浮选。马尼士则坚持不从，按既定方针办，明摆着是要给中国人补课。严先生倒是很大度，说既然合作嘛，就要相互尊重、互相学习，少说多看，按他们说的办。待十来天过去，大部分探方挖至基岩，仍不见有早期堆积，马尼士率先慌了，毕竟他掏了钱不是来中国挖土的。遂下令加快速度。可就在几天前，美方还以中方队员用二尺耙子下挖速度快而引发冲突。就这样，最后洪岩洞的发掘只能草草收场。十一国庆节，我和马尼士等人去万年县考察仙人洞、王洞（吊桶环）、蝙蝠洞等遗址，确定了下一年度的工作。

图九　1993年马尼士与严文明、彭适凡在洪岩洞

马尼士每天到工地坐镇。他很少动手,凡有好点的出土物都会拿给他看。他常常会有惊人之举,如猛地将一枚石镞丢入口中,咕噜噜地用唾液洗涮,再吐出来观察。看得我直龇牙。有时会将陶片掰碎,从断茬判断年代。我想,若果真挖到了新石器早期的陶片,马氏这么干可如何得了!

马尼士爱喝一口。在工地上也常常倒杯啤酒,边喝边看或记点什么。江西农村苍蝇很多,他的酒杯口沿常常爬满苍蝇。有时我会过去对他说,苍蝇很脏,你轰一轰!他则颇有风度地说:"没关系,牠们喝不了多少!"一般工作两周,他会带女朋友(Libby)去景德镇住两天,喝喝玉米威士忌(Bourbon Whiskey),放松一下,可谓有劳有逸。不过酒后常常发火,据说有时会将矛头对准我。1995年我去吊桶环工地,他见到我便嘟囔:"严文明的眼睛来了!"早就听说他对大学教授有成见,但不清楚为何。我考虑这种成见有可能与他早年的经历有关。据我观察,他的工作和研究确有结论下得过快的问题,特别是他早年在中美洲考古所做工作的一些年代误判,难免在学界遭人诟病,并导致某些大学教授对他的挖掘和研究不信任。记得2000年我在哈佛大学与兰博格—卡洛夫斯基(Lamberg-karlovsky, C. C.)一起讨论焦天龙回国搜集资料的安排时,谈起马尼士在江西的工作,卡洛夫斯基表现出一副很不以为然的态度,直言马氏的研究不可信。此外,这也有文人相轻的一面。后来我看到张光直先生回忆童恩正的文章,才悟到问题的另一方面。1982年,四川大学的童恩正教授到访哈佛大学,正巧遇到美国国家科学院准备资助中国考古并展开合作研究,计划帮助四川大学建立几个考古实验室,再组织队伍沿四川盆地边缘寻找新石器时代早期遗址,探索民族植物学和农业起源,并决定由马尼士和童恩正共同主持这个项目。但是该计划后来因为夏鼐先生的反对而作罢,①这可是马尼士万万没有料到的,煮熟的鸭子飞了,他来中国考古的计划落了空,这或许是他讨厌大学教授的深层原因。

马尼士先生的研究确实有结论下得太快的问题。记得1995年,他抽空去湖南考察彭头山等地的出土遗物,回来后就勾勒出了江西史前文化的发展序列,还用仙人洞出土的陶片和想象出来的陶器编织了一张文化发展的"时空网"。我曾当面指出其结论悬,但他很固执,听不进去。还将此文化谱系写进了他的结项报告。

在洪岩洞挖掘时,马尼士做过一次学术报告,他说:

> 首先,我搞考古是想搞清楚文化变化的法则及为什么变化,所以我对一些理论问题很感兴趣。为达此目的,需要经过六个步骤:1. 收集资料;2. 解释古人生活及不同方式(对某些考古学家来说,了解这两点已达终极目标,但对我仅是一半。如新石器如何发展到青铜时代?如何发展到早期国家?);3. 我的方法是先提出假设;4. 验证假设(不等同于自然科学);5. 我采用对比法。如水稻为何在这里出现?农业为何在此地发生?6. 最终阐释农业为何在世界各地出现及其原因。距今12000—7000年是早期农业产生的时期。江西也在这个阶段,但这仅仅是假设。

---

① 张光直:《哭童恩正先生》,《考古人类学随笔》,生活·读书·新知三联书店,1999年,176—180页。

第二,细致的收集资料。了解水稻产生前后的情况,断代十分重要。最重要的首先是层位,建立年代。再就是通过环境变化进一步了解年代。对每件遗物的出土位置要记录清楚、详细,以了解当时人类的生产生活,这些都关系到农业起源的问题。同时还要了解宗教、社会等方面的信息,进而了解早期人类的生活方式。总之,收集资料是非常严谨的工作,它关系到后来的一切!再者,古物一去不会再生,所以工作一定要细,资料一定要完整。

他讲完后我曾提问:你的先假设后求证的方法与宾福德(Lewis Roberts Binford)有何不同?马尼士答:大目标一致,都是想寻找人类社会发展的一般法则。我重视资料收集和对比研究方法,这是宾氏不具备的。从他的讲话看,思路是蛮清晰的。又一次我问他最佩服的考古学家是谁。他画了幅谱系树,将斯图尔特(J. H. Steward)列在鼻祖位置,说此人伟大,犹如其父,表现出极大的敬意。接下来的有布列特伍德(Robert Braidwood)、宾福德等。可见他在理论取向上是钟情于文化生态学的,以及由此衍生的过程考古。他曾说过,来中国考古是为了验证他的理论,他在美洲得出的模式是放之四海而皆准的。至于他的理论到底是什么?我一直不清楚。

严格讲,我们与马尼士的合作并不圆满,也不顺利。由于文化上的差异,加之发掘方法、理念的不同,交流不畅,工作中时常有摩擦,这也是中外合作考古所难免的。那几年,正巧张光直先生每年来中国主持商丘考古项目,每次见到严文明先生,他都会帮马尼士说些好话,觉得他那么大年纪,不远万里来到中国考古很不容易,而且申请经费也很难。对此,大家都很理解。

图十　1995年马尼士与彭适凡、柯杰夫在吊桶环

另一方面,话说回来,此次合作在国内外还是产生了积极的影响。

首先是1×1米布方法。据我的印象,20世纪20年代在发掘北京周口店时曾用过此法,后来长期弃置。自江西中美合作项目以后,在国内又有恢复。此法对于旧石器时代洞穴、岩厦一类遗址的小规模细致发掘还是比较适宜的。

其次,将遗址中挖出的土全部过筛,重要部位甚至用水洗,这在国内是首次。此后,国内考古界逐渐开始接受这种方法。

第三,当时作为美方成员的赵志军①首次在江西使用浮选法,提取碳化植物遗骸。记得那件浮选仪是土法自制的,构件包括汽油桶、可乐瓶、自制的过滤箱、抄网等,简单而实用。这应该是能在中国考古学发展史上留下一笔的事件。

第四,万年仙人洞、吊桶环的采样和发掘在国内考古界产生了积极反响。1995年,该项目入选全国十大考古发现。后又相继入选八五期间(1991—1995)十大考古发现和20世纪中国百大考古发现。由严文明先生领衔的此项发掘还荣获国家文物局颁发的田野考古二等奖(一等奖空缺)。

第五,此项合作在国际考古界也产生了很大影响。其初步研究被收入美国的教科书。②《科学》杂志曾在一篇涉及水稻起源的综述文章中提到江西的发掘;美国《国家地理》也有相关报道。正是因为有了上述报道,哈佛大学的巴尔—约瑟夫(Ofer Bar-Yosef)教授在2000年找到我,讨论哈佛大学、以色列威兹曼研究院与中国合作展开水稻起源的考古研究。后来"湖南道县玉蟾岩遗址水稻起源考古发掘"中美合作项目(2006—2008)便由此而来。前两年,北大与哈佛的学者还在《科学》联合发表了仙人洞遗址出土世界上最早陶器的研究成果。③

尾　声

2000年4月,全美第65届考古学年会在费城举行,与会代表3000余人。8号,大会为表彰马尼士在考古领域的杰出贡献,特地举办了一场"纪念马尼士从事考古研究逾60年"(Papers in Honor of Richard "Scotty" MacNeish – Celebrating over 60 years of Archaeological Research)学术研讨会。会议主持人为马尼士的忠诚助手柯杰夫(Geoffrey Cunnar,时为耶鲁大学博士研究生),莅会者近百人,演讲内容包括:马尼士一生的学术贡献、考古学理论思考、跨学科研究、植物考古、环境考古、中美洲考古、印第安考古、陶瓷研究、波利尼西亚航海贸易及酋长制等。会后,戈德史密斯(John Goldsmith)教授和罗斯(Irving Rouse)教授就演讲的内容作了精彩点评。

---

① 赵志军当时是美国密苏里大学哥伦比亚校区(University of Missouri-Columbia)的博士研究生,攻读植物考古。
② Bruce D. Smith (1994), the Emergence of Agriculture, *Scientific American Library*, A Division of HPHLP New York.
③ Xiaohong Wu, Chi Zhang, Paul Goldberg, David Cohen, Yan Pan, Trina Arpin, Ofer Bar-Yosef (2012), Early Pottery at 20,000 Years Ago in Xianrendong Cave, China, *Science*, 29 JUNE 2012 VOL 336.

与马尼士先生在费城全美第 65 届考古年会上（2000）

马尼士先生也前来莅会，他又年长了几岁，但面容变化不大。他坐在轮椅上，话不多。会后大家纷纷上前向他表达敬意。我们几位参加过江西考古项目的与会者（柯杰夫、利比、赵志军和我）也前去和他合影留念（可惜照片拍得很烂）。其中，有张照片是我拿了本书在给他讲着什么，老头儿在耐心地听。就是那一年，美国夏威夷大学人类学系的罗列特（Barry Rollet）教授到哈佛做访问学者，马尼士将 Andover 考古研究会的位置交给了他。我本以为他就此退休，安享晚年了。谁知后来出车祸时竟是他本人在驾车，真不敢相信。一个已坐了轮椅的老人怎么还开车远行？话说回来，美国还真是有不少 70—80 岁的老人自己驾车，他们并不觉得这有什么不正常。

2010 年初稿
2015 年定稿于北京蓝旗营寓所

后记

本文的写作持续多年。马尼士先生的资料最初来自他去世后在美国杂志上刊登的一篇短文，后经查阅其他一些书刊才逐步得以充实。初稿完成后，美国印地安纳大学人类学系的洪玲玉博士给我寄来美国考古学家弗兰纳瑞（Kent V. Flannery）和马库斯（Joyce Markus）合写的一篇马尼士的传记。[①] 此文发表于 2001 年，恕我孤陋寡闻，竟全然不知。若本文有任何的错误或缺漏，请参阅他们的文章。

---

① *Kent V. Flannery and Joyce Markus*, National Academy Sciences, Richard Stockton MacNeish（1918-2001）: A Biographical Memoir, the National Academy Press（Washington D.C）2001.

美国考古学家柯杰夫先生对马尼士所获各项大奖及荣誉称号资料进行了认真的核对。作为马尼士多年的忠实助手,他鞍前马后,从北美到中美,再到中国,一直随同马尼士转战各地进行考古调查发掘,二人可谓情同父子,感情深厚。20多年前,我和柯杰夫相识于北京,从互不了解,无法沟通,到矛盾冲突,可谓不打不相识,最终成为很好的朋友,一直保有联系。柯杰夫是位实干型的考古学家,很能吃苦,且粗中有细。后来,他进入耶鲁大学人类学系攻读博士,曾参加该校与山东大学合作在日照开展的考古调查发掘,并以龙山文化石器原料和制作技术为题撰写了优秀的博士论文。他听说我在写这篇纪念文章非常高兴,有求必应。2015年他一直在美国内华达的考古工地发掘,工闲之余,帮我查找并寄来一批马尼士先生的老照片,非常珍贵。

美国夏威夷大学人类学系的巴里·罗列特(Barry Rolett)教授专门就安德沃考古研究会的情况给我写信说明。王亚玎小朋友对本文的写作也有所贡献。在此谨向他们表示衷心感谢!

本文曾发表在:《南方文物》2016年1期,264—271页。

纪念当代最具影响力的考古学家路易斯·宾福德

今年4月某一天,学生温成浩见到我说,宾福德教授去世了。听到这个消息,我不禁一震,以至于不敢相信这是真的。遂追问,你从哪儿听到的?学生说,网上。

此后我一直有点怅然若失。因为自从我接受在《南方文物》主持"考古大家"栏目以来,随时都在筹划,该选择哪位学者作为下一个采访目标?哪个人适合来做这个采访?为此颇费脑筋。

不知是否出于某种感应,去年底到今年初,脑子里突然浮出一个想法,得尽快找人联系采访宾福德教授。可是,因为当时正忙于策划和审阅罗泰(Lothar von Falkenhuasen)[①]、贝尔伍德(Peter Bellwood)两位教授的采访记,一时顾不过来,此事遂拖延下来。猛地听到宾福德教授不幸去世的消息,心情之沮丧可想而知!

7月,在澳大利亚国立大学任教的洪晓纯来信告知,英国的《古代》(Antiquety)杂志不久前专门组织了一组文章,以表彰贝尔伍德(Peter Bellwood)教授在东南亚考古所作的杰出贡献。我想,这是个挺大的事,应在"考古大家"栏目的贝尔伍德教授采访记(《南方文物》2011年3期)后面附加个说明。为此我与周广明联系,顺便谈到了自己为没能抓紧时间联系采访宾福德的遗憾。但是,让我绝对没有想到的是,很快广明就回信告知,陈胜前博士已将伦福儒教授20多年前对宾福德教授所作的采访翻译出来。这个消息对我来说不啻打了针兴奋剂!

遂后广明将译稿寄我审阅。恕我孤陋寡闻,看到这篇采访,真是感触良多!首先要感谢伦福儒教授作了这么好的采访,可谓强强联手、珠联璧合之作。其次要感谢陈胜前博士的翻译,应该说他是国内做此事的最佳人选。最初我有采访宾福德的念头时,第一个想到的就是他。此君曾在北大获硕士学位,后去美国做了宾福德的学生。几年前获博士学位回国,现受聘于吉林大学。总之,他们所作的工作非常重要,不仅仅是弥补了我的缺憾!

作为世界著名考古学家之一,宾福德教授的学术贡献有目共睹,我这里只想谈点感

[①] 张莉:《罗泰(Lothar von Falkenhuasen)教授访谈录》,《南方文物》2011年2期,66—73页。

受。在我读大学时,对于西方考古学家的了解仅限于蒙特留斯(O. Montelius)、安特生(J. G. Andersson)和柴尔德(G. Child)等几位。对当代西方考古学家则两眼一抹黑,全然不知。1985年我返回北大,在那之前不久,宿白先生邀请张光直先生在北大作了《考古专题六讲》,在考古圈子,特别是年轻的一代引起不小的轰动。此后,逐渐才有西方的考古学理论和代表人物被介绍进来。宾福德是其中之一,而且是影响和争议最大的。此公曾在1985年访问过中国,并对周口店北京猿人遗址的用火遗迹和某些传统认识表达了不同看法,也因此招致非议。或许是时代使然,除了旧石器考古界以外,宾福德此次中国之行并未产生什么影响。

20世纪80年代中期,随着改革开放的推进,中国掀起了又一次文化大热潮,考古界也不例外。其中,除了大的社会环境背景外,张光直先生的演讲及演讲录的出版[①]也起到了推波助澜的作用。当时大家热衷的话题集中在:传统类型学研究的优劣、聚落考古、"新考古学"、宾福德、过程理论。这些讨论不仅为我们这一代所追捧,也影响到我们的老师一辈。

俞伟超先生是站在这个潮头的领军人物,他不仅热衷于参与讨论域外的理论思想和方法,还积极倡导鼓励翻译有关的文章和资料。实事求是地说,这些讨论,乃至于争论,对于推动中国考古学的发展和理论建设很有裨益。记得那时和俞先生聊天,不时会谈及"新考古学"。有那么一段时间,他几乎经常谈论对宾福德产生重要影响的美国人类学家瓦特·泰勒(W. W. Taylor, Walter W.),在20世纪40年代末,此公对西方传统考古进行了猛烈攻击,提倡"缀合式研究法"(conjunctive approach)。但是,泰勒的这些前卫思想却得不到当时美国主流学界的认同,并长期遭受压制和打击,对此俞先生感到非常的困惑和不解。其实,这也恰恰是当时中国考古界的大环境以及他自己境遇的写照。回想起来,似乎每位先行者都有着类似的不被理解的一面!当年,宾福德被折腾了4年才拿到博士学位,就是因为他提出的新思想触怒了某些权威人士而付出的代价。

历史总是这样,尽管道路曲折,但社会毕竟朝着进步的方向发展。

这一时期,严文明等先生在北大开设了一些研究生讨论课。选课学生可任选某一领域的代表作,经课下认真研读,再到课上宣讲,大家共同讨论,先生点评,最后各自撰写读书或研究报告。这类课程涉及面广,学生准备认真,讨论热烈,也常常会涉及当时的一些热点话题。诸如:"考古学的基本理论是什么?""考古学的基本理论是否就是类型学和地层学?""考古学是科学还是历史?""考古学与历史学到底是什么关系?""把考古学,特别是史前考古学限定在历史学范畴是否合适?""考古学的特点仅仅是以实物为特征吗?"

---

① 张光直:《考古学专题六讲》,文物出版社,1986年。

"考古学作为历史学发展到一定阶段的产物,可否将其划为古代史研究的高级阶段?""能否将考古类型学、地层学视为考古学研究的初级阶段,而将'新考古学'视为高级阶段?"总之,这类课程开阔了学生们的眼界,提高了分析问题的能力,效果甚佳。

我就是在上了"中国新石器考古研究史"这门课以后,写了篇有关考古学发展史的作业,[①]在资料非常匮乏之条件下,尽可能客观地对"新考古学"做些介绍评论。那时,西方考古学界对"新考古学"也是褒贬不一,但持肯定意见的学者认识到,宾福德的成就在于他提出,为了理解过去,仅仅靠发掘古代文物,并根据自己对这些文物的印象写一些直觉性的报告,是远远不够的。这其中,伦福儒(Colin Renfrew)教授的评价相当正面。他指出:

> 从许多方面来说,考古学中最激动人心的新发展并非那些在实验室取得的新成就,亦非那些在完善测定年代的方法或研究早期社会环境方面取得的成功,而是在视野和理论基础方面发生的变化。……随着所谓的"新考古学"的出现,研究人员重新确定了他们的目标。我们不再是只求再现过去的情况和简单地说明以往发生的事情,我们还要进一步弄清楚事物变化的来龙去脉。为此,就需要为考古学制订更为明确的理论体系,对旧的观点提出怀疑。如果我们的目标是要弄清楚事物变化的来龙去脉,那么对世界某一地区情况的研究,即可为理解另一地区发生的情况提供极有价值的线索。因此,"新考古学"不是以种族为中心的,至少它避免以种族为中心。

伦福儒进一步指出:

> "新考古学"比传统的考古学要乐观一些。许多传统的考古工作者认为,我们无法通过考古来了解古代的社会结构或宗教生活,"新考古学派"不同意这种看法。他们认为,必须设法建立一种健全的理论,使我们不仅能够阐明饮食和技术等方面的情况,而且也能够阐明有关社会结构和宗教生活等方面的资料。……传统的考古学常常是从文化"扩散"的角度来解释事物。他们认为,重大的进步,只发生在一两个地区,然后通过文化的"扩散"逐步传到边远的野蛮地区。近年来研究人员终于认识到,这往往是一种殖民主义观点,意思是说,具有意义的发展只发生在少数几个关键的得天独厚的中心。今天我们认识到,要了解所发生的变化,就必须懂得所研究地区发生变化的过程。必须研究社会结构、人口发展,以及经济和技术等方面的变化。应当承认,同其他地区的交流、新思想的输入,可能、而且确实在这一过程中发挥了作用,但不一定占主导地位。……现在,(考古学)已成为世界各国许多人都感兴趣的一个领域。其部分原因是,它使我们每一个人都有机会充分地了解本国的历史。但

---

① 李水城:《考古学发展史的回顾与思考》,《庆祝苏秉琦考古五十五年论文集》,文物出版社,1989年,129—143页。

是，如果把注意力只集中于本国，那就是沙文主义。考古学还使我们有可能把每个国家的早期历史看作整个人类更大范围的历史的一部分。过程论考古学要求我们更好地理解人类文化的多样性、它的现在和过去。由于科学给我们带来了一系列的技术，由于"新考古学"的严谨和自觉性，这就使我们可以比较容易地做到这一点。①

我在文章中把伦福儒的这些观点作了介绍，也有点小骂大帮忙。后来听说，当年我写的这些文字能发表出来还颇费了些周折。今天回过头看，一方面为中国考古学取得的巨大进步而倍感欣慰，另一方面也深切感到学科的发展任重道远！与此同时，也更加怀念俞伟超先生，并为中国考古学界能有这样一位富有远见的"先知"而倍感幸甚！

今天，我们对宾福德和他倡导的"过程考古学"的认识较之25年前要更加深入，也更为客观。但就在当年，我们也感到宾福德将考古学视为自然科学的做法非常不切实际。包括"新考古学"设定的研究程序，即首先是产生假说，这些假说有着不同来源；其次是形成实验这些假说的前提；第三是在考古作业中加以实验。若能证明假说，则表明假说正确，否则反之。这种结论先于资料的做法，包括很多西方学者也不认同。张光直先生曾对此表示：

  考古学有它一定的程序，即首先把发掘的资料整理出来，在有一个非常坚实的年代学基础后，再去做比较抽象的社会科学法则性的研究，这才是一个比较完满的研究方法。

斯人已逝。尽管"新考古学"并非尽善尽美，但这并不影响宾福德作为考古学发展史上的里程碑式人物。否则，《科学美国人》杂志也不会如此轻易地将宾福德教授评选为"当代最具影响力的考古学家"。今天，我们纪念宾福德，首先要学习他在学术研究上的执着探索；其次是勇于开拓的实践精神。比如他为了能更好地理解4万年以前莫斯特时期狩猎民族的考古遗迹，前往阿拉斯加长达4年，在那儿研究仍旧过着狩猎生活的现代爱斯基摩人，包括他们生活中那些非常有考古价值的东西，研究狩猎民族如何对待和利用周围的环境，以及他们的行为在考古学上的含义。他留下的这些宝贵遗产值得我们认真地咀嚼领会，也特别值得考古工作者认真效仿学习。

随着学科的发展进步，考古学家必须努力了解和掌握更多其他学科的知识，这是时代的要求。如今，考古学正以一种前所未有的技术革命姿态被载入史册，但这一切并不意味考古学已变为一门自然科学，或考古学家将成为自然科学家。今天，在考古学家周围辐集了一批来自不同学科领域的专家，在他们的合作参与下，考古学广泛地利用各种自然科学方法，努力对残存在各类遗物上的种种遗迹遗痕做出合理的判断和阐释，试图从更加多维的角度提取人类历史档案中的信息，以重现人类往昔的生活、环境、经济和技术。可以说，

---

① 科林·伦福儒：《考古有何新成就》，《信使》（联合国教科文组织）1985年9月（总第63期），4—8页。

现代考古学正成为一个多学科作业的汇合点,但今天的考古学家仍旧在潜心研究两百万年以来的人类社会和人类文化,仍在研究人类社会的发展历史,而非自然史。

谨以此文,纪念路易斯·宾福德教授。

李水城
2011 年 8 月于北京兰旗营

本文曾发表在:《南方文物》2011 年 4 期,12—14 页。

真正的考古学家是怎样炼成的？

——"'海外大家'访谈"专栏开篇

2009年夏，在我前往法国发掘前，《南方文物》主编周广明先生打来电话，告诉我，希望在2010年的《南方文物》上开辟个新栏目，介绍国外著名考古学家的成长经历、学术贡献以及对中国考古学现状和前景的评价和认识。对于设立这样一个栏目的可能性、可行性，如何操作和设计等，他心里没谱，希望我能帮忙出出主意。假如可行的话，希望我能出面组织并主持这个栏目。

记得此前我曾和他讨论过有关《南方文物》栏目建设的问题，也涉及这个栏目的一些设想。我的直觉认为，这是个颇富创意的好栏目，不仅符合我本人的一贯理念，也是当前国内学术研究发展的一个需求。其意义还在于：它一方面利于促进中国考古学的健康发展和学科进步，进一步扩展我们的国际视野和开放的心态，另一方面也可以从不同国家、具有不同专业背景的学者的不同视角，跟踪国际学术热点课题及其走向，达到"他山之石，可以攻玉"的目的，可谓一举多得，何乐而不为！

鉴于上述种种，我没有任何理由拒绝广明的请求，遂决定全力支持并促成此事。尽管这件事肯定要占去我不少的时间和精力，但值得为之努力！我建议这个栏目可以采用采访或访谈的形式，这就需要充分发动我们与国外合作的学者、在海外留学进修的访问学者和留学生的群体力量，大家合力来做这件事。

关于栏目的名称，我也思考了很久，因为预设的采访对象均为各个国家考古界的成功人士，俗称"大腕"，他们在各自的领域已经功成名就，在学术界有着广泛的影响力。鉴于此，我取了"海外大家访谈"这样一个名字，它比较直白，能够比较好地体现我们设计这个栏目的初衷。

事既定，随后即开始考虑访谈对象，安排采访人员，还要根据每位学者的特点设计采访主题，最后是将一封封的伊妹儿（Email）发往世界各地。

非常幸运，此时恰逢哈佛大学人类学系资深教授欧弗·巴尔—约瑟夫（Ofer Bar-Yosef）来中国访问，并计划与北京大学考古文博学院的老师前往江西万年仙人洞遗址采样，广明也将与他们同行。我提议请北大的吴小红教授利用这个机会率先采访巴尔—约瑟夫。去年年底，已在哈佛大学燕京学社做访问学者的吴教授完成了对巴尔—约瑟夫的访谈。俗话说，万事开头难，这个访谈可以说为"海外大家访谈"栏目的设立开了个好头。

巴尔—约瑟夫教授毕业于以色列希伯来大学，后留校任教，并很快在旧石器时代中晚期考古、现代人起源、近东农业起源等领域崭露头角，引起国际学术界的关注。1986年9月，美国哈佛大学人类学系的艾萨克（G. L. Isaac, Glynn L.）教授和兰伯格—卡洛夫斯基（C. C. Lamberg-karlovsky）教授前往北京大学考古系讲学，抵达北京后，艾萨克教授突然发病，后紧急送回美国抢救，不幸于途中逝世。[①] 这也造成了哈佛大学人类学系旧石器时代考古师资出现空缺。我猜想，或许正是这个不幸事件，促使哈佛大学开始在世界范围内网罗人才，并在1988年将巴尔—约瑟夫从以色列希伯来大学挖到哈佛大学，由此可见此公在学术界的地位。

2000年春，我从费城宾夕法尼亚大学转到哈佛大学作访问学者，最先约我见面的就是巴尔—约瑟夫教授。那次，他就中美能否继续合作研究稻作农业的起源征求我的意见，后来我们达成了初步的合作意向。2001年5月，我邀请他和他的同事访问中国，并一同考察了湖南和广西两省的一些旧石器时代末期和新石器时代早期的遗址，包括八十垱、城头山、皂市、玉蟾岩、甑皮岩、大岩等。那趟旅行让我对这位学者有了更深的了解。记得在临桂县，当地招待吃油炸蜂蛹，对此类"美味佳肴"我从小就有心理排斥，并且很担心犹太人的食物禁忌。但没想到，巴尔—约瑟夫等人并未拒绝，反而把酒言欢，不住夸赞其味美无比。我问他怎能没有食物禁忌？答曰：因为我们是考古学家。这反倒让我无言以对！此公极爱食鱼，任何种类的鱼他都来者不拒，他说自己从小在地中海边长大，遂养成这一嗜好。

2005年，国家文物局批准了中美合作研究长江流域水稻起源的课题，随后巴尔—约瑟夫参与了湖南道县玉蟾岩遗址两个年度的考古发掘。在野外，他表现出一流学者所具有的优秀品质，学风严谨，勤奋认真，乐观随和，没有架子，这些给我们团队的所有成员留下了深刻印象。工作之余，他喜欢去卡拉OK热闹一番，而且还能唱不少俄罗斯民歌，诸如"莫斯科郊外的晚上""红梅花儿开"等，这更拉近了彼此之间的距离。但我印象最深的还是他所提倡的多学科合作发掘法。20世纪90年代初，我曾参加万年仙人洞—吊桶环遗址的中外合作发掘，那时美国学者麦克尼什（McNeish）也提倡类似的方法，而且在发掘中使用了筛选和浮选技术。[②] 或许是因为经费不足，那一次的合作团队并未充分显示多学科的成分。基于多年的实践，巴尔—约瑟夫教授倡导具有不同学科背景的团队成员必须亲自参与考古发掘。我们在玉蟾岩的合作团队除考古学家以外，还包括矿物学家、微地貌埋藏学家、地理地质学家、年代学家、植物考古学家、动物考古学家、农学家等。在现场，不同学科的学者会随时聚到一起，就某些疑难问题共同分析、讨论，诸如地层划分、划分标准、文化堆积成因、遗迹性质，以及需要采集哪些样品、采样的位置、层位等等。甚至为了

[①] 艾萨克教授是美国著名的旧石器时代考古专家。他原定于1986年9月在北京大学考古系讲授"非洲旧石器时代考古"。此前，他在非洲作田野考古，不幸感染了热带病，到北京后突然发作，入住协和医院救治，但病情不见好转，后紧急送回美国。经日本东京转赴关岛途中病重不治去世。

[②] 这是国内考古发掘首次使用筛选和浮选技术。

复原地层中某些遗迹现象进行现场模拟实验,采集比对标本等。

这种真正的多学科合作方法给我以很大启发,也让我意识到以往发掘中存在的不足,为此我曾提议:1)主动性的考古发掘应控制挖掘面积,倡导少而精,即挖的面积小一点,尽力做得细致,获取资料的技术手段要更全面一些。2)非主动性挖掘,特别是国内目前大量的随工清理项目,应在发掘中确立采样区。即在发掘区选择重点区域作精细采样(大小可因地制宜),采样区的发掘要高标准,必须履行筛选、浮选技术,尽可能多地获取信息。3)提倡真正的多学科合作。不同学科背景的学者要共同参与发掘,在现场讨论、取样、浮选或作模拟试验。总之,不同学科的学者应在田野中"面对面",而非以往的"背靠背",尽力少搞"供货商"式的所谓多学科合作。① 目前并非学界所有的人都能意识到这一点,但需要朝这个方向转变!

本栏目的另一个访谈是,邀请中国社会科学院考古研究所张良仁博士对俄罗斯著名冶金考古学家切尔内赫(E. H. Черных)教授的采访。

我与切尔内赫教授不是很熟。1999 年 7 月,我从费城前往哈佛大学访问,住在李永迪(时任哈佛大学博士候选人)先生家,在他那儿看到剑桥大学出版的《欧亚大陆北部的古代冶金》(Ancient Metallurgy in the Northern Eurasia)一书,方才知道有这么一位俄罗斯的冶金考古学家。碰巧我在来美之前,应《文物》杂志之邀,与水涛教授合作撰写《四坝文化的铜器》②一文,到美国后一直在修改,因此对冶金史和冶金考古有种特别的关注。当我翻阅了切尔内赫的这本书后,对欧亚大陆的冶金史和冶金考古有了一个初步了解,眼界也随之扩展到欧亚大陆及东南欧的巴尔干地区。2000 年初,应剑桥大学伦福儒教授(Colin Renfrew)邀请,我前往英国参加"史前后期欧亚草原的开发"(Late Prehistoric Exploitation of the Eurasian Steppe)国际学术研讨会,见到梅建军博士及一批欧美、俄罗斯的学者,通过交谈,对切尔内赫教授有了更多了解。但直到 2006 年 9 月,我才在北京科技大学举办的"冶金与合金的起源与利用"第六届国际会议(BUMA-VI)上见到切尔内赫本人,并邀请他到北京大学参观赛克勒考古与艺术博物馆。可惜的是,因为他在北京停留时间太短,加之又赶上一个周末,没有能让他与北京大学考古文博学院的师生进行面对面的交流。

切尔内赫教授是我敬佩的一位学者。由于我长期从事中国西北地区的考古,加上第一外语是俄文,连带地缘关系,一直比较关注欧亚草原史前—青铜时代的考古。切尔内赫教授的研究范围恰好覆盖这一区域,其广博的冶金考古知识、丰硕的研究成果使其成为了欧亚草原冶金考古学领域的重量级学者。透过这个专访,我想各位读者不难体会到这一点。耳闻最近国内已有人组织翻译出版他的学术专著,对此我们非常地期待。

---

① 李水城:《国际合作与环境考古的进展》《环境考古》(四),北京大学出版社,2007 年,18—24 页。
② 李水城、水涛:《四坝文化铜器研究》,《文物》2000 年 3 期。

另有一点需要说明，我之所以在此栏目的开篇选择一位俄罗斯的考古学家，还有下列一些特殊的考虑。

自20世纪初俄国革命以后，国际政治格局发生了重大转变。至1945年第二次世界大战结束，冷战出现，铁幕落下，意识形态的对立严重地影响了东西方在学术领域的交往，在考古界产生的后果就是：前苏联这个拥有世界最大领土面积的国家成为考古学界的一个"大未知数"。[①] 1949年以后，中国一边倒地靠拢到以前苏联为首的社会主义大家庭，使得中国的考古学也一步步地走向相对封闭，以至于在世界上几个主要的文明古国中，有关中国的跨文化研究长期处在相对薄弱且支离破碎的状态，这对中国考古学的健康发展极为不利。

20世纪50年代是中苏两国的蜜月期。我们处处以苏联老大哥为楷模，但在当时尚能得到网开一面的信息。进入60年代，中苏交恶且不断加剧，这扇交往的大门也最终被关闭，中国考古学彻底陷入孤立。直到20世纪80年代，我们才逐渐摆脱与世隔绝的状态。1990年，苏联解体，国力下降，我们的价值取向开始摆向西方，唯欧美马首是瞻，俄罗斯遂被彻底冷落，这种偏废局面对中国考古学产生的不良影响逐步显现出来，具体表现为：1）高校中学习俄语的学生数量大量减少，导致研究俄罗斯考古（包括中亚地区考古）的人才出现断层。以至于我们有的学者或研究生由于不懂俄文，在研究中亚或俄罗斯考古时只能花钱雇人来翻译俄文资料，而译者往往不懂考古，这其中难免出现一些失误，甚至错误。2）近些年来国内鲜见翻译出版俄罗斯的考古学资料，转译成英文的也非常之少，加之不懂俄文，因此很难了解近些年来俄罗斯考古的重要发现和研究成果。3）俄罗斯与中国是邻邦，双方在历史上有过长期的交往瓜葛，无论是从地缘政治还是从文化传统的角度，对于双方都是不可忽略的。不幸的是，随着学术交流的萎缩，中国考古学家正在丧失这一研究领域的话语权，以至于涉及该领域的有些研究文章引用资料陈旧，出现一些本不该有的错误。

正是觉察到上述不足，我特意在此栏目的开篇安排了切尔内赫教授的访谈，希望通过对这位著名学者成长经历和丰富研究成果的介绍，重新燃起我们对俄罗斯考古（以及中亚地区考古）的热情，推动和加强双方的学术交流，促进东西文化交流领域的考古学研究。但这方面工作的恢复是个长期工作，不可能一蹴而就，还需要大家共同努力。值得欣慰的是，近年来，中俄双方的考古学家已开始有所接触，但在学术交流上还远不尽如人意。

通过对上述两位著名学者成长经历的介绍，不难发现，他们之所以能够成为考古学界的"大家"，其先决条件是他们都对考古学有着发自内心的热爱和强烈的兴趣。巴尔—约瑟夫教授打小生长在以色列这个遍地古迹的国度，浓郁的历史气息和文化氛围的熏陶，使他从很小就立志成为一名考古学家。切尔内赫教授也是在小学生的时候，而且还是在第

---

① （前苏联）B.A.布尔金、L.C.克伦、J.C.列别杰夫著，刘茂译：《苏联考古学的成就和问题》，《史前考古》1985年4期。

二次世界大战的艰难岁月中,开始奋发读书,并对历史学产生了浓厚的兴趣。总之,兴趣的有无确实是决定一个人能否成功的先决条件,其次才是勤奋、机遇和锲而不舍的科学精神。这些"大腕"的"成功案例"对我们深有启示,特别是在人才培养方面给我们提供了很多值得思考的空间。

庚寅年岁首定稿于蓉城—涪城

本文曾发表在:《南方文物》2010 年 1 期,35—37 页。

张光直先生捐赠
北大西文专业图书亲历

2001年8月初,北京大学考古学系陆续收到美国波士顿大学东亚考古与文化史国际中心寄来的一批西文考古书籍,总计555册。这批图书是美国哈佛大学人类学系张光直教授藏书中的一部分。张光直先生去世之前同意将这批图书捐赠给北京大学,以弥补北大考古学系在西文考古专业图书上的巨大空缺。我经历了联系和洽谈这批图书捐赠的全过程,觉得很有必要将这一历史过程及某些细节记录下来。

早在20世纪90年代后期,我们已从某些人士口中得知,美国哈佛大学的张光直先生有意将其私人藏书中的部分(主要是西文书籍)捐赠给北京大学考古学系。为此,系主任李伯谦教授曾专门召开系务会讨论这件事,希望能尽力争取到这批捐赠的图书。后来,系里还专门让教员曹音与张光直先生联系,但一直没有得到明确答复。

1998年,北京大学社会科学处推荐我申请联合国教科文组织"平山郁夫—丝绸之路研究基金",并获得批准。1999年5月下旬,我便以访问学者的身份前往美国宾夕法尼亚大学的亚洲与中东研究系,与梅维恒(Victor H. Mair)教授一起做研究。

1999年8月,有在波士顿工作的同学告诉我,已退休的张光直教授将其藏书全部捐献了波士顿大学的东亚考古与文化史国际中心。听到这个消息,尽管赴美之前系里并未交给我争取这批捐献图书的任务,但自己觉得有责任去做这件事,努力争取到这批图书。为此,我决定尽快去波士顿,并请在哈佛大学的同学和朋友设法安排与张光直先生和波士顿大学东亚考古与文化史国际中心主任慕容杰博士(Robert E. Murowchick)会晤,以进一步了解张先生的意愿和他所藏西文书籍的去向。

8月22日,我乘"灰狗"赶到波士顿,李永迪先生(哈佛大学人类学系博士候选人)到车站接我,并安排我住在他的家中。第二天,我与慕容杰博士及张先生一些尚在就读的博士研究生们一起午餐。餐后,慕容杰邀我到他在哈佛—燕京的一间办公室面谈。我开宗明义地向他说明了此行的目的,并问他,是否知道张先生有将其所藏西文专业书籍捐赠给北大的事?以及他在捐赠图书给波士顿大学东亚考古与文化史国际中心时是否有什么嘱托?慕容先生首先表示,他非常高兴北京大学能这么快地派人来与他会面(此前我们从未谋面)。他还告诉我,他了解一些张先生希望将其部分藏书捐献给北大的事情,但还有一些具体问题和实际困难,目前还无法操作。张先生捐赠给波士顿大学东亚考古与文化史国际中心的书籍已经打包装箱封存,即将运往波士顿大学。下一步还要做详细的整理、编目和分类,这需要一些时间。再有,这段时间他本人(慕容杰)正在忙于波士顿大学东亚考古与文化史中心成立的事宜,非常忙碌,翌日还要飞赴纽约等地筹款,希望我能与他保持联系,待日后有时间再详细协商此事如何操办。见此,我随即问他,近日我要去看望张先生,如果他能确认这批图书中的部分将来可捐献给北大考古系,我可否利用此次看望张先生的机会,代表北大考古学系当面向张先生本人及家人表示感谢?慕容先生回答说,他将尽力促成此事,并暗示我可以适当地向张先生表达这一层意思。最后,他还向我介绍了波士顿大学即将成立的东亚考古与文化史国际中心,以及他自己将去这家新成立的单位工作的事情。我向他表示祝贺,并希望将来他所掌控的这家研究中心能与北京大学考古学系开展交流与合作。

这次谈话也让我了解到一个重要信息,即按照美国有关法律,张先生不能随意将他所藏的图书捐献给美国以外的任何国家或机构,否则他将失去由捐献而减免个人所得税的资格。如此,他必须先将其藏书捐给波士顿大学。接下来,才能在法律允许的范围内,由波士顿大学东亚考古与文化史国际中心履行下一步的捐赠。估计张先生已将此事全权委托给慕容杰先生办理。但这只是我的猜想而已。

8月25日下午,在李永迪先生安排下,我前往张先生在剑桥的寓所拜访。先生在书房坐在轮椅上微笑地迎接我,心情不错。首先,我向他转达北京考古界几位老先生的问候,并代表考古系感谢他将其部分藏书捐献给北大。由于帕金森氏病症的长期折磨,张先生讲话很不清晰,需要夫人李卉老师不时转述其意。因此,他也不愿讲太多的话。再就是不知为何,他并未主动回应捐献图书的事。

我为此次会面作了精心准备,专门带来一批国内各地近年来的重要考古发现的幻灯片。先生家备有幻灯机,放映时,他看得格外认真,也特别兴奋。我为能给他带来愉悦的心情而倍感欣慰。如此下来,原定1小时的会面时间竟然延续了近3个小时。告别时,张先生坚持要从轮椅下来,凭借助行器步行送我。还说,不能送你到大门,就到家门口吧。令我感动不已。

返回费城后,我将此次会面及谈话经过通过电子邮件向系里作了汇报,希望尽快给予指示,以便安排下一步接触事宜。2000年初,我从宾夕法尼亚大学转到哈佛—燕京学社继续做访问学者。这样一来,与慕容杰先生见面就更方便了。4月下旬,我再次给系里写信提及此事。遗憾的是一直没有收到答复。

5月,在波士顿大学的一次午餐会上,慕容先生告诉我,张先生捐赠的图书已开始整理,这项工作可能会持续到暑假。待工作完成后,他将给我一个书目。他还顺便提到,假如将来有些图书能获准捐给北大,你们准备怎样将它们运回国内?鉴于当时尚未接到系里指示,我只能敷衍说会有办法的。

此间,偶然从李永迪(当时在台湾)给我的电子邮件中得知,我的导师严文明先生正在台湾大学讲学。通过李永迪与陪同严先生的洪玲玉女士取得联系,进而向严先生汇报了上述信息并征求他的意见,同时也询问了捐赠图书的包装、运输费用,以及这批图书将来如何安排使用等问题。希望严先生返回北京后能问问系里,尽快给我个答复。我预计秋季返回国内,走之前还要去看望张先生,出于礼貌,应该给他及家人一个交代。

6月下旬,慕容杰先生告知,他将利用暑假的时间整理张先生捐赠的图书,这样就不能去参加在英国举办的第二届东亚考古学年会。我们原定在途中讨论这件事情的计划也只能告吹。但我告诉他说,希望能在我回国之前安排一次会面。

7月初,家人打电话告知刘绪先生转达了系里的意见,希望我能就张先生捐赠图书一事继续与美方接洽。我从英国返回波士顿后,7月14日,通过北大考古系一位研究生转交高崇文先生一封电子邮件,希望系里立即给出明确意见。7月24日,高崇文先生打电话让我家人转告,系里的意见是:首先全力争取得到这批书籍;其次考古系可负担图书的包装和运输费用。

8月18日,我去医院看望病重的张先生,告诉他我即将返回国内,走之前还要与慕容杰先生会面讨论先生捐赠图书一事,并再次感谢他对北大考古系的支持。同时提到,系里很重视此事,这批图书将来运抵北大后,将专门辟书柜保存,并向学生开放阅览,充分发挥这批图书的价值。张先生此时已不能言语,神情既欣慰又感伤。回到哈佛后,我与张先生夫人李卉老师通话,向她禀告上述事宜,并再次表达谢意。她告诉我,此事已全权委托慕容杰先生与我商定处理。

8月23日,慕容杰先生约我到波士顿大学,参观新落成的东亚考古与文化史国际中心图书馆,及已整理上架的张先生捐赠图书。同时正式通告我,张先生捐赠北大的部分图书将由波士顿大学东亚考古与文化史国际中心转交北京大学考古学系。为此,我们就下列问题达成一致意见:1)待完成张先生捐赠书籍的整理、编目以后,由波士顿大学东亚考古与文化史国际中心提交给北大考古系一份清单。2)张先生捐赠图书的包装、运输费用由北京大学考古系承担。3)这批捐赠图书在波士顿的包装、运输由慕容杰组织安排人员进行,所需费用亦由北大考古系承担。4)北京大学考古系将辟出图书室收藏张先生捐赠图书,并对学生开放。5)波士顿东亚考古与文化国际中心与北大考古系将加强合作,特别是在专业图书资料的合作与交流方面。此外,慕容先生还建议,可以设法联系中国教育部在旧金山设立的一个办事处,据他所知,通过这家机构可以免费运送这批捐赠图书。我答应回去即办,并希望他能继续提供有关信息。再有,如果将来包装、运输这批图书的人手不够,可以联系哈佛大学就读的研究生焦天龙,他可以帮忙作些具体事务性工作。

最后,我们还就下一步的继续合作提出设想:

1)波士顿大学考古学系教授将赴北大访问,为考古系师生做系列学术演讲。内容涉及"考古专业课程设置"、"古代遗址保护与管理"、"旧石器时代石器工艺及研究新进展"、"玛雅考古"、"埃及考古"、"实验室分析技术"、"植物研究"、"土壤研究"、"陶器研究"、"遥感技术"等。

2)北大考古系可派遣教师前往波士顿大学访问,介绍中国的考古发现与研究成果。

3)在美国举办"东亚考古"、"世界文化遗产保护与管理"方面的国际学术会议,并组织出版刊物。

4) 学者互访的时间包括3个月、6个月、1年等不同时段。

5) 波士顿大学为北大考古系学生提供学习机会,包括硕士研究生和博士研究生,专业范围包括考古学、古遗址保护与管理等。

9月中旬,我返回国内,向系里书面汇报了在美期间与慕容杰先生就张先生捐赠北大考古系图书的洽谈过程,以及波士顿大学东亚考古与文化史国际中心希望与北京大学考古系进一步合作的意向。

2000年11月2日,慕容杰先生造访北京大学考古系,将已整理好的张光直先生捐赠北大图书目录交给我,我随即转交系资料室收藏。

2001年1月4日(美东时间1月3日凌晨2:00),张光直先生在美国去世。

2001年8月,张光直先生捐赠北大图书(555册)运抵北京。我亲自去北京火车站接收,并将其运回北京大学,交考古系资料室收藏。随后我向系里建议,尽快告知张先生夫人李卉女士和波士顿大学东亚考古与文化史国际中心慕容杰主任,并向他们表示感谢!我还建议告知对方:1) 将如何安排使用这批图书。2) 当初北大考古系曾承诺负担整理、包装和运输这批图书的开销。尽管对方此次并未提到这个问题,但出于礼貌,应该询问一下。3) 就今后继续在图书资料领域的交流合作事宜向对方作一知会。

以上意见,同时附给宿白、严文明、李伯谦三位先生。

2001年9月于北京蓝旗营小区

后记:

2002年12月,慕容杰先生给李伯谦先生和我来信,告知他们在张先生捐赠图书中再次选出了西文书籍67册,寄给北京大学考古系。至此,张光直先生捐赠给北大考古系的西文书籍总计为622册。

第二部分

区域考古研究

区域考古调查：
成都平原的社会复杂化进程

  20世纪80年代以来，四川广汉三星堆等遗址的一系列重大发现震惊了世界，也促使考古学界从以往狭隘的观念中解放出来，不再将文明起源的研究局限在某个单一的地理区域，或仅仅将目光投射到几个所谓的文明起源中心地区。20世纪90年代中期，随着成都平原一而再的发现史前时代晚期的古城址，我们有理由开始思考成都平原的文化发展是否经历了一条与中国其他地区不同的迈向复杂社会的道路，这些思考将有助于我们在不同空间、不同社会结构及不同的时间尺度下来加深理解东亚地区乃至中国不同区域间的社会复杂化进程。

  成都平原中美合作考古调查项目（CPAS）正是在上面的大背景下开展起来的。其标志是1999年春季进行的"成都平原及周边地区古代盐业的景观考古学调查"[1]，而更深层次的原因是国内自20世纪80年代以来聚落考古学的兴起，以及与之相关的考古调查发掘的长期实践。到90年代初，有关这一领域的研究已经取得了初步的可喜成果，如陇东葫芦河流域[2]与江汉平原的石家河遗址[3]的调查等。进入90年代中期以来，有关区域考古调查的国际合作全面铺开，更是起到了推波助澜的作用。

一、调查目标

* 成都平原史前考古学文化源流？
* 新石器—青铜—铁器时代的遗址分布及其发展趋势？
* 各阶段的聚落及其形态特征？
* 新石器时代晚期古城的功能？城—城关系？城—乡关系？
* 农业及经济形态问题？

---

 ① 北京大学考古系、加州大学洛杉矶分校考古研究所、成都市文物考古研究所、阿拉巴马大学人类学系：《1999年盐业考古田野调查报告》(1993年3月1日至28日)，李水城、罗泰（Lothar von Falkenhausen）主编：《中国盐业考古——长江上游古代盐业与景观考古的初步研究》(第一集)，科学出版社，2006年，31—113页。

 ② 李非、李水城、水涛：《葫芦河流域的古文化与古环境》，《考古》1993年9期。另见：施雅风、张丕远主编：《中国气候与海面及其趋势和影响①：中国历史气候变化》，山东科学技术出版社，1996年；莫多闻、李非、李水城、孔昭宸：《甘肃葫芦河流域中全新世环境演化及其对人类活动的影响》，《地理学报》1996年第五卷第1期。

 ③ 北京大学考古系、湖北省文物考古研究所、湖北荆州地区博物馆石家河考古队：《石家河遗址调查报告》，载四川大学博物馆、中国古代铜鼓研究学会编：《南方民族考古》第五辑，四川科学技术出版社，1992年，213—294页。

* 考古学文化所见社会复杂化进程？
* 成都平原的古地理、水文、景观、环境、气候、特殊资源、人文环境及相互之间的关系？
* 人地关系、资源环境在成都平原社会复杂化进程中扮演的角色？

在川西平原这个地形起着较大作用的区域内收集各种与人类聚落和环境相互影响和制约的资料，通过多角度的观察，深入考察该区域内的地理环境、人地关系以及文化、政治和经济等各类因素在怎样的程度上对不同时期的文化景观使用模式产生影响。

二、调查技术与方法

1. 调查区域选择

20世纪90年代中期以来，在成都平原先后发现9个新石器时代晚期的城址，它们集中于一个不太大的范围内，且出现时间大致接近，其背景应该与这一区域的气候变化、人类群体迁徙和环境资源的配置有某种内在的关联。特别是这些城址都与农业社会有关。最终，我们将调查地点选在以郫县古城为轴心、直径为10公里的范围内（图一）。之所以选择郫县古城，主要是出于以下几点考虑：

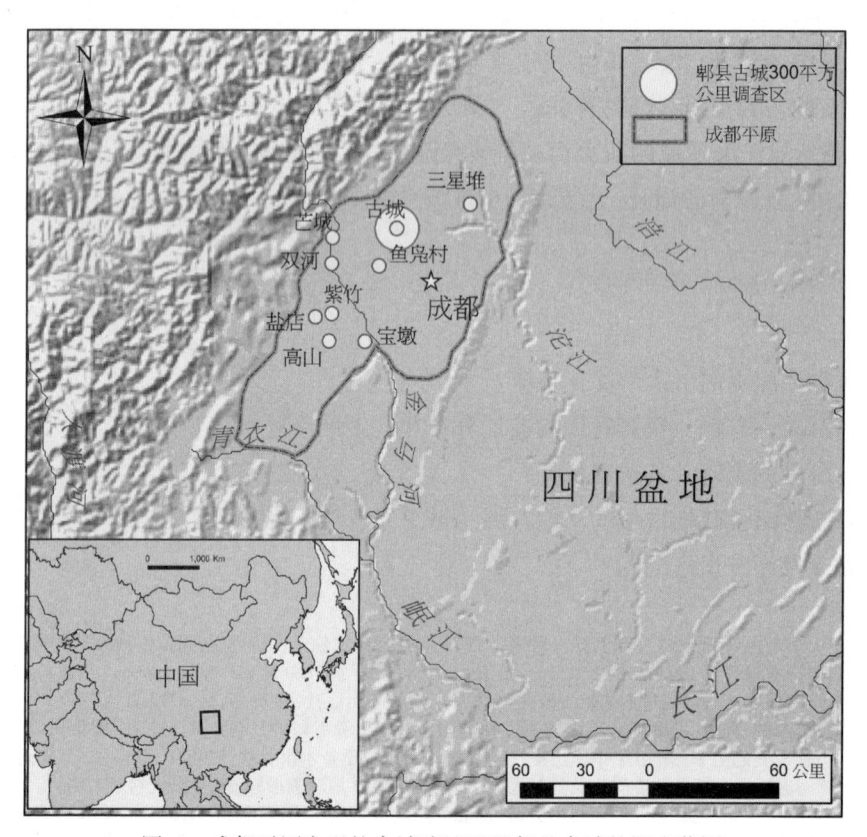

图一 成都平原发现的古城遗址以及郫县古城的调查范围

1) 古城遗址保存现状良好；

2) 此前已经做过考古发掘，具备一定的研究基础；

3) 郫县古城在已发现的9个城址中位于最北部，是成都盆地距北部山区位置最近的一个；

4) 古城的东北方向有广汉三星堆遗址，东南方向有成都金沙遗址，在时空两个方面均具备过渡性。

2. 作业方式

在长江流域及其以南地区，以往从未有过大规模的区域考古调查实践。1999年春季，我们在进行"成都平原及周边地区古代盐业的景观考古学调查"项目时，曾在四川蒲江县白鹤乡盐井村有过一次区域考古调查的试验，但效果并不理想。[①] 为此，我们希望，该项目的实施有助于在长江流域（中国南方）摸索建立一套行之有效的区域考古调查方法。在充分考虑成都平原的地理环境和遗址埋藏特点的基础上，同时参考比较世界各地考古学家曾经使用的调查方法，最终我们制订出两套相互配合的作业方式和程序：一是地表调查采用传统的徒步踏查方法，将调查区域内地表全部覆盖；二是增加地下钻探方法，以补充地表调查的不足，钻探点将随机选取。

1) 调查区域使用地图比例：1∶10000；

2) 调查钻探的基本单位：200×200 m；

3) 随机—系统选择钻探点：原始点—延伸点—确定遗址分布状况、范围。

3. 地表调查

分成1—2组（根据参加调查人数而定），每组5人。以30米间距进行直线徒步踏查，沿途探刮所遇见的断面。采集品包括汉代及更早的遗留。所有采集品均使用GPS定位，详细记录坐标（遗物过大者拍照后留在原地）、编号，最后读取到地图上。调查时以不可移动的自然或人工建筑（河流、公路等）为分区界线，依序进行。同时，地表调查也为地下钻探组提供钻探位置的信息。

2005—2007年，两个田野季度43个工作日，地表调查范围71平方公里，共计在289个地点发现汉代及更早的陶片765片。其中，宝墩文化16片、商周时期307片、汉代442片。可确定宝墩文化遗址7处、商周时期遗址73处、汉代遗址170处。此外还包括部分性质不明遗址或汉墓群。

上述调查结果证实，系统拉网式区域调查法在成都平原也是行之有效的，而且将继续在未来的调查工作中扮演重要角色。为此我们计划在余下的田野季度内完成郫县古城周

---

① 北京大学考古系、加州大学洛杉矶分校考古研究所、成都市文物考古研究所、阿拉巴马大学人类学系：《1999年盐业考古田野调查报告》（1993年3月1日至28日），李水城、罗泰（Lothar von Falkenhausen）主编：《中国盐业考古——长江上游古代盐业与景观考古的初步研究》（第一集），科学出版社，2006年，31—113页。

边划定的314平方公里的调查。

4. 地下钻探

由于地表踏查法会受到地形、调查者预期以及遗物暴露程度等方面的影响,鉴于成都平原的实际情况,为了增强调查的实效性,必须辅之地下钻探的调查方法,以全面了解地表难以观察到的地下遗物和文化堆积。钻探中发现的遗物将被一一记录深度,并观察土质、土色的变化,不同时期的堆积、包含物或其他可能的人工现象,并详细记录。

2005年调查伊始,我们首先选择了洛阳铲、铁锹和美国的人力钻具(三种)进行实践检验,最终在后者(人力钻具)中选择了一种最为适宜的带有镂孔的手动钻。

2005—2006年,钻探组采用概率统计法,随机选取钻探地点;

2006—2007年,钻探组采用系统随机法选取探查点(原始钻探点—延伸点);

地下钻探组分4—8个小组,每组3人,1人打钻;1人挑选文物、辨认土壤;另有1人收藏文物并作记录。2005—2006年随机选择钻探点,钻孔之间的距离间隔25米。于18个工作日内在34个地点钻孔1984个。2006—2007年的钻探方法进行了适度改进,如将钻探点密度加大,以扩大抽样范围。将原始钻点的间距设定为200米,同一地点安排多组钻探,以确保钻点能够真实地反映地下的埋藏状况。一旦在"原始点"发现遗迹或遗物,4个钻探小组将沿"原始点"的东西南北四个方向分别以间隔10米、30米、50米、70米和90米的距离向外延伸钻探,直至文化堆积消失为止,并依此估算遗址的分布范围、堆积厚度和面积。

通过两个年度的调查,在493个"原始点"中有120个含汉代及更早的遗存。依此,"原始点"的发现概率平均约为24.3%(在某一置信区间和预期误差率下,可将概率换算为了解某区域所需的最小取样值),其公式如下:

$$n = \left(\frac{t\sqrt{pq}}{ER}\right)^2 = \left(\frac{1.645\sqrt{(.075)(.925)}}{.02}\right)^2 = 469.3$$

需要说明的是,误差率取决于概率。此公式中不可使用24.3%作为平均概率,而是要对遗址中不同时期的命中率加以区别。特别是当某一时期概率甚低或少量的误差将会产生大的波动时,这一点尤为重要。在成都平原的区域考古调查中,概率最低的是新石器时代晚期的宝墩文化,在493个"原始点"中仅有12个点,命中率为2.4%(12/493)。商周时期为15.6%(77/493),汉代为15.2%(75/493)。

因为宝墩文化的概率偏低(2.4%),为此将采用较低的误差率(ER),即±1%。当置信水平t值为90%,自由度为无限(1.645),p为宝墩文化的概率(0.024),q为1.00-0.024=0.976,期望误差率为±1%时,以宝墩概率计算出的最小样本数约为643。这也就是说,在90%的置信区间和2.4±1%误差率的情况下,必须至少钻探643个原始点才能说明整个调查区域内宝墩遗址的分布状况。若以此说明其他时期的遗存,则需要适当增加商周(15.6±2.4%)及汉代(15.2±2.3%)的误差率。

5. 调查初步收获

2005—2007年两个年度调查共获取宝墩文化陶片893片,器类有夹砂罐、圈足尊、喇叭口罐等,大多具有宝墩文化三期的特征,与郫县古城的时代靠近。商周时期的陶片2806片,器类有小平底罐、高柄豆、高领罐、敛口罐、尖底杯、尖底盏、瓮、盆、盖、簋形器等,特征与十二桥文化靠近。仅发现有少量晚至战国时期的遗物。汉代陶片2394片,器类有瓦、砖、钵、盆、豆、鼎、瓮、甑等,年代包括西汉和东汉两个时期。

下一步我们将运用岩相分析检测这些陶片。目前,这项工作已经开始进行,将根据检测结果评估不同时期陶器的变化及其差异等问题。

6. 地质调查和磁力勘探

2006年以来,我们在调查中加入了地质钻探和地球物理勘探方法,以弥补调查中可能存在的不足。

其中,地质钻探调查的目的是了解成都平原的地质堆积和地理景观,进而深入考察古气候与古环境方面的变化,以及这些变化可能对该地区的人文环境产生的影响,这在当地是一项开创性的工作。磁力探测的目的是对已经做过地表调查及钻探的区域进行再验证,通过勘测以期深入了解地下遗址的堆积状况和结构,进而辨认遗址的位置、分布、形状及大致范围。鉴于成都平原的实际状况和遗址的埋藏深度,我们选择了三个重点区域进行试验性的探测。这一方法非常适用,其优点在于:省时省力,可以随时观察从地下传回的图像,以帮助判读地下埋藏物的信息。特别是这一技术在考古勘探领域已经建立了一套较为完备的程序,在北欧、英国、法国等地的考古探测中显示出了很大的优势。目前我们所采用的设备是新型的磁力探测仪,可在30分钟内完成20平方米的勘探范围(图二)。

初步探测结果令人鼓舞。尽管目前尚未判断地下遗存的年代,但可以肯定其中的大量信号来自古遗迹,后来进行的小规模试掘也已得到了部分验证,可进一步帮助我们对探测结果进行解读。

三、几点初步认识

1)郫县调查发现的古遗址数量在时间上呈现由少到多、密度逐步加大的趋势,显示出成都平原的社会复杂化程度不断加强的趋势。但具体认识还有待于将来的考古发掘。

2)从景观环境的角度分析,成都平原一带由于河湖水网密集,曾有较长时间水患频

图二 磁力勘探专家(Dr. T. J. Horsley)在田野工作

仍,不宜人类居住。现有考古发现证实,约当公元前3千纪之初,当地可能有过大规模的环境事件,导致该区域内水位下降,开始有族群(宝墩文化)进入这一地区。

3) 成都平原最早的居民应来自盆地以北的低山丘陵地带。现有考古资料显示,自陇南进入川西北的仰韶晚期—马家窑文化的居民沿着成都平原北部山麓边缘向西南迁徙扩散,这其中有部分群体渗透到成都平原或周边一带,并对局部区域施加某种程度的文化影响。此外,也不排除三峡地区与成都平原存在的文化交互作用。从日后成都平原及其周边地区的文化发展趋势观察,广汉三星堆文化到成都十二桥文化(金沙)的进程亦呈现出自北而南的态势。即便在更晚的东周时期,北秦南楚两个大国从来没有停止过对巴蜀这个天府之国的觊觎,并不断对其施加文化影响。

4) 目前,对于成都平原这批古城的性质、功能、城乡之间的关系等问题还缺乏了解,这也是我们开展此项调查的重要原因。初步猜测,建造这样一批时代接近、如此密集的城池,除了成都平原占有得天独厚的地利环境之外,对某些特殊资源的获取可能是另一深层次的缘由。考虑到在成都西南侧丘陵地带的蒲江、邛崃等地盛产盐、铁,再联想到李冰"穿盐井于广都"的记载,当地凿井制盐的历史可能并非自李冰始,而应该有着更为久远的开发历史,目前已经有这一方面的蛛丝马迹显露出来。因此,特别需要加强在这些方面的关注。

5) 应在充分认识成都平原史前文化内涵的基础上重新考量宝墩文化、三星堆文化和十二桥文化(金沙)的谱系源流、社会结构、经济形态及环境、资源与文化之间的互动关系,全面追寻成都平原是如何朝着社会复杂之路迈进的。

结　　语

在中美合作项目全体成员的共同努力之下,成都平原的区域考古调查获取了大量的资料,其成果大大超出预期,也使我们对成都平原古代聚落遗址的分布及社会复杂化的进程有了初步的了解。下一步我们将在继续深入调查的基础上,将现有资料逐步整理消化,并尽快将研究成果发表出来。

成都平原区域考古调查将地表踏查、地下钻探、地球物理勘探及地质调查等多种方法相结合,摸索出了一个多层次、多学科互动的区域考古调查方法。特别是充分考虑到我国西南地区的地理景观特点,将地表采集遗物与地下钻探获取的信息结合起来,综合多重信息的考量,大大增强了调查的可信度。实践证明,这种调查方法在中国南方的长江流域是行之有效的,具有潜在的推广价值。目前我们已经开始筹划展开这方面的工作。鉴于目前中国各地大规模的基本建设对古代遗址造成了巨大破坏,这一调查方法的使用和推广显得尤为紧迫和必要!

2009 年 12 月 27 日定稿
2010 年 3 月再次修改于北京蓝旗营寓所

本文曾发表在:《中国聚落考古的理论与实践——纪念新砦遗址发掘 30 周年学术研讨会论文集》(第一辑),科学出版社,2010 年,95—101 页。

三峡库区新石器时代的
考古学文化及其编年

  三峡地区最早的考古工作是在西方学者和传教士打着探险和传教的旗号下进行的。1925年,由纳尔逊(N.C.Nelson)率领的美国自然历史博物馆中亚探险队前往长江流域进行综合考察,在巫峡至瞿塘峡一带采集到史前石器和陶片,并发现鱼骨渣等遗迹。[1] 其中就包括后来著名的巫山大溪遗址。

  20世纪50年代,随着国家高层对三峡水库建设表露出浓厚的兴趣,三峡考古也首次被提上了议事日程。当时四川省博物馆等单位在峡区组织了一些考古调查和试掘,[2]曾有学者提出"长江沿岸区—瀼井沟类型"[3]的文化命名。由于三峡地区绝大部分遗址缺乏科学考古发掘的依据,此类文化命名很快便烟消云散了。

  20世纪90年代初,三峡工程立项上马,由此拉开了"长江三峡工程淹没及迁建区地下文物考古发掘"(以下简称"三峡库区考古"[4])的大幕。这也是世界上规模最大、历时最久、参与人数最多的一次配合基建工程的抢救性考古发掘。在全国文物考古工作者的精诚合作和大力支持下,这场耗时10年的跨世纪文物大抢救终于落下帷幕,并取得了丰硕的成果。[5] 如今,如火如荼的考古发掘已偃旗息鼓,如何消化10年来累积的巨量发掘资料? 如何进行有序的整理、分析和研究? 大量历史之谜能否被一一破解? 怎样做到最大限度地复原三峡库区悠久的历史和文化风貌? 这些将是下一步考古工作面临的长期任务,其难度和复杂性将不亚于十年考古大会战。面对这一系列的挑战,我们的考古工作者需要认真总结经验,达成共识,为做好下一步工作奠定基础,这也是本文写作的初衷之一。

  需要说明的是,本文讨论的时空范围仅指涉三峡库区(渝东至巫峡段)新石器时代的考古学文化。

---

[1] N.C.Nelson(1932), *Archaeological Reconnaissance in the Yangtze River Gorges*, Natural History of Central Asia Vol. I, pp.542-49, Chester A. Reeds, PhD., Editor, The American Museum of Natural History, Henry Fairfield Osborn, President, NEW YORK.
[2] 四川省博物馆:《川东长江沿岸新石器时代遗址调查简报》,《考古》1959年8期;四川省博物馆:《四川省长江三峡水库考古调查简报》,《考古》1959年8期;四川长江流域保护委员会文物考古队:《四川巫山大溪新石器时代遗址发掘纪略》,《文物》1961年11期。
[3] 赵殿增:《四川原始文化类型初探》,《中国考古学会第三次年会论文集》,文物出版社,1984年,115—120页。
[4] 三峡库区专指修建三峡水电站将淹没的渝东至三峡大坝所在地海拔175米以下的广大河谷地带。
[5] 王川平:《三峡文物大抢救》,《文物天地》2003年6期。

回顾历史,三峡库区考古经历了两个大的阶段。第一阶段始于20世纪90年代初至1997年,目的是为三峡库区的考古做好前期准备,并对该区域内已经发现的地下文物进行保护发掘论证。这个阶段发现的新石器时代遗址为数不多,其中,最为重要的有如下三例。

1. 魏家梁子遗址——"魏家梁子文化"

该址位于巫山县长江支流大宁河流域。1994年,中国社会科学院考古研究所进行了发掘。遗址的文化堆积分三层。下层以夹细砂陶为主,绳纹占大宗,另有少量方格纹、划纹;器类组合有各种形态的深腹罐、盆、钵、高圈足器、盘等。中层以夹砂褐陶和灰黑陶为主,纹饰和器类与下层类似。上层以红陶为主,器表多饰方格纹,器类以高领罐、长颈罐、侈口罐为主,另有筒形罐、钵、盆、盘和圈足器等。上述遗存进一步被整合为早(下层、中层)、晚(上层)两期。发掘者认为,魏家梁子遗存揭示了巫山县,乃至整个川东和三峡地区一个新的新石器时代晚期文化,有重要学术价值,遂提出"魏家梁子文化"的命名。[①] 该址采集了5个碳十四检测样本,但检测数据没一个超过公元前2000年。[②] 发掘者估计该址的年代为屈家岭文化到石家河文化。

2. 老关庙遗址——"老关庙文化"

该址位于奉节县瞿塘峡西口、长江北岸与草堂河之间的三角台地上。吉林大学考古系于1993年末至1994年上半年先后两次进行发掘。[③] 首次发掘出土文物主要为夹砂红陶片,器表饰成组的细绳纹,口沿施按压纹;器形以鬲[④]、罐为主。发掘者认为,此类遗存为三峡库区首次发现,对其年代、文化面貌及性质还有待于进一步的发现与研究。[⑤] 第二次发掘分出5组不同的遗存。其中最早一组被认为属于新石器时代,余皆属于青铜时代。[⑥] 1995年,吉林大学对该址进行第三次发掘,将老关庙遗址分作上下两层。上层以海拔176米以下区域探方①②③层堆积为代表,系严重扰乱层。下层仅见于海拔176米以上区域。其中,第④层属于原生堆积,出土物以红褐陶为主,按质地分粗砂、细砂两类,泥质陶极少。器类除去夹砂平底罐类器外,还有一定比例的尖底器。第⑤层为(次)生土。发掘者认为此次发掘有3项突破:一是首次发现原生文化堆积;二是采集到一批碳十四

---

① 吴耀利:《巫山县魏家梁子新石器时代遗址》,《中国考古学年鉴(1994)》,文物出版社,1995年,216—217页;中国社会科学院考古研究所长江三峡考古工作队:《四川巫山县魏家梁子遗址的发掘》,《考古》1996年8期;吴耀利、丛德新:《试论魏家梁子文化》,《考古》1996年8期。
② 中国社会科学院考古研究所考古科技研究中心:《放射性碳素测定年代报告(二三)》,《考古》1996年7期。
③ 第一、第二次发掘资料于1999年发表。见吉林大学考古学系:《四川奉节老关庙遗址第一、二次发掘》,《江汉考古》1999年3期。
④ 最初一段,曾将该址所出花边口尖底缸的器底误认为是鬲足。
⑤ 吉林大学考古系:《三峡水库淹没区奉节县考古调查和试掘》,《中国考古学年鉴(1994)》,文物出版社,1994年,261—262页。
⑥ 吉林大学考古系:《奉节县三峡工程库区新石器时代及青铜时代遗址》,《中国考古学年鉴(1995)》,文物出版社,1994年,217—218页。

检测样本；①三是新出土遗物为全面认识老关庙下层遗存创造了条件。鉴于后者在整个瞿塘峡及以西地区有一定代表性，遂建议命名"老关庙文化"或"老关庙下层文化"。后来，发掘者参照比对了忠县中坝遗址的地层及其出土物，认为"老关庙下层文化"的年代至迟不晚于夏商。但第三次发掘清理了一座墓葬(M1)，此墓打破老关庙遗址下层文化层，年代被认定相当于石家河文化早期(或龙山时代早期②)，并由此进一步推断"老关庙下层文化"的年代相当于中原"仰韶时代"的中晚期，最迟不晚于龙山时代早期。发掘者认为，三峡库区的"老关庙下层文化"存在空间差异，如西部灰褐陶和网格纹较多，竖绳纹和交叉绳纹少；东部灰褐陶少，绳纹复杂多样，并独具戳印纹、篮纹和阴弦纹等特征。但作者同时也表示，在"材料少、认识有限的前提下探讨文化性质问题似为时过早"。③

3. 哨棚嘴遗址——"哨棚嘴一期类型"

该址位于忠县瀼井河入长江河口西南岸的三角台地上，又名石坝地、何家院子。遗址所在台地与河北面的崖脚遗址相望，南为选溪沟，沟南即瓦渣地遗址。哨棚嘴遗址发现于20世纪50年代末，曾有过试掘。1993年11月，四川省文物考古研究所和北京大学考古系再次试掘，地点选在紧临长江岸边的台地尖岬上，出土物有商周时期的鬲、灯座形器、豆、小平底罐、尖底盏、羊角尖底杯等，上层有少量汉代至南朝或更晚阶段的遗物。④

1994年2—5月，北京大学三峡考古队在瀼井沟口一带挖掘了哨棚嘴⑤、瓦渣地⑥等遗址。在哨棚嘴和瓦渣地首次发现新石器时代晚期堆积，初步领略到三峡库区巫峡以西地段土著文化的面貌。该址所出陶器以夹砂质地为主，胎内普遍掺有粗石英砂粒，以黄褐、灰褐、灰黑色陶为主，器表色泽斑驳，器身上下、表里颜色不一，流行水平箍带状附加堆纹和滚压的绳纹，或由后者交错构成菱格纹。在不同时段，绳纹的密度、粗细有所变化，但总的趋向是由细转粗，菱格逐渐变大。另一个突出特征是，罐类器的口缘常常捺印、捏制

---

① 这批标本有两个经中国社会科学院考古研究所考古科技研究中心检测。1) 木炭，1995年采自遗址探方1④层，原编号：95SFLT1④。检测标本号：ZK2889，检测年代为：公元前6544—前6382年；2) 木炭，1995年采自遗址探方4④层，原编号：95SFLT4④。检测标本号：ZK2890，检测年代为：公元1210—1418年。由于上述检测数据相差达数千年，故鲜有人提及。见中国社会科学院考古研究所考古科技研究中心：《放射性碳素测定年代报告(二三)》，《考古》1996年7期。

② 注意：老关庙第三次发掘者将石家河文化和龙山早期的起始年代定在公元前3000年。见赵宾福：《考古发掘资料的真实性和客观性不容怀疑——就重庆老关庙遗址地层关系等问题与孙华先生商榷》，《考古与文物》2004年增刊。

③ 吉林大学考古学系、四川省文物考古研究所：《奉节县老关庙遗址第三次发掘》，载四川省文物考古研究所编：《四川考古报告集》，文物出版社，1998年，11—40页。赵宾福、王鲁茂：《老关庙下层文化初论》，载四川省文物考古研究所编：《四川考古论文集》，文物出版社，1996年，44—56页。

④ 此次发掘资料未发表，标本藏忠县文管所。1993年12月，北京大学李伯谦、赵化成和李水城曾两次前往该址考察。此次发掘的部分出土标本经允许，被北大硕士研究生王鑫在毕业论文中使用。见王鑫：《忠县瀼井沟遗址群哨棚嘴遗址分析——兼论川东地区的新石器文化及早期青铜文化》，载四川省文物考古研究所编：《四川省考古论文集》，文物出版社，1996年，19—43页。

⑤ 此次发掘资料未发表，标本藏忠县文管所。其中部分出土标本见王鑫文。另见李水城：《忠县哨棚嘴新石器时代及商周汉代遗址》，《中国考古学年鉴(1995)》，文物出版社，1995年，218—219页。

⑥ 资料未发表，标本藏忠县文管所。其中部分出土标本见王鑫文。另见李水城：《忠县瓦渣地新石器时代商周至南朝遗址及明代墓地》，《中国考古学年鉴(1995)》，文物出版社，1995年，219页。

花边。泥质陶仅见黑皮陶和灰陶,器表打磨光滑,常施瓦棱纹。器类组合比较简单,以深腹筒形罐为主,另有钵、碗、盆、豆等。此类遗存的整体作风与四川广元、绵阳、通江、巴中等地新石器晚期遗存有相似性,但也存在一定差异。鉴于此类遗存系初次发现,尚需时间进一步加深认识,发掘者建议暂称其为"哨棚嘴一期类型",年代估计为距今5000年前后到龙山文化之间。① 这主要是考虑到该址出土的深腹筒形罐和装饰格调与距今5000年前后的仰韶文化晚期、庙底沟二期及马家窑文化的某些因素接近。

以上为三峡库区考古第一阶段发现的新石器时代遗址及初步认识。限于当时的条件,加之所有资料均未发表,对于这批资料的文化性质、内涵和年代都还缺乏实质性了解,为此,1994年三峡库区考古发掘结束以后,上述三家单位主持发掘者曾有过简单的接触。② 大家都意识到这批材料非常重要,完全可以作为三峡库区新石器晚期阶段的代表,但在缺乏深入比较的前提下,也只能暂时从各自发掘资料出发,各自表述对三峡库区新石器文化的理解。

三峡库区考古的第二阶段以1997年重庆举办"全国文物系统支援三峡工程重庆库区文物保护工作协调会"及协议签约为起点,截至2003年库区海拔135米高程蓄水。这一期间,来自全国20余省市、90余所院校的数千名专业工作者先后来到三峡库区,展开了一场声势浩大的考古发掘。其间,重要考古发现层出不穷,新的资料尤同滚雪球般急剧增加,令人应接不暇。其中,新发现的新石器时代遗址在时间和空间上大大增加,并出现一些新的文化命名,现择要介绍如下。

1. 玉溪遗址——"玉溪下层遗存"、"玉溪上层遗存"

该址位于丰都高家镇长江岸边一级阶地上。1999年发掘,文化堆积分上下两层。下层遗物与分布在鄂西地区的城背溪文化一致,年代距今8000—7000年,发掘者建议暂称其为"玉溪下层遗存"。玉溪上层堆积出土物不是很多,包括打制、磨制石器和陶片等。经初步分析,发掘者将上层遗存分作两组:A组以红陶钵、敛口钵、盆等为代表,文化面貌与巫峡以东地段的大溪文化非常接近;B组以饰斜向划纹、绳切纹的深腹筒形罐、钵等遗物为代表,具有三峡库区早期土著文化特征。根据上层堆积及出土遗物的面貌,发掘者主张,可将后面一组归入"玉溪坪文化"范畴,年代略早于"巫山大溪遗址第四期B组遗存"和"哨棚嘴一期类型"。③

---

① 国务院三峡工程建设委员会办公室、国家文物局编:《长江三峡工程淹没区及迁建区文物古迹保护规划报告·重庆卷》(下册),《忠县文物古迹保护规划报告》,中国三峡出版社,2010年,508页。
② 1994年5月,中国社会科学院考古研究所三峡考古工作队结束在巫山的发掘后,杨虎先生率全体队员到忠县中学北京大学三峡考古队驻地参观,并一起探讨了哨棚嘴一期遗存的有关问题。后来,在北京举办的三峡工程淹没区考古发掘汇报会上,三家单位的发掘者再次会晤。
③ 报告未发表,资料引自邹后曦、袁东山:《重庆峡江地区的新石器文化》,载重庆市文物局、重庆市移民局编:《重庆:2001三峡文物保护学术研讨会论文集》,科学出版社,2003年,17—40页。

2. 哨棚嘴遗址——"哨棚嘴文化"

1997年至2001年,北京大学考古学系对哨棚嘴遗址进行大规模发掘。当年即出土大批新石器时代晚期的遗存。鉴于"哨棚嘴一期类型"具有相对独立的文化面貌,发掘者遂提出,可以该址作为三峡库区龙山时代及以前阶段新石器文化的代表,正式命名为"哨棚嘴文化"。年代推测为公元前3000—前2200年。[①] 1998年发现更早的文化堆积。其中,第一、第二期为以往历次发掘所未见。第一期以双唇小口长颈壶为代表,年代约当大溪文化或仰韶文化晚期;第二期以喇叭口长颈壶为代表,共存个别典型的屈家岭文化彩陶圈足壶,可证其年代与屈家岭文化同时;第三期与1997年以前发掘的"哨棚嘴一期类型"特征相同,时代约当屈家岭文化的晚期到石家河文化早期。鉴于上述新的发现,发掘者建议重新命名"哨棚嘴一期文化、哨棚嘴二期文化和哨棚嘴三期文化"。

有学者将1998年的发掘收获归纳为:1)哨棚嘴遗址的新发现完整构建了渝东峡江地区从"玉溪文化"到"哨棚嘴一期文化"—"哨棚嘴二期文化"—"哨棚嘴三期文化"的发展序列;2)"玉溪—哨棚嘴文化系统"自身特色传统鲜明,有理由相信它很可能是巴人先民所创造,或可称为"先巴文化"。[②]

3. 玉溪坪遗址——"玉溪坪文化"

该址位于丰都龙孔乡长江岸边一级阶地上。1994年作过试掘。2001年正式发掘。玉溪坪遗址堆积分作三个阶段。第一段以夹石英砂红褐陶为主,器表饰绳纹、水平箍带状附加堆纹及交错绳纹构成的菱格纹,器类组合包括深腹筒形罐、喇叭口长颈壶、卷沿罐和敛口钵等,年代估计较"大溪遗址第四期B组"和"哨棚嘴一期文化"稍晚。第二段泥质陶数量略有增加,器类仍以侈口深腹筒形罐、喇叭口长颈壶为主,装饰除了与第一期相同者外,成组的刻划菱格纹、折线、水波纹开始流行;泥质黑皮陶流行饰瓦棱纹。第二段的年代与万州苏和坪遗址接近,相当于屈家岭文化阶段。第三段泥质陶比例继续攀升,器类以大口深腹罐为主,另有高领长颈壶、钵、碗、高圈足器等;刻划成组的菱格纹、折线纹和水波纹更加流行,新出现在器表贴塑小泥饼作风。其年代仍未超出屈家岭文化阶段。鉴于玉溪坪遗址的发现非常重要,发掘者曾建议以该址三个阶段遗存为代表,命名"玉溪坪文化",总的年代框架在距今5000年到距今4600年之间。[③] 即大溪文化晚期到石家河文化之前这一阶段。

[①] 北京大学考古文博学院三峡考古队等:《忠县瓦井沟遗址群哨棚嘴遗址发掘简报》,载重庆市文物局、重庆市移民局编:《重庆库区考古报告集(1997卷)》,科学出版社,2001年,610—657页。

[②] 北京大学考古学研究中心等:《忠县哨棚嘴遗址发掘报告》,载重庆市文物局、重庆市移民局编:《重庆库区考古报告集(1999卷)》,科学出版社,2006年,530—643页。

[③] 同上注。

4. 大溪遗址——"大溪文化"、"大溪遗址第四期B组"、"大溪遗址第五期"

大溪遗址位于巫山县瞿塘峡东侧长江三级阶地上。该址发现很早,并有过多次调查发掘。其中,2000年度的发掘收获颇丰,并有新的重要发现。此次发掘的堆积分为五期。第一至第三期属于典型的大溪文化;第四期A、B两组为同时期共存的两类遗存。其中,A组属于典型的大溪文化,B组出土物不多,以黑陶、黑灰陶和褐陶为主,器类有夹砂深腹筒形罐、双唇小口长颈壶、喇叭口长颈壶、钵、盆等,器表饰弦纹、绳纹及同类纹样构成的菱格纹,整体面貌与"哨棚嘴一期类型"相同。根据陶质、器形和装饰差异,发掘者将B组再细分成早、晚两段。早段泥质陶略多,器表饰弦纹、细绳纹;晚段以夹砂陶为主,绳纹变粗。大溪遗址第五期陶器以饰粗绳纹及同类纹样构成的大菱格纹为主,器物口缘普遍捺印花边,不同的是此期出现大量夹砂红陶、红褐陶花边口尖底缸,此类遗存亦见于老关庙遗址下层和中坝遗址早期。发掘者认为,大溪遗址第五期是在第四期B组基础上发展起来的,属于"哨棚嘴文化"的最晚阶段,[①]其年代处于新石器时代末期,下限已进入夏代早期。2000年发掘的重要收获是,首次从层位上确立了"大溪文化"、"哨棚嘴文化"、"老关庙文化"的年代早晚关系。[②]

5. 中坝遗址——"中坝文化"

中坝遗址位于忠县㐲溪村㸐井河岸台地上。该址于20世纪50年代末被发现,并有过试掘。1990年四川省文物考古研究所再次试掘,在下层堆积中发现有年代偏早的遗物,[③]特征与"哨棚嘴一期类型"接近。[④] 1993—1994年,北京大学三峡考古队曾数次前往该址调查,并采集有遗物。[⑤] 1997年,四川省文物考古研究所正式发掘,至2002年结束。在该址新石器时代的地层内发现房屋、墓葬、涂泥坑池、龙窑(灶)、沟等一批遗迹和大量陶器及动物骨骼、鱼骨等。中坝新石器时代遗物除了有与"哨棚嘴一期类型"相似的器类外,还出土了数量很大的厚唇花边口尖底(或小平底)缸残片。此类因素在大溪遗址第五期和奉节老关庙遗址下层也有发现。发掘者将中坝新石器时代遗存分为早、中、晚三期,并披露在该址发现"哨棚嘴一期类型"被"老关庙下层"叠压的层位关系。[⑥] 发掘

---

① 重庆市文物考古所、重庆市文物局、巫山县文物管理所:《巫山大溪遗址勘探发掘报告》,载重庆市文物局、重庆市移民局编:《重庆库区考古报告集(2000卷)》上,科学出版社,2007年,425—480页。
② 邹后曦、白九江:《巫山大溪遗址历次发掘与分期》,载重庆市文物局、重庆市移民局编:《重庆:2001三峡文物保护学术研讨会论文集》,科学出版社,2003年,41—50页。
③ 中坝1990年发掘资料未正式发表,参见巴家云:《忠县中坝遗址新石器时代晚及商周遗址》,《中国考古学年鉴(1991)》,文物出版社,1992年,272页。
④ 1993—1994年,我在忠县主持发掘期间,曾在文管所数次观摩中坝遗址出土的早期陶片。后经同意,北大研究生王鑫在其毕业论文中引用了少量该址出土的早期资料。
⑤ 国务院三峡工程建设委员会办公室、国家文物局编:《长江三峡工程淹没区及迁建区文物古迹保护规划报告·重庆卷》(下册),《忠县文物古迹保护规划报告》,中国三峡出版社,2010年,509页。
⑥ 四川省文物考古研究所等:《忠县中坝遗址Ⅱ区发掘简报》,载重庆市文物局、重庆市移民局编:《重庆库区考古报告集(1998卷)》,科学出版社,2003年,605—648页。

者另在1999年发掘简报中介绍了8个碳十四检测数据,其绝对年代范围为距今4500—4000年。①

除上述遗址外,在三峡库区发现新石器时代的重要遗址还有万州苏和坪、②巫山锁龙③等,其文化面貌与"哨棚嘴一期类型"和"玉溪坪中晚期"大体接近,年代相若,此不赘。

以上便是三峡库区新石器时代的重要发现及初步认识。本文将在以往研究基础上,通过对现有考古资料的重新整合,对三峡库区新石器时代考古学文化的发展谱系和编年试作如下归纳。

1997年,在奉节鱼腹浦遗址第3—4层(距地表深5米)发掘出土一块陶片(编号FY0944)。这块陶片胎内掺有粗石英砂粒,黄褐色,器表饰较粗的绳纹。经对陶片出土层位采集的碳十四样本检测,结果为距今7650±110年(未经树轮校正)。④ 由此可证,至少在距今8000年前后,三峡库区已存在能够制作陶器的土著群体。

1999年发现的"玉溪下层遗存"内涵与长江中游的城背溪文化面貌基本一致,绝对年代应在距今8000—7000年。另在巫山欧家老屋遗址发现了相当于城背溪文化晚期的遗存。⑤ 可知这一时期来自巫峡以东的文化因素已上溯到渝东地区。但总体观察,这个阶段的遗存在三峡库区的分布很零星。

2000年巫山大溪遗址的发掘表明,该址第一期至第四期A组遗存属于典型的大溪文化,其年代跨越了大溪文化从早到晚的各个时段。另在巫山人民医院、⑥欧家老屋等地也发现有大溪文化的遗留。特别是在三峡以西的丰都玉溪遗址上层发现少量与大溪文化陶器非常相似的因素,显示大溪文化向西渗透的能力较前一时期有所加强。另一方面,2000年发现的大溪遗址第四期B组遗存与"哨棚嘴文化"第一期内涵相同,如二者共有双唇口长颈壶、喇叭口长颈壶、深腹筒形罐、盆、钵等器类,流行饰细绳纹及同类纹样组成的小菱格纹。进一步的分析表明,大溪遗址第四期B组遗存早段与"哨棚嘴文化"第一期早段相近;B组遗存晚段与"哨棚嘴文化"第一期晚段一致;如前者共有双唇小口长颈壶,后者共有喇叭口长颈壶等现象。⑦ 上述遗存可作为三峡库区新石器时代土著文化第一期,具体可以哨棚嘴遗址第一期和大溪遗址第四期B组遗存为代表。另据大溪遗址第四期的层位

---

① 四川省文物考古研究所等:《忠县中坝遗址1999年度发掘简报》,载重庆市文物局、重庆市移民局编:《重庆库区考古报告集(2000卷)》下,科学出版社,2007年,964—1042页。
② 重庆市文物考古研究所等:《万州苏和坪遗址第二次发掘报告》,载重庆市文物局、重庆市移民局编:《重庆库区考古报告集(2000卷)》下,科学出版社,2007年,605—708页。
③ 成都市文物考古工作队、巫山县文物管理所:《巫山锁龙遗址发掘简报》,载重庆市文物局、重庆市移民局编:《重庆库区考古报告集(1997卷)》,科学出版社,2001年,1—30页;成都市文物考古工作队:《巫山锁龙遗址发掘简报》,载重庆市文物局、重庆市移民局编:《重庆库区考古报告集(1998卷)》,科学出版社,2003年,1—18页。
④ 重庆市文物局编:《三峡文物珍存——三峡工程重庆库区地下文物卷》,燕山出版社,2003年,13—14页。
⑤ 重庆市文物局编:《三峡文物珍存——三峡工程重庆库区地下文物卷》,燕山出版社,2003年,27—29页。
⑥ 重庆市文物局编:《三峡文物珍存——三峡工程重庆库区地下文物卷》,燕山出版社,2003年,30—31页。
⑦ 是否存在这样的演变关系尚不明,本文暂从此说。

和共存关系,可确认这个阶段正处于大溪文化的晚期。有研究者指出,玉溪遗址上层略早于大溪遗址第四期 B 组遗存,①它是否代表了更早一段的遗留? 由于玉溪遗址的发掘资料尚未刊布,还不清楚其特征,但这种可能性是存在的。

接"哨棚嘴文化"第一期晚段的是"哨棚嘴文化"第二期。后者早段的典型器组合有花边口筒形罐、折沿瘦腹罐、内折敛口钵、厚胎圜底缸、喇叭口长颈壶等,器表装饰与前一阶段相同,代表了三峡库区新石器时代土著文化的第二期。参照大溪遗址第四期 B 组遗存的地层关系,可知其相对年代位于大溪文化末期到屈家岭文化初期。有学者指出,玉溪坪遗址第一期稍晚于大溪遗址第四期 B 组遗存,可并入此期。

"哨棚嘴文化"第二期晚段典型器组合有花边折沿深腹罐、卷沿深腹罐、敛口钵、折沿钵、小口高领瓮等,器表装饰没有明显改变。本段是为三峡库区新石器时代土著文化第三期。在哨棚嘴遗址第二期晚段共存有屈家岭文化典型的彩陶圈足壶,可证二者年代同时。属于本段的重要遗存还有玉溪坪遗址第二期。

与"哨棚嘴文化"第二期晚段相衔接的是"哨棚嘴文化"第三期的早段和中段。这两段文化面貌接近,可合并构成三峡库区新石器时代土著文化的第四期。本期的典型器组合有折沿深腹罐、花边口深腹筒形罐、折沿盆、卷沿盆、高领瓮、敛口钵、器盖等。除去陶器的形态变化外,最明显的变化是开始流行压印粗绳纹或同类纹样组成的中菱格纹、大菱格纹,还有篦划纹、篮纹等新纹样。特别是这个阶段粗疏的粗绳纹在其他遗址比较少见,1994 年在忠县罗家桥遗址曾采集到完全相同的遗物。② 总体看,从哨棚嘴遗址第三期开始,变化较前一时期加大,以至于显得有些突兀,其间是否存在缺环? 暂存疑。可归入这一时期的重要遗存有丰都玉溪坪遗址第三期、云阳大地坪遗址、③万州苏和坪遗址、④巫山魏家梁子遗址早期(该址的最下层)⑤等。本期相对年代处于屈家岭文化晚期,其下限可能已进入石家河文化早期。

再接下来为"哨棚嘴文化"第三期晚段,其突出变化是出现大批盘口造型的罐类器,器口外缘饰篦划水波纹带、压印纹带,可谓这一阶段的典型作风。本期典型器组合有盘口罐、鼓腹罐、折沿深腹罐、器盖等,装饰上仍流行粗绳纹及同类纹样构成的大菱格纹。另在中坝遗址也发现较多的盘口罐一类器皿,饰粗绳纹及大菱格纹,与哨棚嘴遗址第三期晚段的特征相同。但不同的是,在中坝遗址共存有数量巨大的厚唇花边口尖底(小平底)缸残片,为哨棚嘴遗址第三期晚段所不见。可归入本期的遗址还有老关庙遗址下层、巫山大溪遗址第五期、巫山锁龙遗址和魏家梁子遗址中晚期等。由以上遗址共同组成三峡库区新

---

① 邹后曦、袁东山:《重庆峡江地区的新石器文化》,重庆市文物局、重庆市移民局编:《重庆:2001 三峡文物保护学术研讨会论文集》,科学出版社,2003 年,17—40 页。
② 1994 年调查采集资料,现藏忠县文物管理所。
③ 重庆市文物局编:《三峡文物珍存——三峡工程重庆库区地下文物卷》,燕山出版社,2003 年,41—43 页。
④ 重庆市文物局编:《三峡文物珍存——三峡工程重庆库区地下文物卷》,燕山出版社,2003 年,46—47 页。
⑤ 该址下层可能混有个别晚期因素,如方格纹等。

石器时代土著文化第五期,①本期的年代相当于石家河文化阶段,但其下限已进入中原地区的夏代纪年范围。

综上所述,可将上述分期结果与巫峡以东的考古学文化相呼应,将三峡库区新石器时代文化发展谱系归纳为表一:

表一 三峡库区新石器时代考古学文化分期

巫峡以西的文化系统			巫峡以东的文化系统		
文化	期	遗址		遗址	期	文化
		奉节鱼腹浦陶片				
				玉溪下层	早	城背溪文化
				欧家老屋	晚	
?文化				大溪文化	一	(大溪遗址)大溪文化
				大溪文化	二	
		玉溪上层B		玉溪上层A	大溪文化三	
哨棚嘴文化	一	哨棚嘴一期	早	大溪文化四B	大溪文化四A	屈家岭文化
			晚			
	二	哨棚嘴二期早		玉溪坪一期	屈家岭彩陶圈足壶	
	三	哨棚嘴二期晚		玉溪坪二期		
	四	哨棚嘴三期	早中	玉溪坪三期		
中坝文化?		哨棚嘴三期晚		中坝	早中晚	石家河文化

鉴于目前考古资料的限制,以上重新整合得出的三峡库区新石器文化发展谱系只能是粗线条的,有关结论,特别是某些细节还有待日后的进一步检验、修正、补充和完善。最后有三点需要说明:1) 鉴于玉溪遗址上层发表资料有限,发掘者认为其年代略早于哨棚嘴文化第一期,本文对此表示认同,也为下一步的深入讨论预留了空间。2) 中坝遗址的简报部分披露了该址早期阶段的新石器时代遗存,仅就目前所见资料而言,本文认为将其排在三峡库区新石器时代土著文化第五期比较合适。若该址存在更早阶段的遗留,完全可以纳入到哨棚嘴文化相应的阶段,并不影响本文建立的上述架构。3) 中坝遗址的正式发掘长达5年,发掘面积很大,其重要性在整个三峡库区考古中有目共睹。鉴于哨棚嘴遗址第三期晚段遗存资料相对单薄,属于此段的典型遗址则非中坝莫属。此外,中坝的发掘

---

① 本段内容还可进一步细化,但哨棚嘴文化第三期晚段资料已不具备这方面的作业空间。中坝遗址的分期可以弥补这一点。

者也作过分期研究,这里就不画蛇添足了。

最后,就上述文化编年框架以及三峡库区考古研究中存在的若干问题和现象表达一些初步的看法。

1) 关于文化命名

经大致搜索,有关三峡库区新石器时代考古学文化的命名很多。具体有如:"瞢井沟文化""魏家梁子文化""老关庙下层文化""老关庙文化""哨棚嘴文化""哨棚嘴一期文化""哨棚嘴二期文化""哨棚嘴三期文化""哨棚嘴—老关庙文化""玉溪坪文化""中坝文化""羊子岩文化""先巴文化""东部宝墩文化"等等,除上述文化,还有"瞢井沟口类型""哨棚嘴一期类型""原哨棚嘴一期类型""玉溪上层类型"等一批名号,可谓繁复之至。且不说外界,即便是考古界的业内人士,恐怕也没有多少人能弄清楚其所指。本文并无责怪上述命名之意,毕竟这一乱象是在特定时期、特定地点出现的一种特殊乱象。由于三峡库区考古工期要求紧迫、遗址多、"战线"长、发掘规模大、参与单位之多可谓空前绝后,且水平参差不齐,这也使得考古发掘工作非常地不从容,乃至于过度追求速度和面积,未能把握好科学、周密、有序、细致的工作原则。加之考古发掘资料本身的残缺、零散,又无足够时间充分消化材料或进行广泛的互动交流,致使发掘者在解读各自的考古资料时难免带有主观性和片面性,以及不完全归纳逻辑本身缺陷导致的不确定性。这种犹如瞎子摸象般的认识也集中体现在了三峡库区的考古学文化命名上。如今,三峡库区大规模的考古发掘已结束近十年,上述文化命名的混乱显然很不利于下一步的整理研究,这个问题已经到了非解决不可的地步。

遵照考古学文化命名原则,同时结合三峡库区的考古发现,本文更倾向于将三峡库区的土著文化命名为"哨棚嘴文化"。原因如下:1) 在三峡库区,哨棚嘴遗址发现时间最早;2) 该址先后作过5次发掘,而且发掘面积较大;3) 该址文化堆积深厚,特别是新石器晚期的堆积丰富,层位清晰,保存较好,出土遗物数量大,门类全,足以构成完整的文化发展序列;4) 以该址为代表的新石器晚期遗存在三峡库区有着广泛的分布;5) 哨棚嘴遗址所在位置处于三峡库区的中心,在瞢井河口周围长江沿岸100万平方米范围内集中了6处较大型的遗址,而且都有新石器时代的文化堆积,如此规模的遗址群在三峡库区内十分罕见。

"哨棚嘴文化"共分四期,其年代大致处于大溪文化末期到石家河文化以前这一范围,总的时间跨度与鄂西和江汉平原的屈家岭文化共始终,绝对年代估计为公元前4千纪后半叶到公元前2500年或稍晚。

据现有资料,以玉溪上层为代表的遗存早于"哨棚嘴文化"。但这一阶段的遗存与哨棚嘴文化存在一定的渊源关系,其年代相当于大溪文化,此处暂以玉溪上层遗存B组称之。

"哨棚嘴文化"之后,还有个相当于龙山时代的文化阶段。若以资料的丰富程度和代表性而言,则非忠县中坝遗址早期阶段莫属。鉴于目前已有"中坝文化"的称谓,其年代恰好与龙山时代吻合,唯下限略有超出,已跨入中原夏代纪年范围。但这里特别需要指出,本文对所谓"中坝文化"的认同只是权宜之计。对此持保留意见的根据是,假若剔除掉中坝遗址早期阶段数量巨大的厚唇花边口尖底(小平底)缸因素,该址并无必要另外命名一文化。有关这一话题,我们将另文予以表述。

如此,三峡库区的新石器文化大体经历了四个大的发展阶段。即"城背溪文化—(大溪文化)/玉溪上层遗存B组—(屈家岭文化)/哨棚嘴文化—(石家河文化)/中坝文化"。

2)有关绝对年代的问题

三峡库区新石器时代文化的年代大多是通过器物形态学的比较得到的。迄今为止,有关这个地区的年代学资料异常匮乏,结果也不尽如人意。如:巫山魏家梁子遗址送检的5个样本,结果没有一个超过公元前2000年。再如:老关庙遗址下层送检的2个样本,结果竟相差数千年。究竟是哪方面的问题?一时还说不清楚。目前,只有中坝遗址的检测结果还比较理想。该址送检了8个新石器晚期的系列样本,检测年代(经树轮校正)在 1σ 误差范围内,最早为 2470 BC—2200 BC 之间,最晚在 1950 BC—1750 BC 之间。由此可将中坝遗址早期的年代范围卡在公元前 2500—前 1750 年之间,上限为龙山时代的起始,下限已进入夏代。这也是将中坝遗址排在三峡库区新石器时代土著文化第五期的根据所在。

尽管目前得到的碳十四年代检测数据还很少,但我们对此充满信心,随着更多遗址的年代检测数据发表,三峡库区新石器时代文化的绝对年代序列也将浮出水面。

3)文化的内涵与外延

此前,不少学者的研究涉及三峡库区新石器时代考古学文化的内涵与外延问题。诸家见解不一,乃至于产生较大分歧。三峡库区考古学文化命名的纷杂多少也与对该区域考古学文化内涵的不同解读有关。在文化的外延方面,学者们的理解也有很大差异。狭义者将"哨棚嘴文化"视为三峡库区内的土著遗留,宽泛的解读则将"哨棚嘴文化"无限地扩展,甚至可涵盖除成都平原以外四川境内所有区域内的新石器时代晚期文化。

我们认为,最好是在狭义的框架下将"哨棚嘴文化"看作是三峡库区内的土著文化,继而再通过比较研究探索该文化的源流及其与周边其他地区考古学文化的关系。

4)特殊遗址与遗物的功能

在中坝遗址早期出土大量花边口厚唇尖底缸,其比例占到同时期陶器总量的近70%。目前,出有此类器皿的遗址还有巫山大溪遗址第五期和奉节老关庙遗址下层。现有的研究表明,此类造型特殊且极不实用的器皿是当时专门用于制盐的器具,而中坝遗址恰恰是三峡地区最重要的一处制盐遗址。由于花边口厚唇尖底缸在制盐时为一次性使用,用量非常之巨大,[①]故至今尚无一件可复原者。使用功能上的特殊使得此类器皿的制造非常草率,形态变化幅度也不很清晰。若将此类器皿与一般日用陶器混同分析,并将分析结果

---

① 这里仅仅是中坝遗址的统计资料,其余两处遗址尖底缸所占比例还不清楚。

与不出此类器皿的非制盐遗址作比较,势必产生某种混乱。为此我们建议在进行陶器比较研究时,最好将此类特殊的因素剔除掉,集中精力考察同类的日常生活用具,这样才能准确把握陶器的发展变化,也有利于确定其文化属性。

另一问题是,根据对世界其他地区制盐遗址的研究,此类专用制盐器皿往往随着盐业贸易被输送到其他非产盐地区,这并不难区分。一般来说,此类专用制盐器皿在制盐遗址会大量,甚至超量存在。在非产盐地则出现得比较零星,二者的出现频率大相径庭。

5）小结

三峡库区20年来的考古发现证明,这一地区迈入新石器时代的门槛并不算晚。即便不考虑鱼腹浦遗址出土的那块陶片,距今7000年前,来自鄂西的城背溪文化已零星进驻渝东地区的河谷地带。① 此后,东部的大溪文化和屈家岭文化长期与三峡地区存在文化交互。从理论上看,在大溪文化时期,三峡库区内的土著文化已经掌控了渝东至巫峡一线。或许正是由于此类土著文化的存在,才在一定程度上遏制了大溪文化、屈家岭文化规模性的逆流而上。

若换一角度,三峡库区狭窄的地理空间和有限的资源毕竟不同于广阔的平原河谷,有限的供养力只能使当地的土著群体保持一种小规模的生存方式,并长期经营以渔猎—采集为主的生产生活方式,不易产生或形成具有一定群体规模的大型聚落。大溪遗址的发掘证实,居住在当地的大溪文化居民也转而从事渔猎为主的经济形态,与同时期江汉平原的族群形成了鲜明对照,环境与资源使然。早在20世纪80年代初我们就有这样的认识。②

约当公元前4千纪后半叶,在渝东至巫峡段河谷兴起了哨棚嘴文化。该文化是从当地起源？还是从外面迁徙而来？若是后者,它究竟来自何方？这是一个值得深究的问题。根据我们对三峡地区景观环境的理解,此地很早就占据了黄金水道的交通便利,却很难成为古代文明的起源地,这一点已被大量的考古发现所证实。如此,哨棚嘴文化的根只能从外部寻找。三峡库区内发现的史前文化除有部分因素来自巫峡以东的西陵峡至鄂西地区外,更多的因素似乎来自西北一带的丘陵山地,而后者又与陕西南部及川西北—岷江上游的原始文化有着千丝万缕的联系,③而后者的文化因素在哨棚嘴文化的陶器和装饰上亦有程度不同的体现。④ 大约到了大溪文化晚期,哨棚嘴文化已羽翼丰满,具备了向巫峡以东扩展的实力,大溪遗址第四期B组遗存的出现充分印证了这一点。到大溪遗址第五期,巫峡附近已被哨棚嘴文化控制,其文化因素更是向东扩散到西陵峡至宜昌一带的屈家岭

---

① 邹后曦、袁东山:《重庆峡江地区的新石器文化》,重庆市文物局、重庆市移民局编:《重庆:2001三峡文物保护学术研讨会论文集》,科学出版社,2003年,17—40页。
② 李水城:《大溪遗址出土文物掇拾》,载四川省博物馆编:《四川省博物馆古代文物资料选辑》,1983年,2—7页。
③ 参见四川省文物考古研究所等:《四川汶川姜维城新石器时代遗址发掘报告》,《四川文物》2004年增刊,63—91页;成都市文物考古研究所等:《四川茂县波西遗址2002年的试掘》,载成都文物考古研究所编:《成都考古发现(2004)》,科学出版社,2006年,1—12页。
④ 江章华:《岷江上游新石器时代遗存新发现的几点思考》,载郝跃南主编:《三星堆与长江文明》,四川文艺出版社,2005年,200—205页。

文化之内。至此，来自不同方向的文化互动日趋频繁，这也为日后巴人在三峡地区的出场拉开了序幕。

哨棚嘴文化为何在公元前4千纪后半叶脱颖而出，这与𣿇井沟河谷盐业资源的开发和利用有非常密切的关系。中坝遗址的发掘证明，距今4500年左右，𣿇井河谷内的制盐产业已形成规模，盐的生产和贸易为当地带来了丰厚的利润，也为哨棚嘴文化的崛起和向东扩张提供了强大的活力和经济后盾。这一结论已经被三峡库区的考古发现和研究所证明。而三峡地区日后的发展则长期仰仗着盐业资源和黄金水道的优势，从远古一直走向了近现代。

谨以此文献给敬爱的老师俞伟超先生！

后记：

我参与三峡库区考古比较早。1993年底在京参加国家文物局三峡库区考古工作会议后，李伯谦老师、赵化成和我便赶往忠县考察。翌年2—5月，我率队到𣿇井沟口一带发掘。那年北大考古队收获很大，上迄新石器时代，下至夏、商、周、汉、三国、南朝、唐宋、明清，几乎囊括了历朝历代，是当年参与三峡库区各支考古发掘队伍中的佼佼者。1997年参加重庆签约后，尽管为中美盐业考古项目的事每年还是要去三峡，但已有意淡出三峡库区的考古。不过，我一直在默默地关注那个地区，本文可以说是对那段难忘经历的一个交代。

20世纪90年代后期，俞伟超先生仍不时叫我去他那儿聊聊三峡地区的考古。先生想法很多，谈话跳跃性大，不少想法非常超前，有时也难免有些争论，但先生的执着让人难忘。回想起来，他晚年为三峡考古操心太多！

2001年12月21日，我与罗泰、李零、林梅村、王育成去北京小汤山疗养院看望先生。那天又谈到三峡考古。记得先生说："这是国内最大的一次考古发掘，而且基本理顺并摸清了峡区内的文化和现状，可以也应该考虑解决一些学术问题了。但遗憾的是至今还没有人来做。"此次先生谈到三峡地区新石器时代的考古、中坝遗址与制盐业，最后提出了几个值得思考的问题：1）三峡境内的城镇和交通要道被楚人、秦人、汉人占据，但周边小地方居住的都是巴人土著。2）巴人王陵（先公陵墓）不该在涪陵，有可能在忠县。"枳"不单单指涪陵，应包括忠县。3）峡区内记载有8郡，实际上可能没那么多。

临别时，先生将他写给王川平和刘豫川的一封信托我带到城里，发往重庆。先生信中说了些什么？我不知道。想必还是三峡考古！

2010年11月初稿
2011年3月改定于北京蓝旗营

本文曾发表在：《中国考古学年会第十三次年会论文集》，文物出版社，2011年，38—52页。

石棺葬的起源与扩散

——以中国为例

一

死亡,这是一个长期困扰人类的古老哲学命题。古往今来,人类也因此创造出各种各样的丧葬规则和礼俗仪式,并形成了丰富多彩的丧葬文化。

最早有意识为死者举办丧礼的行为出现在旧石器时代晚期。考古发现,尼安德特人(Homo Neanderthalensis)[①]已出现为死去的亲人举办葬礼,并将随葬品(食物、工具、饰物等)放入墓穴,甚至在尸体上摆放鲜花、抛洒赤铁矿粉的行为。[②] 与尼人共存了很久的解剖学上的现代人(Anatomically Modern Humans)[③]在距今13万年前出现在非洲。[④] 在地中海东岸利万特(Levant)[⑤]的Qafzeh洞穴发掘出一批距今10万年左右的现代人墓葬,也显示出了进步的丧葬行为。[⑥]

进入新石器时代以后,人类的丧葬方式日趋复杂且规范化,并逐渐形成不同的地域特色和族群差异。总体上看,在一般的河谷平原,长期实行土葬,后来逐渐出现木制棺椁葬具。但在有些丘陵山地,由于生活空间的狭窄或土地资源匮乏,人们不得不在山崖凿挖墓穴或开采石材营建墓穴。可见,人类的丧葬方式和墓葬结构一方面受到固有传统文化的制约,另一方面也与他们各自生活区域的环境和资源有着密切关系。

[①] 尼安德特人于1848年首次发现于直布罗陀。1856年在德国杜塞尔多夫的尼安德特河谷一座山洞内再次发现。1864年由威廉·金(Willian King)命名。尼人曾被归入早期智人范畴,他们主要分布在欧洲、西亚及中亚一带。后有学者研究指出,尼人应属人类进化系统上的旁支,距今3—2万年前灭绝。

[②] 参见:Leroi-Gourhan, A. The flowers found with Shanidar IV, a Neanderthal burial in Iraq. *Science*, 1975, 190: 562-564;Solecki, R. Shanidar: *The First Flower People*. New York: Knopf, 1971;Hovers, E., S. Ilani, O. Bar-Yosef, and B. Vandermeersch. An early case of color symbolism: ochre use by early modern humans in Qafzeh Cave. *Current Anthropology*, 2003, 44: 491-522.

[③] 20世纪在地中海东岸的卡迈尔山(Mount Camel)发现距今9万年前的晚期智人(现代人),其体质形态与尼人明显不同,但二者曾长期共存。参见:Garrod, D. A. E. and D. M. A. Bate. *The Stone Age of Mount Carmel*. Vol. 1. Oxford: Clarendon Press, 1937.

[④] 新的考古发现表明,现代人在距今13万年以前出现在非洲。参见:Tim D White et al. (2003), *Pleistocene Homo sapiens from middle Awash, Ethiopia*, Nature. London: Jun 12, 2003. Vol. 423, Iss. 6941, p. 742; J Desmond Clark et al. (2003), *Stratigraphic, chronological and behavioural contexts of Pleistocene Home spaiens from Middle Awash, Ethiopia*, Nature. London: Jun 12, 2003. Vol. 423, Iss. 6941, p. 747.

[⑤] 利万特(levant)是个地理概念,其范围包括地中海东岸的以色列、黎巴嫩和叙利亚的沿海一带。

[⑥] Schwarcz, H. P., R. Grun, B. Vandermeersch, O. Baryosef, H. Valladas, and E. Tchernov. ESR dates for the hominid burial Site of Qafzeh in Israel. *Journal of Human Evolution*, 1988, 17: 733-737.

二

石棺葬①是一种独特的墓葬形式。中国境内的石棺葬主要分布在长城沿线自东北向西北再折向西南这条弧状地带上。据考古发现，最早的石棺葬出现在两个地区，一个是东北的辽河上游（辽西、内蒙古东南部及河北北部），另一个是西北的黄河上游（甘肃和青海）。

东北地区最早的石棺葬出现在兴隆洼文化，在内蒙古林西白音长汗遗址发现有少量典型的石棺葬。其制作程序是先挖长方形土坑，再在墓底铺石板（也有的不铺），在墓坑四壁贴立石板，上盖石板。年代为距今 8000—7000 年。② 在红山文化（距今 5000 年前）中发现有石棺葬。有学者将红山文化的墓葬分为甲、乙、丙三类。甲类为竖穴土坑葬，乙类为土坑石棺葬，丙类为积石冢葬，三类墓大致呈现出递进的早晚关系。③ 实际上，红山文化的石棺葬为数不多，石棺结构也较特殊，有石棺也有石椁，甚至在墓上还有大量积石。在辽宁西部凌源和建平两县交界处的牛河梁遗址发现有 10 余处大型的积石冢群。每座积石冢的中心用石块或石板垒砌大墓，周围分散着小型的石棺葬，特点是大量积石，很多用石板层层叠砌而成。④ 夏家店下层文化（距今 4100—3500）也有用石板垒砌的石棺葬，但数量不多。⑤ 夏家店上层文化（距今 3000 年前后）时期，石棺葬开始流行。⑥ 与此同时，在东北吉（林）长（春）地区、辽东和冀北也常见石棺葬。可见，整个东北亚地区石棺葬的流行以及在墓上大量堆放石块的习俗或许就是在兴隆洼和红山文化的背景下逐渐扩散开来的。

西北地区的石棺葬始见于马家窑文化（距今 5300—4600），出现时间与红山文化大体同时。在黄河上游的青海同德县宗日墓地发掘出 21 座有石质葬具的墓，其中石棺葬 8 座。特点是在墓穴中央用石板拼筑长方形石棺，无底板，墓顶加盖石板（或不加封盖）。另发现少量用石板构建的石椁，内置木棺；还发现有用石板木板混建的墓穴。宗日墓地共发掘墓葬 341 座，可见石棺葬仅占其中的很小一部分。发掘者称，这批石棺葬在墓地中未显示任何特殊之处，也不像是某个特殊群体所为。⑦

稍晚，在甘肃景泰县张家台发现一处半山文化（距今 4600—4300）墓地，共发掘 22 座墓，近一半为石棺葬。另有一座木板与石板混建的墓穴，余皆土坑葬。⑧ 同时期的石棺葬

---

① 一般而言，正宗的石棺是用数块板岩插立或嵌在挖好的长方形土圹四壁，底面不铺石板（也有例外），墓顶用数块石板封盖。也有用石块垒砌的墓穴被称作石棺葬。本文所及石棺葬系指前者。
② 内蒙古自治区文物考古研究所编著：《白音长汗——新石器时代遗址发掘报告》，科学出版社，2004 年。
③ 华玉冰、杨荣昌：《红山文化墓葬剖析》，载吉林大学考古系编：《青果集——吉林大学考古系建系十周年纪念文集》，知识出版社，1998 年，35—43 页。
④ 朝阳市文化局、辽宁省文物考古研究所：《牛河梁遗址》，学苑出版社，2004 年，27—69 页。
⑤ 安志敏：《唐山石棺葬及其相关的遗物》，《考古学报》1954 年 7 期。
⑥ 辽宁省昭乌达盟文物工作站等：《宁城县南山根的石椁墓》，《考古学报》1973 年 2 期；中国社会科学院考古研究所内蒙工作队：《宁城南山根遗址发掘报告》，《考古学报》1975 年 1 期。
⑦ 格桑本：《宗日墓地石棺葬的问题》，载格桑本、陈洪海主编：《宗日遗址文物精粹论述选集》，四川科学技术出版社，1999 年，13—17 页。
⑧ 甘肃省博物馆：《甘肃景泰张家台新石器时代的墓葬》，《考古》1976 年 3 期。

也见于兰州焦家庄和十里店遗址,由于破坏严重,结构、数量均不详。① 进入青铜时代,在青海和甘肃境内的湟水流域发现有零星的辛店文化(距今3600—2600)石棺葬。② 在青海刚察县砖瓦厂发掘一处卡约文化(距今3555—2690)墓地,有石棺葬21座。③ 前不久,在甘肃临潭县磨沟遗址发现一座石棺葬,无任何随葬品,从出土层位看,属寺洼文化(距今3300—2500)的可能性较大。④

现有的考古发现表明,东北与西北两个地区的早期石棺葬似乎不大可能存在文化上的源流关系,它们是独立起源的。特别是两地的石棺葬在各自文化中所占比例并不突出,并非所在区域丧葬文化的主流。

三

后来的石棺葬主要流行于中国西南的广大丘陵山地。大约在商周之际,在四川西北部的岷江上游出现了典型的石棺葬。这种特殊结构的墓也被称作"版岩葬""石板葬(墓)"或"石室葬(墓)"。由于石棺葬大多分布在海拔较高的河谷山地,自然条件相对较差,加之与内地关山阻隔,很快便成为一种具有强烈边地色彩的文化特质。石棺葬普遍随葬一种造型特殊的双大耳罐,特点是宽銎大耳,罐腹部流行左右对称的螺旋状磨压暗纹,形状颇似长有大角的羊头;也有的在罐腹部用浅浮雕手法捏塑牛头纹;个别甚至用绿松石珠或小铜泡镶嵌组成类似纹样。石棺葬内随葬的铜器以武器、工具和小件装饰品为主,器类和造型显露出浓郁的北方草原色彩。

有鉴于上述种种,学术界对石棺葬的来源和族属很早就指向西北地区的氐羌民族。如早年郑德坤先生在论及岷江上游的石棺葬时,便将其视为"理番文化",并认为这是一种中原、草地混合型文化。为此他指出:

> 就其(理番文化)遗物内容而言,此种文化与甘肃文化最相近。理番陶器形制原以中原制度为本,然其显为外来影响者,即与甘肃陶器之特质相同。理番陶形共20类,其与甘肃陶形完全相同者居其半……带耳陶器为甘肃作品之特色,而理番亦以此为特质。理番铜器以匈奴或斯西安工业品为主,甘肃铜器亦非例外,然西宁寺洼⑤出土之连珠盾饰、铜钮略作三角形之甲裙鳞版,均为版岩葬遗物之特著者。他如贝币及绿松石珠之发现,亦可见两地文化之接近不仅限于陶器铜器而已。理番位处甘肃洮河流域之南,山连地接,其文化内容之相近故非偶然。⑥

---

① 甘肃省博物馆文物工作队:《甘肃兰州焦家庄和十里店的半山陶器》,《考古》1980年1期。
② 高东陆、吴平:《青海境内发现的石棺葬》,《青海考古学会会刊》1984年6期;甘肃省文物考古研究所:《兰州红古下海石——新石器时代遗址发掘报告》,科学出版社,2008年,165—168页。
③ 王武:《青海刚察县卡约文化墓地发掘简报》,《青海文物》1990年4期。
④ 2011年8月在甘肃临潭县磨沟墓地参观所见。
⑤ 作者此处所指应为分布在青海的卡约文化,当时也一度将其混同于寺洼文化。
⑥ Cheng Te-'kun(郑德坤),The Slate Tomb Culture of Li-Fan, *Harvard Journal of Asiatic Studies*, June, 1946, p.64.

郑氏的看法颇有代表性。尽管当时的考古发现很少,但已有考古学家敏锐地捕捉到川西北地区石棺葬与甘肃南部之间存在文化联系。1947年,裴文中先生将其在甘肃礼县长道镇所获一件双大耳马鞍口灰陶罐视为安佛拉(Amphora)[①]与寺洼文化混合物,并断其为汉代以晚的东西。[②] 夏鼐先生认为那件陶器与临洮寺洼山遗址所出陶器近似,与岷江上游理番文化石棺葬所出双大耳罐更为密切。[③] 还有学者指出,石棺葬中的双大耳罐尚保留着齐家文化的色彩。[④]

1970年代,冯汉骥、童恩正先生撰文明确指出:

> 石棺葬中最为普遍的和最有特征的陶器双耳罐,似与甘、青或陕西地区的同类陶罐有一定的历史渊源。如陕西客省庄二期文化中的双耳罐,青海都兰县诺木洪搭里他里哈遗址所出的I式双耳罐与此地的I式双耳罐均已十分近似,而三地所出的单耳罐亦大致相同。特别是III式双耳罐口沿俯视成尖核桃形,平视成马鞍形,而椭圆形之马鞍口式双耳罐则为寺洼文化的典型陶器之一……又此地的高颈罐,与寺洼山和客省庄二期文化中所出的同类陶罐也十分相似。
>
> ……石棺葬的建造者所表现的文化,其中虽杂有很大一部分汉族的东西,其带有极清晰的北方草原地区文化的色彩,也是极为明显的。所以,他们可能原系青海、甘肃东南部的一种部族,大约在战国或秦汉之际,因种种原因而南下留居于此。[⑤]

1986年,童恩正先生撰写了《试论我国从东北至西南的边地半月形文化传播带》一文。此文专辟章节论述石棺葬,并着重指出:

> 就现有资料而言,发现的石棺葬以西北地区最早,西南次之,东北又次之。这三个大区虽然相隔甚远,但石棺的结构却惊人地相似。我们似有理由可以推测,石棺原为黄河上游某一氐羌系统的民族(其中以氐族的可能性较大)所采用的一种葬具,以后才传播到"西南夷"和东北的"胡"、"戎"诸民族中去的。[⑥]

四

老一辈学者对石棺葬的来源和族属所作推论是正确的。但是,限于当时的考古发现,很多认识还只能停留在假说的层面。最近20余年来,随着考古新资料的增加和研究的深

---

① 安佛拉(Amphora)一词系希腊文,特指古希腊时代的大耳陶罐一类器皿。后引入中国考古界,泛指大耳陶罐,有时也特指齐家文化的双大耳罐。
② 裴文中:《甘肃史前考古报告》,载《裴文中史前考古学论文集》,文物出版社,1987年,224页。
③ 夏鼐:《临洮寺洼山发掘记》,《中国考古学报》第四册,1949年,71—137页。
④ 凌曼立:《四川理番县佳山寨史前拾遗》插图五,《台湾大学考古人类学刊》21/22:80—121,1963年。
⑤ 冯汉骥、童恩正:《岷江上游的石棺葬》,《考古学报》1973年2期。
⑥ 童恩正:《试论我国从东北至西南的边地半月形文化传播带》,载文物出版社编辑部编:《文物与考古论集》,文物出版社,1986年,23页。

入,有关石棺葬源流的线索也渐渐浮出了水面。

1990年代以来,四川省考古工作者加强了在岷江上游、川北草原及大渡河流域的考古工作,并有一系列重要发现,使得这一区域自史前到历史时期的文化发展脉络逐渐变得清晰起来。

近10余年,在川西北的茂县波西遗址、[①]汶川姜维城遗址、[②]马尔康县哈休遗址[③]都发现了以小口尖底瓶为代表的仰韶中晚期(石岭下阶段)遗存,可证中原系统的原始文化已进入西南地区。马家窑文化的遗址在岷江上游屡屡被发现,如茂县营盘山就发掘出规模可观的马家窑文化聚落遗址。[④] 特别是在更南面的大渡河流域也发现了马家窑文化的身影。[⑤] 在下一阶段,有少量齐家文化的遗存现身于岷江上游[⑥]和川北草原,[⑦]但规模和影响似乎相对有限。1970年代,在茂县发现一批石棺葬,随葬有灰陶或灰皮陶双大耳罐、簋式豆、单大耳罐、长颈壶(罐)等,这批陶器无论是造型还是质地均带有明显的寺洼文化作风,与甘肃南部早期寺洼文化的随葬陶器异常接近,年代或可早到晚商或商周之际。[⑧]前不久,同样的石棺葬及其随葬品在茂县营盘山再次被发现。[⑨]

上述考古发现证实,从甘肃南部经川西北折向西南的这条历史大通道早在公元前4千纪便已凿通,并持续到晚近的历史时期。而此通道的出现与川西北石棺葬的起源和传播有着密切的因果关系。以下细节可进一步说明这一点。

其一,体质人类学。郑德坤先生曾提及"版岩葬"出土人类颅骨的长宽指数为七三强,显系长颅型,与瑞典学者安特生(Andesson, J.G.)在甘肃所获的人骨颇为相似。[⑩] 这一现象提醒我们今后需要加强两地的体质人类学比较研究。

其二,火葬。在理县子达砦曾发现少量火葬墓(SZM202、SZM203)。特点是在棺内遗留有零碎烧黑之残骨,系经火烧后再行埋葬。[⑪] 类似的火葬习俗在甘肃南部的齐家文化和寺洼文化墓地均有发现。前者如临潭县磨沟齐家—寺洼文化墓地,那里的火葬墓形式多样,有的将骨灰装入陶器,埋在墓口上方一角,再用石板将陶器圈围起来;有的用石板制成微型石棺,将骨灰放置其内;有的开挖小型圆角长方形墓穴,将若干存放骨灰的陶器集

---

① 成都市文物考古研究所等:《四川茂县波西遗址2002年的试掘》,载成都文物考古研究所编著:《成都考古发现(2004)》,科学出版社,2006年,1—12页。
② 四川省文物考古研究所等:《四川汶川县姜维城新石器时代遗址发掘报告》,《四川文物》2004年增刊。
③ 阿坝藏族羌族自治州文物管理所等:《四川马尔康县哈休遗址2006年的试掘》,载四川大学博物馆等编:《南方民族考古》第6辑,科学出版社,2010年,295—374页。
④ 成都市文物考古研究所等:《四川茂县营盘山遗址试掘报告》,载成都市文物考古研究所编著:《成都考古发现(2000)》,科学出版社,2002年,1—77页。
⑤ 马继贤:《汉源狮子山新石器时代遗址》,载中国考古学会编:《中国考古学年鉴(1991)》,文物出版社,1992年,270—271页。
⑥ 在岷江上游的考古调查采集资料中有个别齐家文化的双大耳罐残片,资料藏成都文物考古研究所。
⑦ 在若尔盖发现有典型的齐家文化墓葬,资料藏四川大学。
⑧ 茂汶羌族自治县文化馆:《四川茂汶县营盘山的石棺葬》,《考古》1981年5期。成都市文物考古研究所在营盘山遗址再次发掘一批石棺葬,资料现藏该所。
⑨ 成都市文物考古研究所。
⑩ Cheng Te-'kun(郑德坤), The Slate Tomb Culture of Li-Fan, *Harvard Journal of Asiatic Studies*, June, 1946, p.64.
⑪ 冯汉骥、童恩正:《岷江上游的石棺葬》,《考古学报》1973年2期。

中放入墓穴,再用石板圈围;还有的将骨灰播撒在偏洞室墓穴内,外侧摆放随葬陶器,形同一般的土葬墓形式。① 后者如临洮寺洼山墓地,将尸骨焚烧后装入陶器,再埋进墓穴。② 需要说明的是,无论在甘南还是川西北地区,火葬的数量在墓地内都只占少数,它们很可能是对某些非正常死亡者实施的特殊处理方式。值得注意的是,临潭磨沟墓地的火葬墓普遍采用小型石棺葬的形式。

其三,白石崇拜。在四川茂县别立、勒石两座墓地均发现有随葬白石的现象。如别立M17 墓主头部两侧各放置一堆白云石碎块;别立 M9 将白石碎块撒在墓主棺下的生土上。又如勒石 M3 墓主头前放置较大的石块;勒石 M14 随葬 2 件陶罐内盛放有数粒白云石块。③ 随葬白石(或石块)的现象也常见于甘南一带的齐家文化或寺洼文化。1970 年代,在广河齐家坪墓地发掘 100 余座墓葬。其中,有超过 1/5 的墓随葬砸碎的小白石块,少者数十块,最多达 200 余块。这些碎石一般放在墓主腰际或肘部内侧,也有的放在身体下或头部左右。④ 在临潭磨沟齐家文化墓地,此类碎石多放置在墓主骨盆部位,少量放在头部左右,或撒在墓道中。⑤ 在临洮寺洼山,也发现个别墓主身体下放置砾石块,应属此类习俗的孑遗。⑥ 川西北石棺葬随葬白石的习俗应源自甘南。其实,很早就有学者注意到这个现象,并将其与羌人的"白石崇拜"挂钩。

其四,陶器。川西北石棺葬随葬陶器数量不多,种类也相对单调。如年代偏早的石棺葬主要随葬双大耳罐、簋式豆、单大耳罐、长颈壶(罐)等,大多素面无纹,格调素雅,造型和器类组合与甘南一带早期寺洼文化的随葬陶器相近。稍晚,川西北石棺葬部分随葬的双大耳罐在器腹磨压螺旋盘曲大羊角暗纹,奇特的造型和纹样遂成为川西北石棺葬中最富代表性的元素,如普遍采用流线型宽錾大耳,器口侧视略微向内凹、俯视呈椭圆形或菱形(即核桃形),部分晚期的双大耳罐器口折成近 90°夹角,颈部流行磨压竖条暗纹,腹部磨压盘曲螺旋大羊角暗纹或捏塑牛头纹。再有,石棺葬中随葬的陶器常见刻划"文字"或"符号"现象,这也是甘南和陇南地区寺洼文化陶器的共同特征。

其五,铜器。川西北石棺葬随葬铜器以武器、工具和小件装饰为主。包括铜戈、铜刀、铜斧、铜矛、铜鞲、铜扣、铜管等,上述器类在甘南一带的寺洼文化中也很常见,且造型接近。

其六,骨器。川西北石棺葬流行随葬一种骨管,有的表面刻画简单几何纹,管内常常装入骨针,此即北方草原地区早在新石器时代就广为流行的骨针筒,后来亦常见于甘青地区的四坝文化、齐家文化、卡约文化和寺洼文化中。

---

① 笔者在临潭磨沟遗址参观所见。
② 夏鼐:《临洮寺洼山发掘记》,《中国考古学报》第四册,1949 年,71—137 页。
③ 蒋宣忠:《四川茂汶别立、勒石村的石棺葬》,载文物编辑委员会编:《文物资料丛刊》,文物出版社,1985 年,9、85 页。
④ 齐家坪墓地的发掘资料正在整理,这些碎白石块均未经鉴定,不知是否为白云石。
⑤ 该墓地发掘者钱耀鹏教授见告。
⑥ 夏鼐:《临洮寺洼山发掘记》,《中国考古学报》第四册,1949 年,71—137 页。

五

以上现象不难得出下列结论：川西北石棺葬的出现与中国西北地区的史前和青铜文化的不断南下有密切关系。

自公元前4千纪始，随着中原地区史前文化的大规模扩张，不断对周边地区的文化施加影响。约当公元前4千纪下半叶，分布在陇山以西的仰韶中晚期文化中，有部分沿青藏高原东麓迁入岷江上游和川北草原。到了马家窑文化时期，已基本掌控了川西北地区，并以此为基地，继续沿龙门山脉的东缘向大渡河流域渗透。目前，有关这一文化迁徙的背景还不清楚，但气候与环境的改变及人口压力可能是其中的重要诱因。这一事件不仅加速了宝墩文化在成都平原的形成，也将黄河流域的文化输往长江流域。所不同的是，进入川西北地区的马家窑文化并未像西北那样演变为半山—马厂文化，而是将其文化元素融入当地的史前文化，对成都平原及西南一带的原始文化产生了深远的影响。

此后，有个别齐家文化遗存现身于岷江上游和川北草原，但并未显示出扩展其势力范围的意图，而是借助这一南北通道，扮演着某种文化中介的角色。公元前2千纪下半叶，部分来自甘南的寺洼文化人继续向地广人稀的岷江上游寻求发展的空间，茂县石棺葬所出带有寺洼文化风格的陶器即可为证。

截至目前，在川西北一带尚未发现仰韶中晚期（石岭下类型）文化、马家窑文化的墓葬，也不知此时是否存在石棺葬的习俗。齐家文化的墓葬尽管有个别发现，但形制亦不清楚。如此，茂县随葬有早期寺洼文化陶器风格的石棺葬就成为当地最早的石棺葬代表，其年代大致相当于中原地区的晚商或商周之际。此后，随着这批外来移民在川西北地区扎下根，势力不断坐大，并将石棺葬这一文化特质相继传入四川境内的青衣江、大渡河、雅砻江一带，进而持续影响西南地区的广阔丘陵山地，并沿着南北向的河谷传播到金沙江上游、滇西北、藏东、黔中和黔中南等地。时至今日，此葬俗在西南某些偏远地区仍可见到。[①]

六

以上对石棺葬的来源以及此类文化特质在西南地区的扩散过程进行了梳理，并深入讨论了石棺葬与中国西北地区的文化联系。需要指出的是，这中间还有一些值得深度思考的问题。

首先，石棺葬在中国西北地区并非丧葬文化主流，在甘南一带亦较少见，为何到了

---

① 李飞：《试论贵州地区"石棺葬"的分区与年代》，《考古与文物》2011年4期。

川西北方得以光大,成为一种流传甚广的丧葬习俗?对此最符合逻辑的解释是,既然川西北地区的居民是由不断来自西北的移民组成的,石棺葬又率先出现于马家窑文化,那么,古老的西北氐羌民族将此葬俗引入川西北便是一件很自然的事情。另一方面,这些外来移民在岷江上游的高山深谷内落脚后,很快便发现当地盛产的页岩和片麻岩非常适合制作石棺,而且为此耗费的工力也较之砍伐林木、制作木棺要便利许多;加上石料较之有机木材更为坚固耐用,几个方面的优势使得石棺葬很快成为一种定制而普及开来。

其次,石棺葬中有部分随葬的双大耳罐,器腹和器耳捏塑有乳钉或乳突,此类装饰鲜见于甘肃南部的齐家文化或寺洼文化,当另有来源。考虑到分布在河湟地区的卡约文化双耳罐流行捏塑乳钉或乳突的现象,此类元素或许来自北面的青海地区。联想到大渡河上游的麻尔曲河即源于青海,循此河谷上溯可达青海班玛县,由此继续向北即通往黄河上游;四川西部的雅砻江经河渠县可通往青海玉树地区。显然,青海与川北发生直接的文化接触也是可能的。

第三,经比较可知,分布在岷江上游、川北草原到青衣江、大渡河、雅砻江及滇西北、藏东这一广阔范围的石棺葬,普遍随葬磨压螺旋盘曲羊角暗纹或捏塑牛头纹双大耳罐,此类元素起源于岷江上游,逐步向西南一带扩散,并呈现越往南时代越晚的趋势,不同时期的文化面貌呈现出明显的差异。

第四,童恩正先生曾指出,金沙江流域的云南元谋大墩子、①永仁菜园子②等遗址发现的部分石棺葬年代或可早到商代(当地为新石器时代)。③ 对此又作如何解释?我们也注意到,这批石棺葬的年代确实较早,它们与川西北地区的石棺葬显然不是一个系统,这些石棺葬在西南地区的文化发展进程中扮演了什么角色?这是下一步需要关注的重要课题。这一事例的另一个启示在于,西南地区石棺葬的起源并非一元;元谋和永仁的石棺葬当属另一文化圈,族属亦有差别。最近,在大渡河流域也发现了年代早到新石器时代晚期的石棺葬,文化面貌也很独特。④ 上述现象再次印证了"不同民族可以使用同一文化,同一民族亦可接受或使用不同的文化"的理论同样适用于石棺葬文化。

谨以此文献给尊敬的童恩正先生!同时纪念《试论我国从东北至西南的边地半月形文化传播带》一文发表25周年。

后记:
近些年,一直想写点东西纪念童先生,但总无由头。今年9月,承蒙四川省文物考古

---

① 姜楚:《元谋大墩子新石器时代遗址石棺墓葬清理简报》,《云南文物》1994年9月(总第38期)。
② 楚雄彝族自治州文管所、云南省博物馆文物队:《云南永仁永定镇石板墓清理简报》,《文物》1986年7期。
③ 童恩正:《试论我国从东北至西南的边地半月形文化传播带》,载文物出版社编辑部编:《文物与考古论集》,三秦出版社,2000年,23页。
④ 刘化石:《麦坪遗址石棺葬遗存的初步分析》,载《中日共同开展西南地区北方谱系青铜器及石棺葬研究合作学术研讨会论文纲要》,四川省文物考古研究院、日本九州大学,2011年,44页。

研究院高院长大伦先生厚爱,邀我参加"中日共同开展西南地区北方谱系青铜器及石棺葬研究合作"学术研讨会,为此草就《石棺葬的起源与扩散》一文。面对童先生等老一辈学者开创的这个领域,拙文难免有班门弄斧之嫌!好在近些年来有不少考古新资料面世,足以印证先生当年的某些推论确有先见之明。

2011年10月于北京蓝旗营

本文曾发表在:《四川文物》2011年12期,64—69页。

世纪回眸：四川史前考古的发展历程

迄今为止，如果将西方人最早进入四川进行考古活动计算在内，①四川的考古已走过了整整一个世纪，作为一个局部区域，四川在整个中国考古学发展史上的地位是不容忽略的。愿借此机会，对近百年来四川的考古工作及相关研究做一概略的回顾与思考。

一

地处中国大西南的四川省是我国考古出现较早的地区之一。但是，最早进入四川进行考古的几乎全都是外国人，而且不少是以传播宗教为目的的传教士，这个现象也可以说是近现代田野考古学最初传入中国的一个缩影。

据郑德坤所记，最早在四川进行考古的西方人可追溯到19世纪末叶。如英国人巴伯(Baber, C. E.)就曾在重庆附近发现并采购到石器制品。②

1909—1914年，法国探险家、考古学家维克多·谢阁兰(Segalen, Victor)③来华，在中国各地旅行考察。其间，曾在四川某地挖掘过古墓(图一)。

1913年，澳大利亚天主教徒叶常青牧师(Edgar, Rev. J. Huston)从湖北宜昌出发，经长江三峡、重庆前往川西高原的理塘一带传教，沿途采集到少量石器，并发现古遗址和文化堆积。1930—1931年，叶常青陪同海音(Hein, Arnold)、包戈登(Bowles, Gordon)两位博士前往甘孜、炉霍考察，二人证实叶常青早前的发现属实。④ 包戈登博士还曾撰文介绍了他本人在川西黄土层发现的陶片。⑤

---

① 说明：其一，本文的"四川"仍沿用传统概念，范围包括今天的四川省和已独立建市的重庆市。其二，本文的"考古"特指史前时期的新石器时代。
② Cheng Te-k'un 郑德坤 (1946), An Ancient History of Szechwan (四川古代文化史), *Journal of the West China Border Research Society* [i.e. Huaxi Bianjiang yanjiu xuehui zazhi 华西边疆研究学会杂志] 16A: 1–14.
③ 维克多·谢阁兰(Victor Segalen)，法国医生、作家、考古学家，在北京时曾任民国大总统袁世凯之子袁克定的私人医生。后在中国各地旅行考察，曾两次穿越中国。
④ Edgar, J. H. (1917), Stone Implements on the Upper Yangtze and Min Rivers (长江上游与岷江流域的石器), *Journal of the North China Branch of the Royal Asiatic Society* 48: 85–87. 另见：Brace, A.J. (1922–1923), Notes on Wei Chow (威州[唐维州]记述), *Journal of the West China Border Research Society* [i.e. Huaxi Bianjiang yanjiu xuehui zazhi 华西边疆研究学会杂志] 1: 64.
⑤ 很遗憾，包戈登博士的文章未能查到。

第二部分　区域考古研究

图一　维克多·谢阁兰在四川发掘古墓前与当地县长合影

1909 年,美国人戴谦和博士(Dye, Daniel Sheets)[①]来华,先后担任成都华西协和大学物理系、数理系教授和理学院院长。此人从 1914 年起收集古物,至 1931 年,所藏古物已达 6000 余件。[②] 1922 年,他在华西大学博物馆建立了"华西边疆研究学会"(The West China Border Research Society),并开始出版《华西边疆研究学会杂志》(Journal of the West China Border Research Society),内容涉及诸多学科领域。

1925—1926 年,美国纽约自然历史博物馆考古部主任纳尔逊(Nelson, N.C.)在长江上游的四川、云南等地进行科学考察,沿途采集近 2 万件石器,其中还有个别的彩陶片。[③] 后来,纳尔逊将这批文物分别转交北京的燕京大学和美国的芝加哥自然历史博物馆收藏。

[①] 戴谦和(Daniel Sheets Dye),1888 年生于美国俄亥俄州,美国顿利生大学科学博士。1909 年在四川成都任华西协和大学物理系教授,为该校初创元老之一,曾五次出任该校理学院院长。后在华西大学创立"华西边疆研究学会"(创始人还包括美国人类学家、医学家和地理学家),1949 年离华。

[②] Dye, Daniel S. (1924), Data on West China Artifacts (中国西部的文物资料), *Journal of the West China Border Research Society* [i.e. Huaxi Bianjiang yanjiu xuehui zazhi 华西边疆研究学会杂志] 2: 63 - 73. —(1930 - 31), Some Ancient Circles, Squares, Angles and Curves in Earth and in Stone in Szechwan, China (中国四川一些古石器), *Journal of the West China Border Research Society* [i.e. Huaxi Bianjiang yanjiu xuehui zazhi 华西边疆研究学会杂志] 4: 97 - 105.

[③] Nelson, Nels C. (n.d. 1), *Central Asiatic Expedition of the American Museum of Natural History to the Yangtse River*, Nov. 6, 1925 to April 6, 1926. New York: American Museum of Natural History; —(n.d. 2), *Journal of the Central Asiatic Expedition to the Yangtse River Gorges Region*. New York: American Museum of Natural History.

1931 年,在四川汉州(今广汉市)福音堂传教的英国牧师董笃宜(Donnithorne, V. H.)[1]得到一批出自月亮湾遗址的石器和玉器,[2]他认为很有科学研究价值,遂建议地方政府出面保护这座遗址,制止农民滥挖,以免造成进一步破坏。随后,他还通过在成都华西大学任职的戴谦和博士,将这批文物捐赠给博物馆收藏。同年,他还先后陪同华西大学的戴谦和、葛维汉两位教授前往月亮湾遗址考察。

1933 年秋,时任华西大学博物馆馆长的葛维汉博士(Graham, Daivid Crockett)[3]在征得四川省教育厅批准后,率领一支由中外学者组成的考古队前往汉州,采用较规范的方法发掘了月亮湾遗址。两个多月下来,出土玉、石、陶器 600 余件。[4] 这项工作也拉开了川西平原田野考古发掘的序幕(图二)。

1922 年,叶常青牧师在岷江上游的威州[5]调查采集一批史前遗物,包括个别的彩陶片[6](图三)。1936 年,李济之先生看到这批遗物后说:"我可以确认它们中的一半属新石器时代,剩下一半也可能属新石器时代。"1937 年,瑞典地质学家安特生(Andersson, J.G.)再次来华,经成都前往川西高原的打箭炉(今康定)考察。他也看了这批遗物,一方面肯定其属性为新石器时代的同时也指出,其中的彩陶片与他在甘肃某地的发掘品非常相似。[7]

1939 年,葛维汉博士陪同英国作家 Schuyler V. R. Cammann 去理番(今理县)游历,再次采集到彩陶片,后交由华西大学博物馆收藏。[8] 1942 年,林铭均随同华西大学中国文化研究所主任闻宥前往川西北考察,在威州师范学校后山上的姜维城遗址采集到一批陶片,包括彩陶(19)、红色素陶(46)、绳纹红陶(25)、灰陶(106)等。其中,彩陶均为红陶,绘黑彩。林氏认为这些彩陶花纹与仰韶文化接近,并进而推测:

---

① 董笃宜(V.H. Donnithorne)牧师,毕业于英国剑桥大学,曾在四川汉州福音堂传教,对广汉三星堆遗址的发现和保护有所贡献。

② 应系 1929 年春在广汉南兴(即"中兴场")燕姓农家附近"月亮湾"水田所出。

③ 葛维汉 (David Crockett Graham, 1882—1962),美国阿肯色州人,在惠特曼学院和戈尔伯特罗特斯特神学院获学士学位。1911 年来华,在四川传教。1920 年在芝加哥大学获宗教心理学硕士学位。1927 年以《四川省的宗教》获芝加哥大学博士学位。后前往哈佛大学学习考古学。1932 年任成都华西大学博物馆馆长、人类学教授,教授考古学、文化人类学。葛维汉曾任美国文化人类学会会员、民俗学会会员、远东研究所成员、皇家地理学会会员和美国纽约动物学会终生会员。在任华西博物馆长期间,他曾多次前往川西北进行考古和人类学考察,发表一大批报告。在四川期间还主持过汉墓、邛窑、琉璃厂窑的发掘,购入大量民俗文物和民间工艺品,大大充实了华西博物馆的收藏。1962 年在美国去世。

④ Graham, David C. (1933-34), A Preliminary Report of the Hanchou Excavation(汉州发掘简报), *Journal of the West China Border Research Society* [i.e. Huaxi Bianjiang yanjiu xuehui zazhi 华西边疆研究学会杂志] 6; 114-131; — (1935), A Late Neolithic Culture in Szechwan Province(四川新石器时代晚期文化), *Journal of the West China Border Research Society* [i.e. Huaxi Bianjiang yanjiu xuehui zazhi 华西边疆研究学会杂志] 7; 90-97;另见:林铭均:《汉州古代遗物的发现及其发掘》,《说文月刊》三卷七期,1942 年,93-101 页。

⑤ 威州,又名新保关,当时属理番县管辖,即今四川汶川县。

⑥ 经葛维汉确认,叶常青牧师发现彩陶片的地点也在威州姜维城。见:Graham, David C. (1938), Neolithic Sherds from Wei Chow (出自威州的新石器时代陶片), *Journal of the West China Border Research Society* [i.e. Huaxi Bianjiang yanjiu xuehui zazhi 华西边疆研究学会杂志] 10; 229.

⑦ Graham, David C. (1938), Neolithic Sherds from Wei Chow (出自威州的新石器时代陶片), *Journal of the West China Border Research Society* [i.e. Huaxi Bianjiang yanjiu xuehui zazhi 华西边疆研究学会杂志] 10; 229.

⑧ 这批采集品未见报道,参见林铭均:《威州彩陶发现记》,《说文月刊》4 卷合订本,1944 年,7 页。

图二 葛维汉(右一)在广汉月亮湾遗址发掘(李永宪先生提供照片)

威州所出陶片,与山西、河南、陕西出土诸器,颇有相似之点,为同一系统之物。故四川与中原文化必早已接触。其文化系由河南而陕西,沿渭水与汉水而进入甘肃南部,然后进入四川,循岷江流域而南下。又理番双耳陶罐显受甘肃陶器之影响,故四川似亦曾接收西北文化,其路线为溯洮河上行而达于岷江。①

此外,林氏还提到,1942年,曾有人在沱江流域的佳山寨②附近发现并采集到新石器时代石器。

截至1949年以前,四川的考古工作绝大部分操控在西方人手中,且大多数是伴随着传教、游历等活动的副产品,没什么学术目的,鲜有正规的调查和发掘,所获资料也多采自地表,内涵较杂,所采石器和陶片大多都被视为史前时期的遗留。1942年,郑德坤将华西博物馆所藏

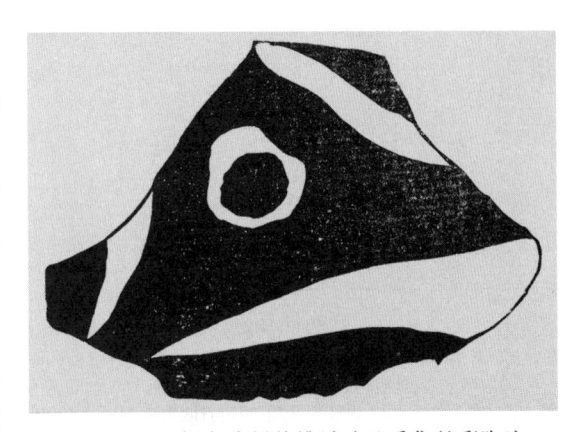

图三 1922年在威州姜维城遗址采集的彩陶片

---

① 林铭均:《威州彩陶发现记》,《说文月刊》4卷合订本,1944年,7—11页。
② 此"佳山寨"应即日后发现的理县"箭山寨"遗址。

的部分早期遗物进行了排比分析,试图寻找其时代特征和文化关联。① 这项工作揭开了四川史前考古研究的序幕。但囿于资料,四川的史前文化依旧笼罩在迷雾之中。

二

1949年以后的很长一段时间,四川的考古基本都是配合基本建设的副产品。其中,比较重要的史前考古发现有如下一批:

1. 随着三峡水库建设的论证提上议事日程,20世纪50年代末开始了在川东地区的考古调查,发现了忠县㽏井沟、巫山县双堰塘等早期遗址。② 随后,在三峡水库淹没区发掘了巫山大溪、③忠县㽏井沟④等遗址,出土一批史前时期的重要文物。

2. 20世纪50年代末至60年代,四川省文物管理委员会、四川大学历史系等单位在川西北的茂县、理县和汶川等地开展考古调查,再次发现含彩陶因素的史前遗存。⑤

3. 20世纪70年代以后,四川的考古工作扩展到川东小三峡流域、重庆周边、大渡河流域、青衣江流域和西昌的安宁河谷等地,并有一系列新发现。

截至1984年,四川的史前考古有了较大改观。根据新的发现,有学者将四川的原始文化分成七个类型,进而归纳为不同系统的三个区域考古学文化:即"三峡地区的大溪文化""川西山区的新石器文化"和"早期巴蜀文化"。⑥ 上述观点大体代表了这一时期的认识水平。

归纳20世纪40年代末到80年代前期四川史前考古的特点:首先,这一时期发现的史前遗址均位于远离成都平原的边缘地区。其次,其性质多为外来文化或外力影响下混杂的次生文化。如大溪文化来自三峡以东的长江中游地区;岷江上游含彩陶因素的遗存来自甘肃南部。再次之,有部分遗址的绝对年代明显偏晚,如忠县㽏井沟以尖底杯为代表的遗存已晚至青铜时代;礼州遗址的年代属于新石器时代,但绝对年代应在公元前2千纪中叶前后。至于四川的中心——成都平原的史前文化究竟是个什么样子?依旧是个大未知数。

三

1984年,国家文物局在成都召开了全国第一届考古工作汇报会。在这次会上,苏秉

---

① Cheng Te-k'un 郑德坤(1942), The Lithic Industries of Prehistoric Szechwan(四川史前石器文化), *Journal of the West China Border Research Society* [i.e. Huaxi Bianjiang yanjiu xuehui zazhi 华西边疆研究学会杂志] 14A: 1–16.
② 袁明森、庞有林:《四川忠县发现新石器时代遗址》,《考古通讯》1958年5期;四川省博物馆:《四川省长江三峡水库考古调查简报》,《考古》1959年8期;四川省博物馆:《川东长江沿岸新石器时代遗址调查简报》,《考古》1959年8期。
③ 四川长江流域文物保护委员会文物考古队:《四川巫山大溪新石器时代遗址发掘》,《文物》1961年11期;四川省博物馆:《巫山大溪遗址第三次发掘》,《考古学报》1981年4期。
④ 四川省长江流域文物保护委员会文物考古队:《四川忠县㽏井沟的试掘》,《文物》1962年8期。
⑤ 四川省文物管理委员会:《四川茂汶自治县考古调查》,《考古》1959年9期;四川大学历史系考古教研组:《四川理县汶川县考古调查简报》,《考古》1965年2期。
⑥ 赵殿增:《四川原始文化类型初探》,《中国考古学会第三次年会论文集》,文物出版社,1983年,115—120页。

琦先生指出:"成都与广汉有时间跨度相同的阶段,约从五千年到三千年,上下可以串起来,成系统,有特征。"①这次会议及苏先生的讲话对四川的考古产生了巨大推动,并成为一个重要的转折点。此后,四川的考古工作逐步转入正轨,进入良性发展时期。

20世纪80年代后期,在四川周边的山地和丘陵地带新发现一批史前遗址。其中,最早的一波发现几乎全都集中在四川东北部的嘉陵江流域(包括其支流渠江和涪江)。经正式发掘的遗址有:绵阳边堆山,②广元中子铺、③张家坡、④邓家坪、⑤巴中月亮崖、⑥通江擂鼓寨,⑦宣汉罗家坝,⑧阆中蓝家坝,南充淄佛寺等。这些遗址面积都不大,堆积也不厚。出土物不多,比较突出的特点是流行一种压印花边口的深腹陶罐,显示出较独特的地域风格。另有一点,即凡地理位置靠北的遗址年代则偏早。如广元一带发现的几处遗址在距今7000—5000年;通江、巴中、绵阳一线及位置偏南的遗址在距今5000—4500年。⑨可见这个区域的史前文化应来自北面陇南的白龙江流域和陕南的汉水上游,进入嘉陵江及支流河谷后,顺势而下,最终与长江沿岸的原始文化发生接触和互动。

第二波的考古发现集中在川东南地区,其背景是为配合三峡水库淹没区地下文物保护而展开的大规模抢救性发掘。自20世纪90年代初开始,前后历经10余年,在三峡库区范围内调查发掘了一大批史前遗址。其中重要的有:巫山魏家梁子、⑩奉节老官庙、⑪万州苏和坪、⑫忠县哨棚嘴、⑬中坝、⑭丰都玉溪坪⑮等。研究表明,此区域内年代偏早的

---

① 苏秉琦:《西南地区考古:在四川广汉三星堆遗址考古座谈会上的讲话》,《华人·龙的传人·中国人——考古寻根记》,辽宁大学出版社,1994年,16页。
② 何志国:《绵阳发掘边堆山新石器时代遗址》,《四川文物》1990年2期;中国社会科学院考古研究所四川工作队:《四川绵阳市边堆山新石器时代遗址调查简报》,《考古》1990年4期。
③ 中国社会科学院考古研究所四川工作队:《四川广元市中子铺新石器遗存》,《考古》1991年4期。
④ 中国社会科学院考古研究所四川工作队、四川省广元市文物管理所:《四川广元市张家坡新石器时代遗址的调查与试掘》,《考古》1991年9期。
⑤ 王仁湘、叶茂林:《四川盆地北缘新石器时代考古新收获》,《三星堆与巴蜀文化》,巴蜀书社,1993年,257—265页。
⑥ 雷雨、陈德安:《巴中月亮岩和通江擂鼓寨遗址调查简报》,《四川文物》1991年6期。
⑦ 四川省文物考古研究所、通江县文物管理所:《通江县擂鼓寨遗址试掘报告》,载四川省文物考古研究所编:《四川考古报告集》,文物出版社,1998年,41—58页。
⑧ 四川省文物考古研究所、达州地区文物管理所、宣汉县文物管理所:《四川宣汉罗家坝遗址2003年发掘简报》,《文物》2004年9期。
⑨ 王仁湘、叶茂林:《四川盆地北缘新石器时代考古新收获》,《三星堆与巴蜀文化》,巴蜀书社,1993年,257—265页。
⑩ 中国社会科学院考古研究所长江三峡考古工作队:《四川巫山县魏家梁子遗址的发掘》,《考古》1996年8期。
⑪ 吉林大学考古学系:《四川奉节老关庙遗址第一、二次发掘》,《江汉考古》1999年3期;吉林大学考古学系、四川省文物考古研究所:《奉节县老关庙遗址第三次发掘》,载四川省文物考古研究所编:《四川考古报告集》,文物出版社,1998年,11—40页。
⑫ 重庆市文物考古研究所等:《万州苏和坪遗址第二次发掘报告》,载重庆市文物局、重庆市移民局编:《重庆库区考古报告集(2000卷·下)》,科学出版社,2007年,605—708页。
⑬ 北京大学考古文博学院三峡考古队等:《忠县干井沟遗址群哨棚嘴遗址发掘简报》,载重庆市文物局、重庆市移民局编:《重庆库区考古报告集(1997卷)》,科学出版社,2001年,610—657页;北京大学考古学研究中心等:《忠县哨棚嘴遗址发掘报告》,载重庆市文物局、重庆市移民局编:《重庆库区考古报告集(1999卷)》,科学出版社,2006年,530—643页。
⑭ 四川省文物考古研究所等:《忠县中坝遗址Ⅱ区发掘简报》,载重庆市文物局、重庆市移民局编:《重庆库区考古报告集(1998卷)》,科学出版社,2003年,605—648页;四川省文物考古研究所等:《忠县中坝遗址1999年度发掘简报》,载重庆市文物局、重庆市移民局编:《重庆库区考古报告集(2000卷·下)》,科学出版社,2007年,964—1042页。
⑮ 资料藏重庆市文物考古研究所。

史前文化来自长江中游,包括城背溪文化、大溪文化和屈家岭文化。但这些外来文化的分布较为零星,影响也有限。距今5000年前后,哨棚嘴文化①成为三峡地区的主流。该文化风行压印花边口沿的陶罐类组合,整体风格与嘉陵江流域接近,年代也相若(距今5000—4500)。哨棚嘴文化的后继者为中坝文化,其绝对年代的下限已进入夏纪年。②

第三波考古发现集中在川西北高原。按空间区域还可分两个亚区。一个在岷江上游,已发掘的重要遗址有:茂县营盘山、③波西、④白水寨、⑤沙乌都、⑥汶川姜维城、⑦理县箭山寨⑧等。其文化性质分为三组:第一组以波西遗址为代表,内涵与仰韶文化晚期(石岭下类型)相同,年代在距今5000年前;第二组以营盘山遗址为代表,为典型的马家窑文化,距今5000—4600年;第三组以白水寨遗址为代表,文化面貌较独特,应为在当地形成的晚于马家窑文化的新遗存,年代上限在距今4500年左右。另一亚区在大渡河流域,已发掘的重要遗址有:金川刘家寨、⑨马尔康哈休、⑩孔龙村⑪、丹巴罕额依、⑫汉源狮子山、⑬麦坪、⑭石棉三星⑮等。文化性质亦分三组:第一组以刘家寨遗址和哈休遗址为代表,为典型的马家窑文化,距今5000—4600年;第二组以麦坪遗址为代表,文化面貌独特,系马家窑文化在当地的后续变体,年代上限也在距今4500—4000年;第三组以罕额依遗址早期为代表,年代为距今4000年上下。整体看,川西北地区的史前文化可分成早晚两个阶

---

① 也有学者将"哨棚嘴文化"称为"玉溪坪文化"。
② 李水城:《三峡地区的新石器考古学文化及其编年》,载《中国考古学年会第十三次年会论文集》(2010),文物出版社,2011年,38—52页。
③ 成都市文物考古研究所等:《四川茂县营盘山遗址试掘报告》,《成都考古发现(2000)》,科学出版社,2002年,75页。
④ 成都市文物考古研究所:《四川茂县波西遗址2002年的试掘》,《成都考古发现(2004)》,科学出版社,2006年,1—12页。
⑤ 成都市文物考古研究所:《四川茂县白水寨及下关子遗址调查简报》,《成都考古发现(2005)》,科学出版社,2007年,8—14页。
⑥ 成都市文物考古研究所:《四川茂县白水寨和沙乌都遗址2006年调查简报》,《四川文物》2007年6期,3—12页。
⑦ 四川省文物考古研究所:《四川汶川县姜维城新石器时代遗址发掘报告》,《四川文物》2004年(增刊),63—91页。
⑧ 成都市文物考古研究所:《四川理县箭山寨遗址2000年的调查》,《成都考古发现(2005)》,科学出版社,2007年,15—24页。
⑨ 《四川金川刘家寨遗址》,载国家文物局主编:《2012中国重要考古发现》,文物出版社,2013年,32—35页。
⑩ 阿坝藏族羌族自治州文物管理所等:《四川马尔康县哈休遗址调查简报》,《四川文物》2007年4期;陈剑等:《四川马尔康县哈休遗址2006年的试掘》,《南方民族考古》第六辑,科学出版社,2010年,295—374页。
⑪ 成都市文物考古研究所:《四川马尔康县孔龙村遗址调查简报》,《成都考古发现(2005)》,科学出版社,2007年,41—50页。
⑫ 四川省文物考古研究所:《丹巴县中路乡罕额依遗址发掘简报》,《四川考古报告集》,文物出版社,1998年,59—77页。
⑬ 中国社会科学院考古研究所四川工作队:《四川汉源县大树乡两处古遗址的调查》,《考古》1991年5期;四川省文物考古研究院:《大渡河瀑布沟水电站淹没区文物调查简报》,《四川文物》2008年1期。
⑭ 中国社会科学院考古研究所等:《四川汉源县麦坪村、麻家山遗址试掘简报》,《四川文物》2006年2期;四川省文物考古研究院等:《四川汉源县麦坪村新石器时代遗址2007年的发掘》,《考古》2008年7期;四川省文物考古研究院等:《四川汉源县麦坪遗址2006年第二次发掘简报》,《四川文物》2012年4期;四川省文物考古研究院等:《四川汉源县麦坪遗址2008年发掘简报》,《考古》2011年9期。
⑮ 四川省文物考古研究院等:《四川石棉三星遗址发掘简报》,《四川文物》2008年6期。

段,早段是从甘肃南部沿青藏高原东麓进入川西北的仰韶晚期文化和马家窑文化。其中,有部分马家窑文化的因素南下到大渡河中游。晚段为马家窑文化的后续变体,以茂县白水寨遗址和汉源麦坪遗址为代表,但二者又有区别,其后续影响分别波及成都平原和更南面的安宁河谷和长江三峡地区。

第四波考古发现集中在川西南的雅砻江下游,已发掘的重要遗址有:西昌横栏山、[1]马鞍山、[2]棱木沟、[3]营盘山[4]等。所见遗物流行造型各异的罐类器皿,尤以口缘外侧贴塑附加堆纹的喇叭口罐为最,年代距今 4500—4000 年,下限有可能更晚。此类遗存集中分布在安宁河谷,有学者建议以"横栏山文化"命名。[5]

同前一阶段类似,上述史前时期的遗址也集中分布在成都平原外围的川西高原和丘陵地带,按遗址所在空间位置及河流水系,可将其整合为五个文化交互圈。第一是"川东北文化圈",以嘉陵江流域为中心,北起广元,南止于合川,东接渠江,西倚涪江。第二是"渝东—三峡文化圈",以川东南长江沿岸为中心,西起宜宾,东至巫峡,包括长江南北两岸的若干支流河谷。第三是"川西北文化圈",东起岷江上游,西至大渡河上游,北依阿坝草原,南抵丹巴—小金—都江堰一线。第四是"大渡河中游文化圈",即以汉源为轴心的大渡河中游地区。第五是"安宁河文化圈",指以西昌为中心的川西南地区(图四)。

四

由岷江冲积扇构成的成都平原恰好被这五个文化交互圈所环绕。20 世纪 80 年代初,四川省文物考古研究所在挖掘广汉三星堆遗址时,发现了文化面貌独特的第一期遗存。经碳十四检测,为距今 4600—4500 年(树轮校正值),这是在成都平原首次发现的新石器时代晚期遗存。非常遗憾,1987 年刊布的发掘报告[6]对此期文化内涵介绍极为概略,而且几乎没发表什么遗物资料,极不应该地冲淡了这一重要发现。随着三星堆祭祀坑的惊世大发现,第一期遗存的重要意义很快就在大量怪诞的青铜人面、青铜神树、金杖和玉器的耀眼光环之下被淹没了。

---

① 西昌市文物管理所:《四川西昌市横栏山新石器时代遗址调查》,《考古》1998 年 2 期;成都市文物考古研究所等:《四川西昌市大兴横栏山遗址调查试掘简报》,《成都考古发现(2004)》,科学出版社,2006 年,20—38 页。
② 成都市文物考古研究所等:《四川西昌市经久乡马鞍山遗址调查试掘简报》,《成都考古发现(2005)》,科学出版社,2007 年,88—113 页。
③ 四川省文物考古研究院等:《凉山州西昌市棱木沟遗址试掘简报》,《四川文物》2006 年 1 期。
④ 成都市文物考古研究所等:《四川西昌市营盘山遗址发掘简报》,《成都考古发现(2005)》,科学出版社,2007 年,62—87 页。
⑤ 江章华:《安宁河流域考古学文化试析》,《四川文物》2007 年 5 期。
⑥ 四川省文物管理委员会、四川省博物馆、广汉文化馆:《广汉三星堆遗址》,《考古学报》1987 年 2 期。

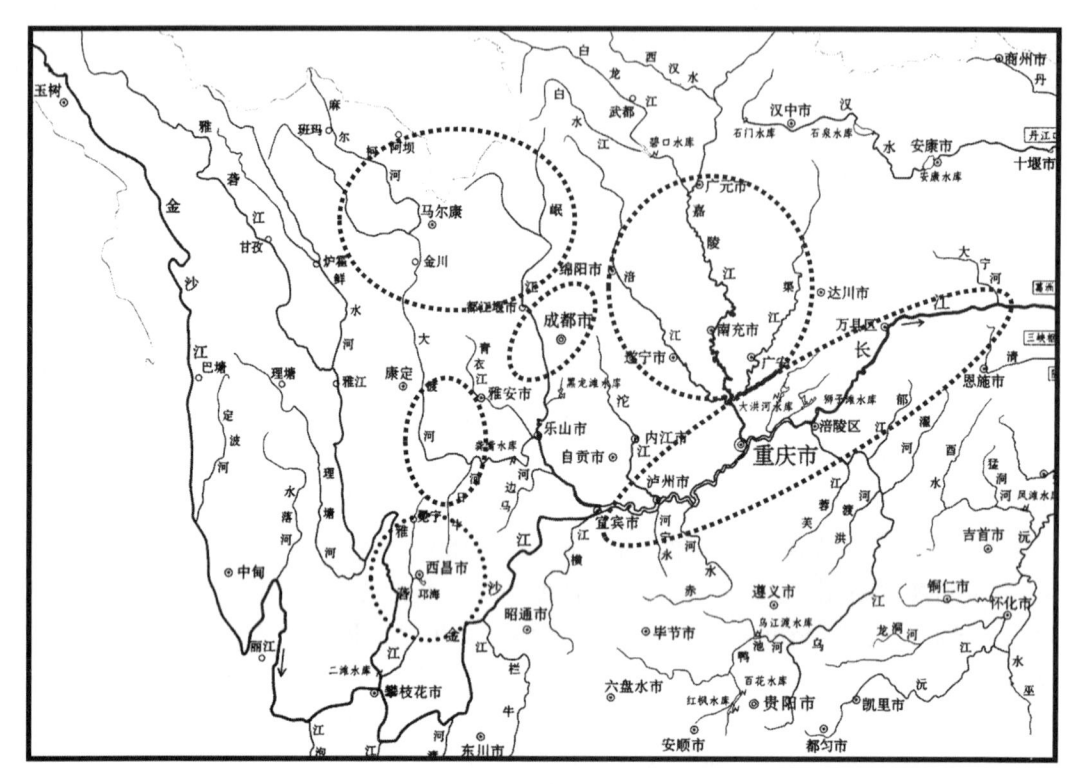

图四　四川史前文化的交互作用圈

　　成都平原史前考古的最大转机出现在1995年。这年,在新津县龙马古城发现了宝墩遗址。经发掘证实,这是座龙山时代的古城,遂被命名为"宝墩文化"。[①] 宝墩遗址所出生产工具以石器为主,石器材质普遍较好,磨制较精,器类以斧、锛、凿为主,也有少量刀、镞和钺。生活用具主要为陶器,分为泥质和夹砂两类,以泥条盘筑和慢轮修整为主,泥质灰白陶、灰黄陶为主,也有少量泥质褐陶。夹砂陶多灰色,少量褐色。流行平底器和圈足器,典型器有绳纹花边口罐、敞口圈足尊、喇叭口高领罐、平底尊、盆、壶及少量的豆、筒形罐等。器表装饰多见水波划纹、戳印纹、瓦棱纹、弦纹,特别是口唇部位常戳印锯齿状花边。[②] 上述特征与广汉三星堆第一期和绵阳边堆山遗址非常接近。

　　继宝墩古城发现后,很快又在成都平原找到了另外七座古城。它们是:温江鱼凫古城、[③]

[①] 成都市文物考古工作队、四川联合大学考古研究所:《四川新津宝墩遗址的调查与试掘》,《考古》1997年1期;中日联合考古调查队:《四川新津县宝墩遗址1996年发掘简报》,《考古》1998年1期。
[②] 《宝墩遗址——新津宝墩遗址发掘和研究》,成都市文物考古研究所、四川大学历史系考古教研室、早稻田大学长江流域文化研究所,2000年。
[③] 成都市文物考古工作队、四川联合大学考古教研室、温江县文物所:《四川省温江县鱼凫村遗址调查与试掘》,《文物》1998年12月;李明斌、陈云洪:《温江县鱼凫村遗址1999年度发掘》,载成都市文物考古研究所编:《成都考古发现(2001)》,科学出版社,2003年,40—53页。

郫县古城、①都江堰芒城、②崇州双河古城、③紫竹古城、④大邑盐店古城、高山古城⑤（图五）。这批古城年代有早晚，整体文化面貌与宝墩相同，应属同一时期的遗留，年代上限在距今4600—4500年，下限已进入夏纪年。这一系列的重大发现不仅填补了成都平原史前考古的长期空白，也彻底扭转了学界的传统认识，四川的史前考古一跃而进入鼎盛发展时期。

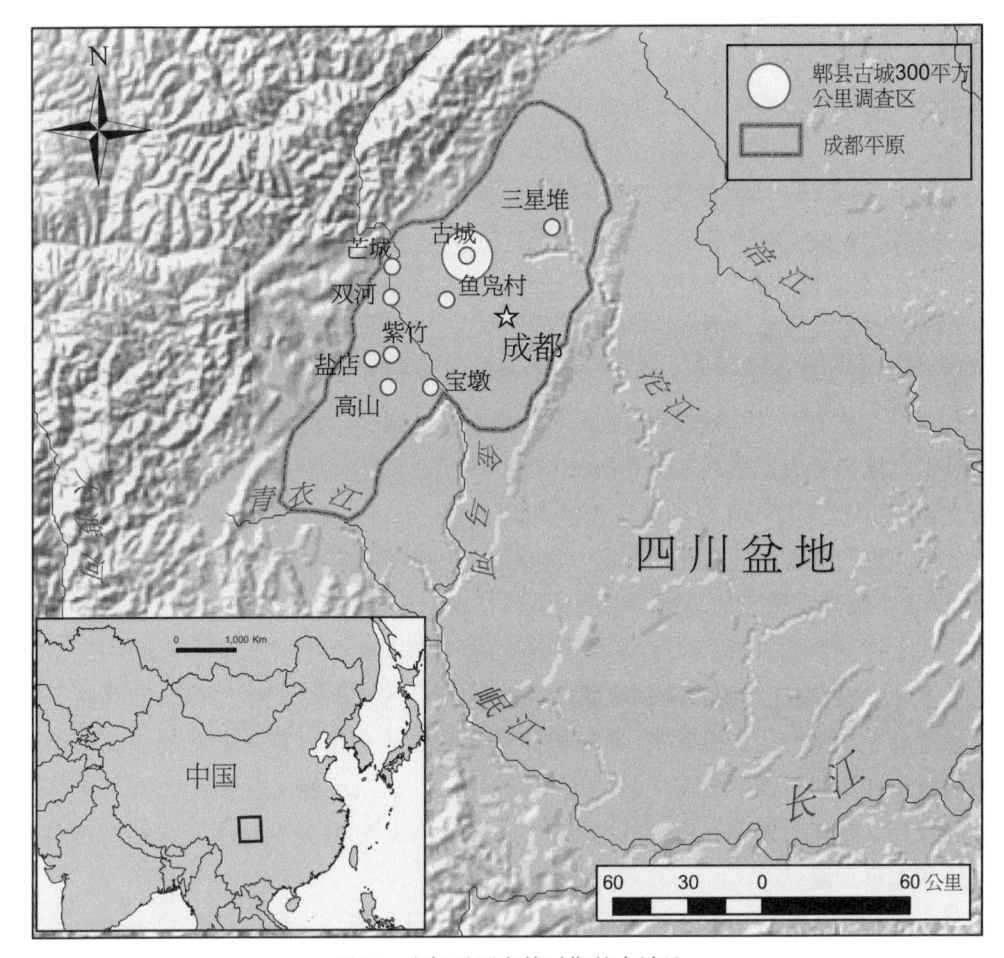

图五 成都平原史前时期的古城址

---

① 成都市文物考古工作队、郫县博物馆：《四川郫县古城遗址调查与试掘》，《文物》1999年1期；成都市文物考古研究所、郫县博物馆：《四川省郫县古城遗址1998—1999年度发掘收获》，载成都市文物考古研究所编：《成都考古发现（2001）》，科学出版社，2003年，29—39页。
② 成都市文物考古工作队都江堰市文物局：《成都市都江堰芒城遗址调查与试掘考古》1999年7期，14—27页；中日联合考古调查队：《都江堰市芒城遗址1998年度发掘工队简报》，载成都市文物考古研究所编：《成都考古发现（2001）》，科学出版社，2003年，54—98页；中日联合考古调查队：《都江堰市芒城遗址1999年度发掘工队简报》，载成都市文物考古研究所编：《成都考古发现（2001）》，科学出版社，2003年，99—126页。
③ 成都市文物考古研究所等：《四川省崇州市双河史前城址发掘简报》，《考古》2002年11期。
④ 成都市文物考古研究所、中国社会科学院考古研究所四川队：《崇州市紫竹古城》，《中国考古学年鉴（2001）》，文物出版社，2002年。
⑤ 成都市文物考古研究所、大邑县文物管理所：《大邑县盐店和高山新石器时代古城遗址》，《中国考古学年鉴（2004）》，文物出版社，2005年，353—354页。

五

综上所述,根据一个世纪来的考古发现和研究,可对四川地区的史前文化发展历程做如下几点归纳:

第一,四川的史前文化经历了一个"三部曲"式的发展过程。第一阶段在距今5000年前,来自不同方向的外来文化分别进入川西高原、嘉陵江河谷、长江三峡地区;第二阶段在距今5000—4500年,来自不同方向的考古学文化在各地蔓延、扩散,并逐渐向着具有本地特色的区域考古学文化演变;第三阶段在距今4500年以降,开始形成不同区域的考古学文化。其中,进入什邡一带的外来文化通过不断的交互产生了宝墩文化,并全面进驻成都平原。这种由外来文化主导形成的"次生型"文化发展模式与中原地区的"原生型"有本质上的差别,也可看作是"西北模式"的另类表现。这个案例再次证明不同地区的考古学文化有着各自不同的演进模式。

第二,宝墩文化内涵的多元特点暗示它是周边不同原始文化频繁互动的结果,对此学界已有共识。前不久,什邡桂圆桥遗址发现的地层关系为追溯宝墩文化的源头和地点提供了线索。桂圆桥遗址早期不见彩陶,但有着鲜明的马家窑文化特征;晚期则属于典型的宝墩文化。① 从空间看,什邡的地理位置相当重要,其西北依龙门山系,山背后即马家窑文化分布的岷江上游。其东北的浅山丘陵区分布有绵阳边堆山遗址,所出陶器之形态、质地、色泽和花纹与宝墩近似,且年代也更早。其东南为广汉和成都平原,三星堆第一期遗存的年代上限为距今4600年,恰好是宝墩文化的滥觞期。以上考古发现表明,公元前3千纪前半叶,来自岷江上游和涪江流域(嘉陵江水系)的史前文化在什邡一带碰撞、融合,共同孕育出了宝墩文化。再后来,来自长江三峡的史前文化也曾北上影响成都平原。这一格局曾长期左右了四川史前文化的历史发展进程,从三星堆文化到十二桥文化莫不如此。即便到了东周时期,秦、楚也从未停止对巴、蜀的觊觎,并分别从南北两侧对其实施文化渗透和军事征服。

第三,为何直到距今4500年前后才有史前文化进入成都平原?这恐怕与当地的水系和环境密切相关。四川西部为青藏高原东麓,东北有秦巴山地,东南是低洼的盆地。这种西北高东南低的地势造成四川境内所有河流均自北向南流入长江。其中,岷江在都江堰山口倾泻而出,大量河水涌入低洼的成都平原,使其成为河湖水网密布的泽国,这或许是早期入川的外来文化难以进入成都平原的根本原因。推测在距今4500年前后,成都平原曾发生过一次大的气候干冷事件,导致河水流量骤减,洼地的水位下降,宝墩文化的先民开始占据出露的高地,定居下来。随即,人们开始了漫长的适应与治水工程,其中就包括为躲避水患而营建的大型的公共防洪工程,宝墩文化八座古城的出现即可为证。这个征

---

① 四川省文物考古研究院、德阳市博物馆、什邡市博物馆:《四川什邡桂圆桥新石器时代遗址发掘简报》,《文物》2013年9期。

服自然、战胜自然的过程持续了两千余年,直至蜀守李冰完成都江堰水利工程,成都平原才最终成为"水旱从人,不知饥馑"的天府之国。

第四,四川史前文化的演进揭示了北方黄河流域与南方长江流域对接与融合的完整过程,这条南北通道的开凿对华夏文明的发展与扩散具有深远的影响。随着这条联结西北与西南的"半月形边地文化传播带"的出现,不仅带动了源源不断的民族迁徙和经贸文化往来,也将悠久的中华文明输送到遥远的川、滇、黔边地,其辐射力甚至跨越了国界,远及东南亚,甚至南亚地区。对此,苏秉琦先生曾有一段精彩的总结:

> 四川是西南地区的重点,在古文化古城古国发展中处于领先地位。同时,四川地区的古文化与汉中、关中、江汉以至东南亚,四面八方都有关系。从西南地区看,巴蜀是龙头,从中国和东南亚关系看,四川又是东南亚的龙头。所以,要从长远的角度制定规划我们的工作任务。[①]

谨以此文祝贺徐光冀先生八十寿辰!

后记:

1982年我本科毕业,因故改派四川博物馆。离校之前,严文明先生嘱咐我这样一段话(大意):"四川的新石器文化至今不清楚,你去了以后要从一点一滴做起,坚持下去,必有收获。"惭愧的是,在成都三年我未曾参与任何与史前考古有关的工作。1985年我重返北大,研究方向和研究兴趣也随之转向西北。1993年,我率队前往三峡参与忠县的考古。进入21世纪,又连续多年在四川郫县开展区域考古国际合作调查,遂重新关注四川的史前考古。此文即这一时期的断续思考。在此抛砖引玉,望界内同行予以批评指正。

2015年岁首定稿于北京蓝旗营寓所

本文曾发表在:《庆贺徐光冀先生八十华诞论文集》,科学出版社,2015年,40—42页。

[①] 苏秉琦:《西南地区考古:在四川广汉三星堆遗址考古座谈会上的讲话》,《华人·龙的传人·中国人——考古寻根记》,辽宁大学出版社,1994年,16页。

从"过渡类型"遗存到西城驿文化

一

1986年,我们在甘肃河西走廊进行的史前考古调查过程中,发现一种内涵较独特的遗存。最早是在金塔县文化馆见到2件无论造型还是彩绘花纹都很别致的彩陶罐,乍一看很像是马厂文化的东西,又有点四坝文化的味道,但却很难确认其归属。随后我们在酒泉干骨崖遗址调查时采集到一批泥质红陶、橘红陶或橘黄陶残片,器类多为双耳罐、单耳罐和小口壶等。彩陶较多,流行黑彩几何纹,颜料不显浓稠,花纹笔触较流畅,特点是同样兼有马厂文化和四坝文化的某些特征。总体看来,此类遗存自身特点突出,类似遗物在酒泉市博物馆、山丹县博物馆也有少量藏品。在1987年进行的文物普查中,相继在酒泉西河滩、金塔二道梁和缸缸洼等地发现有类似遗存。[①]鉴于考古资料匮乏,加之缺少地层关系和共存证据,对于如何确定此类遗存的性质、归属和年代,一时难作决断,只好暂时将其归入马厂文化晚期。

1987年夏,我们在酒泉干骨崖墓地进行发掘,又有一些新发现。最重要的是在该墓地南区T14内发现了此类遗存与四坝文化之间的地层叠压关系,对解开此类遗存的谜团具有决定性的意义。

T14的堆积很简单,从上到下共分四层(图一)。

第一层:表土或现代扰土,厚0.20米左右。土色灰色泛黑,质地较坚硬,内含较多细碎砂砾和少量陶片。

第二层:为含较多砂砾的灰褐色土,厚0.35—0.50米。质地较坚硬,包含遗物不多,主要为陶片。

第三层:为含较多砂砾的灰褐色土,厚约0.40米。质地较坚硬,与第二层差异不是很大。包含物主要为少量碎陶片。

第四层:疑为生土,质地坚硬,颜色与第三层接近。包含物多为个体稍大的角砾,无任何遗物。

T14第二层出土遗物多为夹砂红褐陶、灰褐陶、灰陶和少量的泥质红陶。彩陶的特点

[①] 上述资料请参见甘肃省文物考古研究所、北京大学考古文博学院:《河西走廊史前考古调查报告》,文物出版社,2011年。

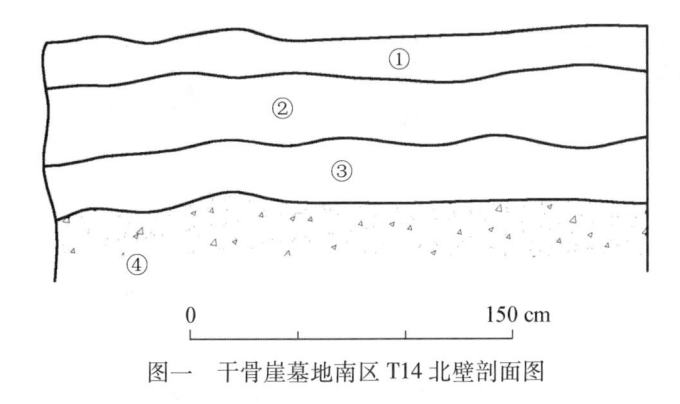

图一 干骨崖墓地南区T14北壁剖面图

是器表施紫红色、黄白色陶衣,绘黑彩横竖条带几何纹。彩绘颜料显得浓稠,画面线条滞涩,不甚流畅。夹砂素陶装饰简单,个别饰压印纹等。可辨器类多为双耳罐、筒形罐盖、器盖、方盒、大口罐、瓮等(图二)。

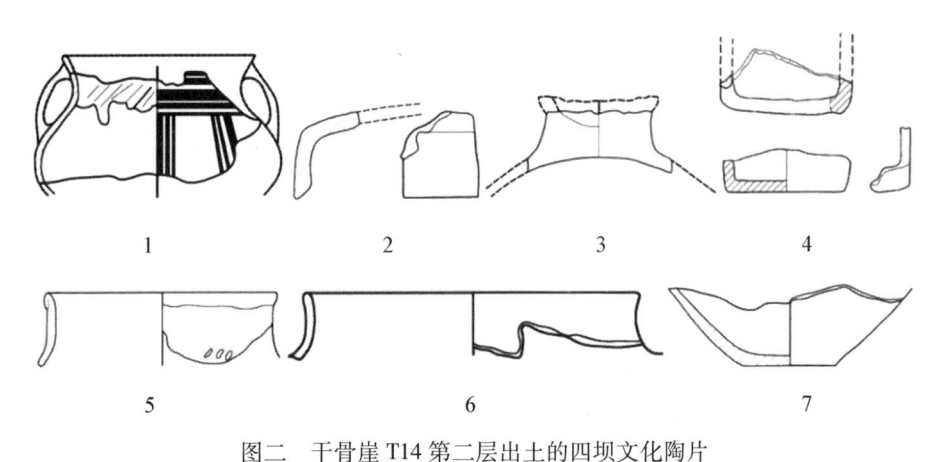

图二 干骨崖T14第二层出土的四坝文化陶片
1. 双耳罐(T14上:9) 2. 筒形罐器盖(T14上:1) 3. 器盖(T14上:8)
4. 陶方盒(T14上:2) 5、6. 罐口(T14上:4、6) 7. 罐底(T14上:3)

T14第三层所出遗物以夹砂红陶、红褐陶为主,部分橙黄陶、橙红陶和灰褐陶。彩陶多施红衣或红褐衣,以绘黑彩为主,极个别红彩。花纹流行横竖线、斜线组成的条带或网格纹。所用颜料不显浓稠,画面线条流畅。夹砂陶分为夹细砂、夹粗砂两类,部分施细绳纹、篮纹、压印纹、附加堆纹等。可辨器类主要为双耳罐、堆纹口罐、小口罐、瓮等(图三)。

T14第二层所出遗物属于典型的四坝文化;第三层所出遗物与地表采集的那种新的遗存相同,应属同类性质。考虑到第三层出土物与以永昌鸳鸯池为代表的河西马厂文化有相似之处,但又有所区别,估计其年代要晚于后者。特别是所出遗物中还混杂个别施篮纹、绳纹的陶片,很像是齐家文化的东西,可见它们之间存在联系。以上诸点中,最重要的是从地层上解决了此类新遗存的年代早于四坝文化,晚于河西地区的马厂文化,所在位置恰好处在这两支史前文化之间,具有承上启下的过渡性质。有鉴于此,我们认为应将干骨崖T14第三

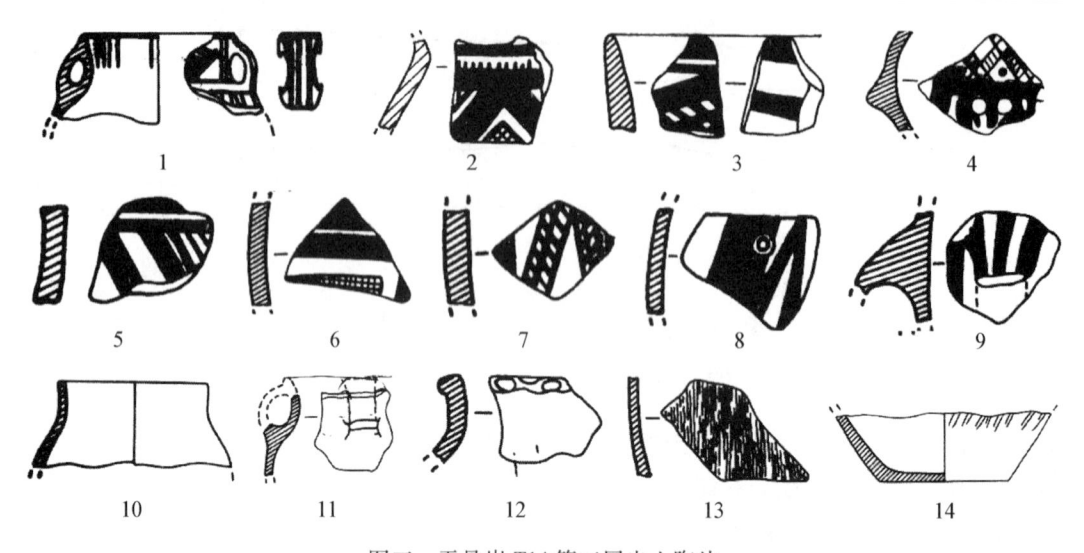

图三　干骨崖 T14 第三层出土陶片

1—4. 彩陶罐（T14 下：1、2、10、19）　5—9. 彩陶片（T14 下：3、20、25、33、27）
10、11. 罐口（T14 下：35、37）　12—14. 纹饰陶片（T14 下：40、13、41）

层代表的遗存作为一个独立的文化发展阶段,并建议暂命名为"过渡类型"遗存。[1] 同时希望,一旦日后发现有内涵更加丰富、性质更为单纯的遗址,再行调整并给予新的文化命名。

二

"过渡类型"遗存在河西走廊史前文化的发展序列上占有重要位置。但学界至今对其缺乏深入的了解,以至于时常有人将其与马厂文化或齐家文化混为一谈。因此很有必要对此类遗存展开进一步的讨论。可喜的是,自 20 世纪 90 年代以来,在河西走廊及周边地区不断有一些新发现,极大地充实了"过渡类型"的内涵。[2] 特别重要的是还发现有内涵单纯的"过渡类型"遗址和墓葬,为深入探讨"过渡类型"的性质、年代、分布以及与周边其他考古学文化的关系提供了重要资料。在行将讨论之前,这里有必要对历史上的重要发现做一梳理。

1957 年,在甘肃武威皇娘娘台墓地首次发现了"过渡类型"彩陶,器类全部为彩陶双耳罐。[3] 发掘者当时已注意到此类遗存带有马厂文化的某些特征,但却将其看作是齐家文化来源于马厂文化的佐证。[4] 1975 年,甘肃省对皇娘娘台遗址做了第四次挖掘,在 M30、M31、M32 和 M47 等齐家文化墓内再次出土少量的"过渡类型"彩陶,但仍延续了以往的解释。[5] 直至 20 世纪 80 年代,我们通过对皇娘娘台墓地所出彩陶的深入分析,认为

---

[1]　李水城:《四坝文化研究》,载苏秉琦主编:《考古学文化论集》（三）,文物出版社,1993 年,80—121 页;李水城:《河西地区新见马家窑文化及相关遗存》,载《苏秉琦与当代中国考古学》,科学出版社,2001 年,121—135 页。
[2]　甘肃省文物考古研究所、北京大学考古文博学院:《河西走廊史前考古调查报告》,文物出版社,2011 年。
[3]　甘肃省博物馆:《甘肃武威皇娘娘台遗址发掘报告》,《考古学报》1960 年 2 期。
[4]　中国社会科学院考古研究所编:《新中国的考古发现与研究》,文物出版社,1984 年,122 页。
[5]　甘肃省博物馆:《武威皇娘娘台遗址第四次发掘》,《考古学报》1978 年 4 期。

该址的彩陶可分为甲、乙两组。甲组属于齐家文化,特点是用红彩绘制画面疏朗的几何纹;乙组属于"过渡类型",特点是用黑彩描绘较繁缛的几何纹。从器形和花纹的变化看,还可将后者再分成两群:"A"群接近河西地区的马厂文化;"B"群接近四坝文化。① 这一研究首次揭示出齐家文化墓地共存"过渡类型"彩陶的特殊现象。

这以后,再次发现"过渡类型"遗存是在20世纪的80年代末至90年代初。考古工作者在新疆哈密发现一处史前墓地,清理古墓700余座,出土大批遗物。② 据最初发表的资料可知有两组性质不同的遗存。③ 其甲组与四坝文化基本相同;乙组则以贯耳直腹圜底罐为代表,器表满绘黑彩折线、水波等几何纹,为以往所不见的新内容。④ 直到1999年,《新疆文物古迹大观》方才披露该墓地M550随葬的1件彩陶双耳罐。⑤ 此器大概就是早前有学者指出的所谓马厂文化的陶器。⑥ 实际上这是一件典型的"过渡类型"彩陶。后来,新疆学者对该墓地进行分期,披露了更多的"过渡类型"材料。⑦ 从而证实天山北路墓地包含有三组性质不同的文化遗存。其中,年代最早的以M550所出"过渡类型"彩陶为代表;其次才是前面所提到的甲、乙两组遗存。⑧ 已知"过渡类型"早于甲组(四坝文化),但与贯耳直腹圜底罐为代表的乙组遗存关系尚不明。

2000年,在甘肃敦煌南湖林场东南的西土沟调查发现一批遗址。在编号乙的地点采集有少量的"过渡类型"彩陶残片。特点是器表施黄白色陶衣,绘黑彩几何纹,器领(颈)以下位置等距离戳印圆形小凹窝,器腹最大径处捏制乳突。⑨ 这是在敦煌境内首次发现史前时期的彩陶,同时也证实"过渡类型"的分布已进入敦煌。至于这批遗物到底出自墓葬?还是遗址?是否还有其他遗物共存?简报均未交代。

2001年,西北大学等单位在瓜州(原安西县)潘家庄发掘了3座史前时期的墓葬(编号M1、M2、M3),墓穴均为不规则圆角窄长条状的竖穴土坑形制,墓主头向北(偏东或偏西),葬式分别为仰身直肢、乱骨葬和上肢扰乱葬。随葬品包括彩陶双耳罐、素面双耳罐、单耳罐、石器及小件装饰等。其中,双耳罐分小口瘦高型和大口矮胖型,通体绘黑彩几

---

① 李水城:《四坝文化研究》,载苏秉琦主编:《考古学文化论集》(三),文物出版社,1993年,80—121页;李水城:《河西地区新见马家窑文化及相关遗存》,载《苏秉琦与当代中国考古学》,科学出版社,2001年,121—135页。
② 因该墓地分布在哈密林场办事处和雅满苏矿驻哈密采购供应站的院内,曾被命名为"林雅墓地"。后来因为在墓地上方修建一条名为天山北路的道路,遂改为"天山北路墓地"。
③ 哈密文物志编纂组:《哈密文物志》,新疆人民出版社,1993年;哈密地区文物管理所、博物馆编:《哈密古代文明》,新疆美术摄影出版社,1997年。
④ 李水城:《从考古发现看公元前二千纪东西方文化的碰撞与交流》,载北京大学中国传统文化研究中心编:《文化的馈赠——汉学研究国际会议论文集》(考古学卷),北京大学出版社,2000年,256—270页。
⑤ 新疆文物事业管理局、自治区文物考古研究所等:《新疆文物古迹大观》,新疆美术摄影出版社,1999年,112页,图版0261。
⑥ 水涛:《新疆青铜时代诸文化的比较研究》,载北京大学传统文化研究中心编:《国学研究》(第一卷),1994年,447—490页。
⑦ 吕恩国、常喜恩、王炳华:《新疆青铜时代考古文化浅识》,《苏秉琦与当代中国考古学》,科学出版社,2001年,172—193页。
⑧ 李水城:《天山北路墓地一期遗存分析》,载《纪念俞伟超先生文集》,文物出版社,2009年,193—202页。
⑨ 西北大学考古系、甘肃省文物考古研究所、敦煌市博物馆:《甘肃敦煌西土沟遗址调查试掘简报》,《考古与文物》2004年3期,3—7页。

纹。夹砂陶素面为主，常见将器口外侧加厚或施附加堆纹者；肩部贴塑疏朗的细泥条折线纹，器腹最大径位置捏制乳突（图四）。① 潘家庄的发现非常重要，这是在河西走廊首次发现内涵单纯的"过渡类型"墓葬，填补了以往的空白，丰富了"过渡类型"的内涵，对于深化了解此类遗存具有重要价值。

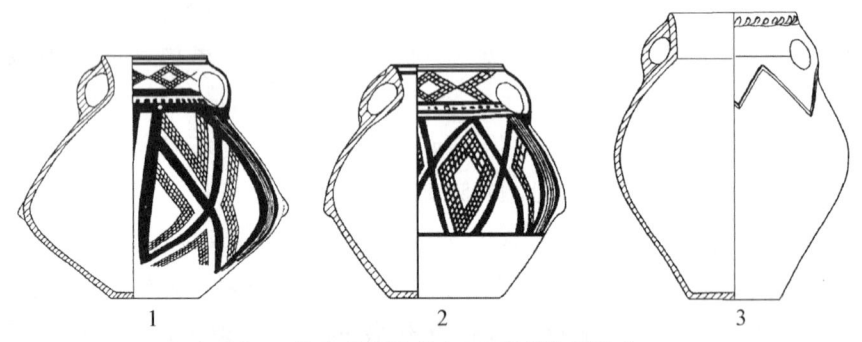

图四　甘肃瓜州潘家庄M2随葬陶器组合

1987年我们曾在酒泉西河滩遗址采集到少量"过渡类型"彩陶片。② 2003—2004年，甘肃省文物考古研究所等单位对该址进行正式发掘，清理出房屋、窖穴、陶窑、畜栏、墓葬等一大批遗迹，出土遗物包括"过渡类型"的彩陶双耳罐、单耳罐，齐家文化的双耳尊及篮纹、绳纹、方格纹陶片等。③ 这一发现再次证实了"过渡类型"与齐家文化有共存关系。

2004年，在内蒙古阿拉善左旗西北约290公里外、力吉苏木一处名为苏红图的地方发现一处史前遗址。2007年④和2011年⑤分别作了复查，采集遗物中有部分"过渡类型"的泥质或夹细砂橙黄陶、红陶和橙红陶彩陶片（图五）。这一发现将"过渡类型"的分布面向北推进到中蒙边界附近。

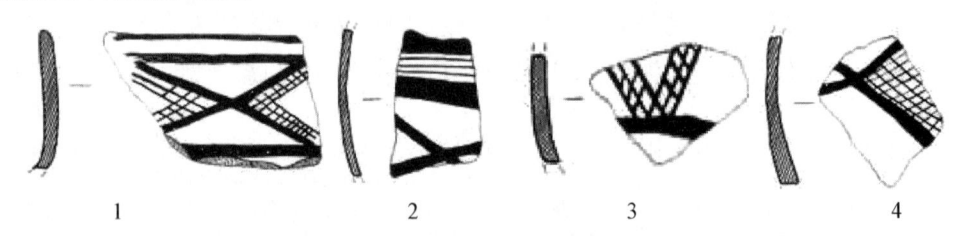

图五　内蒙古阿拉善左旗苏红图遗址采集"过渡类型"彩陶片
1. 彩陶罐（SC2386）　2—4. 彩陶片（SC2388、SC2389、SC2387）

---

① 西北大学考古专业、甘肃省文物考古研究所、安西县博物馆：《甘肃安西潘家庄遗址调查试掘》，《文物》2003年1期，65—72页。
② 甘肃省文物考古研究所、北京大学考古文博学院：《河西走廊史前考古调查报告》，文物出版社，2011年。
③ 甘肃省文物考古研究所：《酒泉西河滩新石器晚期——青铜时代遗址》，载国家文物局主编：《2004中国重要考古发现》，文物出版社，2005年，44—47页。
④ 赵明辉、傲云格日勒、巴戈那：《内蒙古阿拉善左旗苏红图发现大型细石器制作场》，《中国文物报》2007年8月1日二版。
⑤ 北京大学考古文博学院、内蒙古阿拉善盟博物馆：《内蒙古阿拉善左旗苏红图遗址调查简报》，《考古与文物》2016年1期3—8页。

2006年，青海省文物考古研究所在祁连山南侧的大通河上游发掘了长宁遗址，据发表的有限资料可知，该址出土物与武威皇娘娘台墓地接近，属于典型的齐家文化。在该址F7、H43和H76等单位出土少量"过渡类型"的彩陶双耳罐和双耳盆，这是继皇娘娘台、西河滩之后再次发现"过渡类型"与齐家文化的共存关系，并证实"过渡类型"的文化因素已经渗透到祁连山南麓的青海境内。①

2009年，甘肃省文物考古研究所在民乐县六坝镇五坝村发掘一处史前墓地，清理新石器时代晚期墓葬53座。其中包括一批"过渡类型"墓葬。从简报发表资料可知，此地的"过渡类型"墓葬可分两类：一类性质单一，如M26，这座竖穴土坑墓随葬品为单一的"过渡类型"彩陶（图六：左）。另一类性质较杂。如M47，这座竖穴偏洞室墓的随葬陶器以"过渡类型"为主，但还共存有1件典型的齐家文化双大耳罐。② 五坝村的"过渡类型"墓均为仰身直肢葬，墓主头朝南（图六：右）。③

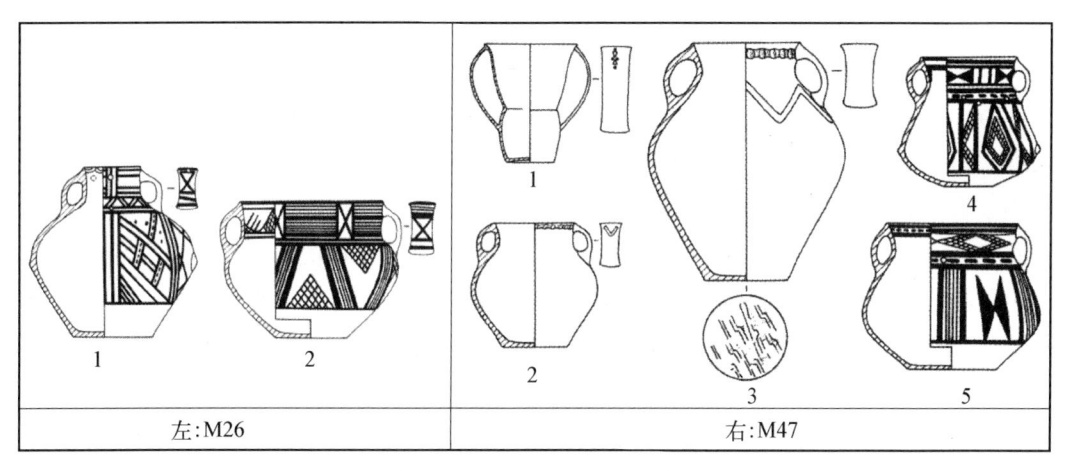

图六　甘肃民乐五坝村M26、M47随葬陶器组合
（引自《甘肃民乐五坝史前墓地发掘简报》）

20世纪40年代，夏鼐、裴文中两位先生先后在张掖西城驿附近的黑水国做过考察，并采集有个别早期遗物。④ 1992年，在黑水国南城西侧沙丘中终于找到了这座消失多年的遗址，并陆续采集到细石器、打制石器、磨制石器、彩陶片、冶炼矿渣、铜矿石、小件铜器等遗物。⑤ 2007年夏，甘肃省文物考古研究所、北京大学考古文博学院等单位曾调查该址，采集有"过渡类型"、齐家文化和四坝文化的遗物。⑥ 2010年至今，甘肃省文物考古研

---

① 青海省文物考古研究所：《青海大通长宁遗址》，载国家文物局主编：《2006中国重要考古发现》，文物出版社，2007年，27页。
② 民乐五坝村发掘简报将M47定为齐家文化性质，但此墓随葬的6件陶器中有5件属"过渡类型"，仅有1件齐家文化的双大耳罐。此墓应属"过渡类型"遗存。
③ 甘肃省文物考古研究所、张掖市文物保护研究所、民乐县博物馆：《甘肃民乐五坝史前墓地发掘简报》，《考古与文物》2012年4期。
④ 甘肃省文物考古研究所、北京大学考古文博学院：《河西走廊史前考古调查报告》，文物出版社，2011年。
⑤ 吴正科：《丝路古城黑水国》，甘肃人民出版社，2008年。
⑥ 甘肃省文物考古研究所、北京大学考古文博学院：《河西走廊史前考古调查报告》，文物出版社，2011年。

究所等单位对该址进行了连续发掘,重要发现有:第一,清理出不同形制的地面建筑和土坯建筑,特别是后者为首次发现。第二,出土一批与冶炼有关的遗存,如铜矿石、炼渣、石范、冶炼炉壁残块、石鼓风管及小件铜器等,显示出当时已掌握了采矿和冶炼铜金属的技术。第三,发现有大麦、小麦、粟、黍等人工栽培的粮食作物,为了解当时的农业生产、作物品种及经济形态提供了重要资料。[1]

除上述发现以外,在酒泉三奇堡、[2]肃南菠萝台子[3]也发现有"过渡类型"的彩陶;在古浪、玉门等地还有一些零星采集品。[4]

三

"过渡类型"发表的资料并不多。为能准确把握此类遗存的性质和特征,本文重点选择了文化性质单一的遗址和墓葬资料,试就"过渡类型"的文化内涵、属性、特征、分布、年代以及来源和去向做一深入的考察。

"过渡类型"的石器、骨器和小件装饰在瓜州(原安西县)潘家庄和民乐五坝村等地有发现。其中,石器分三类:一类为细石器,所见有石叶、石镞、刮削器、尖状器、小石片、石核等。第二类为磨制石器,主要有圆角长方形穿孔石刀、石斧、权杖头等。第三类为打制石器,如带柄石斧、盘状器等。骨器所见有匕、锥、齿状器等。在民乐五坝村还发现有随葬羊距骨和两侧出齿的鞋底状"骨牌"。随葬羊距骨的现象在整个北亚和中亚地区都很流行,鞋底状"骨牌"的功能和用途不明。在潘家庄墓地出有绿松石和各类小珠子组成的串饰。[5]

"过渡类型"的陶器均为手制,器类包括双耳罐、单耳罐、四耳罐、豆、壶、双耳盆、带嘴罐和陶瓮等。素陶有泥质和夹砂之分,后者做工较粗,装饰常见将器口外缘加厚或饰附加堆纹,肩部贴塑泥条折线堆纹,器耳施压印、刻划纹,器腹最大径处捏制乳突,部分器底压印席纹。彩陶数量较多,以泥质红陶或橙红陶为主,器表经打磨,施红衣或黄白衣,绘黑彩(个别红彩),画面构图极富规律性,如彩陶罐的领部通常绘菱形网格、倒三角网格或对三角纹,部分大口双耳罐或双耳盆领部绘"X"纹并间隔以横条带纹,器口内彩绘折线纹或弧边三角纹,肩部流行连续点状纹或梳齿纹,腹部花纹为两分结构,流行粗细复合线纹、菱形网格纹、棋盘格纹等,空白处填补"X"、对三角、折线或"蜥蜴"纹。器耳多绘"X"、横竖条

---

[1] 王辉、陈国科:《甘肃张掖西城驿遗址》,载国家文物局主编:《2011 中国重要考古发现》,文物出版社,2012年,20—23 页。
[2] 酒泉市博物馆藏品,本人于 2008 年参观所见。
[3] 张掖市文物管理局:《张掖文物》,甘肃人民出版社,2009 年,48 页。
[4] 1990 年,我们在葫芦河流域开展环境考古调查时,曾在甘肃静宁县文管所的库房内发现 1 件"过渡类型"彩陶双耳罐,其形态与武威皇娘娘台墓地所出接近。据该所工作人员介绍,此器收购于兰州东侧的甘草店,估计很可能是从河西走廊东部外流出来的。
[5] 这些"骨珠"的质地未做检测,估计它们并非骨质,而是用某种特殊物质烧制的"料珠"一类。有关此类遗物的讨论将另文发表。

带或交叉粗疏网格纹。内彩仅见于豆盘内,绘连续菱格、三角折线、棋盘格、网格折线等组合纹,画面十分繁缛。另外还有一个突出特点,即常常在彩陶罐类器的颈下、器耳上下、豆盘周边等距离地戳印用于镶嵌的圆形小凹窝。

在张掖、金塔、酒泉等地的"过渡类型"遗址多次发现与采矿和金属冶炼有关的遗物。如西城驿遗址出有铜矿石、炼渣、炼炉壁残块、石范、石鼓风管及铜刀、锥子、铜泡、铜环、铜条等小件工具或饰物。可证当时已掌握了从开采矿石、选矿、冶炼、铸造、锻造等一整套的金属冶炼制造技术,并很可能已形成了具有一定专业化分工的生产组织。

"过渡类型"墓葬发现不多,所见多为圆角长方形竖穴土坑形制,个别竖穴偏洞室结构,东西向排列,葬式分为仰身直肢、上肢扰乱葬和乱骨葬。同一墓地内的墓主头向一致(朝北或朝南)。在酒泉西河滩、张掖西城邑等地发掘清理的房屋有方形、长方形和圆形,结构分半地穴、平地起建和土坯搭建三种,显示出较为稳定的聚落形态。

在张掖西城驿遗址出有相当数量的大麦、小麦、粟、黍等人工栽培作物籽粒,可见此时在河西走廊一方面延续传统的粟、黍类旱地作物种植,另一方面随着麦类作物的引入,种植比例加大,并逐渐形成混合的农作物经济形态。考古出土的动物骨骼显示,当地牛、羊等反刍类食草动物明显增多。在酒泉西河滩还发掘出占地面积较大的牲畜围栏,可见其畜养业已形成规模。

"过渡类型"的分布范围广阔,现有遗址点的四至已波及大西北的四个省区。其范围东起甘肃古浪县,西抵新疆哈密市,北至内蒙古阿拉善左旗,南达青海大通县。其分布核心区在河西走廊,特别是张掖以西地区。有趣的是,目前所知文化性质单一的"过渡类型"遗址仅分布在酒泉以西,如瓜州(潘家庄墓地)、敦煌(西土沟乙地点)及新疆维吾尔自治区的哈密(天山北路墓地)。在酒泉以东,"过渡类型"往往与齐家文化共存。在有些齐家文化的墓葬(甘肃武威皇娘娘台)或遗址(青海大通长宁)中出有少量"过渡类型"的彩陶,或在"过渡类型"墓葬出现个别齐家文化的典型器(甘肃民乐五坝村)。

"过渡类型"的前身为河西马厂文化。二者的共性不仅显示在丧葬习俗方面,也表现在陶器组合、器形和装饰上,甚至不少细节元素都很一致,如器颈下和器耳上下戳印圆形小凹窝,器腹捏制乳突等。相较之河湟地区,河西马厂文化的变异幅度较大,区域色彩也更浓郁,分布西界似乎止步于酒泉一线。① 我们曾将河西地区的马厂文化分成三组:甲组特征与河湟地区相同,年代最早,但在河西走廊罕见。乙组以永昌鸳鸯池、武威磨嘴子、张掖西闸、高台直沟沿等遗址为代表。丙组以酒泉高苜蓿地、西高疙瘩滩遗址为代表。② 看来,乙、丙两组之间应存在早晚继承关系,最终经"过渡类型"遗存演进到四坝文化。

20世纪80年代,我们曾就皇娘娘台墓地发现的"过渡类型"彩陶作过讨论,认为其"A"群特征接近河西马厂文化,"B"群接近四坝文化。此论至今看来仍大致不谬,但还需

---

① 截至目前,在酒泉、金塔以西尚未发展典型的马厂文化遗址。
② 李水城:《河西地区新见马家窑文化及相关遗存》,载宿白主编:《苏秉琦与当代中国考古学》,科学出版社,2001年,121—135页。

要进一步完善。通过梳理近年来的考古新发现并加以比较研究,可将"过渡类型"遗存分为三组:

第一组:以甘肃酒泉三奇堡、武威皇娘娘台等遗址出土彩陶为代表,所见主要为彩陶双耳罐。特点是造型略显矮胖,器口大小适中,彩陶花纹已形成"过渡类型"特有的风格,如器领绘连续菱格纹,器腹用粗线条分割画面,再用纤细的几何线条绘制"Π"形网格纹、菱格纹、粗细线条带纹等(图七:上)。

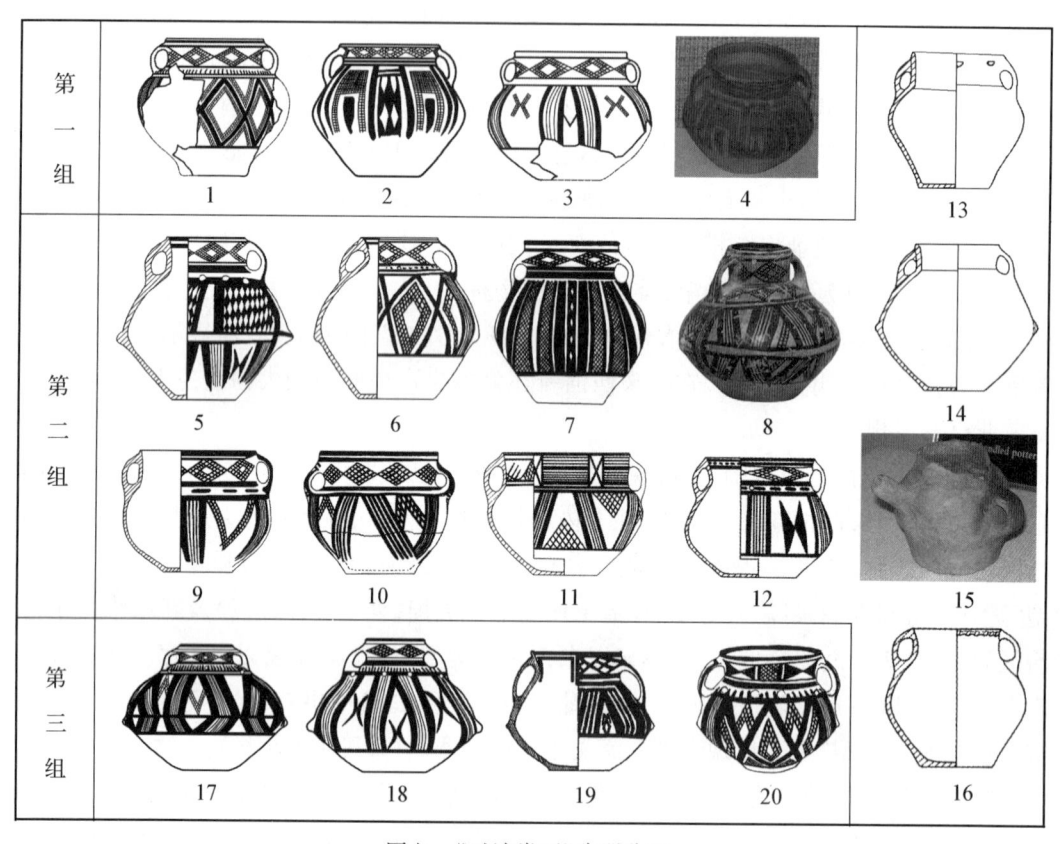

图七 "过渡类型"陶器分组

第一组:1—3. 武威皇娘娘台(M6、57M1、M6);4. 酒泉三奇堡(采);第二组:5、6、9、13、14. 瓜州潘家庄(M1:1、M2:2、M3:2、M3:1、M3:4),7、10. 金塔砖沙窝(JZH-A003、JZH-A002),8. 玉门采,11、12、15、16. 民乐五坝村(M26:2,M47:4,采,M47:1);第三组:17—19. 武威皇娘娘台(采、采、M30:2),20. 哈密天山北路(M550)

第二组:以甘肃瓜州潘家庄、敦煌西土沟、酒泉干骨崖、金塔榆树井(砖沙窝)、张掖西城驿、民乐五坝村、内蒙古阿拉善苏红图、新疆哈密天山北路等遗址为代表。武威皇娘娘台、青海大通长宁等齐家文化遗址也有少量发现。本组的特征是,瘦高型彩陶罐器腹最大径常捏制乳突;腹部花纹两分或四分,个别还分上下层。继续沿用粗线条勾勒画面主体结构,再用纤细的线条绘制并列竖线、相向的粗细斜线、菱形网格、折线网格等。素面陶有双耳罐、单耳罐、敞口罐、带嘴罐等,装饰简单,主要有附加堆纹、折线蛇形堆纹、压印纹等(图七:中)。

第三组：以武威皇娘娘台墓地出土及采集的部分彩陶为代表，哈密天山北路墓地也有所见。本组的特点是，彩陶罐折腹明显，器腹最大径捏制乳突；腹部花纹两分或四分，沿用粗线条勾勒主纹样，再用细线绘制相向的粗细斜线、菱形网格、折线网格，空白处用折线网格、X、菱格、简化蜥蜴纹等补白（图七：下）。

以上三组中的第一组还保留有河西马厂文化的元素，但已铸就"过渡类型"的雏形，系"过渡类型"早期。第二组完全摆脱了河西马厂文化的藩篱，为"过渡类型"的主流阶段。第三组已显露出四坝文化某些特征，是为"过渡类型"的晚期。以上三组遗存清晰地显示出"过渡类型"的演变轨迹，以及它与河西马厂文化和四坝文化的早晚承继关系。

在"过渡类型"遗存中还有一类与上述三组彩陶风格迥异的花纹，特点是全部采用纤细的几何线条绘制折线、横线、网格、编织、垂弧等纹样。通过对其器形和花纹的观察，此类中的偏早者可归入前述第二组，民乐五坝村 M26 两件不同风格的彩陶共存。偏晚者可归入前述第三组，其器形和花纹与四坝文化接近。此类风格的彩陶多见于民乐、张掖、酒泉和金塔等地，在哈密天山北路也有发现，但所绘细线三角斜线、叶脉纹与河西地区不同，地方色彩更为突出（图八）。

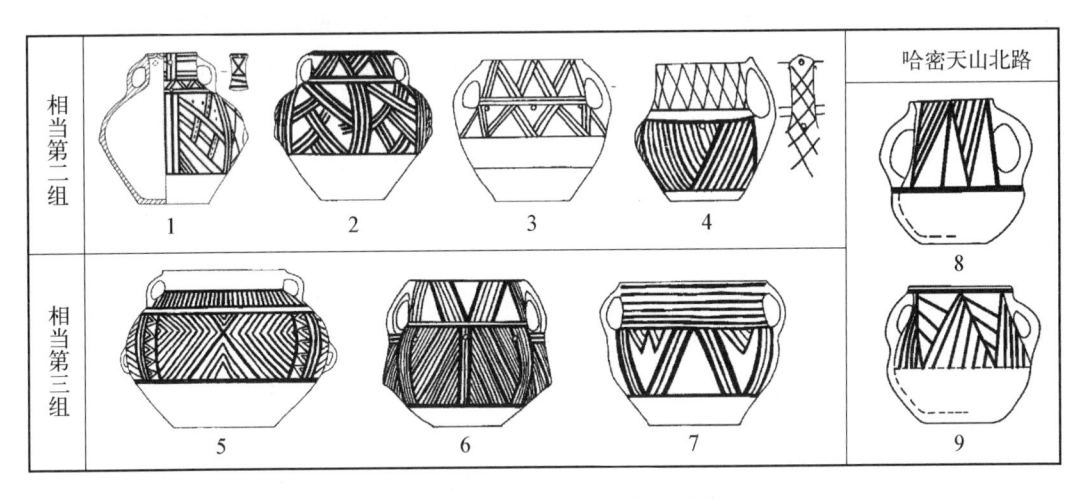

图八 "过渡类型"细线几何纹彩陶
1. 民乐五坝村（M26∶1） 2—4. 金塔二道梁（JE044、JE045、JE048）
5. 金塔缸缸洼（JG052） 6、7. 金塔二道梁（JE046、JE047） 7、8. 哈密天山北路

四

"过渡类型"的分布空间广阔，延续时间也较长，加之其文化面貌与河西走廊以往所见任何一支考古学文化均不同，已经具备了命名为新的考古学文化的条件。

综合考虑，在现有"过渡类型"遗址中，甘肃张掖西城驿发现的遗迹、遗物最为丰富、全面，包括生活聚落、不同结构的房屋建筑、窖穴、陶窑、墓葬以及一大批陶器、骨器、石器、装饰品、铜矿石和冶炼金属遗物、铜器、各类粮食籽粒、动物骨骼等,具有充分的代表性。为此本文建议以"西城驿文化"这一新的命名取代"过渡类型"的旧称。

西城驿文化集中分布在甘肃河西走廊,并向四外蔓延扩散。其中,向西的一只已进入新疆东部的哈密市;向北远达内蒙古阿拉善左旗北部边境;往南,其文化因素渗透到青海大通一带,是继河西马厂文化之后,分布范围跨越西北四个省区、颇具影响力的一支考古学文化。

西城驿文化的确立对于构建河西走廊及周边地区的史前文化序列具有非常重要的意义。研究表明,最早进入河西走廊的是马家窑文化,其在河西分布的西界止步于酒泉。继之而起的是半山文化和以永昌鸳鸯池、武威磨嘴子为代表的河西马厂文化,前者的分布西界在民乐,后者亦未超越酒泉。西城驿文化兴起后,进一步向西、向北发展,分布空间大大超前。也就在这个时期,齐家文化西进河西走廊,亦止步于酒泉、金塔一线,再西则不见其踪迹。有意思的是,在张掖以东,西城驿文化与齐家文化接触频繁,常见你中有我、我中有你的共存现象。也正是由于两者的长期共存和交互,才共同孕育出了四坝文化。

以往我们将西城驿文化的年代估计在距今 4000 年上下,这主要出于如下推测。已知四坝文化形成于公元前 1950 年,既然它源自西城驿文化,那么,前者的年代上限即为后者的年代下限。也就是说,西城驿文化在公元前 1950 年左右演变为四坝文化。同理,已知马厂文化于公元前 2300 年形成,估计它在经历了 150 年左右的时间演变为西城驿文化。那么,后者大致出现在公元前 2150—前 2100 年之间。依此,西城驿文化的年代应在公元前 2100 年前后—前 1950 年。以上仅为假想年代,其真实年代还应以日后检测的科学数据为准。

在河西走廊的张掖、酒泉、金塔等地的西城驿文化遗址曾多次发现与采矿和冶金有关的遗存,显示出该文化的社会发展阶段已进入青铜时代早期。根据上述发现,再联想到河西走廊地下蕴藏的矿产资源,有理由得出这样一个认识,即西城驿文化很有可能代表的是中国西部系统掌握采矿和金属冶炼制造业的一个特殊群体,并在走廊西部形成了一个早期的"冶金中心",甚至有可能是相关产品的"贸易中心"和集散地。或许正是因为有了这样一个中心,对齐家文化产生了强大的吸引力,促使其迫不及待地西进,并与西城驿文化建立了密切的联系。在这个交互进程中,齐家文化还将从西城驿文化习得的冶金术和相关产品扩散东传,在早期东西文化交流的大潮中扮演了重要角色。西城驿文化之后,这个"冶金中心"和技术体系自然而然地传给了四坝文化,后者又将其发展到更高水准。

西城驿文化所在的河西走廊、东疆及内蒙古西北部这个广阔区域位于东西交往之要冲,向西可达西域、中亚乃至遥远的西亚、欧洲;向东穿越陇山为中原大地;向北出阿勒泰可进入俄罗斯南西伯利亚,穿越蒙古戈壁可达外贝加尔;向南出祁连山扁都口可通河湟谷地。掌控这条重要的地理通衢,对于西城驿文化的发展具有重要的战略意义,也因此成就了它在早期东西文化交流中的关键角色。现有的考古发现和研究证实,中原与西方最早接触的时间可追溯到公元前 3000 年前后(仰韶文化晚期至马家窑文化阶段),但最初的一千年进程缓慢,规模也很有限。待进入公元前3千纪末,即西城驿文化形成之后,东西方的文化交往规模加大、速度加快,最明显的证据就是这一时期冶金术、麦类作物、反刍食草类动物等一系列文化特质的引入和东传。

  西城驿文化与齐家文化共存的现象还涉及一个值得思考的问题。此类现象多见于中原地区以外的边陲,内地罕见。按照常规,同时期的考古学文化分别占据各自的领地,早晚变化表现为线性发展关系。有趣的是,西城驿文化与齐家文化既有共享的地域,也拥有各自的独立空间。类似案例还有河湟地区的唐汪文化,它既与辛店文化共存,也出没于卡约文化之中,三者又分属不同的考古学文化。如何诠释此类文化现象?是不同群体之间发生了融合?还是相互之间存在陶器的贸易?抑或其他?⋯⋯这类特殊的现象为我们认识中原核心区域以外边远地区的史前文化发展提供了另类的演进模式,或许这恰好验证了文化人类学中的新进化论和文化生态学所倡导的"多线进化"理论的普遍性。

2014 年春初稿
2014 年夏定稿于北京蓝旗营

本文曾发表在甘肃省文物考古研究所、北京大学考古文博学院、中国国家博物馆综合考古部、陕西省考古研究院、西北大学文化遗产学院编:《早期丝绸之路暨早期秦文化国际学术研讨会论文集》,文物出版社,2014 年,9—21 页。

黄土的馈赠：中国西北的史前陶器及相关研究

陶器是人类最早利用热能改变一种物质的物理化学性质的重要发明，也是人类物质文化发展到一定阶段的产物。目前，学术界对于陶器产生的时间和机制还缺乏了解，认识也不一致。

一般而言，陶器的出现与人类进入新石器时代，实行定居，从事农业生产有着某种必然联系。我国古史传说就有"神农耕而作陶""舜耕历山，陶河滨"的说法。考古发现证实，世界上有很多地区都是先有农业而后才出现陶器的。故有很长一段时间，考古界都把陶器视为人类从旧石器时代进入新石器时代的重要标志。从全球视野看，陶器出现的时间在各地并不一致，且无一定之规。以亚洲为例，西亚和东亚的陶器出现时间就存在很大差距。

中国所在的东亚是世界上最早发明陶器的地区。在长江中游的江西和湖南两省，考古发现最早的陶器为距今18000—16000年。在北方黄河流域和长江下游，陶器出现在距今10000年前后。可见在中国北方、南方，甚至长江中游、下游，陶器的出现也有很大的差异，究其原因，估计与冰后期气候暖化在中国南北出现时间不同有关。环境变化对人类的生业有直接影响，在陶器发明的背后，除了自然原因之外，也有复杂的社会因素。

最早的陶器选料粗放，工艺原始，陶胎内羼入颗粒较大的石英砂。经显微观察，这些羼和料中所含粗颗粒的矿物结晶结构完好，其烧成温度在600—700℃之间。[①] 当时尚未出现陶窑，采用露天堆烧的办法。器物种类单一，所见大多为造型简单的罐、釜一类器皿。功能也非常单纯，即满足炊煮食物的需要。

中国的大西北地处黄河上游，行政区划包括今天的陕西西部、甘肃、青海、宁夏、新疆及内蒙古西部。此区域大部位于黄土高原，从考古学文化的起源和发展看，这里是华夏文明的西北边陲，中原系统的考古学文化由此向西推进，不断分化和异化，加之大西北地域辽阔、环境复杂、气候多变，这也是造成考古学文化谱系错综复杂、地域色彩突出的另一原因。特别是当中原地区已经进入早期国家以后，大西北仍处在史前时期，直至秦汉时期才最终纳入中原王朝的版图。

[①] 李家治等：《新石器时代早期陶器的研究——兼论中国陶器的起源》，《考古》1996年5期。

一、陇东地区

这个地区与陕西关中同属一个地理文化圈。当地最早的史前陶器为新石器时代中期的老官台文化(约距今8000—7000)。该文化分布在渭水流域和汉水上游,制陶工艺还处在较原始的内模敷制法阶段,小型器直接用手工捏制。陶胎内普遍羼有颗粒较均匀的细砂。参照中原的考古发现,老官台文化应该使用了结构简单的陶窑,陶器的烧成温度为800—900℃。

老官台文化的陶器以红色、红褐色为主。因烧造火候偏低,器表常常夹杂红色、褐色斑块。器类较简单,主要是生活用具,可分为炊具、存储饮食器、水器三类。具体有罐形鼎、圆腹罐、三足钵、圜底盆、圜底钵、筒形深腹罐、碗、杯和小口瓮等。器表装饰较规整的交错绳纹,也有少量细绳纹、附加堆纹。特别是出现了花纹构图简单的彩陶,在盆、钵类器皿的口沿内外用红彩绘制宽窄条带纹,或在器内壁绘"水波"、"蛇形"、"波折"、"螺旋花卉"、"+"、"箭头"等符号。这是中国境内目前所见年代最早的彩陶。

老官台文化的陶器制作技术已较成熟,此前还应有个更原始的草创阶段。

进入仰韶文化后,陇东地区的史前文化与关中基本保持同步,可分为早期(半坡类型,距今5900—5000)、中期(庙底沟类型,距今6000—5500)和晚期(西王类型,距今5500—5000)。从分布区域看,仰韶早期的分布西界大致在陇山左近;中期开始向西推进,但幅度不是太大;晚期已进入河湟地区、[1]岷江上游一带。

在制陶工艺上,仰韶早期仍延续内模敷制法和手工捏塑法。很快出现了泥条盘筑法,并迅速普及。半坡类型晚期出现了慢轮修整术。[2] 陶器造型更加规整,胎壁厚薄均匀,器表圆润光滑。这个时期的陶窑均为横穴式结构,火塘、窑室尚未分开。还有一些浅穴式陶窑,将陶器放置在窑底,接近平地堆烧的原始形式。随着时间推移,陶窑结构逐渐完善。窑床加深,火塘与窑室分离,窑室内设有环形火道和箅孔。仰韶晚期开始出现长条或叶脉状火道。以上变化对陶器烧造技术的提高有明显的推动。

仰韶文化的陶器以细泥红陶和夹砂红陶为主,还有少量细泥灰陶和夹砂红褐陶。随着时间推移,泥质橙黄陶、灰陶及夹砂褐陶比例增多。晚期出现了在器表施红色或白色陶衣的工艺,增加了陶器的美观程度。器物种类以生活用具为大宗,也有少量生产工具和装饰品等,如陶锉、陶纺轮、陶环、陶塑艺术及乐器类的陶埙等。

仰韶早期的生活用具多为圜底、平底造型,少量为尖底。典型器有杯口尖底瓶、平底瓶、圜底钵、圜底盆、甑、深腹罐、瓮和尖底缸等。器表主要饰绳纹,还有线纹、弦纹、指甲纹、附加堆纹和刻划纹等。彩陶主要绘黑彩,流行各种直线构图的几何纹和少量动物、人

---

[1] 河湟地区的地理概念是指青海东部的黄河上游、湟水流域一带。
[2] 在秦安大地湾遗址出有"制陶托盘"(陶轮盘),此物可抬高操作面,通过慢速旋转加工陶坯,提高制陶水准。见甘肃省文物考古研究所:《秦安大地湾——新石器时代遗址发掘报告》,文物出版社,2006年。

物纹。线条略显僵直,构图严谨,画面或写实,或图案化。最具代表性的有宽带纹、三角纹、鱼纹、人面纹等。

半坡类型有部分陶钵、陶碗的口沿外侧或器底施"刻划符号",种类达数十种,部分与老官台文化的"彩绘符号"相似。学界对其解释不一,或解释为"记事符号",或认为是"原始文字"。有学者将其分成六类,归为两群,一群有明确分类,内部逻辑关系紧密,量大,分布广,似有交流和传递信息的功能。另一群联系不紧密,分布面小,可能是供少数人使用的记事符号。总之,这些符号并非随意涂鸦,很有意味。尽管有些与现代文字结构相似,但与早期文字或汉字起源没什么关系。①

仰韶中期的陶器以平底造型为主,少量尖底。典型器有平底钵、双唇口尖底瓶、曲腹盆、盆形(钵形)甑、罐、曲腹瓮和大口缸等。器表主要饰绳纹,也有线纹、弦纹、剔刺纹、附加堆纹。彩陶绝大多数绘黑彩,个别绘红彩或白彩,流行弧线、圆点组合的弧边三角勾连纹、花瓣纹、鸟纹、豆荚纹、网格纹等。画面活泼,构图精美。

仰韶晚期的陶器造型仍以平底为主,少量尖底或假圈足。典型器有喇叭口尖底瓶、浅腹盆、敛口钵、碗、深腹盆、细颈壶、罐、瓮、缸、器座等。器表主要饰绳纹,也有线纹、附加堆纹等。彩陶仍有一定比例,黑彩为主,个别红彩,出现少量的白彩和朱绘。② 构图延续弧线、圆点的组合形式,构图较疏朗。流行漩涡纹、弧边三角纹、花瓣纹、绳索纹、网格纹、平行线纹及个别的动物纹。

距今 5000 年以降,陇东地区出现了以常山下层文化③(距今 5000—4300)为代表的新内涵。该文化延续了泥条盘筑制陶法,以泥质橙黄陶、夹砂褐陶为主。器物绝大多数为平底,少量尖底。典型器有敛口钵、碗、浅腹盆、盘、小口壶、单耳罐、双耳罐、侈口罐、甑、折肩喇叭口尖底瓶、喇叭口瓮、鼎、器座等。器表饰绳纹、附加堆纹、横篮纹和刻划纹。有少量彩陶,流行绘红彩"X"纹、折线纹、网格纹、串贝纹、条带纹、内彩十字纹及个别的白色彩绘。本阶段稍晚的最大变化是带耳陶罐(单耳或双耳)和篮纹开始流行,个别遗址发现有排水管道和陶瓦,表明陶器开始进入房屋建筑领域,这是一个重大变化。以常山下层文化为代表的遗存对关中西部和陇山以西有不同程度的影响,后演变为齐家文化。

学术界对陇东地区距今 4300—4000 年的文化发展谱系看法不一。有人主张此地与关中同属一个文化圈,即从泉护二期发展到客省庄文化,也有学者强调从常山下层文化直接演变为齐家文化。应当看到,这个地区一方面有着较多的客省庄文化因素,如单把鬲、双錾斝一类空三足器等。另一方面也出现了一些齐家文化的新内容,如双大耳罐、堆纹口夹砂罐、鸮面罐等。这个现象恰好说明陇东地区处在文化地理过渡带的位置,随着客省庄文化的西进,在这一地区开始了向齐家文化演变。

在宁夏南部的西(吉)、海(原)、固(原)地区,由常山下层文化发展到菜园文化(距今

---

① 严文明:《半坡类型陶器刻划符号的分类和解释》,《文物天地》1993 年 6 期。
② 彩陶与彩绘陶的区别是,前者为烧前绘彩,经烧制,花纹牢固附着于器表;后者烧后绘彩,花纹易脱落。
③ 有关常山下层文化的概念在学术界还有不同意见。

4500—4200)。① 该文化延续手工制陶传统和泥条盘筑技术,流行泥质橙红陶、橙黄陶和夹砂红褐陶,典型器有单耳罐、堆纹口罐、匜(刻槽盆)、双耳罐、喇叭口壶、小口瓮、盆、尊、碗等。器表多饰绳纹、斜向篮纹和附加堆纹,也有少量方格纹和刻划纹。彩陶不多,普遍施红彩,流行条带、网格、叶脉、斜线纹,内彩多为十字纹。这个阶段常常伴出少量半山—马厂文化的彩陶,显示出这里与陇山以西地区存在较密切的文化交往,也证实菜园文化与半山—马厂的年代大致同时。

二、陇西地区(河湟地区、河西走廊及新疆东部)

自仰韶文化中期开始,有部分文化因素进入到陇山以西地区。但大规模的文化西进出现在仰韶文化晚期,并在陇山左近衍生出了石岭下类型文化。

石岭下类型发现比较早,但至今对其性质和文化归属仍有异议。该类型的大量陶器和彩陶纹样见于秦安大地湾第四期,可见其文化因素的主体来自仰韶文化晚期。后在向西迁徙的过程中,发展出一些新的内涵。石岭下类型的彩陶很有特点,流行在橙黄色陶器表绘黑彩变形鸟纹、弧线卵点纹、弧边三角纹、圆圈网格纹等。既保留有仰韶文化晚期彩陶的遗风,又开启了马家窑文化早期彩陶的先河。总之,陇山左近既是石岭下类型的源头,也是马家窑文化的孕育之地。

马家窑文化(距今5200—4650)分布的核心区在河湟地带,其影响范围波及黄河上游、河西走廊和川西北地区。该文化的陶器均系手制,胎体稍厚,采用泥条盘筑法和手工捏制成型法。大型器皿分段制坯,对接成型。小型器用手工捏制,慢轮整修技术已普及。在兰州曹家嘴、东乡林家发现有这个时期的横穴式陶窑。其中,林家遗址的陶窑为圆形,窑箅周围有火孔,顶部与窑室间隔有夯土,火膛长方形。经检测,马家窑文化的泥质红陶烧成温度为760—1050℃,彩陶的烧成温度为900—1050℃。马家窑文化的泥质陶多为橙黄色,其次为红色,表面多经打磨。夹砂陶为红褐色、灰褐色,外观较粗糙。有个别陶器上半部为泥质,下半部夹砂,非常有特点,此类器下半部适合于火上炊煮,上半部光滑细腻,很有创意。此外,还发现有少量夹砂白陶,原料为经过淘洗的高岭土,代表了较高的制陶水准。马家窑文化的陶器以平底为主,器类较丰富,有小口壶、细颈瓶、钵、盆、瓮、豆、甑、碗、罐、尖底瓶、杯、勺、带嘴锅、瓮等。装饰品和工具类有陶环、镯、刀及陶响铃(乐器或玩具)。泥质陶多素面或绘彩,夹砂陶饰交错绳纹或附加堆纹。

马家窑文化的彩陶不仅数量超乎寻常得多(比例高达30%),彩绘工艺也发展到极致,代表了中国史前时期彩陶工艺的最高水平,流行用直线、弧线、圆点、三角、网格等组合成的几何纹,构图繁缛,布局有序,画面流畅。从花纹的笔触可知,当时的画工使用了"毛

---

① 宁夏文物考古研究所、中国历史博物馆考古部:《宁夏海原县菜园遗址、墓地发掘简报》,《文物》1988年9期,1—14页;宁夏文物考古研究所:《宁夏海原县菜园村切刀把墓地》,《考古学报》1989年4期,415—448页。

笔"一类文具,并常常借助轮盘辅助作画。这个阶段的彩陶普遍绘黑彩,晚期出现在黑彩中勾勒白彩点缀的形式。常见纹样有波浪纹、同心圆纹、漩涡纹、圆点纹、网格纹、蛙纹、变形鸟纹、水虫纹、垂幛纹、鲵鱼纹及少量的人形、人面纹。陶钵、盆、豆等大口器的内壁常绘繁缛的内彩,给人以密不透风之感。最为著名的是人物舞蹈纹,已发现5人一组、9人一组和11人一组的不同构图,画面或较写实,或已完全图案化。这种群舞画面的反复出现,是史前西北地区先民生活的真实写照,形象地再现了氐羌这个能歌善舞的民族,而绘有此类画面的器物也当有着某种早期宗教的特殊职能。

半山—马厂文化全面延续了马家窑文化的制陶工艺。

半山时期(距今4650—4300)的分布范围与马家窑文化大致相同,但已出现向西北退缩的趋势。在兰州青岗岔遗址发现有半山时期的横穴式陶窑,残余部分可看出窑室为方形,火膛近椭圆,面积较大。半山时期的泥质陶以橙黄、橙红色为主,夹砂陶为红褐色,也有少量灰白陶和白陶。器类较马家窑文化略有减少,典型器有小口长颈壶、单耳长颈瓶、高低耳壶、侈口罐、矮领瓮、高领瓮、双耳罐、单耳罐、鸭形壶、陶鼓和人首彩陶器盖等。泥质陶大多绘彩陶,夹砂陶流行在陶罐上半部贴塑切割的泥条附加堆纹。

半山时期的彩陶比例很高,据统计,在聚落遗址达到37%,墓地最高达85%。彩陶花纹母题已完全摆脱仰韶文化的传统,形成自身特有的风格,最大变化是改用黑红复彩的几何花纹构图,流行在两道黑彩锯齿纹之间夹绘一道红彩,此类纹样几乎无器无之,成为固定的模式,构图也很考究,装饰性很强。代表纹样有四大圆圈纹、葫芦纹、漩涡纹、弧线纹、三角折线纹、齿带纹、菱格纹、棋盘格纹、人蛙纹等。

马厂时期(距今4300—4000)的分布范围已退缩到河湟地带及河西走廊,最西已进入新疆东部。制陶工艺与半山时期相同,产业规模有进一步扩大的趋势。在兰州白道沟坪发现一处有12座陶窑的窑场。陶窑均为竖穴式结构,方形窑室,面积约1平方米。窑箅设有火眼三排9个,火门椭圆形。还发现有作坊,以及储藏原料的坑池、研磨盘、调色碟等遗迹和遗物。这个窑场分为4个单元,每个单元包含数座陶窑,组成一个有机的生产单位,各自有着不同的生产规模。这种结构既便于管理又能提高生产效率。可见在制陶业内部已出现分工及专业化生产的趋势。这座窑场的发现及马厂时期随葬陶器数量的增多,显示出产业规模较之半山时期有了更进一步的发展。马厂时期的陶器种类与半山时期大致相同,器类以小口瓮、各类带耳罐、双耳盆为最,新出现单把杯、敛口带盖瓮等。除了一般的生活用具,也发现有陶鼓、陶铃及陶塑工艺品等。

马厂时期的彩陶数量仍居高不下,所占比例与半山时期类似。装饰风格承袭半山类型,特别是在马厂类型的早期,还保留黑红复彩的构图。马厂中期流行施红衣、绘黑色单彩。马厂晚期的彩陶质量下降,构图草率,画风粗放,纹样简洁,器表陶衣色调灰暗,数量也大幅下降。常见纹样有人蛙纹、漩涡纹、四大圆圈纹、螺旋纹、连珠纹、菱格纹、垂弧纹、凸弧纹、齿带纹、棋盘格纹、折线纹、方块几何纹、贝纹、回纹、折弧线八卦纹等;内彩流行十字纹和"毋"字纹。分布在河西走廊的马厂文化进一步异化，流行施黄白色陶衣、绘黑彩，纹样以粗细线条搭配的网格几何纹居多。

在青海乐都柳湾遗址的马厂彩陶中发现139种用黑彩绘制的"符号"。以单体居多，均事先绘在陶坯的下腹部或器底。对此类"符号"的含意，有人认为属于早期文字，也有人认为是陶工制陶时留下的记号，以便识别各自的产品。其功能与仰韶文化早期的"符号"相似。

齐家文化（公元前4300—3700）形成于陇山左近。其分布范围遍及西北大部分地区。随着齐家文化的西进，马厂文化被挤压到更加偏远的西部。

齐家文化的陶器均系手制，采用泥条盘筑法，经慢轮修整。大型器分段制作，对接成型；小件器物用手工捏制。陶色多橙红、橙黄色，部分灰色、褐色和黑灰色。细泥陶做工较精细，夹砂陶略显粗糙。以平底器为主，也有圈足、圜底和少量空袋足器。典型器有双大耳罐、高领篮纹罐、夹砂堆纹口罐、双耳罐、枭面罐、盆、钵、尊、豆、刻槽盆、鬲、盉、甗、斝等。除生活用具外，也有少量陶响铃、陶纺轮、陶垫等。彩陶数量不多，主要见于洮河以西地区，特点是绘红色单彩，构图洗练，常见网格条带纹、倒三角纹、对三角纹等。在洮河流域发现有个别构图繁缛的薄胎红彩陶器，通体绘密集的折线三角纹、水波纹。泥质陶常装饰篮纹，夹砂陶饰绳纹、附加堆纹、戳印纹、刻划纹等。

齐家文化时期及齐家文化以后，中原地区已进入早期王国。但在西北地区，仍处于史前时代，文化谱系进而复杂多样化。在洮河以东地区，齐家文化演变为寺洼文化；在河湟地区东部，齐家文化演变为辛店文化；在河湟地区西部，衍生出卡约文化；在偏远的柴达木盆地，出现了诺木洪文化；在河西走廊的东部出现了沙井文化，河西走廊西部到新疆东部，由马厂文化和齐家文化共同孕育出了四坝文化。上述文化的年代从公元前2千纪延续到公元前1千纪的中叶，延续着手工制陶工艺，器物种类单一，普遍流行各种带耳的陶罐，也有一些圈足器和少量袋足器。其共同特点是大多保留了彩陶这一文化特质，但在各文化中所占比例不同，也形成了各自不同的风格。其中，四坝文化和辛店文化的彩陶比例较高。

三、西北地区史前陶器的文化传统及贡献

中国的大西北是史前时期华夏文明的边陲，其文化源头来自辽阔的中原大地。约当公元前4000年以降，先后出现了两次大规模的农耕文化西渐，在进入广袤的大西北后，先后演变出了马家窑文化和齐家文化。这两支史前文化又各自繁衍出自身的后裔，由此建构了整个大西北的史前史，造就了令人眼花缭乱、错综复杂的考古学文化谱系。中国西北地区的气候、景观和环境深刻地影响和改造着西迁的农耕民族及他们带来的文化，使其更好地适应于西北的河谷、绿洲、高原、戈壁和荒漠，由此产生了一系列有趣的故事，这些故事又通过承载各个史前文化的陶器一一讲述出来。

1. 彩陶与黄土及旱地农业的关系

苏秉琦先生指出:"以秦岭为界,中国可以分成面向海洋和面向内陆的两大部分,面向内陆的这一部分的彩陶是比较发达的。"①而面向内陆的这一块恰恰也是我国黄土最为发育的地区。

彩陶是史前时代的一个世界性文化现象。彩陶的发明不仅需要技术的支持,同时也受到社会、经济和环境等诸多因素的制约。考古发现表明,彩陶流行的区域往往也是农耕文化较早出现的地区。如近东的安那托利亚高原、地中海西岸的利万特、两河流域、伊朗扎格罗斯山地及东南欧的巴尔干等地。在近东,最早的彩陶出现在距今8000—7000年,特点是在橙黄色的陶器表面描绘简单的红彩花纹。当地居民很早就开始种植小麦、大麦,并饲养山羊、绵羊和牛等家畜。与此同时,在中国西北的渭水流域也出现了最早的彩陶,并发展出了粟、黍旱地栽培农业,养殖家猪。可见,在亚洲大陆的东西两端,彩陶出现的时间和机制有着极大的相似。

更为有趣的是,无论近东、东南欧,还是中国西北的渭水河谷,含彩陶因素的考古学文化的分布与黄土地带②大面积重合。这绝非偶然,它很可能与黄土地带易于滋生彩陶这种文化特质有关,体现出人类文化与环境的完美适应。正如严文明先生所指出的:这种规律性现象或许与黄土中所蕴藏的黏土略带碱性,较之酸性红土更宜于制作精致的浅色陶器有关。因为只有在红色、橙红色、橙黄色等浅色陶器表面最适合描绘彩色花纹。③

以中国为例,在山西和陕西北部,黄土高原、蒙古高原大致以长城为界,此界线相当于年积温3000摄氏度和干燥度大于1.5的等值线,此即中国古代最主要的一条文化地理界线。④ 在黄土高原的沟谷及河流两岸阶地上,地势一般高出恒常洪水线,既可躲避水患,又便于防御,因此常常被史前时代的居民选作理想的聚落。此外,原生黄土具有特殊的垂直节理,可掏穴挖窑居住,此类建筑具有冬暖夏凉、简便易行、安全牢固的特点。这一切非常有利于史前时期的定居生活。也正因为如此,黄土地带率先成为中国古代文明的重要发祥地。

在中国史前含彩陶因素的诸考古学文化中,以马家窑文化的彩陶最为发达,其彩陶数量、种类及绘画水平等均达到了前所未有的高水平。马家窑文化集中分布在西北黄土高原。这一空间内,黄土覆盖面积之大、土层堆积之厚,可谓世界之最。研究表明,近两万年以来,该地区干旱的气候和植被景观已经形成,整体环境与今日并无大的差异。马家窑文

---

① 苏秉琦、殷玮璋:《关于考古学文化的区系类型问题》,《文物》1981年5期。
② 黄土是世界范围内在第四纪广大干旱地区经特殊风化,再经风力搬运形成的特殊堆积。中国境内的黄土主要分布在昆仑山、秦岭、泰山、鲁山逻辑性线以北的干旱和半干旱区,地理坐标跨越北纬39°—49°。据中国科学院地质研究所《中国黄土分布图》测算,中国的黄土分布总面积超过100万平方公里。以黄河中上游的黄土高原最集中,范围北起长城,南至秦岭,西抵日月山,东临太行山,总面积约30万平方公里。
③ 严文明:《略论仰韶文化的起源和发展阶段》,载《仰韶文化研究》,文物出版社,1989年,130页。
④ 1) 刘东生等:《中国的黄土堆积》,科学出版社,1965年;2) 陈正祥:《中国文化地理》,生活·读书·新知三联书店,1983年;3) 中国植被编委会:《中国植被》,科学出版社,1980年。

化及后续诸青铜文化长期保留制作和使用彩陶的习俗,一方面与该地区的历史文化传统相关,同时也表明彩陶与黄土地带和旱地农业之间有千丝万缕的联系。

2. 彩陶与制陶术的关系

新石器时代早期,制陶工艺原始,还没有发明陶窑,烧成的陶器质地欠佳,色泽不匀。在这种粗糙的陶器表面绘彩很难达到理想的装饰效果。随着陶窑的出现和结构的完善,对陶土的细化加工处理,加上窑温大大提高,火候稳定,在充分氧化的氛围下可烧造出颜色均匀、质地精良的细泥红陶、橙红陶,在这种细腻的浅色陶器表面绘彩可达到事半功倍的艺术效果。

进一步研究发现,凡是拥有彩陶制作传统的考古学文化,其制陶工艺大都停留在手工制陶阶段,一旦掌握了快轮制陶术或出现了密封陶窑,彩陶便很快消亡。纵观中国各地含彩陶特质的考古学文化,莫不循此规律。中国西北地区的彩陶制作之所以到了青铜时代仍在延续,其中一个重要原因就是该地区的制陶工艺长期停留在手制阶段。这个现象在新疆表现得更加充分。直至汉代,随着快轮制陶技术的引入,新疆的彩陶才最终消亡。[①]

3. 制陶原料的演变

仰韶文化在其向西拓展的历程中,一方面是文化面貌与中原内地渐行渐远,另一方面是制陶原料发生了很大变化。仰韶文化晚期,陇东地区的制陶原料与前一阶段相同。但在陇山以西,则开始选用一种高钙高镁质黏土烧造陶器。也恰恰由此时开始,陇山东西两侧的史前文化开始分野。

实验分析表明,采用高钙高镁质黏土烧造的陶器可大大提高胎体的 CaO 含量,使陶器表面呈现出浅亮的色调,如橘黄、土黄、黄白诸色。在这种浅色陶器表面描绘黑彩花纹,可强化色彩的对比,增强彩陶的艺术表现力。马家窑文化的彩陶开始采用了此类黏土原料,这一变革对史前时期中国彩陶文化的发扬光大起到了推波助澜的作用。

4. 专业化生产与彩陶贸易

有学者通过分析四川西北部出土的马家窑文化彩陶,发现它们与当地同时出土的素面陶标本的陶土化学成分有明显的不同。反之,彩陶却与同时期甘肃洮河流域用高钙高镁质黏土烧造的陶器成分相似。其次,川西地区出土的素面泥质红陶则与当地的陶土成分接近,即低钙低镁质黏土。这一检测结果表明,川西北一带的马家窑文化彩陶很可能不是当地所产,更像是从甘青地区输入的舶产品。这个现象不仅见于川西北地区,在黄河上游的青海同德宗日遗址也是如此。那里的马家窑文化彩陶与所谓的宗日类型彩陶有着完全不同的化学成分,其原因也是彩陶贸易的结果。此类现象在后来的半山—马厂文化中

---

① 李水城:《半山与马厂彩陶研究》,北京大学出版社,1998年。

也有反映。可见,有关彩陶的贸易史前时期已经存在,其交换途径是从专业化生产程度高、工艺技术精湛或产量更高的地区向边远落后地区流动,并呈现出有组织的贸易输出行为。[1] 这一案例表明,类似的贸易活动在史前时期可能非常普遍,这项研究成果对于理解史前制陶手工业的内部分工和专业化生产是富有启发的。也就是说,作为一般日用陶器的大路货在一般村落都可以生产。但某些高端产品,如高水平的彩陶制作,却不是一般的村落都能胜任的,它不仅要有掌握这门技艺的专业工匠,也要求具有一定专业化水准的生产管理。

2015年5月于哈佛大学拟稿
2015年10月定稿于北京蓝旗营

本文曾发表在山东博物馆编:《大河上下——黄河流域史前陶器展》,文物出版社,2015年,23—29页。

---

[1] 洪玲玉、崔剑锋、王辉、陈剑:《川西马家窑类型彩陶产源分析与探讨》,《南方民族考古》第七辑,科学出版社,1—58页。

第三部分

专门考古研究

舌尖的馈赠：饮食革命与
人类体质的进化

  人类的起源一直被列为世界十大科学难题。2014年,《科学》(Science)杂志在创刊125周年之际,公布了125个最富挑战性的科学难题。其中就涉及人类的起源和进化。一个多世纪以来,随着灵长类化石和古人类化石发现的增多和范围的扩大,有关人类起源和进化的研究有了很大进展,研究方法也逐渐从宏观进入微观,从形态学发展到生态学和分子生物学领域。但在一些根本性的重大问题上,学术界仍然分歧很大。

  18世纪(甚至更早),在欧洲的英、法、比利时等国就发现古人类化石、人工制品与绝灭动物化石共存的现象,一方面人们对这些发现感到惶惑不解,另一方面则受宗教观念的影响,科学研究的脚步无法迈开。早期地质学一直用"灾变论"的理论解释地质沉积,认为在《圣经》记载的大洪水之前,绝不会有人类出现。当革命的"均变论"取代了"灾变论"以后,科学界才开始关注诸如古人类化石、人工制品与绝灭动物化石共存的一系列重要发现。19世纪中叶,在英国德文郡南部的肯特洞穴和法国北部的布里克萨姆、索姆河畔的砾石层中,再次发现古人类制作的生产工具。最终,科学战胜了宗教。

  一个半世纪以来,尽管考古学家发掘出土了大量早期人类化石,但由于化石材料大多残缺不全,加之不同学者在对化石的形态描述和解释中难免夹杂主观性、片面性以及不完全归纳逻辑研究本身的不确定因素,进一步加大了人类起源和进化问题的复杂性。

  下面这张表格是我在北京大学讲课时使用的,它记录了人类起源与进化过程中的一系列关键环节:

  距今1000—800万年,人类与大猩猩分野;

  距今800—600万年,人类与黑猩猩分野;

  距今400万年,直立行走的人科动物——南方古猿出现;

  距今270—190万年,出现了会制作和使用石器的匠人;

  距今200万年,直立人出现;

  距今20—15万年,尼安德特人和现代人先后出现;

  距今4—3万年,现代人取代尼安德特人;

  距今1.1—1万年,农业和家畜饲养出现;

  距今5000年前后,文字、青铜冶铸、城市和早期国家陆续出现。

人猿相揖别。为何只有人类走上了进化的康庄大道?这一切究竟是怎么发生的?人类的进化究竟是渐变、还是突变?今天,人类是否还在进化?这些问题依旧是困扰科学家的难题。

分子生物学研究表明,人与猿的基因有98%以上是相同的。而这不到2%的不同竟然造成人猿之间的巨大差异。这其中,1%为语言,1%为抽象思维。这确实很能说明问题。

那么,究竟有哪些因素促成了人类的进化呢?

进化是个漫长、复杂的历史进程。在这个过程中,人类除了能灵活地适应第四纪不断变化的气候和环境外,饮食结构、食物制备以及行为方式的改变对进化也起到了关键的作用。

人类的觅食和食物生产手段在自然界可谓独一无二。其中,学会用火,特别是用火制备食物,是人类有别于其他生物的特殊才能,也是人类从自然界区分出来的关键环节。上述行为对于人类适应环境,改进体质形态,扩张脑容量和社会化进程等,都具有积极的推动作用。而学会用火与熟食是加速人类进化的根本动因。

人类究竟何时学会用火?对此学术界一直有不同认识。根据考古发现,距今50万年前后,人类已懂得用火。但保存火种的行为则要晚得多。主动"点燃"火种的行为是除了尼安德特人和现代人以外,任何其他物种都不具备的特殊能力。

人类学会用火至少导致了三个有利于体质形态进化的因素出现:首先,它扩大了人类生境,有利于食用更多的小动物和植物。因为食物被加热以后会导致分子重组,这对于那些原先无法生吃的动物和植物起到了消毒的作用;其次,熟食极大地减轻了人体内脏的消化负荷,促使脑容量扩大,内脏逐渐缩小;第三,熟食还可起到软化和美化食物的功用,有利于营养吸收。更重要的社会意义在于,熟食非常有利于儿童和老人,可提高人口的繁殖率并延长寿命。以上三方面可谓一环套一环,环环相扣,缺一不可。

人类体质形态的进化首先表现在脑容量的增加上,其次是牙齿变小(特别是犬齿),第三是内脏缩小(仅相当于动物的一半)。研究表明,人类脑容量的扩增经历了两个关键时期:第一次在距今200万年左右,即人属动物(直立人)出现之初。第二次是在距今40—30万年之间。有意思的是,这恰恰也是人类遗骸与燃烧的灰烬、烧骨、木炭一起出现的阶段。人类牙齿的变小则与考古发现人类最早使用火塘的年代相一致。人类内脏缩小的最大益处是将更多的能量提供给大脑,有利于大脑皮层扩张,提升人类的智能。这一变化反过来又进一步刺激了人类的创造欲。从能量利用的角度看,扩大的脑容量与经过加热易于消化的食物之间建立了生物学的联系,同时也将人类用火、熟食与大脑的进化相关联。

人类属于杂食动物,且杂食范围极为宽广,以至于远远超过了哺乳动物中的猪和昆虫界的蟑螂。然而,杂食也是一种优势,它有助于人类消费自然界中来自不同营养级的各类食物。

在人类进化的过程中,还有一项不可忽略的重要因素,即吃鱼。人类大脑由一些特殊脂肪构成。其中,有两种最重要的脂肪酸(DHA 和 AA)在人体内是无法合成的,必须从食物中获取,因此也被称作"必需脂肪酸(EFA)"或"大自然的防冻剂"。研究表明,"必需脂肪酸"的最佳来源是冰海鱼油,它也是"大脑的营养品"。可见人类捕食鱼类与大脑扩增和体质进化之间有着重要的关联。再有,考古学家在挖掘叙利亚的杜拉(Doura)岩穴遗址时,曾发现尼安德特人食用紫草科多油种子的证据。而某些植物籽实(特别是坚果类)是除了鱼以外富含"必需脂肪酸(EFA)"的食物。

科学家通过对法国、比利时和克罗地亚出土的 5 个尼安德特人骨骼化石进行食性分析后表明,其同位素比值与狼、猫、鬣狗等肉食动物相似。可见,尼安德特人是以陆生动物的肉为主食的,因此其骨骼中的同位素与当时那些食肉类动物区别不大。后来,科学家对 9 个现代人的骨骼化石进行食性分析,显示其氮同位素的平衡已经达到了更高等的营养级位置。这个变化显然与现代人捕食鱼类的行为有关。这项研究结果与以色列考古学家在基尼列湖的奥哈罗遗址的发现相吻合,也与旧石器时代晚期新兴起的"广谱食物革命"相呼应。

1969 年,美国考古学家弗兰纳瑞(Flannery)提出了"广谱食物革命"的概念。说的是人类进入中石器时代以后,食物的选择较之于以往狩猎—采集阶段逐步地多样化。奥哈罗遗址的发现将"广谱食物革命"出现的时间进一步提前到旧石器时代晚期。可见,人类在食物选择上的重大变化很可能就植根于解剖学意义上的现代人生态系统。

奥哈罗遗址位于以色列的基尼列湖畔,这是一处距今 23000 年的旧石器时代晚期遗址。考古发掘出人类的村落、居住的房屋、火塘以及大量动植物遗存。其中,除了一般的哺乳动物之外,还发现有 20 余种鸟类,数种鱼类,140 余种植物种子(包括野生大麦、水果、豆类等)。在一些石器上还检测出草籽一类的淀粉粒残留。这一发现证实,从旧石器时代晚期开始,人类的食物获取方式和生业形态已经出现了巨大变化,这预示着占人类历史 99.9% 的狩猎—采集经济行将结束,一种崭新的经济形态必将出现。从此,人类将逐渐摆脱以往依赖大自然馈赠的生活方式,开始转入主动地向大自然索取的生产经济——即农业生产阶段。

2015 年 9 月定稿于北京蓝旗营小区

本文曾发表在《社会科学报》2016 年 4 月 7 日五版。

古物三题：陶器、玉器、漆器

陶　　器

　　陶器的发明是人类最早利用化学变化改变一种物质物理结构的创造性活动。发明陶器的途径至今所知甚少。不过陶器的发明绝非偶然，它是人类物质文化发展到一定阶段的必然产物。陶器的质地较瓷器松软，有很强的吸水性。其种类包括生活器皿、生产工具、随葬明器和工艺美术作品及建筑材料等几大类。

　　中国在距今1万年以前发明了陶器，是世界上最早出现陶器的地区之一。一般而言，陶器的产生与人类进入新石器时代、实行定居、经营农业生产有必然的联系，故中国古代有"神农耕而作陶"的传说。陶器的原料是黏土，制作时需经制坯、晾晒，最后用火加热至一定温度，使之烧结成形。由于烧造工艺上的差异，陶器会产生不同的颜色。根据陶器的不同用途，还要在陶土内掺入一定的细砂、植物叶茎等，以增强陶器的耐热急变性能。陶器自出现以后，经历了手工捏制、泥片贴塑、泥条盘筑、慢轮整修、快轮成形这样一个漫长的发展过程。在烧造上，由最初的平地堆烧、平地封泥烧，到采用半地下式窑烧，使窑温逐渐升至1000℃以上，从而大大提高了陶器的质量。

　　陶器发明后，很快便在人们的生产生活中扮演重要的角色。在新石器时代，它几乎无所不在。如生产中用于收割的陶刀、狩猎的陶弹丸、捻线制纱的陶纺轮、揉制皮革的陶锉；生活上，从烹饪、饮食、汲水到储藏等，陶器也是缺一不可；在精神领域则有陶哨、陶埙、陶鼓、陶响球这样一些用于愉情的乐器，还有一些反映原始宗教内容的女神塑像、动物塑像等。此外，陶器还用作随葬的明器。最初，陶器仅仅是为了满足人们的实用，进而将实用与审美相结合，创造出陶工艺品，这又使陶器无可辩地享有造型艺术先驱的地位。中国新石器时代的彩陶是世界古代文化艺术宝库中的一株奇葩，绚丽多彩，美不胜收。像青海大通出土的人物舞蹈纹盆、甘肃秦安出土的人形彩陶瓶、河南临汝出土的鹳鱼石斧图陶缸等，均是不可多得的史前艺术珍品。此外还有大量模仿动植物造型的实用工艺器皿，如仰韶文化的船形壶、鹰鼎、葫芦瓶，大汶口文化的猪鬶、狗鬶、兽形壶，马家窑文化的人首器盖，红山文化的女神塑像，良渚文化的水鸟壶等。在湖北天门邓家湾遗址发现有堆放着数千件陶塑雕像的窖穴，种类有狗、猴、鸟、羊、大象、兔、人抱鱼、鸟骑兽、龟、鹗、鸭等，造型古朴生动，憨态可掬。其数量之多，令人惊奇。

　　到了距今4500年左右，由于轮制技术和密封陶窑的使用，陶器的颜色从以往的红色为主变为以灰黑色为主,质量也大大提高,出现了一些空前绝后的陶器精品,如山东龙山文化的蛋壳杯,漆黑油亮,陶胎仅厚0.3—0.5毫米,在器表和柄部还刻出纤细的纹饰和不同形状的镂孔,其工艺技术达到了史前时期制陶术的顶峰。这类器物是由专业陶工使用了特殊技术才完成的,并且是服务于社会上层人物的奢侈品。

夏商周三代已进入青铜时代,但陶器依旧是人们日常生活的必需品。代表这一时期陶器工艺水平的有原始瓷和硬陶,它们以高岭土制坯,烧成温度达1200℃,吸水性已不十分明显,其性质已接近后世的瓷器。商代晚期出现的刻纹白陶,也以高岭土为原料,质地坚硬,器表雕刻与青铜器相同的花纹,图案精美,造型秀丽,颜色皎洁细腻。此类刻纹白陶均属于礼器,所见有簋、鼎、尊、罍等,出土数量很少,大都集中于当时商王朝的国都——安阳小屯,足见当时弥足珍贵。这些陶器发展史上的杰作,商代以后便消失了。

春秋战国时期,随着城市规模的扩大和工商业的发达,陶器生产更加集中,也更加专业化。这一时期,在中国北方广泛使用的是灰色陶器,除日常生活用品外还大量用于随葬。在长江以南则流行印纹硬陶、灰陶和原始瓷。由于中国幅员辽阔,各地区自然环境千差万别,人们的生活习俗、文化传统也大相径庭,表现在陶器的种类和装饰上也差异甚大。至战国末期,随着经济文化交流的进一步加强,陶器开始逐步出现一些共同的因素。

自秦代开始,烧造陶俑以供社会上层人物丧葬之需的风气日盛。秦始皇兵马俑可谓登峰造极之举。在已发掘的3个俑坑中排列着真人大小的陶武士俑7000余具、战马100余匹。其数量之大、形体之巨、制作之精,令人叹服。这一布局严谨、气势磅礴的庞大军阵,既展现了秦王朝军队的编制、兵种和装备,也体现了秦军"坚甲利兵""勇于公战"的精神,再现了当年秦始皇带甲百万,横扫六合,统一中国的历史画面。这批陶俑的制作程序十分复杂,需按不同的部位翻型、粘接、套合并雕刻成形。在人物设计上还要照顾到不同的年龄、身份和相貌,力求与实物相一致。此外,在这些武俑、战马的表面还绘有不同颜色的彩绘,这一切充分显示了秦代艺术的写实风格以及当时陶器制造业的雄厚实力。

汉代皇室王侯亦大量殉葬陶俑,规模数量依旧十分可观,在西安、咸阳、徐州等地均发现随葬数以千计陶俑的王侯墓。这些汉代陶俑身高仅60余厘米,周身绘白彩为地,再用朱黑两色描绘五官、发髻、服饰等,造型端庄秀丽。最近在西安北部的阳陵发现了汉景帝刘启的陶俑丛葬坑。占地面积达9.6万平方米,初步估计埋在地下的陶俑数量为秦始皇兵马俑的5倍以上。在西安市还发现了当时烧造陶俑的官窑,所出陶俑全身赤裸,以男性为多,与阳陵所出完全一致,看来当时在使用这类陶俑时,需根据不同性别、身份穿着服装后再下葬。

秦汉时期开始流行在墓葬中随葬一种表现日常生活场景的陶明器。最初仅有谷仓、炉灶,后来扩展到几乎无所不包,如高楼宅院、农田、陂塘、井栏、碓房、猪舍以及各种人物、家畜、家禽等等,有的还在器表绘画精致的彩色花纹,其中不乏艺术精品。如成都出土的说书俑、济南出土的彩绘杂技组俑等,造型洗练夸张,表情俏皮生动,是了解汉代社会民俗风情的绝好的形象资料。

汉代制陶业的一项突出成就是釉陶的发明。釉陶的烧成温度仅有800℃上下，内胎砖红色。由于釉料中含有大量氧化铅，又称"铅釉"。汉代釉陶的釉色多为浓郁的黄色和绿色，釉层清澈透明，色泽莹亮。由于火候低，釉陶并不实用，仅用来作为随葬明器，器形多为仿铜礼器、动物俑一类，其精品如甘肃武威擂台汉墓所出高达1.05米的五层绿釉雕楼院落模型。

秦汉时期，人们的生活用陶基本继承了战国以来的灰陶系统，并且愈来愈具有统一的风格。

建筑用陶是陶器中的一个分支。早在新石器时代晚期的良渚文化就已发现有火候不高、形态不甚规整的建筑用砖，胎心黑色，表皮红色，代表着人类建筑史上的一大发明。后来在中原龙山文化的淮阳平粮台城址发现有灰陶排水管，此类器物在夏代的二里头文化中也有发现，商代晚期出现了三通陶水管。西周时出现了陶瓦和半圆形瓦当，标志着人类建筑用陶的一个重要转折。春秋时出现了陶制的方形、长方形薄砖，至此，建筑用陶的基本门类已大致完善并迅速发展起来。战国时，列国流行半圆形瓦当，上面模印有生动的花纹图案，区域色彩甚浓。如燕下都之饕餮纹、齐临淄之树木双兽纹、秦咸阳之云纹、动物纹等。此后，这一传统代代相随，成为中国古代建筑的一大特色。秦汉以降，流行圆形瓦当，其上除模印花纹外还印有文字吉语，时代特征鲜明。如汉魏之吉文、唐之莲花、宋之兽面等。其中汉长安城出有王莽时期的青龙、白虎、朱雀、玄武四神瓦当，图案精美雄隽，堪称瓦当之神品。

利用陶砖建构墓室之风初见于春秋战国阶段。秦代已有在陶砖上模印骑射、宴饮场面的空心画像砖装饰墓室。东汉至三国阶段，成都平原一带盛行一种画像砖墓，在墓室内墙壁上镶嵌表现不同浮雕画面内容并施彩绘的砖，所见画像砖的内容多达五六十种，其题材主要反映了当时的经济生产、墓主的生活经历、社会风俗和神怪故事等，画面采用浮雕技法，气韵生动传神，有很高的艺术价值和历史价值。魏晋南北朝时，有些地区一直流行画像砖和彩绘砖建造的墓葬，如河南邓县南朝画像砖墓、南京一带拼嵌模印人物故事的砖画墓、甘肃嘉峪关一带的魏晋彩绘砖画墓等，均十分著名。

三国至南北朝，由于瓷器逐步普及，制陶业呈现明显的衰败景象。日用器皿大大减少，陶制明器仍十分流行，但质量已远不如汉代。这一阶段，在江南流行一种堆塑有楼阁人物的陶罐。在北方地区，低温釉陶器具有较高水平，品种花色增加，出现了黄、褐、绿三色并用的多色釉，为后来唐代三彩的出现奠定了基础。这一时期的陶塑艺术以北朝时期的最为精美，它在继承汉代艺术的传统上吸收了佛教艺术的养分，注重神态的刻划，形式也较丰富，种类有文官、武吏、男女侍俑、伎乐俑、驼、马和镇墓兽等。

唐代出现了著名的"三彩"陶器。它以白色黏土为原料，用含有铜、铁、锰、钴等元素的矿物作釉料着色剂。由于釉料中含有大量的铅，可降低釉料的熔融，使各种着色金属氧化物的颜色互相浸润扩散，形成斑驳不一的美丽彩釉。同时，铅还可以增加釉层的光洁度，使其更加艳丽明快。唐三彩的釉色以黄、绿、白、赭为主，蓝黑色甚少，但极名贵，尤以黄、绿、白三色最为常见。三彩器的类别大致分为随葬明器和雕塑品两种,也有少数生活用具。三彩器造型种类包罗万象,是唐代陶瓷手工业中门类最丰富的。唐代盛行厚葬,三彩明器应运而生,而且发展速度极快,开元时达到顶峰。这一时期用于随葬的三彩人物、驼、马,无论形象刻划,还是釉色点染,均表现出唐代雕塑艺术的高水平。造型一破魏晋时期受佛教造像影响的束缚,追求完美、逼真。其中,一些反映社会现实生活和中外文化交流的作品更是具有珍贵的历史价值。在丝绸之路沿线和海上交通线的许多地区,如日本、苏联、伊朗、叙利亚、伊拉克、苏丹、埃及和印度尼西亚等地都有唐三彩出土,足以证明它在当时中外文化交流领域扮演的重要角色。

紫砂是一种质地细腻的无釉细陶器。所用原料属于高岭土—石英—云母类型。其特点是含铁量较高,颜色有赤褐、淡黄和紫黑等色。紫砂器初创于宋代,明中叶以后盛行,其中最受宠者是茶壶,这显然与当时盛行的饮茶之风有密切关系。此外,用紫砂制作的雕塑和其他工艺品也很有魅力,如玩具类的香合、花杯、辟邪、镇纸等小件器物。明代一些民间巧匠制作的紫砂工艺品极其珍贵,以至于后代多有仿冒。

陶胎琉璃器也以铅为助熔剂,以含铁、铜、钴、锰的物质为着色剂,再配以石英而成。一般采用二次烧造,即先烧好素胎,再施琉璃釉,经低温釉烧而成。明代为琉璃制作的大发展期,超越以往历代,特别是建筑用琉璃器遍及皇家宫廷院落、陵墓、宗教庙宇、佛塔供器等。其代表作为明代洪武九年在山西大同市内雕造的琉璃九龙壁。这是一个以九条龙和屋脊琉璃瓦斗拱,包括四周图案镶边组成的大型浮雕照壁,全长45.5米,高达8米。除建筑用琉璃外,明代宫廷还烧造各类琉璃器皿。

明中叶以后在山西晋南一带流行一种有特殊装饰效果与独特民族风格的日用陶器——法华器。其胎质与琉璃一样,釉的配方也大致相同,但助熔剂用的是牙硝。山西所产的法华器多为小件花瓶、香炉、动物等,在器物底色上,琉璃一般为黄绿两色,法华则以紫色和孔雀绿为主,并缀以黄、白、孔雀蓝等花色,艺术效果极为独到。

中国陶器的产生和发展是其灿烂的古代文化中一个重要的组成部分。特别是在陶器基础上产生了原始瓷、釉陶,进而发明了瓷器,作为一种特有的创造,对世界文明作出了卓越贡献。

玉　　器

玉是一种矿物集合体。按照现代矿物学的分类,可分为"软玉"和"硬玉"两类。软玉是由透闪石、阳起石组成的玉石总称,有很强的坚韧性,其硬度在莫氏硬度6—7度之间。在中国又分白玉、青玉、碧玉、黄玉和墨玉等品种。硬玉是由钠、铝的硅酸盐矿物组成,其硬度可达莫氏7度,中国又俗称翡翠。此外,像玛瑙、水晶、青金石、绿松石、孔雀石、南阳玉、岫玉等由其他矿物成分组成的矿物,传统上也称之为玉,即所谓"石之美者"的美石。玉器便指由上述矿物为原料制成的器物。在中国历史上,软玉一直是主体用材,硬玉很晚才出现。

中国在世界上享有"玉石之国"的美誉。早在新石器时代，人们便发现了玉石的晶莹之美，并用其制作装饰品、礼仪用具和生产工具。此后，历经周秦汉唐以至明清，绵延不绝，形成了悠久的制玉工艺历史和鲜明的时代风格。在新石器时代的诸多原始文化中，均出有精美的玉器，其中尤以辽西一带的红山文化和东南沿海的良渚文化最为发达。良渚文化的贵族大墓盛行用玉器随葬，最多者一墓竟达200余件(组)，种类包括玉琮、璧、钺、镯、冠状饰及鸟、鱼、龟等20余种。这些玉器制作精良，造型复杂，雕琢技法以阴线刻为主，包括浅浮雕、半圆雕、镂空和圆雕等。尤其是由细如毫发的阴线雕刻的神徽图像，已有微雕的效果，令人叹为观止。琮是良渚文化玉器中体量最大、制作及雕刻最精的玉器，每件玉琮都雕有神人兽面像，足见这类玉器的功能是表示对神的崇拜。同一时期，北方的红山文化也出土了大量玉器，种类有龙形玉玦、勾云形佩、三连璧、鱼、鸟、鸮、蚕等，雕刻技法粗犷简约，别有一番韵味，尤为突出的是玉龙的普遍发现。地处海岱地区的大汶口文化也出土有玉铲、玉璇玑、玉臂环和玉制人面等，在随后的龙山文化中，发现有玉刀、玉鸟和兽面纹玉锛。这里的玉器形态规整、制作精细。在长江中游的大溪文化，也有使用玉装饰品的传统，种类有璜、玦、璧、管等饰件，在后来的石家河文化瓮棺中还有雕刻精细的玉人面、玉兽面、飞鹰、龙形饰、璜、蝉、环、凿等。近来在长江下游的安徽含山县凌家滩出土一批新石器时代的玉器、玛瑙和水晶制品，包括站立的玉人、玉虎、玉龙、玉勺、刻纹玉片及其他形态各异的装饰品。其中一件玉龟制作相当精致，其背甲、腹甲分开，中间夹一件刻有八角星、圆环和12个箭头形花纹的长方形玉片，出土时放在死者胸部。这一组玉器及神奇有序的花纹图案引起学术界的高度兴趣，被推测极有可能是远古的洛书和八卦。此外，在台湾省卑南遗址出有玉制的多环兽形玦，在圆山文化还发现有双立人顶一兽的玉饰件，明显带有东南亚一带的风格。总之，考古发现显示，在新石器时代晚期，玉器已初步蕴含了后世的宗教、道德观念，并与政治、权力和等级身份发生了密切关系。

夏代的二里头文化多次发现玉制的戈、刀、钺、圭、璋、瑗和柄形器，显然大都是由兵器和工具演化而来，工艺制作相当精美。商周时期的玉器多具有象征性和装饰性，无论器形、图案，还是工艺，都比夏代有明显进步。代表性的有仿铜玉簋、跪坐玉人、阴阳两性合体玉人等。商周时期的玉器有大量形象生动的动物。从超自然的龙凤、神怪色彩的怪兽、怪鸟，到现实世界的虎、象、鱼、鸟、鹦鹉、鹰、鸮、鹤、蝉、燕、牛、羊、龟、兔、熊、马等，内容十分庞杂。这些动物造型准确，形象逼真，通身饰隐起的双勾纹。商代晚期已出现俏色玉器，如安阳小屯出土的玉鳖，以紫褐色玉皮为背甲，四肢、腹部则为白色，构思精巧。西周中晚期的玉器形成另一种风格，造型洗练夸张，线条流畅自然，强调特征，缺少立体形象。总体看，夏商周三代的玉器以浅雕、浮雕等平面雕居多，但在殷墟出土的玉器中，圆雕已占一定比重。妇好墓出土的10余件玉雕人像，对研究商代的社会生活、人种、服饰来说，是很宝贵的资料。

春秋战国是大动荡、大变革的时代。从春秋晚期开始，玉器发生了明显的变化。玉器上的花纹由简约向繁密的方向发展,流行隐起的涡纹,器物显得圆润丰满。最近,在河南三门峡市上村岭发现春秋初年的虢国墓地一号墓,出土一组完整的玉覆面,包括用玉制成的眉、目、鼻、口、耳等部位的玉片,和在额头、两颊、唇、下颚等部位的玉片,玉片边缘都有暗孔,可用线连缀在丝织物上,覆于死者面部。这一发现为认识后来汉代玉衣的形成和演变提供了重要线索。战国时,新疆和阗玉进入中原,为玉器手工业的发展提供了物质基础。铁器的发展和普及,极大地促进了工具的改进和琢玉技术的进步,加之经验的积累和艺术思潮的变化,战国的玉器制作更为精细,花纹形态也与以前截然不同。这一时期玉器中最精美者首推湖北随县曾侯乙墓、河南辉县固围村魏墓祭祀坑和河北平山县中山王墓出土的器物。曾侯乙墓出土一件多节玉佩,为长达48厘米的大型练饰,是迄今所见战国玉器中工艺难度最大的。再如中山王墓出土的墨玉大带钩、固围村出土的大玉璜,都堪称这一时期玉器的珍品。战国玉器中最常见的是玉璧、龙形佩、虎形佩及少量的圆雕和容器,纹样流行蒲纹、蚕纹、谷纹和乳丁等。特别是玉器镶嵌工艺更加普遍。战国玉器精雕细琢、生动传神,在艺术构思、表现手法和工艺技术上都表现出很高的造诣,在中国玉器工艺史上占有辉煌的一页。

秦汉玉器继承了战国传统,在器物种类和组合上又有较大改进。同前一时期以精细见长的风格正相反,汉玉讲究雄浑豪放,极有气魄,具体表现在器表隐起处常用细如毫发的阴线雕饰以增强立体感,这一技法对后世治玉产生了深远影响。再就是汉玉中高浮雕、圆雕和镂孔的表现手法增多,抛光技术也大有长进。汉玉大致分为四类:一类为礼仪中使用的"六瑞",包括璧、琮、圭、璋、琥、璜六种玉器;第二类为葬玉,专指用于保护尸体的玉器,如玉衣、九窍塞、玉含和握玉;第三类为装饰品,如玉佩一类实用器;最后一类为浮雕和圆雕艺术品。河北满城汉中山靖王夫妇墓所出玉器系统地反映了西汉时期王族用玉的规格和种类。汉玉中的精品有汉元帝渭陵附近所出镂空羊脂玉仙人奔马、玉熊、玉鹰等圆雕,广州南越王墓所出角形玉杯,前者风格豪放粗犷,后者构思新颖奇特,均系汉玉之上品。东汉时期的玉器琢刻转向精益求精,如中山穆王刘畅墓出土的玉座屏上雕刻有复杂的龙纹及人物、鸟兽等花纹,器形优美,刻镂精细,是当时游丝刻的代表作。

魏晋南北朝时,玉器数量和质量急转直下,是这一时期战乱不止、经济萧条的写照。

隋唐时期经济空前繁荣,作为工艺美术的玉器手工业很快复苏,并走向新的高峰。这一时期对外交往加强,从西域一带输入的玉料激增,进一步刺激了玉器生产。唐代玉器品质精良,色如羊脂,技艺精湛,种类有羽觞、飞天、杯、璜、镯、带板和哀册等。玉器花纹涌现出大量花鸟人物走兽的内容,流行缠枝花卉、葵花、飞天、人物,富有浓郁的生活气息,写实能力大大提高。这些显然与当时绘画、雕塑艺术的成熟不无关系。唐代开始出现了表示官阶高下的玉带板和一些新饰件,具实用价值的玉制容器增多。隋代李静训墓出土的金扣白玉盏和金镶白玉镯作工精细,加之金玉相互衬托,愈显高雅富贵,可谓隋唐玉器的代表作。

北宋初年,金石学兴起,极大地促进了对古玉的收藏和考证。随着文人花鸟画的流行,玉器装饰题材出现了写实主义和世俗化的倾向。这一时期的玉器种类大多为装饰小件,也有少部分玉制容器,纹样多为龙凤呈祥、花鸟瑞兽一类题材。总之,宋代玉器中那种生活与艺术的高度统一是唐代所不具备的。北宋兴起对古玉的鉴赏、收藏之风,至南宋仍盛行不衰,加之玉的经济价值甚高,导致宋代仿古玉的出现并盛行,从而形成宋代玉器的另一特色。

元明清三代的玉器手工业高度发达,出现了几个重要的玉器生产基地。其中,以苏州专诸巷最为著名。在上承宋代治玉技术的同时,出现了加工粗放与繁琐两种对立的风格。特别是受文人书画的影响,出现并发展了碾琢文人诗词和写意山水画的玉器,镌刻名家款识,追求文人雅趣。清乾隆时期用玉极普遍,受皇家的推崇和需求影响,加上原料来源的丰富,琢玉工艺达到空前的高峰,其精工细琢的程度远远超出元明两朝。这一时期,富有立体感并容纳多种琢玉技巧的大型作品层出不穷,其中最为著名的为元代"渎山大玉海"和乾隆时期的"大禹治水玉山"。前者重达3500公斤,形态古朴,气势宏伟,雕刻花纹融粗放与精巧于一身,尤其是在俏色方面颇为独到,可谓划时代之作。后者高达224厘米,重达万斤,仅用工就多达几十万人次,耗费银两以万计,由扬州玉雕大师花费10年时间才完成,为迄今所知中国,乃至全世界最大的玉器,它既是中国玉工高度智慧的结晶,也是一件无与伦比的艺术珍品。这件玉雕的图案稿本是据清宫旧藏宋代或宋以前的轴画仿制而成。类似大型玉雕制品还有"玉九龙瓮"和"会昌九老山子"等。清代乾、嘉以来,朴学兴起,在仿古思潮的影响下,以返朴为目标,追仿汉玉风格生产的仿古玉器盛行,此风滥觞于宋而盛于清。从工艺角度看,仿古玉是有其特殊的美学价值的。

漆　　器

漆是利用从漆树上割取的天然汁液,经加工后髹饰于木、竹、皮革等器物表面的涂料。它具有隔潮、防腐、耐高温等特殊功能。涂以漆的器皿称为漆器。在漆料中还可调配各色颜料,使漆器更加绚丽多彩、明亮晶莹。中国古代漆器的种类包括生活器皿、宗教礼仪用具和其他工艺美术品等。

中国有着悠久的漆器制造史。《韩非子·十过篇》记载,虞舜时做食器,流漆墨其上。禹做祭器,黑漆其外而朱画其内。中国最早的漆器发现于新石器时代中期的河姆渡文化遗址,包括一件朱漆木碗、五件木胎漆筒和几件漆绘的彩陶片,其时代距今约7000年。近年来,在新石器时代晚期的良渚文化、陶寺文化的大型贵族墓中,不止一次地发现了髹漆的棺椁遗迹。在良渚文化的大墓中还发现了镶嵌小玉珠的漆器痕迹,在陶寺大墓中出土有髹漆木鼓、豆、案和俎等。这一切表明,中国是世界上最早发明并利用天然漆的国家。

夏商周三代,漆器的发现更为普遍,工艺技术也大有长进。在夏代的二里头文化大墓中曾发现殉狗用的漆匣,后来又陆续发现瓠、钵、鼓、盒等漆器。在河北藁城台西遗址,发现有商代前期贴饰压花金箔的薄板木胎雕花漆盒、盘的残片,器表饰朱红地浮雕式黑漆花纹,有的花纹上还镶嵌几何形绿松石,工艺复杂,色彩华丽,漆面乌黑油亮,反映出当时漆器工艺已相当发达。在殷墟王陵、贵族大墓以及一些方国首领的墓中,发现有商晚期髹有朱黑两色的雕花漆器棺椁,在殷墟还出土有漆罍、漆豆和现知最早的皮胎彩漆甲。西周时流行在漆器表面镶嵌蚌泡一类装饰。如河南浚县辛村卫国贵族墓曾出土用磨制的小蚌条拼嵌的花边图案,称得上是目前所知最早的螺钿漆器。最能代表西周髹饰工艺水平的是北京琉璃河燕国贵族墓出土的一批木胎漆器,种类有豆、觚、罍、壶、簋、杯、盘、俎等。器表均髹饰彩漆图案,镶嵌有蚌泡蚌片。其中一件觚的器表饰浅浮雕花纹,贴有三箍金箔,并镶嵌绿松石。另一件漆罍,在花纹繁缛的器表用蚌片拼嵌出饕餮、凤鸟等图案。这些蚌片的磨制和镶嵌技术已绝非螺钿初始阶段所能为。春秋时期漆器工艺的突出变化是有少部分漆器使用了金属附件。如山西长治分水岭春秋墓出土的漆箱饰有铜铺首。山东沂水春秋墓出土的漆勺上镶嵌金贝,并贴饰压花金箔。此外,在山东临淄郎家庄一号墓出土的一件漆器残件上绘有人物、花鸟和屋宇等细线图案,构图严谨对称,富有浓郁的生活气息,是一件不可多得的春秋时期的绘画作品。

战国漆器门类齐全、数量大增。从种类看,漆器已渗透到生活的各个领域,包括日常用具、家具、文具、乐器、兵器、交通车马器及各种丧葬明器。再就是战国漆器的分布地域急剧扩大,基本囊括了当时的楚、秦、齐、鲁、燕、三晋、宗周、中山、曾、蔡等诸侯国的故地。战国漆器的另一特点是工艺进步,花纹色彩华丽精美,而且有许多种类是前所未见的,这表明髹漆手工业有了突飞猛进的发展。这些又突出反映在漆器的胎骨和装饰手法的创新上。在此之前,漆器主要采用厚木胎,从战国中期开始大量使用轻巧的薄板胎,以适应卷制各类筒形器皿,这就大大减少了雕木成型的困难,提高了生产效率。战国的木胎制作有斫制、旋制、卷制和雕刻数种,依器物用途和形状选择不同的加工方法。此外,还出现了精美的高浮雕、圆雕和透雕胎骨的漆器,体现了雕刻艺术与漆器制造业的结合,如湖北随县曾侯乙墓出土的高浮雕漆豆,湖南长沙仰天湖楚墓出土的几何纹透雕笭床,湖北江陵望山楚墓出土的动物花纹透雕小屏风、圆雕虎座双凤鼓和湖北江陵天星观楚墓出土的镇墓神兽等。特别重要的是,战国中期出现了使用"脱胎法"制作的夹纻胎漆器。所谓夹纻,是利用多层麻布或缯帛按照泥、木胎内模逐层涂抹漆料,粘贴成形,待干实后脱出的器胎。它有轻巧牢固、漆液渗透性能好、黏附力强、造型稳定的优点,适宜制造各种形状复杂且不规范的器物,产品坚固耐用。夹纻胎的发明应用标志着战国髹漆手工业的巨大进步,也为后世的"脱胎漆"奠定了基础。再有,战国时期的皮胎漆器和竹(篾)胎漆器也较多见,后者是在竹器和竹篾编织物上髹漆的品种,在南方的楚国较为常见。如湖北江陵马山一号墓所出的漆扇,是为楚国竹漆器的代表作。皮革胎性韧而重量轻,多用做防御性武器,如甲胄、盾牌等。长沙楚墓曾出土皮胎"彩绘龙凤纹漆盾",十分精美。战国漆器工艺的成就还反映在镶嵌技术上,有的漆器表面贴饰被剪成各种图案的金箔,很像后来金银平脱的滥觞。战国晚期出现了"扣器",即在薄板卷木胎或夹纻胎器的口缘镶加金、银、铜箍,有的在箍上还嵌错花纹,它兼有装饰和加固的双重功能。镶嵌工艺还表现在漆器上装置铜铺首、金属盖钮、器鋬和器足等附件，以及使用金属合页技术等方面。战国漆器的进步还反映在花纹图案的精美绝伦和丰富的用色技巧上。装饰图案取材广泛，特别是充分发挥了漆画用笔自由的特点，将传统的龙凤、鸟兽表现得淋漓尽致，装饰效果极佳。还有相当一批描绘当时社会生活的画面，如长沙出土的"狩猎壶"、信阳出土的"人物瑟"等，图案夸张大胆，用色绮丽，极力渲染了画面所表现的幻想、神秘的气氛，有很高的艺术价值。再有，战国时各地出土的漆器从器类、形态和花纹图案等不同特点可分辨出不同的产地，说明列国有着不同的髹饰技术传统。现已发现的漆器铭刻证实，战国漆器的生产基本掌握在官府控制的漆工作坊中。

秦代漆器在湖北云梦和四川青神两地均有发现，它们不仅填补了从战国到西汉这一阶段漆器的空白，也以实物证明秦汉与楚的漆器可能分属两个不同的漆工系统，而且这两个系统之间也有一定的相互交流和影响。

汉代漆器无论在产量还是艺术水准上均超出了战国时期，属于中国漆器发展史上的极盛阶段。在地域分布上，漆器已渗透到一些邻近国家，如朝鲜平壤、蒙古诺颜乌拉等地均出土过汉代漆器。由于漆器轻便耐用，比铜器有明显的优越性，汉代的饮食器已基本被漆器所取代。西汉前期，漆器的风格渐渐趋向统一，远不像战国时期秦楚有别，表明各地漆器手工业在相互交流的基础上又有了长足进展。从胎骨看，汉代漆器流行木胎、夹纻胎和少量竹胎。就器形而言，则与战国相似，但一些工艺技法则为战国所不见，并创造出一些新器形。长沙马王堆汉墓和江陵凤凰山 168 号墓出土的数百件漆器集中代表了汉代髹饰业的最高水平。汉代漆器设计精巧华丽，大小相差十分悬殊。长沙马王堆 3 号墓出土的大漆盘直径达 73.5 厘米，1 号墓出土的镟木胎漆锺高 57 厘米，如此之大的器形，要镟出其胎骨是需要高超技术的。小者如马王堆、临沂银雀山等地出土的具杯盒、单层或双层的多子盒，在大盒之内套装若干小盒、耳杯，巧妙地利用有限的空间，可谓精巧绝伦。在髹饰技法上，汉代大大发展了战国时已露端倪的针刻（锥画）技法，并发展到在针刻花纹上加朱漆或用彩笔勾勒，乃至填绘金彩，使图案更加醒目，显然已接近后世的"戗金"装饰技法。西汉中期，贴饰于漆器表面的金箔花镂刻精细、形象生动，并与金银扣、箍、彩描漆相结合，构成一种异常华丽富贵的工艺门类。这时还出现了在器顶、盖上镶金银花叶，以玛瑙、琉璃珠为纽，器口、器身镶金银扣、箍，其间用金银箔嵌贴镂刻的人物、神怪、鸟兽和彩绘云气、山石等附托的漆器。安徽天长汉墓出土的双层银扣彩漆奁、月牙形双层盒，江苏连云港出土的长方形、椭圆形盒，均为此类漆器中的精品。此外，汉代漆器多刻铭文，详列官员及工匠名称，这是研究当时工官制度的珍贵资料。

魏晋南北朝时，漆器手工业急遽衰败。这与当时长期战乱、社会动荡不安有直接关系，同时也被认为是受瓷器业兴起打击的结果。1984 年，安徽马鞍山市出土一批东吴漆器，使一些传统的看法受到冲击。其中一件一色漆凭几，器表处理相当考究，而过去这被认为是宋代才出现的品种；另有一件锥刻戗金黑漆盒盖，在稠密的云气纹中填加人物和珍禽异兽图案，据文献记载，过去认为此种工艺元代才出现；还有一件黑、红、黄三色相间的犀皮耳杯,它的出土也把该品种的出现时间提早了几百年。此墓中还出土了一批反映社会风情和历史故事的彩绘漆画精品,如"宫闱宴乐图案""季札挂剑图盘""童子对棍图盘"等,图案设计精美,生活气息浓厚,写生手法不凡,增强了油彩的使用。这批珍贵的漆器不仅填补了三国时期漆器实物的空白,也弥补了该阶段漆器工艺发展的缺环,并增补了一批古代绘画的资料。在西晋至南北朝的300余年中,随着佛教的流行,出现了使用夹纻法制作的佛像及用氧化铅调油作画的密陀绘技法。

通过考古发现的唐代漆器实物迄今还十分有限。根据文献记载,漆器的主要品种在唐代已基本齐备,特别是实用漆器已十分发达。而最引人注目的成就是出现了雕漆,它标志着中国漆器发展进入了一个新时代。漆器首次出现用刀进行雕刻的手段,漆层也突破了装饰它物的格局,突破了历来的平髹、勾填、彩绘、镶嵌的范围,开始迈进浮雕艺术的领域,并很快形成一支独立的门类,走向了繁荣。此外,最能反映唐代髹饰工艺水平的还有堆漆、金银平脱、螺钿等。

堆漆即使用稠漆堆塑形成凸起的花纹。这一技法早在西汉时期已露出苗头,自魏晋以降,一直伴随着夹纻工艺缓慢地发展,至唐代已然成形。在木胎上堆漆的技法在日本称之为"乾漆"。现存日本的唐代著名高僧鉴真大师乾漆像,就是在他圆寂后,由随往日本的中日弟子共同堆塑的。

金银平脱是唐代漆器中最为豪华富丽,而且又最盛行的品种。这一技法源自汉代流行在漆器表面贴饰金银箔花纹,但唐代的工艺水准远远超越前代,花纹镂刻极其精美,成为当时一种极具代表性的工艺品。唐代平脱之所以能有如此之高的水平,应与当时金银器的发展与兴盛互为依托,关系密切。如传出郑州的羽人飞凤花鸟纹金银平脱镜,镜钮中心平脱八瓣莲花,周边密布花鸟飞蝶,外缘为飞凤羽人,整个构图充分显示出富丽堂皇的盛唐风格。该器在制作上先在镜上做漆背,再嵌贴镂刻的金银片,工艺上与螺钿有异曲同工之妙。据记载,由于此类器皿过于奢靡,官方曾多次明令禁止制作。五代时,平脱仍盛行不衰,成都前蜀王建墓曾出有极豪华的金银平脱朱漆册匣和宝盏。宋代以后,平脱工艺迅速衰落。

螺钿在唐代十分流行。它也属于平脱工艺,但使用的原料是裁割出图像的贝壳,其上再施以线雕,在漆面上拼镶出图案花纹。唐代风行螺钿铜镜,如洛阳出土的人物花鸟螺钿铜镜,用贝壳拼贴出人物仕女、珍禽瑞兽和山石树木,整个构图恬静祥和,一派盛唐气象。

宋代漆器风格突变,流行一色漆。颜色以黑为最,其次有紫、朱等色。所谓一色漆,即通体使用一种颜色,质朴无纹,故又名"无文漆器"。正因为没有纹饰,往往以形取胜,宋代一色漆造型多与瓷器相似。此种器类三国时期已经出现,唐代多用之髹饰琴瑟一类乐器表面。值得指出的是,宋代一色漆的胎骨使用了圈叠法,这是从薄片屈木胎基础上发展而来的一种工艺,为漆器发展史上的一项重要革新,优点是不易变形。螺钿为宋代漆器的重要品种之一。13世纪以后,此法已传入朝鲜。嵌螺钿有厚薄之分,由此形成两大类。自五代宋初上溯至西周均系厚螺钿。宋代苏州瑞光寺黑漆经函是宋初厚螺钿的代表作。

薄螺钿始于北宋，南宋流行并具有很高水平。宋代继承了唐代堆漆传统，如浙江瑞安慧光塔北宋识文经函的外函用漆灰堆出佛像、神兽、飞鸟、花卉，并嵌以小粒珍珠。花纹外的漆地用金色绘出飞天、花鸟等图案。戗金漆器唐代没有实例，故江苏武进出土的3件宋代木胎戗金器十分令人瞩目。它们不仅改变了传统的认为宋代漆器单色无文的看法，还让我们领略了戗金与斑纹地填漆相结合的早期实例，为宋代漆工史增补了重要资料。宋代雕漆仅有两件可信的实物，即"醉翁亭剔黑盘"和"婴戏图剔黑盘"，均藏于日本。剔犀漆器在不少南宋墓中均有发现。这是用两三种色漆在胎骨上有规律地轮流涂刷，待积累到一定厚度时，再用刀剔刻出图案花纹，这时在刀口断面上便会显露出层层不同的色彩，达到一种奇特的艺术效果。在类别上，剔犀当属雕漆之一种。宋代漆器多有铭文，记录制作地点和工匠姓氏。

元代漆器门类颇多，而成就最高者当属雕漆，已达到炉火纯青的地步，特点是堆漆肥厚，用藏峰之刀法刻出的花纹丰腴圆润，轮廓淳朴浑成，细部精工独到，有着非同一般的艺术魅力。故宫藏元代雕漆大师张成造的栀子纹剔红盘、杨茂造观瀑图剔红八方盘、安徽省博物馆藏张成造乌间朱线剔犀盒等，均系此类上品。此外，元代漆器之重要者还有螺钿、戗金和一色漆。其中传世的元代戗金器大都在日本，其刻线缜密精细，填金之后愈见华丽夺目，十分精彩。

明清两代漆器的主要特点是多种髹饰技法的结合使用，漆器的种类大大增加，超过以往历代，呈现一派绚丽多姿、富于变化的景象。其中，常见的种类有一色漆、罩漆、彩绘、描金、堆漆、填漆、雕漆、螺钿、犀皮、剔红、剔犀、款彩、戗金、百宝嵌等，但以上十几种形色各异的髹饰品类尚不能反映明清漆器的全貌，距离文献中所记载的大量品种还相差甚远。由此可见，中国传统漆器发展到此时已是多么的丰富多彩，其成就又是多么的辉煌。

中国古代的漆器是华夏文化宝库中一颗璀璨的明珠。它从中国源起，辐射传播到世界各地，先是东亚、东南亚，继而是西欧、北美，世界上一切制造漆器或用其他材料模仿漆器的国家，或多或少地受到了中国的影响。然而，作为漆器艺术骄子的雕漆艺术，是炎黄子孙的独有遗产，是世界上任何别的国家和民族所没有的。

本文应邀撰写并发表在《中国传统文化大观》，中国大百科全书出版社，1993年，583—592、601—605页。

权杖头：古丝绸之路早期文化交流的重要见证

自1921年现代田野考古学在中国诞生之初，有关中国远古文化的来源问题遂成为学术界争论的一个焦点。最初，安特生（Andersson,J.G.）博士将仰韶文化作为华夏文明的始祖。后来，在某些西方学者观点的影响下，他接受了"仰韶文化西来"的说法，并前往中国西北地区寻找相关的证据。与此同时，"西来说"理论也成了压在中国学者心头的一个沉重的"结"。

20世纪50年代以来，大量的考古发现证实，"中国文化西来说"无论在理论还是实践上都难以成立。与此同时，"中国文化本土起源说"在学术界成为主流。必须指出，在某种意义上，有关这一问题的争论已上升到哲学的层面而尖锐地对立起来。

其实，世界上任何一个文化都不可能永远处于绝对孤立状态。考古资料显示，在旧大陆，几个著名的古代文明中心从很早就开始了文化接触，尽管各大文明之间的文化交往方式和表现形式不尽相同，或彰显，或隐约，或出现过大规模的文化取代，或呈涓涓细流般地文化渗透。无论如何，人类文化正是通过交互感染的方式逐渐成长起来。

20世纪80年代以来，大量的考古发现为重构中国史前史提供了丰富的实物资料。新的发现不仅让多数考古学家淡化了"中原中心"说，也使他们日益理解到华夏远古文明正是通过各个不同区域间的文化互动才得以成长壮大的史实。这种文化互动从内部（中国境内）逐渐向外部（中国境外）发展，并最终导致东西方之间直接或间接的文化交往。特别是近十余年来，中国西部的一些考古新发现，再现了东西方沿古丝绸之路曾经有过的文化接触，以及双方进行接触的时间、规模和轨迹。

1986年，北京大学考古系与甘肃文物考古研究所在甘肃河西走廊进行考古调查时，在若干地点发现了玉石权杖头及残件。1987年夏，在发掘酒泉干骨崖墓地时，在44号墓内出土1件石权杖。此前，在玉门火烧沟墓地也曾出土过四羊首铜权杖头和玉石权杖头。

同类遗物曾在甘肃西河县宁家庄、秦安县大地湾、广河县齐家坪、甘谷县毛家坪遗址及陕西省宝鸡市竹园沟墓地、扶风县伯戓墓被发现。其质地包括彩陶、玉石和青铜等，时代从距今5000年前的仰韶文化晚期到后来的齐家文化、四坝文化、沙井文化（？），最晚为距今3000年的西周早期。

在甘肃以西的新疆维吾尔自治区，出土权杖头的地点计有哈密市二道沟、奇台县红旗机器厂、民丰县尼雅、特克斯县的铁里氏盖等遗址，其质地有玉石、青铜两类，时代大致在青铜时代或稍晚。

有迹象显示,权杖头在中国的分布面可能波及内蒙古鄂尔多斯高原至西拉沐沦河一带,其延续时代大致在新石器时代晚期至铁器时代早期。

需要说明,由于以往对此类文物缺乏了解,不少发现者将权杖头误作为生产工具。

在中国以外,地处北非的古埃及王国是发现权杖头最多的地区之一。早在前王朝(3050 BC 以前)时期,权杖头已非常普遍。古埃及的权杖头有三种形态:一种为梭形,中央贯穿一孔;另一种作圆片状,顶面宽大,底面缩小,中央有穿孔;第三种为梨形或球状(与中国所见相同),中央贯通一孔。所见权杖头多选用上乘石料,制作非常之精细,有的还在表面雕刻缠绕的枝蔓纹、乳丁等装饰,十分华丽。

除大量权杖头实物外,古埃及还发现众多使用权杖的艺术品。最早的一件作品是在希拉孔波利斯(Hierakopolis)发现的一座前王朝时期的壁画墓,画面中一位武士向被缚的战俘挥舞着权杖。这种由胜利者手持权杖击打被缚敌酋的场面是古埃及艺术中经常出现的主题,包括壁画、石雕及印章等。其中,最著名的一件是纳尔迈(Narmer)调色板,此器高 63 厘米,双面浮雕,画面内容表现的是第一王朝之初,纳尔迈国王战胜北部的敌人。调色板一面的画面主题是头戴上埃及白色王冠的纳尔迈,他手持权杖正欲击打跪倒在地的敌酋。另一面的画面分三栏,中栏为一对颈部缠绕的巨兽。上栏为手持权杖、头戴下埃及红色王冠的纳尔迈王在下属陪同下巡视两行被砍下首级的被缚敌人。

在著名的图坦卡蒙(Tutankhamun)法老墓内,出土两件真人大小的鎏金人物立像,高 190 厘米,他们手持贴金的权杖,甚为华贵。据研究,这两件雕像表现的就是图坦卡蒙本人。

在近东与两河流域,权杖头出现也很早,其形状大多为球形或梨形,除玉石、青铜外,还发现有玉髓、玻璃等质地,足见其尊贵。有些权杖头的表面还刻有楔形文字。在美国宾夕法尼亚大学博物馆近东部陈列品中有 1 件出自乌尔(Ur)第三王朝(2500 BC)的白石权杖头,形状与甘肃酒泉干骨崖墓地出土的权杖头极其相似,不同的是前者器表刻有楔形文字,意为:"献给女神 Shara。"在伦敦大英博物馆的陈列品中,也有出自阿卡德(Akkad)王朝刻写楔形文字的石权杖头。还有的在器表雕刻精美的狮头鹰(Lion-headed eagle)神兽。

在近东地区死海以东的纳哈尔·米什马尔(Nahal Mishmar)洞穴发现一座著名的古代窖藏,出土了 400 余件古代的砷铜(Arsenic bronze)制品,其中有相当一部分为权杖头。它们或铸有手柄,或作十字造型,有的还附以圆雕动物形象,其年代可上溯至公元前 4 千纪前半叶。

在小亚马尔马拉海岸(Marmara Coast)附近的多拉克(Dorak),发现 2 座墓葬。一座为单人葬,在墓主的手臂处随葬 1 件残留有木柄的权杖。另一座为双人葬,左侧为王后,右侧为国王,在他们的手臂处各放置 1 件残留木柄的权杖。这两座墓随葬品丰厚,规格甚高,年代在公元前 2553—前 2539 年之间。这一发现证实,安那托利亚西北一带利用航海贸易与古埃及保持着密切的文化往来。

公元前千纪前后,青铜权杖头的制作和使用开始普及。

在近东及两河流域出土的艺术品中,经常出现一些表现威权人物使用权杖的画面。在亚述国(Assyria)的石雕中,国王、权贵或武士常常手持权杖,威风凛凛,不可一世。

东起多瑙河(Danube)、西抵西伯利亚(Siberia)、蒙古高原的欧亚大草原是权杖头发现比较集中的另一区域。

欧洲大陆出土的权杖头尚不多见。在英国剑桥大学人类学博物馆欧洲部陈列有出自梯萨河谷(Tisza River Valley,此河流经匈牙利和南斯拉夫)的白色石质权杖头,扁球形,年代为公元前 2 千纪以内。

在黑海以北的亚速海北岸—第聂伯河(Dnepr River)与顿河流域之间分布有斯科利亚文化(Skelya Culture),该文化的权杖头以石质品居多,年代在公元前 3000—前 2000 年之间。

在高加索山脉南麓的特利(Tli)墓地曾出土一批著名的铸铜武器、工具和装饰品,共出的权杖头有圆形和椭圆形两类,有些在下部铸一突起的梃以纳柄;有的在器表铸 4—5 枚瘤状或螺蛳形凸钮,不仅富于装饰感,也增强了击打能力。还有的在器表雕刻精美的马、鱼、蛇、鸟及虎食人图案,显示出很高的艺术品位。其中,1 件铸有 5 枚瘤状凸钮的权杖头与甘肃玉门火烧沟所出四羊首权杖头造型非常之接近。类似形状的权杖头在摩尔达维亚的波若蒂诺(Borodino)窖藏和小亚的多拉克(Dorak)王墓也有所见,年代在公元前 2 千纪前后。在南高加索的库班(Kuban)一带也出土有玉石质和青铜权杖头。

在南乌拉尔地区的辛塔施塔河谷(Sintashta Valley),前苏联考古学家发掘了一处属于安德罗诺沃(Anderonovo)文化时期的遗址。在墓葬中出土一批石权杖头,与中国西部所见同类物非常接近,以圆形和椭圆形为主,年代大致在公元前 2 千纪初。另在中亚乌兹别克斯坦的巴特克里亚—马吉安那文化(Bactrian-Margiana Culture,2000—1800 BC)也出土有石质或青铜权杖头。

权杖头是一种昭示身份、象征权威的特殊器具,使用者绝非一般人物。权杖头除在窖藏中有成批的发现外,多出土于墓葬,生活遗址较为罕见。以酒泉干骨崖墓地为例,在已发掘的 105 座墓中,仅一座墓随葬了权杖,而且此墓的随葬品在整个墓地比较突出。在火烧沟发掘的 306 座墓中,也仅发现数件。小亚多拉克的发现证明,只有国王一类高层人物才有资格使用权杖。古埃及和美索不达米亚等地一些表现权杖持有者的雕刻艺术也充分说明了权杖的特殊功能。

就目前资料看,年代较早的权杖头集中发现于古埃及、近东、安那托利亚、黑海及里海周边地区,最早可上溯到距今 6000 年或更早。

中国境内出土的权杖头在空间上仅见于甘肃、陕西西部、新疆等地。其形态与近东和中亚发现的同类物非常相似。基本可以认定,权杖这种具有特殊功能的器具不是华夏文明固有的文化特质,应属外来因素。根据为：1）古埃及和近东一带的权杖头出现年代早；2）在数量上,中国境内发现的权杖头比较零星；3）在空间上,中国发现的权杖头集中于西北地区,这一点耐人寻味。

有一点需要指出,尽管我们得出了上面的初步结论,但若以时间为序排比中国境内出土的权杖头,结果却令人困惑。因为年代最早（5000 BC 以前）的 2 件权杖头恰恰出现在偏于内陆的甘肃天水一带,属于仰韶文化的中晚期。反之,在地处东西方文化接触前沿的新疆地区,所见权杖头的年代则略偏晚。对此现象,我们认为还有待作全面的考察。

半个多世纪的考古发现证明,中国西部史前—青铜时代的文化呈现不断向西扩展的趋势。距今 8000 年前后,在渭河上游一带出现了老官台文化,在青海贵南和柴达木盆地则分布着使用细小石器的狩猎—采集族群；距今 7000 年以降,部分仰韶文化居民进入陇山东西两侧；距今 5500 年左右抵达青海东部；距今 5000 年以降,马家窑文化发展至河西走廊西部（酒泉）；距今 4000 年,马厂末期文化出现在新疆东部（哈密）。随之,四坝文化进入东疆。总体看,在距今 4000 年以前,东西方之间已有初步的接触。此后,双方的文化渗透与影响日渐频繁并不断地深入。

通过对中国境内出土权杖头的梳理及初步的比较,我们有理由得出这样的认识,即东西方之间最初发生接触的时间应前提到更早的史前时期,其交往规模及程度有可能远超出我们的想象之外。

东西方之间的文化交往是多层次、多角度的,权杖头仅仅是诸多文化交往要素中的一个侧面,但其重要性不容低估。正是通过权杖头这一特殊的要素,揭示了史前时期东西方之间的文化碰撞,并将双方接触的时间上溯到新石器时代晚期。据此证明丝绸之路——这条连接欧亚大陆的文化走廊和贸易通道最早出现在史前时期,这无疑是对世界历史产生深远影响的重大事件。

参考资料：

大阪府立近つ飞鸟博物馆：《シルヶロードのまもり—その埋もれた记录》,开馆纪念特别展,1994 年。
甘肃省博物馆编：《丝绸之路——甘肃文物精华》,1994 年。
王彦俊：《甘肃西合县宁家庄发现的彩陶权杖头》,《考古》1995 年 2 期。
甘肃省博物馆文物工作队：《甘肃秦安大地湾遗址 1978 至 1982 年发掘的主要收获》,《文物》1983 年 11 期。
甘肃省文物工作队、北京大学考古学系：《甘肃甘谷毛家坪遗址发掘报告》,《考古学报》1987 年 3 期。
奇台县文化馆：《新疆奇台发现的石器时代遗址与古墓》,《考古学集刊》第 2 集,中国社会科学出版社,1982 年。
岐阜市历史博物馆：《中国陕西省宝鸡市周原文物展》,岐阜市历史博物馆,1988 年,142—143 页。

罗西章等：《陕西扶风出土西周伯戓诸器》，《文物》1976年6期。

卢连成、胡智生（宝鸡市博物馆）编：《宝鸡𢐗国墓地》，文物出版社，1988年。

（英）巴里·克姆普（Barry J. Kemp）著，穆朝娜译：《解剖古埃及》，浙江人民出版社，2000年。

E.N.Chernykh, *Ancient Metallurgy in the USSR — The Early Metal Age*, Cambridge University Press, 1992

National Geographic, 1999. April Vol.195. No 4.

Marsha Levine, etc, *Late Prehistoric exploitation of the Eurasian steppe*, Published by the McDonald Institute Monographs for Archaeological Research, University of Cambridge, 1999.

В. Ф. Генинг, Г. Б. Зданович, В. В. Генинг, Ситашта, Южно-Уральское книжное издательство, Челябинск, 1992.

Michael Roaf, Cultural Atlas of Nesopotamia and the Ancient Near East, Facts On File, Inc. An Infobase Holdings Company, 1999.

此文曾在2001年8月中国社会科学院古代文明中心举办的"中国古代文明的起源及早期发展"国际学术研讨会上宣读，并发表在《中国社会科学院古代文明研究中心通讯》第3期，2002年，54—57页。

赤峰及周边地区考古所见
权杖头及潜在意义

不同文明之间的学习交流常常是人类进步的里程碑。

——（英）罗素

20世纪80年代中期，北京大学和甘肃省文物考古研究所在甘肃河西走廊进行史前考古调查发掘中，发现一些青铜时代早期阶段的权杖头，这一发现为追寻权杖这种具有特殊文化特质的物品的功能以及来源提供了重要线索，由此也带动了有关东西方早期文化交流这一重要课题的研究。①

早年，安志敏先生曾就陕西宝鸡伯或墓随葬的一件五角星异形铜兵器对中国北方地区发现的一批所谓"棍棒头"遗物进行了讨论。他认为，此类"棍棒头"的来源与华北、东北一带的环状石斧有着密切的渊源关系，并进而推测，"棍棒头"的造型纯粹模仿青铜器，那些外表作花瓣状、星形的甲类棍棒头则是青铜时代加速发展的产物。"棍棒头"在中国北方地区的出现标志着在商周文化影响下，中原地区对北方文化的发展起到的促进作用。为此，安先生进一步强调，那些认为"棍棒头"起源于欧洲高加索的说法是错误的，我国的"棍棒头"同西亚的截然不同，特别是西周伯或墓的发现，表明我国的"棍棒头"在年代上不迟于高加索地区；"棍棒头"是中国的土著制品，与西亚无关。他认为，探索此类器物的源流，为阐述我国古代各族文化的交流以及商周文化对我国北方地区的作用和影响提供了一定的实物证据。②

安先生的这篇文章开了"棍棒头"研究之先河。但他所介绍的那些"棍棒头"有不少应该是权杖头。当年，在考古材料十分匮乏的条件下，安先生能够得出上述认识颇为难能可贵。可惜的是，当时往往将此类遗物看作是一种异类兵器，未能深入探讨其特殊的功能，以及此类遗存同外部世界的联系。对其年代的判断也基本是以中原地区为坐标。更加遗憾的是，尽管安先生已经认识到"棍棒头"的特殊文化价值，但却一直没能引起国内

---

① 10年前，我在中国社会科学院考古研究所举办的"古代文明起源与早期发展过程"国际研讨会和"联合国教科文组织丝绸之路国际研讨会"上，分别介绍了中国西北地区发现的权杖头及此类遗存所传递出的早期东西文化交流的信息（参见：李水城：《权杖头：古丝绸之路早期文化交流的重要见证》，《中国社会科学院古代文明研究中心通讯》3期，2002年；LI Shuicheng, The Mace-head: An Important Evidence of the Early interactions along the Silk Roads, In *commemoration of Completion of the Hyrayama Silk Roads Fellowships Programme UNESCO International Symposium on the Silk Roads 2002*, pp.157 - 60）。

② 安志敏：《西周的两件异形铜兵——略论商周与我国北方青铜文明的联系》，《文物集刊》2期，1980年。

学术界的充分关注。

2007年，在内蒙古自治区扎鲁特旗南宝力皋吐墓地出土了一件用煤精制作的黑色三重五角星形权杖头(BM44：3)，此物用料考究，制作精细，显示出很高的历史和工艺价值。初步研究证实，南宝力皋吐墓地的绝对年代上限约距今5000年。[①] 由于出有这件权杖头的墓葬资料尚未发表，还不清楚此物在墓内的具体位置及随葬品组合情况，但这一发现为我们追溯此类器物的来源、年代、功能以及在我国北方长城地带的传播路线等提供了重要信息。

其实，早在南宝力皋吐墓地权杖头发现之前，在内蒙古赤峰及其周边地区已有一些类似的发现。如20世纪70—80年代，在巴林右旗的那日斯台遗址曾发现3件权杖头。[②] 另外在敖汉旗小河沿遗址、[③] 七道湾子遗址、[④] 库伦旗[⑤] 等地也先后有类似遗物被发现。依照这一线索追寻，在地理位置更东的辽宁沈阳、法库、[⑥] 吉林辽源[⑦] 等地的部分青铜时代遗址也曾发现权杖头的踪迹，最东甚至进入辽东半岛的金州一线。[⑧] 这些权杖头的造型以球形或扁球形为主，有些雕凿成齿轮或花瓣状，其质地以石料居多，也有部分用软玉或煤精等美石制作。

赤峰及周边地区考古所见权杖头的年代或可上溯到红山文化末期至小河沿文化阶段。前者可以内蒙古巴林右旗那日斯台遗址的发现为代表；后者则以此前不久在南宝力皋吐墓地出土的1件和敖汉旗小河沿墓地出土的3件为代表。进入青铜时代以后，在夏家店下层文化有进一步发展，并沿着长城地带继续向东扩散，影响所及达下辽河地区、吉林乃至辽东半岛。这以后，权杖这一文化特质在长城沿线以及以北地区被继承下来，并被融入到了当地的传统文化之中。在内蒙古中部的鄂尔多斯地区、[⑨] 宁夏回族自治区的西(吉)、海(原)、固(原)[⑩] 一带多次发现先秦时期的青铜铸造权杖头，可见其分布范围十分广泛。直至历史时期的辽代，契丹人仍流行这种由权杖头演化而来的冷兵器——"骨朵"。[⑪]

[①] 内蒙古文物考古研究所、科尔沁博物馆、扎鲁特旗文物管理所：《内蒙古扎鲁特旗南宝力皋吐新石器时代墓地》，《考古》2008年7期，图版柒：2。
[②] 巴林右旗博物馆：《内蒙古巴林右旗那斯台遗址调查》，《考古》1987年6期。
[③] 辽宁省博物馆、昭乌达盟文物工作站、敖汉旗文化馆：《辽宁敖汉旗小河沿三种原始文化的发现》，《文物》1977年12期。
[④] 于建设主编：《红山玉器》，远方出版社，2004年，61页。
[⑤] 安志敏：《西周的两件异形铜兵》，载《东亚考古论文集》，香港中文大学中国考古艺术研究中心，1998年，161—162页。
[⑥] 曹桂林、庄艳杰：《法库湾柳街遗址新出土的青铜时代器物》，《辽海文物学刊》1997年1期；中国社会科学院考古研究所东北工作队：《沈阳肇工街和郑家洼子遗址的发掘》，《考古》1989年10期。
[⑦] 吉林省文物考古研究所、辽源市文管会办公室：《吉林省辽源市高古村石棺墓发掘简报》，《考古》1993年6期。
[⑧] 吉林大学考古学系、辽宁省文物考古研究所、旅顺博物馆、锦州博物馆：《金州庙山青铜时代遗址》，《辽海文物学刊》1992年1期。
[⑨] 田广金等：《鄂尔多斯式青铜器》，文物出版社，1986年，208页。
[⑩] 罗丰、韩孔乐：《宁夏固原近年发现的北方系青铜器》，《考古》1990年5期。
[⑪] 朝阳地区博物馆：《辽宁朝阳姑营子辽耿氏墓发掘报告》，《考古学集刊》第3集，1983年。

根据现有的考古资料,在赤峰及其周边地区发现的权杖头还没有早过红山文化晚期者。那么,这类遗存究竟是本地起源的?还是从其他地方舶来传入的?这是我们下一步需要深入探讨的问题。

假若赤峰及周边地区所见到的权杖头只能追溯到红山文化晚期,其绝对年代大致在距今5000年左右。那么,目前国内所见到的年代更早的权杖头则在西北地区的甘肃省。在甘肃西河县宁家庄曾采集到一件彩陶权杖头,①在秦安大地湾遗址第405号房屋基址曾出土一件汉白玉权杖头,②二者的年代大致应在距今5500—5000年之间。如果我们再将出土数量考虑进来的话,地处中国大西北的甘肃和新疆两地的发现更是明显超出赤峰及周边地区。根据上述两点不难看出,赤峰及周边地区的权杖头的源头似应在西北地区。

此前我们曾撰文指出,权杖头这类遗物大部分见于中国西北地区。进入青铜时代以后,在陕西渭河流域及河南西部(洛阳以西)也有少量发现。再往东则销声匿迹。从出土的数量看,也明显可以看出自西而东(这里特指中原地区)渐趋减少的态势。但南宝力皋吐的新发现表明,权杖这类因素在北方长城沿线一直在向东延伸传播,并逐渐被这一地区的居民所接受,得以长期延续,最终演变为北方少数民族的一种特殊兵器。

若以上推论不误,说明北方长城沿线一带的权杖是在中国西北地区文化影响下的产物。那么,此类文化因素是否原创于我国的西北地区?若不是的话,它又是来自哪里呢?

如果我们把观察的视野放大到全球的角度,就会发现,世界上最早的权杖出现在近东地区北部的安纳托利亚高原。在土耳其的哈兰—切米(Hallan cemi)遗址曾出土过前陶新石器时代(PPNA)的石质权杖头,年代早到公元前9500—前8800年。在科尔提克丘(körtik tepe)遗址也发现有前陶新石器时代的石质权杖头,年代为公元前9500—前8500年。稍晚,在著名的萨塔尔—休于(catal höyük)遗址第六文化层挖出的石质权杖头,距今6500年。在堪—哈桑(Can Hasan)遗址甚至发现有距今6000年前的红铜权杖头。③

早期权杖头发现最多的地区是地中海东岸的利万特(Levant)。④ 在死海东北部一个名叫泰利拉特—嘎苏尔(Teleilāt Ghassūl)的遗址,曾发掘出土一批公元前4千纪前半叶(约距今6000—5500)的权杖头。其中,有一件石质权杖头的表面还镌刻有"十"符号⑤。在西方,此类符号一直被看作与早期宗教中的巫师一类人物有关。无独有偶,在中国陕西扶风县一处西周早期的建筑基址曾出土2件蚌雕人头像,完全是深目高鼻的西方人形象。其中,一具头像的顶部雕刻"十"字符号。有国外学者认为,此类雕像表现的是掌控宗教

---

① 王彦俊:《甘肃西合县宁家庄发现的彩陶权杖头》,《考古》1995年2期。
② 甘肃省文物考古研究所:《秦安大地湾——新石器时代遗址发掘报告》,文物出版社,2006年。
③ 以上资料参见: *The exhibition catalogue from the great exhibition in Karlsruhe*, "*Vor 12.000 Jahren in Anatolien-die ältesten Monumente der Menschheit, Stuttgart 2007*".
④ 利万特是指地中海东岸的南北狭长地带,包括今天的以色列、黎巴嫩和叙利亚部分地区。
⑤ Mallon A.koepped(1834), Teleilāt Ghassūl, I, Compte Rendu des fouiles de L'stitute bibliQue pontifical (1929-1932), ROME Piazza Della Pilotta, 35, 1934.

活动的西方巫师形象。①

1961年,在死海西岸峡谷内的纳哈尔·米什马尔(Nahal Mishmar)洞穴有重大发现。在这座人工开凿的山洞内竟然埋藏有429件重要文物。其中,仅铸造的红铜权杖头和权标就超过了400件。这批铜器制作工艺精湛,有相当一部分采用失蜡法铸造出动物的圆雕装饰,其年代可以早到公元前4千纪的前半叶(约距今6000—5500)。② 上述发现证实,距今五六千年以前,利万特地区已经能够批量铸造铜杖头和权标。一般而言,在金属冶炼技术出现之前,还应有一段制造和使用石质权杖头的阶段。可以想见,利万特地区使用权杖的历史十分悠久。

近东的两河流域(美索不达米亚)是权杖头出现和使用较早的区域。那里发现的权杖头不仅数量多,且制作精致,用料考究,特别是还有一些历史上著名人物使用过的权杖。如19世纪末,在伊拉克首都巴格达东南泰勒村的拉伽什(Lagash)遗址出土的基什王(Kish)麦西里姆(Mesilim)权杖头,为乌尔早王朝时期的重要文物,也是两河流域目前所见到的级别最高的权杖头。再有,著名的"汉谟拉比法典"石碑顶部浮雕所表现的正是汉谟拉比王从太阳神与司法神沙玛什手中接受权杖的画面,象征着天神将权力移交给人间的统治者。

权杖在近东地区出现后,开始向四周传播。估计其向西南的一支传到了埃及,并沿尼罗河谷向上游的南方扩散,直到白尼罗河和青尼罗河交汇处的努比亚王国。在下埃及,"蝎子王"③权杖头是埃及学研究中探讨法老起源的重要文物之一,此权杖头的表面雕刻精美的浮雕,包括威严的法老和朝拜的场面。在属于前王朝纳伽达(Nagada)④文化早期(铜石并用时代)阶段的希拉孔波利斯(Hierakonpolis)遗址发现有壁画墓,⑤并出土了包括纳莫尔调色板(Narmer Pallette)在内的一批重要文物,描绘或雕刻法老挥舞权杖击打被缚的战俘,这种艺术形式遂成为日后表现法老形象的经典画面。

从近东向西北,权杖传入东南欧地区,沿着多瑙河流域深入欧洲大地;向北进入高加索地区,在黑海和里海沿岸扩散;向东经伊朗进入中亚,继而再向东传播到东亚的中国西北地区,时间大约在公元前4千纪后半叶(约距今5500)。再后来,权杖这类因素沿着长城地带以北传入内蒙古的鄂尔多斯以及更为东面的赤峰及周边地区。

权杖是近东地区畜牧民族或半农半牧民族率先创造出来的文化特质。此类因素传入东亚地区以后,不可避免地要与华夏文明发生碰撞。但是,从目前的考古发现来看,华夏

---

① 尹盛平:《西周蚌雕人头种族探索》,《文物》1986年1期;另见:Victor H. Mair (1990), "Old Sinitic 'Myag. Old Persian: Maguš and English 'Magician'", *Early China* 5(1990): 27–47.
② Moorey P.R.S.(1988), The Chalcolithic hoard from Nahal Mishmar, Israel, in context//World Archaeology. 20.
③ 不少学者认为"蝎子王"是埃及的第一代法老王。
④ 纳伽达(Nagada)期(或文化)为古埃及前王朝的代表,作为埃及史前文化的一部分。实际上它处在一个过渡期,即埃及文明的形成期。纳伽达文化得名于底比斯以北30公里的纳伽达村,遗址包含不同阶段的文化层,有学者将其分作三期:第一期起止于公元前4000—前3600年;第二期为公元前3600—前3250年;第三期为公元前3250—前3100(或3050)年。也有学者分两期,均属于铜石并用时代。
⑤ 墓主可能是纳伽达二期(3400—3300 BC)的一位国王。

文明似乎并未接受这种来自域外的文化特质,甚至对其有所排斥,这从权杖在中国境内的传播趋势便不难看出。可见,作为昭示权利、身份和地位的象征物,东西方自古即有不同的选择,西方文明选择的是权杖,而东方文明则选择了斧钺,可谓泾渭分明,判然有别。

权杖在传入中国以后,在中国西北地区保留了原初功能,作为社会上层高等级人物或军事首脑的身份和地位的标志。在东传进入内蒙古,特别是更东部的赤峰地区以后,是否仍延续上述功能,尚需进一步观察。严格讲,在中国西北和长城沿线以北地区,其礼仪风俗与中原内地的文化长期存在差异,而且似乎并未全盘接受以斧钺作为权标的华夏传统。若西北地区接受了西方的权杖文化,赤峰及其周边地区是否也如此?抑或权杖在进入这一地区以后滋生出了另外的功能,如将其作为武器等?这是需要深入思考的问题。

综上所述,赤峰及周边地区权杖头的发现及潜在意义如下:

1) 权杖是近东地区先民率先创造的一种文化特质。此类因素沿近东—中亚—中国西北—长城沿线这一大致相近的生业经济文化带扩散传播。

2) 权杖这一文化特质传入东亚以后,只能徘徊游弋于中国的大西北和长城沿线,一直未被华夏文明所接受,这一点深刻地反映出,华夏文明对于外来文化的吸纳是有所保留的,而且是有所选择的,认识这一点不仅具有历史意义,同时也具有现实意义。

3) 以往学界在讨论内蒙古东南部的考古学文化时,似乎过于关注与南部中原内地的文化互动,对于这一地区向北、沿大兴安岭南麓与北亚草原的文化交流则关注不够。

4) 通过对权杖源流的追溯,不难看到内蒙古东南部经鄂尔多斯—河套与大西北的甘肃陇东、河西走廊以及西域地区存在的文化交互,这一史实以往被忽略,应引起充分重视。

5) 华夏文明的成长壮大既是内部区域文化互动的结果,也离不开与外部广大世界的交往、碰撞、融合及相互影响。权杖传入中国的途径和历程充分证实了这一点。

谨以此文恭贺宿白师九秩华诞!

2012 年初定稿于北京蓝旗营

此文发表在:中国考古学会、沈阳市文物考古研究所编:《庆祝宿白先生九十华诞》,科学出版社,2012 年,20—25 页。

Eternal Glory: The origins of Eastern jade burial and its far-reaching influence

Death as a philosophical topic has haunted us throughout history. According to archaeological finds, building tombs for the deceased, conducting funerary rites, and placing food, tools, and decorative objects within tombs had already begun to take place 100,000 years ago. Such finds even include behaviours that seem to reflect certain modern mentalities, such as placing flowers in tombs or sprinkling ochre onto the body (Leroi-Gourhan 1975; Solecki 1971; Hovers et al. 2003; Zilhão, this volume). By the Neolithic period, funerary rites were already undergoing gradual standardisation, and distinct regional and ethnic differences began to take shape.

China has enjoyed a reputation as the 'Land of Jade.' Because of jade's hard yet refined texture, warm and glowing lustre, as well as the difficulty in quarrying it, in China it has always been regarded as an elegant, noble, beautiful, and mysterious substance, and jade objects are considered to possess a special kind of supernatural power. In ancient times, the Chinese regarded jade as 'the fair one among the stones, possessing the Five Virtues' — the Five Virtues referred to here being Humanity, Righteousness, Wisdom, Courage, and Purity (Xu Shen 1978).

Not only can we trace the Chinese tradition of jade worship back into antiquity, 'jade burial' (*yulianzang* 玉敛葬), the custom of using jade objects to constrain the body with the hope of eternally preserving the souls of the deceased, is found from very early on. Two complete sets of jade suits were first excavated in 1968 in the Han dynasty multiple burial for Liu Sheng, Prince Jin of the Zhongshan state, and his wife and consort, discovered in Pingshan Prefecture of Hebei province. The shape of these suits follows that of the human body, separable into parts such as head and torso coverings, sleeves, gloves, trousers, and shoes. This type of jade suit was built from tiny cut and polished jade pieces that were threaded together with golden threads, which is why they are also called 'gold thread jade suits' (*jinlü yuyi* 金缕玉衣). Liu Sheng's jade suit is 1.88 m in length and consists of 2160 jade pieces threaded together by gold threads that weigh 1.1 kg in total (see Fig. 1). The consort's jade suit is 1.72 m in length, using 2160 pieces of jade and 0.7 kg of gold (Zhongguo & Hebei 1980; see Fig.

1). According to Han Dynasty ritual, jade suits are burial clothes specifically intended for the emperor and empress, although the emperor could bestow them on his royal relations. Nevertheless, the jade suits of the latter can only be threaded together with silver or copper threads. This is why jade suits are ranked into three categories: gold thread, silver thread, and copper thread types.

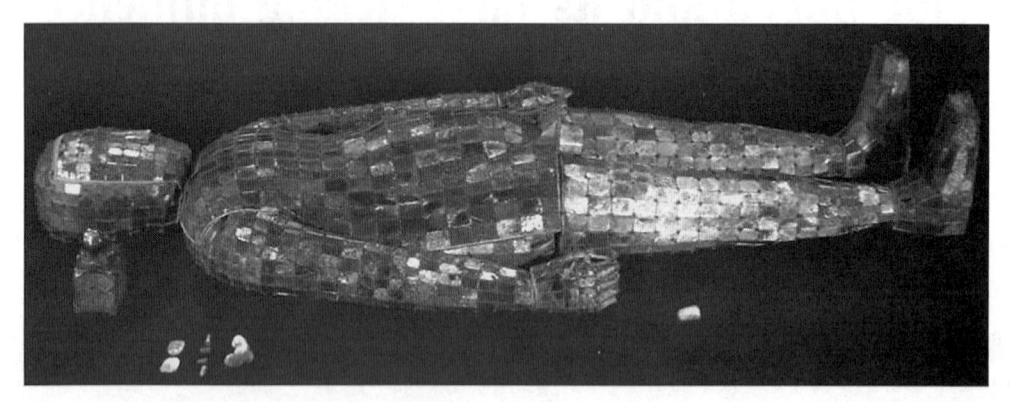

Fig.1. Gold thread jade suite (jinlü yuyi 金缕玉衣), Han Dynasty, from Mancheng, Hebei Province.

Jade burial contrasts sharply contrasts with Western burial culture, and for this reason it has become a burial ritual representative of East Asia. From what time period, then, did jade burial originate? How did it evolve?

According to archaeological discoveries to date, the earliest jade artefacts within the present-day borders of China are dated to the late Palaeolithic period (Liu Junyong 1989). Around 8000 years ago, crafted jade decorative objects, serving as grave goods, began to appear. For instance, a small number of tombs with jade *jue* 玦 pendants, jade cicadas, and jade tubular beads were used in the Xinglongwa Culture (ca. 6200 – 5400 BC) of the Great Wall region in the northeast, including some examples where stone or jade beads were placed in the mouth of the deceased (Zhongguo 1992, 1997). In the Xinglongwa Culture of Inner Mongolia, at the Baiyinchanghan site, the earliest known jade cicada has been discovered (Fig. 2; Neimenggu 2004). This may be the origin of what is later known as *yuhan* 玉含 ('sucking jade'). In Han Dynasty textual records, such a *yuhan* in the mouth of the deceased is said to be able to keep the corpse intact for eternity[①].

Nor was Xinglongwa a lone phenomenon. In the Hemudu Culture (ca. 5300 – 3300 BC) and the Majiabang Culture (ca. 5400 – 3900 BC) of the Lower Yangzi region in a slightly later

---

① "Holding a piece of jade in your mouth, about to transform but does not, congealed into dry wax. Thousand years later, only when the coffin falls apart, does the body begin to corrupt. Then is the body returned to earth, and entered upon its true abode." See Yang Wangsun biography in the *History of Han*《汉书·杨王孙传》："口含玉石，欲化不得，郁为枯腊，千载之后，棺椁朽腐，乃得归土，就其真宅。"

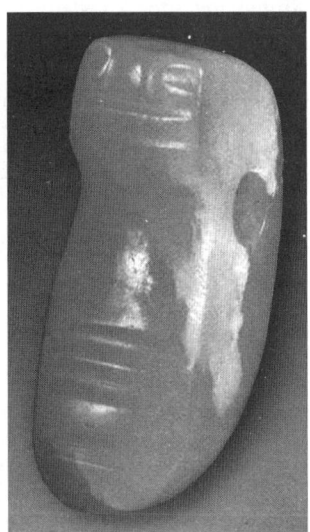

Fig. 2. Jade cicada (*yuhan*) in the Baiyinchanghan burial of the Xinglongwa Culture, Inner Mongolia.

period, a small number of tombs with jade grave goods are also found (Hemudu 1980; Guojia 2002), and some include *yuhan*. Even though these *yuhan* exhibit many shapes and forms, they are mostly small decorative objects, revealing the earliest state of the *yuhan* practice (Huang Xuanpei 2006).

In summary, around seven thousand years ago, the concept of jade grave goods possessing a perpetuating function had already appeared in China, and is reflected in distinct funerary customs from both the north and the south.

Upon entering the Late Neolithic period, jade artefacts were even more widely used. Several centres for jade production and consumption appeared, such as the Xilamulun River region in the northeast and the area surrounding Lake Tai in the south.

The Xilamulun River region runs through southeastern Inner Mongolia and the western Liaoning Province, an area with an extensive history of jade-making. By the time of the Hongshan Culture (ca. 4200 – 2900 BC), this area had already become the most important centre for jade production and consumption in the north. Using the famous Niuheliang site cluster as an example, we may observe a complete set of ritual loci including a sacrificial altar, temple and stone-built burial group within a 50 km^2 area. This site provides an early precedent for China's tradition of sacrificial temple ritual architecture. At the same time, within this wide area, not a single residential settlement area has yet been discovered. This shows that this area was a special sacrificial precinct exclusively intended for the burial of elites, as well as for conducting large-scale religious activities.

More than ten stone burial mounds built of massive boulders were discovered at the

Niuheliang site. They are either square or circular, with large chambers built in the middle. Large numbers of painted sacrificial clay vases and arrays of standing stones were placed around the side. Smaller stone burial mounds were also found spread out around the big tombs. What is interesting is that in these stone cists, none of the grave goods were vessels used for daily activities. Instead, strangely shaped jade artefacts are the most common object types, including jade dragons (Fig. 3), turtles, animal faces or masks, standing anthropomorphic figures, eagles (or phoenices), owls (or other birds), cicadas, horseshoe-shaped cylinders, *huan* 环 rings, beads, hooked cloud-shaped ornaments (Fig. 4), bracelets, a three-hole pendant showing twin humans (or twin bears), awls, comb-frames, and more (Chaoyang & Liaoning 2004). It seems that the jade objects in Hongshan Culture burials already possess the characteristics of the later jade burial practice (Fig. 5).

Fig. 3. Jade dragon, Hongshan Culture (Sanxingtala site, Chifeng, Inner Mongolia).

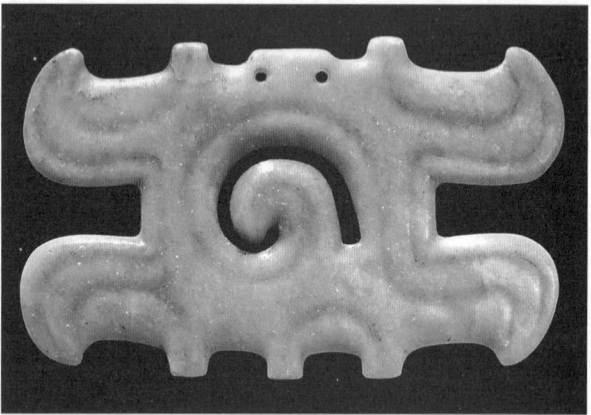

Fig. 4. Jade hooked cloud-shaped ornaments, Hongshan Culture (Narisitai site, Balinyouqi, Inner Mongolia).

In the Lower Yangzi, great tombs with orderly planning emerged from the early periods of the Songze Culture (ca. 4400 – 3300 BC). Among the abundant burial objects, jade or stone *yue* 钺 battle-axes, symbolic of power and rank, were placed on the body, indicating that the tomb owner was of high rank with military power. Such great tombs opened up the chapter of southern jade burial (Jiangsu Zhangjiagang Shi Dongshan cemetery 江苏张家港市东山墓地: Fig. 6). Around the same time, at Lingjiatan at Mount Han in Anhui Province, rare cases of jade burial appeared. An example is Tomb 23, excavated in 2007. Not only is this tomb large in size, its floor was covered with jade and stone objects, and the corpse wore an assortment of jade decorations and was wrapped and covered with jade and stone objects. In addition, in the earth fill of this tomb excavators discovered an 88 kg jade sculpture of a wild boar. This tomb contained more than 330 grave items, 217 of which are jade objects (Fig. 7). Aside from the common battle-axes, discs, rings, bracelets, *huang* 璜 semi-circular pendants, and *jue*, three turtle-shaped jade objects with jade awls were placed on the lower abdomen of the tomb occupant, suggesting his role as a shaman (Fig 8; Guojia 2008). Similar religious and divination jade objects are found in other elite tombs with jade burial at this cemetery (Anhui 2006a, 2006b).

By the time of the Liangzhu Culture (ca. 3300 – 2300 BC), thriving jade production and consumption surrounded Lake Tai, and jade burial was spreading rapidly in elite society and was becoming increasingly lavish. The Yaoshan site at Yuhang, Zhejiang province, for instance, was originally a hilltop shrine built with red, grey, and yellow-beige coloured sediment, and paved with stone facing. It was later rebuilt into an elite cemetery, where twelve large tombs have been excavated, all of which contain jade burial goods. Some contain several hundred pieces (Zhejiang 2003).

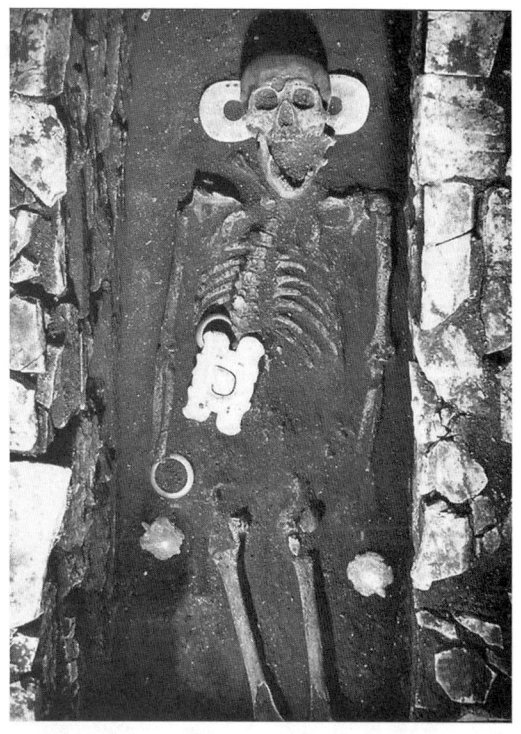

Fig. 5. Jade burial of Hongshan Culture (No.1 tomb of the No.1 stone mound at the No.5 location at the Niuheliang site, Liaoning Province).

Fig. 6. Jade burial of Songze Culture (No.90 tomb, Dongshancun site, Jiangsu province).

Fig. 7. Jade burial of lingjiatan cemetery (No.23 tomb, 2007, Hanshan, Anhui province).

Fig. 8. Turtle-shaped jade (No.23 tomb, 2007, Hanshan, Anhui province).

At the Fanshan elite cemetery, not far from Yaoshan, the tombs were covered with uniform surface mounds and contained coffin supports and lacquered wooden coffins. The largest tomb, Tomb 20, included 547 burial goods, with jade objects alone amounting to 511 pieces (Fig. 9; Zhejiang 2005). The jade burial of the Liangzhu Culture features primarily jade *cong* 琮 cylinders and jade *bi* 璧 discs, but precious lacquer objects with jade inlay were also found. The surfaces of these jade objects have exquisitely carved designs of supernatural figures with beastly faces, demonstrating an incredible level of technical sophistication: some of these designs have already achieved the effect of relief carving (Fig. 10). This type of artificial elite burial mound was widely found during the Liangzhu period, which seems to indicate that it was already the established burial procedure for local elites. This type of jade burial forms a stark contrast with the small, humble tombs of commoners, sufficient to indicate a significant degree of wealth disparity and hierarchisation.

Fig. 9. The No.20 tomb, Fanshan, Zhejiang province.

Fig. 10. The largest Jade *cong* with carved designs of supernatural figures with animal faces (from Fanshan cemetery of Zhejiang Province).

The No. 3 Tomb at Sidun in Wujin, Jiangsu Province, is a typical Liangzhu Culture elite jade burial. The tomb occupant was male, aged around 20, and buried in an extended supine position. The bones were partly singed. The majority of grave goods in this tomb are jade *cong* (57 pieces) and jade *bi* (24 pieces), covering the tomb owner from head to toe. Among them, the best two pieces of jade discs were placed on the abdomen of the body, while a small number of clay objects were placed above the head and below the feet. The excavators infer that an elaborate ceremony must have taken place during the funeral: the tomb floor was first covered with jade discs, after which the tomb was set on fire. When the flames died down, the body was lowered into the grave, and the large number of jade objects was spread on top to cover the body (Nanjing 1984).

The phrase 'the sky is round and earth square' (*Tianyuan difang* 天圆地方) embodied the embryonic form of cosmology found in ancient Chinese philosophical thought. The round shape of jade discs and the square shape of the jade tubes represent the vast firmament and the immense earth. The type of jade burial that employed a large number of jade objects corresponds with the records found in *The Rites of Zhou* (*Zhouli - Dianrui* 周礼 — 典瑞): 'Spread out jade tubes and discs in order to deck the body' (*shu bi cong yi lianshi* 疏璧琮以敛尸). Archaeological evidence demonstrates that the idea of 'using grey jade discs to worship heaven, using yellow jade tubes to worship earth' originated from the prehistoric period. Using jade discs and tubes to cover the deceased expresses the wish to preserve the body eternally through jade's supernatural power, as well as the desire to rule over the next world with such divine powers. However, since the shape of the jade tubes is square on the outside and circular on the inside, some scholars also hypothesize that jade tubes were ritual objects employed by shamans in ancient religious ceremonies for the purpose of communing with divinities and spirits of heaven and earth. What jade tubes represent is a period where the elite stratum combined both the shamanistic religious power with political power (Zhang Guangzhi 1999).

At the present, the earliest jade burial goods discovered in the Yellow River region date to the early Yangshao Culture (ca. 5000 – 4000 BC), and include tools such as jade axes and jade shovels (Shaanxi 1990). By the middle Yangshao period (ca. 4000 – 3500 BC), jade *yue* battle-axes, symbolic of royal and military power, began to appear in some large, high-rank tombs, foreshadowing major social transformations and the development of social complexity (Zhongguo & Henan 2010). A significant number of buried jade objects dating to the first half of the 3rd millennium has been found in the elite tombs at the Qingliangsi cemetery in Ruicheng, Shanxi Province. Grave goods include jade *yue* battle-axes, jade discs, tubes, *yabi* 牙璧 toothed-discs, rings, perforated knives, tiger-head pendants, and others. This site is currently the earliest case of jade burial found in the Central Plains area of China. Aside from jade objects, some elite tombs also include luxury goods, such as crocodile drums, pig mandibles, and painted ceramics, as well as examples of human sacrifice (Fig. 11; Shanxi et al. 2011).

During the Longshan period, at sites such as Jufeng in Quxi, Shandong Province; Shimao in Shenmu, Shaanxi Province; Taosi in Yangfen, Shanxi Province; Shijiahe in Tianmen, Hubei Province; and even in the Upper Yellow River region in China's northwest at sites such as Huangniangniangtai in Wuwei, Gansu, elite tombs or special urn burials with burial goods began to appear. These examples show that jade burial was also wide-spread in the Yellow River region, although the scale of jade consumption was not yet comparable with the Lower Yangzi region.

Fig. 11. Jade burial found in the Central Plains with human sacrifice (the Qingliangsi Cemetery in Ruicheng, Shanxi Province).

By the beginning of 2nd millennium BC, the highly developed prehistoric cultures in both the north and the south were rapidly declining, while the political, economic, and cultural centre of a new type of empire began to shift toward the Central Plains area. The Xia and the Shang as the central dynasties needed to develop a new system of rituals that could serve their rule. With this as the background, the material and craft of jade ritual objects became increasingly refined, with types and forms undergoing further standardisation. Among them, the jade discs, tubes, dagger, *yazhang* 牙璋 forked-blades, *biqi* 璧戚 axe-shaped objects, knives, and handle-shaped objects (*bingxingqi* 柄形器) from Erlitou reflect brand new designs, and are endowed with new meanings (Xu Hong 2009). At the same time, the ruling elites still cherished and continued the jade burial tradition from the prehistoric period, which the large volume of excavated jade objects from Tomb No. 5 at Xiaotun, Anyang well illustrate. Aside from an astounding number of bronze ritual vessels, the queen named Fuhao buried in this tomb was also accompanied by 755 exquisite jade objects, not a few of which are made from the Hetian jadestone from the distant western region (Fig. 12; Zhongguo 1980). Within the limit of current archaeological discoveries, however, our understanding of jade burial in this period is so far rather restricted.

Fig. 12. The No. 5 tomb at Xiaotun, Anyang, Henan Province.

In the Western Zhou period (ca. 1050 – 771 BC), jade burial appeared in the form of jade face covers (*yufumian* 玉覆面) (Zhongguo 1986; Zhang Changshou 1993). The so-called 'face cover' is also called the 'eye mask' (*mingmu* 瞑目) in some contexts①. Jade pieces, fashioned into the shapes of eyebrows, eyes, mouth, nose, and ears, are sewn onto silk material, which is then used to cover the tomb occupant's face upon entombment. The jade pieces on such a jade mask correspond to the eyes and nose of the deceased, symbolizing that the orifices of the deceased are blocked, and the body is protected from decaying (Fig. 13). The aristocrats and elites of this period also commonly fill the inside of the coffin with a large supply of jade objects. The funerary clothes covering the body may also have large number of jade pieces sewn on, which, together with the 'jade face cover,' forms the jade burial practice of this new period (Fig. 14; Sun Qingwei 1999).

During the Han Dynasty (206 BC – 220 AD, jade face covers and inlaid jade funerary clothes began to develop toward the jade armour suit, which wraps around the entire corpse. The jade suit is also referred to as a 'jade case' (*yuxia* 玉匣), and is the most characteristic of Han Dynasty funerary jade. The jade suits of early Han only include head covers, gloves, and shoes. Only by the time of Emperor Wen (Wendi 文帝, r. 179 – 157 BC) and Emperor

---

① *Liji -Shi sangli* 仪礼—士丧礼 [*Classic of Rites -On burials for officials*]: "瞑目用缁,方尺二寸,赪里,著组系。" 郑注: "瞑目,覆面者也。"

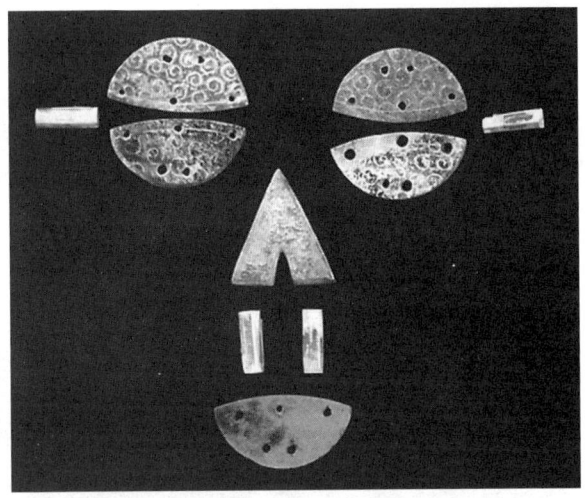

Fig. 13. Jade face covers (eye masks). Left: the No. 31 tomb at Qucun, Shanxi Province; right: the Han Dynasty 'jade suits' (from Pingshuo, Shanxi Province).

Fig. 14. Jade burial in the Zhou Dynasty (tomb No.2001, Sanmenxia, Henan Province).

Jing (Jingdi 景帝, r. 156 – 141 BC) did the fully formed 'jade suits' appear. These are the 'gold thread jade suits' of the Han period aristocratic couple buried at Zhongshan, Liu Sheng and his wife, who we introduced earlier.

The Han Dynasty 'jade suits' are accompanied by 'nine orifices seals' (*jiuqiaosai* 九窍塞), *yuhan* and *yuwo* 玉握. The so-called 'nine orifices seals' are placed upon or inserted

Fig. 15. 'Jade suits' (nine orifices seals) in Han Dynasty, (tomb of Xuzhou, Jiangsu Province)

into the eyes, ears, nostrils, mouth, anus, and penis or vagina (Fig. 15). Because of the superstition surrounding jade, the ancients believed that if 'metal or gold and jade are placed upon the nine orifices, then the deceased will not perish.' Because of this, only if the nine orifices of the deceased are sealed with jade can the everlasting existence of the corpse be guaranteed. *Yuhan* are small jade objects placed in the mouth of the deceased, as we previously discussed. Such a funerary custom appeared from very early on, but the form and shape of the *yuhan* were not yet fixed. By the Han Dynasty, all *yuhan* are carved into cicadas. This is because the ancients thought of cicadas as having the unique life process of eternally cycling between life and death-they wished to adopt cicadas' supernatural ability to revive the dead. *Yuwo* are jade objects held in the hands of the deceased. In the Han Dynasty they are shaped as pigs. There are many interpretations of this modification of the ritual, but its function probably does not go beyond keeping the deceased from perishing.

The insatiable pursuit of jade objects by the upper class fanned the fervour for jade burial during Han Dynasty, which became a blind obsession with rich burial that ran through the whole society, and generated bad social influences. In 222 AD, the first Wei Emperor (Wei Wendi 魏文帝, r. 220 - 226 AD) decreed a banning of jade suits in order thoroughly to turn away from the damaging custom of rich burial.

During the Sui-Tang period (581 - 907 AD), social custom was once again drastically transformed. As exchange between the East and West was reinforced, gold and other precious metal became the new favourite of the upper class, and quickly trickled down into the funerary rites of the time. Nevertheless, jade objects, conceived to be the crystallization of the essence of heaven and earth, continued to occupy an important position in traditional Chinese culture. Having experienced revival during Yuan (1271 - 1368 AD), Ming (1368 - 1644 AD) and

Qing (1616 – 1911 AD) dynasties, jade objects not only persisted in funerary rites, but also became objects of collection and appreciation for the living. Jade's robust, vital force had long-since taken hold of the soul of the traditional Chinese culture.

A Few Observations

The use of jade burial goods as a means of preserving the physical body is a traditional concept that can be traced back for seven to eight thousand years. Jade burial practices took shape between five to six thousand years ago, then experienced a long period of development, until it reached its pinnacle during the Han period.

Early jade burial appeared around Lake Tai in the south and along the Xilamulun River in the northeast, and influenced the Central Plains from both directions. The influence from the Lower Yangzi region was especially strong.

In the Hongshan Culture and the Yangshao Culture, the obsession with jade objects, as well as the supremacy of religious power, seriously influenced and held back economic development, and led to their downfall. On the contrary, the Yellow River valley made royal power supreme and sought steady development with a pragmatic spirit, and thus eventually reached ascension. These two each represent a different trajectory of civilisation.

Around 4000 BC, people of the Near East and Black Sea had already mastered copper production, and entered into the Chalcolithic. The Chinese of the same time, on the other hand, were fanatically obsessed with jade objects, wishing for immortality. The dire consequence of the excessive preference for jade is the delay of appearance of metallurgy in China. This can be proven by the role played by jade objects. As valuable commercial objects, jades have always been used as decoration, and are representative of power, status, and hierarchy. But in the West, such roles are fulfilled by metal objects. This seems to show that the special role and status associated with jade was to some degree hindering the development of metallurgy. This perspective continued into the Xia, Shang and Zhou periods, when large bronze vessels became the main vessels for religious ceremonies. If we compare the use and function of early bronze vessels in East and West, we would understand this even more profoundly.

Jade Burial and its evolution in ancient China indicates the cognitive abilities of the Chinese in different historical periods, as well as the conception of ancient cosmology and the lasting vitality that has been given to jade, which clearly is an interesting topic for Cognitive Archaeology.

Acknowledgements

I am very grateful to Dr. Rowan K. Flad (Department of Anthropology, Harvard University) for his great help in translating this paper from Chinese into English.

此文曾发表在：*Death Rituals, Social Order and the Archaeology of Immortality in the ancient World "Death Shall Have no Dominion"*, Edited by Colin Renfrew, Michael J. Boyd, Iain Morley, pp. 315 – 327, Cambridge University Press.(《东方玉敛葬的起源及其深远的影响》,伦福儒等主编：《古代世界的死亡仪式、社会秩序及不朽的考古学"死亡将不再主宰"》,剑桥大学出版社,315—327 页)。

References

Anhui Sheng Wenwu Kaogu Yanjiusuo 安徽省文物考古研究所,2006a. *Lingjiatan – Tianye kaogu fajue baogao zhi yi* 凌家滩—田野考古发掘报告之一 [*Lingjiatan – A report of archaeological excavation*]. Beijing：Wenwu chubanshe.

Anhui Sheng Wenwu Kaogu Yanjiusuo 安徽省文物考古研究所,2006b. *Lingjiatan wenhua yanjiu* 凌家滩文化研究 [*Research on Lingjiatan Culture*]. Beijing：Wenwu chubanshe.

Chaoyang Shi Wenwuju 朝阳市文化局 & Liaoning Sheng Wenwu Kaogu Yanjiusuo 辽宁省文物考古研究所,2004. *Niuheliang yizhi* 牛河梁遗址 [*The Niuheliang site*]. Beijing：Xueyuan chubanshe, 27 – 69.

Guojia Wenwuju 国家文物局 (ed.), 2002. Jiangyin Qitoushan yizhi 江阴祁头山遗址 (The Qitoushan site in Jiangyin), in *2001 nian Zhongguo zhongyao kaogu faxian* 2001 年中国重要考古发现 [*Important archaeological discoveries of 2001 in China*]. Beijing：Wenwu chubanshe, 9 – 14.

Guojia Wenwuju 国家文物局 (ed.), 2008. Hanshan Lingjiatan yizhi di wu ci fajue 含山凌家滩遗址第五次发掘 [The fifth season of excavation at Lingjiatan], in *2007 nian Zhongguo zhongyao kaogu faxian* 2007 年中国重要考古发现 [*Important archaeological discoveries in China in 2007*]. Beijing：Wenwu chubanshe, 10 – 15.

Hemudu Yizhi Kaogudui 河姆渡遗址考古队, 1980. Zhejiang Hemudu yizhi dierqi fajue zhuyao shouhuo 浙江河姆渡遗址第二期发掘主要收获 (Important finds from the second excavation campaign at the Hemudu site in Zhejiang). *Wenwu* 文物 [*Cultural relics*]

Hovers, E., S. Ilani, O. Bar-Yosef, & B. Vandermeersch, 2003. An early case of color symbolism：ochre use by early modern humans in Qafzeh Cave. *Current Anthropology* 44：491 – 522.

Huang Xuanpei 黄宣佩, 2006. Xinshiqi shidai yuhan 新石器时代玉含. *Zhejiang Sheng wenwu kaogu yanjiusuo jikan* 浙江省文物考古研究所学刊 [*Annals of the Zhejiang Provincial Institute of Archaeology*] 8, 217 – 226.

Leroi-Gourhan, A, 1975. The flowers found with Shanidar IV, a Neanderthal burial in Iraq. *Science* 190, 562 – 564.

Liu Junyong 刘俊勇, 1989. Dalian chutu de xiuyuqi ji youguan wenti 大连出土的岫玉器及有关问题 [Mountain jade objects excavated in Dalian and related issues]. *Gugong bowuyuan yuankan* 故宫博物院院刊 [*Annals of the Palace Museum*].

Nanjing Bowuyuan 南京博物院, 1984. 1982 nian Jiangsu Changzhou Wujin Sidunyizhi de fajue 1982 年江苏常州武进寺墩遗址的发掘 [Excavations at the Sidun site in Wujin, Changzhou, Jiangsu]. *Kaogu* 考古 [*Archaeology*].

Neimenggu Zizhiqu Wenwu Kaogu Yanjiusuo 内蒙古自治区文物考古研究所 (ed.), 2004. *Baihanchanghan - Xinshiqi shidai yizhi fajue baogao* 白音长汗—新石器时代遗址发掘报告 [*Baiyingchanhan - Report on excavations of a Neolithic site*]. Beijing: Kexue chubanshe.

Shaanxi Sheng Kaogusuo 陕西省考古所, 1990. *Longgangsi - Xinshiqi shidai yizhi fajue baogao* 龙岗寺—新石器时代遗址发掘报告 [*Longgangsi - Report on the excavations of a Neolithic Site*]. Beijing: Wenwu chubanshe, 97.

Shanxi Sheng KaoguYanjiusuo 山西省考古研究所, Shanxi Yuncheng Shi Wenwuju 山西运城市文物局, & Ruicheng Xian Wenwu Luyouju 芮城县文物旅游局, 2011. Shanxi Ruicheng Qingjingsi shiqian mudi 山西芮城清凉寺史前墓地 [The prehistoric cemetery of Qingjingsi in Ruicheng, Shanxi]. *Kaogu xuebao* 考古学报 [*Acta archaeologica sinica*].

Solecki, R, 1971. *Shanidar: The First Flower People*. New York: Knopf.

Sun Qingwei 孙庆伟, 1999. Jinhou mudi chutu yuqi yanjiu zhaji 晋侯墓地出土玉器研究札记 [Notes on the research of jades excavated from the Marquis of Jin cemetery], *Huaxia kaogu* 华夏考古 [*Huaxia archaeology*].

Xu Hong 许宏, 2009. *Zhaoqi de Zhongguo* 最早的中国 [*Early China*]. Beijing: Kexue chubanshe.

Xu Shen 许慎 (compiler), 1978. *Shuowen jiezi* 说文解字 [*Explaining simple and analyzing compound characters*]. Beijing: Zhonghua shuju chuban.

Zhang Changshou 张长寿, 1993. Xizhou de mu yu: 1983 - 1986 nian Fengxi fajue xiliao zhi ba 西周的葬玉——1983—1986 年沣西发掘资料之八 [The jade from Western Zhou tombs — 1983 - 1986 excavation data from Fengxi 8]. *Wenwu* 文物 [*Cultural relics*].

Zhang Guangzhi 张光直, 1999. Tan "cong" ji qi zai Zhongguo gushi de yiyi 谈"琮"及其在中国古史上的意义 [Discussing "cong" and their significance in ancient China], in *Zhongguo qingtong shidai* 中国青铜时代 [*The Chinese Bronze Age*]. Hong Kong: Joint Publishing, 289 - 304.

Zhejiang Sheng Wenwu Kaogu Yanjiusuo 浙江省文物考古研究所, 2003. Yaoshan 瑶山 [*Yaoshan*]. Beijing: Wenwu chubanshe.

Zhejiang Sheng Wenwu Kaogu Yanjiusuo 浙江省文物考古研究所, 2005. Fanshan 反山 [*Fanshan*]. Beijing: Wenwu chubanshe.

Zhongguo Shehuikexueyuan Kaogu Yanjiusuo 中国社会科学院考古研究所, 1980. *Yinxu Fuhaomu* 殷墟妇好墓 [*Fuhao's tomb in Yinxu*]. Beijing: Wenwu chubanshe.

Zhongguo Shehuikexueyuan Kaogu Yanjiusuo Fengxi Fajuedui 中国社会科学院考古研究所沣西发掘队, 1986. Chang'an Zhangjiapo Xizhou Jingshu mu fajue jianbao 长安张家坡西周井叔墓发掘简报 [Preliminary report on the Western Zhou Jingshu tomb at Zhangjiapo in Chang'an]. *Kaogu* 考古

[*Archaeology*].

Zhongguo Shehuikexueyuan Kaogu Yanjiusuo Neimenggu Gongzuodui 中国社会科学院考古研究所内蒙古工作队, 1992. *Neimenggu Aohanqi Xinglongwa juluo yizhi* 内蒙古敖汉旗兴隆洼聚落遗址

Zhongguo Shehuikexueyuan Kaogu Yanjiusuo Neimenggu Gongzuodui 中国社会科学院考古研究所内蒙古工作队, 1997 年发掘简报 [The settlement site at Xinglongwa in Aohan Banner, Inner Mongolia]. *Kaogu* 考古 [*Archaeology*].

Zhongguo Shehuikexueyuan Kaogu Yanjiusuo 中国社会科学院考古研究所 & Hebei Sheng Wenwu Guanlichu 河北省文物管理处, 1980. *Mancheng Han mu fajue baogao* 满城汉墓发掘报告 [*Report on the Han tomb at Mancheng*]. Beijing: Wenwu chubanshe.

Zhongguo Shehuikexueyuan Kaogu Yanjiusuo 中国社会科学院考古研究所 & Henan Sheng Wenwu Kaogu Yanjiusuo 河南省文物考古研究所, 2010. *Lingbao Xipo mudi* 灵宝西坡墓地 [*The Xipo cemetery in Lingbao*]. Beijing: Wenwu chubanshe 文物出版社, 2010.

东灰山遗址炭化小麦年代考

最近几年,我曾在数篇文章中提到甘肃民乐东灰山遗址出土的小麦,并认为这是目前中国境内所见年代最早的炭化小麦标本,其年代范围大致在距今4500—5000年。[①] 但是,目前学术界在对东灰山小麦年代的看法上还存在一些分歧。持不同意见的学者认为,东灰山遗址属于四坝文化性质,因此该址出土的炭化小麦亦不应该超出四坝文化的年代范围。其实,争论双方都各有所据,但一方根据的是碳十四年代;另一方依据的是遗址的文化遗物。[②] 至于为什么会出现上述不同的认识,是否还有其他方面的因素造成这一矛盾,此即本文将要深入讨论的问题,并期盼通过这一讨论明确这批炭化小麦的年代及其他相关的问题。不足之处,期望得到有关专家的指正。

一、历年的工作与发现

东灰山遗址位于甘肃河西走廊中部民乐县城以北约27公里、六坝乡西北2.5公里的荒滩上。这是一处由灰沙土累积而成的椭圆形土丘,海拔1770米,当地人称"灰山子"。土丘的走向大致呈东北—西南,灰堆中心约高出周围地表5—6米,总面积约24000平方米(600×400米)。在土丘西侧,有一条季节性泄洪河道(沙滩河),宽15—20米。遗址东侧地势比较平坦,以往曾辟为农田,后由于当地干旱缺水,撂荒废弃至今。1973年,当地为引水灌溉,曾在土丘东侧开挖了一条宽3—6米的水渠,从南向北贯穿遗址而过,对遗址,特别是整个墓葬区造成了极大破坏(图一)。

东灰山遗址最初发现于1958年,后被列为省级文物保护单位。[③] 此后,陆续有一些单位或考察队到东灰山遗址一带进行考察,除采集到一些文化遗物外,也曾先后数次在遗址内发现粮食作物遗存,现将这些发现罗列如下:

---

① 1) 李水城:《从考古发现看公元前2000年东西方文化的碰撞与交流》,载北京大学中国传统文化研究中心编:《文化的馈赠——汉学研究国际会议论文集》(考古学卷),北京大学出版社,2000年;2) 李水城:《河西走廊新见马家窑文化及相关遗存》,载《苏秉琦与当代中国考古学》,科学出版社,2001年;3) Li, Shuicheng, 2002b. Chapter II: Interaction between Northwest China and Central Asia during the Second Millennium B.C: An Archaeological Perspective, In Katie Boyle, Colin Renfrew & Marsha Levine, eds. *Ancient interactions: east and west in Eurasian Steppe*, Cambridge, England: McDonald Institute Monographs, University of Cambridge, pp. 171-180.

② 李璠先生将东灰山遗址定为新石器时代,并发表了一系列文章,这在学术界,特别是在植物学、遗传学和农学界产生了较大影响。张忠培等先生认为,由于前者对东灰山遗址的性质缺乏了解,将遗址定为新石器时代的结论是错误的,实际上这座遗址属于青铜时代早期。

③ 宁笃学:《民乐县发现的二处四坝文化遗址》,《文物》1960年1期。

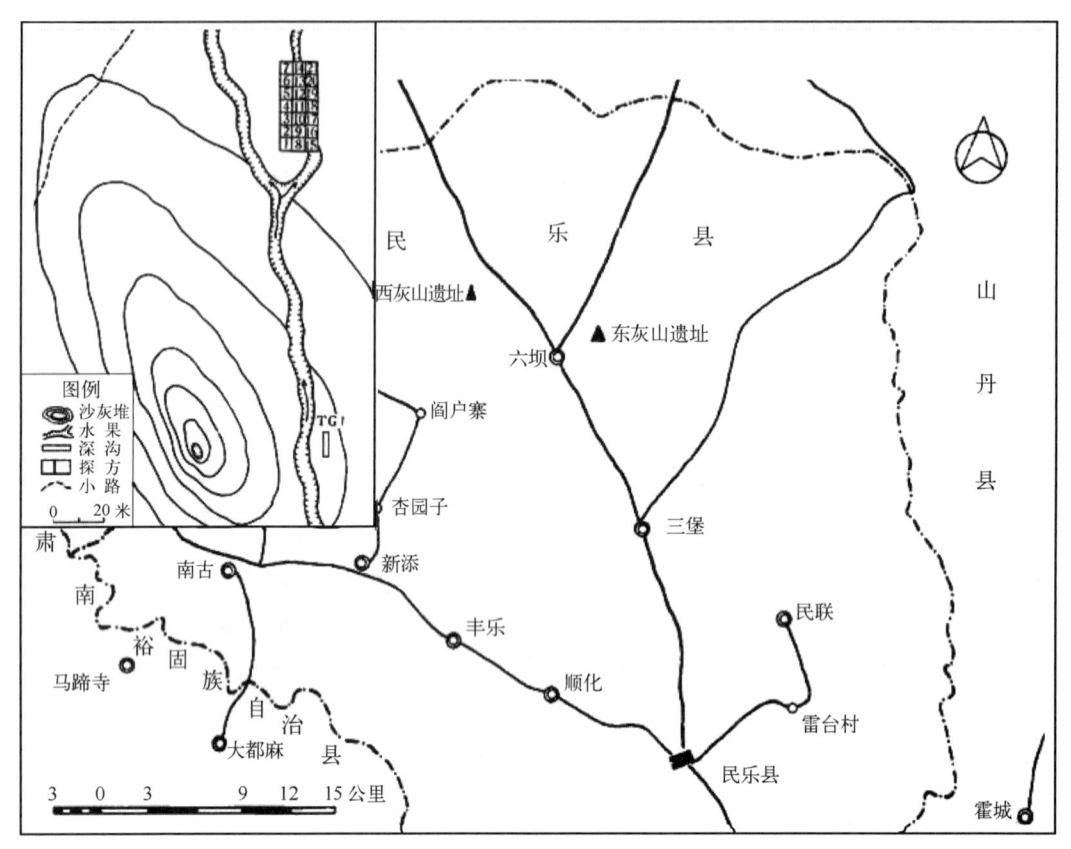

图一　东灰山遗址所在位置及遗址概貌
(据《民乐东灰山考古——四坝文化墓地的揭示与研究》图一、二改绘)

1) 1975年,张掖地区文化处在文物普查中,对东灰山遗址进行复查,在水渠内两个断层中发现了炭化小麦粒。[①] 后这些标本保存不善,不知所终。

2) 1985年7月,中国科学院遗传研究所李璠先生等赴甘肃河西走廊进行农林生态等方面的考察。在张掖市,他们从地区艺术馆的姜廷珠处得知,民乐县东灰山遗址曾发现炭化小麦。为核实这一发现,李璠等前往东灰山遗址考察,并在坑道(即水渠)剖面上采集到炭化小麦籽粒21粒。[②]

3) 1986年8—9月,李璠等利用去西北考察的机会再次前往东灰山遗址进行较为详细的调查。在遗址中采集了一批文化遗物(包括石器、陶器、骨器、木炭等),并在遗址坑道(即水渠)两侧剖面的2处黑色炭土层内采集到炭化麦粒、粟粒、稷粒等粮食作物和动物烧骨等。[③]

4) 1986年10月,北京大学考古系、甘肃省文物考古研究所联合在河西走廊进行史前

[①] 李璠:《甘肃省民乐县东灰山新石器遗址古农业遗存新发现》,《农业考古》1989年1期。
[②] 李璠:《甘肃省民乐县东灰山新石器遗址古农业遗存新发现》,《农业考古》1989年1期。
[③] 李璠:《甘肃省民乐县东灰山新石器遗址古农业遗存新发现》,《农业考古》1989年1期。

考古调查,在张掖地区文化局文物科的同志陪同下,曾前往东灰山进行调查,采集到一批文化遗物,但未采集到炭化小麦标本。①

5) 1987年5—6月,吉林大学考古系师生赴东灰山遗址进行田野考古实习。对遗址的墓地部分作了全面揭露,清理四坝文化墓葬249座。另在土丘东侧的遗址内布探沟一座,进行了小规模试掘。在发掘过程中,在水渠断面上采集到若干炭化小麦籽粒(2.5 mm试管1管)。②

6) 1989年9月,中国西北部干旱地区全新世环境演变与人类文明兴衰研究组前往河西走廊进行古环境变迁、沉积环境与沉积区特征及人类活动状况的考察。在东灰山遗址进行调查并采集一批遗物。在采集的4个土样中筛选到炭化小麦10粒,炭化粟、稷9粒。③

二、东灰山炭化小麦的形态特征

东灰山遗址的重要性不仅在于这里有一处基本保存完好的青铜时代早期的氏族公共墓地,而且在这里发现一批远古时期的粮食作物,这在目前已知同时期的古遗址中是罕见的。尤为重要的是在这里多次发现炭化小麦(据说还有大麦、黑麦等),这无论在年代上还是在遗址所在的位置上都具有极为重要的意义。

中国科学院遗传研究所李璠先生对他们采集到的炭化小麦作了形态学的观察和种属鉴定,结果如下:

东灰山遗址(1985年采集的)古小麦籽粒,已经炭化,大都保持完整饱满的形状。它们的胚部、背部和腹部都能看得清楚。籽粒背部弧形,两颊丰满,腹沟狭窄而浅。籽粒有大有小,但都成熟正常。在较完整的十八粒中,有些胚部、胚的中央突起,四周凹下,胚部是完整的。也有些炭化麦粒的胚部,下陷很深,中央没有突出部分,说明在炭化过程中和某些碰击原因胚已经脱落。从炭化麦粒的大小形态看,以十八粒平均数计,粒长为4.49毫米,粒宽3.34毫米,粒厚为2.72毫米。长/宽比值为1.34,宽/厚比值为1.24,故其形状为近圆形。其中最大单粒粒长5.32毫米,最小单粒粒长为3.62毫米,二者相差几达一倍,其余大小比较均匀。东灰山炭化小麦籽粒,不论形态大小,大部分象现在普通栽培小麦和部分象农家种密穗小麦。

第二次(1986)收集炭化小麦籽粒约有数百粒,大致可以将它们分为大粒型、普

---

① 甘肃省文物考古研究所、北京大学考古文博学院:《河西走廊史前考古调查报告》,文物出版社,2011年。
② 甘肃省文物考古研究所、吉林大学等编著:《民乐东灰山考古——四坝文化墓地的揭示与研究》,科学出版社,1998年。
③ 王一曼:《东灰山遗址的环境意义与河西走廊史前文化兴衰》,载尹泽生、杨逸畴、王守春主编:《西北干旱地区全新世环境变迁与人类文明兴衰》,地质出版社,1992年,98—109页。

通型和小粒型三类。1) 大粒型。粒长 5.70 毫米, 粒宽为 3.75 毫米, 厚与宽接近, 形状为椭圆形或卵圆形, 炭化籽粒多数形态完整, 胚部与腹沟都清晰可辨, 籽粒尾端圆, 可推断这种炭化小麦在当时属于普通栽培小麦中的大穗大粒型, 植株高大。2) 普通小麦型。数量较多, 粒长 4.90 毫米, 宽 3.35 毫米, 厚接近宽, 籽粒形状为短圆形或卵圆形, 籽粒尾端圆, 籽粒大都形态完整, 胚部与腹部也都清楚, 籽粒尾端圆。可以推断这种炭化小麦是当时栽培较广的一种普通小麦。3) 小粒型。粒长 4.05 毫米, 宽 2.95 毫米, 厚与宽接近, 籽粒形状短圆形或卵圆形, 胚部与腹沟都清楚可辨, 可以推断其为密穗小麦种中的小粒型。在小粒型炭化籽粒中, 还有少数比高粱籽粒还要小的炭化小麦粒, 长 3 毫米, 宽 2 毫米, 厚 2 毫米。从上述炭化小麦籽粒实际测量结果可以看出, 炭化小麦籽粒形状大都为短圆形, 与普通栽培小麦粒形十分相似, 属于普通小麦种(*Triticum aestivum*), 而其中小粒型炭化小麦籽粒则可能是密穗小麦种(*Triticum compactum*)。

炭化大麦粒。籽粒形态完整饱满, 纺锤形, 两头尖, 胚部与腹沟都很清楚, 绝大多数为裸粒, 粒长 5.21 毫米, 宽 3.00 毫米, 厚与宽接近, 它们与西北栽培的青稞大麦形状十分相似, 所以这种炭化麦粒应是栽培的青稞麦(*Hoedeum vulgare nudum*)。此外还有个别带壳的麦, 但有些模糊不清, 可能是皮大麦, 既然遗址有青稞, 同时存在皮大麦是自然的。

炭化黑麦粒。在炭化麦粒中, 同时混合有少数细长而较小的麦粒, 与黑麦籽粒相似, 它很可能就是现在西北高寒地带分布的山黑麦(*Secale montanum*)原始种。[1]

另据中国科学院植物研究所古植物室孔昭宸先生对吉林大学采集小麦籽粒的鉴定, 也认为这是"普通小麦", "在扫描电镜下可看到清晰的胚"。[2]

此外, 李璠还对中国科学院地理研究所在东灰山采集的炭化小麦进行了如下鉴定, "(小麦)籽粒表面光滑, 腹沟和胚部清晰可见, 有大、小型之别, 与今普通栽培小麦相似"。[3]

2001 年 5 月, 为进一步了解这批小麦的属性, 笔者曾委托以色列魏兹曼科学研究院结构生物学系的斯迪夫·威纳(Stephen Weiner)教授将几粒东灰山遗址出土的炭化小麦带往以色列, 希望他能请那里的古植物学家帮助进行鉴定。7 月 25 日, 斯迪夫教授通过电子邮件回信说, 魏兹曼科学研究院的植物学家莫德恰依·基斯列夫(Mordechai Kislev)教授对这些小麦作了鉴定, 认为"这些炭化麦粒很象是球粒小麦(*Triticum sphaerococcum*)属籽粒"。[4]

---

[1] 李璠等:《甘肃省民乐县东灰山新石器遗址古农业遗存新发现》,《农业考古》1989 年 1 期。
[2] 甘肃省文物考古研究所、吉林大学等编著:《民乐东灰山考古——四坝文化墓地的揭示与研究》, 科学出版社, 1998 年, 140 页。
[3] 王一曼:《东灰山遗址的环境意义与河西走廊史前文化兴衰》, 载尹泽生、杨逸畴、王守春主编:《西北干旱地区全新世环境变迁与人类文明兴衰》, 地质出版社, 1992 年, 106 页。
[4] *Triticum Sphaerococcum* means *Sphere-seed* wheat (球粒小麦)。

8月1日,斯迪夫教授再次来信:

我们(魏兹曼科学)研究院的费尔德曼(Feldman)教授是回答你的问题的最好人选,可是他立即要去休假,我经过查寻找到了他最近所写文章中一个章节,"球粒小麦是一种六倍体形式(hexaploid form),它从普通小麦(T. aestivum)单一突变而来。球粒小麦现今主要栽培在印度和巴基斯坦一带。据说,自距今5千纪以来它就存在于印度,但却从未在我们这里发现过"。①

三、东灰山小麦的埋藏环境与遗址的地层堆积

以上我们大致了解了东灰山遗址炭化小麦的形态特征。可是,在上述学者发表的考察报告中几乎都未详细交代小麦在遗址中的所在层位及埋藏状况,而这恰恰是了解其年代的重要依据之一。要想确立这批小麦的年代,我们首先必须搞清楚它们在遗址中确切的埋藏层位,这一层位属于哪个时期,所在堆积层中的文化包含物与这批炭化小麦是何种关系,等等。

为了弄清楚上述问题,我们先检索一下各位学者发表的调查报告以及报告中涉及小麦的相关记录。

1) 1975年,张掖地区文化处文物普查组从"开挖渠道的两个断层中,发现了炭化小麦粒"。②

2) 1985年,李璠等在"遗址坑道(即水渠)灰层剖面找到了炭化小麦的种子"。③

3) 1986年,李璠等在"从南向北50米的东侧剖面,约1米宽(似应为厚)的文化层全是黑色炭土层,其中炭化麦粒很多","在从南向北250米的东侧剖面,在表层约50厘米以下约1米宽处(似应为厚)也全是黑色炭土层,其中有许多炭化粟粒和稷粒,并混有少数炭化麦粒"。④

4) 1987年,许永杰等"在纵贯遗址的水渠断面上的四坝文化层内,采集炭化麦粒一试管(2.5 mm)"。⑤

5) 1989年,王一曼等在"第三层(12—102厘米,为灰黑、灰色黏土质细砂粉砂

---

① 附:斯迪夫教授来信原文:Prof. Feldman at our Institute is the best person for me to address your question to. He however is on holiday right now. I did look up in a chapter he recently wrote and found that T. Sphaerococcum is a hexaploid form and it originated from T. aestivum by a single mutation. T. Sphaerococcum is nowadays cultivated mainly in India and Pakistan and is known to have been in India since the 5th Millenium BP. It has never been found in our region。
② 李璠:《甘肃省民乐县东灰山新石器遗址古农业遗存新发现》,《农业考古》1989年1期。
③ 李璠:《甘肃省民乐县东灰山新石器遗址古农业遗存新发现》,《农业考古》1989年1期。
④ 李璠:《甘肃省民乐县东灰山新石器遗址古农业遗存新发现》,《农业考古》1989年1期。
⑤ 甘肃省文物考古研究所、吉林大学等编著:《民乐东灰山考古——四坝文化墓地的揭示与研究》,科学出版社,1998年,140页。

层)所采的4个土样(②—⑤号)中,筛出已炭化了的小麦和粟稷籽粒"。①

在以上文字描述中,李璠的记录(1986)给出了含有小麦的黑色炭土层的大致厚度,但未作层位划分;许永杰明确了小麦采集于四坝文化地层内,但因为东灰山遗址有几个文化层均出四坝文化遗物,所以仍不清楚小麦所在的具体层位;王一曼按照她所划分的层位比较明确地标示出4个土样所在的层位和相对深度(参见图四)。看来,仅凭上述文字记录,我们仍不能确定这批小麦所在层位以及它们与所在地层中遗物的关系。因此,这里有必要再进一步了解东灰山遗址的堆积状况。

从《民乐东灰山考古》所提供的数据可知,遗址地层比较简单,现择取报告中的地层部分介绍如下:

A) 87MDTG(遗址探沟)地层(图二):

第1层:表土。内含植物根茎,土质疏松,厚约10—20厘米。该层下压一条浅沟。

第2层:灰色土。质地疏松,厚约20—40厘米。自南向北倾斜,且不见于探沟北部。该层下压一段夯土墙。

第3层:灰花土。质地干散,厚约70厘米,仅见于探沟南半部。夯土墙坐在该层中。

第4层:黄花土。内含灰色土块,厚约20—80厘米。仅见于探沟北半部。

第5层:黄土。质地较硬,厚约20—70厘米,仅见于探沟北半部。

5层下为红褐色黏土与砂石混合的板结堆积,不包含文化层。

1—5层内(应为1—4层)不同程度地包含陶片、石器、骨器等遗物。②

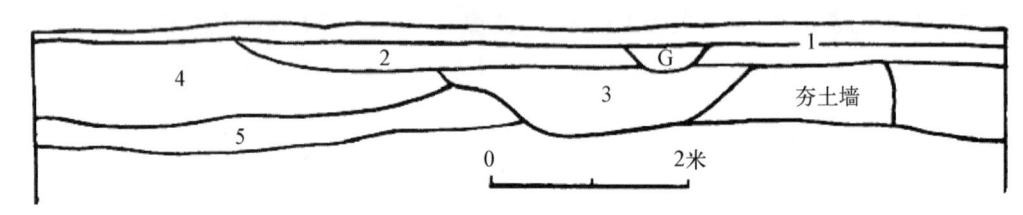

图二 东灰山遗址区文化层堆积
(转引自《东灰山墓地发掘报告》图三)

B) 遗址东北部(墓葬区)地层(图三):

第1层:表土。内含植物根茎,含细沙较多,土质松软,厚约15—25厘米。该层内包含有较少的陶片。

---

① 王一曼:《东灰山遗址的环境意义与河西走廊史前文化兴衰》,载尹泽生、杨逸畴、王守春主编:《西北干旱地区全新世环境变迁与人类文明兴衰》,地质出版社,1992年,103页。
② 甘肃省文物考古研究所、吉林大学等编著:《民乐东灰山考古——四坝文化墓地的揭示与研究》,科学出版社,1998年,5页。

第2层：沙土层。含细沙较少,黄土较多,且有少量碎石,质地较松软,厚约20—50厘米。该层内含较多陶片,少量石器、骨器及碎小的人骨和兽骨。

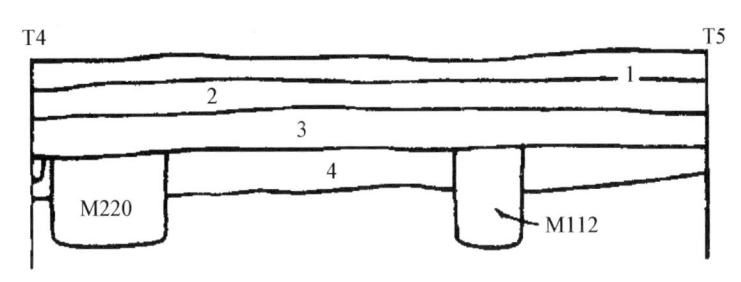

图三 东灰山遗址墓地区文化堆积状况
（根据《东灰山墓地发掘报告》图五改绘）

第3层：砂石层。含较多粗砂和大小不等的砾石,土呈黄褐色,质地较硬,厚约25—50厘米。该层内含较多陶片,相当数量的石器、骨器、铜器等,另外还有较多的人骨和兽骨等,该层对墓地破坏较甚,所有的墓葬都开口于该层之下。

第4层：细沙层。由大量细沙及少量黄土构成,质地细密,呈黄白色,厚约20—40厘米。该层内含极少的碎陶片,该层仅见于墓地的南半部。①

C) 中国科学院地理研究所古地理室在调查报告中对东灰山遗址地层按地理学的标准作了划分（图四）。

在东灰山小丘坡脚的废弃渠道两侧,可以观察到包括灰土层在内,近2米深的地层剖面。该剖面自下而上可划分为4层：

第四层。0—12厘米,为表土层。岩性为含细砂的浅黄色粉砂质细沙土,杂有灰黄色斑点。上部8厘米为暗褐色,有植物根系（取土样⑥号）。

第三层。12—102厘米。为灰黑、灰色黏土质细砂粉砂层。含小砾石,d=0.5×0.4×

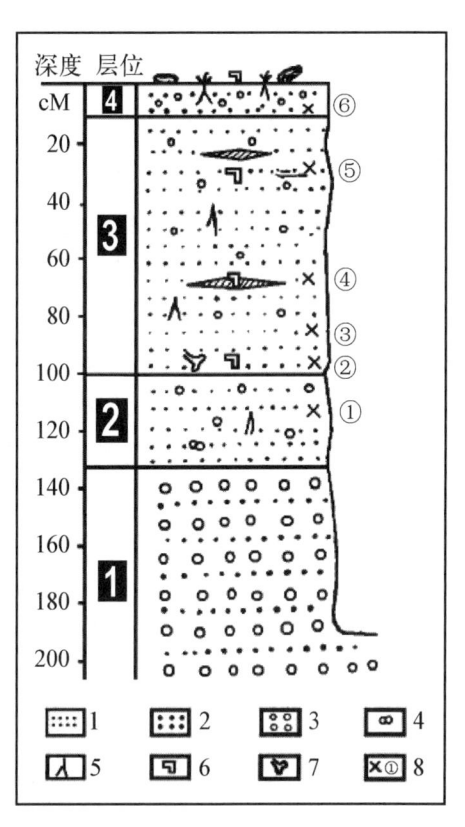

图四 东灰山遗址地层堆积及包含物示意
（根据王一曼《东灰山遗址的环境意义与河西走廊史前文化兴衰》图3重绘）
图例：1. 粉砂；2. 细砂；3. 砾石；4. 钙结核；5. 植物根系；6. 陶片；7. 兽骨；8. 取样及编号

---

① 甘肃省文物考古研究所、吉林大学等编著：《民乐东灰山考古——四坝文化墓地的揭示与研究》,科学出版社,1998年,5—6页。

0.3厘米。全层厚度不均(30—150厘米)。土体含大量灰粉,蓬松,层理不明显,可在深35—40厘米处见到两个薄层和深70厘米处见到5厘米厚的透镜条带。层内除含有大量草木灰烬外,还可见很多炭化枝干和腐殖质土壤团块。深90—102厘米的层底含有少量兽骨和较多的陶片。层内含有多量的炭化粮食籽粒(取样4个,自下而上编号为②、③、④、⑤)。

第二层。102—134厘米。黄红色黏土质细砂层。质地较硬结,多孔隙,有钙质结核,垂直节理明显,含少量砾石(直径7×5×3厘米)及小砾(0.8×0.6×0.2厘米)。取样①号。

第一层。134—189厘米(未见底)。卵砾石层。为石英砂岩、砂岩和花岗岩质,直径大者17×12×9厘米,较均匀,磨圆好,夹杂粗砂及小砾,无胶结,有灰白色淋滤斑点。

全剖面各层皆有强烈的石灰反应。①

尽管以上诸位报告文字反馈的信息仍有模糊之处,但我们还是能够从中捕捉到一些有价值的线索,为进一步搞清楚这些炭化小麦的所属层位提供了可能。

据李璠的记录可知,采集小麦的地点至少有两处,即由南向北50米处和由南向北250米处,但小麦相对集中的位置似乎是在由南向北50米处(我们并不清楚这一组数字是以哪儿为起点)。同时他也传递出另外一个信息,即埋藏有小麦的地层为黑色炭土,堆积较厚。如由南向北50米处厚1米(估计为距地表深度);由南向北250米处在地表50厘米下约1米宽处(据字面理解,似指50厘米以下的地层厚度)。

《民乐东灰山考古》对遗址地层描述较为详细,但未交代清楚炭化小麦的所属层位,仅在后面《生产与社会发展阶段》一节提到,"在纵贯遗址的水渠断面上的四坝文化层内,采集炭化麦粒2.5试管"。

中科院地理所王一曼的记述比较到位,并附了他们所绘的地层剖面图(图四),并说明在其所划分的第三层(次序为自下而上,如从上向下为第二层)中含有较多的炭化粮食籽粒。此层为灰黑、灰色黏土质细砂粉砂层,厚12—102厘米(全层厚度不匀,厚30—150厘米),在深90—102厘米的层底部位含有少量的兽骨和较多陶片。

根据王一曼所绘剖面图可知,东灰山地层的总厚度在200厘米左右,这与《民乐东灰山考古》的描述相一致。② 据此图亦可知东灰山炭化小麦的出土位置在距地表深约1米处。若将王一曼所绘剖面图与《民乐东灰山考古》87MDTG剖面图(图二)两相对照,这些

---

① 王一曼:《东灰山遗址的环境意义与河西走廊史前文化兴衰》,载尹泽生、杨逸畴、王守春主编:《西北干旱地区全新世环境变迁与人类文明兴衰》,地质出版社,1992年,103页。

② 《民乐东灰山考古》4页:"从纵贯遗址的水渠两壁断面观察,东灰山遗址自地表至渠底砾质洪积物之间的沙土文化堆积厚约50—200厘米,以近沙土丘顶部处为最厚,厚处文化堆积层可超过200厘米,随沙土丘高度的降低,文化层堆积逐渐减薄。"

炭化小麦的埋藏位置大致在本文图二的第3—4层内。①

四、东灰山炭化小麦的年代与文化归属

（一）东灰山遗址的文化性质与年代

明确了小麦所属层位后，下一步的关键就是这些层位的文化性质和年代。从《民乐东灰山考古》的描述可知，东灰山遗址各文化层所出遗物均属四坝文化，②未见其他不同时期的遗存。在李璠和王一曼等采集的文化遗物中我们也未发现早于四坝文化的内容。因此，基本可以认定，东灰山遗址的文化性质属于青铜时代早期的四坝文化。

由此引出的另一个问题是，既然这批炭化小麦出于四坝文化地层内，那么，它们的年代也应和四坝文化一致。《民乐东灰山考古》发表的碳十四数据（见表一）中，有一例为距今3490±100年（树轮校正见表一）。另在玉门火烧沟遗址和酒泉干骨崖遗址也分别检测了一批四坝文化的碳十四数据，它们的年代与这一数据非常接近。③ 因此，可以认为这一例数据所代表的应是东灰山遗址四坝文化的绝对年代。

表一　东灰山遗址碳十四年代检测数据

样品地点及编号	实验室编号	样品物质	测样物质	碳十四年代(BP)($T_{1/2}=5730$)	树轮校正值(BC, 2σ)	备注
东灰山*	科学院地理所	黑炭土	黑炭土	4484±108 BP	3400—2650	①
东灰山**	BK89096	炭化枝杆	炭化枝杆	4150±115 BP	2900—2200	②
东灰山**	BK92101	炭化小麦	炭化小麦	4230±250 BP	3400—1900	③
87MDTG②	WB89-7	木炭	木炭	3490±100 BP	1940—1440	④

①：本文注5第61页；②：本文注10第103页；③、④：本文注9第190页。
*：附：中国科学院地理研究所C14实验室（金力）对遗传所送交C14样品的检测结果：
1. 化学制备：锂法合成
2. 物理测量：液体闪烁谱仪测量
3. 仪器本底：039
4. 测定结果：距今4356±105（5568）、距今4484±108（5730），备注：树轮校正年代5000±159年。
**：我们请北京大学考古系年代学实验室主任吴小红博士根据已有的碳十四年代数据重新进行了树轮校正。同时，请教了中国文物研究所吴加安先生及该所实验室工作人员，得知该所实验室测定碳十四年代所用半衰期为5730年，并据此进行了比对分析，特此说明。

---

① 前不久，为撰写此文，笔者专门请教了当时带队发掘东灰山遗址的许永杰先生。他回答说，由于时间久远，加之当时的采集工作是在整个挖掘过程中一点一滴积累完成的，而且采集地点也不止一处，因此很难说清楚小麦出土的准确位置。当问到为何要将探沟（87MDTG）布在紧邻水渠东侧？他说，因为那里文化堆积最厚，并回忆说，文化层最厚的地方也就是炭化小麦埋藏相对集中之处。这证实，吉林大学等单位1987年在东灰山遗址所布探沟附近的水渠一带应是小麦埋藏相对集中的一个点。
② 甘肃省文物考古研究所、吉林大学等编著：《民乐东灰山考古——四坝文化墓地的揭示与研究》，科学出版社，1998年，7—25页。
③ 四坝文化的年代范围在距今3950—3550年之间，详见李水城：《四坝文化研究》，载苏秉琦主编：《考古学文化论集》（三），文物出版社，1993年，80—119页。

如此,我们又回到了本文开篇所提及的,东灰山遗址的文化性质和年代与这批炭化小麦的年代并不相符。

(二)炭化小麦的碳十四年代

目前,东灰山遗址检测的碳十四数据共有 4 例(见表一)。

1)李璠等 1986 年在东灰山遗址采集了 1 份黑炭土样,后送交中国科学院地理研究所碳十四实验室检测,结果为距今 4356±105 年(半衰期 5568)和 4484±108 年(半衰期 5730),树轮校正值见表一。

2)1987 年,吉林大学考古系与甘肃省文物考古研究所在东灰山遗址取样 2 例,一例(87MDTG②采集木炭)交国家文物局文物保护科学技术研究所检测,结果为距今 3490±100 年(树轮校正值见下表)。另一例(炭化小麦)交北京大学考古系实验室进行加速器质谱碳十四年代测定,结果为距今 4230±250 年(半衰期为 5730,树轮校正值见下表)。

3)1989 年,王一曼等在遗址采集一例样品(炭化枝杆),后送交北京大学考古系年代学实验室进行常规碳十四年代测定,结果为距今 4150±150(所用半衰期为 5730,树轮校正值见下表)。

在上述 4 例年代数据中,除第 4 例(87MDTG②的木炭)数据(距今 3490±100)与炭化小麦关系不大外,其余 3 例均与炭化小麦有直接或间接的关系。这 3 例样本均采自炭化小麦埋藏的黑碳土层内,它们的年代均早于距今 4000 年。因此,这两类样本的年代性质是有差异的。其中,第 4 例数据代表的是东灰山遗址四坝文化的绝对年代,前 3 例数据则代表的是炭化小麦的真实年代。可是,为什么年代较早的炭化小麦会与年代偏晚的四坝文化共存于同一文化层内呢?

再者,与炭化小麦相关的 3 例碳十四数据年代非常之靠近,显然这并非偶然因素使然,这些年代数据是可信的。至于这些小麦为什么会出现在四坝文化的地层内,还需要从其他角度进行分析,查找原因。众所周知,根据考古地层学的原理,年代早的遗存若经自然营力或人为的扰动,有可能会与年代晚的遗存混杂在一起。从理论上讲,如果一个文化层内的遗存有早也有晚,我们只能以年代晚的遗存作为判定该文化层相对年代的依据。其次,假若东灰山炭化小麦是早期遗存被扰动到晚期地层,那么,在晚期地层下应该有早期的文化堆积,但从现有的调查和发掘资料看,在东灰山遗址并未发现早于四坝文化的地层。① 第三,既然东灰山遗址缺乏更早的文化层,那么,这些年代较早的小麦到底是从哪里来的呢?王一曼在调查报告中的分析为我们提供了一个非常有价值的线索。

首先,让我们来看一下王一曼在她所划分的第 2、3、4 层的沉积物粒度的分析结果(见表二):

---

① 在拙作《四坝文化研究》中,笔者曾根据 1986 年调查资料提出东灰山遗址有少量马厂时期遗存,但后来吉林大学等单位在该址的发掘中未发现马厂文化的层位和遗物。

表二　东灰山遗址地区沉积物粒度组成与有机质含量　　　　单位：毫米

层位	样号	粗砂 >0.5	中砂 0.5—0.25	细砂 0.25—0.05	粉砂 0.05—0.005	黏土 ≥0.005	有机质 %
4	⑥	4.5	10.5	42.0	20.2	22.8	0.7
3	⑤	1.4	4.0	24.3	46.5	23.8	4.1
	④	1.3	5.4	29.8	24.4	39.1	—
	③	1.5	3.8	26.3	39.7	28.7	2.5
	②	1.2	3.8	27.2	45.8	22.8	—
2	①	0.7	8.0	44.9	15.8	30.6	0.4

此表转引自王一曼：《东灰山遗址的环境意义与河西走廊史前文化兴衰》104页表1。

　　从表中列出的样品各粒级的百分比含量，可以看出，①号和⑥号样颗粒较粗，中细砂含量大到52%。而②—⑤号样颗粒较细，以粉砂和黏土为主，达70%左右。但是各样品都没有明显的众数粒级，加之含有较多的小砾石，分选很差，层理不明显。这种现象，应是有一种浑浊黏稠的流水快速堆积的结果。这种沉积环境，可以存在于河流两侧的河漫滩、决口扇，或其支流滞缓处。在地形坡度明显变缓处亦可产生这种混杂堆积物。东灰山所在地形特点正具备这样的沉积环境。由此看来，被水流搬运而在此沉积的物质，可以来自祁连山的河流冲积（应系冲积物），也可以来自山前的地表侵蚀，以及毗邻地点物质的再搬运，样品①号代表的第二层黄红色黏土质细砂层形成于晚更新世末，在沉积之后曾有过较强烈的风化与淋滤作用，造成多孔隙与垂直节理的结构，并形成钙质结核。样品②—⑤号代表的第三层灰黑色黏土质细砂质粉砂层（灰土层）形成于中全新世（应为中全新世晚期），该层厚度不均，层理不显，可能为一次或几次堆积的结果。其中大量的炭化枝干和粮食籽粒较普遍地掺杂在层内，并且这种具有集中灰层的地点目前发现得不多，仅有洪水大河附近的东灰山和西灰山两处，面积中等（几百米见方），似乎可以认为，这些炭化物质曾存在于上游方向不远的地表，在洪水季节由含泥沙的流水带到下游，水流变缓或入渗以至不能再搬运的部位，与其他物质一起堆积下来。灰层中含有短小的透镜体和薄层也可作为该层为水流作用结果的证据之一，这一灰层被以后冲淤的表土层（应为表土层的母质层）（第四层）所覆盖。由于表土层之上（应为之下）即为3900年前的四坝文化遗址，证明该地在晚全新世以来没有再接受沉积，风化剥蚀作用为主导因素，逐渐地改变着地表面貌。

　　上述分析对于化解东灰山遗址与炭化小麦在年代上的矛盾颇有启发。这说明东灰山遗址并非这批炭化小麦的原生地，它们最初的埋藏地点应在东灰山遗址附近河流的上游某处。在四坝文化阶段，由于某次（或数次）山洪暴发而导致水流，将这些小麦从其原生地冲刷到东灰山遗址并迅速淤积下来，遂与遗址内的四坝文化遗物混杂在一起。当洪水过后，四坝文化的居民继续在这里生活了一段时间，直至后来这个定居点被最终放弃。

　　以上是地理学家对东灰山小麦的埋藏学分析，我们认为这个解释是合理的，也是可信的。当然,对这一解释还需要考古学方面的证明。目前,尽管对东灰山遗址范围内是否存在早于四坝文化的遗存尚有不同意见,但马家窑文化不断向河西走廊地区迁移则是个不争的史实。以往,考古界对于马家窑文化的分布西界仅仅明确到走廊东段的武威地区。1987年,我们在酒泉进行调查发掘时,在那里找到了属于马家窑文化的遗存,[1]遂将马家窑文化的分布区域向西推进了数百公里。而马厂文化在河西则有着更为广阔的分布空间。从文化传播的角度看,河西地区的马家窑文化来自东部的河湟地区,从河湟地区到走廊西段的酒泉市,两地相距五六百公里,东灰山遗址所在的民乐县是当时由东向西文化迁徙的必由之路。根据我们以往的调查经验,在祁连山山前地带往往有古遗址分布。[2] 因此,民乐县及东灰山遗址附近也应存在马家窑文化的遗址。

至此,本文的初步结论是:东灰山遗址出土的炭化小麦是距今4500年前后的农产品,它们属于人工栽培驯化的六倍体普通小麦中的圆粒小麦,栽种这些小麦的主人应是当时定居在这一地区的马家窑文化居民。至于这些小麦出现在年代较晚的东灰山遗址内,则完全是由于自然营力作用下一个偶然事件导致的特殊结果。

五、有关东灰山遗址的古环境问题

这里顺便介绍一下有关东灰山遗址的古环境问题。在前述几家单位的调查报告中,均涉及遗址的古环境,根据是各自采集的孢子花粉检测结果:

(一)李璠先生等在东灰山遗址灰土层内随机采集土样12个,委托中国科学院植物研究所古植物室孔昭宸、杜乃秋作了检测分析,其结果可大致包括三个部分:(1)乔木植物(松15、冷杉4、桦2、铁杉1、水青冈1);(2)灌木及草本植物(豆科1232、兵豆少量、柽柳2、麻黄389、蒿8、藜科5、乔木科4、葎草1、川续断1、蓼9、忍冬2、白刺8、山萝卜3、龙胆草1);(3)蕨类植物(水龙骨1、凤尾蕨1、海金沙1)。东灰山土层样品中,乔木植物有温带针叶、落叶阔叶混交林中的树种松,亚热带针阔叶林中的铁杉和水青冈以及灌木状的忍冬和草本植物山萝卜,蕨类的凤尾蕨和海金沙。

这些植物中耐寒冷的一类生长在祁连山的高海拔带,喜暖的一类生长在走廊的河谷地带。总体反映出以喜温湿的植物为主,这与现今河西走廊地区极度干燥的气候环境反差很大,这恰好说明5000年前后,张掖一带的气候比较温暖潮湿,喜温植物生长茂盛,适宜东灰山人居住生息。

样品中以豆科植物花粉占绝对优势,豆科花粉数量多而单一,有可能是栽培植物的花粉。但很少见到禾本科植物的花粉,显然是取样不全的缘故。

样品中出现蒿、藜、酸模、葎草、川续断、蓼和龙胆草等植物,说明亚热带气候型乔木森

---

[1] 甘肃省文物考古研究所、北京大学考古文博学院:《河西走廊史前考古调查报告》,文物出版社,2011年。另见李水城:《河西走廊新见马家窑文化及相关遗存》,载《苏秉琦与当代中国考古学》,科学出版社,2001年,121—135页。
[2] 根据1986年和1987年的调查发掘,在祁连山山前地带及倾斜冲积平原上常有遗址分布。

林面积减少,并逐渐过渡到高寒带草原型植被状态。据历史记录,距今2000年前就是这个样子。此后森林不断遭到破坏,气候逐渐变得干燥起来,土壤盐碱化,只能生长一些耐盐碱的植物如麻黄、柽柳、白刺等,地表荒漠化,也就是现在东灰山一带的植被状况。这一带的气候和植被变迁的大概情况是,从5000年前的温润亚热带乔木森林逐渐变成寒冷和干燥的草原,最后草场也遭到破坏,土地完全荒漠化。①

以上两种类型的植物同时出现在东灰山遗址内,恰好是对前面解释东灰山小麦来源的一个补充。喜温湿的一类有可能是随着炭化小麦一起从祁连山山前的原生地带搬过来的,其年代还处在距今5000—4500年左右的大暖期的末期。耐盐碱的一类则是与四坝文化同时的植物,即距今3950—3550年之间,此时西北地区的气候已转入干冷。

(二)吉林大学、甘肃文物考古研究所的孢粉检测结果为:花粉种类单调,孢粉组合中均以中旱生的草本植物花粉占优势(占孢粉总量98%以上)。其中草本或小灌木的蒿均占孢粉总数的40%以上;中生草本的禾本科植物花粉占20%以上;旱生和盐生的草本或半灌木状的藜科最高占6.5%。除蒿以外的其他菊科植物花粉在4%以下。值得注意的是,一般呈旱生和盐生的小灌木麻黄均有出现,但最高只有5.6%。在8个样本组合中,仅见个别的乔木植物花粉,如松、桦、蕨类和个别的泥炭藓孢子。其中,禾本科植物的花粉占19%—48.4%,尽管我们难以确定,这些禾本科花粉到底是人工种植的粮食作物,还是当时草原上生长的禾本科植物,但从花粉形态看,种类单一,更倾向是栽培农作物,特别是在东灰山遗址中找到了半炭化的大量小麦。遗憾的是,所送鉴定的粮食中未曾见到李璠先生1989年曾报道过的发现多种农作物的种子,因此还未得到花粉形态上的佐证。在东灰山遗址的禾本科植物,最高的占48.4%,最少的也占19%,似乎也能确定农田就在遗址附近。

总之,大约距今4000年以前,民乐地区的自然环境较今天要优越。民乐东灰山遗址的孢粉组合,在一定程度上反映了距今4000年左右的草原特征。而李璠先生的研究和甘肃省文物考古研究所的送样差距甚大。是何原因,尚有待新的资料证明和补充。②

(三)王一曼将采集6个样品中的5个(①②③⑤⑥号)交中国科学院地理研究所黄赐璇作了孢粉分析。其中①号样未见花粉,⑥号样含花粉很少,第三层的②③⑤号样检测出较多花粉,共鉴定出28个科属。

孢粉组合主要是草本植物的花粉,以菊科的蒿属最多,占总数23%—81%;其次是豆科、禾本科、藜科和小灌木麻黄属花粉。如前所述,灰土层的组成物质主要来自较近距离的地表侵蚀,因此其中的孢粉组合应代表当地一带的植被概貌,反映了以蒿属为主要建群种的草原植被。当时的气候比较干旱,但比现今要潮湿。当时的年降水量约300—400毫米,相当于现在降水量的2—3倍。孢粉中个别的云杉和桦的花粉可能来自祁连山区。从蒿属、豆科和禾本科这三种重要科属的含量变化,可以看出⑤号样所代表灰土层上部沉积

---

① 李璠:《甘肃省民乐县东灰山新石器遗址古农业遗存新发现》,《农业考古》1989年1期。
② 孔昭宸、杜乃秋:《东灰山遗址孢粉分析报告》,载《民乐东灰山考古——四坝文化墓地的揭示与研究》,科学出版社,1998年,187—189页。

时期的气候最为适宜,需要较多水分的豆科和禾本科植物含量大增。

所采样品中未见温暖湿润指标种属的存在。但在李璠的文章中提到孔昭宸等人对此灰土层样品所作的孢粉分析,其中含有少量的亚热带植物,如铁杉、水青冈、凤尾蕨和海金沙等孢粉,似可证明本地在中全新世时曾有过相当温暖湿润的气候。此外,黄赐璇分析出含有较多数量的禾本科花粉,是对李璠样品中不见禾本科孢粉的很好补充。①

不难看出,上述3个检测分析报告的结果尚存在一些差异,这一结果是由于标本采集层位不同造成的呢?还是标本采集位置有差异?原因尚不清楚。鉴于在东灰山遗址的小麦年代和环境复原上存在一些矛盾,我们建议在有条件的情况下,有必要对该遗址再作一次全面的综合考察;同时,有可能的话,应在东灰山遗址附近至山前地带寻找年代较早的马家窑文化的遗址线索。

六、余 论

尽管本文已有了初步的结论,但还是有一些问题需要考量。如东灰山遗址炭化小麦的来源问题?它们是从外部引入的呢?还是当地驯化培育出来的?在距今5000—4500年前,生活在河西走廊一带的马家窑文化居民是否已普遍开始种植小麦?或者说仅仅是在一些条件较为适宜之处才有少量栽培?但无论如何,小麦的种植是需要一定的农业生产技术支持的,特别是小麦生长到拔节的阶段需要大量补充水分,那么,当时种植小麦如何解决灌溉的问题?当时在河西是否已经出现人工灌溉系统?其规模如何?等等。从以上的孢粉检测结果可知,河西走廊在距今4000年前的气候较之今日要温暖湿润,降水量也要高于现代,当时的气候适宜小麦的生长吗?如此等等,我们都还需要深入地了解。其中有些问题,我们将另文展开讨论。②

2004年4月定稿于北京兰旗营寓所

后记:

本文中就有关东灰山遗址碳十四年代数据中存在的一些疑难问题,与北京大学考古系年代学实验室主任吴小红博士交换了意见,承蒙她重新对一些数据进行了拟合,这对东灰山炭化小麦绝对年代的认定很有帮助。在此向她表示诚挚的谢意!同时感谢中国文物研究所吴加安先生提供的热情帮助。

本文与莫多闻教授(北京大学城环系)联名发表在:《考古与文物》2004年6期。

---

① 黄赐璇:《东灰山文化遗址的孢粉分析》,载尹泽生、杨逸畴、王守春主编:《西北干旱地区全新世环境变迁与人类文明兴衰》,地质出版社,1992年,110—112页。
② 李水城:《中国境内考古所见先秦时期的小麦》,《亚洲文明》(4),三秦出版社,2008年,50—72页。

中国境内考古所见早期麦类作物

20世纪50—60年代,有考古学家和农学家就中国麦类作物的来源问题进行了探讨。但由于考古材料甚少,年代不很清晰,讨论只能限于浅表的层次。

随着考古发现的增多,中国境内早期麦类作物的发现地点也在逐步增加。目前已经发现的早期麦类作物大致集中在三个区域:即新疆(10处以上)、甘青地区(3处)及陕西与河南两省(各2处)。此外,在西藏的山南地区也发现1处。上述麦类作物的年代大多在公元前2千纪范围,最早的一处为公元前3000—前2500年(甘肃民乐东灰山遗址)。

目前已经发现的麦类作物经初步鉴定,其种类包括小麦、大麦、黑麦和燕麦。其中,小麦的数量最多,其种属以普通小麦(*T.aestivum*)为主,也有一些可能是从普通小麦演变而来的圆粒小麦(*T.sphaerococcum*),以及一些小粒型的密穗小麦(*T.compactum*)。大麦(*Hordeum ulgar*)的种类有:裸大麦(*H.distichum var. nuduum*)、青稞(*Hoedeum vulgare nudum*)等。其他还有个别的山黑麦(*Secale montanum*)和裸燕麦(*Avera. Nuda L.*)。

对于中国境内发现的麦类作物的来源,学术界有"外来说"和"本地说"两种意见。通过比较国内外的考古发现及其研究成果,本文认为,中国境内所见的早期麦类作物在空间分布、绝对年代和作物种属等方面并不具备本土起源的条件,它们很可能在公元前3千纪前后随着东西方之间文化交流的加强,首先从中亚一带辗转传入中国西北的新疆和甘青等地,约公元前2千纪前半叶传入中原内地。

本文所指的麦类作物包括如下几类:小麦族(*Triticeae dumort.*)中的小麦属(*Triticum L.*),大麦属中的栽培大麦种(*Hordeum vulgare*),黑麦属(*Secale L.*)以及燕麦族的燕麦属(*Avena*)。

早在20世纪40年代末至50年代,有报道在中国河南、山西和安徽等地曾发现史前时期的小麦,但对其真实性一直存有争议。第一,据安志敏先生介绍,在山西保德县王家湾遗址发现一块史前时期的陶片,上有谷粒及麦芒印迹,其形状颇似麦粒。[①] 第二,1955年春,在发掘安徽亳县钓鱼台遗址时,在遗址南坡位置发现一处椭圆形红烧土台,在土台西侧发现有陶鬲和罐、碗、盘等器皿。其中,在陶鬲内盛放重约900克的小麦。因在遗址中出土有山东龙山文化的黑陶,因此这批小麦的时代被定在新石器时代晚期。这一发现

---

① 安志敏:《中国史前时期之农业》,《燕京社会科学》Ⅱ,1949年,36—58页。

在学术界,特别是农学界影响很大。① 我国著名的小麦育种专家金善宝先生曾专门研究了钓鱼台遗址出土的炭化小麦粒。他认为,这些小麦属于古小麦的一种。鉴于最初的发掘报告认为这批小麦属于史前时期的龙山时代,金先生据此推测,早在4000多年前,我国淮北平原已开始栽培小麦。② 但是到了1963年,杨建芳先生撰文指出,钓鱼台遗址所出装有小麦的陶鬲形态接近西周时期,共存的陶罐也与殷周时期器物相似,因此,这些遗存应属西周时期,陶鬲内的小麦也应为西周遗留的粮食作物。③ 后来的碳十四检测结果证实,钓鱼台出土的小麦年代分别为距今2440±90年和距今2370±90年,属于春秋时期。④ 第三,还有学者提到,1957年在河南陕县东关庙底沟遗址出土的红烧土上发现有麦粒的印痕,但至今我们尚未找到有关这条考古记录出自何处。⑤

一、早期麦类作物的考古发现

以下我们根据目前掌握的资料,对中国境内考古发现的早期麦类作物⑥按空间区域做一简要介绍。

(一)新疆地区

新疆是我国目前所知考古发现早期麦类作物最多的地区。从空间看,发现有麦类作物的遗址多集中在新疆东部;另在轮台、和静等地也有发现。这些遗址的年代大多落在公元前2千纪范围内,个别遗址可以早到公元前2000年前后。

(1) 古墓沟墓地

地点位于塔里木盆地东缘巴音郭楞蒙古族自治州、罗布泊西北部、孔雀河下游北岸第二台地的沙丘上,地理坐标为E 88°55′21″,N 40°40′35″。1979年11—12月,新疆社会科学院考古研究所正式发掘了这处墓地,共清理墓葬42座。这里的墓葬一般随葬1件草编小篓,有的草篓内放有小麦,数量从十余粒至百余粒不等;有的小篓内还装有白色糊状物品,发掘者估计它们应是当时人们加工的谷类食物遗留。⑦

经碳十四检测,古墓沟墓地的绝对年代为距今4000—3800年。⑧

---

① 安徽省博物馆(胡悦谦执笔):《安徽新石器时代遗址的调查》,《考古学报》1957年1期。
② 金善宝:《淮北平原的新石器时代小麦》,《作物学报》1卷1期,1962年。
③ 杨建芳:《安徽钓鱼台出土小麦年代商榷》,《考古》1963年11期。
④ 1) 考古所碳-14实验室:《放射性碳素测定年代报告(三)》,《考古》1974年5期;2) 夏鼐:《碳14测定年代和中国史前考古学》,《考古》1977年4期。
⑤ 此材料李璠先生曾引用,见《生物史》(第五分册),科学出版社,1979年,19页注①。
⑥ 这里所谓的"早期"是指年代在公元前1000年前后及以远。
⑦ 王炳华:《孔雀河古墓沟发掘及其初步研究》,《新疆社会科学》1983年1期。
⑧ 古墓沟的碳十四年代数据有如下一批,第38号墓棺木:3660±80(树轮校正3980);毛毯:3480±100(树轮校正3765);羊皮:3615±170(树轮校正3925);第4号墓棺木:3525±70(树轮校正3925);以上出自北京大学年代学实验室。第12号墓木葬具:4260±80(树轮校正4730±135);以上出自国家文物局实验室。另在铁板河(孔雀河入罗布泊一河道)发现一具古尸,尸体上覆盖的山羊皮:3580±70(树轮校正3880±95);以上出自社科院考古研究所。

(2) 小河墓地

地点位于新疆罗布泊、孔雀河下游河谷南约 60 公里的沙漠内。地理坐标为 E 88°40′20.3″,N 40°20′11″,海拔高 823 米。这处遗址于 20 世纪初为罗布猎人发现。1934 年,瑞典学者贝格曼(Folke Bergman)曾到该址调查,发掘了墓葬 12 座,并命名为"小河五号墓地"。① 2002—2004 年,新疆文物考古研究所对该墓地进行正式发掘,在有些墓内发现小麦籽粒和粟粒等谷物。其中,小麦籽粒有的撒在墓主身下或身上;有的放在墓内随葬的木雕人像下面;还有的缝在墓主身着的毛织斗篷兜内(M2∶18、Mc∶1)。在小河墓地的发掘简报中,未对这些小麦的形态进行介绍,其种属估计与古墓沟墓地所出小麦类似。

小河墓地的绝对年代估计与古墓沟墓地接近。②

图一 中国境内考古所见出土早期麦类的遗址点

(3) 五堡墓地

地点位于新疆哈密市以西约 70 公里的戈壁荒漠中。墓地所在位置海拔高 525 米。新疆文物考古研究所于 1978、1986 和 1991 年分别对该墓地进行了三次发掘,共清理古墓 114 座。

五堡墓地有些墓葬开口用农作物的茎秆覆盖,其中包括一些成熟的大麦穗植株,有些

---

① Folke Bergman, 1939. *Archaeological Researches in Sinkiang Especially the Lop. Nor Region*, Stockholm.
② 新疆文物考古研究所:《2002 年小河墓地考古调查与发掘报告》,《新疆文物》2003 年 2 期。

麦穗的大麦籽粒保存完好，颗粒丰满。1978年首次发掘时，在有的墓内还发现有用小米制作的饼和青稞（大麦）穗壳。① 1991年发掘了2座墓。其中，在第151号墓的盖木和墓穴间缝隙处填充有谷物茎秆；在第152号墓的盖木上铺有一层大麦草。在墓内填土中发现有大麦穗、谷穗等农作物遗留②。

碳十四检测，五堡墓地的绝对年代为距今3200—2960年③。

（4）兰州湾子遗址

地点位于新疆巴里坤哈萨克自治县兰州湾子村西南约5公里。地理坐标为E 92°57′58″，N 43°34′08″，海拔高1808米。1984年，新疆社会科学院考古研究所东疆考古队对该址进行了发掘，清理1座巨石结构的大型房屋建筑。这座房屋的结构分主室、附室两部分，墙壁用巨大的卵石垒砌，保留下来的残墙体高约2米，厚达3米，总面积近200平方米。仅南侧的主室面积就有100平方米。在发掘时曾出土若干炭化小麦粒，其形态和种属不详。

经检测遗址地层出土的木炭，兰州湾子遗址的绝对年代为距今3285±75年。④

（5）盐池古城

地点位于新疆伊吾县盐池乡东南1.5公里处，地理坐标为E 94°18′27″，N 43°18′52″，海拔高1958米。古城平面呈方形，四周用卵石垒砌出城墙，墙体厚1米，总面积6400平方米。在古城的南部清理出一座平面作长方形的房屋建筑（编号B），保存尚好，面积近100平方米（16×6米）。在此房屋西墙部位有个洞，洞内出有小陶罐1件，罐内放有炭化（原文为"烧焦"）麦粒若干。另在房内的东北部发现一些白色面粉⑤痕迹。

据发掘者报道，盐池古城所出陶罐与木垒哈萨克族自治县四道沟遗址所出早期陶釜的形态接近，二者有可能属同一文化或时代相近的文化遗留，年代估计相当于中原地区的商末周初时期。⑥

（6）土墩遗址

地点位于新疆天山北麓巴里坤哈萨克自治县东南约20公里的石人子乡。新疆的考古工作者曾先后两次调查该址。1959年还作过一次小规模试掘。在该址土墩中部文化堆积内出土了不少炭化的麦粒，形态保存较好，籽粒饱满，颗粒较大。

---

① 新疆维吾尔自治区博物馆、新疆社会科学院考古研究所：《建国以来新疆考古的主要收获》，《文物考古工作三十年》，文物出版社，1978年，172页。
② 新疆文物考古研究所：《哈密五堡墓地151、152号墓葬》，《新疆文物》1992年3期。
③ 五堡墓地的碳十四年代数据有如下一批，检测号：78HWM4，距今2960±115年；检测号：78HWM19，距今3265±140年；检测号：78HWM26，距今3280±150年；检测号：78HWM101，距今3300±150年；以上出自国家文物局文物保护研究所实验室。检测号：91HWM151，距今2810±70年；检测号：78HWM152，距今3570±70年；以上出自北京大学年代学实验室。
④ 1）王炳华等：《巴里坤县兰州湾子三千年前石构建筑遗址》，《中国考古学年鉴（1985）》，文物出版社，1985年，255—256页。2）《哈密文物志》编辑组：《兰州湾子石结构建筑遗址》，《哈密文物志》，新疆人民出版社，1993年，22页。
⑤ 原文如此。
⑥ 《哈密文物志》编辑组：《盐池古城》，载《哈密文物志》，新疆人民出版社，1993年，65页。

石人子乡土墩遗址的文化面貌与哈密五堡墓地相同。经碳十四检测,该址的绝对年代为距今2800年。①

(7) 群巴克一号墓地

地点位于新疆轮台县西北约18公里的群巴克乡。在该墓地三号墓封土中发现有麦草,其间还夹杂有小麦穗和小麦籽粒。经检测,这些麦穗最大者残长3厘米,麦粒长0.6厘米,与现代新疆种植小麦的麦穗、麦粒大小、形态基本一致。另在一号墓内还发现有谷糠一类的农作物遗留。

群巴克墓地共检测出3个碳十四数据,经树轮校正,绝对年代大致在公元前955—前680年,相当于中原地区的西周至春秋早期。②

(8) 察吾呼沟一号墓地

20世纪80年代,新疆文物考古研究所等单位在和静县先后发掘了5处墓地。其中,一号墓地位于哈尔莫墩乡觉伦图尔根村10组以北约2公里的半荒漠戈壁内,墓葬总数近700座。1983、1984、1986—1988年,新疆文物考古研究所、中国社会科学院考古研究所曾数次发掘该墓地。在一号墓地清理墓葬240座。其中,有不少随葬陶器装有粮食,种类包括大麦、小麦和粟米等。有些陶器内还放置有块状或粉状物,呈褐色。经定性分析,这些块状或粉状物含少量植物淀粉,经培养和对比观察分析,其成分应为小麦、大麦和小米的淀粉颗粒。③

经碳十四检测,察吾呼沟1号墓地的绝对年代为距今3100—2800年。④

(9) 鄯善洋海墓地

地点位于新疆鄯善县吐峪沟乡火焰山南麓的荒漠戈壁上,地理坐标为E 89°39′—40′,N 42°48′—49′。1988、2003年,新疆文物考古研究所对洋海墓地进行了抢救性发掘。在出土的随葬品中发现一些植物遗存,包括麦子和粟等,但有关资料至今尚未正式报道,有关小麦的鉴定工作也未进行。

洋海墓地的年代上限大致在公元前1000年上下。⑤

(10) 扎洪鲁克墓地

地点位于新疆且末县托格拉克勒克乡扎洪鲁克村南的台地上。地理坐标为E 85°28′29″,N 38°07′16″,海拔高1270米。1985、1989年,新疆文物考古研究所曾两次进行发掘。1992年,在该墓地出土一些农作物籽粒,包括粟和小麦等。另在墓中出土的羊毛口袋内发现有可能是用粟米制作的圆饼和圆棍状食物。与麦类作物有关的遗存未见进

---

① 吴震:《新疆东部的几处新石器时代遗址》,《考古》1964年7期。
② 中国社会科学院考古所新疆队、新疆巴音郭楞蒙古自治州文管所:《轮台群巴克墓葬第一次发掘简报》,《考古》1987年11期。
③ 于喜凤:《察吾呼文化墓葬出土陶容器内残存食物的研究鉴定》,载新疆文物考古研究所编著:《新疆察吾呼——大型氏族墓地发掘报告:附录二》,东方出版社,1999年。
④ 新疆文物考古研究所编著:《新疆察吾呼——大型氏族墓地发掘报告》,东方出版社,1999年。
⑤ 1)邢开鼎:《鄯善县洋海古墓葬》,《中国考古学年鉴(1989)》,文物出版社,1990年,274页;2)新疆文物考古研究所、吐鲁番地区文物局:《吐鲁番考古新收获——鄯善县洋海墓地发掘简报》,《吐鲁番研究》2004年1期。

一步报道。

该墓地的年代上限可达公元前 1000 年。经检测的 5 个碳十四标本年代为距今 3200—2700 年之间。①

(二) 甘(肃)青(海)地区

(1) 东灰山遗址

地点位于甘肃民乐县城以北约 27 公里、六坝乡西北 2.5 公里的荒滩上,地理坐标为 E 100°44′56.3″,N 38°39′35.5″,②海拔高 1770 米。遗址为一灰沙土累积形成的椭圆形土丘,当地人称"灰山子"。灰堆高出周围地表 5—6 米,呈东北—西南走向,总面积约 24000 平方米(600×400 米)。1973 年,当地兴修水利,在土丘东侧开挖了一条宽 3—6 米的水渠,自南而北贯穿遗址东侧,对墓地造成了严重破坏。

东灰山遗址最初发现于 1958 年。③ 此后陆续有多次调查,除采集到大量文化遗物外,也曾多次发现农作物遗存。具体包括如下：

1) 1975 年,张掖地区文化处复查东灰山遗址,在水渠两侧断面上发现少量炭化小麦粒。④

2) 1985 年 7 月,中国科学院遗传研究所李璠等赴甘肃河西走廊进行农林生态考察。获悉东灰山遗址发现有炭化小麦,遂前往。在遗址内坑道(即水渠)剖面采集炭化小麦 21 粒。⑤

3) 1986 年 8—9 月,李璠等再次前往东灰山遗址,调查并采集了一批文化遗物(包括石器、陶器、骨器、木炭等),在遗址内坑道(即水渠)剖面 2 处黑色炭土层内再次采集到炭化麦、粟、稷等谷物和动物烧骨。⑥

4) 1986 年 10 月,北京大学考古学系、甘肃省文物考古研究所在河西走廊进行史前考古调查,在调查东灰山遗址时采集到一大批文化遗物,未发现炭化小麦踪迹。⑦

5) 1987 年 5—6 月,吉林大学考古学系在东灰山遗址进行发掘,全面发掘了遗址墓葬区,清理四坝文化墓葬 249 座。另在水渠以东挖掘探沟一条。在发掘过程中,在水渠断面上采集一批炭化小麦籽粒(2.5 mm 试管 1 管)。⑧

6) 1989 年 9 月,中国西北部干旱地区全新世环境演变与人类文明兴衰研究组前往河西走廊进行古环境变迁、沉积环境与沉积区特征及人类活动状况考察,在东灰山遗址调查

---

① 何德修：《且末扎洪鲁克古墓葬1989年清理简报》,《新疆文物》1992年2期。
② 这是2005年8月我们考察东灰山遗址时用GPS检测的新数据。吉林大学在发掘报告中发表的数据是 E 100°46′,N 38°41′,特此说明。
③ 宁笃学：《民乐县发现的二处四坝文化遗址》,《文物》1960年1期。
④ 李璠：《甘肃省民乐县东灰山新石器遗址古农业遗存新发现》,《农业考古》1989年1期。
⑤ 同上注,56页。
⑥ 同上注,57页。
⑦ 甘肃省文物考古研究所、北京大学考古文博学院：《河西走廊史前考古调查报告》,文物出版社,2011年。
⑧ 甘肃省文物考古研究所、吉林大学等编著：《民乐东灰山考古——四坝文化墓地的揭示与研究》,科学出版社,1998年。

时,在4个土样中筛选出炭化小麦10粒,炭化粟、稷9粒。①

迄今为止,东灰山遗址的碳十四年代检测共4例:

1. 李璠等于1986年在东灰山遗址采集土样,并交送中国科学院地理研究所碳十四实验室检测,检测结果为距今4356±105年(半衰期5568)和4484±108年(半衰期5730),树轮校正值为距今5000±159年。

2. 甘肃省文物考古研究所和吉林大学考古系于1987年在该址取样2份,一例(87TG②采集木炭)送交国家文物局文物保护科学技术研究所检测,结果为距今3490±100年,树轮校正为距今3770±145年。另一例(炭化小麦)送交北京大学中子加速器(AMS)实验室检测,结果为公元前2280±250年(未校正)。

3. 中国科学院地理所王一曼等于1989年在该址采集炭化枝杆送交北京大学考古系年代学实验室检测,年代为距今4740±150(树轮校正值)。

前不久,我们委托北京大学考古系吴小红博士对上述年代数据重新作了拟合,结果如下:

1) 1986年中国科学院地理研究所碳十四实验室检测样本的年代跨度为3400—2650 BC;

2) 1987年吉林大学与甘肃省文物考古研究所两个样本的年代跨度分别为:3400—1900 BC(炭化小麦籽粒),1940—1440 BC(87TG②采集木炭);

3) 1989年中国科学院地理所王一曼所取样本的年代跨度为2900—2200 BC(以上均经树轮校正)。根据上述拟合结果,东灰山遗址小麦的年代范围上限在公元前3000—前2500年,下限为公元前2千纪上半叶。

目前,学术界对东灰山遗址的小麦年代还有分歧。这或许与东灰山遗址的堆积成因有关,有关这方面的问题我们已有专文讨论。②

(2) 诺木洪遗址

地点位于青海省柴达木盆地南部、都兰县原诺木洪农场区域内。1959年,中国科学院考古研究所曾在该址进行发掘,在第16号探方第4文化层发现麦类作物,但在后来发表的考古报告中,对这一发现仅一笔带过。今日对这批小麦的形态及种属问题都还不清楚。③

诺木洪遗址的年代估计在公元前1000年左右。④

(3) 封台遗址

地点位于青海省东部互助县城西北约3公里的丰台村。遗址坐落在湟水支流沙塘川

---

① 王一曼:《东灰山遗址的环境意义与河西走廊史前文化兴衰》,载尹泽生、杨逸畴、王守春主编:《西北干旱地区全新世环境变迁与人类文明兴衰》,地质出版社,1992年,98—109页。
② 李水城、莫多闻:《东灰山遗址炭化小麦年代考》,《考古与文物》2004年6期。
③ 1) 青海省文管会、考古所青海队:《青海都兰县诺木洪搭里他里哈遗址调查与试掘》,《考古学报》1963年1期;2) 赵信:《青海诺木洪文化农业小议》,《农业考古》1986年1期。
④ 诺木洪文化的年代被定在公元前1000年左右(根据该址第5层出土毛布检测结果)。实际上该址的文化堆积和内涵应有早晚之别。估计该址最早的地层(即第6—7层)有可能早到公元前1500年。

河谷的西坡,海拔高约2500米,面积数万平方米。2001年夏,中国社会科学院考古研究所等单位对该址进行了小规模发掘,采用浮选技术获取植物籽粒2302粒,其中谷物1609粒,包括炭化大麦(*Hordeum vulgare*)、小麦(*Triticum aestivum*)和粟(*Setaria italica*)等。

目前,丰台该址的绝对年代尚不清楚。该址的文化性质属于卡约文化,该文化的年代跨度较大,上限大致在公元前2千纪中叶,下限达公元前1千纪中叶,甚至有学者认为该文化晚期已进入西汉纪年范围。这里我们暂且将丰台遗址的年代估计在公元前1千年上下。

(三) 陕西与河南

(1) 赵家来遗址

地点位于陕西省武功县漆水河东岸第一台地上。1981—1982年,中国社会科学院考古研究所发掘了该址。在发掘到第11号房屋基址时,在一块草拌泥墙皮中发现植物茎秆印痕。[①] 后来,参加发掘的黄石林将这些有植物印痕的墙皮送交西北植物研究所鲁德全鉴定,结果为:"墙土中的印痕,具有纵沟,沟痕较深,纹理较硬直而又较粗,与小麦秆对比观察,纹痕很相似,此系小麦秆印痕。"与此同时,黄石林还将同类样本送交陕西省农业科学院粮食作物研究所谢庆观、周瑞华,二人鉴定结果为:"墙土中掺和的禾秆为麦秆草。"[②] 赵家来遗址11号房屋平面呈凸字形,半窑洞式结构,保存良好,室内墙壁和居住面均涂抹草拌泥和白灰面,面积14.17平方米。

赵家来遗址属于龙山时代的客省庄文化,绝对年代距今4400—4000年。

(2) 王家嘴遗址

地点位于陕西扶风县城南13公里的王家村台地嘴子上。2001年,陕西省考古研究所、中国社会科学院考古研究所、北京大学联合发掘该址。在发掘中采用浮选技术获得各类炭化植物种籽12000余粒,其中各类谷物达6978粒,占获取植物种籽的56%,初步鉴定有粟、黍、小麦、稻和大豆。上述标本以粟为数最多,达6437粒,占总量的92%。炭化黍256粒,占总量的4%。炭化大豆159粒,占总量的2.3%。炭化小麦121粒,仅占总量的1.7%。另有炭化稻米5粒。[③]

王家嘴遗址所出炭化小麦的年代为先周时期,绝对年代距今3200年。

据中国社会科学院考古研究所赵志军介绍,上述炭化小麦中有1粒出自龙山文化层,并推断当地在龙山时代(客省庄文化)已开始种植小麦。但从该址堆积看,在龙山地层之上直接叠压先周文化层,因此也不排除这粒小麦有晚期混入的可能。

(3) 皂角树遗址

地点位于洛阳南郊关林镇皂角树村北,地理坐标为 E 112°35′, N 34°33′,海拔高142

[①] 中国社会科学院考古研究所编著:《武功发掘报告——浒西庄与赵家来》,文物出版社,1988年。
[②] 黄石林:《陕西龙山文化遗址出土小麦(秆)》,《农业考古》1991年1期。
[③] 周原考古队:《周原遗址(王家嘴地点)尝试性浮选的结果及初步分析》,《文物》2004年10期。

米。1992—1993 年,洛阳市文物工作队对该址进行发掘,使用浮选技术在 7 个单位(H42、H47、H48、H61、H90、H94、H108)的 16 个样品中发现农作物遗存,包括炭化小麦和个别炭化大麦。另在其他样品中还发现有炭化粟、黍、大豆等栽培作物。

皂角树遗址属于二里头文化。碳十四检测绝对年代为 3660±150 年。①

(4) 安阳殷墟

安阳殷墟为商代晚期都城。自 20 世纪 30 年代起,考古学家曾多次在殷墟发掘。后在商代晚期的地层中发现炭化小麦籽粒。② 目前,有关资料尚未正式刊布,对这批小麦的形态和种属亦缺乏了解。

(四) 西藏昌果沟遗址

地点位于西藏山南地区贡嘎县昌果乡的昌果沟,此地位于雅鲁藏布江北岸,沟长约 13 公里,沟内有一条小溪流向雅鲁藏布江。1991 年 9 月,西藏文物普查队在山南地区进行考古调查,在沟内距江边约 3 公里的沙滩上发现一处新石器时代遗址,遗址所在地海拔高 3570 米。③ 1994 年 7 月,西藏自治区联合考古队对该址进行发掘,在遗址内清理出一座大型灰坑(编号 H2),④中国社会科学院考古研究所科技实验研究中心对 H2 采集木炭样本进行检测,其绝对年代为公元前 1370 年(树轮校正值)。⑤

1994 年 9 月,西南农业大学傅大雄在西藏进行作物种质资源考察。他在昌果沟遗址 H2 底部坑壁的烧灰和地表堆放的灰土(应系 H2 内的堆积)中发现一批古炭化植物籽粒。⑥ 1995 年 6 月,傅大雄再次来到昌果沟,并再次在 H2 灰土中采集到一批古作物标本,包括碎果核,颗粒较大的似麦类作物,籽粒细小的似粟类作物及少量难以识别的作物籽粒。前后两次在该址共获得炭化似麦类籽粒约 3000 粒及炭化青稞茎节残块等。经初步鉴定,上述作物以青稞和粟米为主,另有个别炭化小麦粒。⑦

以上是截至目前中国境内考古发现的早期麦类作物的全部信息(见表一)。⑧ 需要指出的是,上述情况很可能仅反映了历史实际的冰山一角。据我们所知,上述遗存中,除了河南洛阳皂角树、陕西岐山王家嘴、青海互助丰台遗址采用了浮选技术外,其他遗址的小麦籽粒基本是考古学家凭借肉眼发现的。当然,也有些地点由于气候和埋藏环境特殊而保留下来,如新疆罗布泊古墓沟墓地和小河墓地的小麦籽粒是在极度干旱的气候下得以保存的。可以想见,假若我们在考古发掘中更多地采用浮选技术,类似发现将远不止于此。

---

① 洛阳市文物工作队编:《洛阳皂角树——1992—1993 年洛阳市皂角树二里头文化聚落遗址发掘报告》,科学出版社,2002 年。
② 标本藏中国社会科学院安阳殷墟工作站标本陈列室。
③ 何强:《西藏贡嘎县昌果沟遗址新石器时代遗存调查报告》,《西藏考古》第 1 辑,四川大学出版社,1994 年。
④ 1994 年联合考古队发掘资料至今尚未刊布。
⑤ 中国社会科学院考古研究所:《放射性碳素测定年代报告(二三)》,《考古》1996 年 7 期。
⑥ 傅大雄等:《雅鲁藏布江中部流域发现古青稞(Hordeum vulgare L.var.nudum)炭化粒》,《西南农业大学学报》1994 年 6 期。
⑦ 傅大雄:《西藏昌果沟遗址新石器时代农作物遗存的发现、鉴定与研究》,《考古》2001 年 3 期。
⑧ 截至 2005 年 3 月正式发表的考古资料,特此说明。

表一　考古所见早期麦类作物一揽

省区	遗址点	小麦	大麦	黑麦	燕麦	年代（距今年代）	备注
新疆	古墓沟	√				4000—3800 年	
	小河	√				4000 年或略早	有粟粒
	五堡		√			3200—2960 年	有谷穗
	兰州湾子	√				3285±75 年	
	盐池古城	√				3000 年左右	发现面粉？
	石人子乡	√				2800 年	
	群巴克	√				3000—2680 年	有谷糠
	察吾呼沟	√	√			3100—2800 年	有粟（小米）
	洋海墓地	√?				3000 年前后	有粟
	扎洪鲁克	√?				3000 年左右	有粟米食物
甘肃	东灰山	√	√	√		5000—4500 年	有粟、稷等
	火烧沟	√				3950—3550 年	有粟？
青海	诺木洪	√				3500—3000 年	
	丰台	√	√		√	2800 年？	有粟
陕西	赵家来	√?				4400—4000 年	有粟
	王家嘴	√				3200 年前后	有粟、黍
河南	皂角树	√	√?			3660±150 年	有粟、黍、大豆
	殷墟	√				3300—3100 年	
西藏	昌果沟	√	√		√?	3370 年	有粟

注：本表内麦类作物的鉴定只是初步的，有些并未经专业人员进行科学鉴定分析。其中，带？号者表示尚有存疑，特此说明。

另一点是，除了上述发现有麦类作物实物的遗址外，还有一些不为人们所注意，但又与麦类种植相关的其他发现。如 20 世纪 80 年代末—90 年代，在新疆哈密市天山北路（即林雅墓地）发掘一处大型氏族墓地。根据该址出土的某些文物，估计当时人们曾栽培麦类作物。其证据是，该墓地有些陶器上刻画有类似"松枝"的花纹图案，此类纹样多刻在陶罐颈腹部，且每每两两一组，此类图案很像是对麦类作物的摹写（图二），同类纹样也曾见于近东。如美索不达米亚出土公元前 3000 年的泥版文书中，"大麦"（谷物）一字采用的是类似纹样。公元前 2400 年，"大麦"的楔形文字仍在延续这样的图形；随着文字的演进，到了公元前 650 年，这个字才逐渐变得抽象起来（图三）。

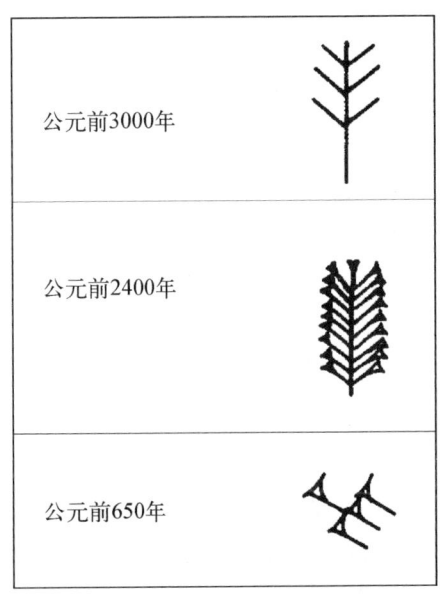

图二　哈密天山北路墓地出土描绘麦类作物的陶器

图三　两河流域泥版文书中的"大麦"文字及其演变形态

二、考古发现的麦类作物种属研究

在上述考古发现中，仅有少数遗址所出的麦类作物送交有关专家作过种属方面的鉴定，结果如下。

（1）小麦类

1）东灰山小麦

李璠认为，甘肃民乐东灰山遗址所出炭化小麦可分为大粒型、普通型和小粒型三类。他认为：

① 大粒型。粒长5.70毫米，粒宽3.75毫米，厚与宽接近，形状为椭圆形或卵圆形，炭化籽粒多数形态完整，胚部与腹沟都清晰可辨，籽粒尾端圆，可推断这种炭化小麦属于普通栽培小麦中的大穗大粒型。② 普通小麦型。数量较多，粒长4.90毫米，宽3.35毫米，厚接近宽，籽粒形状为短圆形或卵圆形，籽粒尾端圆，籽粒大都形态完整，胚部与腹部也都清楚。可以推断这种炭化小麦是当时栽培较广的一种普通小麦。③ 小粒型。粒长4.05毫米，宽2.95毫米，厚与宽接近，籽粒形状短圆形或卵圆形，胚部与腹沟都清楚可辨，可以推断其为密穗小麦种中的小粒型。从上述炭化小麦籽粒的测量结果可知，炭化小麦籽粒形状大都为短圆形，与普通栽培小麦粒形十分相似，属于普通小麦（*Triticum aestivum*），而其中小粒型炭化小麦籽粒则可能是密穗小麦

（*Triticum compactum*）。

2001年5月，为进一步了解东灰山小麦的种属，我们曾委托以色列魏兹曼科学院结构生物学系的斯迪夫·威纳（Stephen Weiner）教授将几粒东灰山遗址所出炭化小麦带往以色列，请该研究所的古植物学家帮助鉴定。后经魏兹曼科学院的植物学家莫德恰依·基斯列夫（Mordechai Kislev）教授鉴定认为："这些（东灰山）炭化麦粒很像是球粒小麦属（*Triticum sphaerococcum*）的籽粒。"① 同年8月，斯迪夫教授来函告知，魏兹曼科学院费尔德曼（Feldman）教授在一篇文章中提到："球粒小麦是一种六倍体（hexaploid form）小麦。这种小麦是从普通小麦（*T. aestivum*）单一突变而来，现今主要栽培在印度和巴基斯坦一带。他还提到，距今5千纪以来，球粒小麦就存在于印度，但却从未在我们这个地区（指以色列所在的地中海东岸）发现。"②

2）古墓沟小麦

由于罗布泊地区气候异常干燥，新疆古墓沟遗址所出小麦保存非常完整，特别是麦胚保存良好，麦粒顶端毛簇仍清晰可辨。这些小麦籽粒不大，呈深褐色，但已不是很饱满。经四川省农学院颜济教授鉴定认为，古墓沟小麦的形态与现代普通小麦无异，应属于典型普通小麦。另有一些麦粒形态特征与普通小麦相似，但其背部紧接胚处有驼峰状隆起，当为圆锥小麦。③

3）丰台小麦

青海互助丰台遗址仅发现46粒小麦籽粒，占所获谷物总量的3%。据赵志军观察，这些小麦形态特征基本一致，麦粒作圆柱状，背部隆起，腹部较鼓，腹沟很深，但尺寸较小，长和宽在5和3毫米左右。有关这批小麦的种属和类别等细节尚有待植物学家进一步鉴定。

4）王家嘴小麦

陕西岐山王家嘴遗址共发现炭化小麦121粒，占该址所出谷物总量的1.7%。这些小麦断面呈圆柱状，背部隆起，腹沟很深。赵志军随机抽取了20粒进行检测，结果显示，王家嘴小麦籽粒长和宽的平均值分别为3.39毫米和2.61毫米，与现代小麦籽粒相比尺寸略小。有关这批小麦的种属和类别还需植物学家的进一步鉴定。

5）皂角树小麦

发掘者指出，该址所出小麦籽粒呈矩圆形至卵形，腹面较平，中央可见自顶端至基部

---

① *Triticum Sphaerococcum* means *Sphere-seed wheat*（球粒小麦）。球粒小麦可能就是圆粒小麦，一般指印度圆粒小麦，英文称印度矮小麦（India short wheat, India dwarf wheat）或印度硬小麦（India hard wheat），学名为（*Triticum sphaerococcum*）。这是六倍体AABBDD小麦的一个驯化种，大类属于 *T. aestivum*，即一般所说的面包小麦（bread wheat）或普通小麦。

② 附：斯迪夫教授来信原文：Prof. Feldman at our Institute is the best person for me to address your question to. He however is on holiday right now. I did look up in a chapter he recently wrote and found that *T. Sphaerococcum* is a hexaploid form and it originated from *T. aestivum* by a single mutation. *T. Sphaerococcum* is nowadays cultivated mainly in India and Pakistan and is known to have been in India since the 5th Millenium BP. It has never been found in our region。

③ 王炳华：《新疆农业考古概述》，《农业考古》1983年1期。圆锥小麦（*Triticum turgidum*），属于四倍体小麦AABB（*T. turgidum*），由驯化种栽培二粒小麦（*T. turgidum* var. *dicoccum*）伴生出来的驯化种小麦。其差别在于，栽培的二粒小麦有稃，不易脱粒；圆锥小麦为裸粒，易脱粒。

的一条纵沟,背面较腹面拱凸,基部胚区呈半圆形凹缺,长约0.88毫米,宽约1.06毫米,未见籽粒顶端簇毛。根据粒形大小可分为4个类型①(见表二),以矩圆形大粒者为多。经与现代小麦籽粒对比,在粒长、宽及厚度上,前者均小于后者。

表二 河南洛阳皂角树遗址炭化小麦的不同类型　　　　　　　　(单位:毫米)

籽 粒 类 型	籽粒大小	长	宽	厚
矩圆形:上、下端近等宽	大粒	3.01—4.07	2.12—2.90	1.86—2.62
	小粒	2.60—2.74	1.45—1.56	1.20—1.24
卵形:下端宽,向上渐窄	大粒	2.82—3.98	1.67—2.03	1.38—1.73
	小粒	2.18—2.72	1.43—1.50	1.23—1.32

注:引自《洛阳皂角树》发掘报告图七。

(2) 大麦类

1) 东灰山大麦

李璠介绍,东灰山遗址所出炭化大麦籽粒为纺锤形,形态完整饱满,两头尖,胚部与腹沟都很清楚。绝大多数为裸粒,粒长5.21毫米,宽3.00毫米,厚与宽接近。他还认为,这些大麦与现代中国西北地区栽培的青稞大麦形状十分相似,应属于栽培青稞麦(*Hoedeum vulgare nudum*)。此外,他认为还有个别的带壳大麦(有些模糊不清),并推测可能是皮大麦。②

2) 五堡大麦

据王炳华等介绍,哈密五堡墓地大麦出土时色泽较深,籽粒呈棕褐色。穗轴每个节上各有3个能结实的小穗,内外颖近等长,外颖为背面扁圆披针形,尖端延伸为单一长芒,颖果与稃体易分离,颖果稃面具纵沟,顶部茸毛仍十分明显。大麦穗长4.3(去芒)厘米,宽1.0—1.2厘米;粒长0.6—0.62厘米,宽0.21—0.23厘米。初步鉴定,五堡所出大麦属四棱裸大麦,经与现代哈密地区普遍栽培的品种进行比对,除麦穗较短外,其他各方面特征基本相似。在新疆其他地区,如乌鲁木齐、库尔勒、库车、莎车等地,现代栽培大麦也是四棱大麦,其形态与五堡古大麦接近。另外,通过扫描电镜对五堡大麦进行微观形态学鉴定和对比观察,古大麦芒上的小刺和脉纹与现代大麦相似;外颖壳上的微观结构有乳头状突起,也与现代大麦相似;从籽粒端面看,古大麦与现代大麦的蛋白质颗粒均呈长卵圆形。上述情况说明,五堡古大麦与新疆现代栽培大麦的农家品种有较近的亲缘关系。③

3) 丰台大麦

青海互助丰台遗址出土大麦1487粒,占所获谷物总量的92%。据赵志军介绍,这批大麦形态特征比较一致,麦粒一端或两端略尖,呈梭形,背部弓起呈浅弧状,腹部扁平,腹

---

① 不知这种类型划分的标准是什么。
② 李璠等:《甘肃省民乐县东灰山新石器遗址古农业遗存新发现》,《农业考古》1989年1期。
③ 王炳华等:《新疆哈密五堡古墓出土大麦的研究》,《农业考古》1989年2期。

沟较浅。在尺寸上大致分两类，较大的一类粒长 5—7 毫米，宽 3—5 毫米；较小的一类粒长和宽在 4 和 2 毫米左右。经显微观察，这批炭化大麦绝大多数为裸粒，仅个别附带残存内稃。赵志军认为，丰台大麦以裸大麦为主，属于青稞(Hordeum ulgar)。

4）皂角树大麦

据原发掘报告介绍，河南洛阳皂角树遗址仅发现两粒大麦籽粒。一粒系带壳大麦，椭圆形，中间宽，向两端渐尖，扁片状，被解释为属于一未成熟的带壳颖果，长 5.86—7.01 毫米，宽 3.24—4.02 毫米。靠下部有纵肋纹，中上部有横皱，但腹面破碎，未见大麦粒腹沟。另一粒稍小，形态完整，也未见腹沟特点，因此，定名暂存疑，还有待再发现材料提供证据。① 看来，皂角树遗址所出大麦的真实性还有待进一步确认。

5）昌果沟大麦

西南农业大学傅大雄在西藏昌果沟遗址发现近 3000 粒古炭化麦粒及炭化青稞茎节残块。据他介绍，这些炭化麦粒与青稞种子形态分类特征吻合，也与他本人选育的现代裸大麦品系及西藏青稞农家品种的种子完全相同。因此可以认定它们是青稞种子的炭化粒。傅大雄所提供的照片经四川农业大学徐廷文教授鉴定，亦认为是青稞。②

(3) 黑麦类

李璠介绍，在甘肃民乐东灰山遗址还发现有炭化黑麦。其形态细长，颗粒较小，与黑麦籽粒相似，很可能就是现在西北高寒地带分布的山黑麦(Secale montanum)原始种。③

(4) 燕麦类

1）丰台燕麦

在青海互助丰台遗址共发现燕麦属(Avena)个体 102 粒。其籽粒形态呈细长棍状，长 4—5 毫米之间，腹面有纵向深腹沟。④

2）昌果沟燕麦

在西藏昌果沟遗址发现的炭化作物遗存中有 1 粒已破碎的炭化粒种子，似为裸燕麦(Avera. Nuda L.)，但具体还有待进一步鉴定。⑤

三、中国境内麦类作物的来源

20 世纪 80 年代以前，由于缺乏相应的考古资料，涉及中国麦类作物来源的讨论并不很多，其讨论范围也大多限于农学界和遗传学界。1980 年以后，开始有考古工作者加入

---

① 洛阳市文物工作队编：《洛阳皂角树——1992—1993 年洛阳市皂角树二里头文化聚落遗址发掘报告》，科学出版社，2002 年。
② 傅大雄：《西藏昌果沟遗址新石器时代农作物遗存的发现、鉴定与研究》，《考古》2001 年 3 期。
③ 李璠：《甘肃省民乐县东灰山新石器遗址古农业遗存新发现》，《农业考古》1989 年 1 期。
④ 中国社会科学院考古研究所、青海省文物考古研究所：《青海互助丰台卡约文化遗址浮选结果分析报告》，《考古与文物》2004 年 2 期。
⑤ 傅大雄：《西藏昌果沟遗址新石器时代农作物遗存的发现、鉴定与研究》，《考古》2001 年 3 期。

进来。经检索参与讨论的各方面学者意见,大致可归纳为"本土起源说"和"外来传入说"两种互相对立的观点。

(一) 外 来 说

1964年,竺可桢撰文论述了气候与农作物的关系。在谈到麦类作物时,他特别强调指出:

> 华北地区若无灌溉设施,小麦产量年年要受干旱的威胁……所以,若无灌溉设施,华北地区种麦是不适宜的。①

1977年,美国芝加哥大学的何炳棣对竺可桢的上述看法表示认同。他认为:

> 中国肯定不是小麦的故乡,因为这些谷物原产于西南亚冬季降雨地区,而中国北方的气候和降雨方式同西南亚和东地中海地区截然不同。甚至今天小麦在中国北方的许多地区生长还有困难,因为这些地区降雨量不均匀,尤其是经常出现春旱。

为强调这一点,他特别引述了著名植物学家哈兰(Halan, Jack. R.)和邹哈瑞(Daniel Zohary)的观点:

> 鉴于西方对小麦和大麦的科学和考古学研究,特别是近年来的研究已非常精深,中国农业史学家已无必要再来检验这两种粮食作物的起源。②

此外,何炳棣教授还从汉字的造字结构及古文献两个方面进一步阐发了他的论点:

> 公元前1300年以后,"麦"字才出现在商代甲骨文中,小麦在甲骨文中有两个称谓,大麦则一个没有。考虑到小麦是一种"奢侈"谷物,而大麦却不是。……许多谷物的中文名称都采用"禾"字作偏旁,但与此形成鲜明对照的是,小麦中文名"来""麳"(麥),大麦中文名"辫"(年),它们在文字学上全都从"来"字派生,并以"来"作偏旁部首。再比如,谷子(粟)的起源在中国早期的许多诗歌中都有生动反映,但提到小麦的却只限于很少的几首诗,而且总是说这种粮食是天神所赐。可见小麦并不起源于中国北方。但造字的聪明人又不知其原产何地,只好说它来自天上,因此也就有了"来"这一偏旁部首。

如此,何炳棣强调:

> 可以有把握地说,大麦和小麦很可能是在公元前2千年期间一起被引入中国的。而且,小麦和大麦被引进中国的一千多年里,在北方的发展似乎并不迅速,直至公元

---

① 竺可桢:《论我国气候的几个特点及其与粮食作物生产的关系》,《地理学报》30卷第1期,1964年,4—5页。
② Halan, Jack R., Daniel Zohary., (1966) Distribution of wild wheats and barleys. *Science* 153: 1074-1080.

初,小麦和大麦仍作为旱地作物在中国北方种植。①

他的上述观点在西方学术界颇有影响。②

1980年代以后,随着学术交流的加强,战后在近东的一系列重要考古发现被介绍进来,新的考古发现和研究显示,小麦和大麦均起源于近东地区,其年代最早可上溯至公元前9000—前8000年。③

黄其煦曾对新石器时代黄河流域的农耕文化及作物品种进行了系统的讨论。④ 在谈到小麦时,他根据西方学者的研究提出几个值得注意的问题:1)小麦属于多型性作物,其早期种类有一粒小麦(*Triticum monoccum*)、二粒小麦(*Triticum dicoccum*)和普通小麦(*Triticum aestivum*)。通过西亚地区的考古发现与实验研究,一粒小麦和二粒小麦的起源问题已基本解决,其年代可以早到距今1万年左右。2)中国仅发现普通小麦,不见一粒小麦和二粒小麦。3)若要证明中国是小麦的故乡之一,除考古方面的证据外,还必须找到二粒小麦和方穗山羊草。尽管以往曾在我国中原地区发现山羊草,但绝无二粒小麦的线索。4)欧洲的六倍体小麦(即普通小麦)也来自近东地区,而非中国。⑤

早在黄其煦之前,国内已有遗传学家介绍,通过实验和研究证明,普通小麦不存在野生祖本,它的出现应与二粒小麦和方穗山羊草的多次杂交有关。⑥ 这以后,考古学家安志敏也明确表示了"小麦原产于西亚,商周以来才输入中国"的观点。⑦

前些年,西南农学院的傅大雄在研究了西藏贡嘎县昌果沟遗址发现的炭化大麦后提出,西藏高原在新石器时代中晚期是粟与麦的东西方农业文明的汇合部,也是栽培植物的次生起源中心。……根据西藏昌都卡若遗址的发现,在新石器时代中期,西藏高原有粟而无麦,证明西藏高原原本没有麦子,并非青稞起源地。到了新石器时代晚期,西藏高原才辗转接触到西亚的"麦"(青稞)作文明。到吐蕃文化以前,青稞成为西藏高原的传统农作物,而粟则逐渐濒于灭绝。⑧

前不久,中国社会科学院考古研究所冯时对古文字中的"来""麦"作了精辟的考辨。他指出,"甲骨文中'来'字具有归来的独特意义以及'麦'字的独特构形,甚至古代文献中有关麦与周民族种种联系的记载,或许正暗示着麦类作物西来的史实"。"而中国西部地

---

① 何炳棣:《中国农业的本土起源(续)》,《农业考古》1985年2期。
② Edwin G Pulleyblank. Early Contacts Between Indo-European and Chinese, *International Review of Chinese Linguistic*(国际中国语言学评论)Vol.1, No.1, 1996, pp.12–13. John Benjamins Publishing Co.
③ 日知:《关于新石器革命》,载北京大学、东北师范大学历史系世界古代史教研室编:《世界古代史论丛》(第一集),生活·读书·新知三联书店,1982年,234—245页。
④ 黄其煦:《黄河流域新石器时代农耕文化中的作物(续)》,《农业考古》1983年1期。
⑤ 早年,达尔文曾引用德隆卡姆的意见,认为"史前有三个小麦新种或变种由中国的蒙古引入欧洲,导致欧洲普通小麦兴起"。这一看法曾被一些学者引用。后来在近东地区发现年代最早的驯化普通小麦,证明欧洲的普通小麦是从近东传入的。
⑥ 刘祖洞、江绍慧:《遗传学》(下),人民教育出版社,1979年,32—34页。
⑦ 安志敏:《中国的史前农业》,《考古学报》1988年4期。
⑧ 傅大雄:《西藏昌果沟遗址新石器时代农作物遗存的发现、鉴定与研究》,《考古》2001年3期。

区恰恰可以作为麦类作物由其初生起源地西亚东传的中间地带"。①

（二）本 土 说

然而,也有一些学者坚持,中国的某些地区应该是小麦的驯化起源地之一。我在本文篇首提到,我国著名农学家金善宝通过对安徽钓鱼台遗址出土炭化小麦的观察,认为它们属于一种古小麦,并推测在 4000 多年前,淮北平原已有小麦栽培。但这一说法由于钓鱼台遗址所出小麦在年代判断上的失误,已没有进一步讨论的必要。

1975 年,有农学家根据野外调查资料指出：

> 小麦从国外传入我国的说法与事实不符,因为我国现代种植的小麦品种主要为普通小麦。在我国西南和西北高原至今仍生长一种具有典型野生性状的原始小麦,它们与我国现有的普通小麦起源有密切关系。②

1979 年,科学出版社出版了《生物史》,此书第五分册中介绍,1953—1954 年,我国的科学工作者曾对全国地方小麦品种进行普查,收集小麦品种 3 万余份,初步整理出 6 千多个类型,分属 86 个变种。其中,普通小麦种类(包括拟密穗类型)在栽培小麦中占绝对多数,并较集中地分布在黄河流域。其次还有密穗小麦、圆锥小麦、硬粒小麦、波兰小麦和东方小麦等不同栽培种。它们分别分布在高寒山区或边远地区,数量只占少数。我国地方小麦品种或变种之多和资源的丰富,可以说明我国是栽培小麦起源的最大变异中心之一。此书的作者还指出,栽培小麦起源于野生小麦。一般认为由于小麦具有多型性,它们的起源可能是通过多种途径实现的。……普通小麦具有杂种性起源,与小麦亲缘最接近的属有羊草属(*Aegilops*)、黑麦属和鹅冠草属,而羊草属中的小麦草(*Aegilops Squarrosa*)被许多杂交实验证明与小麦有较密切的亲缘关系。以上各属的小麦近缘植物在我国黄河流域、西北高原和北方草原等地有分布。此书还介绍了这样一个"有趣的现象",在黄河流域的河南以及陕西地区,凡有史前遗址的地方,几乎都发现有小麦草分布……它们之间似乎有一定的联系。……考古材料证明,我国在史前时期已经栽培自由脱粒的普通小麦,③而在相同时期的欧洲尚栽培着比较原始的二粒小麦和斯卑尔脱④小麦,它们都是带壳的和穗轴易折断的。直到公元开始或以后,自由脱粒的硬粒小麦和普通小麦才代替了带壳小麦的位置。作者还以达尔文(Darwin,C.D.)曾提到有三个小麦新品种或变种曾由中国传至欧洲以及康多勒(A. de Candolle)的观点作为旁证。最后,此书作者提出：

> 中国的普通小麦起源于黄河长江两流域、特别是中上游的西北和西南地区。中

---

① 冯时：《商代麦作考》,载南京师范大学文博系编：《东亚考古》(A 卷),文物出版社,2004 年。
② 邵启全等：《西藏高原农作物遗存进化的一些问题》,《遗传与育种》1975 年 1 期。
③ 此处的史前普通小麦即指安徽钓鱼台遗址出土小麦。
④ 即斯佩尔特小麦(*T. Speltoides*，*Aegilops speltoides*)。

国是现在已知的普通小麦发源地,同时也是世界栽培小麦的最大变异中心之一。①

1980年代中期以来,随着甘肃民乐东灰山遗址炭化农作物的发现,掀起了新的一轮对中国小麦起源的讨论。最初,李璠根据他所采集的碳十四测年样本认为,东灰山遗址属于公元前3000年以前的新石器时代,因此这批新材料具有填补空白的重要价值,并再次证明中国是普通小麦、栽培大麦和高粱的原产地和重要起源地。② 此后,李璠就东灰山遗址出土炭化农作物发表了一系列文章,其观点在我国学术界,特别是在农学界、遗传学界产生了很大影响,③也由此引发了对"中国小麦西来说"的反驳。有学者甚至提出了"六倍体普通小麦中国独立起源"的说法,认为:

> 凡相信多倍体普通小麦栽培种全部来自近东那个唯一的驯化中心的人,大都出于对战后西亚史前考古编年和定性结论的过分迷信。……凡是主张六倍体普通小麦栽培种属于杂种性起源的人,大部分由于过分信赖西方的遗传学实验结果,从而夸大了普通小麦栽培种形成过程中的早期人工干预作用。④

除此之外,还有一种较为折中的观点。1980年代初,王炳华先生认为,中国的小麦有可能最早在新疆种植。他在谈及古墓沟小麦时提到,新疆地区存在不少野生节节麦,据说它们与圆锥小麦进行自然杂交可形成普通小麦。他还提到,四川农业大学的颜济教授认为,圆形、多花类型的具有中国特色的普通小麦可能是这样产生的。⑤ 但他却未说明新疆栽培的古小麦又来自何处。

今天,当我们回过头来重新审视这段笔墨官司,不难发现,上述讨论确实带有很大的时代局限性。首先,这场争论是在没有任何可信的考古资料背景下展开的;其次,它们或多或少地打上了一些时代烙印。尽管如此,我们应该看到,上述争论为我们今天深入探讨这些问题奠定了一个最初的框架。

近五十年来,国际上有关麦类作物起源的研究无论在考古学界还是在遗传学界都取得了重大进展。特别是近二十年来,在中国境内陆续发现了一批早期麦类作物,为下一步的深入研究提供了考古学和年代学的基础。这也使得我们在讨论中国麦类作物起源时,能在更为广阔的比较观察视野下作客观、冷静的思考。因此,特别需要了解近些年来世界各地的考古新发现及研究成果,看看人工栽培的麦类作物到底是在何时、何地出现的?

---

① 李璠等:《生物史》(第五分册),科学出版社,1978年。
② 1) 李璠:《甘肃省民乐县东灰山新石器遗址古农业遗存新发现》,《农业考古》1989年1期;2) 李璠:《从东灰山新石器遗址古农业遗存新发现看黄河流域五千年传统农业文化的起源和发展》,《黄帝与中国传统文化学术讨论会文集》,陕西人民出版社,2001年,167—182页。
③ 张同铸等编著:《世界农业地理总论》,商务印书馆,2000年,52—53页。
④ 陈恩志:《中国六倍体普通小麦独立起源说》,《农业考古》1989年2期。
⑤ 颜济教授的文章未见刊出,转引自王炳华:《孔雀河古墓沟发掘及其初步研究》,《新疆社会科学》1983年1期。

前不久,美国哈佛大学人类学系的巴尔—约瑟夫教授(Ofer Bar-Yosef)通过对新发现的考古资料进行研究后指出,收获谷物的活动在地中海东岸的利万特(Levant)地区起自距今 12000—10000 年纳吐夫文化(Natufian culture),这一活动后来逐渐演变成有目的的谷物栽培。在耶利哥(Jericho)遗址等含有纳吐夫文化晚期堆积的层位中发现有谷物和豆类植物,当时的石制工具遗留的微痕也证实,约旦河谷一直存在小规模的野生谷物种植活动。考古发现还证明,近东地区至少在距今 10000 年前已开始栽培大麦和小麦。而且在真正的栽培活动出现之前,已有过很长一段采集野生谷物的历史。[1]

距今 9800—9500 年前,甚至更早,位于约旦河谷的耶利哥遗址和邻近大马士革的阿斯瓦德(Aswad)遗址下层就出现了驯化的二粒小麦,这是目前所知有关驯化二粒小麦的最早记录。在阿斯瓦德遗址以北 300 公里、幼发拉底河上游的阿布·胡瑞拉(Abu Hureyra)遗址,也出土了距今 9500—9000 年的栽培二粒小麦。进一步的研究表明,在阿斯瓦德和阿布·胡瑞拉两地,二粒小麦已属于最重要的栽培作物,并持续了若干世纪。距今 9000 年前,除土耳其的查约努丘(Cayönü Tepesi)遗址外,在利万特的一些遗址也找到了这方面证据。距今 8500—8000 年,二粒小麦在新月沃地内的许多遗址都有发现,表明这一驯化成果已在很大范围内被推广。

驯化一粒小麦的早期记录和二粒小麦有紧密联系。无论是在阿斯瓦德遗址的早期地层(9800—9600 aB.P.)、还是在阿布·胡瑞拉遗址(约当 9500—9000 aB.P.),驯化一粒小麦和二粒小麦均相伴出现。同类现象也见于耶利哥遗址(9800—9500 aB.P.)。但是,一粒小麦与二粒小麦同时栽培的现象在近东并不普遍。在格瑞提尔(Gritille)遗址仅发现一粒小麦,其他很多遗址则只见二粒小麦。[2]

普通小麦实物后来也陆续在西亚和东南欧等地被发现,这一发现填补了自 19 世纪以来的缺环,据黄其煦介绍,发现有普通小麦的早期遗址有如下一些:

1) 叙利亚拉马德丘(Tell Ramad),在前陶新石器遗址中发现有公元前 7000 年的密穗小麦;

2) 土耳其萨塔尔·休于克(Catal Hüyük)第Ⅳ—Ⅱ层(5850—5600 BC),出土有普通小麦;

3) 伊拉克埃斯—萨万丘(Tell Es-Sawan),发现有公元前 5800—5600 年的普通小麦;

4) 伊朗沙布兹丘(Tepe Sabz),发现有公元前 5500—5000 年的普通小麦。

5) 希腊克里特岛克诺索斯(Knossos)遗址第 10 层,出土有公元前 6100 年的普通小麦。[3]

早期驯化大麦的分布范围与二粒小麦和一粒小麦有一定的重合。在"新月沃地",一

---

[1] Ofer Bar-yosef, 1998. The Natufian Culture in the Levant, Threshold to the Origins of Agriculture, *Evolutionary Anthropology* 6(5): 159-177.
[2] Bruce D. Smith, 1995. The Emergence of Archaeology, A division of HPHLP New York.
[3] 转引自黄其煦:《黄河流域新石器时代农耕文化中的作物(续)》,《农业考古》1983 年 1 期。

些早期农耕定居点发现有两种驯化大麦,一种是二棱有稃大麦(*Hordeum vulgare* subsp. *disticbum*),另一种是六棱有稃大麦(*Hordeum vulgare* subsp. *bexasticbum*)。据研究,六棱有稃大麦是在二棱有稃大麦的基础上培育出来的。在阿斯瓦德遗址最早的地层(约9800—9600 aB.P.),驯化二棱有稃大麦与驯化一粒、二粒小麦结伴而出。到距今9500—9000年,二棱有稃大麦逐渐消失,此后与一粒或二粒小麦共生的为六棱有稃大麦。[1]

上述发现证实,近东地区在距今1万年前后已开始栽培一粒、二粒小麦和二棱、六棱有稃大麦,到距今8500—7500年,上述谷物的种植在当地已相当普及,而且培育出了最早的普通小麦,并陆续向欧洲、北非和中亚等地扩散。

从目前的考古资料看,中国境内考古所见的早期麦类作物大致集中在如下区域,即西北部的新疆、甘(肃)青(海)地区和中原的陕西与河南两省。从空间分布和遗址数量看,以新疆境内所见最多,达10余处;在新疆以东,目前仅在甘肃发现1处,青海、陕西、河南各有2处,另在西藏山南地区发现1处(图三)。上述发现中,以甘肃民乐东灰山遗址所出小麦和大麦年代最早,约在公元前2500年左右。[2] 其次,处在公元前2000年上下的有3处,即新疆罗布泊附近的古墓沟墓地、小河墓地和陕西武功的赵家来遗址。公元前2千纪中叶的有洛阳皂角树(夏代晚期,3660±150)遗址和西藏昌果沟(前1370)遗址。其余年代大都落在公元前1000年上下,约当中原地区的商末周初时期。

上述遗址的年代整体呈现西面早、东面晚,西部遗址多、东部少的格局。在中原内地,至今还很少见有早到公元前2千年的麦类标本。反观年代较早的东灰山遗址,它恰好处在中国西北与中亚邻近的河西走廊中部,因此,这一发现具有特殊意义。对此已有学者指出,东灰山遗址的小麦是从西方传入的。[3] 这一发现不仅牵涉到小麦在中国栽培的历史,也为探索中国境内小麦的来源、传播途径及东西方早期文化交流提供了线索。如前所述,以色列古植物学家的鉴定结果也从侧面提供了东灰山小麦西来的证据。更为重要的是,目前中国境内考古所见的麦类作物与近东地区最早的麦类作物还存在相当的年代差距。因此,仅就现有的资料,同时参考遗传学的研究,本文难以接受将黄河流域作为麦类作物一个起源地的看法。

另一问题是,有人根据中国现代地方小麦品种和变种甚多,并有普通小麦的野生祖本发现,提出中国是栽培小麦起源的变异中心,或麦类作物一个起源地的说法。已有的生物学研究并不支持这种看法。早年,前苏联著名植物学家瓦维洛夫(Nikolai Ivanovich Vavilov)曾在非洲埃塞俄比亚高原一个很小的孤立地区发现数百种古小麦的变体。他当时认为,既然栽培形式的多样性是人类长期刻意实验选择的结果,那么,埃塞俄比亚小麦的高度多样性就表明,这种作物在这个地区已被栽培了相当长的时间。为此他还进一步指出,"假如某一地区某种农作物的形式具有最大的多样性,这个地区很可能就是这个作

---

[1] Bruce D. Smith, 1995. The Emergence of Archaeology, A division of HPHLP New York.
[2] 李水城:《东灰山遗址炭化小麦年代考》,《考古与文物》2004年6期。
[3] 张忠培:《东灰山墓地研究》,《中国文化研究所学报》(*Journal of Chinese Studies*),N.S.No.6,Hong Kong,1997.

物最早被栽培的地区"。但后来的生物学研究并不支持他的这个假设。考古发现证实,非洲的麦类作物是从近东地区引进的。① 类似案例或许可以通过鹰嘴豆的驯化与传播过程作为说明。历史上,在地中海周边、北非埃塞俄比亚以及印度都曾种植鹰嘴豆,但今天世界上80%的鹰嘴豆产自印度。久而久之,人们竟然误以为鹰嘴豆起源于印度。实际上,鹰嘴豆的野生祖先只存在于土耳其东南部,而且也是在那儿首先被驯化的。最古老的考古记录来自土耳其东南部和叙利亚北部,年代为公元前8000年左右。直到距今5000年以后,鹰嘴豆才被传播到印度次大陆一带。② 可见,以现代作物品种变种多为依据判断作物起源地的方法是不对的。

总之,根据目前的资料,本文的初步认识是,中国境内的麦类作物大体上是沿着中亚—新疆—河西走廊—陕西—中原这一途径自西而东逐渐传入的。约当公元前2500年或更早,小麦进入新疆至河西走廊一线。公元前3千纪后半段或稍晚,传至关中及邻近地区。③ 至二里头文化阶段(相当夏代),进入中原内地。从小麦的传播速率看,自公元前3千纪中叶小麦现身于中国西部地区,至公元前2千纪中叶抵达中原腹地,其间约经历了上千年时间,足见小麦传播速度相当缓慢。参照考古发现和有关的文献,小麦传入中土后,由于受土壤、气候、雨水、栽培技术等多方面的制约,在较长时间内都未能取代黄河流域的传统农作物。④ 有关麦类作物传入中原后的发展、传播及适应历史,已有学者作了专门梳理,⑤此不赘。但有一点可以肯定,随着麦类作物的东传,对中国北方的农业经济和结构势必会产生影响,并对中国本土农业经济的发展起到重要的推动作用。

另有一点需要注意,假如公元前3千纪麦类作物进入到中国西北地区,那么,它们在那一时期的作物中究竟占有多大的比例? 这是个有待于探索的课题。据表一可知,西北地区几乎所有发现麦类作物的遗址都共存有粟(或黍)。特别是在那些浮选、统计工作作得较好的遗址资料显示,粟类作物普遍要高于麦类。这也从一个侧面暗示,即便在中国西北地区,麦类作物被引进后,在农作物中所占比例仍不可高估,粟类作物仍占有较大比重。

近些年来,我们在探索农业起源和作物驯化时,比较多地侧重于水稻、粟和黍的研究,对麦类作物关注还不够,希望能有所改进。这一方面需要考古学家提高野外发掘技术,加强多学科的协作,再就是需要在麦类作物的种属研究上多下功夫,以期尽快扭转我们在麦类作物研究领域的薄弱局面。

---

① Bruce D. Smith,1995. The Emergence of Archaeology, A division of HPHLP New York.
② 贾雷德·戴蒙德:《枪炮、病菌和钢铁——人类社会的命运》,上海译文出版社,2000年,80页。
③ 尽管目前尚难以确认陕西武功赵家来遗址的植物茎秆是否就是小麦秆,但麦类作物在龙山时代东进到山西—陕西一带的可能性是存在的。
④ 请参见本文引述的竺可桢、何炳棣、黄其煦等先生的文章。
⑤ 曾雄生:《麦子在中国的本土化历程——从粮食作物结构的演变看原始农业对中华文明的影响》,《原始农业对中华文明形成的影响》,中国高等科学技术中心,CCAST-WL Workshop Series: Vol.128, 119—134页。

后记：

本文初稿曾在2004年9月中国社会科学院古代文明中心举办的"古代文化交流与考古学研究国际学术研讨会"上宣读。

2005年8月，我与美国哈佛大学人类学系付罗文博士（Rowan K. Flad）前往甘肃民乐东灰山遗址考察，在遗址东侧水渠内选择了一个断面，并分层取样，以便下一步浮选标本，进行碳十四测年研究，其结果有待日后刊布。

途径兰州期间，观摩了2005年甘肃省文物考古研究所在玉门火烧沟骟马文化遗址发掘出土的部分文物，包括在该址采集的一批炭化大麦，其时代约在公元前1千纪上下。在张掖考察时，得到市博物馆孙宏武、王康两位同志的大力帮助，在此向他们表示诚挚的谢意！

本文初发表于《亚洲文明》(4)，三秦出版社，2008年，50—72页。后收入科技部社会发展科技司、国家文物局博物馆与社会文物司编：《中华文明探源工程文集·环境卷(1)》，科学出版社，2009年，191—213页。

东灰山遗址出土炭化小麦再议

20世纪50年代以前,中国就曾有发现史前时期小麦的报道。[①] 囿于考古资料的缺乏,加之年代不确定,有关中国麦类作物来源的讨论只能限于浅表的层次。近些年来,植物考古学在我国有了较快的发展和进步,在研究视角上也出现了一些明显的变化,即从以往主要关注南方的水稻和北方的粟、黍扩展到麦类作物方面。

回想起来,中国考古界对麦类作物及其来源的关注出现在20世纪80年代末。其中,一个重要事件就是在甘肃省民乐县东灰山遗址发现了炭化小麦和大麦籽粒。1975年,甘肃省张掖地区文化处在进行文物调查时在东灰山遗址发现少量炭化麦子的籽粒,但这一重要发现长期不为外界所知。[②] 直到1986年秋,北京大学考古学系与甘肃省文物考古研究所在河西走廊进行史前考古调查时才获得这一信息。但在随后进行的考古调查中却未采集到麦类作物遗存。[③]

在此前后,中国科学院植物研究所(1985、1986)[④]、甘肃省文物考古研究所和吉林大学考古学系(1987)[⑤]、中国科学院地理研究所历史地理研究室(1989)[⑥]、北京大学考古学系与哈佛大学人类学系(2005)[⑦]、甘肃省文物考古研究所、北京大学考古学系、城市与环境科学系和中国社会科学院考古研究所等单位(2007)[⑧]曾先后前往东灰山遗址进行考古调查和发掘,或进行植物学、埋藏学和环境科学调查,并且都采集到了麦类作物和其他栽培作物的炭化籽粒。

1987年末,中国科学院植物研究所在《人民日报》(海外版)率先报道了东灰山遗址发

[①] 安志敏:《中国史前时期之农业》,《燕京社会科学》II,1949年,36—58页。
[②] 1975年,张掖地区文化处东灰山遗址调查发现少量炭化小麦籽粒,后来这批标本全部遗失。
[③] 甘肃省文物考古研究所、北京大学考古文博学院:《河西史前考古调查报告》,文物出版社,2011年。
[④] 李璠:《甘肃省民乐县东灰山新石器遗址古农业遗存新发现》,《农业考古》1989年1期。
[⑤] 甘肃省文物考古研究所、吉林大学等编著:《民乐东灰山考古——四坝文化墓地的揭示与研究》,科学出版社,1998年。
[⑥] 王一曼:《东灰山遗址的环境意义与河西走廊史前文化兴衰》,载尹泽生、杨逸畴、王守春主编:《西北干旱地区全新世环境变迁与人类文明兴衰》,地质出版社,1992年,98—109页。
[⑦] 2005年夏,北京大学考古系李水城与哈佛大学人类学系傅罗文(Rowan K. Flad)前往东灰山遗址调查并采集到一批炭化植物标本。
[⑧] 2007年6月中下旬,甘肃省文物考古研究所、北京大学、中国社会科学院考古研究所、北京科技大学等单位联合组成环境考古调查队前往河西走廊进行考古调查时,再次考察了东灰山遗址,并采集到炭化小麦标本。

现五千年前炭化小麦的消息,①其后续研究陆续在《遗传》、②《农业考古》、③《大自然探索》④等杂志上刊布,在考古界、⑤植物学界、遗传学界和农学界产生了较大的反响。但是,由于主持上述研究的学者并不具备考古学背景,对东灰山遗址的文化性质认识有误,特别是根据炭化小麦的检测数据将该址的年代断在公元前3千年前的结论是有问题的。

1998年,东灰山遗址发掘报告正式出版,该报告系统介绍了东灰山遗址炭化小麦的发现及初步研究结果。经加速器高能质谱(AMS)检测,东灰山的炭化小麦年代为公元前2280±250年。报告作者指出,中国科学院植物研究所李璠等将东灰山遗址定为距今5000年前的新石器时代是错误的,在缺乏更多证据的前提下,还不能认为东灰山小麦为独立的驯化品种。⑥ 与此同时,张忠培先生撰文指出,李璠等据东灰山遗址采集黑炭土标本进行的碳十四检测年代和吉林大学以炭化小麦做标本经加速器高能质谱(AMS)测定的年代均早于四坝文化的真实年代,应摒弃不用。但他同时也强调,这些小麦和大麦应该是从西亚通过新疆传入的。⑦ 前不久,主持东灰山遗址发掘的许永杰撰文指出:"东灰山遗址采集炭化农作物籽粒标本相对年代属于新石器时代晚期、绝对年代为距今5000年左右的认识是错误的。东灰山遗址炭化农作物的相对年代应定位在铜器时代的夏代;绝对年代应以1987年发掘的采样测年为准,即距今4230—3770年。"⑧

早在20世纪90年代前后,我们便开始关注中国早期麦类作物及其来源这一重要学术课题,⑨并在1997年于西安举办的一次学术会议上与李璠先生交换过意见。⑩ 随后,我们撰写了《东灰山出土碳化小麦年代考》一文,集中讨论了东灰山遗址早期检测的一批碳十四年代数据(表一),并深入分析了中国科学院地理研究所王一曼撰写的东灰山遗址调查报告,认为她对遗址地层堆积成因的分析和研究言之成理,东灰山遗址出土炭化小麦在理论上有早到公元前2500年的可能。⑪ 在后来进一步的研究中,我们再次表达了上述

---

① 《甘肃发现碳化籽粒——系五千年前当地农作物》,《人民日报》(海外版)1987年11月27日四版。
② 李璠等:《甘肃民乐县新石器时期遗址的碳化小麦考察报告》,《遗传》1988年10卷1期。
③ 李璠等:《甘肃省民乐县东灰山新石器遗址古农业遗存新发现》,《农业考古》1989年1期。
④ 李璠:《从东灰山新石器遗址古农业遗存探讨黄河流域农业起源和形成》,《大自然探索》1989年3期。
⑤ 贾兰坡:《略谈小麦的起源》,《考古与文物》1988年3期。
⑥ 甘肃省文物考古研究所、吉林大学等编著:《民乐东灰山考古——四坝文化墓地的揭示与研究》,科学出版社,1998年。
⑦ 张忠培:《东灰山墓地研究》,《中国文化研究所学报》(Journal of Chinese Studies),N.S.No.6,Hong Kong,1997。
⑧ 许永杰:《关于民乐东灰山遗址炭化农作物年代的订正》,《中国考古学会第十一次年会论文集》(2008),文物出版社,2010年,196—201页。
⑨ 2001年,李水城主持教育部人文社会科学"十一五"规划项目:"考古资料所见中国早期麦类作物及其源流"研究。
⑩ 1997年在陕西西安举办"黄帝与中国传统文化学术讨论会"。会议中,李水城与李璠先生就东灰山遗址的年代问题交换了意见,但李璠先生坚持其看法,并在会上作《从东灰山新石器遗址古农业遗存新发现看黄河流域五千年传统农业文化的起源和发展》报告。见《黄帝与中国传统文化学术讨论会文集》编委会编:《黄帝与中国传统文化学术讨论会文集》,陕西人民出版社,2001年,167—182页。
⑪ 王一曼:《东灰山遗址的环境意义与河西走廊史前文化兴衰》,载尹泽生、杨逸畴、王守春主编:《西北干旱地区全新世环境变迁与人类文明兴衰》,地质出版社,1992年,98—109页。

看法。①

表一　东灰山遗址碳十四年代检测数据（吴小红教授重新拟合）

样品地点及编号	实验室编号	样品物质	测样物质	碳十四年（BP）（T₁/₂=5730）	树轮校正值（BC,2σ）	备注
东灰山*	科学院地理所	黑炭土	黑炭土	4484±108 BP	3400—2650	①
东灰山**	BK89096	炭化枝杆	炭化枝杆	4150±115 BP	2900—2200	②
东灰山**	BK92101	炭化小麦	炭化小麦	4230±250 BP	3400—1900	③
87MDTG②	WB89－7	木炭	木炭	3490±100 BP	1940—1440	④

①：本文 266 页注⑤第 61 页；②：本文 267 页注②第 103 页；③、④：本文 267 页注①第 190 页。
*：附：中国科学院地理研究所 C14 实验室（金力）对遗传所送交 C14 样品的检测结果：1. 化学制备：锂法合成；2. 物理测量：液体闪烁谱仪测量；3. 仪器本底：039；4. 测定结果：距今 4356±105（5568）、距今 4484±108（5730），备注：树轮校正年代 5000±159 年。

2005 年，我们再次前往东灰山遗址进行考察，并在遗址文化层的剖面上划分出 16 个沉积层（图一），分层选取土样标本，经过浮选，在每一层位内都发现大量的炭化植物遗骸，包括炭化的麦类和粟黍类作物籽粒。特别是保存非常好的炭化大麦和小麦的完整籽粒（grain）和花序轴（rachis）（图二）。

我们从这些炭化籽粒中选取了 16 个保存较好的标本，送交北京大学进行加速器高能质谱碳十四（AMS）检测。其中，炭化麦样本 13 个，炭化粟样本 1 个，木炭样本 2 个。为了保证样本的高品质，上述样本均经过显微镜观察挑选，确保所选样本表面光滑、无泥土或其他附着污染物；木炭则选取有清晰木质微观结构的样本。上述预筛选步骤对于获取高质量的测年结果非常重要。最终，这批样本的检测年代全部都落在了公元前 1600 年左右（表二）。② 这批年代检测结果较之早前对东灰山遗址所出单个小麦所作的加速器高能质谱（AMS）测年数据以及常规碳十四测年数据显然要晚许多，但与东灰山遗址的四坝文化属性相符。这一结果使得东灰山遗址炭化小麦的年代问题进一步复杂化，也对以往的测年数据提出了挑战。

图一　甘肃民乐东灰山遗址地层剖面及采样部位（2005 年，李水城摄）

---

① 李水城：《中国境内考古所见早期麦类作物》，《亚洲文明》第 4 集，三秦出版社，2008 年，50—72 页。
② Rowan Flad, Li Shuicheng, Wu Xiaohong and Zhao Zhijun（2010），"Early wheat in China: Results from New Studies at Donghuishan in the Hexi Corridor", *The Holocene* Volume 20, Number 6, pp.955－965, September.

	大麦	小麦
花序轴		
麦粒		

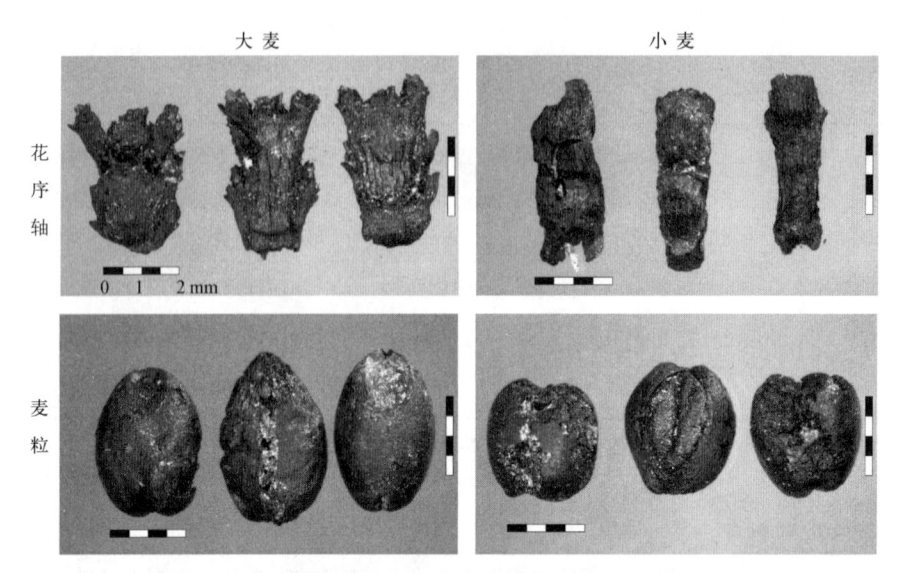

图二　东灰山遗址出土的炭化麦类作物（赵志军浮选拍摄）

表二　东灰山遗址碳十四年代检测数据（北京大学）

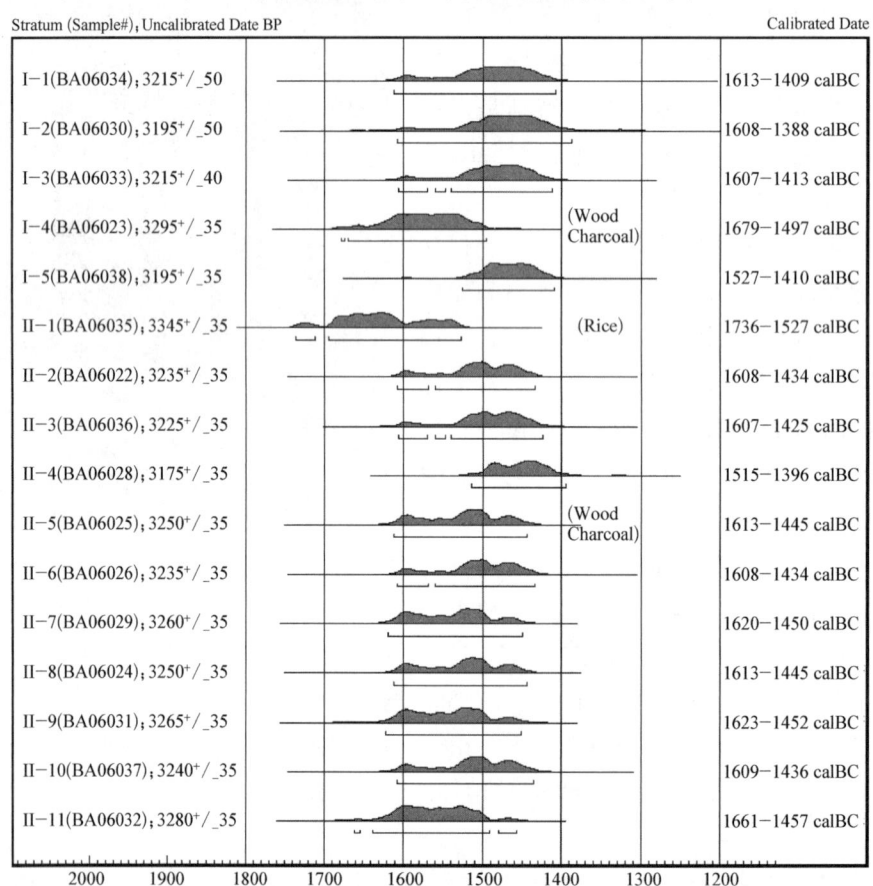

Stratum (Sample#); Uncalibrated Date BP	Calibrated Date
I-1(BA06034); 3215+/_50	1613-1409 calBC
I-2(BA06030); 3195+/_50	1608-1388 calBC
I-3(BA06033); 3215+/_40	1607-1413 calBC
I-4(BA06023); 3295+/_35 (Wood Charcoal)	1679-1497 calBC
I-5(BA06038); 3195+/_35	1527-1410 calBC
II-1(BA06035); 3345+/_35 (Rice)	1736-1527 calBC
II-2(BA06022); 3235+/_35	1608-1434 calBC
II-3(BA06036); 3225+/_35	1607-1425 calBC
II-4(BA06028); 3175+/_35	1515-1396 calBC
II-5(BA06025); 3250+/_35 (Wood Charcoal)	1613-1445 calBC
II-6(BA06026); 3235+/_35	1608-1434 calBC
II-7(BA06029); 3260+/_35	1620-1450 calBC
II-8(BA06024); 3250+/_35	1613-1445 calBC
II-9(BA06031); 3265+/_35	1623-1452 calBC
II-10(BA06037); 3240+/_35	1609-1436 calBC
II-11(BA06032); 3280+/_35	1661-1457 calBC

OxCal v4.1.1 Bronk Ransey(2009); r:5 IntCal04 atmasphennicurve(Relmer et al 2004)
Calibrated date(calBC)

目前的矛盾之处在于，东灰山遗址有前后两批测年数据，前一批四个碳十四年代中的三个在距今 4500 年上下。第四个样本来自遗址东侧（水渠以东）探沟获取的木炭标本，测年结果为距今 1940—1440 年，代表了四坝文化的年代。后一批 16 个样本均落在公元前 1600 年左右，即四坝文化的年代范围。为何两批数据的差距会这么大，还需要作进一步的深入分析。特别需要了解并核实前一批检测样本究竟是在遗址的哪个部位采集的？这一点很重要。根据 1986 年调查采集遗物可知，东灰山遗址采集的绝大部分遗物属于青铜时代早期的四坝文化（1950—1550 BC）。但也发现有个别年代较早的马厂文化的遗存，其绝对年代应在距今 4000 年以前，这也使得前一组年代较早的数据有了考古实物的支持。可见，要确认东灰山炭化小麦的年代，还需要做更深入的工作，特别需要在遗址的不同区域采集样本，进行浮选和新的年代检测。

另一方面，我们还要旧事重提，中国科学院地理研究所王一曼当年对东灰山遗址地层沉积物的粒度分析和研究表明，东灰山遗址地层中的部分炭化小麦并非原生堆积。即四坝文化居民在东灰山生活期间，曾经突发大洪水，将一些早期的麦类作物籽粒从上游某原生堆积地点冲刷出来，连同其他杂物搬运到东灰山遗址的平缓低洼地带，并与东灰山遗址四坝文化居民抛弃的垃圾杂物混同沉积下来。在已知地层中可见 5 厘米厚的透镜体条带，内涵大量草木灰、炭化枝秆和炭化粮食籽粒，充分证实了这一点。[①]

考察民乐县的古水系，当地主要河流包括东面的洪水河，中间的小都麻河及西面的大都麻河，这些河流均发源于祁连山深处，向北流入地势低洼的荒漠，或逐渐消失，或形成尾闾终端湖。在史前自然水系时代，每逢雨季，突发的洪水造成河床剧烈摆动，湍急的水流会将上游的堆积冲刷并搬运到下游或终端湖附近。有趣的是，民乐东灰山和西灰山这两处重要遗址就分别位于洪水河下游和大都麻河下游。可见，东灰山遗址中的某些炭化植物遗骸应该是在这一自然营力作用下堆积到地层中的。

近年来，在东灰山遗址附近又有一些新的考古发现，为上述研究思路提供了新的证据，这类新发现主要有如下两项：

其一，2007 年夏季，甘肃省文物考古研究所、北京大学考古文博学院等单位联合组成环境考古调查队赴河西走廊考察，在张掖市黑水国南城西北一带的西城邑遗址[②]文化堆积剖面分层采集了土壤样本，经浮选，发现一批早期炭化麦类作物籽粒[③]。2010 年以来，甘肃省文物考古研究所、中国社会科学院考古研究所等单位对西城邑遗址进行了正式发掘，并在多个地层单位的土样中浮选出炭化麦类作物籽粒（图三）。西城邑遗址上层堆积的性质属于四坝文化，下层堆积属于马厂文化晚期（或过渡类型）。其中，下层堆积的绝对年代上限应在距今 4000 年以前。[④]

[①] 王一曼：《东灰山遗址的环境意义与河西走廊史前文化兴衰》，载尹泽生、杨逸畴、王守春主编：《西北干旱地区全新世环境变迁与人类文明兴衰》，地质出版社，1992 年，98—109 页。
[②] 李水城、水涛、王辉：《河西考古调查简报》，《考古学报》2010 年 2 期。
[③] 中国社会科学院考古研究所赵志军先生见告。
[④] 部分地层属于马厂文化晚期（或"过渡类型"）。

图三　张掖西城邑遗址出土炭化麦粒（陈国科摄）

其二，2009年9—11月，甘肃省文物考古研究所为配合民乐县六坝镇五坝村的公共道路建设，对五坝村内发现的一处史前墓地进行了抢救发掘，清理新石器时代晚期墓葬53座，出土陶器、石器、骨器、玉器等各类文物170余件。根据这批墓葬出土的陶器可知，该墓地的主体属于马厂文化，其文化面貌与永昌鸳鸯池墓地相同。特别是在该墓地还发现了年代更早的半山文化墓葬；以及部分过渡类型墓葬和齐家文化的墓葬。[①]

上述新发现的意义在于，张掖西城邑遗址以明确的层位关系和出土遗物证实，甘肃河西走廊地区引进并种植麦类作物的年代上限远在距今4000年以前，即马厂文化晚期（或过渡类型阶段）。这也间接为东灰山遗址前一批检测的碳十四测年数据提供了依据。

民乐五坝村遗址的发掘资料已经整理发表，但是否存在麦类作物尚不清楚。有趣的是，五坝村遗址恰恰坐落在东灰山遗址的西南方，两地之间的直线距离仅有7公里。这座遗址的发现证实，在东灰山遗址以南的中上游河段确实分布着一些年代更早的史前遗址，以五坝村为例，该址坐落在小都麻河岸边，河水流向恰好朝着东北方的东灰山遗址，其耐人寻味之处是，这恰恰印证了王一曼当年的分析和推测。

近些年来，越来越多的考古发现证明，在史前时代晚期，中国西北地区开始引入并种植麦类作物，这个重大的历史事件出现在相当于中原地区龙山时代的马厂文化时期。而河西走廊则扮演了麦类作物自西向东传播的重要通道和集散地，显然，中国的大西北应该是最早引入和栽培麦类作物的重要地区。

需要强调的是，当麦类作物在公元前3千纪后半叶传入中国西北地区以后，它们在当地的农作物中究竟占有多大比例？是否取代了当地的土著农作物？这还是个有待于深入探索的重要课题。根据目前的发现，在中国西北地区，凡发现麦类作物的遗址均共存有粟、黍一类旱地农作物；尤其是在那些主动进行浮选、统计工作也做得比较好的古遗址，粟、黍一类旱地农作物所占的比例较之麦类作物甚至还要高一些。这恰恰表明，当麦类作物这个新的作物品种被引入中土以后，并没有在短时期内取代土著的粟、黍一类旱地作物。由于受到气候、土壤、降水、温度、种植技术等多方面的制约，麦类作物的栽培经历了

---

① 王永安：《民乐县五坝村马家窑文化墓地》，《中国考古学年鉴（2010）》，文物出版社，2011年，452—453页；甘肃省文物考古研究所、张掖市文物保护研究所、民乐县博物馆：《甘肃民乐五坝史前墓地发掘简报》，《考古与文物》2012年4期。

很长一段时间的技术摸索,才逐渐适应并最终发展成为五谷中的重要成员。①

2010年8月初稿

2012年5月定稿

后记:

甘肃省文物考古研究所陈国科先生为本文提供了张掖西城邑遗址新出土的麦类作物照片。在此表示感谢!

本文与王辉(甘肃省文物考古研究所)联名发表在北京大学考古文博学院、北京大学中国考古学研究中心编:《考古学研究》(十),科学出版社,2013年,399—405页。

---

① 曾雄生:《麦子在中国的本土化历程——从粮食作物结构的演变看原始农业对中华文明的影响》,载《原始农业对中华文明形成的影响》,Vol.128,119—134页。

第四部分

科技考古与环境考古

考古学与现代科学技术

考古学是利用人类活动遗留下来的实物遗存,通过一定的手段和方法研究古代社会及相关知识的科学。有人形象地把考古学比喻成一本厚厚的倒着看的书,它的大部分都埋在地下,要想看懂它还真不是件容易的事。英国有位著名的考古学家说过:"考古学一直被广泛认为是有记载的历史的延伸。对于有文字记载的时代来说,它被认为是有益的补充,是对书面叙述的某种形象说明。对于没有文字记载的史前期来说,它能隐约地再现过去的情况,是正规历史记录粗糙的版本。"考古学自诞生以来已走过了漫长的发展历程,经历了翻天覆地的变化。一百多年以前,那些早期的考古发掘可谓与盗墓人的水平不相上下,而在科学高度发展的今天,考古学家正在成为利用"法医学技术"研究人类历史的专家。这一重大的变革当是以一系列科学技术的参与为后盾的。

回顾历史,19世纪中叶是个沸腾而辉煌的年代。能量守恒、万有引力定律、细胞学说、进化论、科学社会主义这些体现人类智慧的伟大发现均集中产生在这一时期。无独有偶,真正意义上的近代田野考古学也于此时出现在欧洲。它的出现体现了那个时代的人们在寻找一种新的关于宇宙均衡的理论,在"重定基本原理方向"这一时代变革精神。考古学是古物学和地质学相结合的产物,这似乎预示着从它诞生的那一刻起,便注定要与自然科学结下不解之缘。

20世纪初,已有人开始在考古学研究中运用一些自然科学的技术。如利用黏土纹泥的沉积来计算遗址形成的年代,利用岩石学的原理论证史前巨石建筑材料的原产地等。第二次世界大战以后,随着人类科学技术的飞速发展,一些自然科学方法被引入到考古界,其中对考古学影响最大的首推碳十四测年技术。

1946年,美国物理学家利比发现,宇宙外层空间的次级中子流不断轰击大气并产生放射性碳。其原理是,地球上活着的生物在生长期间需要不断地从大气中吸收放射性碳,这导致生物体内所含的碳十四比度始终与大气中的碳十四比度一致。可生物一旦死亡,其体内积淀的碳十四便以一定的速度(5730 ± 40)衰变分解。根据这一原理,通过测量古代遗址中保存下来的木炭、骨骼、贝壳等有机物残骸所含的碳十四比度,可确定它们死亡的年代,由此可直接或间接地得到标本所在地层和遗迹单位的年代。试想,如果我们检测一座史前房屋的年代,其精确度可达到建造这座房屋所用木材被砍伐的年份,就能理解这是何等了不起的成就。碳十四测年技术对考古学产生的影响巨大而深远,它不仅改变和修正了对一些原有古代文明的不确切认识,还对那些无任何文字记载的文化在时间上有了明确的解说。

特别是它几乎不受地理条件、气候和人文因素的影响,利于进行广泛的比较研究,故它在考古学研究中被誉为"放射性碳素革命"。该发明还使利比荣获1960年度的诺贝尔化学奖。英国一位考古学家曾风趣地说,利比是"第一个在考古学领域摘取诺贝尔奖的人。"

碳十四测年技术也有一定的误差,但可以通过树木年轮校准图校正。树木树轮学与碳十四技术的结合为考古学研究不断地提供客观的时间标尺,对一万年以内的标本,所测时间精度可达50年,这是目前任何其他的测年技术远远无法企及的。

近年来,碳十四测年又发展出了"串级加速器高能质谱技术",该技术不是消极地等待碳十四原子的衰变,而是直接计算样品中碳十四的原子数。其优点在于,所需样品仅为常规用量的千分之一,这极大地拓展了碳十四样品的应用范围,将最大可测年限扩展至75000年,大大缩短了测试时间,提高了效率,并可同时进行碳的稳定同位素分析。但该测试设备价格昂贵,技术要求复杂。目前世界上仅有少数几个国家有能力进行研究和测试,中国的原子能研究所和北京大学技术物理系、考古学系已开始对标本进行检测,并取得了可喜的成果。该技术的出现无疑将使碳十四测年技术如虎添翼。

考古学中使用自然科学方法进行测年的技术还有许多,如热释光法、古地磁法、骨化石含氟量断代法、钾—氩法、裂变径迹法、氨基酸外消旋法、黑曜石水合法、铀系法等。其中绝大多数都是利用放射性物质含量的测定换算出标本的绝对年代。其应用范围和检测对象可通过表一反映出来。

表一 各种年代检测方法及测年范围

方　法	材　　料	时间范围	备　注
树木年轮学	木材	0至7000年	
碳十四	有机物(木材、骨骼)和贝壳等	0至40000年	
铀—钍比	石笋、骨骼、贝壳	10000至250000年	
热释光法	陶瓷、火成岩(石英、砂岩、花岗岩)、石笋	0至数十万年	
电子磁旋共振	石笋、骨骼	1000至数百万年	研制中
裂变径迹法	火成玻璃、富铀物质	0至数十万年	
钾—氩氨基酸	火山幼虫、骨骼	1000至十亿年	研制中

此表引自《信使》(联合国教科文组织)1985年9月(总第63期)。

田野考古学的一项重要工作是寻找和发现古遗址并确定它的位置和范围,传统的方法是凭借肉眼和经验来寻找,今天的考古学家已开始利用远程探测技术进行勘探,如航空摄影、遥感技术、红外线摄影及地球物理勘测等先进技术。

航空摄影是使用飞机、飞艇、气球等飞行物从空中向地面摄影。通过对照片的分析、判读、寻找并确定古遗址的方位和形状,该技术主要用于考古调查和勘测。20世纪初,英国皇家陆军用气球从空中对一座古代石柱群进行拍摄,照片以全新的角度展现了古迹的全景,令人眼界大开。第一次世界大战中,航空摄影在搜集敌方情报的同时也发现了不少文物古迹。如英军在美索不达米亚上空执行任务时意外地发现了一些古遗址和古代城市,因为在空中胶片能敏感地捕捉土壤的颜色和地貌的细微差别。许多在地面凭肉眼无法辨识的遗迹特征在航片上能清晰地显示出来。即使有些遗迹深埋地下,由于遗迹与周围的土壤结构不同,影响到地表植物生长的疏茂,加之光线在早晚不同时间中的变化,地表不易发现的遗迹以阴影的形式在航片上准确地显现出来。特别是对那些大面积的遗址、被湮没的古代城市、沙漠中的废墟等勘测效果最佳。缘此,航空摄影的潜力很快便显露出来,并成为考古勘测的重要手段。以至于有人说:"为了做一名考古学家,人应该变成一只鸟。"在西方,如果一名考古工作者不能识别航片提供的信息便会被认为训练不够全面。总之,航空摄影对考古学所起的作用犹同望远镜对天文学。它不仅分辨率高,周期短,且省时省力经济,特别利于考古学家在发掘之前了解遗址的概貌,便于统筹安排工作。

遥感技术兴起于21世纪50年代,它利用装在飞机、飞船上的设施"感知"肉眼或常规摄影无法捕捉的图像并进行探测。目前该技术在考古学中的应用还处于开发和积累经验的阶段。美国曾在新墨西哥州的查科峡谷进行遥感考古,是将最新的空中遥感技术和遥感信息解释技术应用于考古学的全面实验,积累了经验,并有新的发现。意大利利用红外线技术在威尼斯湾泻湖岛发现了古典时代的赫拉克利亚遗址,是利用不同性质的土壤在散热、吸热方面产生差异的原理实现的。国内华东师范大学地理系与镇江市博物馆合作,运用遥感技术勘测商周时期的台形遗址和土墩墓,亦有所收获。总之,遥感技术的参与无疑会影响将来考古勘测的执行方式。

1946年,英国人阿特金森率先使用电子技术在泰晤士河畔勘探古代遗址。60年代,美军在越战中使用电子探测技术寻找越军的地下武器库。这一方法很快被引入考古界。该技术没有任何破坏性,目前,国外已广泛使用电子探测技术寻找被埋在地下的城墙、大型的砖石建筑和金属遗物。使用这种技术勘探时,让电流通过打入地下的两根电极测量土壤内电阻的变化以寻找古代的遗迹和遗物。80年代,美国和瑞典科技人员研制出一种车载雷达,它能记录埋在泥炭层一类土壤中深达四米的建筑遗迹。地质雷达是利用电磁波进行探测的仪器,它原本是为绘制地质结构图而研制的,也可用于考古。该仪器将电磁波从地面装置发射到地下,在穿过土壤的过程中,如遇到两种不同介质的界面时,部分电磁波便会折射回来,其余的电磁波则继续通向更深的地层,通过测量信号折射回来的时间,可测出不同的土层、岩层和古物的埋藏位置。反射的信号显示在一个阴极射线管和一个圆形记录器上,能连续不断地提供地下土壤的纵剖面图,并通过计算机进行处理。

水下考古是第二次世界大战后新兴的考古分支学科,它包括水下考古调查、勘测和发掘,是田野考古向水域的延伸。历史上地震、火山喷发、海啸等自然灾变,致使一些位于水边的村落、城市、港口乃至整座的岛屿刹那间沉入水中。再有,人类很早便掌握了造船和航海技术,数千年来,在一些航线上沉没了大量的古代舰船,有大量遗物沉没到水底。所所以有人说:"古代世界藏品最丰富的博物馆位于地中海的海底,但这座博物馆肯定是无法涉足的。"1942年,水下呼吸器的发明开创了水下考古的新纪元。今天,考古工作者不仅已能涉足水下,而且能把水下的遗物科学地搬运到地面上来。水下考古除了发掘水下遗址,打捞沉船和水下文物外,也研究古代的造船术、航海史和海上交通、海外贸易等。近年来,水下考古的工作范围已扩展到陆地上的河流湖泊。水下考古需要一系列的技术保障系统,首先是保证人能在水下工作较长时间,要有水下摄影、绘图和记录等设备,要有清除污泥的装置、定位标志和应急的救护设施,这些都需要高科技的支持。在一些发达国家,水下考古已较为普及。近年来,我国也建立了专门的水下考古机构,并正式开展了这方面的培训和作业,并取得了可喜的收获。

30年代,英国著名考古学家柴尔德曾预言,一种强调环境给予人类影响的系统的考古研究必然要出现,这就是环境考古学。它是环境科学与考古学结合的产物,其研究手段主要是利用地球科学的各种知识。如第四纪地质地貌学、古动物学、古植物学、物候学、土壤学、古气候学等。50年代以来,随着一系列自然科学方法的导入,环境考古迅速成为一种综合的研究方法,并在史前考古研究中取得一系列重大的突破。如农业的起源、不同农业区域的形成、农作物种类的分布、动物的驯化等。环境考古的重要性还表现在对古遗址生态的复原以了解当时人类的生产和生活,环境与气候变化对人类文化的影响;环境与人类的起源和体质形态变化的关系,人类活动对生态环境的反作用等问题的研究上。长远地看,随着学科的发展和技术手段的不断完善,考古学中许多重大学术课题的解决均有赖于环境考古学的支持。

动物考古学的研究内容包括动物分类、鉴定科属、年龄、性别、种群大小及动物的分布和迁徙等。它通过对古遗址中动物骨骼的收集,研究当时人类与动物之间的关系。如家畜驯化的种类、途径和规模,狩猎的对象和季节性,屠宰的方式等。通过上述几方面的研究达到复原遗址的生态环境和动物种群的目的。对那些季节性迁徙的动物、候鸟和洄游鱼类骨骼的研究,可证实某些聚落遗址的季节性使用问题;对旧石器遗址中动物化石种群的组合、绝灭种与现生种的更替的研究是确定遗址相对年代的基础;通过对昆虫化石的研究可间接地了解史前人类居住条件的某些信息。

植物考古学是古植物学与考古学相结合的产物。其研究内容包括与人类活动直接相关、被人类根据不同需要而利用的植物,以及与人类活动间接相关、并影响到人类社会生活形态的自然环境。植物考古学的研究基本不涉及生产工具、灌溉设施、农业技术、家畜、家禽和水产养殖等内容。植物考古学的研究对象有三大类:第一是各种植物遗骸;第二是孢子花粉;第三是植物硅体细胞。植物考古学的目的是复原古代的生态环境,探索人类食物生产的变化与发展,其中尤为关心的是人类对植物的栽培和驯化的历史。通过对古代遗址中与人类活动有关的植物遗骸的收集,研究当时人类的食物结构,农业的有无、农作物的种类,从而达到复原遗址生态环境的目的。其研究手段有孢子花粉分析、浮选法、植硅石分析和碳十三检测等。浮选法在考古界已应用了较长时间,它是将古遗址中的堆积物取样,在水或氯化锌溶液中冲洗浸泡,使植物类遗骸漂浮于液体表面,达到富集筛选的目的。由于年代久远,遗址中大量有机类植物遗骸已朽烂、炭化,失去了原有形态,不易识别。

孢子花粉分析是环境考古学的重要内容,孢粉相当于植物的精子,它产生于植物的雄花花囊中,外壁极坚固,可在土壤中保存百万年之久。孢粉的大小、形状代表着植物的不同科属。一般而言,遗址中孢粉的分布可反映当时植被的基本面貌和人类利用植物的情况。孢粉分析技术在考古学研究中的重要性显示在以下三方面:1)了解古代的自然环境,以及人类文化与周围环境的关系;2)了解古代人类文化的发展状况,如农作物的起源和扩散等;3)确定遗址各文化层及地层的年代。然而,孢粉分析也有其弱点,因为植物的花粉必须借助某种运动形式才能达到与雌花相会的目的,绝大部分有性生殖类的花粉都采取风播的运动形式,这势必造成花粉的传播距离长、散布范围广,给确定其是否为原生带来很大困难。另外,在鉴定上也仅能达到属的水平。所以,该技术在对原始农作物研究中所起作用有限。

近年来,植物考古学家发现,许多植物在生长时从土壤中汲取硅元素,并将硅填充到叶、茎、果实的细胞中,这些细胞又转化为蛋白石体,这种石化的植物细胞体被称作"植硅体细胞"。所谓的"灰像法"①研究,即根据存在于植物细胞壁中的二氧化硅骨架化学性质稳定、耐酸碱、耐高温、在植物形体破坏后仍保持原状的原理,通过显微镜观察植物朽灰图像,以鉴定其种属。植物死亡后,植硅体细胞是组成土壤中蛋白石颗粒的最主要成分。早在20世纪初,就有人试图用植硅体细胞研究早期农作物并复原古代植被。但是,一种植物可产生十几种、几十种乃至上百种硅体细胞,而某种类型的植硅体细胞又会同时存在于几十、几百乃至上千种植物的体内。如此庞杂的关系使研究者望而生畏。缘此,弄清植硅体细胞与植物种属之间的对应关系遂成为植物考古学研究的关键环节。据目前的研究成果,草本植物的硅体细胞分类比较顺利,已进入到寻找与植物种属相对应的、有识别意义的硅体标样阶段,进展很快,已有学者将此运用到考古学研究中,并有重大突破。如使用植硅体细胞对日本古代遗址中稻米的研究,对中美洲史前遗址中玉米的研究,对土耳其青铜时代小麦的研究等。虽然仅仅是开始,但植硅体细胞所具有的对植物种属的鉴别,尤其是对植物种一级的可鉴别性令植物考古学家深受鼓舞。有人预言,不远的将来,许多有关农业起源的疑难课题将在植硅体细胞的研究中得以解决。与孢粉分析相比,植硅体细胞可如实地反映遗址的原生植被。弱点是,有些植物不具备从土壤中汲取硅元素的能力,也不产生硅体细胞,如一些薯类植物。再有,木本植物硅体细胞的分类和识别难度还比较大。有趣的是,孢粉分析技术恰恰长于木本而弱在草本。因此在研究中,植硅体细胞研究与孢粉分析可优势互补。估计,植硅体细胞的研究将成为植物考古学中最有发展前途的方法。

人的机体是由摄取食物通过生化过程转化而生长的。科学地提取和分析古代的人类遗骨,可获取当时人类的食物结构信息。碳十三分析技术便是了解古代人类食物结构的有效途径,因为人和动物都直接或间接地摄食植物,其体内的 δ13 必然依赖食物中的 δ13

---

① 植硅石研究的早期说法。

值,并在吸收过程中产生一定的同位素分离效应。通过对人和动物骨骼中δ13的测定可了解当时人们的食谱和动物的摄食习性。可再现古代农作物的种类、品种的变更时代、动物的驯养、不同阶层的人的食物种类差异、生产和消费的其他信息等。

土壤分析是环境考古学的重要内容,通过对土壤中的矿物成分、化学成分和物理性质的分析,了解古代气候的变化。对土壤酸碱度和结构的分析,可得知古代农业和生产的规模。国外考古界广泛使用土壤含磷量的分析技术,以确定古遗址的位置和范围,因为骨骼的主要成分是磷酸钙,在古遗址和古墓地范围内的土壤中含磷量要明显偏高。

今天,只有经过人类学家鉴定的考古材料才是完整的。运用体质人类学的方法研究古代人体骨骼标本是考古学研究的一项重要内容。通过一系列的检测可确定人骨代表的人种、性别和年龄,还可进一步了解当时人类群体的婚姻形态、人口组成、两性比例、劳动分工、平均寿命、死者身份地位,以及群体的迁徙、生活习俗等细节。一些难得的骨骼人工畸形、骨创伤、古病理资料可提供给我们有关当时人们的风俗习惯、宗教仪式、战争、武器及地方病史等重要信息。通过对牙齿的珐琅质分析可了解死者生前的饮食状况、疾病和年龄。利用头骨复原技术还可再现某些历史人物和不同民族的真实相貌。

瑞典科学家成功地从一具4500年前古埃及的一岁儿童木乃伊身上提取并自体复制出一个脱氧核糖核酸样品,这一生命的重要分子携带有决定活生物体性质的遗传指令。它的排列顺序可使我们清楚地了解人与人之间在遗传上是否有相同之处,由此亦可了解古埃及皇室成员之间的关系,说明古埃及人的迁徙情况。

德国的约瑟夫·里德富尔教授说:"没有化学的方法,今天的考古学研究可能会一事无成。"他本人曾使用化学方法发现科林斯人使用的陶器中装有鸦片;古罗马贵妇使用硫化铅、赭石、铁、铜和氧化锰等矿物颜料制成的化妆品;古罗马的酒中掺有树脂;古埃及人的食物中含沙,因此他们的牙齿磨损很严重。日本人还利用残存脂肪酸分析复原古代的生活环境,在古遗址中出土的陶器、兽骨、石器和墓葬填土中残留有部分脂肪类生物成分,尽管是微量的,但状态仍稳定,如将其与现生动植物所固有的脂肪结构比较,可甄别出遗址中存在过的动植物种类。从生物化学的角度达到复原遗址环境的目的。其应用价值表现在可确认一些陶器、石器的用途,碎骨所代表的动物、墓葬区域的范围等。如能发现粪便类化石,还可了解当时人们的食物构成、性别、营养和健康状况等。

运用各种自然科学的鉴定分析技术已成为考古研究中复原古代人类物质文化的重要手段。如对金属类文物的金相分析,青铜器中铅同位素比值分析以了解古代的冶金工艺,探明原材料的产地,检验其真伪等。总之,在考古学中分析技术的应用范围极广,几乎每种新的分析技术均大有作为。一般传统的湿化学分析精度高,适用于文物主要成分的分析。缺点是取样多,操作繁琐,周期长。采用物理学方法作成分分析时,取样少,速度快,在现代分析技术中占很大优势。其中有些方法完全没有破坏性,特别适用于对那些珍贵的古代文物的检测。

在考古发掘中,有相当一部分古代遗物在出土时已破损、变形或朽坏。为能复原这些珍贵的文物,以便研究和展出,需要有一系列专门的技术。更有不少保留至今的地面文物,由于日晒雨淋,风吹氧化,将毁于一旦。为使这些珍贵的人类遗产能长久地保存下去,除了使用传统的手工技巧保护外,更多地需要现代科技手段支持。正因为如此,许多国家都设有专门的文物保护技术研究机构。

随着学科的发展,考古学也在不断开辟新的领域,像地震考古、水文考古这些交叉学科不仅在研究历史,同时也服务于现实,如地震考古是利用考古实物资料结合文献研究地震历史的科学。我国有浩如烟海的古代文献,各地拥有大量的县志、家谱,加上历代保留下来的石刻碑记,及一大批经历地震劫难保存至今的古代建筑,为我们采用现代的科技手段研究历史上地震的时间、震中位置、破坏程度、震前预兆等有关参数提供了宝贵资料。水文考古也是利用考古实物资料结合历史文献来研究内陆地表水的运动变化、人类与水体之关系以及各种水文资料的科学。它的最初出现是为长江水利工程建设提供历史资料而创立的。20世纪60年代前后曾组织人员在长江上游及干、支流进行过数次有关历史上洪水灾害的调查,在沿江两岸收集了大量与历史上洪水有关的岩刻、碑记、古遗址和古建筑,参考文献核实了数百处历史上有关洪水和枯水期的题刻群,包括著名的四川涪陵白鹤梁石鱼及题刻群,为后来的水利建设、防洪防汛工作提供了极有价值的资料。

此外,计算机与数学知识为考古工作者开辟的前景也是无限的。如利用计算机能在短期内通过模拟对数据进行复杂的处理,可对古墓葬和陶器进行分期研究,进行考古资料的高速编目和记录等。

现代考古学的基本特点就是它的多学科交叉。今天,在考古学家周围已聚集了一批来自不同学科的专家,在他们的合作与主动参与下,考古学正在利用自然科学的方法,力图对残存在各类遗物上的种种痕迹做出合理的判断和解释,并尽可能从更多的角度提取人类历史档案中的种种信息,利用最新的科学技术重现人类往昔的生活、环境、经济和技术。从某种意义上说,现代考古学正在成为一个多学科作业的汇合点,考古学家那种挥锹挖掘的传统形象将彻底被改变。一切这是随着考古学科的发展和其本身具有的特殊性决定的。需要说明的是,考古学家并不是万金油,随着学科的发展,考古学家必须努力去了解和掌握更多的其他学科的知识,这也是时代的要求。近四十年来,考古学以一种技术革命的姿态被载入史册,而且必将会以更加惊人的步伐走向科学的明天。但这一切并不意味着像某些人所想象的那样,考古学已经成为一门自然科学,考古学家也将成为自然科学家。事实上,今天的考古学家只是多学科研究队伍中的一员,他们仍在潜心研究两百万年以来的人类社会和人类文化,仍在研究人类社会的发展史,而非自然史。

1992年12月9日定稿
1993年初定稿于北大46楼

本文曾以上下篇分别发表在《文物天地》1994年6期、《文物天地》1995年1期。

葫芦河流域的古文化与古环境

一、环 境 现 状

1990年8月,我们对葫芦河流域进行了一次考古和地理的综合考察。目的是双重的,既研究全新世气候环境的变迁,又研究古文化的环境背景。葫芦河是渭河上游的一条支流,发源于宁夏西吉县,南流,在甘肃天水市境内入渭河。流域内包括宁夏西吉县、隆德县,甘肃静宁县、庄浪县、秦安县和天水市渭河以北地区(图一)。此次除隆德县以外我们都做了实地考察,并根据实际需要把研究区域适当向北扩展到宁夏海原县。这样,我们的研究区域为东经105°30′—206°30′,北纬34°30′—36°30′,经度跨度为1个,纬度为2个。该区域东面紧靠六盘山和陇山,北面是黄河,地理上属陇西(陇山以西)黄土高原。整个葫芦河流域北高南低、东高西低,南面葫芦河入渭河口处海拔高约1130米,北面发源地河床海拔高约1950米,东面靠六盘山一带在2000米以上。这里的地表形态为梁、峁地形,有少量狭长的河川谷地,葫芦河及其支流和大小侵蚀沟把这一地区切割得支离破碎。这里的气候条件是:南部天水、秦安和庄浪为半湿润区,年均气温从7.9°—10.5°,年均降水量从507—561毫米,且理论上为森林草原区;北部静宁、西吉和海原为半干旱区,年均气温从6.1°—7.1°,年均降水量从400—479毫米,理论上为草原区[①]。但我们实地观察到的植被状况是人工植被和干旱景象,该区域南部大小梁、峁从头到脚都是梯田和坡田,垦殖率极高[②],北部较陡的山坡现已退耕闲置,但稍缓的山坡上就是农田,站在山顶举目四望,除农作物覆盖的地表外均是黄山疏草,只有在山洼处能看到一些低矮的小树和小面积的草地。这一地区从南到北农业比重递减而畜牧业比重递增。农业以种植冬小麦为主,其次有糜子、洋芋和谷子等,畜牧业饲养猪、羊和牛马等。以中部的静宁县为例,据甘肃省统计局资料,1949—1978年该县最高年亩产84公斤,最低年亩产29.5公斤,平均亩产52.5公斤,如折去漏登的农田面积,实际亩产约35公斤左右。粮食产量的高低直接依赖于自然降水的多寡,丰水年产量高,干旱年产量低,年际波动很大。1979年的畜牧业情况是户均大牲畜(如牛马等)0.81头,人均羊只数0.46头,人均猪头数0.23头[③]。以上是这一地

[①] 1)甘肃省测绘局:《甘肃省地图册》,1986年;2)《宁夏农业地理》编写组:《宁夏农业地理》,科学出版社,1976年。
[②] 郑宝喜:《甘肃经济地理》,1986年,76页。
[③] 余优森:《甘肃农牧过渡气候界限的探讨》,《干旱地区农业研究》1987年1期。

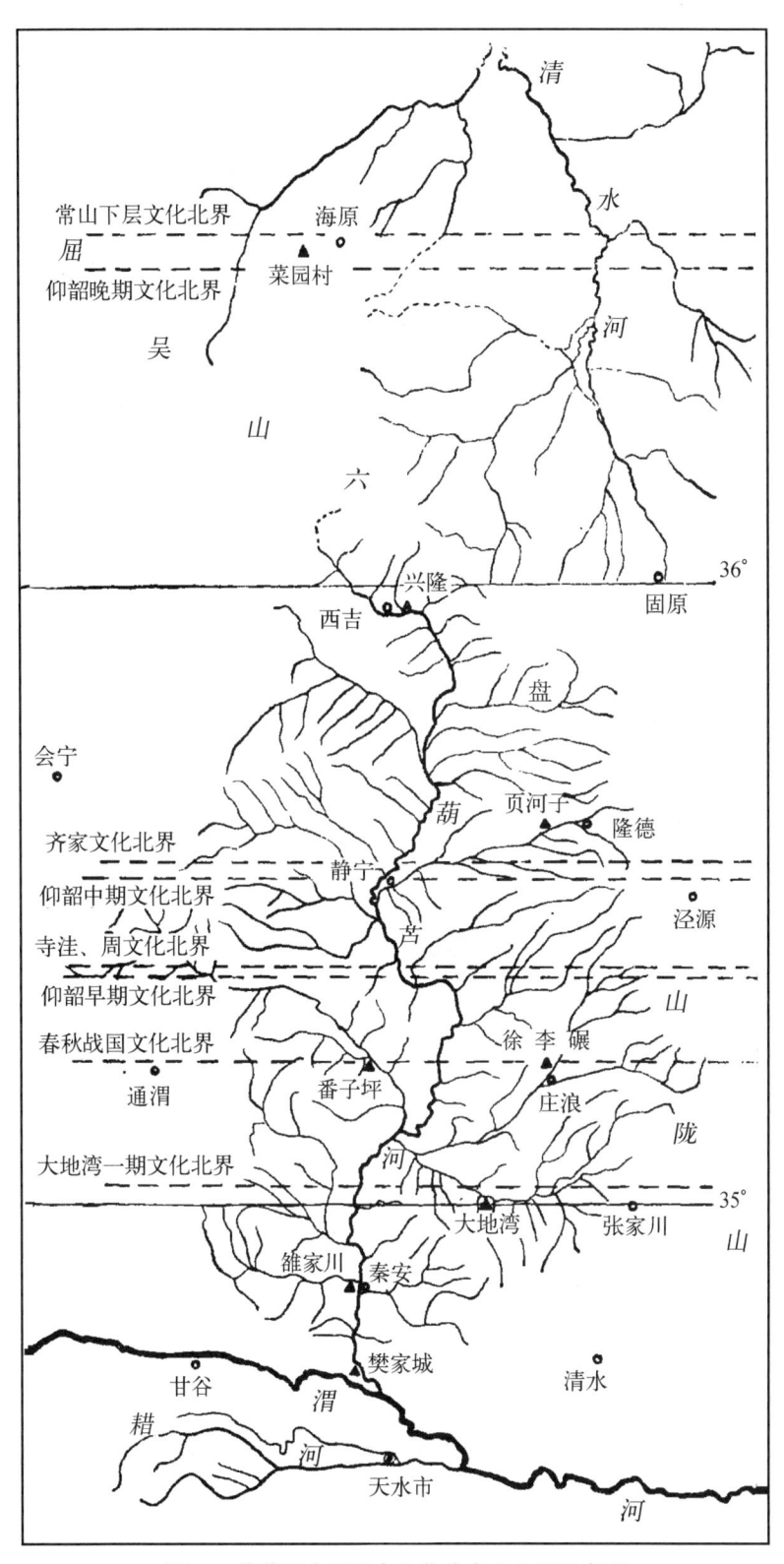

图一 葫芦河水系及古文化分布之北界示意图

区现在的地形、气候、植被和农牧业情况的简单描述。

二、考古学文化序列

我们把研究时段的上限定在大地湾一期文化,下限定在春秋战国时期。这样,根据现有的考古资料,该地区的考古学文化序列为:大地湾一期文化、仰韶文化(包括早、中、晚三期)、常山下层文化、马家窑文化(含马家窑、半山和马厂三种类型)、齐家文化、寺洼—周文化、春秋战国时期文化。各考古文化的 ^{14}C 测定及文化的延续时间和平均年代见附表。根据我们对该流域各县博物馆的参观和重点遗址的考察,结合前人的工作成果,对各考古学文化作一概述。

1. 大地湾一期文化[1]

这一时期的陶器质地基本为含细砂的红(或红褐)色陶,亦有少量呈灰黑或纯黑色。由于焙烧时的技术原因,陶器表面的色泽多不纯正,有灰黑色斑块。陶器制作还停留在泥片贴塑模制阶段。器物种类也较单调,常见器类有圜底钵、三足钵、深腹筒形罐(有的附三锥足)、圈足碗和球腹小口壶(图二)。陶器表面大都装饰较规整的交错绳纹,罐和碗的口沿流行锯齿花边。部分钵形器外口沿抹光并绘紫红色宽彩带纹,还发现有十余种彩绘符号绘于钵一类器物的内壁上。生产工具有打制石器、磨制石器、细石器和骨器,穿孔技术尚未发现。这个时期的房屋均为圆形半地穴式,面积6—7平方米。地表无刻意加工,屋内不见灶坑,门道为曲转斜坡式,屋顶可复原为圆锥状,结构简单。所见墓葬为长方形竖穴土坑,墓主系单人仰身直肢,双手交叉于胸前,有少量随葬品。凡此种种,表明当时人们经营农业、狩猎,并畜养猪一类家畜,过着定居生活[2]。

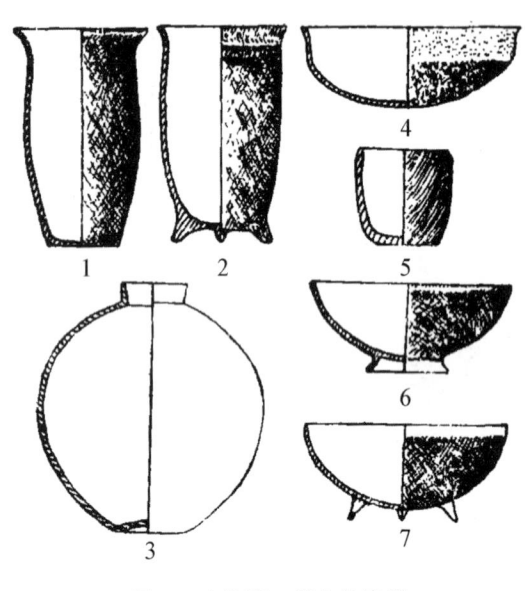

图二 大地湾一期文化陶器
1.深腹罐 2.三足深腹罐 3.小口罐 4.圜底钵 5.杯 6.圈足碗 7.三足钵(均出自秦安大地湾)

2. 仰韶早期文化

此期陶器转为以细泥红陶为主,夹砂红陶次之,并发现少量灰色陶。采用泥条盘筑法

---

[1] 大地湾一期文化广义上隶属于老官台文化,本文从这一地区角度出发,使用大地湾一期文化。
[2] 甘肃省博物馆等:《甘肃秦安大地湾新石器时代早期遗存》,《文物》1981年4期。

制作陶器,由于烧造技术提高,陶器色泽纯正,器物种类增加。典型器有葫芦瓶、细颈瓶、小口尖底瓶、圜底钵、盆和夹砂罐。圜底器占一定比重。纹饰以绳纹、线纹为主,彩陶均系黑色单彩,流行宽带纹、鱼纹和三角纹(图三)。房屋仍为半地穴式,形状变为方形和长方形,面积增至 20 平方米左右。结构也有变化,如出现草拌泥墙和多层泥抹的地面,出现较浅的瓢形灶坑,门道仍为斜坡式,可复原成四面坡式屋顶的半地穴式房屋。墓葬仍为长方形竖穴土坑单人葬,墓主仰身直肢。也有少量二次葬与合葬墓,一般都有随葬品。婴幼儿则采用瓮棺葬。

葫芦河流域经正式发掘的仰韶早期遗址有大地湾①和王家阴洼②。需要指出,葫芦河水系发现的仰韶早期遗址均属于偏晚阶段,同渭南史家③和姜寨二期④大致相同,但又有区域色彩。尚未发现早期偏早阶段的内容。

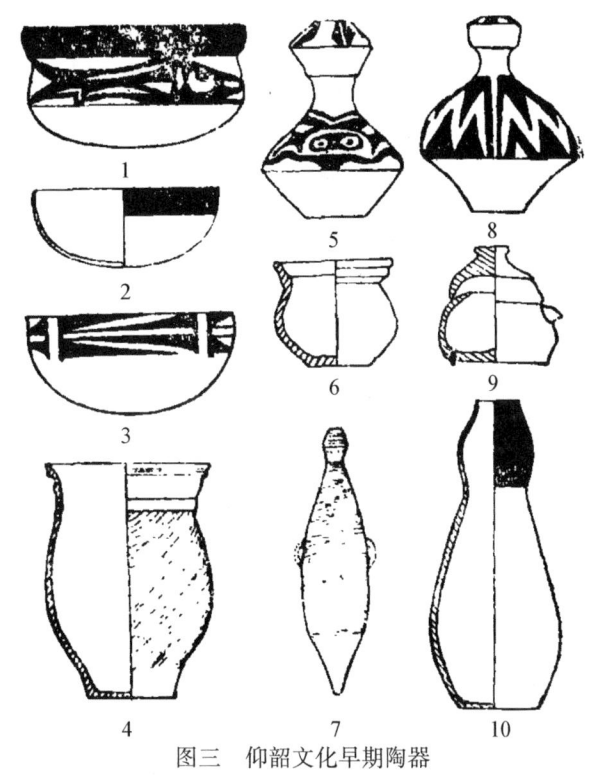

图三　仰韶文化早期陶器

1. 彩陶盆(秦安大地湾)　2、3. 圜底彩陶钵(庄浪徐李碾、秦安大地湾)　4. 夹砂罐(秦安大地湾)　5、8. 彩陶细颈壶(秦安王家阴洼、秦安大地湾)　6. 夹砂罐(秦安王家阴洼)　7. 尖底瓶(秦安大地湾)　9. 带盖敛口罐(秦安大地湾)　10. 葫芦瓶(庄浪徐李碾)

3. 仰韶中期文化

此期陶器的质地与早期相若,但灰陶比例有所增加。制陶技术又有明显长进,这反映在大型器的种类和数量增多,陶胎变薄等方面。器形更加多样,主要有曲腹盆、钵、双唇口尖底瓶、双耳平底瓶,新出现了器座、盘、和甑等。纹样仍以绳纹、线纹为主,器錾、器耳等附件更加多见,彩陶花纹由弧线、圆点和弧边三角等构成,时代特征强烈(图四)。房屋构造大体同于早期,有的房屋已经采用地面式木骨泥墙,居住空间有所扩展,有些房屋地面上加敷一层料姜石末以防潮,灶坑也一变为较深的圆形直筒状,部分房屋在居住面和四壁涂有赤铁矿红颜料。此期墓葬材料未见。葫芦河流域经发掘的仰韶中期遗址有大地湾和王家阴洼⑤。

---

① 甘肃省博物馆文物工作队:《甘肃秦安大地湾遗址 1978 至 1982 年发掘的主要收获》,《文物》1983 年 11 期。
② 甘肃省博物馆大地湾发掘小组:《甘肃秦安王家阴洼仰韶文化遗址的发掘》,《考古与文物》1984 年 2 期。
③ 西安半坡博物馆、渭南县文化馆:《陕西渭南史家新石器时代遗址》,《考古》1978 年 1 期。
④ 半坡博物馆、陕西省考古研究所等:《姜寨》,文物出版社,1988 年。
⑤ 甘肃省博物馆文物工作队:《甘肃秦安大地湾遗址 1978 至 1982 年发掘的主要收获》,《文物》1983 年 11 期。
甘肃省博物馆大地湾发掘小组:《甘肃秦安王家阴洼仰韶文化遗址的发掘》,《考古与文物》1984 年 2 期。

图四 仰韶文化中期陶器

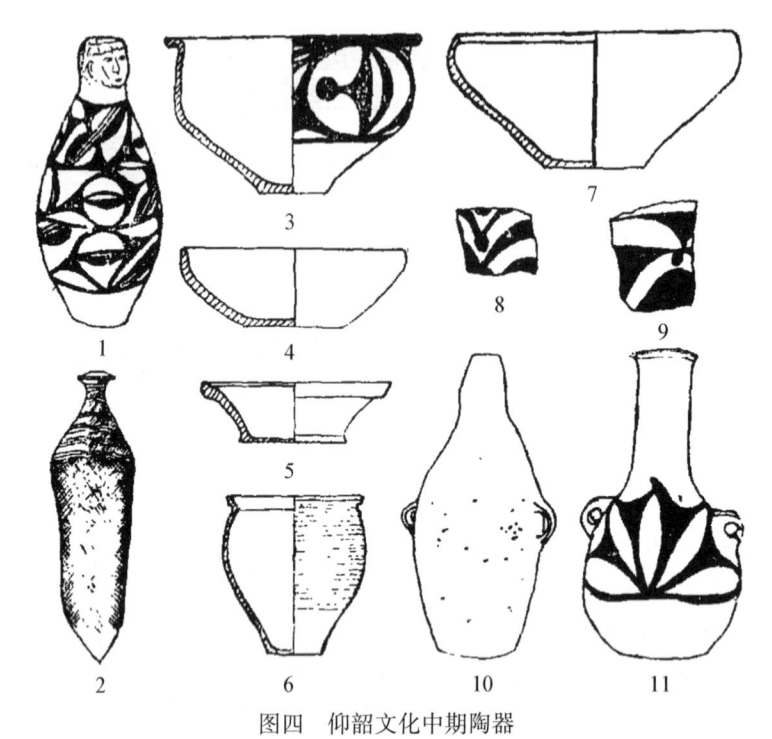

1. 人形彩陶瓶（秦安大地湾） 2. 尖底瓶（静宁中庄） 3. 彩陶盆（秦安大地湾）
4. 钵（秦安大地湾） 5. 碗（秦安寺嘴坪） 6. 夹砂罐（秦安大地湾） 7. 敛口钵（秦安王家阴洼） 8、9. 彩陶片（庄浪刘罗、静宁王家沟） 10. 小口平底瓶（静宁双岘梁） 11. 彩陶细颈双耳瓶（秦安）

4. 仰韶晚期文化

此期红色陶急剧减少，橙黄（或橙红）色陶比例激增，灰色陶数量又有增多，大型陶器已屡见不鲜。典型器有宽平唇的喇叭口尖底瓶、双耳彩陶平底瓶、敛口钵、小口罐、甑、大口缸等。仍流行绳纹，附加堆纹开始盛行，彩陶数量较中期减少，但内彩相应增加，图案仍由弧线、圆点等构成，但往往增加填密的网格纹。另外，出现白色彩，多施于小口尖底瓶的口沿和肩部（图五）。房屋基本为平地起建的方形建筑，结构更加进步，面积加大。地表均敷白灰面或料姜石末，有的达数层之多。此期的建筑精华首推秦安大地湾F901[①]，不计附属设施，该建筑占地面积达290平方米，为国内迄今所见仰韶晚期建筑之最，其工艺、结构代表着当时的最高水平，它很可能是部落首领们集会或举行宗教法事的中心会堂。此期的墓葬材料缺失。葫芦河流域经发掘的仰韶晚期遗存有大地湾和页河子。[②]

[①] 甘肃省文物工作队：《甘肃秦安大地湾901号房址发掘简报》，《文物》1986年2期。
[②] 北京大学考古实习队、宁夏固原博物馆：《宁夏隆德县页河子新石器时代遗址发掘简报》，《考古》1990年4期。

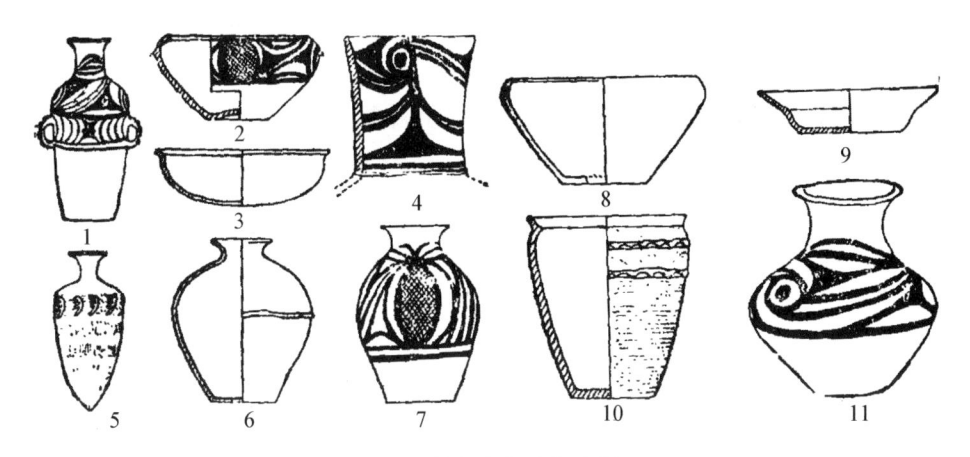

图五　仰韶文化晚期陶器

1. 彩陶平底瓶(西吉县郊)　2. 彩陶钵(秦安大地湾)　3. 圜底盆(秦安大地湾)　4. 彩陶器口(天水樊家城)　5. 白彩尖底瓶(庄浪唐坪)　6. 灰陶罐(秦安大地湾)　7. 彩陶罐(庄浪台家嘴)　8. 陶甑(秦安大地湾)　9. 双腹盆(隆德页河子)　10. 夹砂罐(秦安大地湾)　11. 彩陶罐(静宁番子坪)

5. 常山下层文化

此期泥质陶以橙黄色为主,夹砂陶基本为灰褐色。流行横向(或斜向)的篮纹,附加堆纹亦十分普遍。彩陶极少见到,且纹样简洁草率。常见器形有小口大耳罐(有单耳、双耳之分)、圆肩篮纹罐、小口瓮、堆纹罐、单耳夹砂罐和匜等(图六),在陇东一带还发现有甑、盂和大量的盘、盆。① 葫芦河流域曾发现有类似仰韶晚期的涂白灰面的建筑遗迹,在宁夏南部山区和陇东的镇原发掘到这一时期的窑洞式居址②。反映出不同地区对建筑式

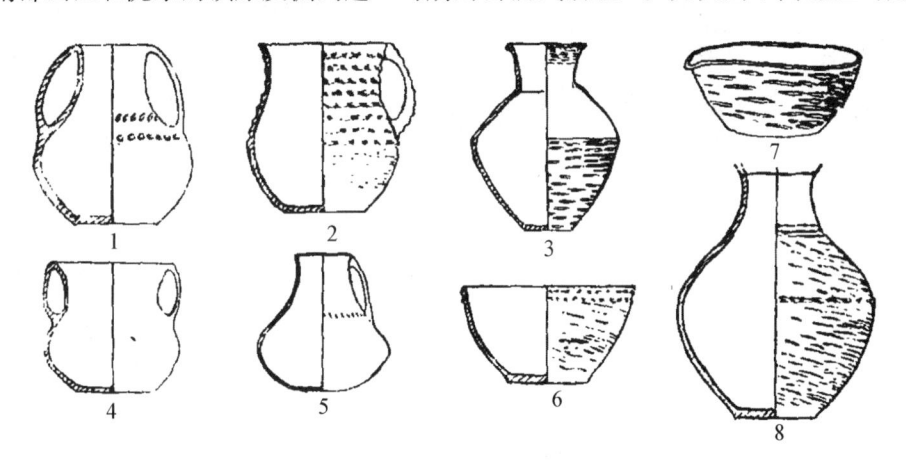

图六　常山下层文化陶器

1. 双大耳小口罐(庄浪杨王家)　2. 单耳夹砂罐(秦安张湾)　3. 圆肩兰纹罐(庄浪)　4. 双耳大口罐(西吉火石寨)　5. 单耳小口罐(秦安张湾)　6. 碗(秦安张湾)　7. 带流盆(静宁王家沟)　8. 瓮(秦安张塬)

---

① 中国社会科学院考古研究所泾渭工作队:《陇东镇原常山遗址发掘简报》,《考古》1981年3期。
② 中国社会科学院考古研究所泾渭工作队:《陇东镇原常山遗址发掘简报》,《考古》1981年3期。

样有着不同的追求。这种差异也表现在埋葬方式上,在葫芦河流域见到的几例常山下层文化墓葬系长方形竖穴土圹墓,墓主单人仰身直肢,有少量随葬品。① 在宁夏南部的海原、固原一带则流行屈肢葬,墓圹有的长方形,有的椭圆形,还有的带侧龛,内置墓主,似模仿生前居住的窑洞。再有,这里的厚葬之风盛行,墓中均随葬大量陶器。②

对于常山下层文化的内涵和外延一直有着不同的理解,甚至对它的命名也有完全不同的意见。③ 但一般认为,它与齐家文化应属同一系统的不同发展阶段。在大地湾仰韶文化晚期遗址内发现有常山下层文化的少量遗物。④ 说明两者应有一定的亲缘关系,碳十四数据也证实两者是先后衔接的。据我们的理解,常山下层文化应是分布在东起陇东的庆阳地区,南以渭河为界,北至宁夏南部,西面波及兰州左近的一支古文化遗存,在这一地理范围内,它上承仰韶晚期文化,并渐渐融合演变到齐家文化。从目前所掌握的线索看,陇山东西的常山下层文化还有一定的差别。

6. 马家窑文化

包括马家窑、半山、马厂三种类型。严格讲,葫芦河水系已不是马家窑文化的势力范围,考虑到该区域内又确实出有少量属于该文化的遗存,这里有必要作一简要描述。

马家窑类型:实际上,在葫芦河流域仰韶晚期的遗存中已逐渐孕育出了一些具有马家窑风格的彩陶器皿,这在大地湾、页河子等遗址均有所见。但此类因素在这一带一直没能形成势头,而是逐渐向西南方向退走。至今这里不见单纯的马家窑遗址和文化堆积,零星的采集品有敛口瓮、细颈壶、深腹盆等彩陶器,花纹图案主要有水波纹、圆点、网格和平行条带等(图七,1、2、5、9)。

图七 马家窑文化陶器

1、5. 小口细颈壶(秦安大地湾、静宁张台) 2. 深腹盆(隆德页河子) 3. 单耳彩陶罐(秦安边湾) 4. 双耳小口壶(庄浪徐李碾) 6. 双耳罐(海原切刀把) 7. 腹耳小口瓮(西吉陶色) 8. 小口腹耳壶(庄浪汪家) 9. 单耳罐(庄浪)

---

① 甘肃省文物考古研究所:《秦安县几处新石器时代遗址调查简报》,《辽海文物学刊》1988年2期。
② 1)宁夏文物考古研究所:《宁夏固原店河齐家文化墓葬清理简报》,《考古》1987年8期;2)宁夏文物考古研究所:《宁夏海原县菜园村遗址墓地发掘简报》,《文物》1988年9期;3)宁夏文物考古研究所:《宁夏海原县菜园村遗址切刀把墓地》,《考古学报》1989年4期。
③ 宁夏文物考古研究所:《宁夏海原县菜园村遗址墓地发掘简报》,《文物》1988年9期;宁夏文物考古研究所:《宁夏海原县菜园村遗址切刀把墓地》,《考古学报》1989年4期;陈星等:《陇东镇原常山下层遗存浅析》,《考古》1982年4期;胡谦盈:《论常山下层文化》,《中国原始文化论集》,文物出版社,1989年。
④ 郎树德等:《试论大地湾仰韶晚期遗存》,《文物》1983年11期。

半山类型：大体可分为两类，一类与兰州左近的风格一致，如西吉陶色出土的红黑彩锯齿葫芦纹小口瓮(图七,7)、秦安安湾出土的黑红彩锯齿纹单耳壶(图七,3)、庄浪汪家出土的细颈壶(图七,8)等，这一类显然是受到西部的影响，或者就是从西部地区流传过来的。另一类显然是当地的仿制品，一般陶质较差，彩陶的涂料和花纹均较西部逊色，器形较独特，尺寸也小，彩陶全为黑色彩，器形有腹耳壶小口壶(图七：4)，有的还带锯齿花边圈足。此类因素可能是受到渭河南岸相当于一种半山时期文化影响的产物，其风格接近天水师赵遗址第六期文化的内容。①

马厂类型：在葫芦河流域至今不见马厂时期的遗物。但在宁夏南部的海原、固原却发现有少量马厂时期的彩陶双耳小罐(图七,6)，②无疑应是西来因素。

7. 齐家文化

此期陶器的质地和颜色与常山下层文化大致相同，无彩陶。但陶器的纹饰一变为竖置的篮纹，夹砂器多饰绳纹，还多见一种蜂窝状麻点纹。典型器有双大耳罐、折肩高领篮纹罐、曲颈罐、绳纹鬲、鸮形罐、罐形斝和甗等(图八)。此时的白灰面建筑更为流行，有的白灰地面多达数层。还有在墙壁上涂白灰浆的，由于在葫芦河流域尚未发掘齐家文化的遗址，故对房屋结构还缺乏了解。在陇山以东和渭水南岸发现的齐家文化房屋基本为方形或长方形半地穴式③。

8. 寺洼—周文化

考古发掘资料显示寺洼文化的年代大致相当于商代晚期至西周时期，故将寺洼文化与西周并为一个阶段叙述。

寺洼文化的陶器基本为夹砂质，颜色以红褐色为主，也有红色和灰色

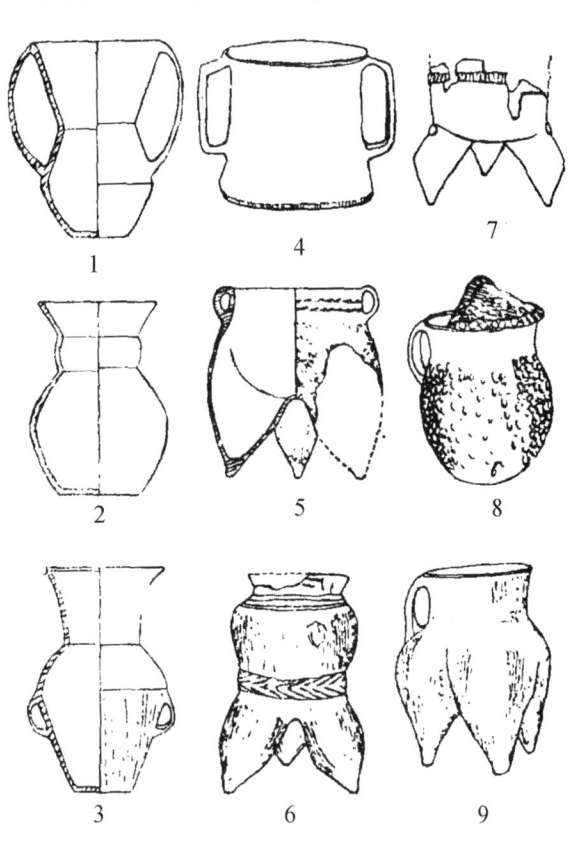

图八 齐家文化陶器

1. 双大耳罐(庄浪黑龙沟) 2. 曲颈罐(庄浪韩店)
3. 折肩篮纹罐(庄浪东山) 4. 双大耳杯(海原关桥) 5. 双耳鬲(静宁) 6. 甗(庄浪) 7. 斝(庄浪) 8. 鸮形罐(庄浪)
9. 单耳鬲(西吉兴隆)

---

① 中国社会科学院考古研究所甘青工作队：《甘肃天水师赵村史前文化遗址的发掘》，《考古》1990年7期。
② 宁夏文物考古研究所：《宁夏海原县菜园村遗址墓地发掘简报》，《文物》1988年9期。
③ 南玉泉：《寺洼—安国系统陶的序列》，《文物》1987年2期；平凉地区博物馆编：《平凉文物》，1982年10月。

陶。大多数为素面,少量着绳纹、刻划纹和附加堆纹,也见到极少几件彩陶。有些夹砂陶器还通体施紫红色陶衣。典型陶器有双马鞍口罐、簋式豆、喇叭状盘式豆、壶、单耳罐、双耳罐、单耳鬲和无耳鬲(图九,1—6)。已有的发掘资料中未见遗址线索。所见墓葬为长方形覆斗式竖穴土坑,有的带头龛,内殉人,葬式有仰身直肢、解体葬和二次葬①。秦安杨寺寺洼文化墓内随葬品分为两类,一组为夹砂红褐陶,属寺洼文化;另一组为泥质和夹砂的灰陶,属周文化(图九,6—9)②。这种现象在庄浪徐家碾也有反映③。

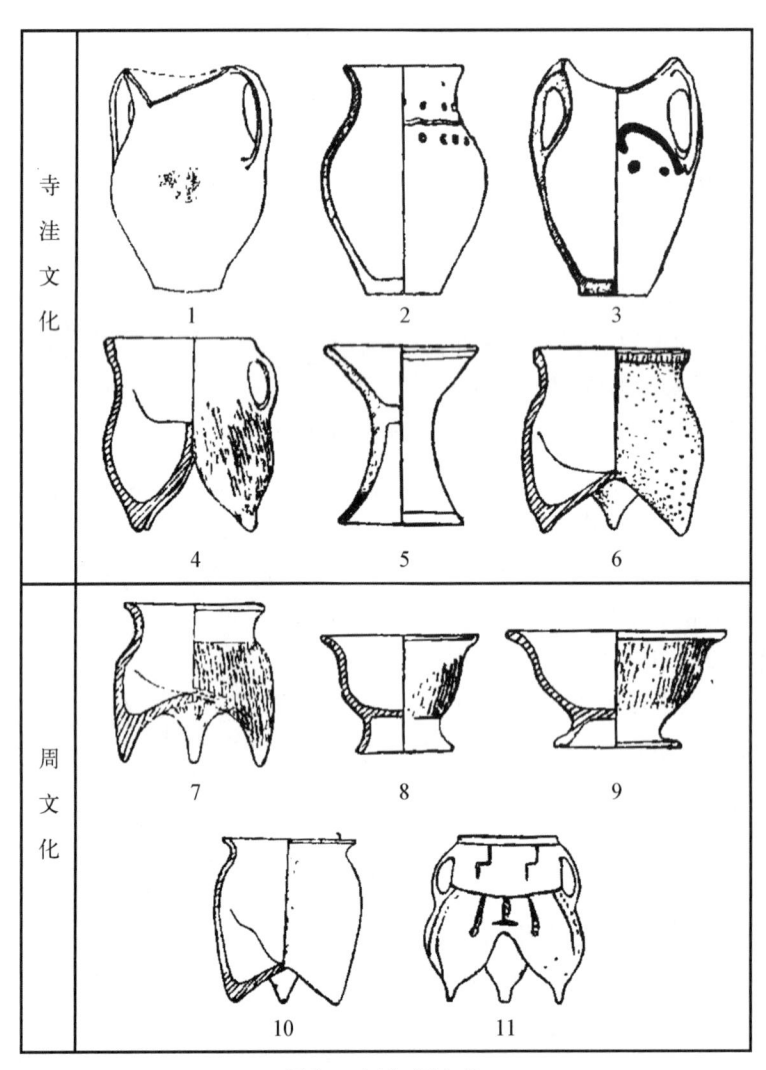

图九 寺洼、周文化

1、3. 马鞍罐(静宁、庄浪徐家碾) 2. 侈口罐(庄浪徐家碾) 4. 单耳鬲(庄浪徐家碾) 5. 豆(庄浪徐家碾) 6. 无耳鬲(秦安杨寺) 7、10. 无耳鬲(秦安杨寺、天水董家坪) 8、9. 簋(秦安杨寺) 11. 双耳乳状袋足鬲(庄浪李家碾)

---

① 中国社会科学院考古研究所泾渭工作队:《甘肃庄浪县徐家碾寺洼文化墓葬发掘纪要》,《考古》1982年6期。
② 南玉泉:《寺洼—安国系统陶的序列》,《文物》1987年2期。
③ 中国社会科学院考古研究所泾渭工作队:《甘肃庄浪县徐家碾寺洼文化墓葬发掘纪要》,《考古》1982年6期。

西周时期的遗物在葫芦河流域各县均有所见,除与寺洼文化的遗物共出者外,大都为采集品,出土材料也很有限。可见,这里已超出姬周的势力范围,成为戎氏、西羌诸族的活动舞台,周文化的影响已很薄弱。

还有一点,在庄浪曾出土少量乳状袋足鬲(图九,11)。它们应与宝鸡一带姜姓部落的文化因素有某种渊源关系。总之,到了这一时期,葫芦河流域的文化面貌已趋于复杂。

9. 春秋—战国

从上一阶段开始的复杂现象至此仍不明朗,但大致可看出有三种不同的文化系统。

秦文化系统:见于葫芦河下游的渭河沿线。天水市南河川董家坪遗址可谓其代表。[1] 该遗址出土的绳纹灰色陶器占绝大多数,可辨器形有鬲、豆、罐、盆、甑等(图一〇,1、3、4),特点是绳纹较零乱,呈交错状,器物组合不见陶礼器,与渭河下游春秋时期的秦文化内涵一致。[2]

土著文化:指以铲形实足根鬲为代表的一类遗存(图一〇,2、5—7)。所见陶器大多系夹砂红褐陶,有些饰杂乱的绳纹,鬲有双耳、单耳、无耳和鋬耳之别,对与之共存的其他器物还缺乏了解,仅知这种陶鬲的延续时间很长。在甘谷毛家坪遗址,此类文化因素与秦文化共存,[3]表明其时代相同,而且与秦人有着较密切的关系。初步推断这类因素应是当时活动于该地区的西戎某部族的遗存。在葫芦河流域各县均有此类遗存的采集品,但北部的西吉县已鲜见其踪迹。

北方草原系统文化:代表器为北方系的青铜器,包括武器、工具、装饰品等,共出的陶器仅见一种灰陶绳纹罐(图一〇,8—16)。[4] 此类遗存应与漠北及鄂尔多斯一带的草原民族文化有密切关系。在葫芦河流域,此类遗物的分布从北向南呈逐渐弱化的趋势。北面的西吉县发现较普遍,到南部的渭河沿线便很少见了。可见它是由北向南逐渐渗透的,且带有浓厚的游牧民族气息。

初步分析以上的文化序列可以看出,以齐家文化为界限,该地区的经济生活前后有较大变化。大地湾一期文化、仰韶文化(包括早、中、晚三期)、常山下层文化、马家窑文化、齐家文化都是以石斧、石铲和石刀等为生产工具,使用大量陶器的定居农业文化。寺洼—周、春秋—战国时期,该地区各文化中的畜牧经济成分从南向北逐渐增强,表现为居无常址,陶器少而粗糙,羊、狗等牲畜骨骼多见,北方游牧文化的生产工具和装饰品开始出现并逐渐增多。对于这一经济生活重大变化的细节和原因,很有必要再作更细致的研究。

---

[1] 赵化成:《甘肃东部秦和羌戎文化的考古学探索》,《考古类型学的理论与实践》,文物出版社,1989年。
[2] 甘肃省文物工作队、北京大学考古系:《甘肃甘谷毛家坪遗址发掘报告》,《考古学报》1987年3期。
[3] 甘肃省文物工作队、北京大学考古系:《甘肃甘谷毛家坪遗址发掘报告》,《考古学报》1987年3期。
[4] 罗丰等:《宁夏固原近年发现的北方青铜器》,《考古》1990年5期;秦安县文化馆:《秦安县历年出土的北方系青铜器》,《文物》1986年2期。

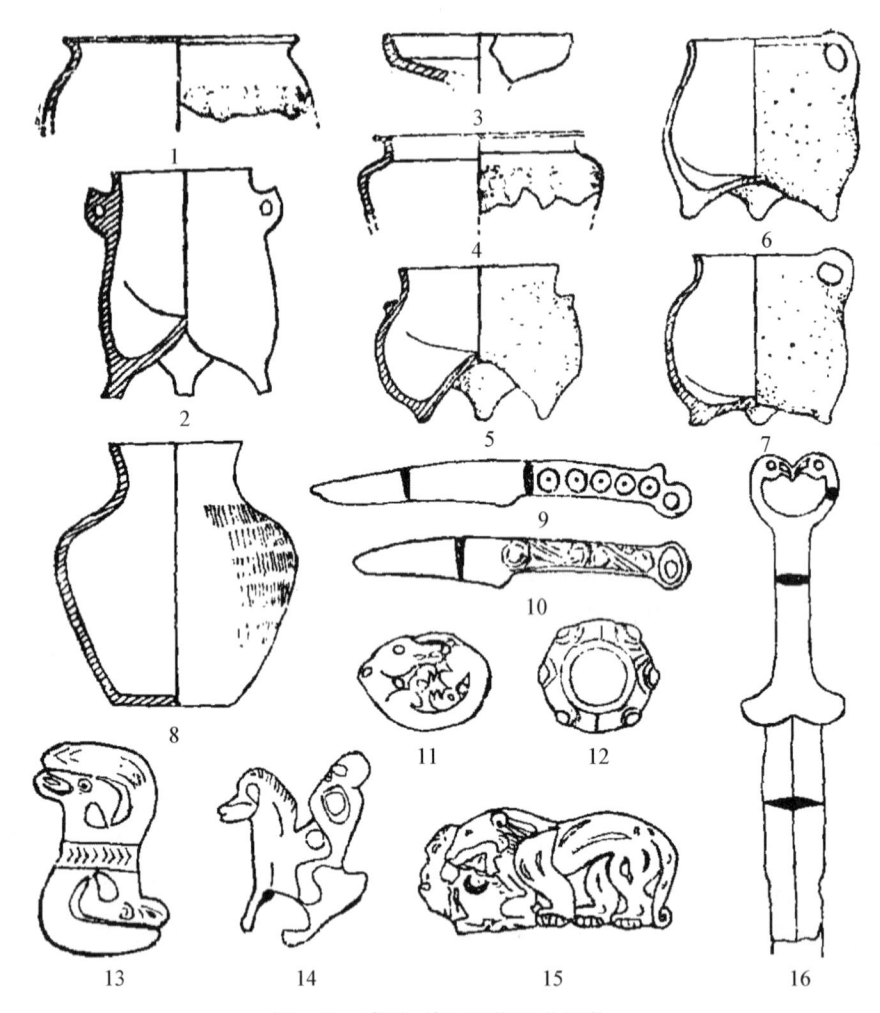

图一〇　春秋、战国时期文化遗物

1、4. 绳纹鬲口沿（天水董家坪）　2. 双耳鬲（庄浪王宫）　3. 豆（天水董家坪）　5. 錾耳鬲（秦安）　6、7. 单耳鬲（秦安郑川、庄浪）　8. 绳纹罐（西吉陈阳川）　9、10. 铜刀（秦安莲花、西吉兴隆）　11. 透雕牌饰（秦安）　12. 铜棍棒头（西吉毛沟村）　13. 动物形牌饰（西吉陈阳川）　14. 人骑马饰（西吉玉桥村）　15. 虎噬羊牌饰（西吉陈阳川）　16. 双鸟首触角式剑（秦安山王家）

三、考古文化的空间分布

首先指出,我们在这里看待考古文化和一般考古学的角度有所不同,考古学把考古文化看作是人类社会组织,着重研究它的政治、经济、文化等方面形态;而我们把考古文化看作是人类的活动,主要是生活和生产活动。我们所关心的是这些活动是一种什么性质的活动? 活动的空间范围有多大? 界限在哪里? 活动在空间分布的形式是怎样的? 活动的环境背景是什么? 活动的环境效应是什么? 借此研究历史上人类与环境相互依存制约的关系。如前所述,大地湾一期文化、仰韶文化、常山下层文化和齐家文化都是以农业生产为主的文化,这种原始农业是以石斧、石铲、石刀、石镰为工具的"刀耕火种"方式的农业,是没有渠灌的农业,收成的好坏直接依赖自然降水的多寡。齐家文化以后,一些文化中的畜牧业经济成分有所增加,但就整个地区,特别是就具有一定埋藏量的遗址来讲,仍然反映了一定的农业生产活动。所以,从整体讲,这里的考古文化的空间分布大致就是农业人群与农业生产活动的空间分布,文化分布的范围、界限大致就是农业生产的范围和界限。

我们搜集整理了该区域的文物考古普查资料,由于从普查资料中难于区别仰韶晚期和马家窑文化的东西,又由于两者的绝对年代部分重叠和衔接,故把马家窑文化并入仰韶文化晚期来研究。在进一步做了简单的界值、均值和重心计算之后,制成了表一。在利用表一之前,需要对它作一些说明。表一中的北纬最大值或东经最小值是指一个文化最北面的遗址或最西面的遗址的纬度或经度,它代表一个文化分布的北界或西界。为考察文化的生产、生活中心的空间位置,设置了三个考察项,即纬度、离河高度、海拔高度。每一考察项又由三个变量组成,即均值、面积重心和埋藏量重心。考察一个文化的生产、生活中心的纬度时,使用了北纬均值、面积重心的纬度坐标、埋藏量重心的纬度坐标;考察一个文化的活动中心的离河高度时,使用了离河高度均值、面积重心的离河高度坐标、埋藏量重心的离河高度坐标;考察一个文化的活动中心的海拔高度时,使用了海拔高度均值、面积重心的海拔高度坐标、埋藏量重心的海拔高度坐标。之所以各选择三个变量而不是一个变量来检验每个考察项,是因为考虑到了后面将要提到的种种误差,它告诉我们在目前的经验上没有一种基本数据是足够可靠以至于可以用它单独确定文化的活动中心的。设有 N 个遗址,分别标记为 $1,2,\cdots,N$,遗址的纬度、离河高度、海拔高度为 (A_i,B_i,C_i),面积和厚度为 (X_i,Y_i), $i=1,2,\cdots,N$。则:

$$北纬均值 = \sum_{i=1}^{N} A_i / N$$

$$面积重心的纬度坐标 = \sum_{i=1}^{N} A_i X_i \Big/ \sum_{i=1}^{N} X_i$$

$$埋藏量重心的纬度坐标 = \sum_{i=1}^{N} A_i X_i Y_i \Big/ \sum_{i=1}^{N} X_i Y_i$$

当把算式中的 A_i 分别换为 B_i 或 C_i 时,就可以计算出离河高度或海拔高度的均值和重心。重心是一个几何概念,它的含义是一维或多维空间分布着若干个质量点,重心是这个空间中的一点,在这个点上放上一个等于各点上质量和的质量,就可以代表这个空间的质量分布,所以重心有活动中心的含义。面积重心就是把各个遗址的面积看作这个遗址点的质量;埋藏量重心就是把各个遗址埋藏量看作这个遗址点的质量。用均值来表达活动中心,是因为考古普查资料中的面积、厚度数据经常缺失,即使存在也是根据遗址的露头遗迹估计的,有一定的人为因素。为排除这种人为因素,可使用均值,但它的缺点是把大小遗址不加区别等同对待。计算重心就是为了克服这个缺点,面积重心

表一 人类活动的空间分布

空间分布		文化的北界和西界		文化活动中心的纬度				文化活动中心的离河高度				文化活动中心的海拔高度			
相对年代	绝对年代均值（BP）	北纬最大值（度）	东经最小值（度）	北纬均值（度）	面积重心的纬度坐标（度）	埋藏量重心的纬度坐标（度）	北纬中心	离河高度均值（米）	面积重心的离河高度坐标（米）	埋藏量重心的离河高度坐标（米）	离河高度中心	海拔高度均值（米）	面积重心的海拔高度坐标（米）	埋藏量重心的海拔高度坐标（米）	海拔高度中心
大地湾一期	7300	35.02	107	34.69	34.75	34.81	34.75	32	27	29	29	1480	1476	1471	1475
仰韶早期	6400	35.37	105	35.14	35.04	35.02	35.06	34	27	22	27	1580	1528	1492	1533
仰韶中期	5800	35.53	102	35.18	35.12	35.06	35.12	46	39	35	40	1590	1577	1492	1553
仰韶晚期	5000	36.52	101	35.18	35.41	35.43	35.34	53	42	31	42	1598	1750	1742	1696
常山下层	4400	36.57	98	36.00	35.81	35.73	35.84	70	48	56	58	1888	1896	1907	1897
齐家文化	4100	35.55	—	35.21	35.20	35.08	35.16	82	85	64	77	1682	1692	1554	1642
寺洼—周	2834	35.38	—	35.16	35.19	35.29	35.21	55	45	42	47	1600	1596	1588	1594
春秋战国	2438	35.23	—	35.13	35.14	34.72	34.99	67	65	80	70	1591	1703	1250	1514

考虑到了面积大小在一定程度上代表遗址的重要性,同时又考虑到了厚度数据缺失更为严重。埋藏量重心考虑了厚度,可以说更完善一些,但由于厚度的加入使误差会更大一些。遗址厚度有时是两个上下界值,这时我们取它俩的均值作为厚度。实际上,因为一个遗址一般不是处处厚度等同的,所以埋藏量并不真正等于面积乘以厚度,但面积与厚度的乘积在一定程度上反映了真实埋藏量,而且每个遗址都是这样计算的,所以有可比性。一个遗址有时有几个时代的埋藏共存,这时各个时代享有的面积或厚度就不好区分了,只好把这个遗址的面积和厚度看作各个时代都有的面积或厚度,这样就有处理上的误差了,尤其是那些较小的附着遗址。离河高度也有同样的问题,据庄浪县和静宁县搞文物普查的人反映,一个遗址上有仰韶和齐家共存时,往往是齐家在上,这和我们实地考察的印象相同。但一个遗址没有两个离河高度,只好按同样的高度处理了。这个问题对纬度和海拔高度没有什么影响。

现在我们利用表一来说明古文化空间分布的变化规律。大地湾一期文化的北界在北纬 35°01′,仰韶文化早期到达北纬 35°22′,仰韶中期到达北纬 35°32′,仰韶晚期到达北纬 36°31′,常山下层文化到达北纬 36°34′,到达持续上升的阶段的峰顶,以后齐家文化的北界退到 35°33′,寺洼和周时期文化北界进一步退缩到 35°23′,春秋战国时文化北界再退至 35°14′,在我们考察的这个时段里出现了一个完整的波峰,北界的纬度变化见图一,数值曲线见图一三。文化活动中心的纬度变化情况可从表

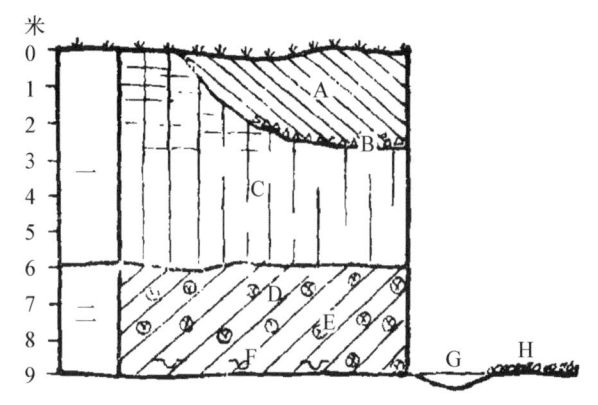

图一一 秦安县雒家川遗址剖面示意图
A. 汉文化层　B. 汉代绳纹瓦片　C. 黄土　D. 仰韶文化层　E. 仰韶晚期陶片　F. 仰韶文化陶窑
G. 河面　H. 砾石河漫滩

一的北纬均值、面积重心的纬度坐标和埋藏量重心的纬度坐标看出,这三个变量的变化情况分别和北纬最大值变化情况基本一致,只不过变化幅度较小而已,这也是合情合理的,因为中心的变化总比边界的变化小。我们计算了变量之间的线性相关系数(表二),从表二可以看出,关于纬度的四个变量在 95% 的置信度水平上均两两相关。各个序列协调一致的变化,增加了每个序列变化规律的可信度。就在纬度逐渐向北移动时,文化的西界也在大幅度地向西移动,根据严文明先生的文章[①],我们列出了部分东经最小值,从表二可以看出,文化经度的向西推移和三个关于纬度的变量线性相关,这表明文化西界的西移和文化活动中心的北移呈直线比例关系。

---

① 严文明:《甘肃彩陶的源流》,《仰韶文化研究》,文物出版社,1989 年。

表二　线性相关系数表

	北纬最大值	东经最小值	北纬均值	面积重心纬度坐标	埋藏量重心纬度坐标	北纬中心	离河高度均值	面积重心离河高度坐标	埋藏量重心离河高度坐标	离河高度中心	海拔高度均值	面积重心海拔高度坐标	埋藏量重心海拔高度坐标	海拔高度中心
北纬最大值														
东经最小值	−0.912 0.030													
北纬均值	0.7508 0.0318	−0.906 0.0338												
面积重心纬度坐标	0.8949 0.0027	−0.967 0.0071	0.9442 0.0004											
埋藏量重心纬度坐标	0.8861 0.0034	−0.947 0.0145	0.7983 0.0175	0.8747 0.0045										
北纬中心	0.8786 0.0041	−0.955 0.0112	0.9582 0.0002	0.9815 0.0001	0.9296 0.0008									
离河高度均值		−0.975 0.0046												
面积重心离河高度坐标		−0.975 0.0047					0.9271 0.0009							

第四部分 科技考古与环境考古

续表

	北纬最大值	东经最小值	北纬均值	面积重心纬度坐标	埋藏量重心纬度坐标	北纬中心	离河高度均值	面积重心离河高度坐标	埋藏量重心离河高度坐标	离河高度中心	海拔高度均值	面积重心海拔高度坐标	埋藏量重心海拔高度坐标	海拔高度中心
埋藏量重心离河高度坐标							0.8423 0.0087	0.8427 0.0086						
离河高度中心		−0.952 0.0124					0.9626 0.0001	0.9654 0.0001	0.9395 0.0005					
海拔高度均值	0.7079 0.0494	−0.878 0.0497	0.9723 0.0001	0.9118 0.0016	0.7644 0.0272	0.9256 0.0010								
面积重心海拔高度坐标	0.8260 0.0115	−0.945 0.0151	0.8510 0.0074	0.9382 0.0006		0.8656 0.0055	0.7506 0.0319				0.8610 0.0060			
埋藏量重心海拔高度坐标	0.8623 0.0059			0.7756 0.0237	0.9622 0.0001	0.8472 0.0079								
海拔高度中心	0.9014 0.0022	−0.925 0.0241	0.9088 0.0018	0.9571 0.0002	0.9239 0.0010	0.9715 0.0001					0.9210 0.0012	0.8854 0.0034	0.8953 0.0026	

表三　人类活动规模统计表

人类活动规模		人类活动总量			单位遗址上人类活动量		
相对年代	绝对年代均值（BP）	遗址个数	遗址面积总和（千平方米）	遗址埋藏总量（千立方米）	遗址面积均值（千平方米）	遗址厚度均值（米）	遗址埋藏量均值（千立方米）
大地湾一期	7300	3	759	1560	253	1.9	520
仰韶早期	6400	23	1541	2576	67	1.1	112
仰韶中期	5800	49	3479	5537	71	1.4	113
仰韶晚期	5000	67	7705	15611	115	1.6	233
常山下层	4400	80	8000	8800	100	1.6	110
齐家文化	4100	376	14664	10152	39	1.0	27
寺洼—周	2834	29	1334	870	46	0.8	30
春秋战国	2438	7	1862	742	266	1.1	106

　　下面看文化活动中心的离河高度的变化情况。多年来，考古界注意到了各个时代的遗址距现在河面高度的不同，并就其原因做了种种揣测，但一直没有定量的高度数据支持，我们统计了文化活动中心的离河高度，即均值、面积重心和埋藏量重心。从表一可以看出，大地湾一期文化时期和仰韶早期文化的离河高度差不多，从仰韶早期开始，文化的离河高度开始上升，到齐家文化时期整个文化的离河高度达到顶峰，寺洼和周时期有大幅度的下降，春秋战国时期有所回升，三个变量中的个别数据的异常反映了前面提到的种种误差的影响，而变化规律的相同说明这个趋势是可信的，从表二看出，这三个变量两两线性相关。把文化的纬度移动和离河高度移动进行比较可以看出，两者趋势相同，都出现了一个波峰，不同的是两者的变化相差一个时间，纬度从大地湾一期文化时期开始上升，到常山下层时期到达顶峰；离河高度从仰韶早期开始上升，到齐家时期到达顶峰。也就是说离河高度的变化要比纬度变化滞后一段时间。

　　关于文化活动中心的海拔高度的变化情况可从表一看出，整个文化的海拔高度从大地湾一期文化时开始上升，到常山下层时期到达顶峰，以后开始下降。至于下降中的个别异常数据可以暂时不去理会。这三个变量中有两个变量线性相关，我们说不线性相关不等于不相关，还可能存在其他形式的相关关系。比较海拔高度和纬度或离河高度的变化可以看出，三者变化趋势是一致的，但纬度和海拔高度变化的吻合程度更高。这是由前面提到的该区域的地形所决定的。

　　既然文化活动中心的纬度、离河高度和海拔高度的变化趋势是一致的。我们就可以求出它们之间相互协同的数量关系。但在导出这种数量关系之前，我们必须求出各个时代文化活动中心的一个纬度、离河高度、海拔高度值，而不是现在的三个。根据上面的分析,每一考察项内的三个变量都具有良好的线性相关性(一个海拔高度变量除外),这给三个变量统一为一个变量提供了基础,最好的方法是用主成分法提取出一个统一的主要变量来,[①]但我们采用了更为简单直接的方法,即把三个变量的均值作为文化活动中心的相应的考察项之值(表一),并在图一三和图一四上绘出了文化活动中心的数值曲线,还计算了文化活动北界、西界、中心纬度、中心离河高度、中心海拔高度之间的线性相关系数(表二)。后面我们还要进一步讨论曲线的性状和这几个变量之间的关系。

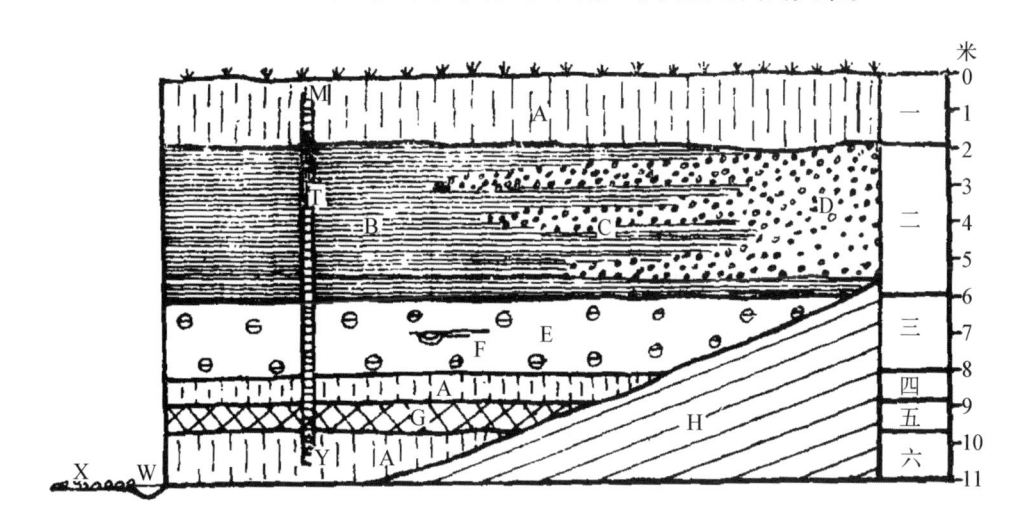

图一二　静宁县番子坪遗址剖面示意图(比例尺:1∶1万)

A. 黄土　B. 水平层理黄土　C. 砾石、黄土交互层　D. 砾石黄土混杂层　E. 仰韶中期文化层及陶片　F. 红烧土灶坑　G. 灰黑色古土壤层　H. 坡积黄土　M. 汉代水井　T. 兽骨　W. 河面　X. 土石河滩　Y. 汉代陶片

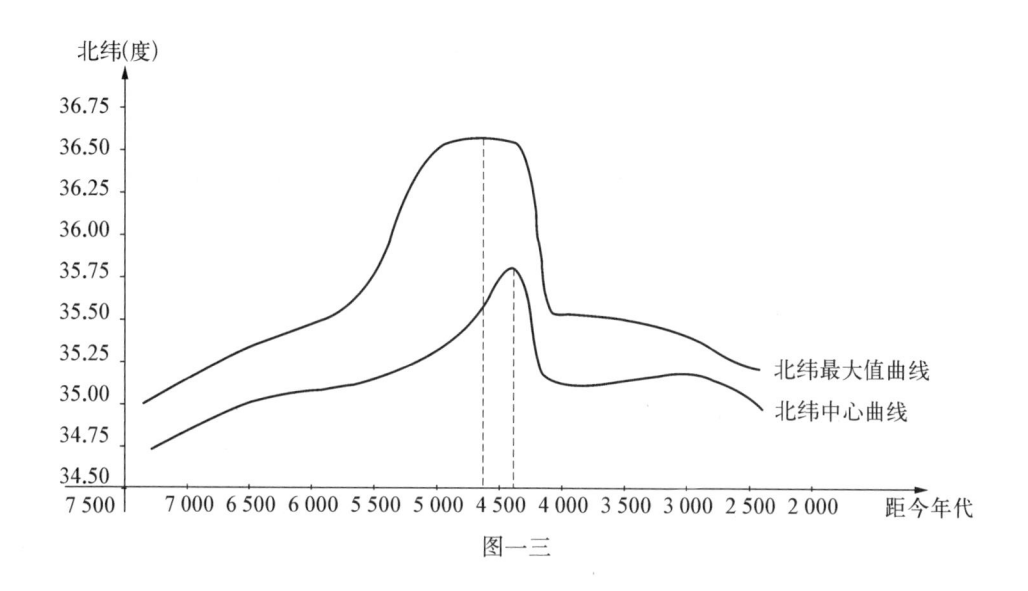

图一三

---

① 复旦大学:《概率论》第二册,数理统计第二分册,上海科学技术出版社,1981年。

图一四

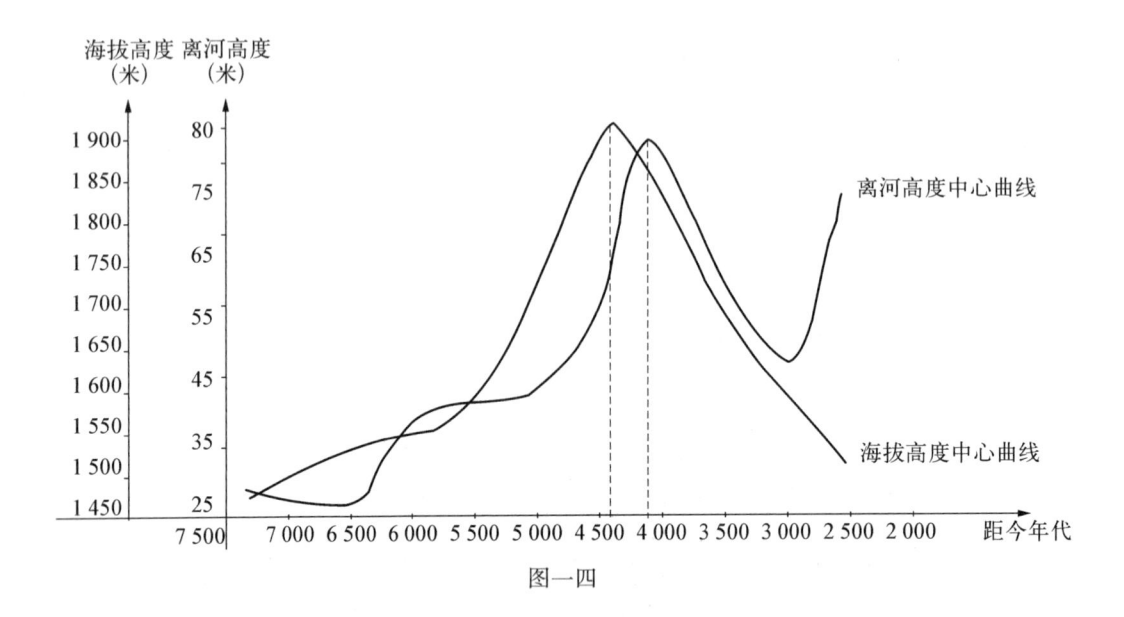

四、人类的活动规模

当对古文化的生产、生活的空间分布形态有了初步的认识之后,有必要研究一下各个时代人类生产、生活总的规模,反映总规模的变量有每个时代遗址的个数、遗址的面积总和、遗址的埋藏量总和,这些变量可以反映各个时代环境的实际承载力。为考察古人类在一个遗址上停留的时间长短和活动规模的大小,可考察每个时代平均一个遗址的面积或埋藏量,即用各个时代的面积总和或埋藏量总和分别除以遗址个数,人类在一个遗址上停留时间的长短和活动规模的大小可以反映局部环境的稳定性与资源的丰富程度。表一列举了这一地区人类活动的总量、单位遗址平均面积和埋藏量。由此可以看出,从大地湾一期文化时期到仰韶文化晚期,人类活动总规模逐步加大,仰韶晚期到齐家时期,遗址个数和遗址面积仍在迅速增加,但遗址埋藏量有所减少,不排除有上述各种误差干扰的可能,总的来看是有所上升或保持繁荣的阶段,齐家文化以后有大幅度的下降。单位遗址面积和埋藏量表明,仰韶文化晚期单位遗址规模最大,常山下层时期略有减少,齐家时期有大幅度的减少。根据以上情况,我们可把整个时段划分为三个时期,从大地湾一期文化到仰韶晚期是上升时期,齐家以后是下降时期,仰韶晚期到齐家是繁荣时期,在繁荣时期的前期,人们长时间地在一个地点生产生活,以后开始较频繁的移居,形成遗址个数较多而面积厚度较小的状况。值得指出的是,人类活动规模的消长和人类活动的空间分布变化十分吻合,它预示了人类活动与活动所在空间的密切关系。

五、植被状况

关于黄土高原的历史植被状况近年来多有争论,有的说有大量的森林,有的说没有。论据多取自孢粉或历史文献。考古资料对这一问题的研究应当有很大的帮助。

秦安大地湾遗址发掘了一座仰韶晚期的大型房屋,①编号F901,发现了许多柱洞,柱洞当时是用来立木支撑房屋的。许多柱洞内侧有防火层,说明柱洞内径应为圆木的外径。F901主室用材情况见表四。

表四 大地湾遗址F901主室使用木料统计表

木料名称	根数	证据	直径(厘米)
正室西侧顶梁柱	1	洞径	50
正室东侧顶梁柱	1	洞径	84
顶梁柱旁小柱	6	洞径	10—15
正室前后墙附壁柱	16	洞径	20—39
正室东西墙外侧柱	6	洞径	27—40
角柱	1	洞径	16
正室东侧墙室外柱	2	础径	30
正室墙体中小木柱	142	洞径	5—15
正门道墙内柱	14	洞径	10*
附属建筑柱	6	础径	50—105
附属建筑柱	8	洞径	26—100

* 据原报告图七测算。

除主室外F901还有两个侧室和一个后室,原报告提及墙体内也有木骨柱洞。根据墙的长度和主室墙体中小木柱142根计算,至少需要5—15厘米小木柱150根。又F901的房顶椽痕间距3—5厘米,椽痕宽5—10厘米,若以椽距4厘米,椽径7.5厘米计算,大约需要7.5厘米的木椽695根。如我们以径粗105—50、40—20、20—10、10厘米以下划分等级,把介于等级之间的对半分的话,F901大约需要径粗105—50厘米的木材12根、40—20厘米的38根、20—10厘米的169根、10厘米以下的840根,且大型门板未计在内,可以想象这座房屋用了多少木料!这样的大型房屋目前仅发现一座。此外,大地湾遗址仰韶晚期还有许多中型房屋,如F411,②至少需要18—22厘米的圆木21根和许多木椽。

---

① 甘肃省文物工作队:《甘肃秦安大地湾901号房址发掘简报》,《文物》1986年2期。
② 甘肃文物工作队:《大地湾遗址晚期地画的发现》,《文物》1986年2期。

仰韶时期尤其是仰韶晚期,这一地区的遗址中普遍发现了房子,大地湾遗址就发掘出仰韶时期的房屋240座,①我们实地考察天水樊家城遗址时,在一条约50米长的断崖上发现了七处仰韶文化晚期的白灰面房屋遗迹,每条白灰面长3米左右,相隔数米,在同一条水平线上。齐家时期也一直盛行白灰地面的房屋,②实地考察时经常见到。

这样大量的木材是从哪里来的呢?我们认为是从遗址周围砍伐的。因为当时还没有运输工具,生产力又处于无组织状态的原始社会时期,况且地形沟壑纵横,很难想象能从陆路长途搬运。水路运输更不可能,葫芦河是一条小河,河道弯曲狭窄,河水深浅不一,七八月间水量才稍大一些,但也远远达不到可以水运的程度。由此可见,仰韶文化、常山下层文化和齐家文化时期,这一地区生长着大片的原始森林或片林,有一至两人合抱的数十米高的大树,整个地区的植被应为森林草原类型。这种植被类型的北界可能在静宁县的北部,因为在再北部的常山下层文化时期的人们多居住在窑洞里,③这可能是因木材缺乏,采用了因地制宜的建房方法。

齐家文化之后,这里的植被形态发生了很大的变化。这一地区发现了许多西汉前期的积炭墓,④这种墓的棺板约2米长、10厘米厚,在静宁县的文物仓库里就存有这样的棺板。这种墓内填充有很多的木炭,当地农民把这些木炭成篓地背回家烧炕用。我们对庄浪徐家上碾汉墓的填充木炭做了观察,发现这些木炭的年轮直径都很小,一般在3—5厘米左右,这和我们在秦安雒家川遗址仰韶晚期地层窑址中和在静宁番子坪遗址齐家文化的白灰面房址中发现的木炭的年轮很不一样,后者的木炭年轮很平直,使用的是较粗的木料。1986年在天水放马滩秦墓中出土了一批木板地图,⑤地图中标有许多森林砍伐点,这些点都分布在今天仍有森林分布的麦积山附近,地图的上部为秦安县地域,已没有标明有森林可供砍伐使用了。这个时期已普遍使用牛车作为交通工具。估计当时该地区的植被景观是草地之间分布有低矮的灌丛和小片的树林,大的树木或大量的树木需要到较远的偏僻山地去砍伐。植被类型应为草原,比现在当地的植被景观要好得多,但远不及仰韶文化和齐家文化时期了。值得指出的是,植被的良好时期正是人类活动空间膨胀和活动规模增大时期;植被的退化时期正是人类活动空间缩小和活动规模变小时期。

在宁夏南部山区(包括本文涉及的西吉、隆德两县)近年出土了一批胸径达数十厘米的粗大古木,当地群众往往利用这种古木制做家具、棺木等。从80年代开始,在固原地区所属的六个县中已先后进行十余次发掘,获得了一批珍贵的样品。⑥ 这些古木均呈无任何人为加工痕迹的纯自然形态,有的还保留有长1米左右的侧枝茬桩。因此可以确认这批古木均系当地生产,当初它们就生长在今天的埋藏点附近。经碳十四检测,固原Ⅴ号古

---

① 郎树德:《大地湾考古对仰韶文化的贡献》,《论仰韶文化》,《中原文物》1986年特刊。
② 甘肃博物馆:《甘肃文物考古工作三十年》,载《文物考古工作三十年》,文物出版社,1979年。
③ 胡谦盈:《论常山下层文化》,《中国原始文化论集》,文物出版社,1989年。
④ 甘肃博物馆:《甘肃文物考古工作三十年》,载《文物考古工作三十年》,文物出版社,1979年。
⑤ 何双全:《天水放马滩秦墓出土地图初探》,《文物》1989年2期。
⑥ 《宁夏农业地理》编写组:《宁夏农业地理》,科学出版社,1976年。

木距今 8900±120 年；隆德 VIII 号古木距今 8300±360 年；泾原 IV 号古木距今 7000±80 年；海原关桥 VII 号古木距今 1300±135 年（以上数据均未经树轮校正）。经电镜木材微观结构观察，在送检的 19 件标本中有八个树种。其中，云杉、冷杉、落叶松、连香树等在该地区早已绝迹，槭、杨和圆柏、油松等至今仍为当地的乡土树种或残存种。经以上检测以及在林学原理指导下的实地考察证明，宁夏南部及邻近的黄土山区历史上绝非今日之童山濯濯，而是有着以针叶树种为优势的，规模浩大的原始针、阔混交林。估计当时的森林面积至少超出今日次生林面积的十倍以上。另据对 IV 号古木研究表明，当时的黄土高原曾有过林海雪原般的景观，该古木树干高大挺直，侧枝稀疏，生长缓慢，在直径达 60 余厘米的断面上有年轮 470 余圈，如去皮年均径向生长仅 1.44 毫米，反应出该古木当时是生长在雨雪丰沛、气候寒冷的环境之中的。上述发现及研究成果与我们所得出的结论有着相互参照的重要价值。即在距今七八千年前，葫芦河流域的黄土丘陵地带与宁夏南部山区应有着大致相同的植被和生态环境。

六、变化原因的探索

上述的文化活动空间分布、人类活动规模和该地区植被状况都有一致的变化规律。那么是什么原因导致了这种变化呢？让我们先来看两个有意义的剖面，一个是秦安县雒家川剖面（地点见图一，剖面见图一一），一个是静宁县番子坪剖面（地点见图一，剖面见图一二）。

秦安雒家川剖面位于秦安县城西北 2 公里，在葫芦河支流与葫芦河主流的交汇处，剖面在支流出山口往里一点，两边是黄土山，中间夹着一条狭长的河川谷地，名为雒家川。河滩宽约 100 米，两岸是陡崖。陡崖即为剖面，高约 9 米，上部 6—7 米为次生黄土层，下部 2—3 米为仰韶晚期文化遗存。上部黄土层纯净，垂直节理发育，并夹杂有水平层理。黄土层中夹杂有断续的汉代建筑遗迹文化层，文化层距地表深约 3 米，出绳纹、布纹瓦片。仰韶晚期文化层土质灰黑色，富含草木灰、炭粒，陶片很多，文化层顶部有水平层理，底部有窑址，在断崖处的很短距离内出露有并排的三座窑址，窑的侧壁和底部有厚厚的青绿色硬结，外侧是红烧土。现在的河流冲刷着文化层，河面和窑底大致平行。可以肯定文化层为原生地层。初步分析剖面可以得出这样的结论：遗址有人生存的年代，河流应远远低于文化层下界，至少要比现在河流低几米或十几米，以后河道逐渐淤高，河水淹没遗址，并继续在遗址表面淤积黄土，最后形成了一个厚 6 米的黄土淤积台地，实地观察并结合地形图，可以看出这个台地面积很大，里厚外薄。从汉代以前某个很远的时间点开始，河流开始下切，至汉代时至少已切至地表 3 米以下，到今天已切至地表以下 10 米左右，形成今天河流两侧的侵蚀台地，汉代时的河面位置应低于汉代文化层底部而高于现今河面，估计在距地表 5 米处。

静宁县番子坪剖面位于静宁县城南 30 公里的五方河，在雒家川剖面北 40 公里，位于葫芦河一、二级支流交汇处。二级支流出山口处,里狭外宽,出口处宽约500米,两边是断崖,中间是砾石与土质的河漫滩。断崖向里延伸约1000米,外高里低,断崖即为剖面。剖面上部为1—2米的黄土,纯净,黄土层下为3—4米的河相沉积,这层堆积长1000米,厚度上可分为三段,上段为砾石黄土混杂层,砾石为主,大小较均匀,径约20—30毫米;中段为砾石与黄土交互层,砾石径约10毫米左右,磨圆分选很好,土层有细致的水平层理;下段为水平纹理黄土层,土质较细,水平层致密均匀,每层厚约5—10厘米,有数十层之多,初看上去很像高城墙的夯土层。河流相层下为文化层,厚约1—2米,土质黑灰色,内含仰韶中期陶片,中部有一红烧土层,厚约5厘米,长约1.5米,红烧土层一侧为红烧土块,似为灶坑。文化层下为黄灰色土层,厚约50厘米,没有发现陶片。再往下是黑色古土壤层,厚约50厘米。再下为黄土层。现河面距文化层底部仅2米左右。在几百米长的断崖上还挂着几口水井,井壁笔直,开口在耕土下,井底比今日河面高一点,堆积有汉代陶片,井中填有细长的兽骨,似为羊骨。研究这个剖面之后就可以得出和雒家川剖面相同的结论,即仰韶中期以前河床远远低于现在的高度,以后河面上升,河床抬高,在遗址上淤积了很厚的黄土层。再后河流下切,到汉代时河面约和今天相当,而且至今没有大的变化。更为重要的一点是,这个剖面告诉我们,埋没遗址是一段长时期的稳定的丰水期的结果,而不是一两次洪水所致,从那很厚的致密均匀的水平层理可以得出这个结论。

  有些考古遗址的情况显示了和上述剖面相同的规律。如秦安大地湾遗址的大地湾一期、仰韶早期和中期文化层均位于低处,离今河面高度不过几米,在大地湾一期文化层上还覆盖有一层20—30厘米的黄土洪积、冲积层,而仰韶晚期和常山下层文化已搬到距今河面高约80米的高台地上。这说明,大地湾一期文化时期的河面不应该有这么高,应远远低于现在的高度,而仰韶晚期和常山下层文化时期的河面则远远高于现在。又如这次考察的庄浪县徐家上碾遗址,距今河面7—8米处是砾石层,上面覆盖着水平层理黄土层,汉代文化层厚约1米,一侧和砾石层的高度相当。而仰韶中晚期文化层以及汉代积炭墓在砾石黄土水平层上面的山坡上,距河面高约60米。

  我们认为,河流高度的变化直接反映了这里的降水量和温度的变化。温度、降水量和河面高度的变化是人类活动分布的纬度变化、海拔高度变化、离河高度变化和人类活动规模变化以及植被变化的根本原因。大地湾一期文化时期,气温较低,降水量较小,河谷较深,地形比较陡峻,人类活动限于低纬和低地;从大地湾一期文化时期开始,历经仰韶早中期,气温升高,降水量增加,雨水挟带着山坡上的黄土沉积在河道中,地形变得较为平坦,人类活动开始随着温度的上升、水量的增加和山坡植被的改善,向高纬、高海拔和较高的山坡上扩展。仰韶晚期、常山下层,可能还有齐家文化的前期,是高温高湿期,低处可供人们选择的安全聚居地和可供长期稳定耕作的土地越来越少。另一方面,山上植被的茂盛和地表浅层水源的增加使人类文化活动的中心移到了高台地上,少数遗址甚至建在山顶上。从齐家晚期开始,气候发生了急剧的转变,温度下降,雨量减少,植被再生能力降低,河流下切,地形变得陡峻起来,人们随着温度、水量、河面的下降,从高纬高海拔高台地上移下来,最不利的气候应发生在西周和春秋战国时期。

一般的地理教科书告诉我们的是湿润时期侵蚀而干旱时期堆积。黄土高原的侵蚀与堆积事关黄河以及它的大小支流和中下游大小冲积平原等许多大的地理单元,所以它的地学意义很重大;其实它的考古学意义也非常重要,它事关黄土高原和黄河流域的古文化的发生和发展的环境背景。我们研究的是黄河的支流(渭河)的支流(葫芦河),它应当是研究黄土高原侵蚀堆积问题的着手处。我们的研究表明,从大地湾一期文化到仰韶文化晚期,降水量逐步增加,整个地区的侵蚀量在逐步地加大,但是,降水造成的坡面侵蚀土也大量填充在狭深的河谷中,使河谷处于堆积时期。从齐家文化后半阶段开始,气候开始逐步干旱起来,整个地区的侵蚀总量减小,但由于河流水面的下降和侵蚀基准面的降低,河谷开始进入溯源侵蚀阶段,河道不断下切沟壑溯源而上。一般认为现在处于气候较干时期,而这一地区的沟壑侵蚀非常严重,固原王洼公社斩蛟头大队的一条冲沟在最近17年中向上延伸了430米。并且在这条沟的下面有个旧街道遗迹,据说50年前该街道还在一块完整的川地上,目前已被一条深达14米左右的沟壑切为两半。① 这说明干旱时期河道确实处于侵蚀时期。缘此,我们的研究结果既符合一般的侵蚀堆积规律,同时也指出了黄土高原地区河道侵蚀堆积的相反特征。

七、实 验 分 析

对古文化层和不同时期的地质沉积物进行实验分析是考察古代环境和气候的重要手段。此次考察我们分别从考古和地理两方面采集了一批土样,后经实验室分析测试获取了一些科学数据,下面仅以秦安大地湾遗址二级阶地一剖面说明之。这是一个高约12米的陡崖,剖面发育多达17层,层面清晰,经碳十四测定,第13层的绝对年代为距今8155年,由此可证该剖面的埋藏时代约从全新世早期延续到距今3000年左右。我们知道,土壤中的岩性变化在一定程度上可反馈当时的沉积环境和气候条件,古土壤或富含有机质的土壤一般表现为暖湿的气候,含钙质多的黄土喻示气候干燥。大地湾剖面的第17—14层土色偏黄,富含钙质,反映了当时是干冷的气候环境。第13—7层土色偏黑,富含有机质黑土层的出现频率明显大于上部,非黑土沉积亦多以河漫相的粉砂岩为主,表明当时的气候较为暖湿,其绝对年代为距今8155—4500年。第6—1层土色灰黄,多黏土、粉砂沉积,层理不甚清晰,多半为河流加积产物,有一些富有机质层,但不如下部地层清楚,颜色较浅,表明气候环境又转向干冷,这部分堆积的绝对年代为距今4500—3000年。

大地湾剖面的土壤粒度分析结果是,在距今8000年前,为末次冰期向暖湿阶段过渡时期,水量逐渐增多,气候以冷干为主。距今8000—4500年的沉积以牛轭湖相、漫滩相、

---

① 《宁夏古木发掘研究推翻陈说——黄土高原曾有大面积森林》,《人民日报》1987年9月28日三版;陈加良:《论六盘山的古森林及其历史启迪》,《陕西师范大学学报》1987年3期。

河漫滩相为主,气候暖湿。距今4500年以后,河水动力减弱,形成河流加积沉积,气候再度干冷。

经对其中14个土样所做的射线衍射分析表明,该剖面的黏土矿物成分可分为上下两组,下面一组的蒙脱石含量为20%左右,伊利石55%—70%,高岭石9%—10%,绿泥石12%左右。上面一组的蒙脱石为10%左右,伊利石大于70%,高岭石8%左右,绿泥石11%。通过对黏土矿物成分的分析,可以判断当时的气候特征和搬运介质。如气候干燥时,土壤中以伊利石居多,暖湿气候则以高岭石为主,对比大地湾剖面上下两组的黏土矿物成分,下面一组的蒙脱石含量明显高于上面一组,高岭石的含量亦相应多一些,而伊利石的含量却明显下降。这表明下面一组的气候湿暖,上面一组为干冷气候。

以上对大地湾遗址剖面所做的几种土壤成分分析结果,可从不同的角度产生对该区域内气候演化阶段性的同样解释。此外,秦安雒家川、静宁番子坪、桃柳村等地的土壤分析数据也与大地湾剖面反映的结果相吻合。这一系列数据从另一个侧面再次支持了我们在前面所做的有关结论。

八、变化的量值描述

根据文化活动的空间分布各变量,即北界、西界、中心纬度、中心海拔高度和中心离河高度之间的线性相关关系(表二),用简单线性回归的方法,用文化北界分别和西界、文化中心北纬、文化中心海拔高度,用西界和文化中心离河高度作一元线性回归,再根据作出的回归方程,可以得出如下结论:文化北界北或南移动纬度1°＝文化西界西或东移动4.55°＝文化中心纬度北或南移动0.48°＝文化海拔高度中心上或下移动210米＝文化中心离河高度上或下移动15米。

既然环境变化是文化空间分布变化的根本原因,那么,文化空间分布变化的量值就应该反映环境变化的量值。因此,可将图一考古学文化北界的纬度变化曲线看作是气候变化时的纬度变化曲线,再根据现在当地的纬度与气温、降水量的关系,将该地历史气候变化的量过程大致描述出来。现在该地区纬度与气温、降水量的关系约为,南或北移动一个纬度,年均气温增加或减少2.8°,年均降水量增加或减少100毫米。因此,该地区历史气候变化的量过程如下,第Ⅰ阶段:距今7800—5900年,大地湾一期文化与仰韶早期,气温与降水量呈匀速上升阶段,农业北界由35°移到了35°30′,温度上升了1.4°,降水量增加了50毫米。千年平均增长率为0.74°和26毫米。第Ⅱ阶段:距今5900—5100年,仰韶中期与仰韶晚期的前半阶段,气温与降水量快速上升阶段,农业北界由35°30′移到了36°30′,气温继续上升了2.8°,降水量又增加了100毫米。千年平均增长率为3.5°和125毫米,增长率是第Ⅰ阶段的4.8倍,是上升阶段的突变时期。第Ⅲ阶段:距今5100—4200年,仰韶文化晚期后半阶段、常山下层文化时期和齐家文化前半阶段,是高温高湿稳定阶段,农业北界维持在36°30′左右。第Ⅳ阶段:距今4200—

4000 年,齐家文化后半阶段,气温与降水量为快速下降阶段,农业北界由 36°30′ 回归到了 35°30′,气温下降了 2.8°,降水量减少了 100 毫米,千年平均增长率为 14° 和 500 毫米,变率是第 II 阶段的 4 倍,为下降的突变时期。第 V 阶段:距今 4000—2100 年,齐家文化末期和寺洼文化、西周文化及春秋战国时期,气温与降水量为匀速下降阶段,农业北界由 35°30′ 移到 35°14′,温度下降了 0.75°,降水量减少了 27 毫米,千年平均增长率为 0.39° 和 14 毫米,是变速缓慢阶段。

由于我们没有研究汉代至今的气候变化,所以无法和今天的气候进行比较。有迹象表明汉代的气温和降水有所回升,而今天的气候可能与汉代的气候相当或稍差一些,如是这样的话,高温高湿期的温度可能比现在高 2.5° 左右。但这只是推测,实际情况要看汉代至今的气候变化过程。

附表　考古文化年代表

实验室编号	遗　址　名　称	测年 5730（BP）	树轮校正（BP）	相对年代	年代范围（BP）	均值（BP）
bk - 81021	甘肃秦安大地湾	6770	7390*	大地湾一期		
bk - 81024	甘肃秦安大地湾	6880	7490*	大地湾一期		
bk - 81022	甘肃秦安大地湾	6940	7550*	大地湾一期		
zk - 1145	陕西渭南北刘	6390	7030	大地湾一期		
bk - 80025	秦安大地湾	7150	7750*	大地湾一期		
zk - 1361	陕西临潼白家村	6410	7050	大地湾一期	7800 至 7000	7300
zk - 1358	陕西临潼白家村	6430	7065	大地湾一期		
zk - 1357	陕西临潼白家村	6430	7065	大地湾一期		
zk - 0519	陕西宝鸡北首岭	6465	7100	大地湾一期		
zk - 1356	陕西临潼白家村	6485	7120	大地湾一期		
zk - 1362	陕西临潼白家村	6645	7270	大地湾一期		
zk - 1360	陕西临潼白家村	6710	7330	大地湾一期		
zk - 0918	陕西渭南白庙	6960	7570*	大地湾一期		
zk - 498	陕西宝鸡北首岭	5390	6035	仰韶早期		
zk - 499	陕西宝鸡北首岭	5470	6120	仰韶早期		
zk - 500	陕西宝鸡北首岭	5665	6320	仰韶早期		
zk - 501	陕西宝鸡北首岭	5930	6590	仰韶早期		
zk - 515	陕西宝鸡北首岭	5785	6445	仰韶早期		
zk - 516	陕西宝鸡北首岭	6140	6790	仰韶早期		
zk - 536	陕西宝鸡北首岭	5760	6420	仰韶早期	6800 至 6000	6400
zk - 38	陕西西安半坡	6065	6720	仰韶早期		
zk - 121	陕西西安半坡	5905	6565	仰韶早期		
zk - 122	陕西西安半坡	5840	6500	仰韶早期		
zk - 127	陕西西安半坡	5585	6240	仰韶早期		
zk - 148	陕西西安半坡	5490	6140	仰韶早期		
zk - 264	陕西临潼姜寨	5745	6405	仰韶早期		
zk - 265	陕西临潼姜寨	5835	6495	仰韶早期		
bk - 7704	陕西临潼姜寨	5970	6625	仰韶早期		

续表

实验室编号	遗址名称	测年5730 (BP)	树轮校正 (BP)	相对年代	年代范围 (BP)	均值 (BP)
zk-110	庙底沟	5230	5860	仰韶中期		
zk-112	庙底沟	4905	5500	仰韶中期		
wb-80-54	甘肃秦安大地湾	5255	5890	仰韶中期	5900至5500	5800
bk-79028	甘肃秦安大地湾	5240	5875	仰韶中期		
wb-80-53	甘肃秦安大地湾	5150	5775	仰韶中期		
zk-533	陕西宝鸡北首岭	5125	5745	仰韶中期		
bk-79-24	甘肃秦安大地湾	5140	5765	仰韶晚期		
zk-186	甘谷灰地儿	5140	5765	仰韶晚期		
zk-2024	甘肃天水师赵村	5130	5750	仰韶晚期		
zk-2020	甘肃天水师赵村	5005	5610	仰韶晚期		
wb-80-51	甘肃秦安大地湾	4995	5600	仰韶晚期		
zk-79027	甘肃秦安大地湾	4900	5490	仰韶晚期		
bk-84080	甘肃秦安大地湾	4740	5305	仰韶晚期	5800至4900	
zk-1224	甘肃天水师赵村	4740	5305	仰韶晚期		
zk-2259	甘肃天水西山坪	4690	5245	仰韶晚期		5000
wb-80-50	甘肃秦安大地湾	4690	5245	仰韶晚期		
bk-84081	甘肃秦安大地湾	4550	5080	仰韶晚期		
bk-84082	甘肃秦安大地湾	4520	5045	仰韶晚期		
bk-81050	甘肃秦安大地湾	4520	5045	仰韶晚期		
zk-1068	甘肃天水师赵村	4425	4930	仰韶晚期		
zk-1223	甘肃天水师赵村	4420	4925	仰韶晚期		
bk-81049	甘肃秦安大地湾	4410	4910	仰韶晚期		
zk-523	甘肃东乡林家	4675	5230	马家窑文化		
zk-108	甘肃兰州曹家嘴	4525	5050	马家窑文化		
bk-75020	甘肃永登蒋家坪	4500	5020	马家窑文化		
zk-521	甘肃东乡林家	4360	4850	马家窑文化		
zk-522	甘肃东乡林家	4230	4690	马家窑文化	5200至4300	
zk-407	甘肃兰州青岗岔	4180	4625	马家窑文化		
bk-75033	青海乐都柳湾	4040	4455	马家窑文化		
zk-25	甘肃兰州青岗岔	4015	4425	马家窑文化		
bk-75009	甘肃兰州青岗岔	3940	4330	马家窑文化		
zk-405	甘肃兰州青岗岔	3935	4320	马家窑文化		
zk-406	甘肃兰州青岗岔	3920	4305	马家窑文化		
zk-830	甘肃镇原常山	4385	4880	常山下层		
zk-2237	宁夏海原菜园村林子梁	4140	4585	常山下层		
zk-2227	宁夏海原菜园村林子梁	4050	4465	常山下层	4800至4200	4400
zk-2239	宁夏海原菜园村林子梁	3915	4300	常山下层		
zk-2238	宁夏海原菜园村林子梁	3870	4240	常山下层		
zk-2236	宁夏海原菜园村林子梁	3860	4230	常山下层		
zk-2226	宁夏海原菜园村林子梁	3835	4190	常山下层		

续表

实验室编号	遗址名称	测年5730（BP）	树轮校正（BP）	相对年代	年代范围（BP）	均值（BP）
zk－347	青海乐都柳湾	3570	3865	齐家文化		
bk－77053	青海贵南高渠顶	3730	4070	齐家文化		
bk－77052	青海贵南高渠顶	3810	4165	齐家文化		
bk－75010	青海乐都柳湾	3840	4200	齐家文化		
zk－23	甘肃永靖大何庄	3645	3960	齐家文化	4400至3900	4100
zk－15	甘肃永靖大何庄	3675	4000	齐家文化		
zk－741	甘肃灵台桥村	3785	4135	齐家文化		
zk－1283	甘肃天水师赵村	3870	4240	齐家文化		
zk－1371	甘肃天水师赵村	3900	4280	齐家文化		
zk－2150	甘肃天水西山坪	3970	4365	齐家文化		
zk－901	甘肃庄浪徐家碾	2390	2415	寺洼文化		
bk－85027	甘肃合水九站	2460	2500	寺洼文化		
zk－903	甘肃庄浪徐家碾	2470	2510	寺洼文化	3300至2400	2834
zk－902	甘肃庄浪徐家碾	2665	2745	寺洼文化		
bk－85025	甘肃合水九站	3050	3220	寺洼文化		
bk－83028	甘肃西和栏桥	3100	3285	寺洼文化		
				周	3015至2721	
				春秋战国秦	2720至2156	2438

* 估计值。据现有的树轮校正表，这些数据已无法估计，为取得使用上的一致，作估计处理如下：取6000年以上已测数据和其树轮校正值16个，作简单线性回归，得方程式：树轮校正年代＝0.945×测定年代+989。由于两者相关的置信度水平达0.0001，从统计学角度是完全可信的，故以此作为上述数据的估计方法。

本课题由中科院地理所张丕远先生设计安排，由北大考古系严文明先生负责。参加工作的还有北大地理系莫多闻及学生王廷山。该工作得到甘肃省文物考古研究所的大力支持和天水市及北道区、秦安、静宁、庄浪，西吉县文化馆和固原地区博物馆同行的帮助，特致谢意。

此文由李非、李水城、水涛联名发表于《考古》1993年9期；后以《葫芦河流域古文化、古环境及其古气候情景的重建》收入《中国历史气候变化》一书的第四章二节，山东科学技术出版社，1996年，179—194页。

西拉沐沦河流域古文化变迁及人地关系

受地理、环境、气候及资源配置等自然因素的影响,西拉沐沦河流域的古文化面貌呈现出强烈的区域色彩,并成为有别于黄河、长江流域的另一地理文化区。

本项研究通过对燕山以北、西拉沐沦河流域史前—青铜时代考古调查发掘资料的梳理,考察不同时段考古学文化的兴衰更替,进而探讨该区域古气候、古环境的波动与人类文化的关系,以及由此引发的人地关系和生业经济的变化。

本课题的研究范围限定在118°—120°E,40.5°—44°N(参见图一)。这一范围大致以内蒙古自治区赤峰市为中心,东至敖汉旗;西跨林西县—河北承德市一线;北抵巴林左旗;南止于宁城县—辽宁建平、朝阳县。

本文将尽可能地利用考古资料进行量化统计分析,以达到全面了解西拉沐沦河流域不同时段的考古学文化及其人地关系(即土地利用关系)方面的变化信息。需要说明,尽管该区域内曾进行过大规模的文物普查,而且非常有成效,也有着一定规模的考古发掘工作。但却有相当一部分发表的考古资料缺乏一些基本的数据,鉴于此,本文的量化分析也只能是初步的。

一、环 境 背 景

西拉沐沦河流域地处内蒙古东南部与辽宁西部交接地带,这里是蒙新高原向辽河平原的过渡带,也是今日农牧业交错带和黄土—沙地过渡带,属于中国北方半干旱半湿润区。该区域内主要河流有西拉沐沦河、老哈河、乌尔吉沐沦河、大凌河及主要支流教来河、查干沐沦河等。西拉沐沦河源出蒙古高原,自西而东流经本区,沿流域内大的地貌单元包括了大兴安岭南段低山丘陵、内蒙古高原、冲积洪积平原、沙地、黄土台塬及燕山北麓低山丘陵区。地貌特征主要表现为丘陵、山地,海拔700—1100米。该区域的植被理论上属于森林草原景观,实际为人工植被和干旱景观。本区域属于中温带大陆性季风气候区,年均温5—7度,1月平均气温-11—-13度,7月平均气温23.7度;年无霜期130—150天;年降水400毫米左右,6—8月的降雨量约占全年70%以上。区域经济属于典型的半农半牧类型;农作物主要有小麦、莜麦、糜子、马铃薯、高粱和玉米;畜牧业主要饲养猪、羊、牛、马等。

二、考古学文化编年

（一）新石器时代早期文化的线索

西拉沐沦河流域新石器时代早期文化线索尚不清楚。20世纪70年代,在该流域以北的扎鲁特旗南勿乎井一带采集了一批打制石器①。据报道,其形态特征与山西怀仁鹅毛口遗址出土的新石器时代早期遗存类似,年代估计为距今10000—8000年②。20世纪80年代以来,在北京怀柔县转年③、河北阳原县于家沟④等地发现了距今1万年左右的新石器时代早期遗存,这几处遗址的地理位置均跨越北纬40°线。联系到长城沿线及以北地区孕育有比较发达的旧石器时代晚期文化,直到距今8000年前后,这一地区仍保留着发达的打制石器、细石器和浓郁的渔猎经济传统。可见,西拉沐沦河流域也是探索新石器时代早期文化起源的一个重要区域。

（二）新石器时代中、晚期—青铜时代

目前,学术界对于西拉沐沦河流域新石器时代中、晚期—青铜时代的文化发展谱系仍有不同认识。我们检索了该流域内的古遗址分布、文化堆积及层位关系,并特别关注了同一遗址内的文化构成及空间位置,列成表一。

表一

遗址名称	典型单位	地层关系	遗址范围文化构成
林西 白音长汗	T41②B→F27 T39：②A→②B →F25	红山→赵宝沟文化 小河沿→红山→兴隆洼文化 兴隆洼红山→素面筒形罐遗存	小河沿文化 红山文化 赵宝沟文化 兴隆洼文化 素面筒形罐遗存
林西 水泉	西北部	红山→赵宝沟文化	红山文化 赵宝沟文化
克什克腾旗 南台子	T11 T12 T31	夏家店下层→红山→兴隆洼文化	夏家店下层文化 红山文化 兴隆洼文化

---

① 吉林省考古研究室、吉林省文物工作队：《统一的多民族国家的历史见证——省文物考古工作三十年的主要收获》,《文物考古工作三十年》(1949—1979),文物出版社,1979年。
② 贾兰坡、尤玉柱：《山西怀仁鹅毛口石制造场遗址》,《考古学报》1973年2期。
③ 谢飞：《从环渤海地域旧石器文化的发展进程看新石器文化的诞生》,载《苏秉琦与当代中国考古学》,科学出版社,2001年;金家广、郁金城：《南庄头与华北平原——环渤海地区新石器时代早期文化》,载《苏秉琦与当代中国考古学》,科学出版社,2001年。
④ 郭瑞海、李珺：《从南庄头遗址看华北地区农业和陶器的起源》,载严文明、安田喜宪主编：《稻作、陶器和都市的起源》,文物出版社,2000年,51—64页。

续表

遗址名称	典型单位	地层关系	遗址范围文化构成
巴林左旗 金龟山	F5→F3 F6→F3	富河→兴隆洼文化	富河文化 兴隆洼文化
巴林左旗 南杨家营子	F3	富河→红山文化	富河文化 红山文化
赤峰 蜘蛛山	T3 T1	汉、战国→夏家店上层 →夏家店下层文化 夏家店下层→红山文化	汉代、战国 夏家店上层文化 夏家店下层文化 红山文化
敖汉旗 西台①		夏家店下层→红山文化 红山→兴隆洼文化	夏家店上层文化 夏家店下层文化 红山文化 兴隆洼文化
敖汉旗 小河沿	F3→小河沿层 F12→小河沿层	夏家店下层→小河沿文化	夏家店下层文化 小河沿文化

　　有条件②列入表一的遗址为数有限,这里遴选了有代表性的遗址8处,仅占西拉沐沦河流域古遗址中极少部分。由此也反映出该地区的古遗址埋藏状况与中原地区、长江流域有很大不同,特点是文化埋藏比较单纯,较少见到不同时期文化层连续层垒、反复叠压的现象。另一点是,即便在遗址范围内分布不同阶段的文化堆积,也往往表现为空间上的错位。这一特色有可能是学术界对西拉沐沦河流域古文化谱系产生困惑并出现不同解释的原因之一。我们认为,表一提供的信息还是比较客观的,它所指示的该区域的古文化逻辑序列是循序渐进的。③ 但是,本文也并不否认在某一时间段落在有不同的空间范围并存不同的考古学文化,以及现有的考古学文化还存在文化发展阶段上的不整合现象。

　　立足于表一同时参照碳14检测数据,对西拉沐沦河流域史前—青铜时代的考古学文化编年,本文倾向于如下表述:兴隆洼文化(8150—7350 aB.P.)→赵宝沟文化(7150—6420 aB.P.)→红山文化(6660—4870 aB.P.)≈富河文化(5300±145 aB.P.)④→小河沿文化(4915—4667 aB.P.)→夏家店下层文化(4100—3500 aB.P.)→夏家店上层文化(3000—300 aB.P.)。⑤

---

① 杨虎:《敖汉旗西台新石器时代及青铜时代遗址》,《中国考古学年鉴(1988)》,文物出版社,1989年。
② 指有明确地层打破关系者。
③ 这里不讲文化发展谱系,仅指其逻辑序列先后。
④ 富河文化是分布在乌尔吉沐沦河流域、与红山文化并存的一支地域考古学文化。
⑤ 各文化的绝对年代参见中国社会科学院考古研究所编:《中国考古学中碳十四年代数据集》(1965—1991),文物出版社,1991年。

另据近年的考古新发现,在内蒙古自治区林西县白音长汗、敖汉旗小河西等地发现一种器表饰附加堆纹的素面筒形罐遗存。① 其存在时间早于兴隆洼文化,②为迄今所知西拉沐沦河流域年代最早的新石器时代遗存。

三、遗址分布及空间位置变化

(一)遗址的量值变化

西拉沐沦河流域是内蒙古东南部古文化分布集中区。以敖汉旗一地为例,经调查发现的古遗址已超过 3500 处。其中,史前时期遗址 600 余处,③分布密度绝不亚于中原腹地,其文化发展进程基本与中原地区、长江流域保持同步。

在本文设定区域,新石器时代早期遗存的线索尚不清楚。新石器时代中期,检索到兴隆洼文化遗址 25 处④(图一);赵宝沟文化遗址 17 处(图二),其发展进程表现为稳中有升。⑤ 新石器时代晚期,红山文化遗址猛增至 101 处(图三),为兴隆洼文化的 4 倍强;在乌尔吉沐沦河流域,富河文化遗址 28 处(图三),其密集程度与红山文化相若。⑥ 遗址量值的增加与这一时期人口的增长相关。小河沿文化时期,遗址数量跌落到 23 处(图四),倒退到新石器时代中期的水平。到了青铜时代,夏家店下层文化遗址急剧膨胀至 489 处,几乎相当于红山文化的 5 倍、小河沿文化的 20 倍强,创该区域古遗址量值的最高峰(图五)。夏家店上层文化阶段,统计到遗址 293 处(图六),约当夏家店下层文化的 60%。⑦

遗址量值的浮动是人类文化与外界环境交互作用的结果。它直观地显示,从距今 8000 年前的新石器时代中期开始,西拉沐沦河流域的古遗址呈持续增长的势头,尽管在不同时段文化消长的幅度有所差异,甚至在某一文化段落上出现反复,乃至于大幅的文化倒退现象,但总的过程反映出,这里的居民生产生活一直相对稳定,人类对环境的影响和作用力不断地增强。

---

① 郭治中:《内蒙古东部地区新石器—青铜时代的考古发现与研究》,《内蒙古文物考古文集》(第二集),中国大百科全书出版社,1997 年。
② 在林西白音长汗遗址发现兴隆洼文化房屋打破素面筒形罐类遗存的层位关系。参见郭治中:《内蒙古东部地区新石器—青铜时代的考古发现与研究》,《内蒙古文物考古文集》(第二集),中国大百科全书出版社,1997 年。
③ 《敖汉旗志》编纂委员会:《敖汉旗志》,内蒙古人民出版社,1991 年。
④ 个别遗址的位置略有超出本文设定的区域,特别是在西拉沐沦河上游,特此说明。
⑤ 考虑到敖汉旗发现的赵宝沟文化遗址有 60 余处,显然我们检索的遗址数量有些偏低。估计赵宝沟时期的遗址数量至少应与兴隆洼文化持平,或略高。
⑥ 据 20 世纪 60 年代的调查资料,富河文化遗址的间距在 2 公里左右。见内蒙古文物考古队:《内蒙古文物资料选编》,内蒙古人民出版社,1984 年。
⑦ 遗址数据资料得到内蒙古文物考古研究所、赤峰市文化局支持。将数据读取到地图的工作是在北大考古系博士研究生魏峻帮助下完成的。在此一并表示感谢!

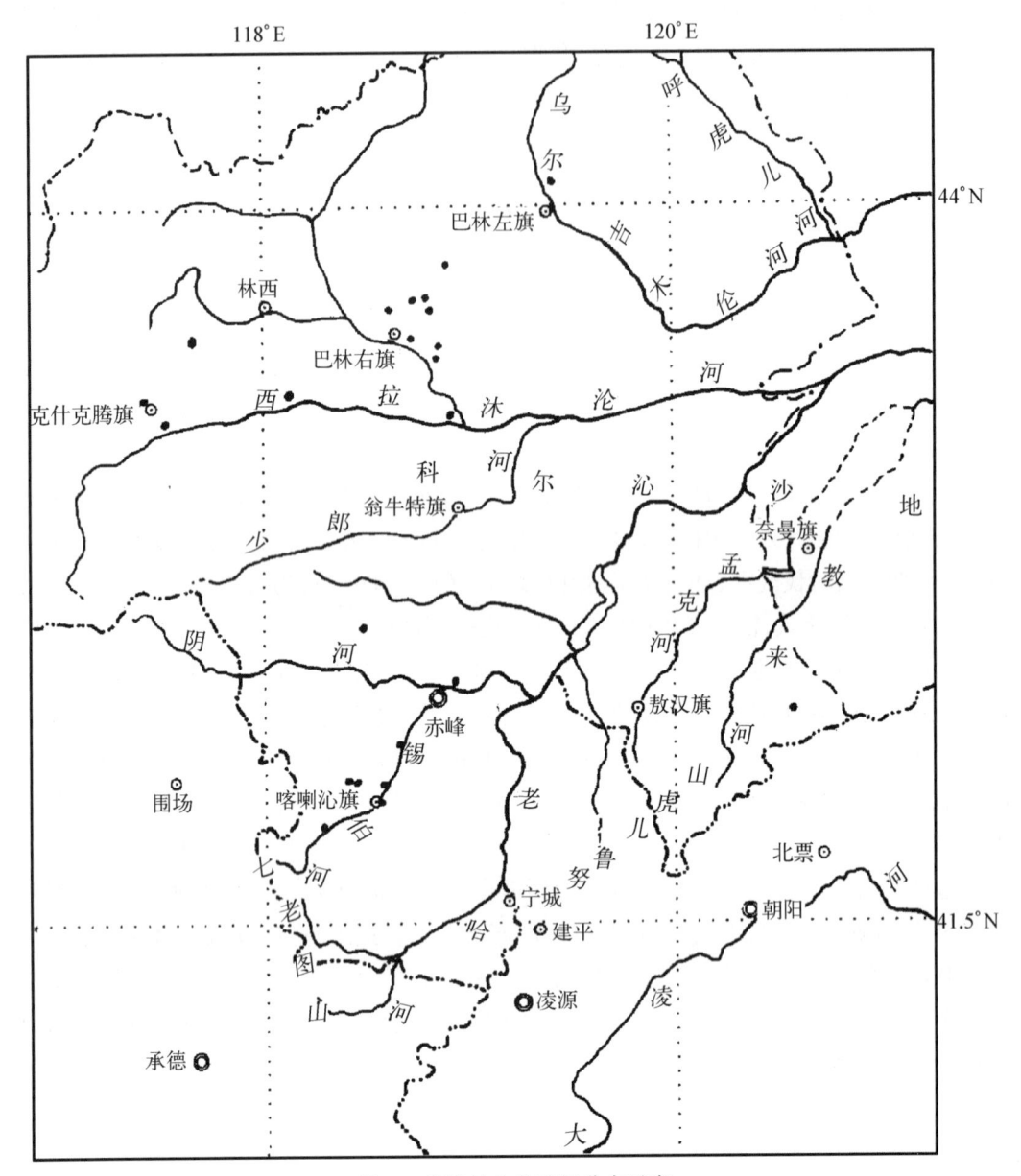

图一 兴隆洼文化遗址分布示意

（二）文化北界与文化重心区

文化北界指目前所知考古学文化的分布北界。西拉沐沦河流域古文化分布北界大致在44°N左近，南界基本可锁定在日后的长城沿线。但在不同的文化时段，文化北界存在波动。如兴隆洼文化、赵宝沟文化和红山文化的北界基本在44°N左近，但个别遗址略有超越。小河沿文化北界南退到43.5°N。夏家店下层文化再退至43°N以内，全部退缩到西拉沐沦河以南。夏家店上层文化出现反复，其文化北界再度回归到44°N（参见图一——图六）。

第四部分　科技考古与环境考古

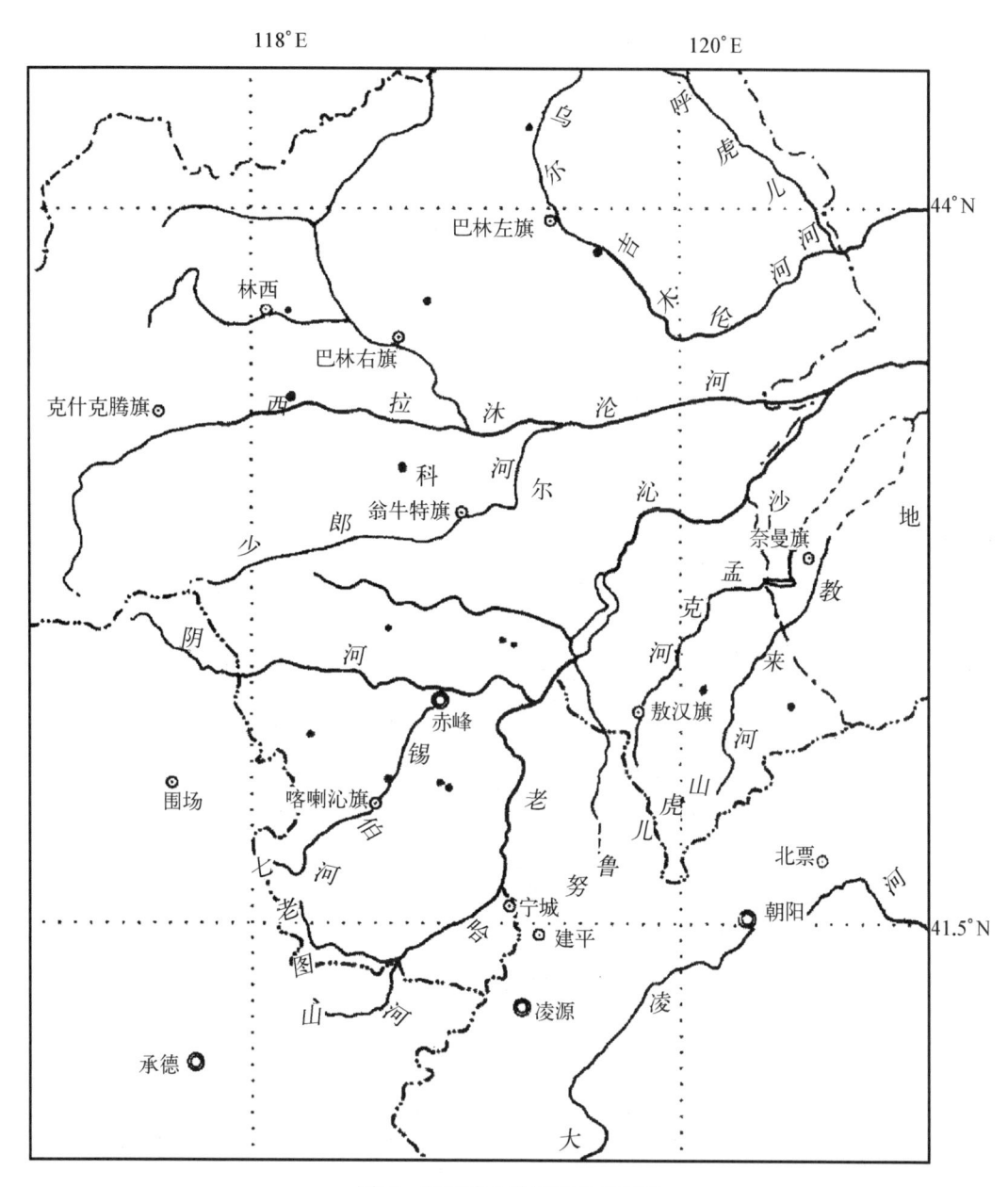

图二　赵宝沟文化遗址分布示意

文化重心区指遗址分布的集中区域。兴隆洼—赵宝沟文化时期,遗址数量少,分布稀疏,人口密度低,尚未出现明显的文化重心。但在空间上,赤峰周边、西拉沐沦河上游北岸和敖汉旗一带,遗址相对集中(图一、二)。红山文化时期,遗址数量大增,人口密度加大,已初步形成以赤峰为轴心的文化重心区。在西拉沐沦河上游北侧的巴林右旗一带,遗址也比较集中,成为一个次中心区(图三)。乌尔吉沐沦河流域是富河文化分布重心区。小河沿文化阶段,尽管遗址数量骤降,但向赤峰一带聚拢的趋势并未停止,西拉沐沦河以北

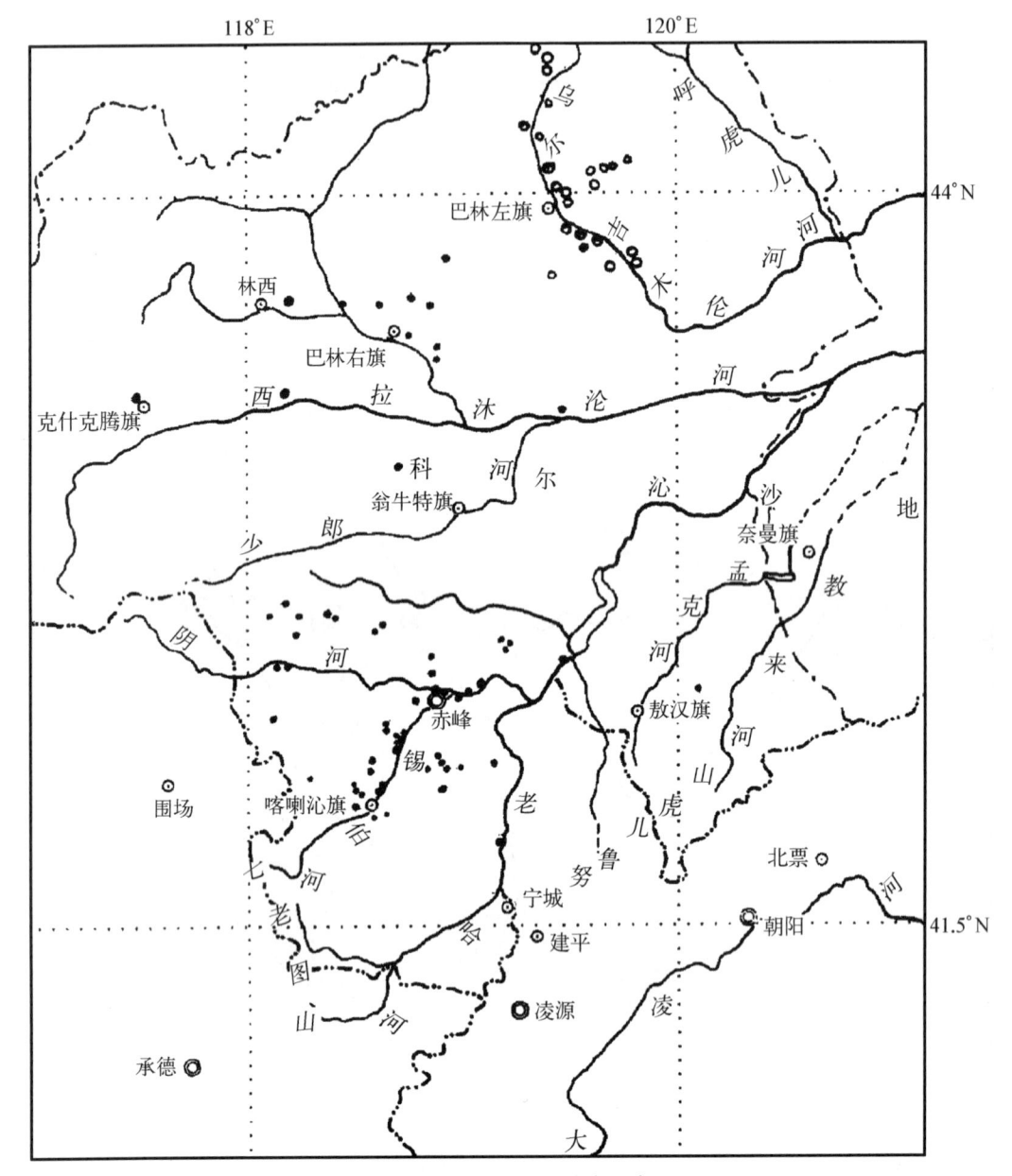

图三 红山文化遗址分布示意

出现大片的文化空白(图四)。夏家店下层文化遗址剧增,人口密度空前。这一时期的遗址几乎全部辐集到赤峰周边,少郎河以北基本为空白(图五)。夏家店上层文化基本维系夏家店下层阶段的文化格局,但有两个变化,一是遗址总量回落;二是在西拉沐沦河以北地区复出现少量的遗址(图六)。

文化北界与文化重心区从平面上展示了不同时段的古遗址分布及空间格局变化,左右遗址移动的原因与气候和环境改变有关。在这一历史进程中,西拉沐沦河南北两区的遗址量值变化可作为衡量该区域环境优劣的晴雨表。从兴隆洼文化到红山文化,适逢全

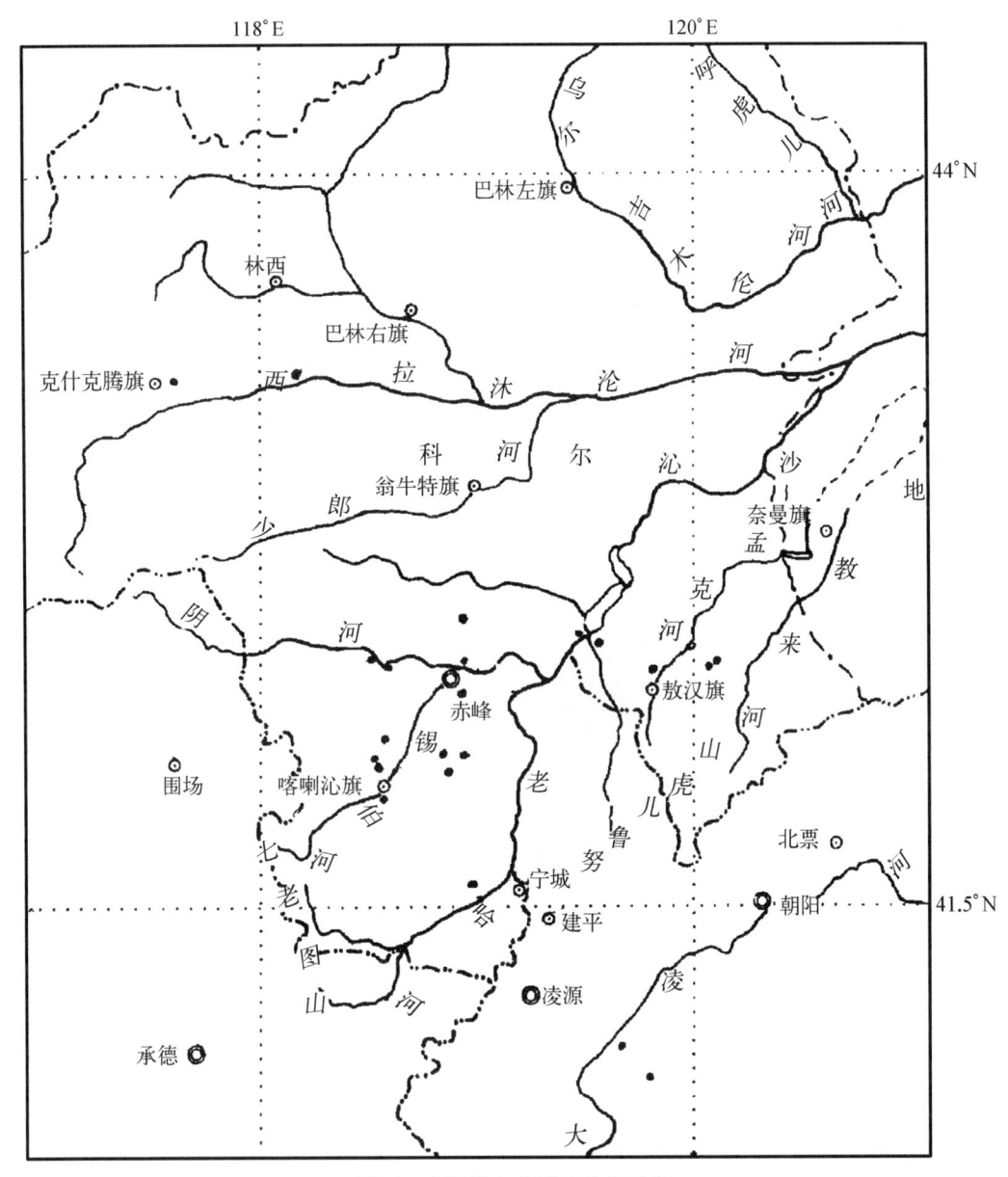

图四 小河沿文化遗址分布示意

新世大暖期到来,气候逐步转入暖湿阶段,环境不断好转,因此,在北区内一直有人类活动,而且人口密度也逐渐在增加。自小河沿文化始,北区遗址数量锐减,这与 5000 aB.P. 出现的一次大规模持续降温有关,气候骤变导致环境恶化,并由此引发高纬度区人口南移,这个过程一直持续到夏家店下层文化。同时,气候的恶化必然引发一系列的多米诺骨牌效应,如地表植被改变、动物种群迁移,并由此导致人类食物获取方式的变化,甚至社会及家庭结构的改变等。赤峰周边地区纬度略低,水热条件较好,资源配置优越于北区,这里又是黄土地带,比较利于人类对环境变化的适应,因此,人口大量迁移到这里。据研究,

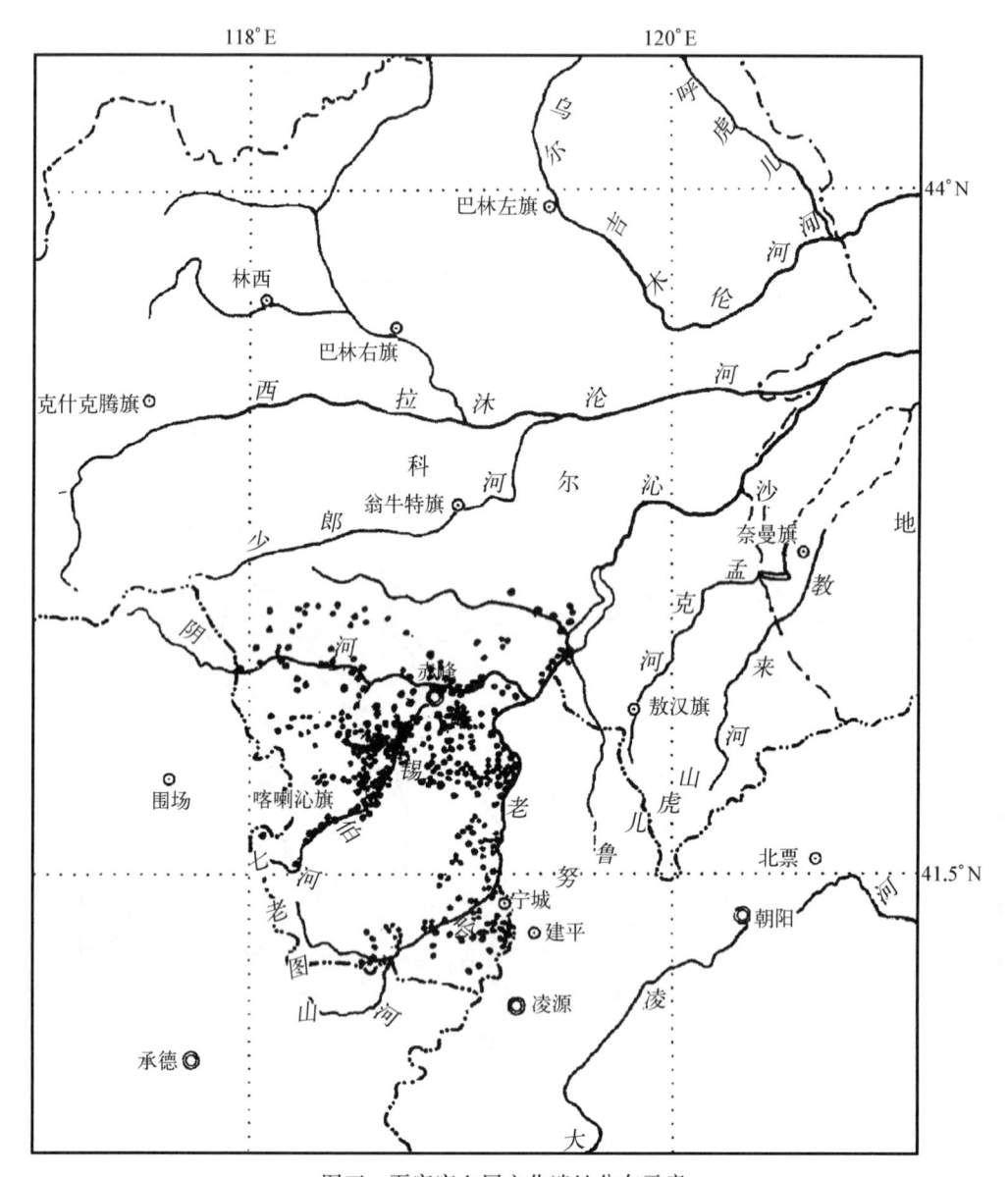

图五　夏家店上层文化遗址分布示意

约自3000 aB.P.开始,北方再次出现降温事件,除发现零星的夏家店上层居民回归北区外,绝大多数人口仍居住在43°N以南区域。

（三）遗址高度变化

我们在葫芦河流域进行环境考古作业时,曾注意到不同时代的遗址距现今河面高度的变化和海拔高程的变化,并就其成因做了种种揣测。[①] 在本项研究中我们希望继续利

---

① 李非、李水城、水涛:《葫芦河流域的古文化和古环境》,《考古》1993年9期。

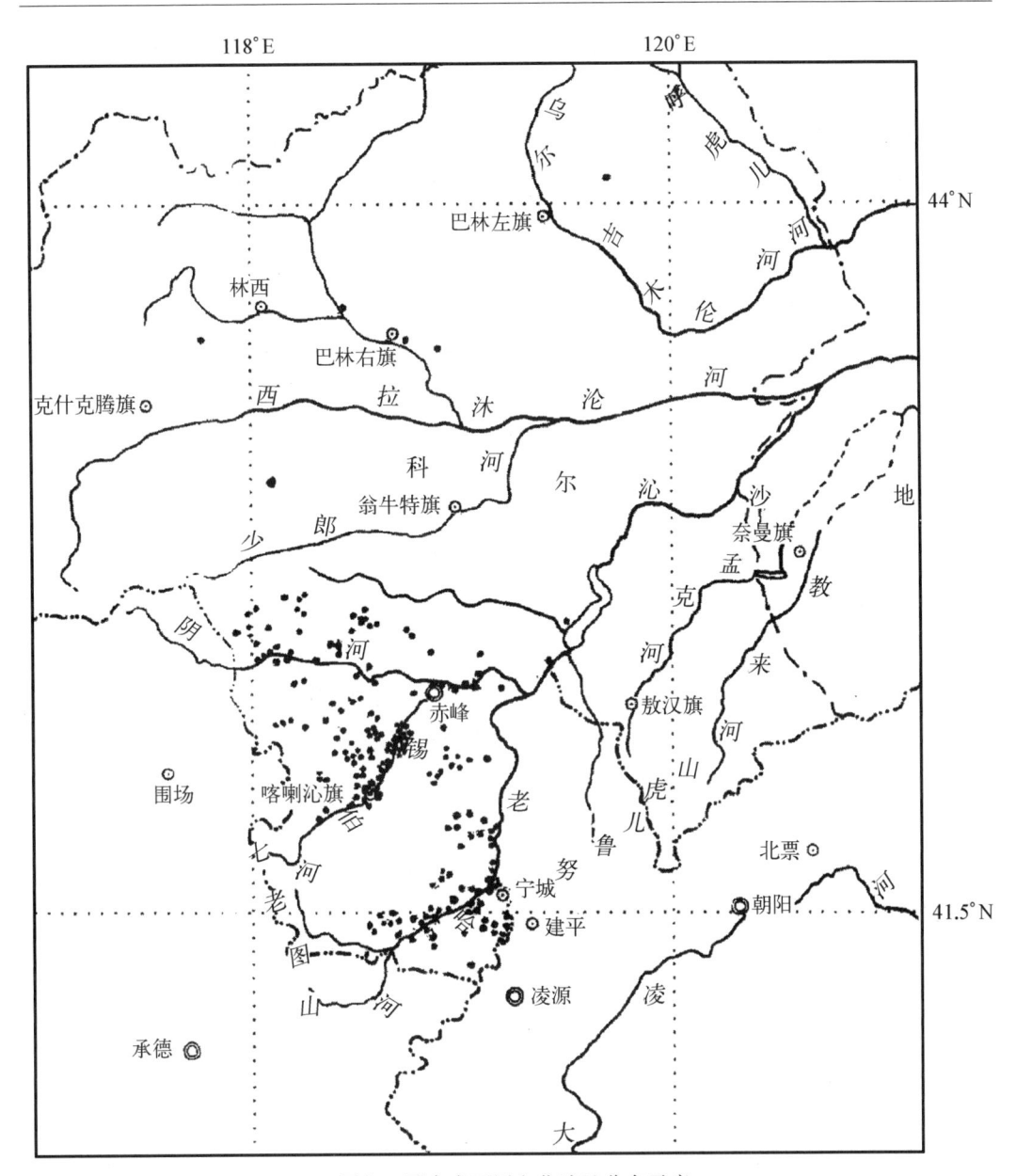

图六　夏家店下层文化遗址分布示意

用这方面的数据,量化西拉沐沦河流域人地关系变化。非常遗憾,由于大量考古报告未能提供这方面数据,本文的分析只能在有限范围内进行。

一般来说,兴隆洼文化、赵宝沟文化聚落多选择在海拔450—650米之间的丘陵缓坡上部;遗址位置距河面的高度多在20—30米,最高达60米。此外,近年新发现了早于兴隆洼文化的素面筒形罐类遗存,以白音长汗遗址为例,此类遗存的所在地位于地势更高的坡顶。[①] 红山文

---

① 郭治中:《内蒙古东部地区新石器—青铜时代的考古发现与研究》,《内蒙古文物考古文集》(第二集),中国大百科全书出版社,1997年。

化聚落除继续占据丘陵缓坡外,开始向地势稍低的丘陵缓坡下部及河谷台塬迁移,总的空间位置低于前一时期。以敖汉旗南台地为例,赵宝沟文化聚落选择在海拔600米的丘陵坡顶;由此向东约500米外是一处红山文化遗址,后者的位置与现今村落大致相等,高度下降了数十米。① 但也有一些红山文化的遗址位置较高,它们基本局限于流域北区。② 在乌尔吉沐沦河流域,富河文化的遗址离河高度在20—50米之间,而这里的海拔高度则高于南面的赤峰地区。小河沿文化遗址发掘不多,聚落情况不是很清楚。以敖汉旗小河沿南台地为例,遗址高出老哈河水面20—25米,海拔高度不详,估计与红山文化相差不多;但已发掘的几处墓地位置较高。③ 夏家店下层和夏家店上层的遗址多位于丘陵坡地、河谷台地,较前一阶段位置又有降低。特别是在河谷或靠近现代村落的聚落多选择在高出现代耕地2—4米的台地上。另一方面,夏家店下层文化普遍出现了石构城堡,有的城堡内外还建有房屋,这些城堡一般坐落在视野开阔的丘陵顶部,有石墙环绕,海拔位置较高。若不计城堡,总体上,西拉沐沦河流域的古遗址高度呈现从早到晚、由高向低的垂直下移趋势。

就上述现象,夏正楷等通过对西拉沐沦河流域全新世以来地貌形态的演化,分析了古遗址的移动原因,他们认为,1)河流阶地的发育造成了西拉沐沦河流域古遗址的垂直迁移。8000—6500 aB.P.,该流域现代水系初现雏形,地貌表现为宽广的山间黄土堆积平原,兴隆洼—赵宝沟时期的居民活动在黄土平原和周围山麓地带。6500 aB.P.前后,流域内河流水系形成并发生强烈下切,黄土堆积平原被侵蚀分割为黄土台塬及河谷,红山—小河沿时期的居民活动在由黄土平原演变而来的黄土台塬上,也开始向新生的河漫滩发展。4000 aB.P.前后,河流继续下切形成今日的二级阶地、河漫滩,为夏家店下层—夏家店上层文化居民提供了更为适合的生活场所。1000 aB.P.前后,河流再下切,形成今日的一级阶地,辽代遗址主要分布在这一位置。2)黄土与西拉沐沦河流域史前文化的水平迁移。原始农业对黄土依赖性强,由此造成不同时期的文化分布存在差异。兴隆洼—赵宝沟时期,生产方式多样化,对黄土依赖性较低。红山时期,河流下切加剧,黄土堆积被严重侵蚀,人类主要集中到河谷黄土地带活动。小河沿时期的遗址进一步收缩到水热条件较好的区域。夏家店下层文化为定居农业社会,其活动范围集中到西拉沐沦河以南的黄土区。夏家店上层文化为畜牧业经济,对黄土依赖大不如前,遗址扩大到了黄土区以外。3)沙地进退与史前文化的演变。西拉沐沦河流域自晚更新世形成广泛的沙地。其中,科尔沁沙地曾多次扩大或缩小。第一次大规模的收缩出现在8000—5000 aB.P.,此时正值全新世大暖期的气候最佳期。兴隆洼文化、赵宝沟文化、红山文化在西拉沐沦河流域兴起。沙地首次扩展出现在5000—4000 aB.P.,气候恶化引起沙地复活扩大,导致农业迅速衰落,在考古上表现为小河沿文化分布缩小。沙地的第二次收缩出现在4000—3300 aB.P.,这是大暖期

---

① 敖汉旗博物馆:《敖汉旗南台地赵宝沟文化遗址调查》,《内蒙古文物考古》1991年1期。
② 如克什克腾旗上店、翁牛特旗小转山等遗址的海拔高度均超过1000米。
③ 如翁牛特旗大南沟、克什克腾旗上店等墓地的海拔高度超过1000米。

中又一较适宜期,良好的气候有助于植被恢复和土壤发育,促进了夏家店下层文化农业的发展。沙地的第二次扩展出现在3300—2800 aB.P.,时值全新世大暖期结束,气候恶化,沙地再度复活,农业衰落,畜牧业取代了农业。①

西拉沐沦河流域古遗址的高度变化及频率与遗址的平面摆动基本同步。这一现象明显与地貌的变化相关。夏正楷等提出的解释非常重要,它们不仅在理论上成立,而且对解读西拉沐沦河流域环境变迁以及人类对环境的适应方式有积极意义(图七)。特别是他们提出的第一、第二论点与本文统计结果非常吻合,结果可互为参照。

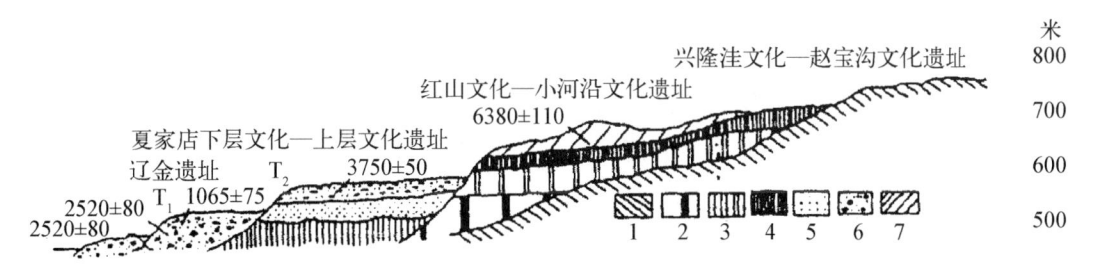

图七 西拉木伦河流域文化遗址分布的地貌位置图(此图由夏正楷先生提供)

四、遗址结构与堆积

(一) 聚落规模

兴隆洼—赵宝沟时期的聚落规模在2万平方米左右。其中,兴隆洼文化的聚落最大达6万平方米;②赵宝沟文化最大的聚落为9万平方米。③ 这一时期,聚落布局规整有序,有些聚落周边建较浅窄的环形围壕,壕内建有成排的方形、长方形半地穴式房屋,从几十座到百余座不等,最多达200余座。④ 房屋面积大小悬殊,以兴隆洼遗址为例,最大房屋140平方米,最小仅10余平方米。⑤ 红山文化的聚落规模进一步扩大,晚期阶段出现规模惊人的中心聚落和祭祀遗址群。⑥ 聚落结构延续前一时期的格局,个别出现双重围壕,内建半地穴式方形、长方形房屋,大小比例依旧相差悬殊。在乌尔吉沐沦河流域,富河文化较大的聚落也达到数万平方米,房屋百余间。⑦ 对小河沿文化的聚落还缺乏全面的了解,发现有的遗址面积1—2万平方米,内建半地穴式房屋数十间。房屋平面形状从以往的方

---

① 夏正楷、邓辉、武弘麟:《内蒙古西拉沐沦河流域考古文化演变的地貌背景分析》,《地理学报》2000年3期。
② 敖汉旗北城子聚落遗址。见《中国考古学年鉴(1999)》,文物出版社,2001年。
③ 敖汉旗赵宝沟遗址。
④ 参见《中国考古学年鉴(1999)》,文物出版社,2001年。北城子遗址在围壕内建构房屋214座,分为11排。
⑤ 敖汉旗兴隆洼遗址。
⑥ 辽宁建平与凌源交界处的牛河梁遗址群。
⑦ 巴林左旗富河沟门遗址面积为300×200米。

形、长方形一变为圆形、椭圆形。特点是房屋小型化,反映出社会和家庭结构出现了变化。① 夏家店下层文化的聚落最大达到几十万平方米,新出现夯土建筑的围墙和宽大的围壕,突出了防御功能,晚期出现了土坯墙、石墙、夯土墙和白灰面建筑。房屋分半地穴式和地面式,圆形房屋成为主流,双连间套房出现。在赤峰西山根城堡发展成排的圆形房屋72间,小者直径2米左右,大者超过10米,后者位于城中重要位置。② 夏家店下层文化的石城堡非常普遍,分为两类,一类分布在辽宁凌源、阜新一带,城堡建在山顶或平地上,间隔几十公里。另一类分布在以赤峰为中心的英金河、阴河流域,城塞间距1公里左右,有的仅间隔200—300米。③ 城堡规模大小不一,大者超过10万平方米,小者仅2—3万平方米。也有的在大的城堡周围建小的子城堡;或若干城堡构成一组,内中有一座规模较大的中心城堡。城堡的普遍出现凸显了对设防的重视,也使人类活动空间进一步扩展。夏家店上层文化的聚落和房屋与夏家店下层接近,如克什克腾旗龙头山遗址面积为25万平方米,其规模可见一斑。④ 房屋分窖穴、半地穴、平地起建三种,平面分为圆、方两类。

西拉沐沦河流域的聚落表现出规模逐步扩大的趋势,这是该地区人口密度不断提高,定居生活不断完善,农业经济比重增长,社会结构逐渐复杂化的反映。

(二) 文 化 堆 积

遗址文化层的厚度和堆积次数能够直接地衡量人类的居住时间及活动规模。兴隆洼—赵宝沟时期的聚落均坐落在处女地上,堆积较浅,文化层厚半米左右,内涵单一,绝少文化层叠压、打破现象,表层均被现代土层覆盖。有人曾就兴隆洼文化聚落的使用时间作过推算,认为当时的木构棚屋仅能维持一代人使用。⑤ 实际上,这一时期的聚落延续时间不可能如此之短。以兴隆洼遗址为例,该村落在建成使用后,曾先后经历过两次大的重建或改建,在改建过程中基本保持聚落的原有结构。但是,随着人口增长,最后不得不将房屋扩展到聚落原设计区域以外。如兴隆洼遗址第三期的多数房屋修建在第一期聚落西北段围壕外侧,房屋面积明显缩小,密度加大。⑥ 目前,尽管我们尚不清楚这些聚落最终延续了多久,但它们的确是在使用一段时间后突然被遗弃,居民迁徙他处,原居址从此杳无人烟,荒芜至今达数千年。赵宝沟文化的聚落变化不大,但个别遗址发现有被较晚的遗迹

---

① 辽宁省博物馆、昭盟工作站:《辽宁敖汉旗小河沿三种原始文化的发现》,《文物》1977年3期。
② 徐光冀:《赤峰英金河、阴河流域的石城遗址》,载《中国考古学研究》编委会编:《中国考古学研究》,文物出版社,1986年。
③ 中日考古合作研究考察组:《辽宁省凌源县三官甸子城子山石城址测量及有关遗存考察》,载辽宁省考古研究所、(日) 中国考古学研究会:《东北亚考古学研究——中日合作研究报告书》,文物出版社,1997年。
④ 内蒙古自治区文物考古研究所等:《内蒙古克什克腾旗龙头山遗址第一、二次发掘简报》,《考古》1991年8期。
⑤ (日) 冈村秀典:《辽河流域新石器文化的居住形态》,载辽宁省考古研究所、(日) 中国考古学研究会:《东北亚考古学研究——中日合作研究报告书》,文物出版社,1997年。
⑥ 刘国祥:《兴隆洼文化聚落形态初探》,《考古与文物》2001年6期。

单位叠压、打破现象,估计从这一时期开始了对聚落点的连续使用,但尚不十分普遍。

红山文化时期的遗址文化层一般厚 50 厘米左右,最厚超过 1 米。一些遗址发现累积 2—3 个时期的文化堆积,聚落连续利用率较前一阶段明显提高。红山文化晚期,聚落职能出现分化,文明程度进一步提高,聚落形态和规模呈现更加稳定的局面。小河沿文化的遗址堆积在 30 厘米上下,活动规模较红山文化似有某种程度的弱化。但在大南沟发现的氏族墓地达 100 座以上,说明当时的定居生活还比较稳定。①

夏家店下层文化的活动规模显著加强,这时期的文化堆积普遍厚达 2—3 米,有些达 5—6 米,②最厚者竟超过 10 米。③ 大甸子遗址面积 6 万平方米,墓地内发现墓葬 804 座,是长期定居生活的结果。在赤峰点将台遗址,房屋布局井然有序,房屋基址层层相叠,上下层房屋基本保持在相同位置,最多达 4 层。这些地面式建筑的居住面经过多次修补,有的达 7 层之多,并且有的将地面涂红。墙体使用夯土、土坯、石块建造,分为单层墙体和双层墙体,前者的房屋有方有圆,后者均为圆形。④ 类似现象也见于喀拉沁河东遗址,那里发现 5 座房基层层叠压,厚 2.4 米。其中,1 号房墙面使用土坯;2 号房墙面先抹草泥,再涂石灰;3—4 号房墙壁涂抹石灰;5 号房墙壁仅简单地涂抹黄泥,可证土坯墙最晚。5 座房屋的墙壁和居住面经过数次翻修,长期使用。⑤ 夏家店上层文化的遗址堆积普遍降到 0.5 米左右。在克什克腾旗龙头山发现了石围墙祭祀建筑,墙内文化堆积多达 3 层,是长期使用的结果。⑥

西拉沐沦河流域不同时期的文化埋藏显示,这里的聚落经历了从早期的单一文化利用到后来被多个文化的先后循环利用,使用期限不断延长。这期间,重要的阶段变化有两次,一次是从红山文化到夏家店下层文化阶段,表现为稳定程度的明显提高。另一次在夏家店下层文化到夏家店上层文化阶段,表现为稳定程度的相对减弱。

(三)动植物遗存

兴隆洼文化出土的兽骨主要有鹿、狍、猪,后者无明显的驯化迹象。在兴隆洼遗址还发现了野猪祭祀坑、藏鱼窖穴及骨鱼镖、鱼钩等渔猎遗迹和工具。⑦ 赵宝沟遗址发现动物 11 种,其中鹿的鉴定标本数和最小个体数分别占总量的 66% 和 51.5%。其次为猪,鉴定认为其形态近野猪,但也有家畜的提法。联系到红山时期,猪仍具有野生的性状,以野猪

---

① 辽宁省文物考古研究所、赤峰市博物馆编著:《大南沟——后红山文化墓地发掘报告》,科学出版社,1998 年。
② 赤峰点将台遗址文化层厚 7 米,喀喇沁旗大山前遗址文化层厚 6 米,均以夏家店下层堆积为主。
③ 郭治中:《内蒙古东部地区新石器—青铜时代的考古发现与研究》,《内蒙古文物考古文集》(第二集),中国大百科全书出版社,1997 年,20 页。
④ 刘晋祥:《赤峰市点将台青铜时代遗址》,《中国考古学年鉴(1991)》,文物出版社,1992 年。
⑤ 辽宁省博物馆文物工作队、朝阳地区博物馆文物组:《辽宁建平县喀拉沁河东遗址》,《考古》1983 年 11 期。
⑥ 内蒙古自治区文物考古研究所等:《内蒙古克什克腾旗龙头山遗址第一、二次发掘简报》,《考古》1991 年 8 期。
⑦ 中国社会科学院考古研究所内蒙古工作队:《内蒙古敖汉旗兴隆洼聚落遗址发掘简报》,《考古》1985 年 10 期;中国社会科学院考古研究所、内蒙古工作队:《内蒙古敖汉旗兴隆洼聚落遗址 1992 年发掘简报》,《考古》1997 年 1 期。

的可能性为大。经对赵宝沟出土兽骨统计并经换算,从这些兽骨可得纯肉约2300公斤,① 可见肉类在当时的食物构成中占有较大比率。此外,在兴隆洼和赵宝沟等遗址还发现了炭化的胡桃楸、李属籽实及桦树皮等,说明当时的采集经济也占较大比例。

红山文化出土的兽骨仍以鹿、猪为主,特别是猪仍被认为具有较多的野生性状。② 富河沟门遗址出土兽骨占遗物总量的1/3,经鉴定它们均为现代东北动物区系中的山地森林动物,未见大型草原奇蹄动物和大型食肉猛兽,更无家畜。其中,鹿类占50%,野猪、狗獾分别占17%和9%。③ 小河沿文化工作不多,南台地发现了葬犬,为驯化动物。大南沟墓地随葬的骨器占工具总量的33.3%,颇能说明一些问题。④

夏家店下层文化出土的兽骨有猪、犬、羊、牛、鹿和兔等。后二者为野生,余皆家畜。这其中,猪为数最多。以建平水泉遗址为例,该址出土猪骨约占兽骨的一半。⑤ 有学者指出,夏家店下层文化的动物有一大的变化,即鹿科动物明显减少,表明当时聚落周围的景观环境有较大改变。⑥ 夏家店上层文化出土兽骨变率不大,有马、牛、羊、猪、犬、鹿、獐、狼、狐狸、熊、兔等。其中,前5类属家畜。特别是马已被驯化,用于架车或骑乘。⑦ 在夏家店下层和上层的遗址中均已发现人工栽培的谷物。⑧

从兽骨的资料分析可见,红山文化到夏家店下层文化之间有大的转变,家畜品种的驯化和完善化可能是在夏家店下层文化时最终实现的。牛、羊的驯化时间有可能晚到夏家店下层文化晚段。

五、人地关系的讨论

(一) 以渔猎—采集为主阶段

在兴隆洼文化,包括时间更早一段的素面筒形罐时期,西拉沐沦河流域人口密度低,对土地的开发和利用能力有限,农业迹象非常不明显,对环境尚不构成大的影响,人类生业经济还停留在以渔猎—采集为主的阶段。这一时期普遍流行石磨盘、石磨棒,传统上它们多被视为粮食加工用具。实际上,这种工具的使用非常复杂。从时间上看,石磨盘、石

---

① 中国社会科学院考古研究所编著:《敖汉赵宝沟——新石器时代聚落》,中国大百科全书出版社,1997年。
② (日)大贯静夫:《环渤海地区初期杂谷农耕文化的进展》,载辽宁省考古研究所、(日)中国考古学研究会:《东北亚考古学研究——中日合作研究报告书》,文物出版社,1997年。
③ 徐光冀:《北方地区的新石器时代文化》,载中国社会科学院考古研究所编:《新中国的考古发现和研究》,文物出版社,1984年。
④ 辽宁省文物考古研究所、赤峰市博物馆编著:《大南沟——后红山文化墓地发掘报告》,科学出版社,1998年。
⑤ 张镇洪:《建平县水泉夏家店文化遗址兽骨研究》,《考古与文物》1989年1期。
⑥ (日)大贯静夫:《环渤海地区初期杂谷农耕文化的进展》,载辽宁省考古研究所、(日)中国考古学研究会:《东北亚考古学研究——中日合作研究报告书》,文物出版社,1997年。
⑦ 中国科学院考古研究所内蒙古工作队:《宁城南山根遗址发掘报告》,《考古学报》1975年1期;辽宁省博物馆文物工作队:《辽宁林西县大井古铜矿1976年发掘简报》,《文物资料丛刊》7,文物出版社,1983年。
⑧ 在敖汉旗大甸子和克什克腾旗龙头山均发现有谷物遗存。

磨棒出现并普遍流行于农业经济欠发达期,一旦农业栽培成为主要的经济手段后,它们会突然衰落,并很快消亡,这已成为一个明显的文化现象。因此,将其作为野生坚果、野生植物籽实的加工用具似乎更为合理。目前,在兴隆洼文化中尚未发现有农业栽培和家畜饲养方面的证据。反之,动物骨骼和生产工具的研究则证明其渔猎—采集经济发达。尽管我们不怀疑兴隆洼时期已有可能掌握了一些初步的农业栽培技术,但即便有,估计也还处在比较原始的阶段。与兴隆洼文化相比,赵宝沟文化在聚落形态、人口密度和动植物遗存等方面均未表现出大的进步。突出的变化是赵宝沟文化的磨制石器增多,特别是磨制石斧增加,新出现磨光鞋底形石耜和零星的石刀。在赵宝沟遗址,几乎每座房屋都发现了石斧、石耜,据统计,这两类工具约占大型石器的40%。① 经对赵宝沟遗址出土石器的微痕观察,多数被认为是农业工具,② 但根据何在?尚缺乏模拟对比分析。估计赵宝沟时期的农业经济比重可能较前一时期加大,但兽骨分析的结果并不支持这一推测。

孢粉分析和古植物学研究表明,8000—6000 aB.P.,西拉沐沦河流域为典型草原亚地带,广泛分布温暖性夏绿阔叶林木,气候温暖偏湿。兴隆洼—赵宝沟时期,聚落周围为阔叶林、针叶—阔叶混交林与草原过渡带环境,表明当时人们对森林仍有较大的依赖性,这也是农业经济欠发达的一个标志。兴隆洼、赵宝沟遗址发现的炭化胡桃楸果实,从侧面证实了这一点。③

(二)农业形成期

红山文化时期,以赤峰为轴心的文化重心区已浮出水面。随着气候环境的好转,地貌的改变,地势略低的河谷台塬为人类活动提供了广阔的生存空间,人类对环境的作用和影响力也在加强,土地承载力和供养力得到进一步提高。在这一大的背景下,人类定居点已不再频繁更迭,重复利用率提高,生活更为稳定。在生产工具方面,自赵宝沟时期出现的磨光石耜更为普及,此类工具有利于加强人类对河谷台塬的开发,有效地组织生产。特别是用于收割的桂叶形穿孔石刀普遍被发现,从另一个侧面说明农业比重的增加。红山文化的陶器形态、种类与黄河流域非常接近,这是两地文化交流的结果,在这一接触过程中,红山文化不可避免地会接受中原地区农业文化的影响。加之赤峰周边黄土深厚,水热条件较好,对发展农业比较有利,红山时期人口向这里辐集当是这一文化背景的反映,这个事件的背后也就是赤峰农业重心区形成的过程,西拉沐沦河流域的农业经济大体在这一阶段形成并逐渐发展起来。但是,对这一阶段的农业经济成分还不宜作过高估计。首先,截至目前,尚未发现红山时期的农作物遗留;二是家畜饲养方面的证据也并不乐观;三是红山文化仍保留一定比例的石磨盘、石磨棒、打制石器和细石器工具,说明渔猎—采集活

---

① 中国社会科学院考古研究所编著:《敖汉赵宝沟——新石器时代聚落》,中国大百科全书出版社,1997年。
② 朱晓东:《赵宝沟聚落遗址石器的微痕观察》,载中国社会科学院考古研究所编著:《敖汉赵宝沟——新石器时代聚落》,中国大百科全书出版社,1997年;刘晋祥、董新林:《浅论赵宝沟文化的农业经济》,《考古》1996年2期。
③ 孔昭宸、杜乃秋、刘观民、杨虎:《内蒙古自治区赤峰市距今8000—2400年间环境考古学的初步研究》,载中国社会科学院考古研究所编著:《大甸子——夏家店下层文化遗址和墓地发掘报告》,科学出版社,1996年。

动在当时的经济生活中仍扮演着一定的角色。

与红山文化大致同时的富河文化集中在乌尔吉沐沦河流域。该文化陶器种类单一，生产工具全部为打制的大型石器和细石器，以砍砸器、亚腰石锄及大量石镞为主，制作技术相当规范，形态固定。大量兽骨证实当地的环境属于山地森林景观，其经济成分表现为纯粹的渔猎—采集经济。

小河沿文化人口密度降低，大概与气候恶化，土地承载力降低有关。孢粉分析表明，5000 aB.P.前后，落叶阔叶林开始减少，适应性较强的桦树和喜温干的松树扩大，中温性草原占据低丘陵地，气候可能向温干方向发展。[①] 小河沿文化的石器工艺还是比较进步的，流行磨制条形斧、梯形锛及石铲等；另一方面，骨梗刀一类复合工具比较常见，估计其经济状况与红山文化大体持平。

一个有趣的现象是，自小河沿文化始，作为衡量农业生产重要标志的磨光石耜突然匿迹。至夏家店下层文化时期，农业经济有了非常大的发展，却也不见此类工具的复苏，对此该作何解释？同类现象也见于黄河流域。[②] 耐人寻味的是，这一现象与前面对石磨盘、石磨棒的解读颇为类似。

（三）农业繁荣期

夏家店下层文化的遗址数量是红山文化的 5 倍，但这不足以说明其人口规模也扩张了 5 倍。实际上，夏家店下层文化有相当部分的城堡是与聚落对应存在的。可是，即便我们将夏家店下层文化遗址减半，其人口的大幅增加也是个不争的事实。另一变化是，夏家店下层文化遗址极明显地集中到了赤峰周边地区，使得这一区域的人口密度达到空前的水平。随着人口的膨胀，夏家店下层文化不仅继续占据着缓坡丘陵和山梁，也全面开始了对河谷台塬、河漫滩的开发。聚落规模进一步扩大，堆积极其丰厚。如此的发展规模在西拉沐沦河流域可谓空前，这是定居生活持续稳定、人类活动频繁扩大的写照。这一现象深刻地表明，夏家店下层文化居民对周围环境的影响和作用力达到空前程度，为维持赤峰周围的高人口密度，唯一的办法就是提高土地供养力，而农业是达到这个目的的唯一可行的途径和手段。赤峰是黄土覆盖密集区，地理位置偏南，水热条件较好，为夏家店下层农业文化的全面发展提供了坚实基础。夏家店下层文化的生产工具门类齐全，有打制的亚腰石锄，磨制的石铲、石刀、石镰，还有少量的细石器。在敖汉旗大甸子（M117：2）及其他遗址发现有这一时期的谷类标本，足以说明这一点。这一时期，猪、犬已被驯化，并经常作为殉葬品出现；牛、羊尚处于家畜化过程中，驯化时间可能略晚。总之，夏家店下层文化的农业经济有了长足进展，总体水平已接近中原地区。但是，考虑到西拉沐沦河流域特殊的地理环境，我们还很难在同一层面上比较两地的农业生产活动。另有一个信息值得注意，这

[①] 孔昭宸、杜乃秋、刘观民、杨虎：《内蒙古自治区赤峰市距今 8000—2400 年间环境考古学的初步研究》，载中国社会科学院考古研究所编著：《大甸子——夏家店下层文化遗址和墓地发掘报告》，科学出版社，1996 年。

[②] 裴李岗文化时期流行鞋底状石耜，仰韶文化时消失不见。

一时期的鹿科动物明显减少,这从另一角度证实,夏家店下层文化居民明显加大了对农业生产的投入,随着农业活动的增加,对遗址周围的地表植被产生了很大的破坏,并由此波及周围地区的生态链,甚至于影响到了动物种群的结构。

(四) 半农半牧经济

夏家店上层文化遗址仅为夏家店下层的6成,考虑到后者的遗址构成,夏家店上层文化人口是否下降了4成还是个谜。此外,在空间上也看不出遗址布局有多么大的改变,绝大多数遗址仍集中在赤峰周边。要说变化,一是在西拉沐沦河以北出现零星的遗址;二是遗址所在位置有向海拔略高处移动的迹象;[1]三是文化埋藏量大幅下降,其活动规模无法与夏家店下层同日而语。这一时期的生产工具基本为磨制品,有石斧、石锤、双孔石刀、盘状器、杵、臼等,铜工具和武器已很普及。有学者指出,夏家店上层文化不见石锄,仅有收获用的石刀,是农业经济比重降低的表现。[2] 孢粉分析结果是,在3000 aB.P.左右,北方地区曾有低温干燥过程,气候转入干冷,这一不利因素有可能对当时的农业生产造成了一定影响。

目前,学术界较多的意见是,夏家店上层文化的经济成分表现出从农业转入畜牧业的形态。但也存在一些完全相悖的看法,如有人认为这一时期属于半农半牧经济;有人认为是畜牧业;甚至有人认为是农业经济;或一部分以农业为主,一部分以畜牧业为主。

仅从目前的考古资料出发,尚看不出夏家店上层文化的经济活动有从农业到畜牧业的剧烈变更。首先,这一期间的绝大部分遗址仍云集在赤峰周边及老哈河流域,表明其居民对黄土仍存在很大的依附性,长久以来形成的农业传统大概不会在短时期内消失殆尽。有学者曾指出,如果说夏家店上层文化与下层文化之间出现了从森林到草原的重大生态改变,或者说二者的经济形态发生了从农业到畜牧业的巨大转变,那一定会在遗址的动物种群方面有所反映。[3] 比如牛、羊、马等食草类动物比例大幅增加等。但截至目前,尚看不到这方面的证据。因此,还不能确定这一时期的经济发生过巨大转变。

本文倾向于这样的认识,气候的再度恶化对夏家店上层文化农业经济确实产生了不利影响,但在纬度偏南、水热条件稍好的河谷地带仍能维系一定比例的农业生产。但在纬度偏北、海拔略高,水热条件比较差的区域,畜牧业比重有可能在逐渐增加。如西拉沐沦河以北地区,畜牧业有可能成为主要经济支柱。鉴于此,我们比较认同夏家店上层文化属于半农半牧经济结构的认识。假如不是这样,那将很难解释,凭借单一的畜牧业经济,何以支撑和供养赤峰周边地区与夏家店下层文化接近的、庞大而密集的人口!但需要指出

---

[1] 吉林大学考古系滕铭予教授见告,他们在赤峰地区半支箭河的调查显示,夏家店上层文化的遗址有向高处移动的迹象。

[2] (日)大贯静夫:《环渤海地区初期杂谷农耕文化的进展》,载辽宁省考古研究所、(日)中国考古学研究会编:《东北亚考古学研究——中日合作研究报告书》,文物出版社,1997年,153页。

[3] (日)大贯静夫:《环渤海地区初期杂谷农耕文化的进展》,载辽宁省考古研究所、(日)中国考古学研究会编:《东北亚考古学研究——中日合作研究报告书》,文物出版社,1997年,149页。

的是，本文得出的半农半牧式经济结构突显了地带性色彩。

结　　语

1）自 8000—2300 aB.P.，西拉沐沦河流域的生业大体经历了三个阶段，即兴隆洼—赵宝沟文化以渔猎—采集为主的时期，红山文化的农业成长期和夏家店下层文化的农业繁荣期，以及夏家店上层文化的地带性半农半牧式经济期。

2）在西拉沐沦河流域，真正的畜牧业经济大概是在夏家店上层文化以后才出现的。历史地看，即便是在以后，西拉沐沦河以南至长城沿线地带仍长期处于半农半牧的经济形态，但在不同的时期，其经济构成有所波动。

3）生业的改变与环境、气候变化强相关。8000—5000 aB.P.，为全新世大暖期的气候适宜期，农业比重逐渐加大。小河沿文化进入萧条期，一般认为这与 5000 aB.P.的气候恶化有关。4100—3500 aB.P.前后，环境状况好转，自南而北的文化影响增强，进入农业繁荣期。3000 aB.P.以降，气候再度干冷，农业经济有所衰退，形成地带性半农半牧经济。以上变化大致以千年为尺度，呈现冷暖交替的格局。

4）地处昭盟高原的西拉沐沦河具有"生业边界"的功能。这里地处蒙古高原边缘，大致以西拉沐沦河为界，南北区域环境差异显著，这不仅影响了两地的古文化面貌，也波及各自区域内的经济形态。但目前还缺乏对南北两地聚落的深入比较，因此在解读上还存在一些困难。

2001 年 8 月初稿
2002 年初定稿于北京蓝旗营小区

本文曾发表在：《边疆考古研究》（第一辑），科学出版社，2002 年，269—288 页。

区域对比：环境与聚落的演进

一、相 关 概 念

聚落（Settlement）：一个地理概念。指人类在一个适当的地理环境内定居而形成的居所。聚落依大小分为两类：小者为乡村，大者为城市。也有学者提出第三种形式——类城市聚落。聚落的位置选择、发展兴衰，在很大程度上受地理环境制约，如水源、地貌、交通、气候、资源及其他人文因素等。聚落的形成、聚落的形态受自然因素影响甚大，尤以水源、地貌和资源最为重要。

聚集（Agglomeration）：人文地理学用以表明聚落的集合度。地貌、给水、安全、生产方式等因素都会影响到聚落的聚集及密集程度。

聚落考古：20世纪50年代开始在考古学中流行的作业方式和研究方法。具体定义和作业方式为：在一定地域内进行大范围的考古调查、发掘，以了解古遗址的空间分布、遗址功能、遗址间的社群关系、人文与环境关系、人口规模、生业方式及社会组织结构等。

二、聚落演进——另类的观察

本项研究的工作范围和资料数据限定在中国北方地区，我们选取了以往工作较为成功，并且在地域和文化上颇具典型意义的三个区域（图一）分别进行，目的是从环境考古的角度解读聚落变化及发展的不同区域模式。

案例一：渭河上游—葫芦河流域

1）环境背景

葫芦河地处甘肃东部，是渭河上游的一条支流。流域范围东临六盘山，地理坐标为105°30′—106°30′E，34°30′—36°30′N。流域范围属陇西黄土高原，流域地势北高南低（海拔高程2000—1130米），地貌形态主要表现为黄土梁、峁及少量的河川谷地。气候条件表现为：流域南部为半湿润区，年均温7.9℃—10.5℃，年均降水507—567 mm，理论上为森林草原区。流域北部为半干旱区，年均温6.1℃—7.1℃，年降水400—479 mm，理论上为草原区。该区域自南而北，农业的比重递减，畜牧业比重递增。

2）考古学文化序列及聚落量值变化

渭河上游—葫芦河流域的考古学文化序列为：大地湾一期文化—仰韶文化（早—

图一 聚落演进案例所在区域位置示意图

中—晚)—常山下层文化(马家窑文化)—齐家文化—寺洼文化—周文化—春秋战国文化—汉文化。

遗址数量及量值变化：大地湾一期遗址 1 处,仰韶文化早期遗址 21 处,仰韶文化中期遗址 47 处,仰韶文化晚期遗址 106 处,常山下层遗址 81 处,马家窑文化 5 处,齐家文化 374 处,寺洼文化 7 处,西周遗址 20 处,春秋战国遗址 6 处,汉代遗址 31 处(图二)。遗址量值变化直接反映了人类活动的规模和聚落的聚集程度。葫芦河流域内古文化整体演变趋势为：大地湾一期—齐家文化前期为上升繁荣期,表现为遗址数量直线攀升,聚落和人口密度加大,人类对环境的影响力及作用力逐步提高。齐家文化后期步入衰退期,表现为遗址数量锐减,聚落离散,人口密度降低,人类对环境的影响及控制能力减弱。①

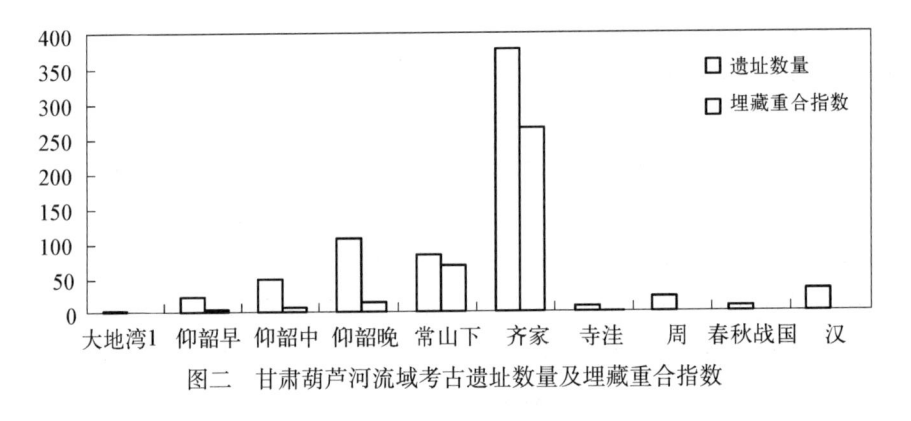

图二 甘肃葫芦河流域考古遗址数量及埋藏重合指数

---

① 李非、李水城、水涛：《葫芦河流域的古文化与古环境》,《考古》1993 年 9 期,822—842 页。

3) 环境变化与聚落的移动

遗址量值变化与人类活动程度、聚落消长与移动强相关。大地湾一期—仰韶文化早期(8000—6000 aB.P),遗址均坐落在河谷的一级阶地上;仰韶文化中期(6000—5500 aB.P)上移至二级阶地;仰韶文化晚期(5500—4500 aB.P.)再上移至山腰地段;齐家文化(4000 aB.P.前后)继续保持上移趋势,有些遗址甚至进入山梁顶部。寺洼文化—西周时期(3500—2700 aB.P.),遗址位置回落到河谷阶地;春秋战国时期(2700—2200 aB.P.)略有上移,但摆幅不大(图三)。

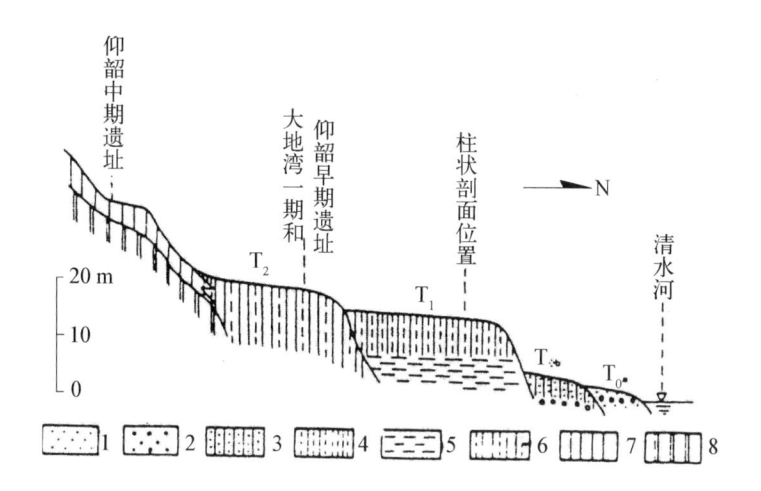

图三 甘肃清水河阶地大地湾遗址考古学文化分布示意
1. 冲积砂层 2. 冲积砾石层 3. 冲积砂黏土 4. 全新世冲积次生黄土
5. 河湖相沉积 6. 晚更新世冲积次生黄土 7. 晚更新世黄土 8. 中更新世黄土

葫芦河流域内聚落的垂直摆动是气候变化的直接后果。大地湾一期—仰韶文化早期,处于全新世大暖期之初,气温偏低,降水较少,河谷深,地形陡峻,聚落多建在低阶地上。仰韶文化中期,气温升高,降水增加,河道淤积加快,聚落随之上移至二级阶地。仰韶文化晚期到齐家文化前期,气候从高温高湿期逐渐转向干冷,随着河道的淤积,地表水抬升,聚落移向山腰甚至山顶(亦不排除气候适宜、人口密度加大的因素)。齐家文化以后,气候明显干冷,降雨减少,河流下切,地表水下降,聚落从高处重新下移到河谷,直至春秋战国时期。

4) 文化埋藏重合指数

指不同时段遗存在同一区域的重合埋藏程度。

葫芦河流域不同时期的文化遗存共计527处(旧石器遗址除外)。其中,文化单一型遗址356处。分别占同期比为:大地湾一期0%,仰韶文化早、中、晚各期在13%—14%之间,常山下层高达81%(马家窑文化0%,属外来插入文化因素,不具指标意义),齐家文化70%,寺洼文化11%,西周—汉代0%(图二)。葫芦河流域文化埋藏的总体表现为,前期文化埋藏重合指数居高,后期(常山下—齐家)大幅降低,转为以文化单一型埋藏为主。

值得注意的是,后期文化变动剧烈,是气候环境发生重大变化阶段。

案例二:西拉沐沦河—老哈河流域

1) 环境背景

西拉沐沦河—老哈河流域地处蒙新高原东缘,是内蒙古东南部山地丘陵向辽河平原过渡的中间带,也是农牧业交错带和黄土—沙地过渡带。该区域面积很大,我们将研究区域锁定在118°—120°E,40.5°—44°N的范围(图一)。西拉沐沦河—老哈河及各支流河谷广泛发育有二级阶地。地貌以丘陵山地为主,海拔700—1100米。可分为3个亚区:东南部、南部和西部为低山丘陵区;中部为黄土丘陵区;北部为沙丘、甸子地。流域范围地处中温带大陆性季风气候区,属中国北方半干旱半湿润区。年均温5℃—7℃,降水400毫米左右,集中在每年的6—8月(占全年降水70%以上)。该区域理论上属于森林草原景观,现实际为人工植被和草原景观。区域经济属半农半牧型。

2) 考古学文化序列及遗址量值变化

流域内考古学文化发展谱系为:兴隆洼文化—赵宝沟文化—红山文化(富河文化)—小河沿文化—夏家店下层文化—夏家店上层文化—燕文化—汉文化。

在我们锁定的研究区域内,遗址的量值变化为:兴隆洼文化遗址25处,赵宝沟文化遗址17处(实际数应等于或略高于兴隆洼文化,如敖汉旗一地就发现赵宝沟文化遗址60余处),红山文化遗址101处(富河文化遗址28处),小河沿文化遗址23处,夏家店下层文化遗址489处,夏家店上层文化遗址293处(图四),此后阶段数据缺失。以上数字显示,从8000—2500 aB.P.,该地区遗址数量直线攀升(夏家店上层文化遗址略有下降),聚落与人口密度加大,人类对环境的影响及控制能力不断增强。

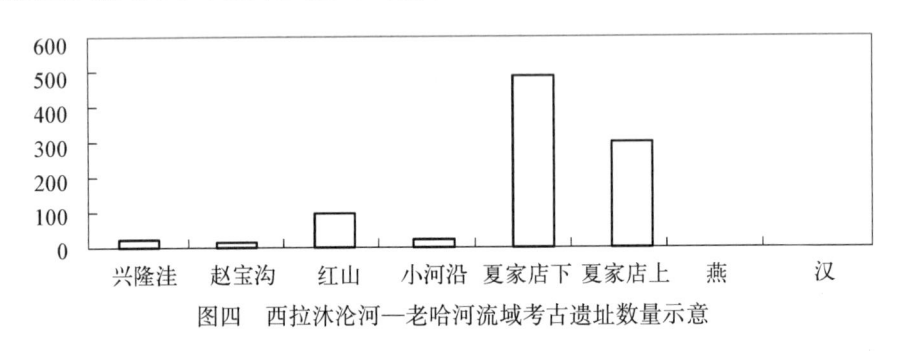

图四 西拉沐沦河—老哈河流域考古遗址数量示意

3) 环境变化与聚落移动

初步统计,兴隆洼—赵宝沟时期,聚落点普遍选择在地势较高、位置较优越的黄土台塬及缓坡上,海拔550米上下。红山文化聚落除继续占据黄土台塬及缓坡外,开始进入地势略低的河谷阶地,海拔400—500米(高者达1000米)。小河沿文化遗址发现较少,聚落所在位置与红山文化大致相同。夏家店下层文化聚落多位于海拔400米上下、依托山岭的河谷缓坡或阶地上(海拔400米以上位置仍有分布,最高达1000米,后者多为山城)。夏家店上层文化聚落位置与夏家店下层文化接近。

西拉沐沦河—老哈河流域的聚落点依时代早晚由高向低垂直移动(图五)。这一趋势同样与气候变更有关。夏正楷、邓辉、武弘麟等提出：① 该地区古遗址的垂直迁移主要是受河流阶地发育影响。8000—6000 aB.P.时，系全新世大暖期之初，西拉沐沦河水系初现，地貌表现为宽广的山间黄土堆积平原。6500 aB.P.以后，气候转暖，区域水系形成，河流将山间黄土堆积平原切割成台塬、阶地，红山文化居民开始进入新形成的河漫滩。4000 aB.P.前后，河流继续下切，新形成的二级阶地、河漫滩为人类提供了更合适的生存环境。② 聚落移动的另一原因是原始农业对黄土的强依赖性。8000—6000 aB.P.时，农业欠发达，对黄土依赖性低，聚落遍及整个流域，但离散度大。6500 aB.P.后，农业有较大发展，人类开始向黄土地带靠拢（小河沿文化时期受气候变化影响，遗址进一步收缩到水热条件更好的地带）。4000 aB.P.前后，定居农业形成，聚落向黄土地带集中。3000 aB.P.前后，农业经济弱化，人类对黄土依赖性降低，聚落扩散到黄土地带以外区域。①

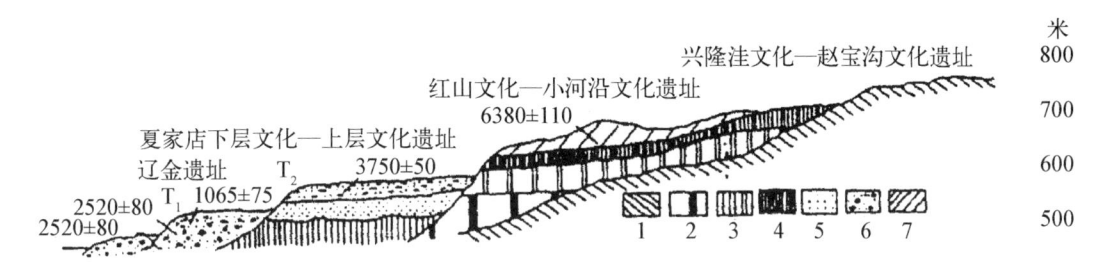

图五　西拉沐沦河流域古遗址分布地貌位置示意图

以上解释在理论上成立，并与我们对西拉沐沦河流域古遗址数据的读取结果完全吻合。

4）文化埋藏重合指数

西拉沐沦河—老哈河流域文化埋藏重合指数甚低。兴隆洼—赵宝沟时期，聚落绝大部分坐落于处女地上，且废弃后长期未被后人侵扰。红山文化时期，重合型遗址数量开始增加，但总比例仍不高，这种以文化单一型埋藏为主的现象一直持续到夏家店上层文化时期。参照崔之久、夏正楷、杨晓燕的数据统计，在赤峰地区，除红山区与宁城县外，遗址埋藏主要表现为文化单一型，其比例高达 61.9%—100%；而文化重合型遗址仅为 0%—38.1%。如果考虑到夏家店下层文化与夏家店上层文化为替代关系，而非文化传承关系，这里的文化单一型遗址比例将会更高②（表一）。而文化单一型埋藏的聚落特点则与该地区地貌演化密切相关。

---

① 夏正楷、邓辉、武弘麟：《内蒙古西拉沐沦河流域考古文化演变的地貌背景分析》，《地理学报》2000 年 3 期。
② 崔之久、杨晓燕、夏正楷：《初论古文化类型演替与传承模式的区域分异——以西拉沐沦河和汶泗流域为例》，《第四纪研究》2002 年 5 期。

表一　赤峰地区遗址类型统计（引自：崔之久、夏正楷、杨晓燕）

地区、县	遗址总量	重和型遗址 数量	%	单一型遗址 数量	%	史前重合型遗址 数量	%	史前单一型遗址 数量	%
松山地区	190	92	48.4	98	51.6	58	30.5	132	69.5
红山地区	2	2	100	0	0	2	100	0	0
元宝山地区	41	5	12.2	36	87.8	4	9.8	39	90.2
科右旗	22	—							
科左旗	46	8	17.4	38	82.67	0	0	46	100
林西县	21	9	42.9	12	57.1	8	38.1	13	61.9
巴林左旗	34	8	23.5	26	76.5	7	20.6	27	79.4
科旗	59	12	20.3	47	79.7	10	17.0	49	83.0
喀拉沁旗	267	96	36	171	64	65	24.3	202	75.7
宁城县	192	—	—	—	—	134	69.8	58	30.2

案例三：黄河中下游——华北平原区

1）环境背景

空间范围主要包括河南省郑（州）洛（阳）以东广大的黄淮冲积平原及鲁西北冲积平原地区（图一）。河南境内的地势在海拔 100 米以下，山东境内的地势降至海拔 50 米以下（鲁中南丘陵区海拔 200—500 米）。这里的年均温在 14℃ 上下，南北温差 2℃ 左右；年降雨 500—900 毫米（夏季占全年降水的 50%—70%），属湿润半湿润暖温带气候。地域经济为典型农业型。

2）考古学文化序列及遗址量值变化

黄河中游—华北平原的考古学文化序列为：磁山文化—裴李岗文化—仰韶文化（郑州大河村遗址为代表）—龙山文化（洛阳王湾、安阳后岗遗址为代表）—二里头文化—商文化—周文化—汉代文化。黄河下游的考古学文化序列为：后李文化—北辛文化—大汶口文化—龙山文化—岳石文化—商文化—周文化—汉文化。

目前，尚缺乏该区域内遗址的数量及量值变化的详细数据。据《河南省文物地图集》、①《河南考古四十年》统计，河南省内：裴李岗文化遗址 100 余处，仰韶文化遗址 800 余处（另有大汶口文化、屈家岭文化遗址若干，忽略不计），龙山文化遗址 1000 余处；再后数据缺失（注意：以上数据来自河南省全境）②（图六）。

---

① 国家文物局主编：《中国文物地图集：河南分册》，中国地图出版社，1991 年。
② 河南省文物研究所编：《河南考古四十年》（1952—1992），河南人民出版社，1994 年。

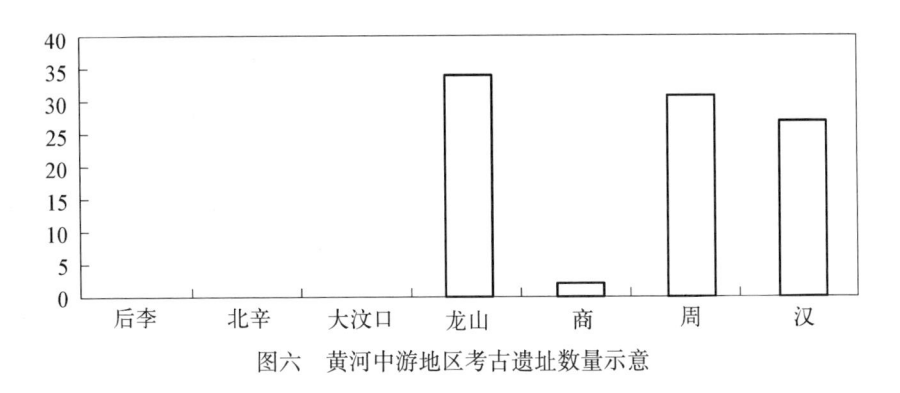

图六 黄河中游地区考古遗址数量示意

黄河下游地区我们参考了日照两城镇考古调查资料，计有：龙山文化遗址 34 处；商代遗址 2 处，周代遗址 31 处，汉代遗址 27 处①（图七）。该区域古遗址的总体变化趋势可表述为，新石器时代的遗址数量直线上升；夏商时期遗址数量减少；西周以后再度回升。

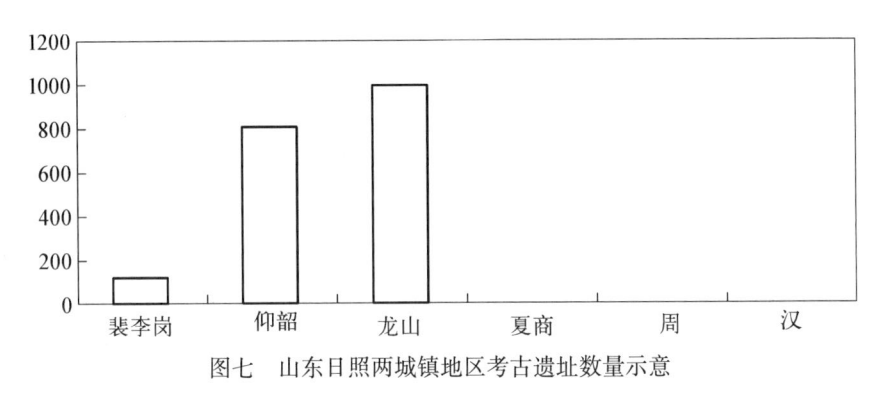

图七 山东日照两城镇地区考古遗址数量示意

3）环境变化与聚落的移动

华北平原的地貌环境相对稳定。宏观地看，这里未出现有如葫芦河流域、西拉沐沦河流域那样明显的地形地貌变化。该区域的古聚落大部分坐落在大河两岸及各支流阶地内，人类活动空间长期稳定在同一范围，即便发生位移也只是小规模的、水平方向的摆动，鲜有大范围的变更。因此，在一些低海拔地区往往形成丰厚堆积的台形或土墩遗址。

4）文化埋藏重合指数

黄河中下游地区古遗址的文化埋藏高度重合。以河南地区为例：郑州大河村遗址的文化堆积厚达 7 米，最深可达 12.5 米，含仰韶文化、龙山文化、二里头文化、商代 4 个时期堆积。② 洛阳王湾遗址厚度不详，其文化内涵包括仰韶文化、龙山文化、西周、春秋、战国、晋、北朝 7 个时代堆积。③ 鹿邑栾台遗址的文化层厚 7—8 米余，包含大汶口文化、龙山文化、岳石文化、商代、西周、东周 6 个时段的堆积。④ 再看山东地区：泗水尹家城遗址的文

---

① 中美两城地区联合考古队：《山东日照市两城地区的考古调查》，《考古》1987 年 4 期。
② 郑州市博物馆：《郑州大河村遗址发掘报告》，《考古学报》1979 年 3 期。
③ 北京大学考古实习队：《洛阳王湾遗址发掘简报》，《考古》1961 年 4 期。
④ 河南省文物研究所：《鹿邑栾台遗址发掘简报》，《华夏考古》1989 年 1 期。

化堆积厚 2.8—4 米,含大汶口文化、龙山文化、岳石文化、早商、战国、汉代 6 个时期。① 广饶五村遗址文化层最深达 5.2 米,含大汶口文化、商代、周代、战国、汉代、唐代 6 个时期堆积。② 青州凤凰台遗址文化层厚 3.5—4 米余,含龙山文化、商代、西周、东周、汉代 5 个时期堆积。③ 章丘宁家埠遗址文化层厚 2 米以上,含龙山文化、商代、周代、汉代、唐代、宋代 6 个时期堆积。④ 著名的城子崖古城曾先后为龙山文化、岳石文化、周代沿用。⑤ 在鲁中南地区:泰安大汶口遗址的文化层厚 3 米,含北辛文化、大汶口文化、龙山文化 3 个时段的堆积。⑥ 兖州西吴寺遗址文化堆积厚 1.2—1.5 米,含龙山文化、岳石文化、周代 3 个时期堆积。⑦ 该区域文化单一型遗址多见于新石器时代的偏早阶段(8000—7000 aB.P.)。

三、区域对比结果

(一)聚落进化模式

1)连续的进化模式

黄河中下游地区的聚落表现为连续发展的文化模式。自进入新石器时代以来,该区域内古遗址数量从少到多,聚落规模由小变大,古文化呈现连续、稳定、渐进的发展态势。因这里地处低海拔大河平原,地势平坦,受气候变化影响程度相对较小。聚落、人口密度相对较大,聚落位置比较稳定,摆动幅度小。不同时期的文化埋藏高度重合,乃至数千年来层层叠垒,形成丰厚的堆积。由于在地理、环境、资源配置、气候等多方面占有优势,从很早起就发展出较高水平的农业文明。这无疑会对周边文化产生强大的吸附力,增大文化兼容性,导致文化的辐集与人口聚集。长此以往的文化碰撞与融合,必将会在某些条件适宜区形成较大规模的聚落中心,进而发展出早期城市,并最终产生雏形国家。

2)跳跃的进化模式

西拉沐沦河流域的聚落表现为跳跃式的文化演进模式。自进入新石器时代以来,该区域的遗址数量也表现为由少到多,聚落规模从小到大,但其演进方式呈现出跳跃、断裂的状态。由于地处丘陵地带,纬度较高,文化对环境及气候变化高度敏感。这里的聚落密度及人口规模均小于大河平原区,居民长期维系农业与狩猎—采集或畜牧的生业形态。

---

① 山东大学历史系考古专业教研室编:《泗水尹家城》,文物出版社,1990 年。
② 山东省文物考古研究所、广饶县博物馆:《广饶县五村遗址发掘报告》,载张学海主编:《海岱考古》第一辑,山东大学出版社,1989 年,61—123 页。
③ 山东省文物考古研究所、山东大学历史系考古教研室、青州市博物馆:《青州市凤凰台遗址发掘》,载张学海主编:《海岱考古》第一辑,山东大学出版社,1989 年,141—182 页。
④ 济青公路文物考古队宁家埠分队:《章丘宁家埠遗址发掘报告》,载山东省文物考古研究所编:《济青高级公路章丘工段考古发掘报告集》,齐鲁书社,1993 年。
⑤ 张学海:《前言》,载张学海主编:《纪念城子崖遗址发掘 60 周年国际学术讨论会文集》,齐鲁书社,1993 年,1 页。
⑥ 山东省文物考古研究所:《大汶口续集》,科学出版社,1997 年。
⑦ 国家文物局考古领队培训班:《兖州西吴寺》,文物出版社,1990 年。

受区域内地貌变化的影响,聚落频繁更迭,文化埋藏重合指数低,单一性质的遗址数量居多。受这些不利因素的制约,这里不仅很难对周边地区产生文化上的引力,反之却易于受外界文化的干扰。尽管在这一地区也能形成一些较大的中心聚落,但很难进一步发展到规模化的城市文明。

3) 异化的模式

葫芦河流域的聚落演进模式既不同于大河平原,也有别于西拉沐沦河流域。总体看,这里的文化既有连续、整合的一面,又表现出某种跳跃色彩,或可看作是一种异化的演进模式。8000—5000 aB.P.时期,该区域的文化演进是连续性的,遗址埋藏重合指数高,表现为农业为主的生业经济。在 5000—2500 aB.P.阶段,跳跃性加强,遗址文化埋藏重合指数锐减,畜牧业经济比重有所增加。受区域内环境变化影响,不同阶段的聚落表现出反复的垂直迁移。该地区也可形成某些大的中心聚落,但很难发展出规模化的城市文明。

4) 小结

黄河中下游地区和西拉沐沦河流域分别代表着两种原生土著文化的不同演进方式,即大河农业文明和北方农牧业交错带文明。西北地区的葫芦河流域是为次生文化的代表,它源出于中原大河文明,但在向西传播扩散的过程中发生了异化。

(二) 环境与文化

环境与文化历来互为影响。自全新世以来,全球气候变化既有宏观的一般规律表现,也有微观小区域的特殊规律表现,由此产生的差异使得环境对文化的作用方式和影响程度大不相同,上述案例充分说明了这一点。

后记:

本文结论还有待更多的数据统计分析检验。文中有些认识受到崔之久、夏正楷、杨小燕的《考古文化演替与传承模式的区域分异》一文启发,本文主要讨论的是古代聚落形态的演进、区域模式及文化与环境相互作用的关系。

西拉沐沦河流域遗址数据的读取得力于北大考古系博士研究生魏峻的细致工作,在此特别向他表示感谢!

本文曾发表在:《考古与文物》2002 年 6 期,33—38 页。

国际合作与环境考古学的进展

回首现代田野考古学在中国的发展史,其初始阶段就具有两个鲜明特征:即中外合作与多学科的参与。例如:自1918年开始,中外学者共同参与调查并发掘了周口店龙骨山北京人遗址。再如:1921年,瑞典人安特生(J.G.Andersson)与中国学者袁复礼等共同发掘了河南渑池仰韶村遗址。在这两项工作中,除了考古学家以外,还将一批自然科学家吸纳到田野考古发掘中来,包括地质学家、古生物学家、体质人类学家、解剖学家等。由于历史的原因,这样一个良好的传统后来却被我们抛弃了。但在古人类学和旧石器考古学领域,这个传统还多少有所保留,特别是在一些特定的研究领域,如古环境学等。

20世纪80年代中后期,随着国内外形势的发展变化,一些富有远见的考古学家敏锐地意识到国际合作研究的重要性,并为此奔走呼号,希望能尽快恢复考古学领域的国际合作。

顺应这一历史潮流,1990年,《中华人民和共和国考古涉外管理办法》获得批准,并很快颁布实施。[①] 从此,中国政府开始允许外国学者与中国考古界进行合作研究。这扇窗口的重新开启,打破了考古界长期孤芳自赏的封闭格局,对于促进中国考古学的发展具有重要意义。诚如有的学者所言:国际合作将使中外考古学家在对世界不同地区的研究和工作范式的相互比较借鉴中获益良多。这其中也包括对中国环境考古发展的积极促进,下面通过几个国际合作研究项目的介绍充分说明这一点。

一、"赣东北地区稻作农业起源的考古学研究"

1993—1996年,北京大学、江西省文物考古研究所与美国安德沃考古研究会(AFAR)合作进行了"赣东北地区稻作农业起源的考古学研究"项目。该项目在实施过程中,先后在江西乐平洪岩洞、万年吊桶环、仙人洞、蝙蝠洞等遗址进行了发掘、试掘或采样,并在这些遗址及周边地区进行了考古学和环境考古学的调查研究。

与我方合作的美方负责人是马尼士(Richard Scotty MacNeish)先生。此人早年曾在中

[①] 1990年12月,国务院批准"中华人民共和国考古涉外管理办法";1991年2月,国家文物局令第一号发布施行。见国家文物局法制处编:《中华人民共和国文物保护法》,紫禁城出版社,1994年,72—75页。

美洲墨西哥等地进行考古发掘,对中美洲地区农业起源的研究颇有建树,在国际考古学界是一位很有分量的领军人物。[①] 他率领的外方成员除考古学家外,还包括有植物考古、动物考古、陶器分析等方面的学者。中方人员的构成与之基本对等,除考古学家外,也选派了环境考古、植硅石分析、动物考古、年代学等领域的专家。总之,这个团队体现了多学科合作的特点。

按照严文明先生的设想,我们将通过这个合作项目来锻炼队伍,重点是学习如何通过考古发掘研究农业的起源,摸索并创造一套中外合作、多学科研究的方法。马尼士先生也认为,这不仅仅是两国之间的合作,同时也是多学科的合作,它就像生物杂交一样,必将促进考古学的发展。我们这个队伍的每个成员都有不同的经历和背景,通过这项合作获取经验,这对于世界考古学,乃至于对我们每一个人都将是有益的。

联合考古队首先在江西挖掘了乐平县洪岩镇[②]的洪岩洞遗址,这是一座典型的岩厦,所在位置和地理环境极佳。可惜的是,由于当地政府片面追求旅游业的发展,将该址的大部分文化堆积破坏了,仅在岩厦的尾端保存了少量文化堆积。乐平的发掘结束后,我们将工作重点转移到万年县大源乡,在那里发掘了吊桶环遗址,并找出了当年仙人洞遗址发掘的剖面,进行试掘采样。同时在遗址另一侧做了少量试掘。这次发掘,我们基本采纳了美方挖掘洞穴使用的棋盘格(1×1米)间隔挖掘方法,将所有挖出的文化堆积进行筛选(甚至水洗),在每个重要遗迹和文化层内采选了植硅石、碳十四检测样本,并在现场进行了浮选工作。此外,还在大源盆地的低洼沉积区域钻孔取样。

此次发掘出土了相当一批人工制品、部分人骨、数以万计的兽骨及其他软体动物遗骸。经初步研究,重要收获如下:第一,在仙人洞和吊桶环两地发现了早期陶器。经检测,其年代下限为12430±80 BP。第二,在仙人洞和吊桶环遗址采集的40余份土样中发现1600余植物硅酸体,其中稻属植硅石个体600余个。从地层堆积看,这些稻属植硅石的形态呈现出从野生向驯化发展的趋势,年代大致在距今14000—11000年。第三,初步研究认为,仙人洞和吊桶环遗址最早的陶器和最早的栽培稻是共时的。[③] 通过一系列的多学科合作研究,课题组对旧石器时代末期—新石器时代初期华南地区的文化编年、陶器和稻作农业起源以及该区域以广谱食物为基础的经济形态做出了不同于以往的新的解释,上述研究成果已经引起国内外学术界的高度关注。[④]

[①] 马尼士(Richard Scotty MacNeish, 1918—2001),美国著名考古学家。20世纪40年代末至50年代,在墨西哥东北部发掘了La Perra洞穴和Romero's洞穴。1960—1964年,挖掘了墨西哥中部Tehuacán谷地Coxcatlán和San Marcos洞穴,发现了数量丰富、保存完好的植物遗存,提供了有关中美洲玉米、南瓜和云扁豆驯化的所有可用的早期证据,奠定了中美洲农业起源的基础。

[②] 洪岩镇为宋代官吏洪皓(字光弼,1088—1155)的老家。洪皓为江西乐平岩前(洪岩镇)人,政和五年(1115)中进士。南宋初,官至礼部尚书,奉命出使金国,被软禁流放,十五年后全节而归,有苏武第二之美誉。洪皓有三子,皆中进士。其中最负盛名的是曾任翰林大学士的洪迈,著有《容斋随笔》一书。

[③] 张弛:《江西万年早期陶器和稻属植硅石遗存》,载严文明、安田喜宪主编:《稻作陶器和都市的起源》,文物出版社,2000年,43—50页。

[④] 江西万年仙人洞和吊桶环遗址的发掘在1995年被评为全国考古十大发现;后继续被评为"八五"期间(1991—1995)十大考古发现;此外,该项目还荣获国家文物局田野考古发掘二等奖(一等奖空缺)。

在江西合作项目实施前,我们在考古发掘中未曾接触筛选、水洗、浮选等基本的考古技术。① 此次合作的最大收获是让我意识到,如果依旧重复以往粗放式的考古发掘,遗址中保存的小动物遗骸、鱼类、有机物残骸、植物籽实等遗物将不可避免地丢失,这势必会影响下一步的研究和最终的研究成果。此后,该项目的发掘经验对我们参与的其他考古工作产生了影响。

二、"成都平原及周边地区古代盐业的景观考古学研究"

1999—2002 年,北京大学、成都市文物考古队与美国加州大学洛杉矶分校合作进行了"成都平原及周边地区古代盐业的景观考古学研究"项目。这个团队的人员构成除考古学家以外,还吸纳了国际知名的盐业考古专家和盐业史专家,以及地质考古学、地理学、动物考古、植物考古、年代学、化学分析等多个领域的学者。该项目不仅填补了盐业考古在我国的空白,也取得了可喜的研究成果。项目组成员先后对成都平原及周边地区、自贡、重庆三峡、鲁北莱州湾、胶州半岛、甘肃南部、云南等地的盐业遗址、古盐井乃至近现代制盐工厂(或遗迹)作了考古学和文化人类学的考察,并派员参加了重庆忠县中坝遗址的考古发掘,特别是后一项工作大量涉及环境考古学。

中坝位于重庆忠县㽏井镇右溪村㽏井河畔,这是长江三峡境内一座极其罕见的重要遗址。该址文化堆积多达 68 层,自下而上依次为(或相当于)新石器时代晚期、夏、商、西周、春秋战国、秦汉、南朝、唐、宋、明、清,几乎囊括了中国历史上的所有朝代。②

中坝遗址的环境考古主要通过动物考古,特别是对大量出土的鱼骨所作的定性定量研究实现的。我们的项目组在中坝负责清理一座探方(编号:99ZZDT0202,原编号:DT0202,10×10 m)。鉴于中坝遗址属于三峡地下文物抢救发掘项目,为保证挖掘进度和质量,项目组特意在该探方划出 1 平方米的精细取样区,凡此区域内的堆积全部进行浮选,此区域外其余部分的堆积进行筛选。由于在这方面投入了大量的时间和精力,待发掘结束时,该探方除出土大量人工制品外,还获取动物骨骼 20 余万件、卜骨 180 余片及部分细小的鱼钩等遗物,这些发现对于认识中坝遗址的特殊性质③以及它在整个三峡境内的地位非常重要。

项目组成员初步检测分析了中坝遗址出土鱼类、哺乳动物骨骼 124543 块,占可鉴定

---

① 即便在旧石器考古领域,也是在 1990 年以后的泥河湾中美合作考古发掘中才开始使用规范的筛选技术。
② 据中坝遗址一区 TD0403 的地层关系可知,中坝遗址第 1—5 层为现代至明清时期,第 5—7 层属宋代,第 8—10 层属唐代,第 12 层属汉代,第 13—23 层属东周时期(以上各层略)。参见四川省文物考古研究所、忠县文物保护管理所:《忠县中坝遗址发掘报告》,载重庆市文物局、重庆市移民局编:《重庆库区考古报告集(1997 卷)》,科学出版社,2001 年,559—609 页。
③ 经深入研究,中坝遗址是一处专门制盐的遗址。

动物骨骼总数的96%,总重量的97%。① 另外,上述骨骼标本均出自同一探方,在时间上具备了连续性,是相对可靠的,能够反映中坝遗址各个时期的人类行为,对考察遗址的时代特征及变化有积极意义。

首先,将研究的程序分作两步,第一步为分类(如鱼类、哺乳动物类、鸟类、爬行类、两栖类);第二步为识别动物种属和骨骼部位,要选择至少20%的各类标本进行鉴定,以确保抽样严格和标本的代表性。其次,进一步判别鱼类种属。具体包括头骨、内脏骨、鳃骨、咽喉骨、脊椎、肋骨、棘骨、神经间棘、腰带、鳍条等各个细节部位。同时,还在当地购买了产自长江干流和支流的各种现代鱼类,制成比对标本,以保证鉴定的准确性。第三,统计各阶段动物所占的比例、大小及形态方面的变化,了解和掌握中坝遗址的动物开发、人类行为及相关的环境背景。

动物种群的历时性变化在理论上应能够反映环境、动植物资源、人类饮食习俗及废弃动物的活动。中坝的动物骨骼研究表明,除少量犀牛骨能印证中坝一带曾有过较湿热的环境外,其他动物并不能直接提供环境演变方面的信息。反之,动物种群的历时性变化与人类的行为方式有关。例如,中坝遗址出土的鱼类骨骼几乎是哺乳类动物的三倍,并呈现不断增长的势头,说明三峡地区的捕鱼业相当发达。联系到其他遗址的考古发现可知,从新石器时代开始,三峡地区的捕鱼业已成为当地产业的一个突出特征,当地居民的肉食来源大部分来自鱼类。再则,随着时间的推移,鱼的脊椎骨呈现逐渐增大的现象,说明捕鱼技术在不断进步。② 还有,随着时间的推移,中坝遗址的家畜骨骼在逐步缩减,反之鱼骨却在增加,这暗示随着捕鱼业的进步和捕捞量的增加,可能削弱了人们对哺乳动物的需求。还有一个值得注意的现象是,中坝遗址大量动物骨骼的遗留似乎暗示,此地可能存在着与制盐产业密切相关的腌腊鱼肉食品的副业和相关的贸易活动。③

总之,中坝遗址全面收集和系统研究动物骨骼的成果是可喜的。特别是这方面的研究并不是简单停留在识别家畜种类及人类消费了哪些动物上,它还涉及一些深层次的问题,如各类动物和骨制品用途的多样性分析、地理环境与季节周期性研究、不同人类群体对不同动物资源的占有利用以及动物在宗教仪式中如何被使用等内容,其方法是值得推广的。

此外,项目组还在中坝遗址浮选出一批栽培作物的籽实。经初步研究,中坝地区的古代居民主要经营种植黍、粟的旱作农业,与中国北方的旱地农业经济形态颇为相似。反之,稻米的比例非常低,似属于辅助性产业,甚至不排除外来输入的可能。④ 这一结论与中坝遗址所处区域的地貌环境也是相符的。对于中坝遗址农业经济的欠发达可能还有另

---

① 其他动物(鸟类、爬行类、两栖类)所占无几,可忽略不计。
② 随着时间推移,中坝遗址鱼骨数量逐渐增多,而且出现了陶网坠和铜鱼钩,显示出捕鱼技能的改进。
③ 傅罗文(R. K. Flad)、袁靖:《重庆忠县中坝遗址动物遗存的研究》,《考古》2006年1期。
④ 赵志军:《中坝遗址浮选结果分析报告》,载李水城、罗泰主编:《中国盐业考古(三)·长江上游古代盐业与中坝遗址的考古研究》,科学出版社,2013年,394—419页。

一个解释,即当地特有的制盐产业性质决定了人们对农业和畜养业的不重视。总之,上述研究成果为全面认识和了解中坝遗址的性质及三峡的古环境、动植物资源、人类生计模式和行为方式提供了一批很有说服力的资料。

三、"中国长江栽培稻起源的考古学研究"

2004—2006 年,北京大学、湖南省文物考古研究所、哈佛大学和以色列魏兹曼科学研究院合作进行了"中国长江栽培稻起源的考古学研究"项目。该项目是在 1993、1995 年在湖南道县寿雁镇玉蟾岩遗址两次发掘并取得一系列重大发现的基础上展开的,其目的是采用新的技术手段,通过小规模发掘、取样、实验分析及多学科的合作,深入探讨中国长江流域栽培稻起源这一具有重大学术意义的课题。项目组成员包括了考古学、年代学、农学、古植物学、微地貌学、结构生物学、地质地貌学、矿物学等多个领域的学者专家。此次发掘与前两次在方法和手段上有很大不同,所要探讨和解决的问题及涉及领域也更加广泛深入。具体的方法简要介绍如下:

1) 现代动植物资源调查。发掘前,项目组对遗址(洞穴)内外及周边的现代动植物资源作了认真调查,内容包括:植被种类、无脊椎动物种类等。2) 发掘。出于保护目的,最终发掘面积仅 4 平方米。发掘时采用水平揭露法,每 5 厘米为一水平层,每个水平层的堆积全部采集,并作水洗浮选;[1] 认真处理遗迹和遗物,并以三维坐标记录,全面搜集动植物遗骸。3) 取样。包括:第一,在遗址(洞穴)内外不同地点采集检测植硅石的土壤样本;第二,在各个文化层位采集碳样、土壤、矿物成分和微形态样本;第三,采集模拟试验灰烬和烧土的样本;对不同样本的采集有不同要求。如:碳样和植硅石样本按水平层单位采集;黏土矿物成分样本分层采集,并要有三维坐标记录;微形态样本整块采集,记录所在层位及顶、底的深度数据;模拟试验灰烬样本分别记录燃烧前后重量等。4) 模拟试验。内容包括:玉蟾岩时期人类带入洞内的燃料种类?在怎样的温度和多长时间内土壤会被烧结变色?不同燃料燃烧达到的温度?等等。为此,课题组分别选取稻草、灌木、松木、杉木、茶树、竹子等进行焚烧试验,[2]检测各自的燃烧温度,不同温度、时间、封闭和半封闭状态对表土造成的结果,[3]以及全新世红土和一般表土在焚烧后的差异。模拟试验燃料和灰烬分别取样、称重并记录形态、颜色及燃烧充分否,以备日后与洞内堆积对比,并检测灰烬中残留的植硅石。[4] 5) 考察洞穴外古地貌、古河道、古湖泊的分布,寻找玉蟾岩时期人类活动范围及可能存在的旷野遗址。

---

[1] 项目组对 20 世纪 90 年代挖掘并保留在洞内的土壤也全部作了水洗浮选。
[2] 所有燃料在焚烧前后都要称重,然后取样。
[3] 如稻草和灌木燃烧最高温度约 650℃,地表下 2—3 厘米温度仅 27℃—30℃,灌木燃烧充分,稻草燃烧不充分。松木燃烧最高温度约 900℃,地表下 2—3 厘米温度约 80℃,燃烧充分。其他类燃料大致在 800℃—900℃ 之间。
[4] 其中,最重要的是通过对植硅石数量的统计,建立数据库,分析人类带入洞内的草本、木本、树叶、树枝、灌木的种类和比例,继而讨论人类行为和洞穴堆积的形成。

我们希望达到的目标是：第一，全面获取洞穴堆积的各类遗存，了解各类动植物遗骸种属及不同时期的比例、脊椎动物与无脊椎动物的比例及变化、无脊椎动物个体大小及其比例。第二，进一步分析哪些变化是与人类作用的结果。第三，分析洞穴堆积"灰烬层"及其成因，"烧土"成分以及它们是否被火烧过？第四，切片分析黏土矿物成分及其微结构，了解洞穴堆积成因和演变过程、人类使用年代、居住环境，人类行为、洞穴生活方式、文化情境、洞内外环境及相互关系等。

上述工作及初步研究成果，为深入探讨玉蟾岩遗址以及华南地区旧石器时代晚期向新石器时代早期过渡阶段的人类生存环境、生活方式及其变化、陶器和稻作农业起源等重大学术课题提供了更为翔实的资料，具有非常重要的科学价值。

四、几点认识

环境考古于20世纪在欧美出现，并很快发展起来。相比较而言，在我国，环境考古学出现得比较晚。[①] 但历史地看，我国的老一辈科学家很早就开始注意到人与环境、文化与环境这样一些问题，如李四光先生就在这方面作过通俗的阐发。[②] 1972年，竺可桢先生对近五千年来古气候学的研究，对环境考古学的发展起到了重要的推动。[③] 正是在上述背景下，我们开始接触和学习环境考古学，[④] 并在1990年开展了"葫芦河流域的古文化与古环境"的研究，该项目不仅开区域考古调查之先，也是考古学者与环境学者密切合作的成功范例。[⑤]

以上通过三个国际合作案例的介绍，大体反映了1990年以来环境考古学在我国逐步成长、不断完善的发展历程。从中不难看出，他山之石，可以攻玉。这些成功的国际合作项目[⑥]的展开，确实在促进环境考古的发展中起到了至关重要的借鉴作用，它不仅增进了双方学者的相互理解，促进了学术交流，也扩大了中国考古学的对外影响。因此，很有必要进一步加强这方面的合作。

通过参与这些合作，我们认识到了以往工作存在的不足，就此，我们有如下一些思考。

1. 主动性科研发掘项目。应在挖掘面积上予以控制，提倡少而精的挖掘。即挖的面积小一点，做得慢（细）一点，获取资料的技术手段更全面一点。以2004—2005年湖南道县玉蟾岩遗址的合作发掘为例，2个田野季度的发掘面积仅4平方米，挖掘深度约1.5米，

---

① 周昆叔：《关于环境考古学问题》，《环境考古学研究》（第一辑），科学出版社，1991年，7—15页。
② 李四光：《风水的另一种解释》，《太平洋》，1923年，第4卷第1号，1—15页。
③ 竺可桢：《中国近五千年来气候变迁的初步研究》，《中国科学》，1973年，168—189页。
④ 20世纪80年代后期，李非等人曾译了美国环境考古学家布策尔（K. W. Butzer）所著《作为人类生态学的考古学》（Archaeology as Human Ecology）一书的有关章节。详见《华夏考古》1993年3期，103—108页。
⑤ 此项目为中国科学院"中国气候、湖泊和海面变化及其趋势和影响"重大项目的下属课题，由严文明、张丕远两位先生任指导，李非、李水城、莫多闻、水涛等参加，研究成果分别见：1）李非、李水城、水涛：《葫芦河流域的古文化与古环境》，《考古》1993年9期；2）莫多闻、李非、李水城、孔昭宸：《甘肃葫芦河流域中全新世环境演化及其对人类活动的影响》，《地理学报》1996年1期，59—69页。该项目的研究成果于1999年获中国科学院自然科学一等奖。
⑥ 需要指出，类似的国际合作也包括国内其他一些单位的工作。

但获取的资料信息却大大超过以往。

2. 非主动性挖掘项目。国内目前主要是配合基建的发掘工作，建议应努力倡导使用采样区的方法，将损失减少到最小。也就是在发掘区域内选择重要的点作为采样区（大小因地制宜），此区域的发掘要高标准、严要求，必须使用筛选、浮选技术，尽可能多地获取资料。例如：重庆忠县中坝遗址获取的 20 万件动物骨骼均出自一个探方（不到 100 平方米），大量的细小遗存通过对该方采样区的浮选而获得。

3. 提倡真正意义上的多学科合作。环境考古的前提是多学科合作，真正的合作应该是不同学科的学者在田野中共同发掘、就地浮选、现场讨论、取样或进行模拟试验。湖南玉蟾岩遗址的发掘开创了一个范例，不同学科的学者到现场对遗址作深入的了解，共同分析、讨论并解决问题，直接参与样本采集并遴选最佳的采集部位。总之，真正的多学科合作应该是不同学科的学者在田野"面对面"的工作，而不是"背靠背"。目前，要做到这点还有一定难度，但应该朝这个目标努力，同时也要加快专门人才的培养。

4. 要做到上述诸点，首先是发掘者要有良好的科研意识和高度的责任心。

2006 年 11 月初稿
2007 年 10 月定稿于北京蓝旗营小区

后记：

以上介绍的发掘资料和初步研究成果属于各个合作项目集体所有。另一方面，这三个国际合作项目的考古资料大多尚未发表，所涉及资料数据请以最终发表的正式报告为准，特此说明。

本文曾发表在：《环境考古》（四），北京大学出版社，2007 年，18—24 页。

第五部分

书　评

《中国早期盐的使用及其
社会意义的转变》读后

今年三月，台湾大学人类学系陈伯桢博士将他新近发表的《中国早期盐的使用及其社会意义的转变》一文（以下简称"陈文"）带给我。拜读之后，深感这是近年来有关中国盐业考古和盐业史研究的一篇力作。它以全新的视角探讨了中国汉代及以前盐业生产的历史、早期盐的使用和社会意义的转变。

由于以往有关盐的研究主要围绕在盐政史方面，受此影响，大多学者都将盐视为国家的重要战略物资，乃至国家政治的重要课题。"陈文"同意盐的生产、交易与消费确实是早期中国文明发展的重要因素之一，但反对在未考虑当时人们对盐的概念的情况下，自始至终将盐视为战略物资。因为盐与其他商品一样，有自身的生命史（biography），其意义也会随时间而改变，要了解盐在当时社会扮演的角色，必须先对盐的性质及生命史有所了解。然后再将其放在应有的文化脉络下，追寻它在不同时空中的变化，进而论及它的社会角色。只有弄清楚每个历史阶段人们如何使用和看待盐，才能进一步探讨它对当时的社会文化及国家形成的影响。他还以欧洲的砂糖为例，指出在 16 世纪前后，砂糖在欧洲角色的转变过程与整个时代政治、经济、交通和文化交流的相互关系。

"陈文"充分运用近年来的考古发现、甲骨、金文、简牍、帛书等早期文献及民族志等，从不同层面审视了盐在古代中国是如何被使用以及如何被看待的。既肯定盐在中国古代文明中所扮演的重要角色，也指出从史前到汉代，盐从威望物品到一般商品的转变过程。此外，从文化人类学的角度对某些与盐有关的特殊文化现象作了理论阐发，提供了新的视角，颇有新意。我愿在此介绍此文，以飨读者。

很多研究者在论及早期盐业时都会牵扯到一些神话传说。由于这些传说语焉不详、年代不清，将其作为早期盐业生产的佐证往往会有争议。"陈文"认为，至少在文献的写作年代，这些传说可信，而且是有意义的。如《说文》引用《世本》记："古者宿沙初作海盐。"这个传说反映了人们对商周时期莱州湾一带海盐生产达到一定规模后的追忆。联系到《尚书·禹贡》中的记载，说明东周时期人们已经具备了一定的风俗物产知识。同样，《后汉书·南蛮西南夷列传》记载巴人先祖与盐的传说也是巴民族长久累积的记忆。在神话中，盐不仅是专门的物产，也是珍贵的贡物，同时还是一个民族赖以生存和兴盛的资源。只有当盐变为重要的商品时，这些比较严谨的神话系统才会产生。

根据现有考古证据，自新石器晚期，至迟青铜时代早期，在长江三峡、渤海湾和晋南解池等盐业丰饶之地就出现了制盐业。但只有当盐业生产发展到一定规模后，才能被考古学家观察到。也就是说，中国早期对盐的开发和利用可以前推到更早的史前时期。考古资料还显示，中国早期各地的制盐技术是不同的。晋南解池利用自然蒸发盐卤获取；渤海湾及长江三峡采用陶器熬盐。三峡境内可能还存在一些小的区域性技术差异和明显的阶段变化。这一时期，盐除了用于调味外，也可用来制造腌制食物。从产业规模看，这一时期各地的盐产量都远远超出单一聚落的日常所需。显然当时在区域间已经出现了盐及其副产品的商业活动。遗憾的是，目前还没有发现这方面的考古证据。

商至西周，盐主要是贵族间流动和消费的贵重物品。王室和贵族对盐的再分配成为政治控制的手段。但这种再分配仅止于政治菁英之间，而非普罗大众。商代晚期的个别甲骨文记载了有关盐业管理、生产流通及使用情况。"卤小臣"证实商代设置有盐官，且职位不低。"取卤"、"氐（致）卤"、"献卤"、"戒卤"等分别表示盐的生产、获取、供奉、祭祀等内容。特别是用盐来祭祀先祖，显示出盐的贵重与神圣。此外，甲骨记载也显示盐资源有朝着商王朝中心流动的迹象。"陈文"根据现有的对古代交通及再分配的认识，认为当时一般平民很难获得稳定的盐，特别是在盐资源相对匮乏的中原地区。也正因为如此，盐才成为具有权力象征意义的奢侈品。商代贵族对盐的控制主要是在政治及意识形态领域，并不直接涉及国家经济和财政收入。因此讨论这一时期的盐及其他的生产与交换带来的影响时，应该把它放在与青铜、象牙、黄金、龟甲或海贝等威望物品等同的地位来探讨，而不能视为一般的民生必需品或战略物资。对于商代平民是否有强烈的盐的需求，他表示怀疑。

晋姜鼎、戎生编钟的铭文记录了西周时期下层贵族接受上层赏赐盐的史实。类似记载也见于兔盘。说明西周仍延续商代将盐作为威望物品的观念。稍晚，《周礼》《左传》等文献也记载了盐具有展示社会权力和社会地位象征的功能，当时的政治菁英已经具有一套复杂的盐的分类系统并进行消费，但一般平民可能还不能轻易获得盐。迄今为止，尚未发现商或西周有能有效进行盐的输送与分配的机构，若无此机制，难以想象一般平民通过怎样的渠道获取"稳定的"食盐。

以往主张盐的分配可及于一般平民的解释通常出于现代生理学，认为人体生理离不开盐。但人究竟一天要吃多少盐才能维持基本需求，学者们有不同估算：每日0.7克、3克、0.5—4克、8—10克、15克、5—20克都有，其估计值有2—5克至4—5克的差异。这可能与人体生理差异（种族、性别和年龄）、环境（温度、湿度）、劳动强度、文化等因素相关。"陈文"认为，人类日常摄取的盐量，除极小的生理需求外，绝大部分受主客观文化左右。有人以"上瘾"来解释人为何要努力地追求盐。但所谓"上瘾"，只是在能够获取稳定的盐资源后才能被唤起。据民族志资料，世界上很多民族把盐视为奢侈品进行交换，只有在特殊场合才作为飨客的珍馐，但他们自己并不在日常饮食中加入盐来调味，特别是在盐资源不稳定的地区。在某些地方，在食物中添加额外的盐甚至是禁忌。显然，盐虽然在现代是必需品，但对盐的需求大部分是文化造成的，而非生理因素。

东周时期，盐的社会意义发生了转变。从《管子》的记载看，齐国仍采用传统的柴草煎盐技术，但政府已通过行政命令来控制盐的生产和价格。以往有学者主张《管子·海王》描述了齐国政府将盐分配给一般市民，并以此估计每人的食盐量加以课税，认为这是中国最早的专卖制度。"陈文"认为《管子·海王》中的"正盐䇲"却更像以盐税为名课征的人头税。不管怎么说，齐国的状况显示，此时，盐已不再是贵族间流动的奢侈品，至少在主要盐产区，盐已进入寻常百姓家，成为生活必需品，政府也开始有计划地征税。"陈文"强调，上述情形可能只限于少数的盐产区。在非盐产区，盐可能依旧部分维持奢侈品的地位。这也是《尚书·禹贡》中将盐作为盐产区重要纳贡物之一的原因。战国晚期，秦国也允许一般平民（或商贾）开采盐业资源，并从中抽取税金，而不是直接涉入生产或专卖。

战国时，盐作为国家的重要资源，不仅能增强国力，甚至可操控周边缺盐的国家。随着跨国贸易的增加，道路交通及运输工具（舟车）的改善，盐的成本被大大降低，进一步推动了盐的普及。《史记·货殖列传》记载了楚国的盐业贸易："陈在楚、夏之交，通渔盐之货，其民多贾"。新的考古证据显示，楚国可能很早便从事长距离，甚至跨国的盐业贸易活动。前些年在三峡瞻井河口的崖脚遗址发现一处楚人墓地，其墓穴、葬式、随葬品等均为典型的楚式风格，与三峡内的巴墓迥然有别，年代大致在春战之交（前600—前400）。此时也正是中坝遗址大量采用标准化花边圜底罐产盐的阶段。如此典型的楚墓为何会出现在远离巴楚边境数百公里的崖脚？很多学者（包括我本人）都认为这是楚国出兵深入巴国掠夺盐资源的最好证据。"陈文"对此提出了新的看法，认为对盐资源的追求并不在一时一地的掠夺。就楚国而言，它所谋求的应是一种长久稳定的盐的来源。而且至今在文献和考古资料上都很难找到楚国长期占领三峡西部的证据。因此，崖脚楚墓更应该解释为楚国常驻巴地的盐商墓地。按照人类学理论，这些进行跨国贸易、离乡背井的群体（trade diaspora）为了在与异文化接触过程中维持并强调其对母国的认同，常常会在很多方面刻意突出自己的母国文化。这才是崖脚楚墓出现的真正原因。前些年出土的包山楚简可为这个解释提供另一方面的证据。包山二号墓147号楚简提到："陈□、宋献为王煮盐于海，受屯二檐之食，金叴二叴，将以成收。"包山二号墓主是楚国左尹邵，其生存年代大致在公元前316年前后，此时恰在楚灭越（前355）以后，楚的领土扩展到了东海。其后，楚便派遣盐工"煮盐于海"。有趣的是，崖脚楚墓在此之后很快消失了，有些甚至被巴式墓打破，这很可能是由于楚人将盐业贸易转向了更易于开发的东海，从而放弃了三峡。

东周时期跨国贸易的发达保证了盐的稳定供应，同时也刺激和满足了一般平民的需求，使盐很快由奢侈的威望物品转为一般商品。很难说这个过程类似16世纪欧洲砂糖的普及，毕竟人体对盐的生理需求的迫切性与糖不同。但盐的应用却实实在在地逐渐加大。现有数据显示，齐、楚、秦、晋以及统一后的秦及汉武帝盐政改革前的西汉，各国政府都程度不一地介入了盐的生产或贸易。尽管盐已普及和商品化,但王室贵族仍以税金方式获取盐的利益。盐仍被社会上层把持,无非是改变另一种方式来"消费",盐的意义逐渐从政治及意识形态领域转入以经济为主的领域。

汉代,尽管有大量文献可以探讨盐业生产及其管理。但新的考古发现还是对一些旧说提出了挑战。例如,学者们大多相信汉高祖废止秦以来对包括盐在内的自然资源垄断课税的法令。但张家山汉简《二年律令·金布律》显示,实际上汉初仍基本维持许多秦的律令。至少在武帝元狩四年以前,盐资源尽管由私人掌握,但政府要对井主课以六分之一的重税。此时的盐税赋收应与秦同,由少府掌管,并作为王室的重要收入。从《史记·吴王濞列传》看,汉初,中央与地方诸侯可能对盐业实施不同的管理方式。中央政府由豪民组织生产,政府课税;地方诸侯则多种办法并行。武帝元狩四年,实施盐政改革,全国一致转入专卖制度,这是中国盐史上重要的转折点。这一改革有多重原因,直接因素是连年征战造成财政的严重短缺,七国之乱也使中央意识到控制自然资源的重要性。改革中最重要的是将盐铁买卖所得由少府转向国家的大司农,此举象征盐资源成为国家财政的重要命脉,而非少数贵族的"私房钱"。此后,不同时期的盐政制度不断在变,但盐基本上成为支持国家财政的重要支柱。"陈文"还指出,有关汉代专卖体系的讨论不能与运输和市场切开。兴盛的公共交通建设和市场构成了汉帝国的基础。虽然盐是汉代财政的重要来源,若无足够的交通及市场系统支持,盐的利益无由而来。

到了汉代,盐更加普及。人们普遍将盐作为食物调料,不少文献都提到盐用于腌菜、酱料及酱油等。此外,官方也为驿站过往人员提供盐,或作为赏赐,或作为宗教仪式上的祭祀品。盐还作为药用,或口服,或外敷;不仅医人,也医治牲畜。甚至将盐加入冶炼金属的矿石,以分离出金银,这在西方也有类似记载。

"陈文"最后讨论了如何将盐作为物质史的研究对象问题。考古学和经济人类学在处理物品交易时常常将研究对象二分成日常物品(staple goods)及财货物品(wealth goods)。日常物品是指谷物、牲畜及衣物等民生必需品。此类物体通常体积庞大,需要大规模的运输能力。由于它有易腐的特性,所以运输距离较短。政治菁英对日常物品的流动常包含再分配及课税行为,从中获取利益。而财货物品恰好相反,它通常包括珍宝、原始货币(primitive money)或货币(currency)类的非民生必需品,由于其质轻易携带且不易腐毁,其运输距离及时间可以拉得很长。社会上层也往往透过持有或交换这类物品以展示其政治地位和权力。在讨论盐交易时,我们是把它视为日常物品呢,还是财货物品?不论从人类的生理需求还是从心理需求看,盐当然是日常物品,它相对来说体积较小,可长途贩运,在很多文献及民族志材料中,持有和消费盐又是一种身份和地位的象征,有时盐甚至就是原始货币。从这个角度看,盐又像是财货物品。因此,盐的定位说明了这种二分法无法处理某些位于模糊地带的物品。事实上,盐在此时可能是日常物品,彼时可能是财货物品,甚至同一时期二者兼而有之。换言之,研究者必须去追溯物品的"生命史",从其历史发展脉络追溯当时人们如何使用和看待这些物品,才能发现这些物品的真正意义。

当然,这很难直接从考古学的研究入手,需要仰仗于历史材料的爬梳和认真整理。这也是作者在研究中国盐业史过程中累积的深切体会。

陈伯桢先生的文章发表在台湾《新史学》杂志,第十七卷第四期(2006年12月)。

2007 年 6 月 4 日于蓝旗营

此文曾发表在:《中国文物报》2007 年 7 月 6 日七版。

马的管理与驯化：科技考古的最新研究成果

一

20世纪末至21世纪初(1998—2000)，英国剑桥大学麦克唐纳研究所连续举办了三次大型国际学术会议，内容涉及欧亚大陆的史前人类、语言和文化。第一次大会的主题为"历史语言学的时间深度"，内容涉及世界几大语系的起源、分化与发展等。第二次大会的主题为"欧洲及以外地区人类的多样性：回顾与展望"，集中讨论如何将分子生物学的遗传基因技术应用于远古人类学研究，特别是欧洲旧石器人类的迁徙问题。第三次大会的主题为"史前后期欧亚草原的开发"。这三次会议的召开集中展示了西方人类学、语言学、考古学的研究动向和新进展。特别是最后这次大会议题广泛，涉及欧亚大草原新石器至铁器时代的考古发现、区域环境、动植物考古等方面新的研究成果。三次会议提交的论文也已结集出版。

在上述三次会议中，"欧亚草原会议"属于"语言的史前史"研究的一部分，以表明该地区考古学研究对探讨史前语言，特别是印欧语系的分化和扩张具有的重要价值。关于印欧语的起源和传播在学术界一直有深入的讨论，但歧义甚大。其中，最为关键的是强调马的驯化、管理和骑马术的出现与印欧语扩张之间的关系，这也是此次会议讨论最为激烈、争议最大的问题。各方争议的焦点集中到欧亚大草原两座最重要的铜石并用时代遗址，即乌克兰的德瑞夫卡(Dereivka)遗址和哈萨克斯坦的波太(Botai)遗址。

1991年，美国学者安托尼教授(D. W. Anthony)根据德瑞夫卡遗址出土的一匹雄马牙齿上的磨损痕迹，认为这是马被用于运输最早、也最直接的证据，并将骑马术的起源上推至公元前4000年。这一结论很快在学术界引起轩然大波，争议颇大，甚至影响到了我国学术界。在西方学术界，不少学者主张马的驯化首先是由分布在中亚至南西伯利亚一带的阿凡纳谢沃文化和其后的安德罗诺沃文化族群完成的。

有趣的是，后来的碳14检测结果证实，德瑞夫卡遗址所出雄马的绝对年代实际已晚到公元前700—前200年的铁器时代。正是在剑桥大学的第三次学术会议上，安托尼教授坦承德瑞夫卡的马骨年代搞错了，但他仍坚持，根据波太遗址出土的马骨还是能够说明，马的驯化至迟应该出现在公元前3500—前3000年。对此，剑桥大学麦克唐纳研究所的玛莎·雷雯(Marsha Levine)博士提出质疑。她强调德瑞夫卡和波太的发现及马牙磨损痕迹均不足以证明驯化马的出现,两地发现的马骨应是当时人类猎杀野马、获取马肉的遗留。乌克兰学者尤里·拉萨马钦(Yuri Rassamakin)博士也认为,德瑞夫卡人不是骑马的游牧者,而是狩猎—采集者。动物考古学家贝内克(N. Benecke)则表示,尽管波太出土的马是野马,但不能据此排除当时骑马术已经出现。美国学者奥尔森(S. L. Olsen)也持这一立场,她指出,波太所出动物遗骸的99%为马骨,这一发现对于认识马的驯化意义重大,或许波太人就是骑马的猎马者。剑桥大学的伦福儒(Colin Renfrew)教授则认为,对于马的驯化、马车及骑马术的出现并用于军事目的,以及从农业经济向游牧业的转变等诸多课题尚需深入探讨。他还强调,马车是马被用作军事目的的最早证据,但马车要迟至公元前2千纪上半叶才出现。因此,即便在德瑞夫卡和波太时期已经出现了骑马术,但真正被用作军事目的则要晚很多。他还特别指出农业在草原地区经济发展中的作用问题,并强调这方面的研究要加强对中国考古发现的关注。

至今,剑桥大学"欧亚草原会议"已过去近十年,但上述争论仍在延续和发酵,争论双方的学者一直在努力寻找马的驯化证据,进一步加强了在中亚草原的考古发掘和科技考古研究。其中,剑桥大学的学者也开始与中国考古学家合作探讨驯化马的来源问题。

二

今年3月,Alan K. Outram 等学者在《科学》杂志发表了《最早带挽具和挤奶的马》(The Earliest Horse Harnessing and Milking)一文,介绍了他们的课题组在波太遗址发现距今5500年的驯化马的情况。其中一个重要的证据是,在出土陶片上提取到了可能是马奶脂肪酸的有机物残留。以往的研究证明,人类将牛、绵羊和山羊驯化之后不久,很快便开始了乳制品的利用。若果真在波太遗址陶器表面提取到马奶的残留,无疑应该是马被驯化的直接证据。

但是上述结论需要从两方面得到认定:首先,要证实陶片表面残留物确实来自马(而非牛、羊等其他食草类动物);其次,要证实此类残留物是奶脂(而非动物体内的脂肪)。为此,研究者采用了 Stephanie N. Dudd 和 Richard P. Evershed 在1998年创立的方法,即利用动物脂肪中两种最主要饱和脂肪酸——软脂酸(C16)和硬脂酸(C18)中的 ^{12}C 和 ^{13}C 比例区分脂肪的来源。研究者采集了草原自然植被下生长的现代动物(包括马)的脂肪(包括体脂和奶脂)进行稳定同位素分析,每组样品数量5—6个,结果显示,反刍动物、马、猪、淡水鱼体内脂肪样品中硬脂酸(C18∶0)和软脂酸(C16∶0)的碳同位素比值能够很好地区分开来,反刍动物的体脂与奶脂也能很好地区分出来,只有马的体脂和奶脂不易区分。为解决这个问题,研究者用氢的稳定同位素比值分析马的体脂和奶脂中的硬脂酸和软脂酸,很好地实现了有效区分。这是由于氢同位素比值与环境降水和温度有关,体脂应反映全年的累积信息,奶脂则产自特定季节。根据马的产仔与哺乳习性,它们主要在夏季产仔和哺乳,故马奶应反映夏季信息。在欧亚大草原,夏季和冬季降水的氢的稳定同位素比值相差大于千分之一百,因此可将体脂与夏季的奶脂很好地区分。

在上述研究的基础上,Alan K. Outram等学者分析了哈萨克斯坦波太遗址陶片上的有机物残留,并从89个陶片样品中提取到50个脂肪酸样品。其脂肪酸和软脂酸的碳稳定同位素分析结果显示,绝大多数样品均进入马脂肪酸的范围,这与遗址所出动物骨骼以马为主的现象一致。这些代表马脂肪酸样本的氢同位素比值δD值清晰地显示为两组,其中5个样品的δD值异常地高,与其他的多数样品区分开来,应属马奶样本。与现代样本比较,几乎所有考古样本都给出了较高的δD值,这与当时中亚地区持续的干旱气候相符。

该项研究通过对陶器表面残留脂肪酸的碳、氢稳定同位素分析,识别出波太人食用马奶的证据,参考其他的考古证据,说明波太的马已经被驯化。这一研究的最大特点是采用了特定化合物碳同位素比值分析方法,并将氢同位素比值分析方法引入到脂肪来源的判断中,为动物驯化研究提供了新的视角。但该成果也存在下列值得深入探讨的问题。

1) 样品同位素比值的差异主要由食物摄入不同及代谢路径的不同所致,现代对照组动物的食物有一定的选择和人为控制,古代动物的食物则复杂得多。由于研究结论是在与现代样本比对中得出的,现代样本能否真正代表古代样本是个需要考虑的问题。

2) 古代样本来自陶器表面的残留,而现代对照组则是个体明确的动物脂肪,这里似乎隐含这样一层意思,即每件陶器专门用于一种用途,即有些陶器专门用作煮马肉,有的专门用作煮马奶,煮反刍动物肉的陶器则专门来煮反刍动物肉,如果实际情况并非这样单一,那么,多种用途的陶器产生的混合残留是否会产生同样的结果?当然,遗址中占绝对优势的马骨的存在似乎可削弱上述疑虑。

3) 文章没有给出现代对照组样本的具体来源。如体脂,是否为动物肉中的脂肪,或某些器官的脂肪,毕竟不同器官的硬脂酸和软脂酸的碳同位素比值是有差别的。如肝脏和乳腺中硬脂酸和软脂酸的碳同位素比值应与身体肉质部分的脂肪酸不同。由此引出的一个特殊质疑是,如果古代陶器煮过某些动物的脏器,又将会怎样?

4) 氢同位素比值的分析法解决了马的体脂与奶脂的区分问题,其主要原理是利用奶脂表达夏季食物或饮水中的氢同位素比值情况,那么如果是夏季出生的马驹,其体脂中的氢同位素是否也会表达出和奶脂一样的夏季信息?如哈萨克斯坦波太人狩猎捕获到野生小马驹并煮食其肉,似乎也并非没有可能。

三

鉴于这一研究成果十分重要,我们和国外的有关专家就这方面的研究交换了意见。反馈回来的信息竟然是截然对立的。持乐观态度的学者表示,此文非常重要,且很有价值,它提供了多重的有力证据,证实波太人已开始食用驯化马的马奶,毕竟获取野生马奶的可能性很小,结果是令人信服的。但也有学者对通过古代陶器脂肪酸检测出马奶残留物的结论持审慎态度,指出人类曾有过在被猎捕的动物身上获取奶水的现象,并据此提出下列质疑：

1）在波太遗址发掘出被抛弃了的成吨重的马骨，这些遗存堆积时间在100—200年间。研究表明，这些马是被非常挥霍地宰杀了的，这不像是典型游牧民族所为。从文献记载和人类学资料可知，无论蒙古人还是哈萨克人，均有食用马肉的习俗，但真正的牧人只在每年11月底和12月初宰杀1—2匹马，目的是利用即将到来的寒冷冬季保存马肉。偶尔也会在特别的节日宰杀一匹马食用。但牧人决不会大量地随意宰杀牲畜，浪费肉食资源。

2）在波太遗址发现超过200座的房屋建筑（而且还不是全部），这反映出该群体的生存状态相对稳定，如此大的群体规模也不像是游牧民族的聚落。为何这些过着定居生活的群体要豢养如此巨量的马群？这是难以想象的，也是值得深入思考的。

3）波太遗址发现的大量马骨显示其群体为野生群体机构，而非驯化群体。病理学的极低比例也表现出野生群体特征。也许这些马中有个别是被驯化了的，但绝大部分应该是被猎杀的野马。

此外，前面介绍的那篇文章还对当地发现的古代马的掌骨样本进行了检测，并以此作为这一时期马被驯化的旁证。研究者认为，那些长着纤细掌骨的马是被驯化了的，而有着较多脂肪、较肥胖的马掌骨则代表了马的野生特征。文内还通过图表展示了波太遗址马掌骨尺寸的平均值和变化幅度，从统计学角度将野生样本和驯化样本区分开来。对这一结论，持乐观态度的学者认为理论上可行；反对者则表示不能据此判断马是否被驯化，因为遴选样本和检测数据的差异原因是多方面的。

尽管存在上述种种争议，但该项研究成果采用了全新的科技手段，为解决考古学中的一些疑难问题提供了线索，积累了经验，其研究方法和思路是富有启发性的，值得我国的科技考古工作者深入了解并积极借鉴，以期推动我国科技考古的发展。

本文与吴小红教授和研究生王恺联名发表在：《中国文物报》2009年6月5日七版。

气候变化与文化变迁：
以利万特南部为例

环境因素是考古学研究不可忽视的重要因素之一。对考古学家来说，如何在考古资料基础上阐释考古学文化的发展和嬗变始终是个极有吸引力的问题。近十余年来，从环境角度入手探讨人地关系、聚落形态的关系、环境变化与文化变迁之间的关系已成为考古学研究的重要议题。气候变化，尤其是第四纪气候突变与文化变迁之间的内在因果联系已经成为考古学家，特别是史前考古学家探讨文化变迁的重要内容。最近，国外有学者就近东的相关研究有可能对以往的认识产生颠覆性的影响。他们通过对利万特南部已发表的碳素测年数据进行分析，进一步精确了该地区自末次冰期以来（距今23000—8200）考古学文化的发展变化，并将其与精确记录第四纪气候事件的格陵兰冰芯数据进行对比，得出气候突变与文化变迁并非简单的线性因果关系的结论。[①]

《绿洲还是蜃楼？——评估气候突变在史前利万特南部的角色》（以下简称《角色》）一文将研究区域设定在史前考古研究的重要地区——利万特（Levant）。[②] 19世纪末到20世纪初，欧洲学者的调查和发掘揭开了利万特史前考古的序幕，此地因保存有丰富的晚更新世到全新世初期的遗址而成为近东史前考古研究的重要地区。《角色》作者选取的利万特南部是考古学研究比较深入、并建立了详细可靠的考古学编年的区域，特别是地中海沿岸要比东部内陆沙漠的文化序列更为完整。当地自晚更新世以来的史前文化序列为：凯巴拉文化（23—17.5 ka cal. BP）、几何纹凯巴拉文化（17.5—14.6 ka cal. BP）、纳吐夫早期文化（14.6—12.9 ka cal. BP）、纳吐夫晚期文化（12.9—11.6 ka cal. BP）、前陶新石器A文化（11.6—10.4 ka cal. BP）、前陶新石器B文化（10.4—9.0 ka cal. BP）、前陶新石器C文化（9.0—8.5 ka cal. BP）、亚蒙基安文化（有陶新石器时代早期，8.5—7.8 ka cal. BP）。需要指出的是，此前利万特发表的放射性碳素测年样本大多出自南部诸遗址，而放射性碳素测年则是《角色》考古学文化断代研究的主要手段。

上述史前文化的年代跨度大致相当于晚更新世到全新世初，而第四纪则以气候波动大、冷暖事件交替频繁为主要特征。《角色》简要回顾了以往利万特气候突变与文化变迁

[①] Maher, L.A., E.B. Banning, and M. Chazan, Oasis or Mirage? Assessing the Role of Abrupt Climate Change in the Prehistory of the Southern Levant. *Cambridge Archaeological Journal*, 2011, 21(1): pp.1 – 29.

[②] 此地特指地中海东岸一条东西宽约200—300公里，南北长约1100公里的狭长地带。大致覆盖了今天的叙利亚、黎巴嫩、约旦、巴勒斯坦和以色列等国家和地区。

关系研究的历史,他发现,考古学家普遍持这样一种观点:即每次文化变迁都与气候突变事件相关,气候突变导致社会生业方式、石器制造技术等方面的变化,聚落兴废,社会复杂化乃至于考古学文化的盛衰。如定居和复杂社会集团在纳吐夫文化早期的迅速出现与博林—阿尔路德间冰期的发生相关;新仙女木事件导致资源压力并引发纳吐夫文化晚期聚落密度降低;前陶新石器文化 B 的衰落与距今 8200 年的寒冷事件相关等。这一"因果关系"的解释模式占据了目前为止大多数已发表的论著。而《角色》的作者则对这一看似正确的观点提出质疑。

假若气候突变与文化变迁之间确实存在因果联系,那么,最基本的前提条件就是气候突变的时间应出现在与之假设对应的文化变迁之前。《角色》由此入手,通过年代学研究对二者分别进行了尽可能精确的断代研究,以检验二者之间是否存在时间上的先后。

首先,《角色》运用最高精度的格陵兰冰芯计划工程(GRIP)获取的冰芯数据对利万特自更新世晚期到全新世早期诸气候事件一一进行年代上的精准化,得出更为精确的起止时间。这一时期与上述考古学文化关系密切的气候事件主要有:末次盛冰期(LGM,25—18 ka cal. BP)、海因里希 1(Heinrich 1)急速变冷事件(16.8—16.5 ka cal. BP)、博林—阿尔路德间冰期(14.67—14.6 ka cal. BP)、新仙女木事件(13—12.8 ka cal. BP)、前北方期(1.14 ka cal. BP 左右,由此转入全新世)、距今 8200 年的急速变冷事件等。

其次,对利万特南部采集的放射性碳素测年标本及检测数据进行深入分析。对利万特南部 70 多个遗址的 415 个样本进行筛选和分析(剔除因样本污染或误差较大者 122 个,剩余 293 个)。考虑到考古学文化的精确断代几乎不可能,故作者使用了统计学的贝叶斯概率法对样本进行分组计算,目的是使考古学文化的起止时间更为精细。由于放射性碳素测年结果存在误差(可信度 68%),故最终分析得出的各考古学文化及所代表的时代只能是相对精确。

经比对二者精确后的年代,《角色》得出结论如下:

1. 几何纹凯巴拉文化始于 17.89—17.66 ka cal. BP,海因里希 1 事件始于 16.8—16.5 ka cal. BP,前者早于后者 800—1000 多年(68%可信度)。后者早于前者的概率小于 0.0005。故海因里希 1 事件与几何纹凯巴拉文化之间不可能存在因果关系。

2. 纳吐夫文化早期的开始时间接近博林—阿尔路德间冰期发生时间(15.08—14.74 ka cal. BP,68%可信度),但稍稍早于后者。后者早于前者的概率为 0.09,博林—阿尔路德事件应发生在纳吐夫文化早期后的 60—410 年(68%可信度)。

3. 新仙女木事件(13.58—13.04 ka cal. BP,据 2009 年校准曲线校准)迟于纳吐夫文化晚期开始的概率为 0.93,迟滞时间为 53—388 年(68%可信度)。至于新仙女木事件与前陶新石器 A(11.9—11.7 ka cal. BP)之间的关系,由于前者发生时间早于后者太多,故不可能作为肇始后者出现的直接原因。

4. 前北方期开始时间早于前陶新石器文化 A 的概率为 0.03。二者之间也不可能存在因果联系。

5. 距今8200年的寒冷事件比前陶新石器文化B结束时间晚了近千年,故不可能是前者的气候事件导致后者的文化衰落。发生在亚蒙基安文化兴起之前的概率小于0.01,因此,也不可能与有陶新石器时代的开始存在因果联系。

从以上研究结论不难看出,考古学文化的兴起似乎均早于气候事件的发生,而非此前所习惯的认识。反过来思考,考古学文化精确断代的做法是否可取?可信度有多大?虽然《角色》也作了说明,是相对的(68%可信度)、有条件的(即假设前后相续的文化之间不存在时间重叠),但仍无法回避文化的发展变化并非突发、而是一个缓慢的过程,要花去十年乃至上百年的时间这一事实。但气候事件则可能是突发的,时间精度大概在十年以内。再者,前后相续的文化在时间和空间上都有可能存在较大重叠。因此我们必须认识到《角色》这一研究的出新之处,它首次运用量化分析法对一些"理所当然"的观念作了验证,而且得出了颠覆性的结论,使得学界不得不重新思考气候突变与文化变迁之间的关系。或许正如《角色》所言,二者之间的关系远比想象的要复杂得多。

上述研究成果也迫使我们思考:这一研究案例是否适用于中国?第四纪的气候事件是全球性的吗?若是,这些气候事件在东亚史前文化的发展进程中扮演了什么角色?我们承认东亚(包括中国)第四纪的气候环境有其特殊性,地中海东岸的研究结论也未必完全适用于东亚(中国)。但这一研究对我国的环境考古研究是有重要的启示和借鉴作用的。数十年来,我国学者在阐释环境和气候事件与考古学文化兴衰之间的关系时,均未摆脱"气候突变与文化变迁因果关系"模式的窠臼。假如《角色》的研究确实可取,这也提示我们要对以往的研究结论予以重新检讨,毕竟我们非常缺乏类似的逆向思考。

原文为 Lisa A. Maher, et al. (2011), Oasis or Mirage? Assessing the Role of Abrupt Climate Change in the Prehistory of the Southern Levant, *Cambridge Archaeological Journal*, Volume 21 Number 1, February 2011. Cambridge University Press。

与温成浩联名发表在《中国文物报》2011年5月27日七版。

分子生物学新的研究成果：
栽培稻起源于中国长江流域

亚洲稻（*Oryza sativa*，即栽培/驯化稻）是世界上最古老和最重要的水稻品种。现有的研究普遍认为，人工栽培稻最晚在距今9000年前就已出现。然而，有关栽培稻的起源地还存在争议。单一起源理论模式认为，亚洲稻中的两个主要亚种：籼稻（*Oryza sativa* subsp. *indica*）和粳稻（*Oryza sativa* subsp. *japonica*）是在同一地区由同一祖本——野生稻（*O.rufipogon*）驯化产生的。多源驯化理论模式认为，这两个亚种是在野生稻不同分布区（种域）分别被独立驯化的。目前，对于粳稻和籼稻之间巨大的基因差异观察及水稻驯化进化史的研究均将证据指向后一种观点。最近，美国《国家科学院院刊》（*PNAS*）发表了《驯化稻单一起源的分子学证据》一文，指出中国长江流域应是驯化稻的单一起源地。

文章作者通过对多组野生稻和栽培稻的第8、10、12染色体的630个基因片段重新排序，重新检讨了栽培稻的进化史，运用单核苷酸多态性（SNPs）检测法，对此前推定的栽培稻染色体的20个选择性清除基因进行认证。基于SNPs数据的统计学模型和传播理论分析结果强烈支持驯化水稻单一起源，进而通过对多物种结合和先前发表的进化序列进行贝叶斯模型分析，也证明了亚洲栽培稻的单一起源事实。此外，这个研究小组运用分子钟将驯化稻出现的时间下限确定为距今13500—8200年前。这与此前中国长江流域发现的栽培稻遗存的测年结果不谋而合，进一步证实亚洲稻是在中国长江流域被首次驯化的结论。

该项研究还表明，粳稻与籼稻分野的时间并非如此前认为的那么早，而是相当地晚近。分子钟的测定结果表明，野生稻与栽培稻在约距今8200年前分离；热带粳稻与籼稻约在距今3900年前分离。后者的测年数据与南亚地区籼稻的大范围种植时间相当（约距今4000年前），而长江下游发现的水稻植硅体遗存最晚的测年结果也与之相差无几。

研究者推测，现今南亚一带种植的籼稻可能是古人将长江流域驯化的粳稻通过丝绸之路向西传入南亚并与当地原产的籼稻栽培种杂交后产生的新品种。

原文为 Molina, et al. (2011), *Molecular evidence for a single evolutionary origin of domesticated rice. Proceedings of the National Academy of Sciences*. Early Edition. published ahead of print, May 2, 2011, doi: 10.1073/pnas.1104686108。

与温成浩联名发表在《中国文物报》2011年5月27日七版。

《古代中国的盐业生产和社会等级：三峡地区盐业生产专业化的考古学探索》读后

2011年夏,哈佛大学人类学系副教授傅罗文(Rowan K. Flad)博士撰写的《古代中国的盐业生产和社会等级：三峡地区盐业生产专业化的考古学探索》一书由剑桥大学出版社正式出版。本书分为绪论、复杂社会与专业化生产、四川的古代盐业、中坝遗址、陶器分析、空间特征、动物遗存及反映的问题、结论九个章节,作者以其独特的视角,全面研究了中坝遗址的制盐产业、工艺变革、专业化生产以及制盐产业在三峡地区社会复杂化进程中扮演的重要作用。

重庆忠县的中坝遗址是长江三峡已发掘众多遗址中最重要的一座。相较于世界其他地区已知的古代制盐遗址,中坝遗址具有规模大、堆积物丰厚、文化内涵丰富、延续时间长久等一系列特点,也因此具有特别重要的研究价值。

中坝遗址的堆积年代从史前时期一直延续到近现代,时间长达4000余年。傅罗文博士仅截取了这一年代框架中新石器时代晚期(公元前3千纪后期)至青铜时代晚期(公元前1千纪后期)阶段。中坝遗址所在的瀼井河谷中游一带分布有众多盐泉,自公元前3千纪后半叶出现制盐业,逐步发展成为三峡境内最大的制盐产业中心。傅罗文博士通过对中坝遗址挖掘出土的陶器、石器、骨器、卜甲、铜器、动物骨骼以及各种遗迹现象的研究,系统地揭示了中坝遗址盐产业的出现、繁荣、工艺发展变化、生产组织、产业规模以及专业化生产的发展变革过程。

中坝遗址的制盐业出现在史前社会末期,由于资料欠缺,对于史前时期的盐业生产及工艺技术的了解还不是很充分。到了青铜时代早期,制盐业内部已形成了较明显的生产组织,根据考古出土的一批商周卜甲,傅罗文推测当时已经存在专门的宗教占卜祭祀集团,并直接参与控制、组织和管理中坝的盐业生产。随着制盐产业的规模化和密集程度的增加,刺激并带动了一些相关产业出现,包括腌制鱼肉的食品加工业等,此类产业为中坝的产品开拓了市场,促进了中坝与三峡其他地区和下游楚国的远程贸易和文化交流,进一步加剧了中坝地区的社会不平等现象,进而推动了三峡地区的社会复杂化进程。

《古代中国的盐业生产和社会等级》一书详细介绍了中坝遗址在考古发掘中所采用的精细作业方法,以及运用各种现代技术收集信息的场景,并在日后的研究中将各种分析数据尽其所用。书中一个重要成果是陶器的分析研究,特别是对中坝遗址三种主要制盐陶器的分期,所采用的方法、细致的观察角度以及获取的大量信息显示出作者田野工作的扎实、手段的多样化、资料的翔实可靠和研究功力的深厚。此外,作者对与人类日常生活密切相关的动物骨骼也作了细致的研究,这些都是值得我们认真借鉴学习的。

本书是第一部由外国学者撰写的中国盐业考古专著。其研究成果不仅开创了三峡地区盐业考古的先河,也填补了中国产业考古遗址专业化研究的空白,其重要性是不言而喻的。由此联想到中坝遗址的考古发掘报告将于近期付梓,此书的出版将从另类的角度进一步充实中坝考古报告的内容,并引入西方学者的研究视角。

本书研究的亮点集中显示在两个方面:首先,作者运用多维的视角观察分析,以验证一个已经被用于分析和研究其他考古学文化结构的模式,而中坝遗址丰富的出土资料恰恰能为考古学家分析制盐产业专业化以及社会等级制的出现和发展提供一个平台。其次,以此为基础的研究将全面深入理解三峡地区的盐业生产以及这一产业对整个区域的历史发展给予的深远影响。

本书的学术贡献主要表现在以下四个方面:第一,通过对出土遗迹和遗物广泛深入的比较研究,确认了中坝遗址的产业性质及制盐技术的发展演变;第二,利用出土资料并结合古文献(甲骨、金文、简帛等),从多维的视角考察了中坝制盐业的专业化及社会等级的变化发展;第三,全面阐述了三峡地区制盐产业的出现和发展过程,以及这一产业与当地历史发展的重要关系;第四,将西方学者的研究视角引入到中国的考古学研究中。

本书的出版还有其他一些值得关注的地方:1)由于所研究区域兴建了三峡大坝而成了国际关注的热点;2)开创了三峡地区产业遗址研究的先河,也为世界盐业考古提供了一个优秀的区域研究个案;3)盐是人类社会必需的重要资源,本书的研究将进一步加深人类早期对盐的需求的认识和理解;4)充分展示了考古学家是如何运用多重证据研究并获取科学结论的;5)本书是第一部由西方学者撰写的盐业考古学术专著,同时也提供了西方学者在中国进行考古发掘和研究的切身体验,有着跨文化比较研究的特殊价值。

傅罗文:《古代中国的盐业生产和社会等级:三峡地区盐业生产专业化的考古学探索》(Salt Production and Social Hierarchy in Ancient China: An Archaeological Investigation of Specializations in China's Three Gorges),剑桥大学出版社,2011年。

2012年1月定稿

此文以"赤水"笔名发表在《南方文物》2012年1期。

从文化史的角度解读石棺葬

——《文化与生态、社会、族群：川滇青藏民族走廊石棺葬研究》读后

阳春三月，收到四川大学罗二虎教授新近出版的大作《文化与生态、社会、族群：川滇青藏民族走廊石棺葬研究》（以下简称《石棺葬》）。此书为教育部人文社会科学重点研究基地（历史学类）重大项目成果丛书之一，并得到四川大学"985"工程、"221"工程专项经费资助。

《石棺葬》一书共分10个章节，洋洋洒洒近80万字，可谓自考古学界发现和关注石棺葬以来最为系统全面的一部专著。据闻此书的撰写始自2003年，截稿于2007年，历时近5个寒暑，时间不可谓不长，但凡坐冷板凳爬格子的都清楚，能够成就这样一部大作，非积数十年之功力而不可得。总之，此书的付梓，无论对罗教授本人，还是对考古学界，都是件值得庆贺的喜事！

此书的研究范围主要集中在石棺葬分布最为集中的四川、云南、西藏三个省区。自20世纪起，这个大致呈南北走向、狭长而封闭的地理单元就被人类学家视为中国西南地区最重要的"民族走廊"，在人文地理学上也常常被称作"川滇青藏民族走廊"或"藏彝走廊"。近些年来的考古发现证实，自远古以来，这里就是一个多民族辐聚、文化面貌复杂、族群迁徙频仍的重要交通孔道，在中国历史上曾扮演过重要作用，并一直延续到近现代。

《石棺葬》一书研究的是"石棺葬"及这种特殊葬俗背后的复杂文化现象。作者在书中分别探讨了岷江上游、青衣江上游、东南青藏高原、金沙江中下游4个地理区域内石棺葬的起源、分布、演变、形制差异、传播和空间差异，并由此及于使用石棺葬的古代族群，以及他们的文化、社会结构、生态和宗教信仰。通过上述基础研究，作者进一步讨论了石棺葬分布区域内的文化史、社会史和民族史等。本书的研究特点是利用考古学的方法，同时借用文化人类学和历史学的某些理论，试图最大限度地复原"川滇青藏民族走廊"区域内的历史、环境和文化传统，并从人文科学的视角提出一些新认识。

作者截取了一个长时段的历史断面，将"川滇青藏民族走廊"的石棺葬文化及民族置于整个中国历史的大背景下，采用"动态"的研究方法系统地探讨了黄河上游和长江上游这两大地理空间内的文化交互、种族迁徙及各个考古学文化在一定时空维度内的联系，从文化史的角度解读考古出土的实物资料，弥补了以往在这一研究领域的不足。

本书的研究步骤分两步进行。第二章至第五章，首先对"川滇青藏民族走廊"内的石

棺葬遗存进行了文化性质上的判别。划分出了 10 种文化和地方类型：即岷江上游的撮箕山文化、佳山文化；青衣江上游的汉塔山类型、老场类型；东南青藏高原的卡莎湖文化、扎金顶文化；金沙江中下游的大墩子文化、尔巴克苦类型、石洞山类型、老龙头类型。随后，作者通过深入的比较分析，将此区域内的石棺葬分为先后发展的 5 个阶段。第一阶段为新石器时代晚期（绝对年代相当于中原地区的夏商时期）；第二阶段为青铜时代前期（绝对年代为公元前 2 千纪末至前 1 千纪前期，相当于中原地区的晚商、西周至春秋早中期）；第三阶段为青铜时代后期（绝对年代为公元前 6 世纪至前 4 世纪，即中原地区的春秋晚期至战国前期）；第四阶段已进入铁器时代（绝对年代为公元前 3 世纪至前 1 世纪早期，即中原地区的战国后期至西汉前期）；第五阶段为公元前 1 世纪中叶至公元 1 世纪后期（即西汉后期至东汉前期）。

在时空架构建立以后，作者继而对石棺葬文化进行了系统的综合性研究，内容涉及考古学文化与文化史（第六章），"川滇青藏民族走廊"的地理环境、生态与生业（第七章），社会组织、社会结构与信仰（第八章），族群（第九章）等。此外，作者还就石棺、白石与神山崇拜、双大耳罐、铜剑、殉牲等文化特质和文化习俗进行了深入的挖掘，在不少方面发前人所未发。

本书的学术贡献和创新点可以归纳为如下几点：

1. 首次对"川滇青藏民族走廊"以石棺葬为特征的考古遗存进行了文化性质的判识，划分出 10 种考古学文化和文化类型，并对各个考古学文化的特征、内涵和年代进行了归纳总结。

2. 作者认为，在进行考古学文化因素研究时，要格外注意那些外来的文化因素与自身"共同文化遗产"（Common Cultural Heritage）的区别。所谓"共同文化遗产"指的是不同文化历史发展上共有的要素或文化丛。在研究相似文化要素时，人类学家常常将外来的文化因素和由"共同文化遗产"积淀的文化因素加以对比，以确定哪些是舶来的，哪些是本地历史承继下来的。作者指出，这仅仅是程度问题，而非类别问题。因为在历史上，它们基本都是由某一文化率先发明，然后传播到其他文化中得以延续下来的。总之，"共同文化遗产"这一概念在比较研究中，对于区分不同文化中相似因素的源头会有很大帮助。

3. "川滇青藏民族走廊"内的古文化与中国西北地区新石器时代晚期至青铜时代的考古学文化存在诸多的共性。这种广泛的文化相似性可以追溯到石棺葬在"川滇青藏民族走廊"出现之前的更早阶段，并成为一种共同的文化遗产。作者认为，这种共同的历史文化遗产和文化特征的广泛相似，可以借用文化人类学的"区域共同传统"（Area Co-tradition）加以概括和解读。根据美国人类学家 R.林顿的定义，"区域共同传统"包括四个主要条件：1）具有特定的时间及空间维度；2）具有诸多概括性特征，使此区域与彼区域有所区别；3）在一个区域内，不同的次属文化或地区间有所联系，这些联系足以证明它们曾受到同样具有普遍性的影响或有着同样的文化发展脉络；4）在一定时间与区域内发生的文化变迁基本一致，有时甚至完全相同。作者就此指出，"区域共同传统"这一概念也适用于考古学研究,如中国西北甘青地区与"川滇青藏民族走廊"就存在这样的"共同文化传统"。在考古学研究中,可以将具有一个以上"区域共同传统"的地区看作是具有时间维度的文化区(Culture Area),此类文化区可以是一系列具有共同起源的传统——"文化相"的连续体。

4. 本书首次提出"黄河上游文化区"的概念。在新石器时代晚期至青铜时代前期,中国西北的甘青地区(有时也包括宁夏)和"川滇青藏民族走廊"共同构成一个大的文化区。甘青交界处的河湟地区至陇东一带为该文化区的中心,"川滇青藏民族走廊"为该文化区的边缘。由于该文化区的中心位于黄河上游,故名"黄河上游文化区"。约当青铜时代中期前后,"黄河上游文化区"对西南地区的文化影响逐渐减弱,来自北方草原的文化影响则不断加强,并最终导致"黄河上游文化区"解体。

5. 作者认为,石棺是一种具有重要象征含义的葬具。它象征着死者生前居住的石构屋室。但这种象征观念主要流行于岷江上游和东南青藏高原一带。在金沙江中下游,既存在用石板铺底的"完形石棺",也有"无底石棺";在青衣江上游,典型石棺却不多见。上述不同现象的背后可能隐藏着不同的观念。如岷江上游和东南青藏高原在距今5000—4000年前已经流行石构建筑屋室。在"灵魂不死"、"事死如生"观念驱使下,居住在这里的族群模仿石构房屋构建石室墓穴,安葬死者,希望死者到了阴间世界能够继续在石室中安稳地居住、生活。

《石棺葬》是一部集资料与研究于一身的集大成之作。作者在广泛占有资料和前人研究成果的基础上,在研究方法上博采众家之长,不少方面得出了新的认识,可谓中国西南地区考古学研究和民族历史研究的重要阶段性成果,也是石棺葬研究的里程碑之作,充分显示出作者具有的深厚学术功底和广博的视野。

毋庸讳言,《石棺葬》一书研究时空范围广阔,地理环境复杂,古代民族众多,文化内涵多变,加之考古资料的局限,在研究上颇具难度。我个人以为,在石棺葬研究领域至少还有三方面的疑点需要深入挖掘。首先,石棺葬在西北地区并非主流葬俗,为何到了西南山区得以发扬光大?由此引出的问题是:石棺葬是否直接来自西北地区?若是,是文化传统的延伸,抑或川西北的资源环境使然?其次,石棺葬的起源是一元还是多元?早年童恩正先生曾指出:云南元谋大墩子、永仁菜园子等地的石棺葬年代较早(在当地属新石器时代),且似乎与川西北的石棺葬非同一系统,文化面貌很独特,似乎暗示石棺葬的来源绝非单一。特别是近年来在川西北大渡河流域也找到了年代较早的石棺葬,进一步证实了以上疑问。第三,距今5000年以降,整个川西高原已经纳入马家窑文化这一原始羌人的文化圈,这个烙印极其深刻,从民族、经济形态到语言、文化可以说从远古延续至今。以上均为研究石棺葬文化时需要考量的深层次问题。由于现有的考古资料远远不够,不少问题还不到下结论的时候,也有赖于日后更多的考古新发现。上述问题作者在《石棺葬》一书结尾已经提及,此不赘。

我们相信，随着《石棺葬》这部大作的出版，将有助于大大深化中国西南地区的石棺葬文化研究，并将与此相关的其他领域的研究推向一个新的高度。最近，四川省文物考古研究院已有一些新的发现和研究成果刊布，值得关注。

本文曾发表在：《中国文物报》2012年8月17日四版。

早期装饰串珠：一个亟需填补的重要研究领域

英国著名考古学家、埃及学之父皮特里爵士（Sir. William Flinders Petrie）曾说过这样一段话："古埃及串珠的研究，将是埃及学发展中的关键性课题之一。"

20世纪30年代，夏鼐先生留学英国。在伦敦大学的格兰维尔（S.Glanville）教授指导下，知难而进，利用伦敦大学丰富的埃及串珠藏品和去埃及实地考察发掘的机会，对古埃及出土的串珠进行了系统的整理和研究。1943年完成了《古埃及串珠》博士论文的撰写。此文采用了皮特里教授的分类研究和统计方法，对串珠的考古价值、研究方法、制作工艺、分类、断代及古埃及和其他地区的文化交往等作了深入研究。1946年，伦敦大学特许夏鼐先生免予答辩，直接授予博士学位。这篇博士论文的完成，可以说是开辟了一个专门的领域，也扭转了考古界长期以来鲜有人做串珠专题研究的历史。不知是因为夏鼐先生的论文写得太出色，还是该领域的研究太过于艰深，以至于此后再也没有从事埃及考古或非洲考古的学者发表过有关这一地区的串珠研究专著。

有关夏先生这部大作的内容和重要学术价值，伦敦大学的斯蒂芬·奎克教授（Prof. Stephen Quirke）有专门的介绍发表，他在文章中高度评价了夏鼐先生的论文对埃及以及其他地区考古学研究的意义。[1] 此不赘。

遗憾的是，这部大作后来却长期深藏伦敦大学和皮特里博物馆，鲜有读者能够触及或阅读。考虑到夏鼐先生在中国考古学发展史上的特殊地位，特别是《古埃及串珠》这篇论文的重要学术价值，在中英两国学者的多方奔走和努力之下，中国社会科学文献出版社与国际著名的Springer出版社于2013年共同出版了夏鼐先生的这部博士论文（英文版），这对于埃及学乃至世界其他地区的装饰品研究都是值得庆幸的重要事件。特别是一部考古学专著能在时隔70年以后得以发表，这在学术界是极为罕见的，可见其重要性和潜在的学术价值。

中国西北地区很早就出现了装饰珠子，而且随着时代的推移，珠子的种类和质地也逐渐增加。目前，国内对于此类文物的研究还很薄弱，特别是在中国西北地区年代较早的珠子研究上更显匮乏，很多问题至今没有定论。此物尽管很小，也不起眼，但其中却隐含着重要的历史和学术问题，也是早期东西文化交流的一个重要领域。这里非常期待能借夏

---

[1] 斯蒂芬·奎克（Stephen Quirke）:《夏鼐先生与古埃及串珠研究》,《考古》2014年6期。

鼐先生的《古埃及串珠》博士论文出版的东风,加快推动中国西北地区早期珠子研究的进程,填补中国考古界在这一领域的研究空白。

最后,不妨略微修改英国考古学家皮特里爵士前面所讲的那段话:"中国西北地区的串珠研究,将是中国考古学发展的重要课题之一。"

本文是应《南方文物》之邀,为纪念夏鼐先生专号撰写的编者按。

有感于《考古学：理论、方法与实践》最新中文版的发行

科林·伦福儒（Colin Renfrew）和保罗·巴恩（Paul Bahn）合著的《考古学：理论、方法与实践》（Archaeology: Theories, Methods and Practice）一书自20世纪90年代初问世以来，已连续出版了六版，国外很多大学将此书列为教科书，可见它是一部非常有影响力的作品。

记得在1997—1998年，当时北京生活·读书·新知三联书店正在编辑出版苏秉琦先生《中国文明起源新论》的大陆版，为设计封面需要照片找到了我。交谈之间，编辑问道，北京大学可否组织翻译一批世界考古学名著，由他们来出版，并首先举例提到了科林·伦福儒和保罗·巴恩的《考古学：理论、方法与实践》这部书。我当时回答说，北大可能不具备做这个事的条件，但从有利于考古学发展的角度来说，这是一件值得努力去做的好事。2015年，上海古籍出版社推出了《考古学：理论、方法与实践》第六版的中文版，应该感谢陈淳教授及上海古籍出版社的编辑为此付出的努力。

其实，早在很多年前，文物出版社就曾组织一批考古专家翻译了这部书（第三版），并于2004年正式出版。2005年，北大考古系邀请伦福儒夫妇前来参加北京大学的法鼓讲座。为此，文物出版社还专门在北大举办了这部书的首发式，并邀请伦福儒教授在演讲结束后参加签名售书，场面甚为热烈。同时，文物出版社还曾组织一批专家座谈此书的出版发行。

伦福儒教授和保罗·巴恩先生在《考古学：理论、方法与实践》（第三版）的中文版自序中说了这样一段话："我们确信，未来十年考古学的信息交流将剧增。本书中文版的面世即是对这种信息交流中流向中国的部分证明。"同时他们还强调："西方人需要从中国同行那里学习他们处理一系列考古学问题的方法。"这反映出，随着21世纪中国的崛起，中国考古学的影响力在不断扩大，开始有更多的人关注中国和中国的考古发现。这个趋势也对中国考古学家提出了更高的要求，即更多地了解世界各地的考古学及发展趋势。应该说，《考古学：理论、方法与实践》中文版的面世为我们全面了解西方考古学的过去和当下提供了一扇重要的窗口。

2015年，在《考古学：理论、方法与实践》（第六版）的中文版自序中，伦福儒教授和保罗·巴恩先生为此书在中国再次出版而感到高兴，并特别说道："最近，我们与阅读和使用过中文第一版的中国考古专业学生有一次交流机会，这是弥足珍贵的体验；他们对本书的

评价令人十分鼓舞,我们衷心感谢这些积极的反馈。"同时,他们再次强调,"中国考古学能为考古学理论的发展作出大量的贡献"。

毋庸讳言,《考古学:理论、方法与实践》中文版的出版对中国考古学走向世界大有裨益,老一辈的中国考古学家很早就有这样的呼声。1993年,苏秉琦先生预言,21世纪的中国考古学将是"世界的中国考古学"。"目的是一个,把中国摆在世界当中,深入一层地再认识中国在世界村中的位置。"严文明先生也主张,要有计划地介绍一些国外考古学的重要发现和研究成果,既可以翻译出版具有代表性的专著,也可以编写一些综合性的著作,其目的是建立一个参照系,这有利于我们拓开思路,少犯片面性错误。再往前追溯,早在1985年,张光直先生就曾建议国内应该翻译出版一批西方考古学名著,以期尽快扭转当时中国考古与外部世界长期隔绝、不利于学科发展的僵化局面,并亲自为此挑选了一批书。

然而,时下的现状和中国考古学应有的地位还是有很大差距的。我想,不少阅读了《考古学:理论、方法与实践》这部书的人都不免有类似感触,即此书中涉及中国考古学的内容和篇幅非常之有限。2006年,我在剑桥大学做访问学者时,伦福儒教授邀请我去他家里晚餐,其间我曾对他说,希望能在今后再版《考古学:理论、方法与实践》这部书时,适当地加入中国的考古发现和中国学者的研究成果。其实,伦福儒教授也已注意到了这个问题。他在中文版《考古学:理论、方法与实践》(第三版)的前言中曾提到:"在本书以后的版本中,我们希望尽可能多地吸收最近中国考古工作的信息,因为我们认识到,有许多东西必须从中国考古学的经验中去学习。"

记得伦福儒教授2005年访问中国时,在北京一下子就买了30余部中国考古发掘报告,但他并不懂中文。返回英国后,他给我发来电子邮件表示,此次访华感触良多,并再次提到,希望能更深入地了解中国考古学。可见中国考古学在他心目中的地位在不断上升,这也代表了很多西方考古学家渴望了解中国的心态。

与此同时,我们也需要从自身的角度加以反思。为什么我们有那么多重大的考古发现和研究,却没能在西方考古学家的著作中有任何反映?反之,我们也会发现,一些西方考古学家的著作在介绍中国考古时,总会出现这样或那样的偏差,甚至会有一些不该出现的错误。造成上述现象的原因很复杂,但语言的隔阂与信息交流的薄弱是最重要的原因。一方面是西方学者能懂中文的人非常少,另一方面是能用英文撰写文章的中国学者数量有限,能写出高质量英文文章的更属凤毛麟角。

为改变上述现象,我们需要进一步加强国际间的合作。自20世纪90年代以来,我国已允许外国学者来华合作开展考古调查、发掘和研究。20余年来,在国家文物局的管理和指导下,中外考古合作的总体趋势不断向好,取得了一系列的可喜成果。加强国际合作,不仅推动了双方的学术交流和相互理解,也有利于宣传中国考古学的成果。比如,1993—1996年,北京大学考古系与美国安德沃考古研究会(AFAR)在江西乐平、万年等地合作开展水稻起源的考古发掘,相关发现和研究成果已被收录到美国和加拿大的考古教科书中,其中就包括有中国学者对稻作农业起源的观点。2004—2007年,北京大学考古学系、湖南省文物考古研究所与美国哈佛大学、以色列魏兹曼科学院合作发掘了湖南道县玉蟾岩遗址,相关的学术研究成果在西方有影响力的权威杂志发表,进一步扩大了中国考古学的国际影响,这在《考古学:理论、方法与实践》书中也有所体现。

2001年,我陪同哈佛大学人类学系的巴尔-约瑟夫(Ofer Bar-Yosef)教授等人赴湘西北、湘南和桂林考察,这位著名学者是第一次来中国。其间,他颇有感触地谈到,国际上对中国考古的了解太有限了,以往他看到中国学者撰写的论文大多为一些结论性的东西,体现不出具体研究过程和统计分析数据,这让他(也包括很多西方学者)很难理解那些结论和数据是如何得出来的。此次来中国,身临其境,亲眼目睹了中国考古学家所做的一些很有水平的工作,彻底改变了他的看法。为此他提出,能否由中国考古学家提供一些已经发表的考古报告,由他来组织人员翻译成英文出版,以便让更多西方学者全面地了解中国的考古学。此次,伦福儒教授在国内参观访问了一些考古遗址以后,也表达了类似的想法。

如今,已进入21世纪,倡导理论多元化、方法系统化和技术国际化的理念愈加显得迫切,而多元的理论对拓宽我们的学术视野和思路是有益的。近些年来,随着社会复杂化研究的深入,酋邦理论成为中国考古界谈论的热点,但如果简单地将该理论拿来对号入座,恐怕是一柄"双刃剑"!伦福儒教授在谈到酋邦理论时就曾指出:"它(指酋邦理论)可以被质疑,也不应当被不假思索地采用。"如果"过分地强调这四种社会类型的重要性,或过分沉溺于考虑将某个特定群体归入某个范畴而不是另外一个范畴,那就错了"。他的看法对当下的讨论是富有启示的。必须承认,美国人类学家塞维斯(E. R. Service)提出的四段式演进模式为探索人类社会政治组织的演进模式提供了理想的框架。但在使用该理论时,还需要深入了解它的来龙去脉,以及对该理论存在的诸多争议。否则,难免将人类社会发展的复杂历程过于简单化了。严文明教授曾说过这样的话,"判别一个理论优劣与否的标准是,既要看它能否正确把握考古学的性质和特点,也要看它能否正确把握现代科学的发展脉络。确切地讲,首先这个理论能否有效地处理古代社会遗留下来的资料,并从中提取尽可能多的信息。其次是这个理论是否是研究古代社会发展规律的行之有效的手段"。这些话对正确理解酋邦理论有着重要的指导意义。

《考古学:理论、方法与实践》这部书还提到,对现代考古学家来说,很多最令人感兴趣的问题都有一般性的特点,它不局限于世界的某一地区,却有着非常广大的适用性。比如"农业的起源"、"城市的出现及因素"、"文字的起源"。对这些问题来说,中国考古学都会有很多贡献。

上述具有一般性特点的问题也是当前中国考古界探讨社会复杂化的热点话题。但是,仅有那些轰动一时的考古发现是远远不够的,还需要在理论的层面加以总结和归纳,或许后者更为重要。

总之,如何做到让西方人学习中国考古学家处理一系列考古学问题的方法,这应该是我们特别要为之努力的!

2005 年 6 月初稿于北京蓝旗营

2017 年 6 月定稿于加拿大

第六部分

随　笔

北京大学：中国第一所国立综合大学

19世纪下半叶的西方是个科学昌明的火热年代。但对中国来说，则进入了一个最为惨痛、黑暗的时期。道光二十年（1840）爆发的鸦片战争炸开了大清紧锁的国门，也让国人首次体验西方列强"船坚炮利"的滋味。《南京条约》等一系列丧权辱国的条约的签订，使中国从此沦为半殖民地半封建社会。在鸦片战争失败、圆明园被焚的刺激下，中国的一批有识之士开始睁眼张望外面的世界，一批洋务派官僚也提出了"自强"、"求富"、"师夷长技以制夷"的口号，开始兴办工业，派遣学生出洋，购买军舰，创立北洋水师，一切似乎开始有了转机。

光绪二十年（1894），岁在甲子，日本趁着朝鲜东学党的起义，出兵侵占了朝鲜。7月，日军突袭中国海军。8月初，双方宣战。9月17日，日军舰队悬挂美国星条旗袭击了北洋水师"致远"舰，邓世昌等250名官兵阵亡。翌年1月，日军在胶东龙须岛登陆，未遇一兵一卒，旋即抄袭威海，如入无人之境。2月，日军封锁港口，李鸿章命令海军避战自保，屈服求和。日军从海陆两翼同时打击港内北洋水师的军舰。短短半年，排名世界第八的北洋水师竟全军覆没于排名第十六的日本海军。

一而再再而三的失败，刺激了中国知识分子，他们开始从深层认识西方文化，他们逐渐从标榜"自强求富"的洋务运动中清醒过来，转而尝试教育改革，寄希望于培养有革新思想的人才，他们认识到从根本上推动制度改革，这才是中国的出路。在列强瓜分国土、民族危机空前激化的背景下，一批知识分子掀起了"变法维新"运动。"育人才，废科举"，建立大学堂成为当务之急。这一时期，知识分子或纷纷上书，或著文立说，极力向朝廷鼓吹："泰西各邦，人才辈出，其大本大源，全在学校。"光绪二十二年（1896），梁启超在《论学校》中疾呼："亡而存之，废而举之，愚而智之，弱而强之，条理万端，皆归本于学校。今国家而不欲自强则已，苟欲自强则幽幽万事，惟此为大。虽百举未遑，犹先图之。"1896年6月，刑部左侍郎李端棻[①]在《请推广学校折》中首次提出了设立"京师大学堂"的动议。1898年，康有为在《请广开学校以养人才折》中指出："京师议立大学堂数年矣，宜督促早成之。已建首善而观万国，夫养人才，犹种树也。筑室可不月而就，种树非数年不荫。今

[①] 李端棻（1833—1907），字芯园，衡永郴桂道衡州府清泉县（今衡阳市衡南县）人，清朝著名政治家、改革家，生于贵州省贵筑县（今贵阳）。北京大学首倡者、戊戌变法领袖、中国近代教育之父。历任山西、广东、山东等省乡试主考官、全国会试副总裁、云南学政、监察御史、刑部左侍郎、仓场总督、礼部尚书。

变法百事可急就,而兴学养才,不可以一日致也。故臣请立学亟亟也。若其设师范、分科学、撰课本、定章程,其事至繁,非专立学部,妙选人才,不能致效也。惟圣明留意幸察,伏乞皇上圣鉴,谨奏。"

光绪二十四年(1898)正月二十五日,光绪皇帝为开办京师大学堂谕:"京师大学堂,迭经臣工奏请,准其建立,现在亟须开办。其详细章程,着军机大臣会同总理各国事务衙门大臣妥议具奏,钦此。"(《光绪朝东华录》)。同年四月二十三日,光绪帝再发上谕,强调:"京师大学堂为各行省之倡,尤应首先举办,着军机大臣、总理各国事务大臣、会同妥速议奏。所有翰林院编检、各部院司员、各门侍卫、候补候选道府州县以下官、大员子弟、八旗世职、各武职后裔,其愿入学堂者,均准入学肄习、以期人才辈出,共济时艰。"(《德宗景皇帝实录》卷四一八)。五月初八,光绪帝第三次发出上谕:"前因京师大学堂为各行省之倡,特降谕旨,令军机大臣、总理各国事务大臣会同议奏,即着迅速复奏,毋在迟延。其各部院衙门,于奉旨交议事件,务当督饬司员,克期议复。倘在仍前玩(愒),并不依限复奏,定即从严惩处不贷。"(《光绪朝东华录》)。随后,光绪皇帝下旨:"京师大学堂为各行省之倡,必须规模宏远,始足以隆观听而育人才。"

就这样,在变法维新运动的促使下,1898年,诞生了我国近代第一所由中央政府建立的国立综合性大学——京师大学堂。光绪皇帝派自己的老师孙家鼐①为首任管理大学堂事务大臣。大学堂改革旧式科举,制定新的学制章程,以"端正趋向,造就通才"为宗旨,教学内容"中西并重"。需要指出的是,京师大学堂的前身为国子监,大学堂成立之初,行使双重职能,既是全国最高学府,也是国家最高教育行政机关,统辖各省学堂。

总理衙门奏拟京师大学堂的章程由梁启超代为起草,共八章五十二节。八章分别为总纲、学堂功课例、学生入学例、学成出身例、聘用教员例、设官例、经费、暂章。这一章程也是中国近代高等教育最早的学制纲要。

京师大学堂的建立是中国现代高等教育全面启动的标志。这一定位有着三层含义:第一,她是由中央政府创办的,属国家、政府行为;第二,她是一所综合性大学,有速成科,还有政治、文学、格致、农业、工艺、商务、医术等分科及大学院(后改为通学院,相当于今天的研究生院),系科和教学层次较完善;第三,作为中央政府创办的综合性大学,她的成立在时间上最早。所谓国家行为的含义包括:1)为筹办大学堂,光绪帝亲自下诏,并不止一次频繁下诏。作为维新变法的一项政令,本身就是政府行为。2)大学堂继承了国子监的部分职能,既是全国的最高学府,也是国家最高的教育行政机构,全国各省学堂皆受其管辖。京师大学堂在学部成立以前,除了负责大学堂的一般教学任务外,还负责全国学务

---

① 孙家鼐(1827—1909),字燮臣,号蛰生、容卿、澹静老人,安徽寿州(今淮南寿县)人。清咸丰九年(1859)状元,与翁同龢同为光绪帝师。累迁内阁学士,历任工部侍郎,署工部、礼部、户部、吏部、刑部尚书。1898年7月3日以吏部尚书、协办大学士受命为京师大学堂(今北京大学)首任管理学务大臣,1900年后任文渊阁大学士、学务大臣等。卒后谥曰"文正"。

管理,本身就是(教育)行政机关,其行为理所当然是行政行为。3)大学堂招考的学生大多是官员,被选送的学生由所在省府发给来北京的川资和制装费。大学堂的毕业学生大多去国家行政部门工作,甚至在毕业证书上印有慈禧一道"懿旨",足见国家高层对大学堂的重视。4)国立大学主要靠国家拨款。大学堂的经费由户部存放华俄道胜银行的500万两白银的利息(约2.12万两)支付。此外,大学堂还通令各省分摊经费,大省筹银2万两,中省1万两,小省5千两,按年上交大学堂。大学堂的经费为全国所有学堂中最多,国家对京师大学的投资力度也最大。5)大学堂的图书除了从国子监调拨以外,还咨文各省官书局,将已刻经史子集及时务新书,每种提取10部或数部送大学堂。6)大学堂校舍由总管内务府大臣负责修缮。以上各项足以说明京师大学堂的地位之高、规模之大。

民国建立后,1912年5月3日,国民政府教育部颁令,京师大学堂改称北京大学校,大学堂总监督改为大学校校长。思想家、教育家严复成为京师大学堂的末任总监督和北京大学的首任校长。

附录一：京师大学堂历任负责人

姓　名	任　职　期	职　名
孙家鼐	1898.7—1899.12	管理大学堂事务大臣
许景澄	1899.7—1900.7	暂行管理大学堂事务大臣
张百熙	1902.1—1904.1	管理大学堂事务大臣
张亨嘉	1904.2—1906.2	京师大学堂总监督
曹广权	1906.2—1906.3	代理大学堂总监督
李家驹	1906.3—1907.7	大学堂总监督
朱益藩	1907.7—1907.12	大学堂总监督
刘廷琛	1908.1—1910.9	大学堂总监督
柯劭?	1910.9	暂行署理大学堂总监督
劳乃宣	—1912.	京师大学堂总监督
刘经泽	1911.12.24	暂行代理

本文曾以"苏洲"为笔名发表在《中国文物报》1998年5月20日二版。

四十件长沙窑珍品重返神州

——韩国友人给北京大学考古与艺术博物馆捐献瓷器

1996年11月4日,韩国友人金亨石、申熙哲向北京大学考古系赛克勒考古与艺术博物馆捐赠104件中国古代文物,并表示:"把这些文物捐献给北京大学,就像失去母亲的孤儿找到妈妈一样。"他们的行为显示出高尚的情操,也表达出韩国人民对中国人民的友好情谊。这不仅是对中国考古与博物馆事业的支持,也是向即将到来的北京大学百年校庆奉献的一份厚礼。

这批文物中的主要部分为陶瓷器。其中,绝大部分是近年来流失海外的。种类包括汉代彩绘陶、低温釉陶、印纹硬陶,南朝青瓷,唐—五代长沙铜官窑瓷器,唐越窑青瓷及宋、元、明、清历朝的各类瓷器。

在上述捐献的瓷器中,尤以40余件长沙铜官窑作品最为珍贵。器类以双系注壶为大宗,包括一批釉下彩作品。如奔鹿纹注子、花鸟纹注子、白鹭纹注子、荷叶纹注子、双鱼贴花青瓷注子、褐斑贴花人物注子、植物纹注子,以及青瓷葫芦小瓶、褐釉小盂、釉下彩盒形水注,还有婴孩、骑马人物、乌龟、双鸟、鸟形哨等造型各异的儿童玩具。

长沙窑是发现很晚的一个窑系。20世纪50年代,考古工作者在湖南长沙发掘了大批唐墓,在随葬品中有一种不同于"岳州窑青瓷"的釉下彩花瓷,此即习称为"长沙窑"的瓷器。后来,湖南省的文物考古工作者在长沙望城县铜官镇附近的石渚瓦渣坪找到了生产这种釉下彩瓷器的古窑址。1964年和1973年,为配合工程,考古工作者曾对窑址进行试掘,出土各类遗物2000余件,包括带记年款的窑具和器物3件。通过与长沙及各地唐墓出土的遗物比较,可知长沙窑创始于初唐,终于五代。唐元和年间(806—820),长沙窑已形成较大的生产规模。但从窑址的地层堆积看,元和时期以下的文化层厚达1米,说明长沙窑在此之前已有较长的生产历史了。

以往学界普遍认为,长沙窑不见于任何文献记载。其实,唐代诗人李群玉在《石潴》诗中曾描写了长沙窑当年烧制瓷器焰火冲天、烟雾弥漫的繁忙景象:"古岸陶为器,高林尽一焚。焰红湘浦口,烟浊洞庭云。迥野煤飞乱,遥空爆响闻。地形穿凿势,恐到祝融坟。"此诗名曰"石潴",系地名,今作"石渚",即长沙窑古遗址的所在之处。遗址位于长沙西北25公里、湘江东岸铜官镇附近的石渚瓦渣坪一带,故又称"瓦渣坪窑"、"铜官窑",今习称"长沙窑"。

长沙窑所产瓷器种类繁多,并新创出许多既实用又美观的器形,在唐代诸瓷窑中是不多见的。特别是有各种造型的注壶,款式极为丰富,壶口、腹、嘴、柄等部位富于变化,同类款式也有大小、高低、肥瘦、深浅和弧度变化。此外,瓷盒种类也较多,有些模仿金银器的造型。有一种在盒盖上书写褐彩"油合"二字,系妇女盛放梳发用油的生活用具。长沙窑的另一大宗产品是瓷塑人物、动物玩具,常见婴孩、人骑马、狮子、大象、牛、羊、马、猪、狗、鸡、鸭、鸽、龟、鸟形哨等,造型十分生动,惹人喜爱。

釉下彩的发明是瓷器发展史上的大事。长沙窑产品首创在胎上绘彩,再上釉烧成高温的釉下彩技术,突破了以往青瓷色泽单一的弱点,丰富了唐代瓷器的装饰工艺,对中国陶瓷的发展有特殊贡献。其中,早期纹样种类较简单,最先出现的是釉下褐彩,后发展出釉下褐绿彩。其工艺分为两种,一种直接在胎上作画,再施青釉;另一种先在胎上刻出花纹轮廓,再施彩绘,最后施以青釉。长沙窑彩瓷多见花卉折枝、菊花、莲花、荷叶、白鹭、鹦鹉、翠鸟、奔鹿等画面,特点是寥寥数笔,栩栩如生,显示出很高的艺术水准。这种釉下彩工艺与当时的绘画紧密结合,具写意之妙,色彩鲜明,笔法流利,生动自然,再现了唐代民间绘画艺术的风采。除了釉下彩以外,长沙窑也流行模印贴花装饰。

在已知的长沙窑瓷器中发现不少古诗、诗句和联句。古诗以五言最为习见。其中有10首见于《全唐诗》,60余首为佚诗。其中,著名的有"一别行千里,来时未有期。月中三十日,无夜不相思"等。此次捐献的长沙窑瓷器中有4件书写古诗词,非常珍贵。

长沙窑当时除了内销,也行销海外。在朝鲜、日本、东南亚及伊朗、伊拉克等国均有出土。据说,最远在非洲也有发现。

本文曾以"苏州"为笔名发表在(香港)《文汇报》1997年7月23日D1副刊。

中国西部区域合作考古的
意义和需要注意的问题

"中国西部考古区域合作会"的首届会议是在兰州举办的,我因病未能参加。此次离开北京之前,早上在院子里散步碰到严文明先生,我告诉他要来参加这个会,先生便和我聊起西北地区和川西北的文化关系问题。可见大家都很关心这一广阔区域的考古工作。由于会前没有一个正式通知,对此次会议的议题、内容以及与会人员都不是很清楚,以为就是个小型座谈会。昨晚到达以后才知道会议还颇有些规模。事先未做准备,仅就西北与西南及周边的文化关系谈一点我的思考和一些不成熟的看法。

一、中国西部区域合作考古的必要性

早在20世纪40年代,裴文中先生就讲过这样一段话:"在西北,那里有广漠无边,任人驰骋的地方,且多半是'处女地',等待我们去调查。那里考古材料之丰富,我们学考古的人,只能以'遍地皆黄金'这句话来形容。"[①]后来,俞伟超先生也讲过类似的话(大意),"西北地区的考古学文化复杂多变,生活条件艰苦,没有点胆识是不容易坚持下去的,但那里对于一个考古学家的训练和成长却是个重要地区。"确实如此,我国老一辈从事史前考古的大家几乎都是从西北起步的,从黄文弼、徐旭生、苏秉琦、夏鼐、裴文中等老一辈学者,到俞伟超、严文明、张忠培等学术中坚莫不如此。他们为中国的西部考古撒下了辛勤汗水,也为西部考古学的发展奠定了坚实基础。

四川的西北部也可纳入大西北的地理范畴,那里的史前考古从20世纪90年代末以来才逐渐受到学术界关注,这与成都市文物考古研究所对茂县营盘山遗址的发掘和成都平原一批史前城址的发现有密切关系。其实,川西北的考古出现较早。1949年以前更早的就不说了,1949年以后的重要发现可追溯到20世纪50年代末至60年代初,即四川大学历史系考古专业在汶川、理县等地开展的考古调查发掘,有重要发现,可惜后来资料发表太过简单,工作也没能继续下去。20世纪80年代中期,我曾就这些发现请教四川大学的童恩正先生,也为此专门咨询过四川大学考古专业的朋友,但大都说不清楚这批资料的去向了。

---

① 裴文中:《中国史前时期之研究》,商务印书馆,1950年,223—224页。

1987年4月下旬,应甘肃省文物考古研究所张学正先生的安排,我和当时在甘肃省文物考古研究所工作的同学水涛一起前往甘肃南部的合作地区,准备参与在那里开展的第二次全国文物普查。原计划在完成甘南草原的调查之后,穿越甘川交界的朗木寺,去川西北地区的阿坝草原看看。无奈天有不测风云,一场突如其来的暴风雪打乱并终止了这个计划。这以后,我们才去了河西走廊发掘酒泉干骨崖遗址。

20世纪90年代,《考古》杂志发表了一篇川西北地区史前文化研究的文章,披露了一些新资料。由于作者对西北地区的考古资料知之甚少,暴露出很多问题,甚至有很多错误认识。①

近年来,四川省文物考古研究所、成都市文物考古研究所、四川大学历史系等单位先后在川西北地区的茂汶、理县、阿坝草原、汉源等地开展考古调查发掘,有一系列的重要发现,不仅扩充了我们原有的认识,也极大地丰富了对仰韶晚期文化和马家窑文化分布空间的认识。其重要学术价值体现在以下几个方面:首先,这些发现进一步证实西北与西南地区早在史前时期就存在文化联系和交互;其次,随着仰韶文化和马家窑文化的不断南下,开凿了一条连接南北的重要交通孔道,将黄河上游地区和长江上游地区连接起来,并一直延续到历史时期。这条通道的建立在中国历史长河的发展进程中扮演了重要作用;第三,这条通道的建立不仅确立了国内南北之间的文化联系,进而通过大西北与西域和中亚地区发生联系,通过大西南与印度支那半岛(东南亚)发生了联系。可见这是一个国际性的大通道,不仅涉及早期东西文化交流,也开启了我国西南地区与东南亚的早期文化交流。

二、新的考古发现引出的新课题

1)自仰韶文化中晚期开始到马家窑文化的南下扩张是在怎样的历史背景下发生的?是社会方面的原因?抑或是气候波动和环境因素使然?

2)齐家文化的南下究竟能到哪里?川西北地区已发现零星线索,丹巴遗址早期是否含有齐家文化因素的影响?齐家与三星堆文化是否有联系?

3)寺洼文化南下传入岷江上游地区,川西北氐羌文化系统的石棺葬文化应该是在这一历史背景下出现的。当地的土著文化是什么?

4)巴蜀文化对西北及中原地区的反作用问题,特别是与陇南、陕南的关系,何为源?何为流?陕西宝鸡、凤县等地出土的明显属于巴蜀因素的器物是在怎样的历史背景下出现的?流通渠道在哪儿?以往我们只是较多地关注陕南通道,对陇南这一通道的历史作用重视不够。

5)进入历史时期以后,这条南北通道继续扮演着怎样的角色?

---

① 徐学书:《岷江上游新石器时代文化的初步研究》,《考古》1995年5期。

6）这一地区从史前到历史时期的民族与今天的少数民族是什么关系（汉—元）？这也是民族学和文化人类学的重要课题，台湾的王明珂一直在做这个地区的工作，并有一系列研究成果，对考古界也应有所启示。

7）特殊资源的开发与社会复杂化和文明起源的关系问题。其中就包括盐、铜和玉石料等。近来，国家文物局有意开展文明探源工程，应特别注意某些特殊资源在社会复杂化进程和文明形成过程中扮演的角色问题。中原文明的形成同样离不开与周边地区的文化交互。

8）经济形态。特殊资源与环境因素在社会复杂化和文明形成进程中扮演了重要作用。中国的大西北是文化交汇的重要区域，也是农业与畜牧业交汇带，更是多民族杂居之地，文化的多元性突出。同时，那里也是环境脆弱带和干旱与半干旱交错带。公元前3000年以降，中原乃至整个东部地区的炊具为鬲—甗搭配组合，长江流域为釜—甑搭配组合。唯独西北地区为鬲—罐组合（其实鬲的数量很少），这是否暗示这一区域的经济形态与其他地区有所不同？如中原及以东地区的传统农作物为粟—黍，长江及华南为稻，唯独大西北地区最早引进了大麦和小麦，炊具的不同是否暗示了农作物品种的差异？还有一点，为什么仰韶文化晚期和马家窑文化一直沿着岷江上游—川西北草原、即青藏高原的东麓一线发展？为何没有进入富庶的成都平原？这也很值得深入思考。

9）早期东西文化的交互。自公元前3000年以降，来自域外中亚一带的文化因素陆续传入中国西北地区。如冶金术、麦类作物、牛羊马等家畜、权杖头、装饰品等。这些外来因素在川西北地区是否也有反映？

三、下一步需要注意的问题

1）希望参与区域合作的各单位要有积极的学术意识和课题意识，特别是要在配合基本建设的项目中带入课题意识，这样才能更主动。

2）加强人才培养，尽快扭转西部地区人才流失和断层现象。没有人，什么都不好谈。

3）参与西部协作的各单位要做到真正的合作，把各方面力量调动起来，特别是相邻省份更要加强学术间的了解与互动。

回顾近30年来中国考古学的发展，苏秉琦先生从20世纪70年代末就不断强调和组织跨区域间的合作，如内蒙古东南部—辽西、环渤海、甘—青、苏鲁豫皖等，这些区域合作对中国史前考古研究起到了巨大的推动作用。相信西部合作区的建立能将西北和西南各省区的考古工作积极推动起来，并取得重要成果。但必须是实质性的合作，不能说一套做一套。

4）我们要把眼光放得更长远一些，视野要更开阔一些。一方面要加强西部区域合作，另一方面也要加强国际合作，借鸡下蛋。眼下成都考古所即将与美国哈佛大学和圣路易斯华盛顿大学开展合作，应该会有很好的发展潜力和前景。

5) 科技考古。农业的起源和动物驯化的研究要加强,动、植物遗存包含大量的历史信息,这方面一些难点问题的解决将在很大程度上有赖于西部地区的科技考古。截至目前,我们在考古发掘中还很少使用浮选和筛选,这与今天所处的时代很不相称。王辉所长谈到,前不久在酒泉西河滩遗址的考古发掘反映出不少负面问题,特别是工作十分粗糙。中国考古的发展趋势是不能大而粗,而要少而精。

6) 年代学研究。西部地区的考古学文化年代还存在诸多问题。要有针对性地解决,如仰韶文化庙底沟类型、马家窑文化、齐家文化的绝对年代都需要深化。

7) 建议各协作单位有计划地把多年的欠账(考古报告)还一还,现在已不单纯是钱的问题。要认识到,这也是西部地区合作考古工作成败与否的重要基础。

本文是2005年4月在成都"中国西部区域协作考古会"上的发言。

有关西藏史前考古和
遗产保护的几点思考

20世纪80—90年代曾有几次进藏机会,但都擦身而过,一直引以为憾。此次终于美梦成真,身处雪域高原的那些日子也让我有暇思考一些问题。

我一直比较关注西藏史前遗址的年代问题。如昌都卡若和小恩达的年代早到距今5千年前。但与之相邻的川、滇地区却还没有发现这么早的遗址,是工作不到位?还是另有原因?假若这个年代无误,藏东地区史前文化来自西北—川西北的可能性就非常之大,早年我就这么认为。但两地的文化面貌还是有很大差距的,需要探讨其原因。听说最近在波密县新发现一处史前时期的遗址,陶器非常有特点。总之,目前西藏的史前文化只是露出了冰山一角,期待有更多的发现。

近来有学者通过对青藏高原东北缘(青海)的调查和动植物遗存的研究,认为人类在距今5300—4000年开始大规模地定居到海拔2500米以下地区(黄河上游—湟水),这可能与旱作农业的扩张有关。距今4000—2300年,气候干冷,人类却成功地进入到海拔3000米以上区域(柴达木—青海湖)。人类之所以能在距今4000年前后征服青藏高原,与大麦和羊的传入密切相关。这项研究对于西藏原始文化的研究是有启示的。联想到卡若和小恩达遗址的年代已早到距今5000年前后,这该如何解释?

西藏地广人稀,环境复杂多变,从很早起就形成了不同的文化、民族、宗教和方言区。对这一区域的考古研究特别需要引入人类学(民族学)、社会学和语言学的视角。此次我们在工布江达县考察的秀巴古碉楼①与羌人显然有着血脉联系,包括川西北地区的白马藏、嘉绒藏均如此。羌人源起于河湟地区,经川西北南下昌都地区,后者为康巴人的大本营。从马家窑、齐家到寺洼文化持续的南下,包括石棺葬在广阔的大西南地区流行,都在暗示藏东与川西北—甘青地区的悠久历史联系。新旧《唐书·吐蕃传》均记有:"吐蕃本西羌属……"体质人类学研究也表明,自河湟、河西走廊到新疆东部地区,新石器时代晚期到青铜时代居民的体质形态与"西藏B型"("卡姆型"或"武士型")关系密切。而"西藏B型"的分布区域主要就在昌都地区。

20世纪80年代中期,我们在甘肃河西走廊进行了大范围的考古调查,此后陆续又在葫芦河流域、陕北神木两河流域、甘—川—滇等地作过多次野外实地考察,深切感受到野

---

① 这些碉楼主要属于吐蕃分治时期。同类遗迹在该县就有4处。以往我总以为碉楼是川西北地区羌人的文化特质,藏区碉楼的存在进一步证实,史上羌藏确为一家。

外综合考察对于一个考古学家成长的重要作用。子曰"学而不思则罔"。其实,"学而不'通'亦罔"。如何才能"通"？这不仅仅是读万卷书,更重要的是要行万里路。

芒康盐井盐田是我们此次考察的另一个重点。当初将这处珍贵的遗产保护下来列入国宝确实不易。经实地考察看到,当地已经意识到这处文化遗产的重要价值,但当地目前更关注的是旅游开发和赚钱。但过度开发将破坏盐井村宁静的文化氛围,扰乱当地民众传统的生产和生活,如何把握好这一点,需要加强科学的规划和引导。

人才培养是西藏考古迫在眉睫的要务。此次考察看到,西藏的考古文博人才十分缺乏,仅有的几个人要应付如此广袤地域内的庞大工作量,确实力不从心。因此,培养和引进人才刻不容缓,当地亟需培养一支能扎得下根、具有战斗力的团队,这对西藏考古文博事业的良性发展至关重要。

本文是参加西藏史前考古考察后的笔谈,曾发表在《中国文物报》2012年12月7日五版。

神木石峁遗址新发现的几点思考

2001年,我在参与神木两河(窟野河、秃尾河)流域考古调查时,曾在石峁遗址做过一些调查。那个调查是国家文物局支持的,主要目的是了解陕北史前文化与环境的关系。这也是当年我们在西北葫芦河流域开展环境考古调查的后续。后来,这个项目被纳入张忠培先生主持的三北河套研究项目。

记得当年我们在石峁遗址一共调查了两天,调查工作集中在皇城台及周边地区。当时也看到了外围的石墙堆积,由于地表未见任何遗物,也就认同了当地认为是明代遗迹的看法。如今,石峁遗址的面积从原来的100万平方米扩展到了400万平方米,可以说是国内罕见的史前时期的大城址。在陕北这个边陲之地能出现如此之大的城址,这一发现大大超出想象。

我首先想到的是景观问题。这个遗址的内部地貌支离破碎,是否当初就是这个样子?需要考虑。这关系到对遗址功能的判断。当年在神木两河流域调查时发现一个规律现象,即凡属龙山—夏代的遗址全都分布在山顶上,有些遗址与河面的相对高差达到100余米,取水用水非常不便。即便到今天,在这样的山顶生活也非常不便。为何当初人们选择在这样的地方构建如此大规模的城堡?这类石城的功能是什么?值得多问几个为什么!

石峁城址的范围超过400万平方米,工程量极其巨大。而且筑城的石料大多是从山下搬运上来的,当时出现了怎样的社会组织?如何才能调动庞大的人力、物力,并完成如此浩大的工程?其背后有无其他特殊资源支撑?石峁遗址出土过很多玉器。这次听介绍说,国内有4000多件,流到国外的有2000多件,这个量相当之大。这些玉料是从哪儿来的?其背后有着怎样的流通渠道和贸易网络?如果这些玉料或玉器确实来自外地,如大西北地区,这里还存在一个远程贸易的问题。

石峁所在的陕北神木属于农牧业交错带和环境脆弱带。据我们当年的调查,这个区域这个时期的遗址应该是以农业为主的,社科院考古所赵志军的工作也证实了这点。其实,由此向北直到内蒙古包头,这个阶段的经济形态基本是以农业为主导的。过去曾有人说,鄂尔多斯地区在朱开沟文化以后,游牧民族兴起,将原有的农业民族挤压到陕北,并形成所谓的清涧李家崖文化,对此我并不认同。记得2001年我们完成神木考古调查后,驱车前往内蒙古,曹建恩副所长带我们参观了他刚挖完的西岔遗址(西周)的出土物,其中包括大量的陶鬲,显然也是一个以农业为主体的族群遗留。这一发现对所谓"由于天气变得干冷、导致游牧民族南下陕北"的观点提出了挑战。陕北作为农牧业交错带和环境脆弱带,同时也是农耕文化的边缘地带,有其特殊之处,需要从时间、空间和文化传承等多方面深入思考,避免过度解读。

考古是个长期性的工作,发掘、整理、研究是个漫长的过程。目前石峁遗址的发掘才刚刚开始,会有很多新的认识,结论要慎重,需要积累更多材料,再做判断。同时,保护要跟进,力度要加大,但保护的前提是考古和考古研究,如果考古工作不扎实,保护规划的质量也不会很高。

这是参观石峁遗址的座谈,发表在《考古与文物》2013年3期。

四川宜宾向家坝库区
考古新发现的点滴印象

宜宾在历史上一直是川南政治、经济和文化的中心和重要的交通枢纽。近年来,因修建金沙江下游的水库,为此而展开的考古发掘取得了一系列重要成果,填补了该地区5000年来的考古学文化空白,意义十分重大。此前曾前往参观向家坝库区的考古发掘现场,这里谈几点初步的认识。

1. 2010年,四川省文物考古研究院对宜宾屏山县石柱地遗址进行了大规模的考古发掘,发现了从新石器时代晚期、商、周、战国、秦汉及至明清的一大批聚落遗址和墓地。这是继叫化岩遗址发掘之后,向家坝水库淹没区取得的又一项重大收获。

2. 现有出土资料显示,早在史前时期,川南一带的土著族群在自身的文化基础上分别汲取了来自不同地区的文化元素,继而融合出具有川南金沙江流域色彩的考古学文化,并沿江继续向西南地区施加影响。此次在向家坝库区首次发现来自长江三峡和成都平原的史前文化因素,充分印证了这一点。商周秦汉之际,这里相继受到来自不同方向的巴蜀文化、石棺葬文化和中原汉文化等的冲击,显示出宜宾具有的文化辐集能力和交通枢纽作用,也充分说明这一文化交汇带具有强大的文化融合力。

3. 据发掘者介绍,向家坝库区表现出西周时期多遗址、汉代时期多墓葬的现象,这实际上是不可能的。只要有人就应该既有活人的生活居地,也有死人的葬地。但由此也联想到,金沙江流域峡谷深邃,两岸台地逼仄狭窄,适合人类居住的空间非常有限。生活在这里的族群只能长期反复利用有限的江边台地,这也极易给人以考古遗址支离破碎、文化连续性断裂缺失的印象。希望能透过下一步的发掘,深入考察区域内的人地关系、聚落环境和经济形态等深层次问题。

4. 根据系统理论,只有那些交通便利的地方才能有畅达的信息往来,也才能实现政府对边远区域的行政控制。宜宾作为川南重镇,占有地利和交通之便,历史上长期与云贵地区乃至东南亚保有茶、马、盐等传统边贸活动。向家坝库区的考古发现显示,这一特殊角色可能在史前时期就已形成。历史时期,巴蜀与滇缅族群长期存在经济和文化的互动,并一直延续到近现代。石柱地遗址以大量的实物资料证实,宜宾处在日后南方丝绸之路的重要节点位置,这里不仅是蜀人南迁的重要落脚点,也是我国西南地区南北文化交流的重要枢纽。考虑到由此沿金沙江可达云南昭通,继续向南,影响力直逼东南亚。因此特别需要加强对考古遗迹现象背后的南北文化交流和远程经贸活动的挖掘研究。

5. 目前,向家坝库区的考古发掘工作已完成80%,四川省考古研究院在此实施了边发掘边整理的办法,这个意识非常好,可及时发现工作中存在的纰漏,随时加以弥补整改。

6. 从文化建设的角度看,建议宜宾市政府能借此次东风,尽快规划建设一座综合性的博物馆,全面展示向家坝库区的考古发掘成果和珍贵的出土文物。同时结合五尺道沿线的自然风光和历史古迹,将宜宾地区悠久的历史和独特的自然风貌介绍出去,这对当地经济和文化的可持续发展是非常必要的。

本文是在十大考古发现评选会后应邀发表的看法,部分文字曾发表在《中国文物报》2012年4月12日(70期特刊)六—七通版。

新疆温泉阿敦乔鲁遗址考古发现点评

前不久,中国社会科学院考古研究所在新疆博尔塔拉州温泉县阿敦乔鲁遗址进行的考古发掘取得了重要收获。发掘该址时曾邀请我去现场,因当时我正在西藏东部进行考察,未能亲临遗址现场。看到此次发掘的文字介绍,有如下几点体会:

1) 重要性。阿敦乔鲁遗址位于新疆维吾尔自治区的西北角,南隔别珍套山与霍城相接(连—霍公路西部终点),东靠博乐县,西、北、南三面与哈萨克斯坦共和国为邻。这一区域就像个楔子,插入哈萨克斯坦国境内,地理位置非常重要。阿敦乔鲁遗址发掘的遗迹和遗物属于青铜时代的偏早阶段(公元前2千纪的前半叶),也是目前所知同类遗址中规模较大、较完整的一处。特别是遗址和墓地的存在表明这是一个相互关联的完整聚落。发掘者根据F1—F3及周围遗迹的规模和特点提出,它可能是博尔塔拉河流域具有中心性质的礼仪祭祀场所,显示出较高的文明。或可做这样的推测,但遗憾的是出土遗物偏少,证据还显不足。总之,定性的问题还待进一步的发掘和研究。

2) 地位。阿敦乔鲁遗址的墓地规模及出土文物显示,该址在西天山及中亚地区的早期青铜时代占有一定的地位,揭示了西天山地区与哈萨克斯坦七河流域存在的文化联系,为探索新疆西北部的青铜文化内涵以及与中亚地区的关系提供了新资料。总之,加强这一地区的考古工作有助于我们深化对新疆乃至中亚地区青铜时代的了解。类似遗址在新疆西北部一带有广泛分布,以往也有一些发现,但规模相对较小,特别缺乏正式的发掘。类似遗存在阿拉套山以北、哈萨克斯坦境内的七河流域分布广泛,在巴尔喀什湖以西的卡拉干达一带也曾发现大量石构建筑和墓葬,包括列石、岩画等,墓葬中出土的陶器和铜器有些与阿敦乔鲁的非常接近。其实,环巴尔喀什湖是个大文化区,这个时期的遗存可以划到大安德罗诺沃文化范畴。如果进一步扩展视野,还会看到乌拉尔山以东的辛塔施塔墓地、阿卡因大型聚落有着更大的体量和规模。特别是那种复杂的环型城堡和方形巨石墓显示出公元前2千纪中叶中亚地区的文明化程度,这些对整个中亚,包括我国新疆和西北地区都有影响。

3) 观念。新疆博尔塔拉河流域地处欧亚草原内陆,那里很早就是文化交互的重要地区。以往由于缺少系统性的考古工作,特别是由于语言障碍,对相邻境外地区的考古工作缺乏了解。近年来,随着水利建设的加强,情况出现了变化,有更多的考古工作推进到伊犁河谷、西天山和北部草原。其中就包括阿敦乔鲁遗址及新疆文物考古研究所最近发掘的伊犁汤巴拉萨伊、库克苏河西等遗址。总体看,公元前2千纪中叶前后,新疆的西北部基本属于大安德罗诺沃文化体系,在北面的阿勒泰和西南角的塔什库尔干都有发现。这些新发现促使我们尽快改变观念,扩展视野,加强对这一区域的研究,尽快实现苏秉琦先生倡导的世界的中国考古学的目标。

从更深的层次考量,公元前2千纪前后,新疆已经成为东西文化交流的重要区域,古墓沟、小河、切木尔切克、天山北麓、焉不拉克等遗址不断传递出这方面的强烈信息。同时,新疆发现的这些早期青铜文化与甘肃河西走廊地区也有密切的联系,并进而对中原内地产生一定影响,这也是早期东西文化交流的重要研究课题,阿敦乔鲁的考古发掘属于上述工作的一部分。希望能在做好这个区域的考古工作的基础上,努力做好早期东西文化交流这篇大文章。

此文是2013年应邀为中国社会科学院创新工程所做的书面点评。

新疆尼勒克县吉仁台沟口遗址的考古发现及相关问题

新疆文物考古研究所在尼勒克县吉仁台遗址①的考古发掘有重要发现。听了汇报以后，我想从如下几个方面谈点认识。

一、价值和意义

吉仁台沟口遗址的文化性质属于广义的安德罗诺沃文化，绝对年代的上限为距今3600/3500年（下限不详）。如果上述判断和结论都可确定，即所出遗物的年代上限可达公元前2千纪中叶，那么这次的发现确实有不同凡响的价值。首先，这是新疆伊犁河谷发现的一处重要的青铜时代遗址，面积大、时代早。其次，发现单体面积达374平方米的房屋建筑，为这一时期所见面积最大者。第三，一系列冶炼铸铜证据链的发现可确认该址存在冶炼和铸造活动，对新疆西部冶铜术的研究有重要价值。第四，首次发现使用煤炭的遗存，将人类用煤的历史前推上千年，这也是世界上最早使用煤炭的证据。第五，出土的3件铁块，为新疆冶铁术的出现、传播及来源方向提供了重要证据，意义重大。

二、评议

吉仁台沟口是新疆文物考古研究所近年发掘的一处重要遗址，其重要发现和后续研究的价值和意义不可低估。注意，我这里特别强调这是一处遗址，而非墓地。为什么要这么说？就是因为新疆史前文化的发展序列和一些重要学术课题的解决在很大程度上将有赖于对遗址的重视程度。这方面我们有过教训，十余年前这处遗址曾做过发掘，但只挖了上层墓葬，下面保留的遗址文化层却没有挖。尽管有客观原因，但类似教训要铭记。

其次，吉仁台沟口遗址的文化性质和年代等是否已是定论，是否全部是同时期的遗留，恐怕还有待于深入的检测分析和研究后才能下结论。

下面想就几个重要问题作些分析点评，以强化对新疆史前考古的认识。

1）中国西部以彩陶为代表的农耕文化不断西进，西南西伯利亚以暗色压印纹陶为代

---

① 以往新疆文物考古研究所在该址有过发掘，曾称作"吉林台"遗址。

表的畜牧文化逐步南下,这个背景对新疆境内的史前文化产生了深远的影响。考古发现证实,这一文化发展进程在伊犁河谷是有时间先后顺序的。以吉仁台沟口遗址为代表的遗存为暗色压印纹陶,它的年代早于后来覆盖这个地区以彩陶为代表的索墩布拉克文化。二者之间有着怎样的关系? 是简单的先后取代呢? 抑或是其他?

2) 上面的问题也关系到麦类作物和粟黍的传播渠道问题。前些年,美国圣路易斯华盛顿大学的考古队在哈萨克斯坦的贝尔嘎什(Begash)遗址发掘出公元前 2460—前 2150 年的粟黍和麦子。现有的考古发现和研究认为,西南西伯利亚的鄂毕河与额尔齐斯河流域的纬度和气候条件不利于谷物的种植和传播。那么,西来的麦子和东去的粟黍到底是沿哪条通道传播的? 显然,伊犁河谷的可能性最大。尽管目前尚无法证明东西方之间的谷物交互是沿伊犁河谷进行的,但这个区域的考古工作要加强,对这个地区的重要性也要重新认识。

3) 据我所知,吉仁台沟口如此之早用煤的考古记录在世界范围内确实罕见。欧洲文献记载的是罗马时期开始利用煤,也有考古发现。美洲最早的记录已晚到阿兹特克时期。但我们也要注意还有这样一个信息,2014 年的《全新世》(The Holocene)杂志曾报道,John Dodson 教授及团队在内蒙古朱开沟、大口、陕西石峁、火石梁等遗址曾发现过煤炭,并通过"NAA"核技术方法测量了遗址中的煤炭和遗址周围现代煤炭的元素含量,对比分析确定,遗址中的煤源于当地。其后,该团队还对遗址中的炭化种子及骨骼做了年代测定,认为中国北方早在 3500 年前(年代集中于公元前 1900—前 2200)就用煤作燃料,这项研究后来还被世界著名的科普杂志《新科学家》转载。但这一发现和研究的具体证据有哪些? 文中发表的窑汗具体属于哪个考古学文化? 一切都不清楚。难以理解的是,这项研究有中国人参加,但竟然没有一位考古学家,故其结论还有待核实。我举这个例子的目的是想说,吉仁台沟口的用煤遗迹纯粹是考古发掘出来的,这与《全新世》报道的发现有着完全不同的价值。与此同时,我们要特别注意遗址的年代,这关系到后续的一系列研究,包括煤炭的开发及用途,到底是取暖、烧陶,抑或是冶炼铜、铁? 还有,就是煤的来源要搞清楚,附近是否有煤矿等。

4) 以往学术界公认赫梯帝国是世界上最早发明了铁器(前 1400)的国家。如果追根溯源的话,西亚地区最早的铁器出现在公元前 6000—前 5000 年,但那个时段的铁基本是自然陨铁,也有些可能是炼铜的副产品。公元前 3500—前 1200 年为前铁器时代。这个时期的铁主要发现在西亚、北非。早期主要发现在埃及、两河流域的少数地点,后发展集中到了埃及—利万特—叙利亚—塞浦路斯—安纳托利亚一线。晚期则集中在塞浦路斯—安纳托利亚一带。前铁器时代铁的用途主要是制作装饰品和小件工具,偶尔也有个别较大的器物,如权杖头、铁剑、斧头等。到了公元前 12—前 11 世纪,铁器时代才真正到来,其标志是铁被大量用于制作生产工具和武器。

吉仁台沟口遗址发现的 3 个铁块是否能早到 3500—3600 年前? 若确实,这在世界上也是很早的铁了,重要性不言而喻。由此联想到甘肃临潭磨沟出土的铁器(前 1400—

前1300)和新疆哈密焉布拉克出土的铁器(前1300—前800)。三者之间有着怎样的连带关系？对这三件铁块需要做系统的检测分析，看看到底是块炼铁还是铸铁，这对确定其年代非常重要。同时也关系到铁器在新疆出现的年代、来源及产生的影响等。再有，介绍吉仁台沟口遗址的年代时要有跨度，不能只提年代上限而不提下限。

5) 吉仁台沟口遗址的房屋分为大小两类，大者100—374平米，小者20—30平米。从结构分析，小者应为当时人们的居所。那么，大房子是干什么用的？需要研究，特别需要做比较研究。可以初步认定的是，吉仁台沟口遗址的生业属于畜牧业的可能性最大，而畜牧经济的特点就是季节性，有冬营地和夏营地。需要从民族学和人类学的视角开展一些调查和比较。我记得澳大利亚悉尼大学的贾伟明博士在新疆博乐做过这方面的调查研究，有些心得。他以新疆温泉阿敦乔鲁遗址发现的青铜时代房屋为例，对当地的现代居民房屋类型做了调查，并在此基础上对大房子的功能做了分析，这种民族考古的调查研究方法对我们认识畜牧民族的遗存及其功能是有借鉴意义的。

此文是2017年应邀为中国社会科学院考古研究所六大发现做的点评。

第七部分

会议纪要

"中亚的世界"国际学术会议纪要

2002年6月13日—16日,在俄罗斯布里亚特共和国首都乌兰乌德举办了"中亚的世界"国际学术会议。会议主题包括:中亚游牧民传统世界的历史与文化、现代地缘政治下的中亚民族和宗教、中亚地区蒙古族的文学与语言学等。

本次大会是由俄罗斯布里亚特共和国政府、乌斯季奥尔登斯基布里亚特自治区行政机构、阿加布里亚特蒙古民族自治区行政机构,共同为纪念俄罗斯科学院西伯利亚分院蒙古学、佛学与藏学研究所成立80周年而举办的。大会共设8个分会,分别为:第一组:中亚民族的历史遗产;第二组:中亚的民族学;第三组:中亚民族的文化与艺术;第四组:宗教、文献史料;第五组:哲学、社会学与地理政治学;第六组:中亚民族的精神遗产:口头文学与文化;第七组:中亚民族的语言和文字;第八组:中亚的考古学文化。在会议开幕之前,与会代表提交的论文已汇编成册,共四卷六册(俄文,极个别文章为英文),分别为:第一卷:《中亚的世界——考古学、民族学》;第二卷(分上、下两册):《中亚的世界——历史学、社会学》;第三卷:《中亚的世界——文化学、哲学与史料学》;第四卷(分上、下两卷):《中亚的世界——语言学、民间传说、文学》。以上四卷(六册)文集主编为俄罗斯科学院西伯利亚分院蒙古学、佛学与藏学研究所所长巴萨洛夫博士。

与会代表分别来自蒙古国、中国、美国、法国、捷克、哈萨克斯坦、塔吉克斯坦、日本以及俄罗斯的莫斯科、卡尔梅克共和国、伊尔库茨克州、赤塔州、哈卡斯共和国、阿尔泰共和国、阿尔泰边疆区、新西伯利亚州、萨哈(雅库特)共和国、图瓦共和国、布里亚特共和国、乌斯季奥尔登斯基布里亚特自治区等,共计约250余人。其中,提交论文的代表有212人。

在6月13日上午举行的全体大会上,俄罗斯科学院西伯利亚分院副主席莫洛金院士作了"乌果克高原的古代文化",蒙古国家科学院副院长、游牧文化国际研究所所长恩赫图伏申院士作了"中亚游牧文明转变的研究",俄罗斯科学院西伯利亚分院蒙古学、佛学与藏学研究所所长巴萨洛夫教授作了"中亚的世界:地缘政治和文明的对话问题",蒙古国家科学院语言文化研究所所长桑比尔登代夫院士作了"整合与民族习俗",俄罗斯科学院远东研究所"俄罗斯—中国"中心副主任斯亚宁高级研究员作了"中亚:新的挑战和区域安全问题",蒙古国家科学院现代历史研究所部主任黑施克特博士作了"二十世纪蒙古的地理政治地位",俄罗斯科学院西伯利亚分院蒙古学、佛学与藏学研究所哲学与宗教部主任扬古托夫博士作了"佛教在蒙古传播的社会与政治观点",俄罗斯科学院西伯利亚分院蒙古学、佛学与藏学研究所历史学、民族学与社会学部主任尼玛耶夫高级研究员作了"贝加尔临近地区蒙古语部落渗透的时代与途径",俄罗斯科学院西伯利亚分院蒙古学、佛学与藏学研究所高级研究员德艾尔谢耶娃高级研究员作了"布里亚特语言设计的特征:现状与展望"的学术报告。在14日举行的全体大会上,来自不同国家、地区的研究机构分别向西伯利亚分院蒙古学、佛学与藏学研究所成立80周年表示热烈祝贺,并向该所赠送纪念品。

有15位来自中国的学者向大会提交了论文,他们分别来自北京大学、内蒙古大学和呼伦贝尔大学及呼伦贝尔政府部门。这些代表分别参与了第一、二、四、五、七、八组的讨论(有两位中国学者向第六组提交了论文,但未与会)。来自北京大学的李水城博士参加了第八组(考古)的讨论,并发表了"蛇纹陶器:草原游牧文化的象征"学术报告,论文追溯了在俄罗斯外贝加尔地区、中国北方长城地带以往及新近发现的蛇纹陶器,论述了各地所见蛇纹陶器的年代、风格及区域文化的关系,提出外贝加尔一带发现的少量蛇纹鬲及其他有关文化因素,反映出该地区早在青铜时代已受到来自中国长城沿线一带考古学文化的影响,这种带有蛇纹装饰的器皿应是与北方草原系青铜器、野兽纹牌饰等一样具有独特草原畜牧业文化特质的遗存。该论文引起与会代表的极大兴趣,并分别就这一文化现象以及外贝加尔与中国北方地带的文化关系等进行了讨论。该组其他考古学家还分别就外贝加尔旧石器时代的文化与居民、穆罕斯基湖附近新石器—早期青铜时代的遗存、中亚考古学文化与原始人种学的共性、布里亚特民族的起源与移民、中亚的古代居民、中亚的匈奴文化、西蒙古阿尔泰地区早期金属冶铜史、中世纪游牧人的防御武器、中亚中世纪时期的头盔、山地阿尔泰的农奴制建筑等议题进行了认真而热烈的讨论。

会议期间,大会主办单位通过一批历史照片,向与会代表们介绍了西伯利亚分院蒙古学、佛学与藏学研究所成立80年来的发展历史、各部门机构以及他们的研究工作及成果。此外,还在会场外集中了一批中亚、蒙古、阿尔泰及外贝加尔地区的书刊杂志,向与会代表出售,其内容涉及历史、考古、文学、语言、宗教、艺术、哲学、古代建筑等不同的领域。会议期间还组织部分代表参观了西伯利亚分院蒙古学、佛学与藏学研究所地质标本陈列馆、藏医药陈列室、考古标本陈列室、蒙古学文物陈列室等,并与该研究所的部分考古学家进行了座谈。来自中国的考古学家还参观了乌兰乌德市布里亚特历史博物馆、布里亚特大学和伊沃尔金斯基喇嘛庙。

外贝加尔地区独特的地理文化环境、丰富的玉石矿产资源,一批新石器时代的玉斧、玉刀、玉管、玉环、压印纹陶器,青铜时代的陶鬲、铜工具、武器和装饰品,铁器时代的野兽纹牌饰、镌刻汉字的大铁刀、丰富的匈奴遗存以及历史时期的各类灰陶器皿、建筑用陶等文物,给各国考古学家留下了深刻印象。在这些文物中,有不少因素反映出这一地区在历史上与中国北方及东北一带存在密切的文化联系,但目前有关这一方面的比较研究可谓凤毛麟角。20世纪50年代,苏联个别的考古学家曾就外贝加尔地区的古代文化与中国北方的文化关系作过一些探讨,也进行过一些有限的学术交流。后来,随着两国关系的交恶及冷战的加剧,有关的研究和交流完全停滞下来,以至于现在双方学者对各自的情况几乎处于互不了解的状态。通过这次接触,相信这一局面将很快有所改善。而布里亚特共和国的考古学家们也向中国学者表示出希望恢复学术交流的迫切愿望。

会后,大会组织与会学者前往贝加尔湖,沿途参观了位于斯列金斯卡雅的东正教大教堂等景点。沿途广袤的原始森林、肥沃的大草原及贝加尔湖美丽的湖光山色,给各位代表留下了美好印象。

本文的缩写本以"淖尔-浩特"为笔名发表在《考古》2003年7期。

亚洲农业的传播

——"理解成都平原的早期聚落"国际学术研讨会纪要

2008年10月15日至17日,"亚洲农业的传播——理解成都平原的早期聚落"国际学术研讨会在美国哈佛大学召开。本次研讨会的宗旨有两项:一是让自2005年起在成都平原进行的国际合作(CPAS)项目成员将工作背景、方法及未来研究目的介绍出来;二是让目前正在研究东亚农业起源与传播的学者在成都项目的背景下,介绍各自研究领域的成果,并对下一步的工作及研究目的提出对策。

与会代表来自中、美、英等国的大学和科研机构,包括成都市文物考古研究所(江章华)、中国社会科学院考古研究所(赵志军)、台湾大学(陈伯桢)、北京大学考古文博学院(李水城)、哈佛大学人类学系(Rowan K. Flad, Ofer Bar-Yosef, Richard H. Meadow)、圣路易斯华盛顿大学(Gwen Bennett)、康涅狄格大学(Alexia Smith)、俄勒冈大学(Lee Gyoung-Ah)、伊利诺伊州博物馆(Edwin Hajic)、美国国家公园管理处(Loukas Barton)、伦敦大学(David Harris, Dorian Fuller),以及哈佛大学在校生、来自中国的访问学者、进修生等数十人。

大会议题分为两部分,第一部分为:1)介绍成都平原国际合作项目的计划、目的;2)东亚地区的田野考古调查:面临的挑战;3)成都平原的史前文化背景;4)成都平原农业的起源和研究方向;5)成都平原的地貌学研究;6)成都平原调查项目反映的早期社会的生业方式;7)成都平原考古调查在四川盆地考古学术史的意义。第二部分:1)东亚农业的萌芽、起源与进化:以中国西北地区为例;2)黄河流域的农业集约化:以仰韶时期为中心;3)史前农业中地区模式的统计学检验方法;4)南亚地区的农业起源及其他;5)中国的农业起源及四川盆地的案例;6)我们从西亚与中亚采集者到农夫的转型中学到了什么;7)中亚西部的农业发端:固有还是外来?

会议的第三项议题以自由交换意见的方式进行。与会者从各自研究经验出发,就成都平原国际合作项目计划展开讨论并交换意见。哈佛大学著名动物考古学家梅多博士担任主持,他擅长将农业起源和传播讨论中遇到的问题与他在南亚工作中获取的精辟观点融会贯通,为现场讨论增色不少。他强调,必须要在研究过程中同时兼顾动植物间的关系,特别是当一个地区引入新的驯化动物后对本地生态带来的影响。这一观点得到与会英国考古学家哈里斯的支持,后者以此为契机,总结了下列三项议题:1)新品种的引入问题;2)狩猎采集者与种植者之间的联系;3)如何判断考古遗址属于定居人群。

与会所有学者对此次会议的议题表现出浓厚兴趣,并期望会议研讨的内容和提出的建议能进一步推动并利于成都平原考古调查计划的展开。

会议期间,与会代表应邀前往参观了波士顿大学东亚考古与文化史国际中心、哈佛大学植物标本馆和皮博迪考古与民族学博物馆。会议结束后,中国学者应邀前往圣路易斯华盛顿大学访问,在那里考察了北美印第安人著名的遗址——卡霍基亚(Cahokia)和当地的博物馆。

此文发表在《中国文物报》2008年11月14日七版。

全美第 78 届考古学年会散记

2013 年 4 月 3 日—7 日，由美国考古学会主办的全美第 78 届考古学年会在美丽的夏威夷州首府檀香山市会展中心举行。来自世界各地的考古学家及美国各大学的部分学生等齐聚一堂，总数近 4000 人，可谓盛况空前。

大会共设分会场 292 个，讨论议题极其广泛，涉及世界各个地区。其中，有关中国考古学研究的分会场就设了 4 个：1) 中国考古学的新进展；2) 古代中国的年代学及相关问题；3) 中国西南地区与东南亚的技术 (包括两个分会场)。

"中国考古学的新进展"会场召集人为焦天龙教授 (美国夏威夷毕小普博物馆)，该组共有 14 位学者提交论文，内容多为中国新石器—青铜时代的考古研究。其中，涉及中国北方的有："狩猎—采集经济的灵活性和粟作农业的发展"、"东北新石器早期聚落遗址出土石磨盘的功能分析"、"早期国家起源的比较观察"、"重建北阡村落沿海居民的食物结构"、"山东半岛新石器时代的动物资源"、"北阡遗址新石器时代的石磨盘和类型"、"北方地区新石器时代水稻开发的新证据"、"从二里头和安阳出土骨器看早期青铜时代的生产变化"、"边疆文化的重建：归城的陶器分析"。涉及中国南方的有："东南地区新石器时代的生物关系"、"西南地区农业扩散的适应与变化"、"东南地区早期青铜时代的区域交互与海上适应"。其他还有："古代中国的环境与人类影响"、"史前时期横跨欧亚的谷物交易"。

"古代中国的年代学及相关问题"会场召集人为哈佛大学的傅罗文 (Rowan K. Flad) 教授、Ofer Bar-Yosef 教授。该组也有 14 位学者发表演讲。其中，涉及旧石器与年代学研究的有："中原地区的旧石器序列"、"中国南方的旧石器文化"、"中国旧石器时代向新石器过渡期的发现"、"中国考古学文化的碳十四年代"、"新疆考古年代学的再思考"。讨论农业起源的有："中国北方旱作农业的起源"、"甘青地区史前—青铜时代遗址浮选炭样和种子的年代比较"。涉及史前至青铜时代考古研究的有："玉敛葬的起源及相关问题"、"陶器的渐变对利用区域聚落材料重构社会人口的影响"、"透过商代的碎片：时间、历史与叙述"、"青铜器类型学与考古学的雄心"、"西周年代学研究定位的文本基础"、"七闽土著的青铜时代和早期文明的考古学观察"。

"中国西南地区与东南亚的技术"分为两组，由安柯 (Anke Hein，加州大学洛杉矶分校) 和 Alison Cater 为召集人。发表论文涉及中国考古研究的有："中国北方与西南青铜文化接触模式——对半月形交流地带的重新思考"、"盐源的案例：川西南青铜器组合显示的北方草原、南方及本地因素的交互"、"三星堆窖藏——系统堆积行为的代表"、"东南地区早期青铜金属的时间、属性和社会政治尺度"、"西南夷的贸易、市场交换及铁器"、"台湾金属时代的产生及其与东南亚的关系"、"中国青铜时代有失蜡法吗？——以曾侯乙墓所出尊盘研究为例"、"海南岛洋浦古盐业生产的重建"、"成都平原的古代陶器生产"、"藏东高原新石器时代制陶业的发展"等。

此外，还有一些中外学者在其他12个分会场提交或宣读了有关中国考古研究的论文，依照时代早晚介绍如下："黄河下游后更新世的小生境结构"、"晚更新世中国北方现代人出现的行为证据"、"中国早期现代人的DNA分析"、"中国晚期旧石器的出现：技术和认知观察"、"中原地区中全新世气候最适宜期及随后的干冷对人类的影响"、"古遗址的废弃过程：作为新的研究趋势的建议"、"1万—6千年长江下游地区的水生态、人类与生业资源"、"渭河谷地的庙底沟村庄——杨官寨仰韶文化堆积的形成及微地貌研究"、"甘肃洮河流域史前的全球化进程"、"仪式、迁徙和早期国家的形成：以花地嘴遗址为例"、"中国早期的铸铁：考古调查和模拟试验"、"战国至汉代环南阳盆地的铸铁遗址"、"契丹和辽代考古"、"东西文化的海上交互：东南亚16—17世纪沉船的初步调查研究"、"政治试验、政权形成与中原的崛起"、"和平岛（音）：台湾17世纪的西班牙殖民地"、"台湾日治时代（1895—1945）殖民文化景观的考古学研究"、"中国新石器时代至早期帝国阶段人体身高的时空特征"、"安阳晚商人群中的关节劳损现象"、"古代中国驯化马的古DNA分析"等。

此次提交论文及发表演讲的中国学者（包括海外访问学者和国外在读的研究生）有近60人，实际到会的中国学者有40余人，他们分别来自北京大学、南京大学、山东大学、厦门大学、武汉大学、吉林大学、兰州大学、台湾大学、北京科技大学、中国社会科学院考古研究所、中国科学院古脊椎与古人类研究所、中国国家博物馆综合考古部及广西文物考古研究所、河南省文物局、浙江省文物考古研究所等。总之，无论是参会的中国学者还是中国考古研究的分会场数量均达到了空前的水平，显示出中国考古学的国际影响不断在增强。

此次列席参加中国考古研究小组会议的国外知名学者有：亨利·赖特（Henry T. Wright，美国密歇根大学）、马丁·琼斯（Martin Jones，英国剑桥大学）、罗伯特·周南（Robert D. Drennan，美国匹茨堡大学）、Vincent Pigott、刘莉（美国斯坦福大学）、柯杰夫（Cunnar, Geffrey）、宫本一夫（日本九州大学）等。

大会期间，除了内容广泛、议题丰富的学术讨论外，还在会展中心的一层大厅设立了专门的广告展板区，以方便各国学者之间展开面对面的交流。再就是来自世界各地的著名出版社云集于此，在一层大厅设立摊位，展销近些年来各自出版的考古专业书籍、考古和人类学教科书及大众科普读物、文物图录等。此外，也有一些专业公司和厂家前来会场展销各自生产的考古专业设备、仪器和野外考古调查发掘设备、用具等。

全美考古年会每年春季（4月前后）举行，地点轮流选择在美国或加拿大的一些大城市,这有点像美国 NBA 的篮球赛。参会代表没有特殊要求,只需每次在会前注册并支付报名费、会员费(两项相加约 160 余美元)。年会的规模很大。记得 2000 年我第一次在美国费城参加第 65 届年会,共设有 171 个分会场,莅会代表 3000 人左右。那届年会有 2 个涉及中国考古的分会场,①参会的中国学者(含港、台)仅有 10 余人,而且大多数为旁听,提交论文或发表演讲的屈指可数。近十余年来,参会的中国学者及中国考古的影响在不断扩大。

历届年会还有一项重要内容,即为那些在考古领域作出杰出贡献的著名学者举办专场学术讨论会。今年的年会有为美国密歇根大学人类学系的亨利·赖特教授举办的专场,他曾和中国学者合作,在河南伊洛河流域进行区域考古调查,并与云南和山东有过合作。

全美考古年会的影响很大,参会代表来自世界各地,议题广泛,完全称得上是世界性的考古学盛会。大会除了接受各国学者和在校学生外,也有不少中学的历史老师和考古爱好者参会,这对提高中学的历史教学水平、扩大考古学的公众影响大有裨益。此外,不少在校学习的研究生也积极参会,目的不仅仅是来聆听世界各地考古学家的最新发现和研究成果,还有一个更重要的目的,即通过参会结识一些学者,为自己毕业以后的工作寻找机会,可谓一举多得。我想,这样的会议形式对我们的考古学年会的举办也是富有启示的。

本文发表在《南方文物》2013 年第 2 期。

---

① 两个分会场分别为:"中国更新世考古学的理论与实践"(Theory and Practice in Chinese Pleistocene Archaeology)和"中国的考古学"(Archaeology in China)。

国际视角下的中国考古学

——第七届东亚考古学大会(SEAA VII)纪要

今年6月8日—12日,第七届东亚考古大会在美国哈佛大学和波士顿大学举行。共有来自世界各地的350余位学者(含留学生)出席。大会共设44个分会场,发布了31块海报。这是自东亚考古大会举办以来,参加人数最多、议题最为广泛的一届。其中,与会中国学者超过百人[①],占与会代表的1/3(见表一)。

表一

历届大会举办时间和地点	与会人员数量	国别	提交论文	分组	海报
1996,(美国)夏威夷檀香山	40		10		
2000,(英国)多勒姆	80		77	15	
2004,(韩国)大田	110	14	116	17	
2008,(中国)北京	280	23	282	29	
2012,(日本)福冈	200	15	180	24	
2014,(蒙古)乌兰巴托	194	19	174	25	4
2016,(美国)波士顿	360	>20	277	44	31

相较于以往各届大会,此次参会代表更加多元,研讨内容的时空跨度更大,针对性更强。大会议题有如下一些:1)早期中国,从聚落到城市,社会复杂化进程,青藏高原的史前时代;2)史前时期的技术、经济与社会变化,考古新技术,生物考古,栽培与环境,食物与社会,冶金考古,陶器分析;3)海上丝路,海洋考古与历史,贸易、城市发展与航海;4)东亚考古中的民族主义,东南亚历史考古,日本考古,日本早期国家的形成与外部影响,朝鲜考古,中朝关系(前2世纪—10世纪);5)景观考古、游牧社会与中亚,从天山到阿尔泰;6)遗产管理与考古学家的角色等。粗略统计,各国学者提交论文中的一半(154篇)讨论的是中国考古学的内容。

由于会议规模大,很难将各组讨论内容——罗列出来。这里仅就部分热点议题做一概略的归纳介绍。

---

① 参会人员的数量以提交论文的作者名单统计,实际到会人员可能略低于此。

多学科交叉：为深入探讨青藏高原的史前文化提供支撑

　　青藏高原的史前时代为本届大会的一个热点，共设两个议题组。参会学者来自中国兰州大学、北京大学、中国社科院考古所、青海考古所、四川大学、英国剑桥大学、牛津大学，美国圣路易斯华盛顿大学、匹茨堡大学、华盛顿州立大学。各国学者通过在青藏高原的考古调查、动植物遗存分析和年代检测，报告了各自取得的成果。其中，兰州大学的学者认为，史前人类向青藏高原的扩散采取了三步走的模式：即2万年前季节性游猎进入；距今5200年前由黄土高原扩散至青藏高原东北部的河谷；距今3600年前永久定居到高海拔地区。促使人类进入青藏高原并能够在高海拔定居的最主要因素是农牧业的传播（大麦和养羊）。这一变化也可能导致了甘青地区生活在不同海拔高度的群体采用不同的生业以应对气候变化。

　　来自不同国家的科研团队依据各自的学科视角，从考古新发现、遗存分析、年代检测、动植物考古、古DNA、骨骼碳氮同位素、热时模型、岩画等方面，对史前人类在青藏高原及周边地区（甘肃、青海、四川、云南）的族群迁徙、文化交流和生业模式进行了深入探讨。四川大学的学者通过对5座遗址的研究，提出青藏高原多资源经济形成和发展的时间框架。华盛顿州立大学的学者介绍了通过计算机模拟的青藏高原边缘早期生业剧变的机制和尺度。牛津大学的学者通过对四川安宁河谷考古资料的梳理和空间模式分析，对青藏高原东部早期遗存的比较尺度提出反思。年代问题历来是困扰青藏高原史前文化研究的难点，包括以往一些遗址年代的高估和断定等问题。上述讨论为全面理解人类向青藏高原扩散的动力和机制提供了更多思考。

　　来自印度加瓦尔大学的Vinod Nautiyal教授发表了《跨喜马拉雅前佛教时期的葬俗、熔融术（pyrotechnology）[①]及贸易兴起的考古新证据》。跨喜马拉雅地区的喜马偕尔邦及印度北安恰尔邦地势险峻，属于高寒沙漠气候，是人类最不宜居地区。当地以往的考古主要针对公元10世纪以来的佛教艺术和建筑。是否更早就有人生活在这里？尚不清楚。Nautiyal介绍了近年在北安恰尔邦的Malari遗址，喜马偕尔邦金瑙县的Lippa、Kanam、Ropa遗址及Spiti河谷的新发现。这些遗址海拔2745—4500米。其中，喜马偕尔邦发现的均为石板墓，Malari为洞穴墓，表现出强烈的区域色彩。墓中出有陶、铜、金、贝、坩埚、炉渣等遗物及大量装饰品，后者包括各类石珠、圆形贝饰、铜镯、金片和烧制的珠子。在Lippa遗址还发现有石构建筑。墓中的随葬品显示此地可能存在一个手工业中心，并与周边贸易往来。其中，随葬陶器的种类和风格共性很强，表明葬俗各异的群体之间有密切的文化联系。以往在金瑙等地发现的陶器与北安恰尔邦、木斯塘、西藏西部的极为相似，说

---

　　① pyrotechnology 的 pyro- 系希腊语"火"之意。该词指用火加热冶炼制作金属、陶瓷、滑石等合成材料的专门技术。也有人将该词译为"熔融学"。

明跨喜马拉雅地区的居民长期使用类似陶器,但埋葬习俗则各不相同。测年结果表明墓葬的年代上限可达公元前6—前5世纪。

Nautiyal 根据出土坩埚和炉渣认为,当地存在金属冶炼并有掌握非金属熔融术的专业匠人。通过对表面挂釉滑石珠的成分分析,可知其烧成温度超过900度。但也有学者根据当地滑石原料不佳,对此类制品是否为当地所产持怀疑态度。其他各类装饰珠(玛瑙、绿松石、海贝、肉红石髓、滑石等)的发现为跨喜马拉雅地区的内外交流提供了线索。研究者指出,此地的玛瑙可能是从印度河流域传往西藏的,绿松石则反方向从西藏传往印度。经对贝类装饰品的原料检测,证实全部为产自沿海的印度铅螺(Turbinella pyrum)。此类材质的使用可追溯到公元前3千纪,并延续至历史时期。它们的出现为沿海与跨喜马拉雅最早的文化交流提供了物证,也为早期贸易通道的重建提供了可能。目前在印度尚未发现绿松石矿,其来源还有待研究。

印度在此地的考古远远落后于我国西藏和尼泊尔。上述工作具有填补空白的意义,也为公元前6—前5世纪当地的族群、手工业和贸易流通提供了考古和年代证据。这一发现对我国西藏的考古及相关研究有重要启示和参考价值。特别需要指出的是,喜马偕尔邦为中国固有领土,后为英国所占,目前被印度占领。至今我国对此地仍有领土主权要求。

从点到面:植物考古学研究的新进展

近十年来,中科院的学者在微体植物遗存的鉴定方面有长足的进展,在农业起源研究领域也取得了重要突破。其中,如何准确鉴定古遗址中粟及近缘野生祖本,是植物考古学家关注的热点。植硅体分析技术最近在鉴定农作物种类、确认驯化种和野生祖本研究中被广泛应用。通过对黍、粟、稗及狗尾草等植物小穗稃片中植硅体形态的比对,首次建立了黍、粟、稗的植硅体形态鉴定标准,进而利用统计学建立了区分驯化粟及祖本青狗尾草,以及其他几种狗尾草属野生近源种的标准,为解决粟、黍起源和传播中一些悬而未决的难题提供了新途径。

随着科技考古(动植物考古、同位素分析)数据的积累,对史前人类生业模式的探讨正经历从少数重点遗址扩展到更大的空间尺度的研究,为认识不同时空阶段人类适应环境升级方式的异同提供科学依据。淮河流域的植物考古显示,上游河段在距今8000年前已出现粟—稻混作现象;但中游河段的粟—稻混作迟至距今6000年左右才出现,这可能反映了不同区域的环境差异和人类的应对方式。兰州大学的学者通过对柴达木盆地5个典型遗址的动植物遗存分析和年代检测指出,诺木洪文化群体的年代应在公元前1400—前450年之间,其生业方式包括了种植大麦、黍(可能辅以少量小麦、粟)、养殖牦牛、羊(可能还有马、狗)及少量的狩猎活动,以适应柴达木盆地恶劣的气候和环境。这项研究显示出史前人类生业模式的探讨正在从少数重点遗址扩展到更大的空间尺度,这个变化将有助于为了解不同时空阶段人类应对环境变化的方式提供科学依据。

中科院学者用海报介绍了通过对陕西汉阳陵 15 号外藏坑和西藏阿里噶尔县苯教寺院古如江寺所出植物遗存中的植钙体进行分子生物分析取得的重要成果。对比研究证实,此类遗存为茶叶,由此证明汉代皇室已有饮茶习俗。茶树在青藏高原无法生长,印度引种茶树也仅有 200 来年的历史。这一研究证明,至少在 1800 年前,内地开始向西藏阿里地区输送茶叶。这提醒我们,丝绸之路很可能呈网状结构,其中一个分支通向了青藏高原。此项研究的另一价值是利用植钙体分析建立了茶叶类遗存的鉴定指标,对探索茶叶的起源有重要意义。[1]

海上丝绸之路:新的热点

有关海洋考古与文化交流是本届大会的热点。议题较多集中在历史时期的中国东南沿海和东南亚的考古发现、外销瓷、沉船与海洋贸易以及华南沿海汉人的形成发展、胡蕃融合等。也有学者介绍了菲律宾、马里亚纳群岛、台湾等地发现的西班牙殖民遗迹,爪哇等地发现的中国、越南、泰国的贸易陶瓷,及中国古代窑业的伊斯兰文化、高棉陶瓷与中国陶瓷比较等。中世纪日本的对外联系主要依赖海洋,相关的讨论涉及都市化、海盗、商船分类、地理空间关系等。

新加坡国立大学的约翰·迈克斯(John N. Miksic)教授在大会闭幕前做了专题演讲:"公元 1—1500 年海上丝绸之路"。"海上丝路"的传统概念是古代中国经东南亚与西方的贸易史研究。迈克斯则站在东南亚的立场,运用考古、文献与民族志,阐述以东南亚为中心的航海贸易史。其论点有三:1)以东南亚为中心,最早的海洋淘金者是新石器时代的"马来—波利尼西亚人"(即南岛语族)。2)考古资料与印度文献表明,印度与东南亚的贸易源于公元前 300 年,远早于印度文字、雕刻、寺庙等文化特质的传播。3)港口、沉船等遗址记录表明,公元 7 世纪以后,来自中国和阿拉伯的海商活跃于东南亚。这一新的研究视角值得我国学术界关注。

技术方法突破:重新认识
人类演化进程中的重大事件

随着科学方法和技术进步,以往考古研究和认识方面的某些局限将被突破。过去普遍认为,现代人最早在 5—6 万年前扩散到亚洲东南部和澳洲。澳大利亚卧龙岗大学的学者利用钾长石测年技术[2]的最新研究显示,人类至少在 11.8 万年前已抵达印度尼西亚的苏拉威西岛。此外,古 DNA 技术在对欧亚大陆人群扩散的历史、动物驯化及传播等研究

---

[1] 茶叶的起源应该早于汉代,希望上述研究能进一步激励学界重视这方面的研究。
[2] 据说该技术可将测年范围延长到距今 50 万年。详情请查阅今年的《自然》杂志。

中也在发挥着不可忽视的重要作用。

手工业研究

有关中国古代手工业的讨论兹举两例：有学者研究了中国东部新石器时代玉珠、管的技术发展脉络，指出从河姆渡文化到良渚文化，难度最大的钻孔技术经历了石锥、钻弓到管钻的变化。崧泽文化的进步得益于线切割、片切割和管钻的出现。良渚文化大墓出土玉珠、管的规整化现象既是技术进步的体现，也与玉管、珠的社会功能变化有关。

香港中文大学的学者梳理了战国铁工业的区域差异。考古证据表明，秦国的铁工业在生产规模上并无明显优势，甚至相对落后。三晋地区作为发明生铁技术和铁产品的制造中心没有异议，但不能因此忽略楚国。后者不仅较早普及了铁农具，战国时期的铁兵器与铁工具的制作也不亚于三晋。结合文献与考古资料，战国时期三晋、楚、燕的铁工业各具特色，规模相当。反之，秦地墓葬所出铁器却不及以上地区。居址和作坊数据也显示秦国铁器生产的整体规模与列国存在差距。因此，秦国冶铁业的发展对秦帝国在统一进程中发挥的历史作用还值得三思，冶铁技术在长江流域的发展需更加关注。

区域考古与国际化

本届大会四川考古研究院派出5位代表参加，显示出该院对考古学研究国际化和培养学术带头人的高度重视。本届大会以"中国四川考古"设立一议题组，讨论内容涉及："三星堆遗址考古新发现"、"巴文化的新发现"、"骆家沟汉代遗址"、"成都平原史前遗址的地理空间分析"和"金沙遗址的聚落"。精彩的新发现和新研究成果吸引了美、日、韩、澳大利亚及中国港、台地区的不少学者前来旁听，并展开了热烈讨论，显示出各国学者对中国和四川考古的关注。

东北亚、北亚和南亚考古

此次大会缺少对南亚的讨论。日本除前面提及的以外，仅有个别学者讨论了晚期绳纹时代和北九州早期石室墓的仪式活动。韩国学者热衷于讨论韩半岛青铜时代至三国时期的考古及考古的民族主义情绪。北亚及中亚的议题以阿尔泰（包括新疆）地区史前至匈奴考古为主。阿尔泰山跨越四国，有不同的语系，研究者也习惯按学术传统将此山系作为南西伯利亚、中亚和中国的分界。此次俄国学者的讨论多专注于遗址的景观、仪式、鹿石、岩画、游牧社会、气候环境等方面，大多缺乏新意。其中，O'Sullivan的"区域间的交互与景观透视"，通过对公元前2千纪阿尔泰岩画的图案和各种显著特征的分析，强调阿尔泰山脉属于一个跨区域的社会—文化体系。宏观环境在很大程度上决定了岩画所处位置的生态地貌,这对探究岩画图案、载体、河流水系及山脉的内在联系很有帮助。此前,该区域的文化交流研究大都集中在铁器时代,但实际上有很多岩画属于青铜时代。

本届大会的另一亮点是有不少欧美留学生前来参加。相较于前几届大会,留学生的国际化程度更高。他们的报告大多介绍自己的课题或博士后期间的研究,角度较新颖。有很多留学生的海报做得很棒。大会的缺憾是有些议题过于宽泛,发言时间多,讨论时间短,这也是不少大会的通病。还有就是传统的中国考古发现研究不多,特别是周秦汉唐历史考古的内容太少。

为配合本届大会召开,哈佛大学美术馆专门举办了"中国西北史前陶器特展"(2016/5/21 至 2016/8/14)。展出的 60 件陶器为哈佛大学美术馆和皮博迪考古与民族博物馆的收藏,主要为来自中国西北地区的仰韶文化、马家窑文化、半山—马厂文化、齐家文化、辛店文化和寺洼文化的陶器。在展厅特设了两个专柜,一个展出 20 世纪初土库曼斯坦安诺遗址所出的彩陶(片);另一个放置中国甘肃省调查采集的制作彩陶的黏土、矿物颜料及彩陶复制品,以便观众深入了解彩陶的制作、工艺和跨区域的文化比较。该展览由美国印第安纳大学助理教授、哈佛大学费正清研究中心王安博士后研究员洪玲玉和哈佛大学人类学系傅罗文教授策划,北京大学李水城教授协助进行展品拣选、整理和相关研究。

大会开幕前,哈佛大学美术馆专门举办了一场小型学术研讨会,邀请李水城教授和洪玲玉博士,就这批展品的性质和内涵,与部分参会学者进行了研讨对话。

补记:

东亚考古学首届大会于 1996 年在美国夏威夷檀香山市举行。此后,大会每四年举办一届。后来的历届相继在英国多勒姆、韩国大田、中国北京、日本福冈、蒙古乌兰巴托举办。在本届大会上,朴洋震主席(韩国忠南大学)卸任。安赋诗(美国宾夕法尼亚印第安纳大学)担任新一届的主席。

(董广辉、杨晓燕、秦小丽、吕红亮、吴春明、洪玲玉、艾婉乔、傅罗文、安赋诗、唐小佳对本文均有贡献,特此感谢!)

本文曾以"华仙"为笔名发表在《中国文物报》2016 年 7 月 29 日五版。